刑法中的年龄要素研究

Research on Age Factor in Criminal Law

高志纯　著

法律出版社
LAW PRESS · CHINA

绪　言

人是一切社会活动的主体，而对于个体人的社会评价，是建立在性别、职业、身份、族裔以及年龄等因素之上的。年龄，通常是指一个人从出生时起到计算时止的生存时间长度，是一种具有生物学基础的自然标志，一个人出生以后，随着日月流逝，年龄也随之增长，这是不可抗拒的自然规律。在身份因素中，最具有普适性，而又天然不可逆的则是年龄。因而在社会交往中，年龄有着举足轻重的地位。自古以来，不同年龄的人所受到的社会待遇是不同的。在社会的一般理念上，人类生命的初始与终了，即所谓的"幼"与"老"的年龄阶段，由于其生理因素具有特殊性，需要予以特别的保护。我国古代早有尊老爱幼、矜老恤幼的道德传统和法律传统。在现今，《老年人权益保障法》《未成年人保护法》《预防未成年人犯罪法》等一系列以年龄因素为主导的法律都秉持了这一传统，强调了对于"老""幼"的特殊保护。同时，我国《刑法》中存在着大量年龄因素，在很大程度上体现了对于年龄的特殊对待。

我国《刑法》第 1 条规定："为了惩罚犯罪，保护人民，根据宪法，结合我国同犯罪作斗争的具体经验及实际情况，制定本法。"第 2 条规定："中华人民共和国刑法的任务，是用刑罚同一切犯罪行为作斗争，以保卫国家安全，保卫人民民主专政的政权和社会主义制度，保护国有财产和劳动群众集体所有的财产，保护公民私人所有的财产，保护公民的人身权利、民主权利和其他权利，维护社会秩序、经济秩序，保障社会主义建设事业的顺利进行。"尽管从立法学的角度来说，以上的表述还有待研究的地方，但是这两条为我们揭示了刑法的目的与任务。刑法的目的在于"惩治犯罪"和"保护人民"，因而可以说刑法的整体性框架是围绕犯罪展开的。

刑法所规制的犯罪是一种加害方与被害方的互动关系，如果在这种互动关系中导入年龄的因素，就会产生纷繁复杂的问题。从加害方出发，对于同样实施某种法益侵害行为的人，刑法根据其年龄的不同，对其采取了不同的态度。在犯罪论层面，刑法采纳了刑事责任年龄制度，对未满一定年龄的人实施的法益侵害行为不追究刑事责任,从犯罪概念中排除。在刑罚论层面,对于不满一定年龄或者超过一定年龄的犯罪人予以刑罚的优待。从被害方出发,刑法根据不同年龄确立了不同的法益保护范围。在犯罪论层面,刑法将侵害未满一定年龄的人或者超过一定年龄的人的某些法益的行为规定为犯罪加以惩罚。在刑罚论层面,刑法又对同样的法益侵害行为,区分侵害对象的年龄而采取不同的惩罚原则。

新《刑法》实施以来至今历经九次修正,十余次立法解释,最高人民法院、最高人民检察院对刑法执行过程中制定的司法解释、批复、意见、规定等铺天盖地多如牛毛。但归结起来,在 1979 年至今近四十年我国新刑法执行过程中,我们对待刑法中的年龄因素上,总是过多或格外重视加害人的年龄因素,相比之下对受害人的年龄因素尤其是对除人身权外的其他法益侵害的年龄因素,会略显鄙薄。主要体现在除法律(含司法解释)明文规定的情况,很难对刑法的条文进行应当解释或酌定量刑,如抢劫、诈骗未成年人、老年人财物的,实践中很难体现对受害人的特殊保护;再如明知受众属未成年人,仍组织淫秽表演的行为,也很难解释为该罪的"情节严重",并于该法定刑内量刑。

实践中针对加害方年龄因素,总会有很多外界因素被带入案件审理,如犯罪人是在校学生、孝子、孤寡老人、激愤情节、初犯偶犯、平时一贯表现等,案件审理往往也会受到舆论的牵引,有时司法解释也会根据司法实践嫁接轻处法条,将本应酌定的情节,予以"法定化",疑似解释越界,如 2006 年最高人民法院《关于审理未成年人刑事案件具体应用法律若干问题的解释》第 9 条规定属盲人的未成年人盗窃数额达到"数额较大"标准,能供述犯罪事实且积极退赃,不认为是犯罪等。这种导向会导致为追求特殊保护,造成减轻法条"无度"适用,免除法条"随意"滥用的司法效果,造成适用罪行(罪名)"舍重求轻"的怪异现象,例如实践中,很多校园欺凌案件,都应当以抢劫、敲诈勒索、强制猥亵妇女、猥亵儿童、非法拘禁罪论处,但实际上能定罪的最多为寻衅滋事罪,其中的侮辱、诽谤、伤害、拘禁等因素也都通过所谓"民事和解"形式进行了"交易",另外还致使适用强制措施种类、认定罪名、罪与非罪都存在明显失衡。换言之,所犯之罪被年龄因素下的刑事制度习惯"赦免",加害方年龄因素特殊保护的过分适用,必然会增加再生犯罪率和严重犯罪率。

其实一个区域的重大犯罪尤其是严重暴力犯罪的发生概率低,大多是由于对轻型犯罪的不枉不纵,反之读者可设想其中缘由。本书持重刑主义,但也会对若干条文的情节摆正轻处的基本立场,如综合解释《刑法》第 17 条和第 49 条的适用位次,认为未成年人不适用无期徒刑等。

本书以我国刑法为核心,通过对于《刑法》中全部年龄因素的梳理和理论考察,试图对刑法中的年龄要素进行一个系统性的评价。本书共分三个部分:第一部分是对年龄在刑法中的价值体现进行宏观探讨；第二部分则从加害方，即犯罪人的角度出发，对于刑法中犯罪人的年龄限制进行微观的评析；第三部分则从被害方，即被害人角度出发，考察刑法中被害人保护的年龄限制。

于刑法中全面提炼年龄要素，在当前学术领域并不常见，归纳论证期间的疏漏、欠缺在所难免，本书纰缪之处还请各位读者宽容面对；如认为本书有分析不妥之处或与本书有见解差异，欢迎读者随时与我联系，共同讨论，交流意见。

高志纯

2017 年 5 月于北臧村

目　录

上　篇

年龄在刑法中的价值体现

第一章　刑法中的年龄要素

第一节　刑法条文中年龄要素的比重

年龄要素在刑法中有着至关重要的地位，这是毋庸置疑的，但是没有什么理论能够真正说明其重要性达到何种地步。但是，借助于专门的法律数据库，采取简单的实证分析手法，就能对年龄要素在我国刑法中的条文比重和相关的司法解释数量的比重有一个宏观的了解。

我国现行《刑法》共有 451 条，其中第 17 条、第 17 条之一、第 29 条、第 49 条、第 65 条、第 72 条、第 100 条、第 234 条之一、第 236 条、第 237 条、第 240 条、第 241 条、第 242 条、第 244 条之一、第 260 条之一、第 261 条、第 262 条、第 262 条之一、第 262 条之二、第 301 条、第 347 条、第 353 条、第 358 条、第 359 条、第 364 条、第 416 条涉及年龄因素，约占刑法条文的 6%。

截至 2015 年 9 月，有关刑法的司法解释约五百个，而检索北大法宝的法律数据库，在我国专门规定年龄问题的司法解释或者相关条款涉及年龄的有：高检发释字〔2011〕1 号《关于对涉嫌盗窃的不满 16 周岁未成年人采取刑事拘留措施》、法释〔2006〕1 号《关于审理未成年人刑事案件具体应用法律若干问题》、法释〔2011〕9 号《关于审理未成年人刑事案件的若干规定》、法释〔2017〕7 号最高人民法院关于修改《最高人民法院关于公布失信被执行人名单信息的若干规定》的决定、法释〔2017〕3 号最高人民法院、最高人民检察院《关于办理组织、利用邪教组织破坏法律实施等刑事案件适用法律若干问题的解释》、法释〔2016〕19 号最高人民法院《关于人民法院在互联网公布裁判文书的规定》、法释〔2016〕7 号《中华人民共和国人民法院法庭规则》、法释〔2016〕8 号最高人民法院《关于审理毒品犯罪案件适用法律若干问题的解释》、法释〔2014〕10 号最高人民法院、最高人民检察院《关于办理走私刑事案件适用法律若干问题的解释》、法释〔2013〕25 号最高人民法院、最高人民检察院《关于办理抢夺刑事案件适用法律若干问题的解释》、法释〔2013〕18 号最高人民法院、最高人民检察院《关于办理寻衅滋事刑事案件适用法律若干问题的解释》、法释〔2013〕10号最高人民法院、最高人民检察院《关于办理敲诈勒索刑事案件适用法律若干问题的解释》、法释〔2013〕8号最高人民法院、最高人民检察院《关于办理盗窃刑事案件适用法律若干问题的解释》、法释〔2010〕3号最高人民法院、最高人民检察院《关于办理利用互联网、移动通讯终端、声讯台制作、复制、出版、贩卖、传播淫秽电子信息刑事案件具体应用法律若干问题的解释(二)》、法释〔2005〕3号最高人民法院、最高人民检察院《关于办理赌博刑事案件具体应用法律若干问题的解释》、法释〔2004〕11号最高人民法院、最高人民检察院《关于办理利用互联网、移动通讯终端、声讯台制作、复制、出版、贩卖、传播淫秽电子信息刑事案件具体应用法律若干问题的解释(一)》、法释〔2002〕18号最高人民法院《关于审理抢夺刑事案件具体应用法律若干问题的解释》、法释〔2000〕45号最高人民法院《关于适用财产刑若干问题的规定》、法释〔1998〕4号最高人民法院《关于审理盗窃案件具体应用法律若干问题的解释》、法释〔2016〕28号最高人民法院《关于审理拐卖妇女儿童犯罪案件具体应用法律若干问题的解释》、法释〔2014〕14号最高人民法院、最高人民检察院《关于办理危害药品安全刑事案件适用法律若干问题的解释》、法释〔2009〕9号最高人民法院、最高人民检察院《关于办理生产、销售假药、劣药刑事案件具体应用法律若干问题的解释》、高检发释字〔2006〕2号最高人民检察院《关于渎职侵权犯罪案件立案标准的规定》、法释〔2003〕4号最高人民法院《关于行为人不明知是不满十四周岁的幼女双方自愿发生性关系是否构成强奸罪问题的批复》、高检发释字〔2001〕3号最高人民检察院《关于构成嫖宿幼女罪主观上是否需要具备明知要件的解释》、法释〔2000〕4号最高人民法院《关于审理强奸案件有关问题的解释》、法释〔1999〕18号最高人民法院、最高人民检察院《关于办理组织和利用邪教组织犯罪案件具体应用法律若干问题的解释》、法释〔2016〕23号最高人民法院《关于办理减刑、假释案件具体应用法律的规定》、法释〔2012〕2号最高人民法院《关于办理减刑、假释案件具体应用法律若干问题的规定》、法释〔2011〕9号最高人民法院《关于〈中华人民共和国刑法修正案(八)〉时间效力问题的解释》等。这些涉及刑法中年龄要素的司法解释占刑法类司法解释的比例也大致是在6%。

不难发现,从量化的角度来说,年龄因素在我国刑法及相关司法解释中所占比重都大约占6%,其重要性可见一斑。

第二节 我国刑法中年龄划分现状及法言用词

年龄是刑法中有关身份的一个重要侧面,它与被告人身份、地位、性别、职业等共同组成了身份体系,关系到定罪与量刑以及执行处遇。因此,在完善的刑法体系中,应当对涉及年龄因素的各个刑法术语有着准确的定义和合理的区分。我国大陆现行《刑法》中存在大量有关年龄的法言法语,但是这些法言法语用法混乱,各个术语间存在大量竞合和重复的现象。本书将对这些法言法语进行一一分析,并作出体系性的归纳和总结。

检索我国现行《刑法》,可以发现涉及年龄的法言法语包括:“婴幼儿”“儿童”“童工”“幼女”“年幼”“不满十四周岁”“已满十四周岁不满十六周岁”“不满十六周岁”“未满十六周岁”“已满十六周岁”“已满十四周岁不满十八周岁”“不满十八周岁”“未成年人”“年老”“已满七十五周岁”等十余种。其中以数字加以明确的主要是四个年龄,即 14 周岁、16 周岁、18 周岁以及 75 周岁,这几个数字尤其是前三个数字在进行排列组合后就出现了 6 ~ 7 种概念和数个区间;其余则是独特语境下有着特殊含义的特定词汇。

“不满十四周岁”一词在现行《刑法》中共出现 4 次,依次是:(1)第 236 条第 2 款“奸淫不满十四周岁的幼女的,以强奸论,从重处罚”;(2)第 262 条“拐骗不满十四周岁的未成年人,脱离家庭或者监护人的,处五年以下有期徒刑或者拘役”;(3)第 262 条之一“以暴力、胁迫手段组织残疾人或者不满十四周岁的未成年人乞讨的,处三年以下有期徒刑或者拘役,并处罚金;情节严重的,处三年以上七年以下有期徒刑,并处罚金”;(4)第 359 条第 2 款“引诱不满十四周岁的幼女卖淫的,处五年以上有期徒刑,并处罚金”。不难发现,“不满十四周岁”这一词语并不单独出现,而是和“幼女”以及“未成年人”分别搭配组成“不满十四周岁的幼女”以及“不满十四周岁的未成年人”两个词汇。同时,这两个新的词汇是刑法中对被害人年龄特征的规定。

“已满十四周岁不满十六周岁”在现行《刑法》中共出现 1 次,即第 17 条第 2 款“已满十四周岁不满十六周岁的人,犯故意杀人、故意伤害致人重伤或者死亡、强奸、抢劫、贩卖毒品、放火、爆炸、投放危险物质罪的,应当负刑事责任。”这一词汇是对限制刑事责任年龄的规定,是刑法对犯罪人或者加害行为人年龄特征的规定。

“已满十四周岁不满十八周岁”在现行《刑法》中共出现 1 次,即第 17 条第 3 款“已满十四周岁不满十八周岁的人犯罪,应当从轻或者减轻处罚”。这一词汇规定了特定年龄段的刑罚优惠,也是对犯罪人年龄特征的规定。

"不满十六周岁"这一词汇在现行《刑法》中出现 1 次,即第 17 条第 4 款"因不满十六周岁不予刑事处罚的,责令他的家长或者监护人加以管教;在必要的时候,也可以由政府收容教养"。这同样是对犯罪人年龄特征的规定。

"未满十六周岁"这一词汇在现行《刑法》中出现 1 次,即第 244 条之一"违反劳动管理法规,雇用未满十六周岁的未成年人从事超强度体力劳动的,或者从事高空、井下作业的,或者在爆炸性、易燃性、放射性、毒害性等危险环境下从事劳动,情节严重的,对直接责任人员,处三年以下有期徒刑或者拘役,并处罚金;情节特别严重的,处三年以上七年以下有期徒刑,并处罚金"。"未满十六周岁"固定地与"未成年人"搭配成"未满十六周岁的未成年人",成为雇用童工从事危重劳动罪被害人的界定标准。[1]

"已满十六周岁"这一词汇在现行《刑法》中出现 1 次,即《刑法》第 17 条第 1 款"已满十六周岁的人犯罪,应当负刑事责任",这同样是对犯罪人的年龄特征的规定。

"不满十八周岁"这一词汇在现行《刑法》中共出现 7 次,分别是:(1)第 29 条第 2 款"教唆不满十八周岁的人犯罪的,应当从重处罚";(2)第49 条"犯罪的时候不满十八周岁的人和审判的时候怀孕的妇女,不适用死刑";(3)第 65 条"被判处有期徒刑以上刑罚的犯罪分子,刑罚执行完毕或者赦免以后,在五年以内再犯应当判处有期徒刑以上刑罚之罪的,是累犯,应当从重处罚,但是过失犯罪和不满十八周岁的人犯罪的除外";(4)第 72 条"对于被判处拘役、三年以下有期徒刑的犯罪分子,同时符合下列条件的,可以宣告缓刑,对其中不满十八周岁的人、怀孕的妇女和已满七十五周岁的人,应当宣告缓刑";(5)第 100 条第 2 款"犯罪的时候不满十八周岁被判处五年有期徒刑以下刑罚的人,免除前款规定的报告义务";(6)第 234 条之一第 2 款"未经本人同意摘取其器官,或者摘取不满十八周岁的人的器官,或者强迫、欺骗他人捐献器官的,依照本法第二百三十四条、第二百三十二条的规定定罪处罚";(7)第 364 条第 4 款"向不满十八周岁的未成年人传播淫秽物品的,从重处罚"。这 7 次中,从犯罪人角度加以规定的包括第 49 条、第 65 条、第 72 条、第 100 条的 4 次,其余 3 次则是对被害人的年龄规定。

"已满七十五周岁"这一词汇在《刑法》中共出现 3 次,分别是:(1)第17 条之一"已满七十五周岁的人故意犯罪的,可以从轻或者减轻处罚;过失犯罪的,应当从轻或者减轻处罚";(2)第 49 条第 2 款"审判的时候已满七十五周岁的

---

[1] 值得注意的是,"童工"这概念并不直接出自《刑法》,而是来源于"两高"的罪名认定表。

人,不适用死刑,但以特别残忍手段致人死亡的除外";(3)第72条"对于被判处拘役、三年以下有期徒刑的犯罪分子,同时符合下列条件的,可以宣告缓刑,对其中不满十八周岁的人、怀孕的妇女和已满七十五周岁的人,应当宣告缓刑"。这一词汇的3次出现都是对犯罪人年龄的规定。

"未成年人"这一词汇在《刑法》中共出现13次,共可分9处,分别是:(1)第260条之一"对未成年人、老年人、患病的人、残疾人等负有监护、看护职责的人虐待被监护、看护的人,情节恶劣的,处三年以下有期徒刑或者拘役";(2)第262条"拐骗不满十四周岁的未成年人,脱离家庭或者监护人的,处五年以下有期徒刑或者拘役";(3)第262条之一"以暴力、胁迫手段组织残疾人或者不满十四周岁的未成年人乞讨的,处三年以下有期徒刑或者拘役,并处罚金;情节严重的,处三年以上七年以下有期徒刑,并处罚金";(4)第262条之二"组织未成年人进行盗窃、诈骗、抢夺、敲诈勒索等违反治安管理活动的,处三年以下有期徒刑或者拘役,并处罚金;情节严重的,处三年以上七年以下有期徒刑,并处罚金";(5)第301条第2款"引诱未成年人参加聚众淫乱活动的,依照前款的规定从重处罚";(6)第347条第6款"利用、教唆未成年人走私、贩卖、运输、制造毒品,或者向未成年人出售毒品的,从重处罚";(7)第353条第3款"引诱、教唆、欺骗或者强迫未成年人吸食、注射毒品的,从重处罚";(8)第358条第2款"组织、强迫未成年人卖淫的,依照前款的规定从重处罚";(9)第364条第4款"向不满十八周岁的未成年人传播淫秽物品的,从重处罚"。不难发现,这9处"未成年人"都是对被害人年龄的规定。当然,需要指出的是,根据《未成年保护法》第2条"本法所称未成年人是指未满十八周岁的公民",事实上,"未成年人"的概念与"未满十八周岁"是等同的。

"婴幼儿"这一词汇在现行《刑法》一共出现2次,分别是:(1)第239条第3款"以勒索财物为目的偷盗婴幼儿的,依照前两款的规定处罚";(2)第240条第3款第6项"以出卖为目的,偷盗婴幼儿的"。一般认为,婴儿是指1周岁以下的人,幼儿是指6周岁以下的人,"婴幼儿"合称应当是指婴儿和幼儿,都是对被害人的年龄规定。

"幼女"这一词汇在《刑法》中共出现6次,可以分为2处:(1)第236条"以暴力、胁迫或者其他手段强奸妇女的,处三年以上十年以下有期徒刑。奸淫不满十四周岁的幼女的,以强奸论,从重处罚。强奸妇女、奸淫幼女,有下列情形之一的,处十年以上有期徒刑、无期徒刑或者死刑:(一)强奸妇女、奸淫幼女情节恶劣的;(二)强奸妇女、奸淫幼女多人的;(三)在公共场所当众强奸妇女的;(四)二人以上轮奸的;(五)致使被害人重伤、死亡或者造成其他严重后果的";(2)第359条第2款"引诱不满十四周岁的幼女卖淫的,处五年以上有期徒刑,并处罚金”。“幼女”的概念在刑法中比较明确，意指不满14周岁的女性，其出现都是对被害人的年龄规定。

“儿童”这一词汇在《刑法》中共出现30次，可以分为7处：(1)第237条第3款“猥亵儿童的，依照前两款的规定从重处罚”。(2)第240条“拐卖妇女、儿童的，处五年以上十年以下有期徒刑，并处罚金；有下列情形之一的，处十年以上有期徒刑或者无期徒刑，并处罚金或者没收财产；情节特别严重的，处死刑，并处没收财产”。(3)第241条“收买被拐卖的妇女、儿童的，处三年以下有期徒刑、拘役或者管制；收买被拐卖的妇女，强行与其发生性关系的，依照本法第二百三十六条的规定定罪处罚。收买被拐卖的妇女、儿童，非法剥夺、限制其人身自由或者有伤害、侮辱等犯罪行为的，依照本法的有关规定定罪处罚。收买被拐卖的妇女、儿童，并有第二款、第三款规定的犯罪行为的，依照数罪并罚的规定处罚。收买被拐卖的妇女、儿童又出卖的，依照本法第二百四十条的规定定罪处罚。收买被拐卖的妇女、儿童，对被买儿童没有虐待行为，不阻碍对其进行解救的，可以从轻处罚；按照被买妇女的意愿，不阻碍其返回原居住地的，可以从轻或者减轻处罚”。(4)第242条“以暴力、威胁方法阻碍国家机关工作人员解救被收买的妇女、儿童的，依照本法第二百七十七条的规定定罪处罚。聚众阻碍国家机关工作人员解救被收买的妇女、儿童的首要分子，处五年以下有期徒刑或者拘役；其他参与者使用暴力、威胁方法的，依照前款的规定处罚”。(5)第262条“拐骗不满十四周岁的未成年人，脱离家庭或者监护人的，处五年以下有期徒刑或者拘役”。(6)第262条之一“以暴力、胁迫手段组织残疾人或者不满十四周岁的未成年人乞讨的，处三年以下有期徒刑或者拘役，并处罚金；情节严重的，处三年以上七年以下有期徒刑，并处罚金”。(7)第416条“对被拐卖、绑架的妇女、儿童负有解救职责的国家机关工作人员，接到被拐卖、绑架的妇女、儿童及其家属的解救要求或者接到其他人的举报，而对被拐卖、绑架的妇女、儿童不进行解救，造成严重后果的，处五年以下有期徒刑或者拘役。负有解救职责的国家机关工作人员利用职务阻碍解救的，处二年以上七年以下有期徒刑；情节较轻的，处二年以下有期徒刑或者拘役”。这7处都是对被害人年龄作出的规定。需要指出的是，根据第262条，“儿童”的概念比较清晰，指的是未满14周岁的人。但是从相关国际公约以及越来越多国家的立法情况来看，国际上对儿童年龄界定的主流趋势，是将18周岁以下的人称为“儿童”，《儿童权利公约》第1条即作出此规定。我国对于“儿童”的概念定义与国际通行做法有所不同。

“年幼”与“年老”两个词汇在现行《刑法》中都只出现一次，即第261条“对于年老、年幼、患病或者其他没有独立生活能力的人，负有扶养义务而拒绝扶养，情节恶劣的，处五年以下有期徒刑、拘役或者管制”。这两个词汇都是对被害人年龄的规定,但是无论是刑法典本身,还是各个司法解释,都没能明确指出“年老”和“年幼”具体指多少岁,缺少明确的标准。若是按照实质解释和体系性解释,将“年老”和“年幼”与“没有独立生活能力”联系起来,认为不必对这两个词汇进行具体的年龄规定,似乎也是一个解决之道。但是,“没有独立生活能力”毕竟是一个更加模糊的描述,缺乏明确性和可操作性。本书认为,对于“年老”和“年幼”这两个概念,还是应当对应到具体年龄为宜。《老年人权益保障法》第2条规定“本法所称老年人是指六十周岁以上的公民”,出于法体系的统一性,本书主张采取《老年人权益保障法》的概念界定,将“年老”对应为60周岁以上。至于“年幼”,由于父母对子女的抚养义务一直到18周岁,因此本书倾向于将“年幼”对应到18周岁以下,或者是“未成年”这一概念。

从加害和被害双方的关系来看,我国关于年龄的法言法语主要可以分为两类:一类是对于犯罪人的年龄规定;另一类则是对于被害人的年龄规定。前者包括“已满十四周岁不满十六周岁”“不满十六周岁”“已满十六周岁”“已满十四周岁不满十八周岁”“已满七十五周岁”“不满十八周岁”,主要是刑法总则中对于未成年人以及老年人在刑事责任能力、死刑、缓刑、假释等的刑罚优待。后者包括“未成年人”“不满十八周岁”“未满十四周岁”“幼女”“儿童”“婴幼儿”“年老”“年幼”,除了《刑法》第29条中教唆未成年人犯罪从重处罚位于刑法总则,其余的基本位于刑法分则,多是刑法分则规定罪名或是加重处罚情节的行为对象。

从年龄划分阶段来看,在我国1周岁以下的人刑法称为“婴儿”,6周岁以下的人称为“幼儿”,14周岁以下的人称为“儿童”,18周岁以下的人称为“未成年人”,60周岁以上的人称为“年老”。因此,“不满十四周岁”与“儿童”概念等同,“未成年人”概念则与“不满十八周岁”重合,“儿童”又是“未成年人”项下的概念,另外“儿童”的概念又包含“幼女”的概念,同时“婴幼儿”的概念也能被“儿童”概念涵盖。这些法言之间存在大量竞合关系,在罪名认定上必须进行严格的界定。

此外,不难看出,前述的各种年龄用语可以分为两个大类:第一大类是有关老年人的词语;第二大类是有关未成年人的词语。前者包括“已满七十五周岁”和“年老”,后者则包含了“婴幼儿”“儿童”“童工”“幼女”“年幼”“不满十四周岁”“已满十四周岁不满十六周岁”“不满十六周岁”“未满十六周岁”“已满十六周岁”“已满十四周岁不满十八周岁”“不满十八周岁”“未成年人”等词汇。从数量上来说,我国刑法涉及老年人年龄因素的规定要远远少于未成年人的规定,这与未成年人特殊保护作为一种价值取向在某种意义上高于老年人的保护有关。因此,本书在下文对于年龄因素的分析中自然更加侧重于未成年人部分的写作。

第二章　刑事责任年龄制度的重构与反思

第一节　刑事责任年龄制度的由来

一、刑事责任概述

刑事责任(criminal liability)是刑事责任能力的上位概念,我国刑法通说认为刑事责任是犯罪的法律后果,并非犯罪论构成体系中的归责性。因此,在我国刑法理论界,对刑事责任的定义与大陆法系国家对刑事责任的定义不尽相同。

在对刑事责任进行阐述之前,我们必须要对犯罪论体系中的归责性进行必要的说明。归责性是大陆法系犯罪构成体系的要件之一,归责性在大陆法系国家中同时也被称为刑事责任,主要是指对符合犯罪构成要件的行为进行归责和非难。换言之,行为人的行为是否构成犯罪、是否要追究其行为的责任,要看这个行为是否同时满足该当性、违法性、有责性三个要件。刑事责任(归责性)的表现形式为人的主观状态,这种主观状态包含但不局限于责任能力、故意、过失以及期待可能性。支撑刑事责任的两个支点分别为主观的责任和个人的责任。主观的责任,主要是指被责难的行为人必须达到责任年龄,且同时具备责任能力以及主观上的故意或过失。个人责任,是指被追究责任的主体只能是这个行为的实施者。

我国刑法理论界部分吸收了大陆法系的观点,目前在我国刑法理论界关于刑事责任的定义有以下几种主流的学说:其一为责难说,该学说认为刑事责任是司法机关按照刑事法律规范对犯罪人及其所实施的犯罪行为进行的非难和指责;换言之,刑事责任是司法机关采用强制方法使犯罪人承担其所实施的犯罪行为责任的一种刑事处罚。其二为义务说,该学说认为刑事责任是犯罪人因自己的犯罪行为导致自己必须承担被国家依法科以刑事处罚的义务。其三为刑事法律关系说,该学说认为刑事责任是有关刑事法律规范、刑事诉讼法律规范方面法律关系的总和。其四为后果说,该学说认为刑事责任是犯罪人应当依照刑事法律规范的规定承担的因其实施犯罪行为导致的法律后果。[1]

本书同意第一种学说，笔者认为刑事责任是犯罪人应该承担的司法机关依据刑事法律规范对犯罪人及其所实施的犯罪行为进行的非难和指责。

本书认为刑事责任同时还具备以下四个特征：

第一，刑事责任应该涵盖对罪犯的指责和对行为的非难两个方面。这两个方面是统一且相辅相成的。犯罪的实质是一种行为，而行为往往是人的一种有意识的、主观能动的支配活动，实施犯罪行为必须存在犯罪人，只有实施了犯罪行为的人才能成为犯罪主体。由于犯罪人所实施的犯罪行为侵犯了刑法所保护的法益，因此这种行为被刑法予以否定评价；因为犯罪行为是犯罪人在意识的支配下主观能动的选择，犯罪行为同时也是犯罪人人身危险性的表现，故犯罪人同样应该受到责难和谴责。

第二，刑事责任兼具法律属性和社会属性两个方面。刑事责任的法律属性，是指刑事责任必须以刑事法律规范为法律依据，只能是刑事法律规范才能对犯罪行为和犯罪人进行否定评价与责难，其他法律规范无权对犯罪行为和犯罪人进行刑法意义的评价与责难，犯罪人被追究刑事责任其实就是刑事法律规范内容的最终实现。刑事责任是犯罪人被国家强制负担的一种法律责任。刑事责任的社会属性，是指刑事责任的形式不仅仅体现为一种法律责任，还体现出我们生活的社会中的一种公平正义的价值取向。

第三，必然性与平等性是刑事责任的内在本质。刑事责任必然性可以理解为，犯罪人实施了犯罪行为，就必然要被国家追究刑事责任；犯罪人只要实施了犯罪行为，就必然要承受刑事责任。假如犯罪人犯罪之后不被追究刑事责任也不承担刑事责任，那么刑法将丧失公平正义的本质，也将丧失保护法益、预防犯罪的最终目的。刑事责任的平等性，是指无论是谁犯罪，成为犯罪人之后所承担的刑事责任都必须由刑事法律规范来规定。这句话意味着犯罪人在承担刑事责任的主体资格上是平等的，只要犯罪就必须承担刑事责任，犯罪人在承担刑事责任的大小上也是平等的，罪行较重的犯罪人应当承担较重的刑事责任，罪行较轻微的犯罪人应当承担较轻微的刑事责任。

第四，严厉性与专属性是刑事责任的外在表现。刑事责任隶属于法律责任，是法律责任的下位概念。我们知道，刑罚是最为强制的也是最为严厉的惩罚方式，刑罚往往被定义为刑事责任最基本的表现形式。因而，我们可以看出刑事责任是法律责任中最为严厉的一种。刑事责任的专属性是指刑事责任的严厉性始终指向犯罪行为的实施者，刑事责任的严厉性永远不能指向善意第三人。通俗

---

〔1〕 高铭暄主编：《刑法学》，北京大学出版社、高等教育出版社 2000 年版，第 208 页。

来说，承担刑事责任的主体永远只能是实施了犯罪行为的犯罪人，没有实施犯罪行为的人永远不具备承担刑事责任的主体资格。

二、刑事责任能力与刑事责任年龄

刑事责任能力（capacity for criminal responsibility）也可称为辨认控制能力（recognize ability and control ability），是指人辨认和控制自己行为的能力，换言之，也就是人辨认自己行为的性质、后果并能有效控制、支配自己行为的能力。行为人只有在具有这种责任能力的情况下，有意识地实施侵害法益的行为时，才构成犯罪，并应对自己的行为承担刑事责任。当一个人达到一定的年龄（以智力水平和社会知识正常发展为前提条件）就具备了辨认和控制自己行为的能力。辨认能力和控制能力共同构成辨认控制能力。

辨认能力往往也被称为认识能力、识别能力，是指行为人认识、识别自己所要实施的行为的性质、后果与意义的能力。只要行为人具有认识、识别自己行为的性质、后果与意义的能力就具备辨认能力（当然人与人的辨认程度会随着教育水平等因素的不同而呈现出不同的差别）；不具备认识、识别自己行为的性质、后果与意义的能力则不具备辨认能力。

控制能力，是指人支配自己为某种行为或者不为某种行为的能力。犯罪行为人在实施犯罪时一般处于为某种行为或者不为某种行为的状态。犯罪行为人只有在意识到其欲实施的某种行为的本质、产生的后果、意义，并能够控制自己为某种行为或者不为某种行为的情况下，才具备控制能力（当然人与人的辨认程度会随着教育水平等因素的不同而呈现出差别）；不具备以上条件的则不具备控制能力。（这里需要说明的是刑法理论上的控制能力与心理学理论上的自制力并非同一概念。心理学理论上的自制力是指人控制自己的情感、喜好和欲望的能力，在心理学理论中自制力是一种可贵的品质。故两者并非等同关系，而是上下位的关系。有自制力一定会具有控制能力，具备控制能力并不必然具备自制力。在有控制能力的情况下但没有自制力而实施了犯罪行为的案例不胜枚举。因此，我们切不可将控制能力与自制力等同而语。）

辨认能力与控制能力相辅相成。辨认能力是控制能力存在的根基，没有辨认能力不可能有控制能力。辨认能力被控制能力所反映，有控制能力则证明行为人必然具备辨认能力。在大陆法系国家刑法理论中辨认控制能力被一些学者定义为犯罪能力，他们的观点是“没有辨认控制能力的行为人所实施的行为不是犯罪”；在大陆法系国家刑法理论中辨认控制能力还被一些学者定义为刑罚适应能力，他们的观点是“没有辨认控制能力的行为人所实施的行为必然是犯罪，但是其由于不具备刑罚适应能力所以不能对其科以刑罚”。[1] 本书认为，辨认能力与控制能力是犯罪能力的充要条件，缺少其中一种便不具备犯罪能力（精神病人属于可能具备辨认能力但由于其所患的精神病导致其最终失去控制能力，该类情况在刑法上属于没有犯罪的能力）。因此只有同时具备辨认能力与控制能力的人才具有犯罪能力。

本书同时认为，辨认控制能力实质上是指对“自己行为”的辨认控制能力，是指犯罪时的行为能力；在行为时具有犯罪能力，必然具备刑事责任能力。因此，辨认控制能力同样可以理解为犯罪能力。

首先，根据“意思自由说”，人只有在具备意志相对自由的基础上实施的行为，才有可能构成犯罪，反之则不构成犯罪。值得注意的是，辨认控制能力是意志相对自由的前提条件；不具备辨认控制能力的人，永远不可能存在意志相对自由。

其次，只有自己的行为及行为所产生的危害后果具有主观上故意、过失时才可能构成犯罪，辨认控制能力恰恰是故意、过失的前提条件，不具备辨认能力就不可能具备故意、过失的主观认识因素，也不可能具备故意、过失的主观意志因素。

最后，辨认控制能力和法定年龄是一对矛盾体，两者之间既对立又相互统一，双方以一方的存在为依据。详言之，某些人尽管已达到法定年龄，可是由于生理原因而患精神病导致没有辨认能力，这就必然要求我们应当在法定年龄之外另行定义、规定辨认控制能力。因为一般达到了法定年龄的人一般均具备辨认控制能力，因此我国刑法仅仅消极地规定辨认控制能力，这就意味着除精神病的原因导致丧失辨认控制能力之外，只要达到法定年龄的人均属于具备辨认控制能力的人。因此，在一般情况下，司法机关不需要证实一个达到法定年龄的人是否具备辨认控制能力；司法机关只有在犯罪行为人身患精神病的情况下，才会核查犯罪行为人是否具备辨认控制能力。同理而推之，假如犯罪行为人没有达到法定年龄，司法机关可以直接认定其行为不成立犯罪，没有必要再去核查其是否具备辨认控制能力。因而，犯罪行为人是否达到法定年龄是核查其是否具备辨认控制能力的基础条件。刑法通说认为，辨认控制能力包括两个表现形式：一个表现形式为满足犯罪构成所必需的辨认控制能力；另一个表现形式为与刑罚裁量有关的辨认控制能力。详言之，不满足犯罪构成要件的人，肯定必然不具备完整的辨认控制能力；没有具备完整辨认控制能力的犯罪行为人，当其行为满足《刑法》分则描述的罪状时，其行为构成犯罪，但是此时对其量刑时要对其不完整

---

〔1〕 张兵建：《刑事责任能力解读》，西南政法大学2009年硕士学位论文。

的辨认控制能力加以考虑。据此,犯罪构成主体要件所定义的辨认控制能力,仅仅为一个限度内的辨认控制能力,并非完整意义上的辨认控制能力。也就是说,满足犯罪构成主体要件的人只需达到法定年龄且并未完全失去辨认控制能力即可。

因此,所谓法定年龄,又引出刑事责任年龄制度。刑事责任年龄(age for criminal responsibility)也可称为刑事法定年龄,具体指在刑事法律规范中定义的,犯罪行为人实施刑事法律规范所禁止的犯罪行为时应该达到的年龄。没有达到刑事法定年龄的人实施的行为必然不构成犯罪,因此,刑事法定年龄同样可以称为犯罪年龄。犯罪构成主体要件必须具备的条件是自然人必须要达到刑事法定年龄。在我国刑法理论界,也将刑事责任年龄定义为刑事法定年龄,我国刑法理论界同样也将辨认控制能力定义为刑事责任能力。在我国,刑事责任年龄和刑事责任能力这两个法律术语是直接从大陆法系国家的刑法理论中移植而来的。大陆法系国家刑法理论中主流观点认为,作为犯罪构成要件之一的刑事责任能力应该涵盖犯罪行为人的辨认和控制能力,该观点认为责任是犯罪构成的要件,责任以责任能力为主要内容,故刑事责任能力在大陆法系国家刑法理论中是统一的。我国刑法理论界对刑事责任的定义有不同的争议和观点,刑法通说认为,责任仅仅是犯罪构成的后果,并非犯罪构成的要件。因而,刑事法定年龄与辨认控制能力被我国刑法理论界界定为刑事责任年龄和刑事责任能力。本书认为这样的界定容易在解释法律的时候产生歧义,我国刑法理论界有学者认为法定年龄与辨认控制能力仅仅是关系到刑事责任承担的因素,并非关系犯罪构成的因素。但在具体实践中,法定年龄与辨认控制能力不仅仅关系到刑事责任承担和刑法的裁量,最主要的是还关系到犯罪构成。

具备主观上的故意、过失是建立在具备辨认控制自己行为能力的基础上的,可是一个人的辨认控制能力不是生而有之的,人能够具备辨认控制能力是一个相当漫长的历程,这个历程伴随着人的发育成长,伴随着人的教育程度的提高,伴随着人的社会阅历的丰富。简言之,年龄制衡着一个人的辨认控制能力,一个人只有达到一定年龄才可能具备辨认控制能力。故一个人的年龄与辨认控制能力这两者间是表象和内在的关系。在评价一个人是否构成犯罪时,要求主体必须具备辨认控制能力,一个成年人显然具备辨认控制能力(当然这里要排除某些患精神病的人)。需要说明的是,处在幼儿时期与成年人之间这段时间的人,他们的辨认控制能力如何界定、测定?当今科学技术的水平还不足以让司法机关非常便捷地测定出这段时间的人的辨认控制能力;仅仅依靠司法工作人员凭借自己主观办案的经验根本无法断定这个时期的人是否具备辨认控制能力继而断定这个人是否满足犯罪主体的资格(是否适格)。刑事法律规范的立法者在立法中定义年龄就是基于年龄与辨认控制能力两者间存在的联系,进而定义处在幼儿时期与成年人之间这段时间的人能否具备辨认控制能力。不可回避的一个事实是，如果仅仅定义年龄是非常不周延的，因为这样无法回答达到了法定年龄却没有辨认控制能力的精神病人又当如何处理。刑事法律规范的立法者又在立法中对精神病人作了特殊的定义。

通过以上论述我们还可以得知，界定刑事法定年龄时必须以国内公民在通常情况下具备辨认控制能力的年龄为准则，界定刑事法定年龄不能带有很大的随意性。要做到不能带有很大的随意性就必然要考虑许多相关的因素，比如，其中一个人的心理、生理的发育程度往往与其生活的国家的生活环境相关（包括但不限于地理状况等自然条件），此外，一个人受教育程度往往与其生活的国家的文化积淀、教育水平、教育普及程度相关。

第二节　我国的刑事责任年龄

早在先秦时代我国就专门对未成年人和老年人的刑事责任年龄作出了规定，《周礼・秋官・司刺》"'三赦'曰：一赦曰幼弱，二赦曰老旄，三赦曰蠢愚"，"一赦曰幼弱者，矜其幼也"；"二赦曰老旄者，矜其老也"；"三赦曰蠢愚，矜其性识之不逮也"。"矜其性识之不逮也"，不仅仅赦免"蠢愚"者，也赦免"幼弱"者和"老旄"者。郑司农曰："幼弱、老旄，若今律令年未满八岁，八十以上，非手杀人，他皆不坐。"《汉书・刑法志》颜注："幼弱谓七岁以下。"《礼记・曲礼》："八十九十曰耄。"《释名・释长幼》："七十曰耄，头白耄耋然也。"《国语・周语》韦昭注："八十曰耄。耄，昏惑也。"孙诒先生认为：耄是七十岁至九十岁之上老人的通称。[1]"幼弱"是七至八岁以下人的通称，"老耄""幼弱"不具备完整的刑事责任能力（也可理解为"老耄""幼弱"失去部分的刑事责任能力），故"老耄""幼弱"在"矜其性识之不逮"之列。据载，我国先秦时代将不满十五岁的人定义为幼儿。

一、关于未成年人刑事责任年龄的立法发展

在新中国的刑事立法上，虽然新中国直至1979年才有了第一部刑法典，但早在新中国成立之初的1950年7月25日《刑法大纲草案》中就明确规定了未成年人犯罪问题和刑事责任年龄。回顾和反思我国刑事责任年龄之刑事立法的发展，对于反思和重构合理的刑事年龄结构具有积极意义。

---

〔1〕 孙诒让：《周礼正义》卷六十八，中华书局1987年版，第2843页。转引自姚志伟：《略论中国古代刑事责任年龄制度》，载《南华大学学报》2005年第1期。

刑事责任年龄是确定未成年人犯罪责任范围的重要依据。我国未成年人刑事责任年龄的立法发展也主要体现在三个方面。

(一)关于完全不负刑事责任年龄的立法发展

有关刑事责任年龄的起点,根据1979年刑法典和1997年刑法典以及相关刑法草案的规定,我国先后有过三种不同的规定。第一种规定是将刑事责任年龄的起点规定为满12周岁。这也是所有刑法草案规定的最低刑事责任年龄。我国1954年9月30日《刑法指导原则草案(初稿)》第3条第3款规定:“不满12岁的人,不论犯任何罪,不负刑事责任;但是应当责令他的父母或者其他监护人,加以管教。”[1]第二种规定是将刑事责任年龄的起点规定为13周岁。我国1956年11月12日《刑法草案(草稿)》(第13次稿)和1957年6月28日《刑法草案(初稿)》(第22次稿)都将刑事责任年龄的起点规定为满13周岁。而1988年12月25日《刑法(修改稿)》在1979年刑法典将刑事责任年龄起点规定为满14周岁的情况下,又重新将刑事责任年龄的起点规定为满13周岁。第三种规定是将刑事责任年龄的起点规定为14周岁。我国1979年刑法典和1997年刑法典采取的都是这种规定。关于这一规定的理由,最高人民法院刑法修改小组1989年3月在《关于刑法总则修改的若干问题》一文中提出:当前绝大多数青少年犯罪仍是在16~25周岁这个年龄阶段,14周岁以下的少年犯罪尤其是严重犯罪案件虽然有,但毕竟是极个别现象;随着社会的进步,青少年出现早熟现象,成熟程度也有所提高,但对于占全国面积80%以上的广大农村来说并非如此;降低刑事责任年龄,有悖于国家对青少年“教育为主、惩罚为辅”的原则;世界上多数国家都把14周岁作为负刑事责任的起点年龄。[2]

(二)关于相对负刑事责任年龄的立法发展

相对负刑事责任年龄主要涉及两个问题:一是相对负刑事责任的年龄阶段划分;二是相对负刑事责任的犯罪范围。我国关于未成年人相对负刑事责任年龄的规定主要体现在如下方面。

1. 关于相对负刑事责任的年龄阶段

关于相对负刑事责任的年龄阶段,1979年刑法典和1997年刑法典都规定的是“已满14周岁不满16周岁”。这一规定的原因是基于认为达到这个年龄阶段的人,已经具备了一定的辨别大是大非和控制的能力,即对某些严重危害社会

---

〔1〕 高铭暄、赵秉志编:《中国刑法立法文献资料精选》,法律出版社2007年版,第229页。

〔2〕 高铭暄、赵秉志编:《新中国刑法立法文献资料总览(下)》,中国人民公安大学出版社1997年版,第2233~2234页。

的行为具备一定的辨认和控制能力。[1] 不过，与两部刑法典的一致立场不同，相关刑法草案则出现过三种不同的规定：第一种规定是将相对负刑事责任的年龄阶段规定为“已满 12 岁不满 15 岁”，如 1954 年 9 月 30 日《刑法指导原则草案》（初稿）第 3 条第 2 款规定：“已满 12 岁不满 15 岁的人，犯反革命、杀人、放火和严重破坏交通罪，应当负刑事责任。”[2]第二种规定是将相对负刑事责任的年龄阶段规定为“已满 13 岁不满 15 岁”，如 1957 年 6 月 28 日《刑法草案（初稿）》（第 22 次稿）第 13 条第 2 款规定：“已满 13 岁不满 15 岁的人，犯杀人、重伤、放火、严重偷窃罪或者严重破坏交通罪，应当负刑事责任。”[3]第三种规定是将相对负刑事责任的年龄阶段规定为“已满 13 岁不满 16 岁”，如 1988 年 12 月 25 日《刑法（修改稿）》第 14 条第 2 款规定：“已满 13 岁不满 16 岁的人，犯杀人、放火、抢劫、惯窃、爆炸、投毒、强奸、故意重伤罪，应当负刑事责任。”[4]

2. 关于相对负刑事责任的犯罪范围

与相对负刑事责任的年龄阶段不同，我国两部刑法典关于相对负刑事责任的犯罪范围有过不同的规定。具体而言，我国关于相对负刑事责任犯罪范围的立法发展主要体现在以下两个方面：第一，立法模式经历了一个由具体到抽象再到具体的过程。在 1979 年刑法典制定之前，多部刑法草案对相对负刑事责任的犯罪范围都是采取具体列举的方式规定，如 1957 年 6 月 28 日《刑法草案（初稿）》（第 22 次稿）第 13 条第 2 款规定：“已满 13 岁不满 15 岁的人，犯杀人、重伤、放火、严重偷窃罪或者严重破坏交通罪，应当负刑事责任。”[5]但是到 1979 年刑法典制定时，有关相对负刑事责任犯罪范围的规定采取了“列举 + 概括”的方式，而这一规定到 1997 年刑法典时又变成了具体列举的方式。第二，相对负刑事责任的犯罪范围经历了一个由小到大再到小的过程。在新中国成立之初的几个刑法草案中，关于相对负刑事责任只规定了四、五种犯罪，如 1954 年 9 月 30 日《刑法指导原则草案》（初稿）规定的是“反革命、杀人、放火和严重破坏交通罪”；[6]1957 年 6 月 28 日《刑法草案（初稿）》（第 22 次稿）和 1963 年 10 月 9 日《刑法草案（修正稿）》（第 33 次稿）规定的都是“杀人、重伤、放火、严重偷窃罪或者严重破坏交通罪”，[7]犯罪范围比较小。但是到了 1979 年刑法典，其相对

---

[1] 高铭暄主编：《新编中国刑法学》，中国人民大学出版社 1998 年版，第 148 页。
[2] 高铭暄、赵秉志编：《中国刑法立法文献资料精选》，法律出版社 2007 年版，第 229 页。
[3] 高铭暄、赵秉志编：《中国刑法立法文献资料精选》，法律出版社 2007 年版，第 250 页。
[4] 高铭暄、赵秉志编：《中国刑法立法文献资料精选》，法律出版社 2007 年版，第 497 页。
[5] 高铭暄、赵秉志编：《中国刑法立法文献资料精选》，法律出版社 2007 年版，第 250 页。
[6] 高铭暄、赵秉志编：《中国刑法立法文献资料精选》，法律出版社 2007 年版，第 229 页。
[7] 高铭暄、赵秉志编：《中国刑法立法文献资料精选》，法律出版社 2007 年版，第 250、278 页。

负刑事责任的犯罪范围则变得很大,包括了各种严重破坏社会秩序的犯罪。而1997年刑法典则再次对相对负刑事责任的犯罪范围进行了限缩,将其限定为八种犯罪。

(三)关于完全负刑事责任年龄的立法发展

关于完全负刑事责任年龄,我国刑法典和相关刑法草案先后共有两种不同的规定:第一种规定是将未成年人完全负刑事责任的年龄规定为满周15周岁。这主要体现在新中国成立之初的几个刑法草案中,如1954年9月30日《刑法指导原则草案(初稿)》和1957年6月28日《刑法草案(初稿)》(第22次稿)都规定完全负刑事责任的年龄为满15周岁。

第二种规定是将未成年人完全负刑事责任的年龄规定为满16周岁。[1]

二、老年人刑事责任年龄的立法发展

如前所述,关于中国古代对老年人刑事责任能力的界定、老年人的刑罚规定可追溯到我国先秦西周时期。其特殊规定主要见于《周礼·秋官·司刺》的记载:"一赦曰幼弱、再赦曰老耄、三赦曰蠢愚。"《礼记·曲礼》中对这前两赦的解释是:"七十曰老而传八十、九十曰耄,七年曰悼。悼与耄,虽有罪,不加刑焉。"[2]详言之,对于年满八十岁抑或九十岁以上的老人以及七岁以下的幼儿犯罪的,不追究其刑事责任。《周礼·秋官司寇·司厉》里还记载道:"凡有爵者,与七十者,与未龀者,皆不为奴。"[3]其意思是但凡犯盗窃罪的人,年满70岁以上以及年龄在7、8岁以下者(未龀指未换乳牙,男孩年龄是8岁,女孩年龄是7岁),如果其拥有爵位,即使其犯罪也不能被罚为奴隶。以上是西周统治者对老年人刑事责任能力的具体界定,这种界定彰显了恤刑思想。先秦之后,儒家文化的思想渐渐成为影响中国文化的主流学说,孔子和孟子所倡导的"人本主义"成为先秦之后中国法律文化的根基,先秦之后的两汉关于老年人犯罪的刑事责任多见于皇帝诏书和敕令之中,西汉汉惠帝曾下诏曰:"昭民年七十以上,若不满十岁,有罪当刑者,皆完之。"东汉光武帝曾经下诏曰:"凡八十以上,十岁以下者,不加拘禁。"后来东汉王朝明确规定,"年未满八岁或八十岁以上,非亲手杀人,皆不坐"。[4] 以上的记载说明了除杀人之外,8岁以下的幼儿和80岁以上的

[1] 赵秉志、袁彬:《我国未成年人犯罪刑事立法的发展与完善》,载《中国刑事法杂志》2010年第3期。

[2] 陆心国:《晋书刑法志注释》,群众出版社1986年版,第17页。转引自马柳颖:《对老年人刑事责任能力的探讨》,载《政法学刊》2009年第2期。

[3] 陆心国:《晋书刑法志注释》,群众出版社1986年版,第17页。转引自马柳颖:《对老年人刑事责任能力的探讨》,载《政法学刊》2009年第2期。

[4] 赵静:《从我国古代赦免制度谈老年人刑事责任》,载《江苏警官学院学报》2004年第3期。

老人犯罪的，均不被追究刑事责任。我国唐朝关于老年犯罪的界定形成了一整套完善的法律体系。《唐律疏议·名例律》记载："诸年七十以上，十五以下及废疾，犯流罪以下，收赎。八十以上，十岁以下及笃疾，犯反、逆、杀人应死者，上请；盗及伤人者，亦收赎，余皆勿论。九十以上，七岁以下，虽有死罪，不加刑。"[1]在唐律中，老年人刑事责任能力按照已满70周岁不满80周岁、已满80周岁不满90周岁、90周岁以上三个年龄阶段分别被界定为减轻刑事责任能力、相对刑事责任能力、完全无刑事责任能力的人。此外，《唐律疏议》还规定，90岁以上的老人和7岁以下的幼儿，如果是因为别人教唆而犯罪，仅追究教唆者的刑事责任，不追究犯罪实施者本人的刑事责任。唐朝之后的宋、元、明、清在界定老年人刑事责任方面基本以《唐律疏议》为蓝本。不得不提及的是，清朝末期的修宪运动中，《大清现行刑律》也在老年犯罪的界定上作出规定："未满十六岁人或满八十岁人，得减本刑一至二等。"在此之后，北洋政府时期、国民政府时期、国内革命战争时期、抗日战争时期关于老年人刑事责任减免处罚的规定都不胜枚举。1912年颁行的《中华民国暂行新刑律》第50条规定："喑哑人或未满十六岁人或满八十岁人犯罪得减本刑一等或二等。"1935年公布实施的《中华民国刑法》第18条第3项规定："满八十岁人之行为，得减轻其刑，未满十四岁人之行为，不罚。"[2]

在中国共产党领导的边区革命政府所施行的刑事法律规范中，也有关于界定老年人刑事责任的具体规定：《赣东北特区苏维埃暂行刑律》第29条规定："满八十岁人犯罪者，得减本刑一等或二等。"《陕甘宁边区抗战时期惩治汉奸条例》第9条规定："犯第二条各项之罪，年龄在八十岁以上者得减刑。"[3]

在《刑法修正案（八）》颁布以前，我国现行刑法虽未明确规定老年人刑事责任能力、老年人刑事责任年龄，但在我国具体的司法实践中一般都会对老年人犯罪予以从宽处理，人民法院一般均不会对年满70周岁的老年罪犯适用死刑。鉴于以上情况，有些学者建议在我国刑法典中增设有关老年人刑事责任能力、老年人刑事责任年龄的规定。但国内有些学者认为，在我国刑法典中增设有关老年人刑事责任能力、老年人刑事责任年龄的规定，对老年人犯罪进行宽宥将会被一些社会极端组织所利用，进而策动年老的人铤而走险犯罪，这样极有可能在司法实践中导致老年人犯罪数量上升，遇到类似的极端案件往往不好处理。这种争论在《刑法修正案（八）》颁布后暂时告一段落了。

---

〔1〕 长孙无忌等：《唐律疏议·名例律》，法律出版社1999年版，第89~92页。

〔2〕 马柳颖：《对老年人刑事责任能力的探讨》，载《政法学刊》2009年第2期。

〔3〕 周密：《中国刑法史纲》，北京大学出版社2000年版，第198页。

《刑法修正案(八)》第1条规定,在《刑法》第17条后增加一条,作为第17条之一:“已满七十五周岁的人故意犯罪的,可以从轻或者减轻处罚;过失犯罪的,应当从轻或者减轻处罚”;第3条规定,在《刑法》第49条中增加一款作为第2款:“审判的时候已满七十五周岁的人,不适用死刑,但以特别残忍手段致人死亡的除外”;第11条规定,将《刑法》第72条修改为:“对于被判处拘役、三年以下有期徒刑的犯罪分子,同时符合下列条件的,可以宣告缓刑,对其中不满十八周岁的人、怀孕的妇女和已满七十五周岁的人,应当宣告缓刑……”《刑法修正案(八)》通过这三条的修改,初步确立起我国的老年人刑事年龄结构,确立了75周岁的年龄标准,对于已满75周岁的犯罪人,给予量刑、刑种和缓刑上的优待。

第三节　现行刑事责任年龄结构的弊端

一、未成年人刑事年龄规定问题

我国刑事责任年龄结构目前存在的最大问题还是在于未成年人过低的刑事责任年龄造就了未成年人犯罪的福地。

鉴于未成年人关乎国家民族的未来及其自身可塑性强的特点,各国刑法都对其给予特别关注,刑事责任年龄制度的构建就是从刑法层面上,尽可能将未成年人排除在犯罪圈之外,以更加温和的方式对其进行教育和感化。我国对未成年人犯罪处罚秉持从宽处理和不适用死刑的原则。随着社会的高速发展和信息时代的来临,未成年人在优越的物质生活水平和充斥着淫秽暴力内容的网络文化侵扰下,生理和心理早熟现象日趋明显,司法实践中未成年人触法现象越发严重。

据最高人民法院统计,1999年至2005年,全国各级法院少年法庭判处未成年人犯罪年增12.87%。中国青少年研究中心青少年法律研究中心青少年研究所研究员杨守建说,20世纪90年代以来,青少年犯罪的初始年龄比20世纪70年代提前了2至3岁。[1] 2006年年初,天津市南开警方摧毁了一个持砍刀疯狂砍人、抢劫30多起的特大恶性犯罪团伙,10名犯罪嫌疑人中,有8名是十五六岁的孩子,最小的仅13岁。男孩大江(化名)生活在一个离异重组的家庭,曾参与多起持刀抢劫犯罪。其在接受记者采访时语出惊人:“我们年龄小,就算被警察逮住,也不会把我们怎么样……”[2]黑龙江通河县年仅13岁的男孩张力宝将

---

〔1〕 刘强、郭卿、孙宝林:《关于降低刑事责任年龄的探析》,载《科技信息》2007年第121期。

〔2〕 刘强、郭卿、孙宝林:《关于降低刑事责任年龄的探析》,载《科技信息》2007年第12期。

同村14岁女孩莉莉强奸后，法院判决其监护人对莉莉作出九千余元的赔偿并当庭释放。张力宝怀恨在心，次日晚上竟然又将莉莉母亲残忍杀死，被判处一年半劳教，不久获释。东莞一保安抓住3名未成年惯偷，惯偷被扭送至派出所拘留几天后释放。后3名惯偷驾驶面包车绑架该保安15岁女儿，轮奸后割掉其耳朵，并往耳朵里面塞臭虫几十只，塞不进去便用螺丝刀硬塞。福建某地一初中生爱慕同班漂亮女同学，屡屡示爱被拒绝。心怀不轨的他把女孩骗至旅馆将其杀死并奸尸碎尸。事后被抓获，他很镇定地说："你们不能判我死刑，我还未成年。"〔1〕

这些触法案件犯罪低龄化、犯罪手段成人化、犯罪后果严重化的特征日趋明显，某些个案的社会危害性更是远超普通成年人犯罪。然而，《刑法》第17条刑事责任年龄的划分，使其未能有效阻遏未成年人恶性犯罪，甚至某种程度上助长了未成年犯罪。《预防未成年人犯罪法》第37条"未成年人有本法规定严重不良行为，构成违反治安管理行为的，由公安机关依法予以治安处罚。因不满十四周岁或者情节特别轻微免于处罚的，可以予以训诫"，这是目前仅有的处理未成年人触法案件的法律依据，未成年犯触目惊心的犯罪态势与法律层面的软弱无力，使得刑事责任年龄背后隐含的推定无刑事责任饱受社会各界的质疑，修改《刑法》第17条和刑事责任年龄结构的呼声也日益高涨。

二、老年人刑事责任年龄问题

老年人刑事责任年龄规定的最大弊端在于时间节点的设定不一致带来司法的漏洞。

《刑法修正案（八）》的三条修改是老年人刑事责任年龄的基本框架，主要包括量刑从宽、死刑限制适用和缓刑从宽适用三个部分。在这三部分内容中，缓刑适用和量刑从宽的时间节点为犯罪时，而死性限制适用的时间节点为"审判的时候"，正是"审判的时候"这一时间节点带来了问题。

由于我国刑法规定了对于审判的时候怀孕的妇女也不得适用死刑，因而根据体系解释的要求，对于审判的时候已满75周岁的人，应当与此作出相同的理解。从字面看来，审判的时候似乎应当理解为人民检察院提起公诉时起到人民法院作出生效判决时止期间。但是，最高人民法院在法释〔1998〕18号《关于对怀孕妇女在羁押期间自然流产审判时是否可以适用死刑问题的批复》中对"审判的时候怀孕的妇女"作出了扩大解释，认为只要有妊娠生理现象的发生就是

〔1〕 蔡博豪：《刑事责任年龄重构的立法构想——基于刑法的基本任务》，载《广播电视大学学报》（哲学社会科学版）2016年第2期。

刑法意义上的怀孕,只要是在羁押期间妊娠,无论其是否顺利生产或者流产都应当认为是"审判的时候怀孕的妇女",对其就不得适用死刑。在这一批复中,最高人民法院对于"审判的时候"显然也作了广义的解释:"包括犯罪嫌疑人被司法机关羁押时起直至人民法院作出判决生效时止的刑事诉讼过程。"根据刑法解释同一术语在不同场合应当保持相同的解释的要求,能够得出应当对"审判的时候已满75周岁的人"同样作扩大解释的基本结论,应当包括犯罪嫌疑人被司法机关羁押时起直至人民法院作出判决生效时止的刑事诉讼过程。人的年龄是一个发展增长的过程,一般来说只要犯罪嫌疑人被司法机关羁押时已满75周岁,那么进入刑事诉讼法院审判阶段直至作出判决生效时都当然是已满75周岁的,因此并不存在疑难。存在适用上疑问的是,在一审时并未达到已满75周岁的年龄,而是在二审或者死刑复核期间达到了已满75周岁的年龄时,能否对其适用老年人犯罪的刑罚从宽处罚条款。通常认为,由于一审、二审以及死刑复核审实际上都属于人民法院对于案件的审判,因此都应当涵括在法条所规定的"审判的时候"这一概念之内。[1]

虽然从立法精神上来说,"审判的时候"作为认定死刑适用意义上的老年人的年龄时间点,而不是"犯罪时"等之类的规定模式,能够实际上扩大老年人犯罪限制死刑适用的范围。"审判的时候"已满75周岁的人,除了包括犯罪时已满75周岁的人以外,还包括"犯罪时虽未满75周岁然而审判的时候却已满75周岁"的犯罪人的情形,因而是刑事政策上的从宽适用的规定。但是,在司法实践中可能会出现如何保证适用的平等性问题。[2] 例如,刑事诉讼程序推进的时间往往因案件复杂程度、刑事诉讼办案人员的工作效率以及其他客观及主观情况而有所不同,因而事实上可能会导致同样都是即将年满75周岁,如果加速推进刑事诉讼程序,则被告人在判决生效后及执行阶段可能未达到已满75周岁的标准,如果拖延刑事诉讼程序,则被告人在刑事诉讼尚未完成时可能就达到已满75周岁的标准。即便犯罪时是同样的年龄,在结果上却可能得出这种差别待遇,这样可能为司法不公正甚至是公安司法机关徇私舞弊现象打开方便之门。

另外的问题可能是,虽然年龄是随时间流动而自然增长的变量,被告人对此无法控制,然而被告人可以在一定程度上、采取不配合侦查、拖延诉讼等手段拖延诉讼时间,从而事实上增加被告人被认定为"已满75周岁"的可能性,在这个意义上,这种规定就存在被犯罪人利用的可能性,从而在公正性上大打折扣。此外,被告人基于对年龄发展的合理预测,如果不提出上诉则有可能被判处死刑,

---

〔1〕 冯慧子:《老年人犯罪的刑罚问题研究》,郑州大学2013年硕士学位论文。

〔2〕 王志祥:《〈刑法修正案(八)〉解读与评析》,中国人民公安大学出版社2012年版,第110页。

然而如果提出上诉，进入二审之后也能够被认为是审判时，因而就可能因这一死刑限制适用条款而不得对其判处死刑，这就使得被告人会想尽一切办法拖延时间，阻碍案件在其年满 75 周岁前审理终结，这不仅破坏了刑法的平等适用，也大大增加了司法成本。

对此，本书认为根本的解决途径就是将“审判的时候”改为“犯罪时”，从根本上切断被告人利用“审判的时候”这一漏洞的途径，保证刑法的平等使用和节约司法成本。

第四节　比较法视野下刑事责任年龄结构的优化

一、各国刑事责任年龄制度

当今各国对刑事责任年龄的界定主要有以下三种：一是把刑事责任年龄划分为完全不负刑事责任年龄阶段和完全负刑事责任年龄阶段；二是把刑事责任年龄划分为完全不负刑事责任年龄阶段、相对负刑事责任年龄阶段和完全负刑事责任年龄阶段；三是把刑事责任年龄分为完全不负刑事责任年龄阶段、相对负刑事责任年龄阶段、完全负刑事责任年龄阶段和从宽负刑事责任年龄阶段。从西方国家的具体立法来看，有如下几种立法的模式。

（一）美国

美国刑事责任年龄制度十分复杂，这主要是由于美国 50 个州之间的区际法律冲突异常频繁。总体而言，美国刑法的立法精神是：一个未成年人犯了成年人所犯的罪，就不应再被当作孩子来看待，无论多小的年龄都应以成年人的身份为他们所犯的成年人的罪负责。[1] 基于这一严苛的刑法精神，美国有半数以上的州沿用了普通法的刑事责任年龄划分：(1)未满 7 周岁不具有刑事责任能力；(2)已满 7 周岁未满 14 周岁为推定刑事责任能力，即如果在缺乏证据证明有责任能力的情况下就被推定为无责任能力。[2] 除此以外，还有个别的州规定了不同的法定年龄下限，俄克拉荷马州规定未成年人犯罪刑事责任年龄为 7 岁，内华达、华盛顿特区规定未成年人犯罪刑事责任年龄为 8 岁，科罗拉多州规定未成年人犯罪刑事责任年龄为 10 岁，俄勒冈州规定未成年人犯罪刑事责任年龄为 12 岁，佐治亚州、伊利诺伊州、新罕布什尔州、纽约州规定未成年人犯罪刑事责任年龄为 13 岁等。美国在面对未成年人犯罪低龄化、手段成人化、后果严重化的案

---

〔1〕 李洪海：《国外青少年犯罪研究文集(上)》，中国展望出版社 1987 年版，第 218～220 页。

〔2〕 周松青：《中美校园暴力法律规制比较研究》，载《中国青年研究》2016 年第 1 期。

件时采取的做法是颁布了《1994 年暴力犯罪控制和执法法案》，规定年满 13 周岁的青年人施行特定的暴力犯罪及青少年在犯罪时期拥有武器时将其作为成年人起诉的制度。其中，暴力犯罪包括“谋杀罪”“试图谋杀”“武装抢劫”“使用武器袭击”“使用武器强奸”“从行驶的汽车上射击”等犯罪，特定药品犯罪和团伙犯罪也在此列。该法案的出台对于遏制未成年人触法行为起到良效。

（二）欧洲

欧洲各国立法中，除刑事责任起始年龄被丹麦、芬兰、冰岛、挪威、瑞典规定为 15 周岁，被西班牙、葡萄牙规定为 16 周岁，被比利时、卢森堡规定为 18 周岁外，刑事责任起始年龄被多数国家规定为 14 周岁。此外，完全刑事责任年龄被西方绝大多数国家界定为 18 周岁，但也有例外，在 1940 年的巴西刑法典中完全刑事责任年龄被界定为 21 周岁。[1] 由此可以看出西方各国受罗马法影响较深，西方各国普遍遵循古罗马时期《查士丁尼法典》中“不可能存在天生的坏孩子，也不可能有不可挽救的儿童”的法谚，建立了一套完整的未成年人刑事责任年龄制度，同时又在立法中融入了博爱主义，将国家是负教养责任的家长，而不是实行惩罚的官吏思想贯穿立法，其承认年龄对于刑事责任的有无和程度的影响。西方各国对未成年人犯罪刑事责任年龄的界定也经历了从个别到整体不断细化科学化的发展过程。近年来西方各国一直推动将未成年人刑事责任年龄起点降低的立法运动。

（三）俄罗斯

俄罗斯刑事责任年龄制度的发展也是一波三折，最早在 1926 年《苏俄刑法典》中规定 12 周岁为最低刑事责任年龄。至 1958 年《苏联和各加盟共和国刑事立法基本原则》第 10 条又规定：“犯罪前年满十六岁的人，都应当负刑事责任。”同时，第 10 条第 2 款还对已满 14 周岁未满 16 周岁的人能够触犯的罪名进行了大致的罗列。1960 年《苏俄刑法典》在总结前两部刑法典的基础上，对相对负刑事责任人的罪名进行了详尽的补充。[2]

俄罗斯现行《联邦刑法典》继承了先前刑法理论学说，将 14 周岁确立为最低刑事责任年龄，同时其第 20 条第 3 款《心理发育滞后者免责条款》更是该法力图实现法定年龄与个体差异相结合的一种创新。该条款与恶意补足制度近似，都属于刑法上的一种推定，即根据一般的生理规律，达到一定的年龄就推定行为人具有相当的认知水平，但如果未成年人由于与精神病无关的心理发育滞后，而

---

〔1〕 韩玉凤：《从比较法学角度浅谈主要国家未成年人刑事责任年龄的异同》，载《天津市政法管理干部学院学报》2009 年增刊。

〔2〕 党日红：《俄罗斯未成年人刑事责任年龄规制模式研究》，载《中华女子学院学报》2010 年第 2 期。

在实施危害行为时不能完全意识到自己行为（不作为）的实际性质及社会危害性，或者不能完全控制自己的行为时，则不应承担刑事责任。《心理发育滞后者免责条款》与上述美国推定刑事责任制度具有异曲同工之妙，在限缩未成年人犯罪圈的同时，也不放纵个别初具认知能力的未成年暴徒实施的犯罪行为，以维护保护未成年人与个案正义之间的平衡。此外，免责条款的实施离不开相关配套制度的铺展，未成年犯犯罪时刑事责任的有否需要经青少年心理专家、精神病医生、鉴定机构等专业人士组织进行科学、系统的甄别。而这一层面的制度构造和操作过程在俄罗斯司法系统中饱受诟病，免责条款也逐渐沦为未成年犯出罪的交易筹码。

二、我国刑事责任年龄结构的优化

在面临当前未成年人犯罪日益低龄化、手段成人化、后果严重化的严峻形势，本书认为，我国刑事责任年龄结构的优化有两种模式。

第一种模式乃是刑事责任年龄整体下降 2 岁。现今有很多学者建议降低我国未成年人刑事责任年龄下限，但也有部分学者持相反的意见，这部分学者认为，如果降低我国未成年人刑事责任年龄下限不仅会与刑法提倡的人道主义精神相违背，还会对我国刑法的稳定性造成破坏。有一部分学者甚至还认为，目前我国刑法关于未成年人刑事责任年龄的规定，是具有科学性和依据的，刑事责任能力界定应当与科学的行为学说紧密联系，刑事责任能力界定应当依据平均法则来考虑。我们要确定一个以普通人为准则的临界点来作为刑事责任能力界定的一般标准，因此我们不能降低未成年人刑事责任年龄下限。还有学者认为在我国不满 14 周岁的青少年犯罪所占比例极小，我们不能仅仅考虑我国大中城市不满 14 周岁青少年的犯罪情况，我们还应该更多地考虑到我国较为落后的农村和一些小城镇不满 14 周岁青少年的犯罪情况，如果我们忽略这点，将会使我国的刑事立法脱离我国的实际情况，对我们预防治理青少年犯罪十分不利，因此，我们不能降低刑事责任年龄。[1]

本书赞同将我国的未成年人刑事责任年龄起始点（此处也可称为刑事责任年龄下限）降低，理由如下：其一，降低我国的未成年人刑事责任年龄起始点符合我国少年儿童的成长现状。近年来，我国未成年人犯罪率逐年递增，且呈现出低龄化、团伙化及恶性化的趋势。20 世纪 90 年代以来，未成年人违法犯罪的初始年龄与 20 世纪 70 年代相比，提前了 2 至 3 岁，[2]很多不满 14 周岁的未成年

---

〔1〕　高铭暄、赵秉志：《新中国刑法立法文献资料总览》，中国人民公安大学出版社 1997 年版，第 96 页。
〔2〕　周征：《浅析未成年人刑事责任年龄》，载《沈阳教育学院学报》2006 年第 4 期。

人因未达到法定的刑事责任年龄而毫无顾忌地进行各种违法犯罪活动。伴随着经济的发展及生活水平的提高，我国少年儿童的生理发育进程加快，普遍呈现出早熟的迹象，同时由于少年儿童在思想上接受了更多的新鲜事物，其心理成熟状态已远超十年前相同年龄阶段的孩子，为低龄犯罪的滋生提供了土壤。其二，降低我国的未成年人刑事责任年龄起始点有利于迫使未成年人学会进行自我约束，从小就形成对自己行为负责的责任感，其效果胜于说服教育。同时，降低我国未成年人刑事责任年龄下限不仅会避免未成年犯的家长因为法律的宽容而放松对子女的管教，而且对未成年犯周围的其他未成年人形成一种威慑力，防止他们重蹈覆辙。其三，降低我国的未成年人刑事责任年龄起始点并不违背人道主义原则。确定刑事责任年龄起始点的决定因素并非年龄本身，而是未成年人辨认及控制自己行为的能力。从世界范围来看，适当降低我国刑事责任年龄的起始点也并非是标新立异；从实际情况来看，适应当今社会形势的变化，将我国未成年人刑事责任年龄的起始点适当降低是能够被广大民众所接受和认同的。总之，当今社会随着科学技术的发展，人的发育年龄较之以往已经有了很大的提前，我国 1997 年《刑法》已经实施了 14 年，立法时应该考虑的各种社会因素、各种历史因素已经发生了很大的变化，如果仍然沿用当时的法律，就无法显示出法律规定的合理性，更无法体现刑法的公正价值，我们的刑事立法应该顺应当今时代发展的特征。伴随着我国教育水平的提高、“三五”普法规划的推广，法治理念已经植根于我国每一个未成年人的信念中，每一个未成年人接受的法律知识已经达到一定的厚度。故本书认为，有必要降低我国未成年人刑事责任年龄的下限。

第二种模式则是借鉴美国的“恶意补足制度”。诚然，伴随着经济社会的发展，我国未成年人的生理成熟期也越来越早，其所接触的社会信息越来越丰富，思想观念也成熟较早。同时，由于我国地域广阔，地区发展呈现出多样化、不平衡等特点，因此，不同地区未成年人的生理、心理成熟期也呈现出极大的差异性，未成年人犯罪的分布情况也因此呈现出较大的地域性差异。根据有关统计数据，不同地区，未成年犯的比例情况差异较大，乡村和城乡结合部为 67%，而机关与学校仅为 2.3%。[1] 因此，通过“一刀切”的形式降低刑事责任年龄，可能不符合中国社会发展的规律，会引起社会的极大反弹。简单地通过降低刑事责任年龄的下限也并不能解决司法实践中有关未成年人犯罪的所有难题。这是由于，不同国家、地区有各自不同的历史传统、社会文化，未成年人的身心发育与受

[1] 路琦、董泽史、姚东等：《2013 年我国未成年犯抽样调查分析报告》，载《青少年犯罪问题》2014 年第 3 期。

教育状况也不尽相同，他们都是根据各自的实际情况来综合确定本国的刑事责任年龄；另外，未成年人犯罪是主观原因、客观原因、社会因素与个人因素共同作用的结果，要综合考虑相关因素来确定刑事责任年龄。

对于目前中国出现的未成年人恶性违法案件问题，如果不能降低刑事责任年龄，那么本书认为需要适当引进“恶意补足年龄”，弥补我国“刑事责任年龄制度”的不足。这样做一方面有利于解决因时代变迁引起的法律条文规定僵化，导致部分未成年人凭借最低刑事责任年龄的保护，逃避法律制裁的问题；另一方面，可以在符合一定条件的情况下，允许“恶性”可以“补足年龄”，使部分未成年人在法律制裁中明白应当为其自身行为负责，学会自我管理和自我控制，强制矫正其人格以及心理缺陷，保证其向健康的方向成长。

（一）明确“恶意补足年龄”在刑法中的地位

“恶意补足年龄”作为对刑事制度的一种补充适用，首先必须与刑法的核心原则——“罪刑法定原则”保持一致。刑法作为一门最为严厉的法律，是对社会关系进行保护的最后一道防线，应当对犯罪行为具有最大的威慑力。但随着我国社会的不断发展和人们生活水平的不断提高，未成年人的发育也明显提前，这导致刑事立法有关“刑事责任年龄制度”内容的滞后性越来越被凸显出来。这时如果再完全依据原来的标准确定“刑事责任年龄”，就会放纵一部分严重危害社会的行为，使刑法的威慑作用大打折扣。

因此，应当结合我国的司法现状，将“恶意补足年龄”的补充适用直接引进刑事法律的修订内容，解决目前因未成年犯罪率不断上升带来的社会问题，充分发挥刑法的威慑作用。一方面，可以使“恶意补足年龄”的适用与“罪刑法定原则”保持一致；另一方面，有利于坚持对未成年人实施“教育为主，惩罚为辅”的原则，更好地保护未成年人的合法权益。

（二）未成年人司法制度的独立

“恶意补足年龄”的适用需要专业的司法队伍对未成年人行为的主观原因、客观原因等方面作出更为专业、精确的解释和鉴定，这对我国未成年司法制度的独立提出了新的要求。我国未成年人司法制度的附庸存在，给我国解决未成年人犯罪低龄化、暴力化、团伙化等问题带来了严重的困扰。因此，应首先建立完善未成年人司法制度，建立健全对未成年罪犯的羁押、预审、起诉、审判、辩护、管教“一条龙”的工作体系，并积极探索试点设立独立建制的少年法院。独立的司法制度会更为系统、全面，逻辑性更强，有助于促进我国未成年人司法制度的不断发展和完善，并有利于做到有法可依。未成年人司法制度的独立，有利于在坚持“刑事责任年龄制度”的前提下适用“恶意补足年龄”，这对涉及未成年人案件的司法人员在业务水平、法律意识以及职业责任等方面都提出了更高的要求。

(三)确立专业的社会辅助机构

“恶意补足年龄”的补充适用仅仅依靠司法机构难以完成,还需要专门的社会辅助机构对未成年罪犯的生活环境、家庭情况、受教育情况、犯罪原因、悔罪情况、心理状况、人格形成原因、违法频率以及其他相关问题进行充分的调查、评估,以全面、客观、公正地反映未成年罪犯的成长环境、个体身心状况、犯罪诱因、犯罪动向等,从主观、客观两个方面着手,进行客观、公正和有说服力的分析,寻找各个方面原因,为“恶意补足年龄”的运用提供重要依据,为客观公正量刑提供依据,为挽救未成年罪犯提供依据。

一是确立“社会调查员制度”。在办理案件过程中,充分依靠各种可以发动、可以依赖的社会力量,对未成年人的犯罪行为与犯罪事实进行翔实调查,对其犯罪背景、环境等客观因素进行调查分析,慎重作出处理决定。[1]

二是组建专业的评估机构。由具备心理学、法学、社会学等相关专业知识的人员对未成年罪犯进行评估,负责对其他部门所提交的未成年人调查报告进行专业的评估,确定未成年罪犯是否具有反社会意识、畸形的需求、犯罪动机和不良兴趣,并据此提出专业的司法建议。

三是设立“特殊青少年心理教育基地”。本着治病救人的原则,最大化地挽救犯罪的未成年人,组织未成年罪犯参加义务劳动和社会实践,加强劳动实践锻炼和社区矫正,并根据不同年龄段未成年罪犯的身心特点、文化层次和认知结构,有针对性地开展法制教育、道德教育,帮助犯罪的未成年人认识错误、改过自新,并树立正确的人生观与价值观,为以后的生活奠定基础,使其成为一个具有良好社会道德和法制意识的社会人。

(四)建立合适成年人参与制度

根据相关研究表明,未成年罪犯与其父母的文化程度有一定的趋同性。绝大多数未成年罪犯父母的文化层次较低,主要集中在“小学”“初中”层面。[2]这就表明,大多数未成年罪犯的父母在刑事司法过程中并不具备保护未成年人刑事诉讼法权利的能力。因此,在补充适用“恶意补足年龄”时,还应当确立合适成年人参与制度,降低未成年罪犯权益受到不当侵害的风险。

基于此,根据我国司法实际,应尽快建立起合适成年人参与制度。警察在讯问犯罪嫌疑人过程中,应有适当监护人或者适当成年人到场,杜绝警察的刑讯逼

[1] 赵国玲:《中国的未成年人审判制度》,载《南都学坛》2010 年第 1 期。

[2] 赵国玲:《未成年人司法制度改革研究》,北京大学出版社 2011 年版,第 169 页。

供或其他不当行为发生，确保未成年人所做的陈述是自愿的。[1]

第五节 未成年人犯罪片面轻刑化的反思

近年来，一系列恶性校园暴力事件接踵发生，中国校园暴力问题、青少年犯罪问题已经成为社会大众关注的焦点之一。随着中国社会转型的加速与道德建设的相对滞后，在近几年中“校园暴力”逐步体现出四个基本的发展趋势：其一，随着校园安全的加强，校外人员随意进入校园基本被杜绝，因此，校园暴力多发生在熟人之间，这与日本近似而不同于以陌生人间冲突为主要特征的美国校园暴力。其二，由于学校对于校园内的突发安全情况控制较严，冲动性暴力行为逐步发展为团伙性、计划性的学校周边地区的暴力行为。尤其是未成年人之间运用互联网等现代通信工具组织、合谋现象较为普遍。其三，侵财案件高发，而且通常表现为未成年人之间、熟人之间恃强凌弱的长期性敲诈勒索。其四，未成年侵害者懂法、知法而不守法的现象突出。校园暴力不再是一些学者想象中“法律意识淡薄”的产物，而是知道法律漏洞之后的理性行为。比如一访谈对象表示“我们打人的时候都知道轻重，避着能打出事的地方，扇几个耳光，踢几脚，警察根本不管，家长找到学校也最多就是道个歉、做个检查”。简单而言就是“不打死、不打残、不反社会就没事”。

从中可以看出，中国社会中的校园暴力正显现出西方国家校园暴力中“霸凌”现象的某些特征。主要发生在实力存在明显差距的同龄人之间，强者通过长时间、多频次地对弱者施加肢体、言语、心理等多角度的暴力侵害，以达到羞辱、排挤、控制弱者，给弱者造成身体、心理等多方面持续性严重伤害的行为。它的暴力程度虽然未必严重，但是其对受害者人格尊严、精神状态以及校园风气的危害性极大。然而，我国当前的未成年人保护制度尚未对这一变化予以充分重视。在具体的司法实践中，我国有关管理部门对于校园暴力普遍存在反应迟缓、处置偏轻、应对不力等多方面的问题，这也许是执法者素质不高，执行不力；但是也反映了相应的制度建设并没有跟上快速变化的社会的事实，从而造成了在“校园暴力”现象中，较为普遍的法律缺位。刑事责任、保护功能与纠正制度的缺位，让法律治理“校园暴力”常常面临“管不了、护不住、治不好”的尴尬境地。除非有极端恶性的事件发生，法律基本上难以有效约束校园中的未成年侵害者。这让中国校园中“轻暴力重侮辱”的霸凌现象成了当前未成年人保护难以解决

---

[1] 赵国玲：《中国的未成年人审判制度》，载《南都学坛》2010年第1期。

的问题，而这一问题恰恰造成了经常为人所忽视却极为严重的普遍性后果。

一、对未成人违法犯罪的主观恶性估计不足带来的立法失误

我国的立法部门与管理部门对未成年施暴者的主观恶性认识不足，习惯性地认为校园暴力是理性不足的孩子们的嬉闹、打闹，其发生原因是施暴者的认识错误。因此采取以教育而非惩戒为主的应对方式。但是就世界范围而言，我国的刑事责任年龄明显较高，我国《刑法》只规定了已满14周岁不满16周岁的未成年人，犯故意杀人、故意伤害致人重伤或者死亡、强奸、抢劫、贩卖毒品、放火、爆炸、投毒罪的，应当负刑事责任。这意味着大多数的14周岁以上未成年人的暴力行为与12～13岁青春发育期的未成年人都是在刑法调整范围之外。

显然，这种几十年来一贯的立法与执法思路，已经严重落后于社会现实。早在十余年前，据有关调查，未成年人犯罪年龄就较20世纪90年代提前了2～3岁，18岁以下青少年犯罪上升约120%，14岁以下青少年犯罪上升约280%。10～13岁的低龄犯罪占了未成年人犯罪的70%。[1] 未成年人在今天的社会氛围之下，其发育之快、成熟之快以及堕落之快、习得残忍之快，已非几十年前生活于单纯、封闭环境中的父辈可比。在现实生活中，12～13岁的未成年人大部分已经理解了刑罚的性质、功能与后果。[2]一些青少年凶徒之所以施暴，往往并不是对法律无知，而是深知法律对其很难有严格的约束。

二、对校园暴力的社会危害性估计不足带来的司法过渡轻刑化

最高人民法院《关于审理未成年人刑事案件具体应用法律若干问题的解释》对青少年犯罪作出了严格的限定。第6条规定“已满十四周岁不满十六周岁的’人偶尔与幼女发生性行为，情节轻微、未造成严重后果的，不认为是犯罪”；第7条规定：“已满十四周岁不满十六周岁的人使用轻微暴力或者威胁，强行索要其他未成年人随身携带的生活、学习用品或者钱财数量不大，且未造成被害人轻微伤以上或者不敢正常到校学习、生活等危害后果的，不认为是犯罪。”这种立法思路实际上是以物理后果作为判断危害性的主要依据。这种思路不仅在刑法上有所体现，而且也是民事、行政法律中常见的惯性思维。然而这种思路明显将侵害不同类型客体的“校园暴力”进行了混淆，这导致了以侮辱人格、压抑被侵害人心理的校园“霸凌”行为往往由于其物理危害较低而处于无法可治的空白状态。

---

〔1〕 张灵：《我国未成年人犯罪呈低龄化发展》，载《法制日报》2003年6月1日。

〔2〕 吴培娥：《我国未成年人刑事责任年龄的探讨》，载《湖北警官学院学报》2012年第25期。

所谓“霸凌”并非传统意义上的汉语词汇，而是音译自英语中的“bullying”。挪威学者 Dan Olweus 认为，霸凌就是一个学生长时间并重复地暴露于一个或多个学生主导的负面行为之下。[1] 与当前中国近似的是，在 20 世纪 70 年代之前的美国，霸凌行为并非如现在一般是一个饱受社会关注的话题，而被作为一般的暴力行为看待。甚至在许多人的观念中，学生们在校园中需要经历挫折磨难来使自己变得坚强，彼此间发生的暴力冲突是校园生活中习以为常的现象。然而事实证明这种观点无论是对霸凌者还是受害者都造成了严重损害。就受害者而言，霸凌行为使其长期处于恐惧、抑郁、痛苦、焦虑、沮丧的精神状态，严重的可导致受害者终身性的精神疾病。[2] 受害者因惧怕霸凌而逃避校园生活、干扰正常学习的现象已经司空见惯，甚至有受害者因不堪忍受而自杀。[3] 而霸凌者同样受害颇深，霸凌行为可导致其形成潜在暴力倾向及犯罪心理（有些霸凌行为本身即已构成犯罪）。根据 Olweus 的研究，霸凌者成年后的犯罪率极高，高于普通人约 37%，其他诸如酗酒等个人问题也更为普遍。[4]然而，长期以来我国的有关机构与研究者对霸凌行为的关注都相对匮乏，立法机关忽略了霸凌行为的危害性已远远超出一般暴力行为的范畴。相当多的人单纯将霸凌行为视为校园暴力的一种，用对待一般校园暴力的观念和措施来对待霸凌行为，[5]而忽视了霸凌者的施暴原因远非很多教育工作者认为的年少无知、误入歧途等因素。霸凌者主观上抱有的侮辱、炫耀及足以比肩成年犯罪者的主观恶性，远非一般暴力行为者所持有的愤怒心态可比。而此类行为却通常由于物理伤害轻微而逃脱法律惩罚，甚至只被作为孩子间的小打小闹，对其解决手段仅仅局限于当面制止或口头批评，根本无法达到对受害人保护的效果。在已经发生的多起校园“霸凌”事件中，被害人常常处于心理几近崩溃，但是刑法无法追责，民法赔偿偏低的不利局面。在司法实践当中，尽管有关管理部门对于受害者的心理重建、转学等事宜进行多方面的帮助，但这些成本往往并不由加害者承担。侵害方往往仅就医疗费、营养费进行补偿，其精神赔偿通常极为有限。除了极个别的人身伤

---

〔1〕 储殷：《当代中国校园暴力的法律缺位与应对》，载《特别企划》2003 年第 73 期，注引 Dake JA, Price JHTelljohann SK, The nature and extent of bullying at school, *Journal of school health*, 73(5), pp. 173 – 180。

〔2〕 Farrington DP, Ttofi MM. Reducing school bullying: Evidence—based implications for policy, Crime and justice, 2009, 38(1), pp. 281 – 345.

〔3〕 Zirkel PA, Public School Student Bullying and Suicidal Behaviors: A Fatal Combination? *Journal of Law & Education*, 2013, p. 42.

〔4〕 Olweus D, *The nature of school bullying, A cross – national perspective*, Routledge Press, 1999, pp. 28 – 48.

〔5〕 张国平：《校园霸凌的社会学分析》，载《中国报业》2011 年第 12 期。

害事件之外，“校园暴力”对于未成年人最严重的伤害往往就是难以愈合的心理阴影，然而在我国目前的立法与司法层面，对于未成年人精神与心理健康这一最易受损且最难恢复的权益却处于保护缺失的状态。

针对上文所述严重的校园霸凌现象，本书认为应当反思我国长期以来对青少年犯罪片面轻刑化的立法和司法政策，适当地引入重刑主义的政策，在前文所述改善刑事责任年龄结构的基础之上，下沉我国的刑事法网，扩大对以校园霸凌为代表的未成年人轻型犯罪的打击范围，以便更好地保护未成年被害人的利益，实现公平正义。举例而言，我国《刑法》第 234 条第 1 款规定“故意伤害他人身体的，处三年以下有期徒刑、拘役或者管制”，在本条中并没有规定“故意伤害他人身体”的程度要求，而司法解释则在超出法条文意的基础之上增加了“轻伤”这一标准，将故意伤害他人身体但未达到轻伤的行为不作为犯罪处理。这一司法解释的出发点本是好的，但是这往往被犯罪人所利用，作为规避法律责任的手段。上文中所提的校园霸凌事件中不乏此例。本书认为，基于重刑主义的考量和罪刑法定的原则，应当否定这一超出刑法文意的“轻伤”的程度要求，扩大对轻型犯罪的打击范围和力度。

第三章 刑法中年龄的认定

13周岁零364天和14周岁，两个年龄只相差1天的未成年人如果犯下同样的罪行，在我国现行刑事责任年龄制度下，其刑事责任是天差地别的。前者绝对性的不负任何刑事责任，后者则需要为《刑法》第17条规定的8种犯罪负刑事责任。因此，在刑事司法中，对于未成年犯罪人的年龄认定必须做到精准无误，因为年龄的认定涉及其是否为其犯罪行为承担刑事责任，以及在何种程度上承担刑事责任。与此相对，《刑法》第236条第2款规定，"奸淫不满十四周岁的幼女的，以强奸论，从重处罚。"当被害人年龄分别为13周岁零364天和14周岁时，犯罪人的刑事责任也天差地别。同样的问题也存在于加害人或被害人具有特殊年龄要素的其他情形。因此，年龄因素具有的特殊保护作用决定了司法实践中对于加害人和被害人的年龄认定具有举足轻重的作用。但是目前我国尚未能够建成完善的年龄认定制度，在司法实务中，存在大量年龄认定模糊不清的情况。

第一节 年龄认定的实体与程序问题

尽管年龄认定的问题多存在于程序中，但并不排除其实体问题。例如，闰年带来的年龄认定问题，如果行为人A出生于2000年2月29日，由于2000年为闰年，这就给认定行为人A何时年满14周岁带来一定问题。我国法律对于年龄的认定原则一般以次日起算，由于2014年并非闰年，因而2月28日后并无2月29日，直接是3月1日。如此按照一般算法，2月28日的次日为2014年3月1日，则该行为人A在2014年3月1日年满14周岁，应当承担限制责任。但是，仔细考究下来，就会发现微妙的问题。如果存在行为人B出生于2月28日，其年满14周岁为2014年3月1日。这就带来行为人A比行为人B晚出生1天，却同一天达到14周岁，同一天承担限制刑事责任的局面，这种状况有违平等与正义原则，对于行为人A的权益是一种侵害。在本书看来，在此种情况下，为了充分保障行为人A的权益，应当参照行为人B向后顺延一日，认定其在2014年3月2日年满14周岁。尽管如此，行为人A会和出生于2000年3月1日的C于同一日年满14周岁，但这并没有侵害C的权益，因为C原本即是该日年满14周岁。同理，行为人A应当在2018年的3月2日年满18周岁。当然，由于2016年本身是闰年，该年有2月29日，则对于行为人A的年龄认定则按照正常的计算方法，认定2016年3月1日年满16周岁。

当然，不可否认，司法实务中年龄认定的主要问题还是程序性问题，尤其是年龄证据的适用，这将是本章论述之重点。试选择一例作具体说明：

宋某是黑龙江省巴彦县人，2002年与丈夫离婚后，她带着女儿李某改嫁。2004年7月27日中午，李某独自一人去给邻村的舅舅家送东西，当她将自行车骑到一处玉米地旁边时，赵某突然从路边窜出抓住了她，后赵某在玉米地里对李某实施强奸。事发后，警方将正在放牛的赵某抓获。经过充分调查，户籍管理机关提供的户籍证明中周某的出生日期为1991年7月25日、学籍证明上赵某的出生日期为1990年6月30日、其亲属作为证人证明赵某确为1991年7月25日出生，而其邻居作为证人证明赵某为1989年8月出生。这些证据之间不能相互印证，这就导致司法机关不能确定赵某的年龄，只能查明赵某的年龄在13周岁到15周岁。法院认为，由于无法查证赵某的年龄是否已满14周岁，依据《最高人民法院关于审理未成年人刑事案件具体应用法律若干问题的解释》第4条"对于没有充分证据证明被告人实施被指控的犯罪时已经达到法定刑事责任年龄且确实无法查明的，应当推定其没有达到相应法定刑事责任年龄"推定其对强奸行为不负刑事责任，但由于其强奸行为造成的被害人的各项经济损失及精神损失则应当予以赔偿。2005年6月21日通河县法院作出判决：被告人赵某未达14周岁，不负刑事责任，向李某赔偿医药费、交通费、精神损失费等各项费用共计9021元，由其法定监护人履行。

赵某的家境在村里还算殷实，已有1.7米的个头，也有将近130斤的体重。赵某没有读完初中就自愿辍学，每天都和村里几个同样游手好闲的人一起厮混，还经常在家里偷看黄色电影。得知李某及宋某向法院起诉了他，而自己因未达刑事责任年龄无须承担刑事责任时，赵某于2005年6月26日晚闯入宋某家中将其杀害，从惨遭凌辱的阴影中还未走出的李某，又目睹了母亲被残杀的情景，精神受到了极大刺激，整日神情恍惚。2006年3月7日，经黑龙江省公安厅批准，赵某被处劳教1年零6个月。[1]

---

〔1〕 刘佳音：《未成年人刑事责任年龄司法认定制度完善研究》，吉林大学2013年硕士学位论文。

实务界对于赵某强奸和故意杀人的犯罪行为没有任何争议,但对赵某的年龄如何确定以及赵某是否应该入罪判刑形成了很大意见分歧。本案的争议焦点主要表现在如下两个方面:一是在只能确定犯罪嫌疑人年龄在13周岁到15周岁时,能否使用技术手段进一步确定其具体年龄;二是赵某明知法律推定其不到负刑事责任的年龄,有恃无恐地对第一次犯罪受害人的母亲实施二次犯罪,能否使赵某入罪。

此案由于司法机关收集的证明赵某年龄的证据之间存在矛盾,其中户籍证明及其亲属证言证明其未达刑事责任年龄,而学籍证明及其邻居证言则证明其已经超过14周岁,因此只能依据我国最高人民法院《关于审理未成年人刑事案件具体应用法律若干问题的解释》第4条的规定推定赵某没有达到刑事责任年龄。赵某的强奸行为因无法确定其年龄是否达到14周岁而不能使其入罪,在赵某得知自己被推定不到14周岁而不用承担刑事责任后,居然有恃无恐再次故意犯罪,杀害了强奸行为受害人李某的母亲,性质十分恶劣,最后黑龙江省公安厅批准其劳教1年零6个月更是将社会不满情绪推向顶峰。由此可以看出只有完善年龄认定制度才能够更好地平衡存疑有利于被告原则与社会情感。

第二节 年龄证据分类与适用

一、我国年龄证据的分类

以刑事责任年龄为例,我国对于年龄要素的规定一直是"一刀切",虽然这种对年龄的规定以我国国情为基础,并且是对那些能够对生理、心理成熟施加影响的各种社会经济、文化、气候和其他因素进行充分考虑之后才确定的科学的年龄界限。但这种"一刀切"的方式是有缺陷的,在只能将年龄确定在一个跨越刑事责任年龄的年龄段里,而不能确定犯罪嫌疑人具体年龄的情况下,就很容易使得本来应该负刑事责任的未成年人或者老年人逃避处罚,正如案例中在赵某的强奸行为没有受到刑事处罚而进行二次犯罪后,法院依然推定赵某没有达到14周岁而不负刑事责任,只能由黑龙江省公安厅批准其劳教1年零6个月,因此我们必须认真分析年龄认定制度中的各个要素。

目前我国还没有建立完善的刑事诉讼证据制度,在司法实践中对年龄证据的收集查证首先需依据我国《刑事诉讼法》以及相关司法解释,如《刑事诉讼法》第128条对于犯罪嫌疑人自报年龄的规定。其次是依据由地方法律部门共同出具的指导性文件,如1996年上海市高级人民法院、市检察院、市公安局、市司法局针对司法实践中经常出现的外地户籍犯罪嫌疑人身份证据难以相互印证导致无法确定其真实身份的情况联合发布的《关于刑事事诉讼中外地籍犯罪嫌疑人、被告人身份证明的意见》，该意见明确规定必须首先使用户口簿、户口迁移证明、居民身份证等法定身份证件来证明犯罪嫌疑人身份，如果出现无法提供法定身份证件的情况，可以使用户籍管理机关出具的户籍证明或者其他能够证明犯罪嫌疑人身份的有效证明材料作为证据。最后是依据司法机关对如何审查未成年人是否达到刑事责任年龄这一问题作出的工作要求，如上海市高级人民法院《关于进一步加强对刑事责任年龄审核的有关问题的通知》等。这些法律法规、司法解释、地方性规定及司法机关指导意见组成了我国审查犯罪嫌疑人年龄的证据规则，对司法实践具有比较大的指导意义。

在我国刑事诉讼体系中，侦查机关侦查案件或者司法机关审理案件时必须注重对证据的收集与调查，不能轻易相信犯罪嫌疑人、被告人供述，如果只有被告人的供述，那么审判机关不能判决被告人触犯刑法，也就不能判处其承担刑事责任；如果证据之间可以相互印证，足以形成证据链，那么即使没有被告人的供述审判机关也可以判决被告人有罪并承担刑事责任。在我国能够证明犯罪嫌疑人年龄的证据主要有以下三种：户籍证明、其他书证、犯罪嫌疑人的供述和证人证言。以上三种证据必须通过查证确认属实后才能够作为确定犯罪嫌疑人年龄的依据。本书下文会详细论述证明犯罪嫌疑人年龄的三种证据。当然，被害人年龄的认定与此类似，不作单独说明。

（一）户籍证明及法定身份证明

户籍证明是指有权力管理户籍工作的公安机关派出所给犯罪嫌疑人出具的用来证明其年龄的法定证明。法定身份证件主要包括居民户口簿、居民身份证以及户口迁移证明，同样是公安机关派出所给犯罪嫌疑人出具的书面凭证。户籍证明、户口簿、居民身份证和户口迁移证明都必须按照国家规定的程序和要求出具，具有比较强的规范性，因此这两种证据与其他证明犯罪嫌疑人年龄的证据相比较来说具有更高的证明价值。

当然这两者之间还是存在一定区别的，户口簿、身份证及户口迁移证明是犯罪嫌疑人自身保管的由户籍管理机关出具的书面资料，应当由犯罪嫌疑人自行提供，而户籍证明是公安机关派出所根据侦查机关调查取证的要求出具的证明。在司法实践中，如果需要证明犯罪嫌疑人为未成年人，那么无论在什么情形下都需要户籍管理机关出具户籍证明，以此来证明犯罪嫌疑人的身份和年龄情况。

（二）其他可以证明犯罪嫌疑人年龄的书证

其他可以证明犯罪嫌疑人年龄的书证主要包括学籍证明、计生办证明、出生证明、街道证明等，以上书证记录的是出生情况的原始信息。由于原始记录形成时间的差异，它们也就有了证明价值上的差异，一般情况下出生证明会在犯罪嫌疑人出生时进行登记，鉴于其形成的时间最早，因此在其他书证里证明价值也是最高的。

村委会、居委会证明与计生办证明通常会在犯罪嫌疑人出生后数日至数年内才会进行登记，它的证明价值与出生证明相比较低。学籍证明则是未成年犯罪嫌疑人入学时学校对其年龄所作的登记，目前在我国大多数地区都实行七周岁入学制，它的形成时间最晚，也导致了学籍证明在证明犯罪嫌疑人年龄方面的证明价值也比较小。

（三）言词证据

言词证据，即犯罪嫌疑人、被告人供述与证人证言。犯罪嫌疑人、被告人供述是指犯罪嫌疑人、被告人在刑事诉讼过程中对侦查机关或司法机关作出的关于案件事实的陈述，证人证言则是指了解案件事实的人就其自身所了解的情况向侦查机关或司法机关作出的陈述。这里的证人一般是指了解犯罪嫌疑人年龄的亲属、邻居等，因此证人证言经常会受到人为影响，对犯罪嫌疑人具体年龄的证明力上要远逊于户籍证明及其他书证，一方面证人可能因利害关系作虚假陈述，另一方面也可能由于认知能力不足等方面的原因导致证言失实。

审查证人证言证明价值首先要查明证人与案件或诉讼当事人的关系，即查明证人是否与犯罪嫌疑人有亲友关系或者与本案有利害关系。其次是要查明证人的认知能力，如其是否为精神上有缺陷或者年幼以致不能辨别是非、不能正确表达的人。由于每个人的认知能力不同，与犯罪嫌疑人的关系也不同，因此证人在对犯罪嫌疑人年龄进行作证时的表达也不会相同，其证明力也就有了大小之分。

二、无法确定年龄的成因

在确定犯罪嫌疑人年龄过程中主要依靠的是犯罪嫌疑人所持有的身份证明以及户籍所在地公安机关派出所出具的户籍证明。但是有时户籍证明的记载也会发生错误，产生这一现象的原因主要有：

第一，我国户籍管理制度混乱，信息采集滞后。在我国，户籍管理工作是由各级公安机关派出所负责的，其工作主要是对辖区内居民的出生、死亡、迁移等信息进行采集。但目前我国大部分农村地区是由村民委员会进行信息采集工作，其具体操作是由村民委员会人员对本村人口信息进行及时把握，而后在规定时间内将信息上报公安机关。这种操作程序无疑会造成公安机关无法及时采集信息，而且在上报信息的过程中造成误差是难以避免的，部分村民委员会在及时采集出生信息方面也存在很大问题，这种滞后的信息采集制度使得户籍资料出现错误的情况时有发生，也很大程度上减弱了户籍证明与法定身份证件的证明效力。

第二,农历与公历记载的混淆。我国法律规定必须按照公历的年、月、日来计算犯罪嫌疑人的年龄,而且只有周岁生日那天过后,第二日才为已满周岁。但由于我国有56个民族,历史悠久,在很多农村及少数民族地区通常是按照我国的传统习惯以农历作为出生日期,而不是以公历记载。很多农村地区依照农历出生日期来报户口的习惯无形中导致一些犯罪嫌疑人的出生日期变大,在司法实践中这种情形经常会出现。特别是针对犯罪嫌疑人年龄涉及刑事责任年龄边界的情况,有时一些犯罪嫌疑人按照农历出生日期计算已经达到刑事责任年龄,可是按照公历出生日期计算却还没有达到,这就使得在确定其年龄时容易出现误差。刑事诉讼中犯罪嫌疑人经常会提出这方面的问题,以期能够获得无罪或减轻刑事责任的机会。

第三,当事人在报户口时的瞒报、谎报,使得户籍证明在刑事诉讼开始前已经被更改,导致户籍证明上的年龄大于或小于实际年龄。户籍信息中的年龄信息对计划生育以及何时入学等和犯罪嫌疑人密切相关的利益有很大影响,所以有些犯罪嫌疑人的父母会在报户口时更改子女的出生日期,如涉及违反计划生育规定时,犯罪嫌疑人的父母为了逃避计生罚款经常会想办法在报户口时将子女年龄报小;有时为了能够让子女及早入学、外出务工等原因,犯罪嫌疑人的父母也有可能会将子女年龄报大,司法实践中这两种情况经常会出现。在正常情况下原始登记的户籍信息应该最为真实,但全国各地的户籍管理情况千差万别,有些地区户籍管理水平不够高,导致谎报、瞒报情况时有发生,给司法实践增加了一些多余的麻烦,提高了调查犯罪嫌疑人年龄的成本。

第四,事后故意篡改户籍证明、其他书证或者假冒他人姓名。故意篡改一般发生在犯罪嫌疑人以各种理由重新办理身份证件时,甚至可能会产生一人有不止一份法定身份证件的情况,有时犯罪嫌疑人的监护人和亲友会主动或在辩护人教唆下提供给司法机关不真实的证据材料,或者利用亲属和乡邻关系伪造或涂改计生办证明、学籍证明、村委会证明等书证,用来证明犯罪嫌疑人实施犯罪行为时未达刑事责任年龄或系未成年人,从而逃避刑罚或获得从轻处理。司法实践中假冒他人姓名一般以成年人假冒未成年人以期能够免于或减轻刑事责任的情形居多,在通常情况下户籍证明中的姓名与此人在日常生活中应用的姓名应该是相同的,但有时因为部分犯罪嫌疑人故意假冒他人姓名使得侦查机关依据其供述要求其户籍所在地派出所出具户籍证明时,当地派出所在查询后却称查无此人。在刑事诉讼中,由于犯罪嫌疑人故意篡改户籍或者假冒他人姓名,经常会给查证犯罪嫌疑人的年龄造成困扰。

第五,未报户口以致侦查机关无法调取户籍证明。在超生现象普遍的地区,由于我国对计划生育的管理一向比较严格,有些家庭为了躲避超生罚款、避免失去工作等个人利益，很多父母会不给超生的孩子报户口。如果这些没有报户口的未成年人实施犯罪行为，就会出现无法从户籍证明中取证的情况，导致很难查清他们的真实年龄。

第六，户籍证明与言词证据不一致，无法相互印证。比较常见的是户籍证明与犯罪嫌疑人自身供述彼此矛盾、户籍证明与亲友证言彼此矛盾、亲友证言与其他证人证言彼此矛盾、亲友证言与犯罪嫌疑人自身供述彼此矛盾等情况。[1]

第三节　年龄证据的审查与判断

一、一般证据的审查与判断的具体规则

（一）对户籍证明和本人所持身份证明的审查与判断

户籍证明的内容必须包括姓名、性别、民族、出生日期、公民身份证号码、家庭住址以及其他家庭成员的信息，本人所持身份证明则必须是由公安机关出具的证明犯罪嫌疑人身份的法定证明。在刑事诉讼中存在一名犯罪嫌疑人有多个证明其年龄的证据的情况，在证据之间存在矛盾而无法形成证据链，尤其是户籍证明或者身份证明记载的年龄大于言词证据所证明年龄的时候，即使户籍证明以及身份证明的证明价值大于言词证据，此类案件也不能直接以证据证明价值强弱而一概而论，而是要对各类证据进行具体分析，从整体上进行判断。从整体上判断犯罪嫌疑人的年龄首先要对比犯罪嫌疑人的供述及其父母的言词证据，找出证据的异同点，针对存在的矛盾进行深入补充和核实。其次，如果犯罪嫌疑人提出其户籍证明显示的年龄大于实际年龄，侦查机关或司法机关应当向其原籍所在地公安机关派出所调取原始登记材料，对原始记录进行辨别，如果发现其户籍记录确有改动则应当要求其原籍公安机关派出所出具相关证明。但是在司法实践中原籍派出所往往会因为各种原因不愿就此出具相关证明，这时就需要承办人员对原始登记材料进行摘录、复印，同时签名并加盖公章。再次，如果犯罪嫌疑人提出原始登记材料并不准确，则应当向相关责任人进行询问，尽可能调取有关证据。最后，如果没有充分证据证明户籍信息确实已经被修改，就需要对户籍证明与言词证据进行相互比较、综合判断，一般情况下应当以户籍证明和法定身份证明为准，但是如果言词证据之间可以相互印证，那么就应当采信言词证据；反之如果犯罪嫌疑人指出自己是以农历出生日期报的户口，并且该日期临近

---

〔1〕 刘佳音：《未成年人刑事责任年龄司法认定制度完善研究》，吉林大学2013年硕士学位论文。

刑事责任年龄的边界，那么在没有其他相关证据可以相互印证时，应当以存疑有利于被告原则认定其没有达到刑事责任年龄。

（二）对其他书证的审查与判断

1. 出生证明。司法实践中侦查机关或司法机关应当要求医院提供犯罪嫌疑人出生时的住院记录与病例材料进行对比核查，能够相互印证的住院记录和病例资料可以作为查证犯罪嫌疑人年龄的证据使用。

2. 居委会证明或村委会证明。在司法实践中我们发现医院与学校的相关登记记录一般保存情况比较良好，均有原始记录可以查询，但居委会、村委会的原始登记材料则大都已经交给当地派出所或者是由于时间长久已经丢失。很大一部分居委会、村委会证明是居委会或村委会工作人员根据自身记忆写成的材料，这种情况下由于记忆的不确定性，此类书证已经失去证明价值，不能够作为证据采纳，但是可以将居委会、村委会工作人员作为证人，将其在犯罪实践中时常会出现医院无法提供犯罪嫌疑人的出生证明，但犯罪嫌疑人及其监护人能够自己提供医院病例材料的情况中，对人年龄的记忆以证人证言的方式加以取证，而后与其他证据相比较看是否能够相互印证。

3. 计生办证明与学籍证明。一般情况下由于登记计生办证明与学籍证明的日期与犯罪嫌疑人出生日期相距较远，因此其证明价值较弱。如果犯罪嫌疑人提出户籍证明上的年龄比实际年龄大，那么司法机关可以向计生办与学校调取相关材料，若当事人确实修改出生日期一般会改动户籍而不会去改动学籍与计生办登记，因此两相比对就可以判断言词证据的真实性。

（三）对言词证据的审查与判断

犯罪嫌疑人因未报户口导致自身没有任何法定身份证明、户籍证明以及相关的其他书证时，应当尽力收集其亲属、邻居中认知能力比较强的人所作的证言，与户籍证明、其他书证进行综合分析来确定犯罪嫌疑人的真实年龄。司法实践中发现，一些未成年人由于不符合计划生育政策、未办理《出生医学证明》、未办理收养手续的事实收养、被宣告失踪或者宣告死亡后户口被注销、农村地区因婚嫁被注销原籍户口等原因而没有户口，又无法调取其他相关书证或收集言词证据，导致关于犯罪嫌疑人年龄问题仅有犯罪嫌疑人自己的供述及其父母的证词。对于这类案件司法实践中只要父母的证词和其供述相一致，就应当照此予以认定，若双方言辞不一致则应当以父母的证言为准，因为从生活规律来看父母要更加了解子女的出生日期，子女所知的自己的出生日期也是由其父母告知，而且从证据的形式上来看犯罪嫌疑人父母的证言证明价值也要高于其自身的供述。

二、作为特殊证据的骨龄鉴定

(一)骨龄鉴定概述

骨龄即骨骼的年龄,需要通过对骨骼拍摄X片来确定。骨龄鉴定是指鉴定人员运用生物学和医学上的理论和技术,通过对个体骨骼生长发育程度的检验来判断其生理年龄,目前作为法医物证鉴定运用在司法实践中。当前我国骨龄鉴定技术还不能达到确定出生日期的精确度,但还是可以准确将生理年龄确定在一定阶段内的。骨龄鉴定一般应用于审查运动员的实际年龄来决定其是否具有参赛资格,在我国将骨龄鉴定技术应用在司法实践当中以认定犯罪嫌疑人年龄只有很短的时间。骨龄鉴定的原理是,在人体的生长发育过程中,正常情况下骨骼是随着年龄的增长而逐渐骨化、骨箭线逐渐闭合的,骨骼的生长发育、成熟和衰老,可以真实准确地反映被鉴定人的生理年龄。因此,骨龄鉴定应用在司法实践中作为确定犯罪嫌疑人、被告人年龄的证据是具有科学性的。虽然在我国骨龄鉴定应用的时间并不长,但由于骨龄鉴定具有多种优点,侦查机关采取骨龄鉴定方法可以及时、准确确定犯罪嫌疑人年龄,尤其是可以有效打击跨省、跨地区的流窜性犯罪,因而极大地受到了侦查人员的欢迎,使得骨龄鉴定成为推动刑事诉讼能够顺利进行的必要手段。

骨龄鉴定的特点主要有:

首先,骨龄鉴定具有客观性。骨龄鉴定人员通常是拍摄被鉴定人左手手腕部的X光,鉴定人员通过X光片观察手掌指骨、桡尺骨及腕骨下端的骨化中心发育程度,并借鉴一些学校卫生、临床研究以及体育科学的研究成果,采用图谱法、计分法或其他评估方法对犯罪嫌疑人的年龄进行评估,再结合其他书证及言词证据来确定犯罪嫌疑人的年龄。因此"骨龄鉴定"是客观的,不以个人的主观意志为转移,具有明显的客观性。

其次,骨龄鉴定具有不可伪造性和稳定性。骨骼发育、成长和成熟是客观的,不会因个人的干扰而发生变化,这使得骨骼年龄不能被伪造并且相对来说是比较稳固的。

再次,骨龄鉴定具有便易性和科学性。对于侦破任务繁重的侦查机关来说,采取骨龄鉴定的方法能够准确、及时破获案件,特别是对侦破跨省、跨地区的流窜犯罪有非常大的优势。

最后,骨龄鉴定具有误差性和局限性。我国骨龄鉴定多是采用中国人手腕发育标准CHN计分法的标准和方法,现在我国骨龄鉴定水平还不能达到精确判定被鉴定人出生日期的程度,其误差一般在1岁左右。[1] 因为骨龄鉴定的这种

---

〔1〕 应培礼:《运用骨龄鉴定结果认定未成年人年龄之省思》,载《青少年犯罪问题》2009年第3期。

误差性,在犯罪嫌疑人的年龄处于刑事责任年龄临界点时,单一地使用骨龄鉴定结论作为认定犯罪嫌疑人年龄的证据明显是有很大风险的。

(二)骨龄鉴定的法律适用及发展

在我国司法实践中应用骨龄鉴定判断犯罪嫌疑人的年龄是有法律依据的,2000年宁夏回族自治区人民检察院向最高人民检察院发函,请求对骨龄鉴定能否作为证据使用作出批示。最高人民检察院2000年2月21日在对宁夏回族自治区人民检察院的请示中以高检发研字(2000)6号《关于"骨龄鉴定"能否作为确定刑事责任年龄证据使用的批复》中指出:"犯罪嫌疑人不讲真实姓名、住址,年龄不明的,可以委托进行骨龄鉴定或其他科学鉴定,经审查,鉴定结论能够准确确定犯罪嫌疑人实施犯罪行为时的年龄的,可以作为判断犯罪嫌疑人年龄的证据使用。如果鉴定结论不能准确确定犯罪嫌疑人实施犯罪行为时的年龄,而且鉴定结论又表明犯罪嫌疑人年龄在刑法规定的应负刑事责任年龄上下的,应当依法慎重处理。"虽然有了法律方面的支持,但是这一条款使得司法人员很难将骨龄鉴定结论准确运用于刑事诉讼当中。骨龄鉴定结论必须与其他证据相结合,形成证据链才能够使用。对于司法实践中存在的犯罪嫌疑人年龄处于刑事责任年龄临界点而户籍证明与其他证据无法相互印证的情况,在侦查案件的开始就要尽量收集证据以便确定其年龄,因此对于骨龄鉴定结论的证明作用在刑事诉讼开始时的侦查环节就必须确定下来,这比一般书证证据或言词证据需求更高。

由于目前骨龄鉴定结论的证明价值还没有得到充分认可,骨龄鉴定结论只有通过与其他有关犯罪嫌疑人年龄的证据相互印证、相互补充,形成针对犯罪嫌疑人年龄的证据链,才能使其拥有成为证明犯罪嫌疑人年龄证据的地位,这就要求司法人员在使用骨龄鉴定结论时应当区分具体情况。

第一,没有户籍证明及其他书证,只有骨龄鉴定结论时。这样的情形一般发生在未报户口的犯罪嫌疑人身上,他们没有户籍证明、法定身份证明等能够有效证明其出生日期的法律凭证,如果依靠其自身供述或其父母、其他证人的证言无法查证犯罪嫌疑人实际年龄,那么这种情况下应当将骨龄鉴定结论作为主要证据。

第二,拥有户籍证明或其他书证,但是与言词证据存在矛盾时。这类情形主要出现在户籍证明等有效凭证、犯罪嫌疑人供述、犯罪嫌疑人父母或亲友证言等证据相互矛盾导致无法形成证据链时,这时骨龄鉴定结论发挥的是其在司法认定中的辅助功能,哪项证据与骨龄鉴定结论最接近就可以使用哪项证据认定犯罪嫌疑人的年龄。

第三,犯罪嫌疑人不供述真实姓名或假冒他人姓名时。在这种情况下侦查机关无法调取犯罪嫌疑人的户籍证明，也没有其父母及亲友的证言，这时能够证明犯罪嫌疑人年龄的唯有骨龄鉴定结论。如果犯罪嫌疑人供述的年龄比骨龄鉴定结论小，应当坚持刑法的保障人权原则，尽可能处以宽缓的刑事措施或减轻处罚；如果犯罪嫌疑人供述的年龄比骨龄鉴定结论大，应当依据犯罪嫌疑人的供述认定其年龄，但确定刑事责任时应当相应放宽，因为犯罪嫌疑人没有欺骗侦查机关的故意。骨龄鉴定结论与犯罪嫌疑人供述不同一般是因为骨龄会受到生长环境、营养发育等要素的影响。

（三）建立符合要求的骨龄鉴定制度

首先，最突出的问题就是骨龄鉴定结论是否具备证据资格的问题。虽然依据最高人民检察院《关于"骨龄鉴定"能否作为确定刑事责任年龄证据使用的批复》，在某些情况下骨龄鉴定结论是具有证明价值的，但在立法层面还是缺少权威性和确定性。骨龄鉴定的技术已经比较成熟，具有科学性，而且也正在越来越多地应用于刑事诉讼中，积累了比较多的经验，因此应该尽快承认其证明价值，给予其证据地位。虽然骨龄鉴定并不能精确测量出犯罪嫌疑人的年龄，但我们还是应当重视其结论，起码在其他证据都无法获得的情况下在认定犯罪嫌疑人年龄时可以骨龄鉴定结论为标准。

其次，对骨龄鉴定资格的规范。司法鉴定机构、鉴定人接受委托进行骨龄鉴定的必要条件是其必须具有骨龄鉴定资格，这既是确保骨龄鉴定结论真实有效的基本要求，同样也是保证骨龄鉴定结论法律性的必要条件。当前我国很多骨龄鉴定机构都不具备鉴定资格，它们作出的骨龄鉴定结论大多数情况下只能作为报告书，并不会产生法律上的效力。对于这种情况，司法人员应当以现实情况为基础，由具有管理权限的有关部门对骨龄鉴定工作设定鉴定资格获取制度，这样既可以阻止没有骨龄鉴定能力的一部分人染指骨龄鉴定活动，又能够将骨龄鉴定资格赋予有鉴定能力的鉴定机构及鉴定人员。事实上，我们必须看到确立骨龄鉴定机构和骨龄鉴定人名册是规范骨龄鉴定的前提，骨龄鉴定是一种无法确定犯罪嫌疑人年龄时的后备手段，必须要确保它的法律权威才能打消犯罪嫌疑人及其监护人等相关人士的疑虑。

再次，骨龄鉴定程序科学性的确定。骨龄鉴定作为认定犯罪嫌疑人年龄证据的后备力量，一直存在不够精确的问题。要想提高骨龄鉴定结论的精确性，让骨龄鉴定的结果最大程度上接近犯罪嫌疑人的实际年龄，司法人员需要对鉴定方法、鉴定标准、审查程序等要素依法进行规制。建立科学的骨龄鉴定程序要运用最新、最全的骨龄鉴定资料数据库，用来增强骨龄鉴定标准的可信赖性。同时要运用科学严谨的骨龄鉴定手段，科学家实验证明对手部骨骼的鉴定结论最具有精确性，而且手腕部位所具有的成长发育信息要比其他部位多，在年龄阶段内一般都符合自然规律，还便于拍摄，因而骨龄鉴定大部分都会使用手腕部分来进行，当然我们还是要坚持科学严谨的程序，最好还是采用综合方式鉴定骨龄。

最后，还要注意规范各个程序环节如接受委托、实施鉴定等的规范性，以此来保证骨龄鉴定程序的客观性、科学性与合法性。

（四）将骨龄鉴定结论作为证据的原则

第一，谨慎适用骨龄鉴定原则。即使骨龄鉴定结论拥有比较强的准确度，可是依然难以达到像DNA鉴定那样接近100%的精确性，因此骨龄鉴定结论很大程度上无法独立于其他证据而直接作为认定犯罪嫌疑人年龄的重要证据，只有骨龄鉴定结论与其他书证或言词证据能够相互印证时，才能作为判断犯罪嫌疑人年龄的证据使用，也就是说，唯有在犯罪嫌疑人年龄不能确定，或者其他关于其年龄的证据无法保证客观真实的情况下，才可以使用骨龄鉴定结论。

第二，要遵循有利于追究犯罪原则。虽然将骨龄鉴定结论应用于查证犯罪嫌疑人实际年龄时必须要慎重，但是对于那些不供述真实姓名或者假冒他人姓名的犯罪嫌疑人，在必要的时候只能依据骨龄鉴定结论确定犯罪嫌疑人的年龄。司法实践中一些犯罪嫌疑人会不供述自己实际应用的姓名或者冒用他人姓名，其目的一般是能够避免承担刑事责任或者隐瞒其他犯罪行为，具有明显的主观恶性。在骨龄鉴定结论可以认定此类犯罪嫌疑人年龄已满刑事责任年龄的情况下，虽然有时会与犯罪嫌疑人自身供述的年龄不同，但仍应当采信骨龄鉴定的结论，将其当作确定犯罪嫌疑人年龄的证据采纳。

第三，坚持存疑有利于被告原则。在刑事诉讼中，使用骨龄鉴定的犯罪嫌疑人年龄一般都是在刑事责任年龄的边界，我国处理未成年人犯罪的态度是一向是“教育为主、惩罚为辅”，当骨龄鉴定结论成为确定犯罪嫌疑人是否要承担刑事责任的关键证据时，应当从存疑从宽的原则出发，推定犯罪嫌疑人的年龄为比较低的那个结论，尽量让犯罪嫌疑人有机会改过自新，重新走向社会。所以，在骨龄鉴定结论靠近刑事责任年龄临界点时，应当尽可能坚持存疑有利于被告原则以及保障人权原则进行认定。

第四，超时鉴定排除原则，即必须重视鉴定时间与犯罪时间的间隔。对犯罪嫌疑人进行骨龄鉴定的时间一般集中在侦查阶段、审查起诉阶段和法庭审理阶段，这也就导致了实施犯罪行为时的年龄与骨龄鉴定得出的结论会有一定时间上的差异，这种情况下只能根据骨龄鉴定的结论减去中间的时间间隔来推定犯罪嫌疑人实施犯罪行为时的年龄。如果犯罪行为发生很长时间后才为侦查机关所知，那么骨龄鉴定的误差肯定会更加严重，此时的骨龄鉴定结论已经不能够准确证明犯罪嫌疑人的真实生理年龄，无法作为证据使用。

此外，在刑事诉讼中适用骨龄鉴定还要重视两种错误倾向：一种是为了将骨龄鉴定运用于司法实践当中而过分追求骨龄鉴定结论的精确性,忽略了骨龄鉴定技术的不成熟性,过度赋予骨龄鉴定结论作为证据的证明价值;另一种是轻易否定骨龄鉴定结论的科学性和证明价值。

综上所述,由于骨龄鉴定结论还无法达到刑事诉讼要求的精确性,所以当前骨龄鉴定结论还只能是查证犯罪嫌疑人年龄的辅助证据。但是可以确信在科学技术更加发达的未来,骨龄鉴定会越来越准确,也将在司法实践中拥有更加重要的地位。司法人员要充分重视它的科学性,利用收集其他证据来弥补它的缺陷,以期实现打击犯罪、保护法益的目的。

中　篇

犯罪人年龄限制分析

第四章　年龄与犯罪

第一节　年龄与定罪

我国1997年《刑法》第17条第1款和第2款规定“已满十六周岁的人犯罪，应当负刑事责任。已满十四周岁不满十六周岁的人，犯故意杀人、故意伤害致人重伤或者死亡、强奸、抢劫、贩卖毒品、放火、爆炸、投毒罪的，应当负刑事责任。”这两个条款确立了我国的刑事责任年龄的主体框架，即将刑事责任年龄划分为三个阶段：未满14周岁的为无刑事责任年龄；已满14周岁不满16周岁的为限制刑事责任年龄；已满16周岁的为完全刑事责任年龄。

这一主体框架看似简单，但是在这一框架下，对于行为人相同的违反法秩序的行为，基于行为人年龄的不同，刑法却作出了罪与非罪、此罪彼罪的不同评价。首先，年龄对罪与非罪的影响体现在无刑事责任年龄阶段，即未满14周岁。未满14周岁的人不论有《刑法》规制的任何违反法秩序的行为都不构成犯罪。其次，年龄对于罪与非罪的影响体现在限制责任年龄阶段，即已满14周岁未满16周岁。在这一阶段上，问题较之未满14周岁的情形要复杂得多，这主要与《刑法》第17条第2款的规定不明确有关。

一、《刑法》第17条第2款的争议

《刑法》第17条第2款规定：“已满十四周岁不满十六周岁的人，犯故意杀人、故意伤害致人重伤或者死亡、强奸、抢劫、贩卖毒品、放火、爆炸、投毒罪的，应当负刑事责任。”该条款所规定的八种犯罪，是指具体犯罪行为，还是具体罪名？对此，全国人大、最高人民检察院、最高人民法院的解释不尽一致。由此展开的刑法理论上的争辩颇为激烈。

1997年《刑法》第17条第2款源自1979年《刑法》第14条第2款“已满十四岁未满十六岁的人，犯杀人、重伤、抢劫、放火、惯窃或者其他严重破坏社会秩序罪，应当负刑事责任”。这条规定在适用过程中引发了诸多质疑，主要表现在

对“杀人、重伤”和“其他严重破坏社会秩序罪”的含义和范围理解不一。对于前者,一种观点认为仅指故意杀人罪、故意重伤罪,另一种观点认为既包括故意杀人罪、故意重伤罪,也包括过失杀人罪,过失重伤罪;对于后者,有学者认为是指1979年《刑法》分则第6章的妨害社会管理秩序罪,有学者认为是指《刑法》分则第2章的危害公共安全罪和第6章的妨害社会管理秩序罪,还有学者认为是指故意实施的相当于1979年《刑法》第14条第2款列举的杀人、重伤、放火、惯窃等具有严重社会危害性的犯罪。[1]

针对1979年《刑法》对该款的规定概括性过强的弊病,在取消类推制度而将罪刑法定原则立法化的思想指导下,1997年《刑法》取消了原条文中“杀人”“重伤”和“其他严重破坏社会秩序罪”的表述,在第17条第2款,把已满14周岁不满16周岁的人应当负刑事责任的犯罪明确列出。鉴于此款生成的上述原因以及新刑法中罪刑法定原则的确立,学界自然认为此款明确规定了未成年人相对负刑事责任的八种具体犯罪(罪名)。[2] “罪名说”由此产生。

(一)罪名说

罪名说的基础建立在文义解释之上。从文义解释的方法出发,《刑法》第17条第2款采取的是“犯……罪”的格式,只有最后一项是完整的罪名,即“投毒罪”,前七项则并未出现“罪”字。但是如果根据汉语习惯和法条用语上看,应当认为“故意杀人”“故意伤害致人重伤或者死亡”“强奸”“抢劫”“贩卖毒品”“放火”“爆炸”七项犯罪是省略了“罪”字。也就是说,该款规定的应该是八种犯罪的罪名。因为在刑法用语中,“犯”一般与罪名搭配,而“实施”一般与具体行为搭配。如果该款要表明是八种犯罪行为而不是八种犯罪(罪名),法条的表述应是“实施……犯罪(或行为)的,应当负刑事责任”。如果这样的话,法条所规定的就是具体犯罪行为而不是罪名。[3]

如果采取严格的狭义“罪名说”,在罪刑法定原则的指导下,如果年满14周岁不满16周岁的未成年人在犯下该条规定的八类罪名之外的罪行,不能追求其刑事责任,即应当认定其是无罪的。当然在罪名说的内部,也有狭义罪名说和广义罪名说之分。

其中,狭义说主张《刑法》第17条第2款规定的是八种具体罪名,仅限于单纯一罪,不包括实质一罪和裁判上一罪。如有论者认为,已满14周岁不满16周岁的人在绑架过程中杀害被绑架人的,既不能定绑架罪,也不能定故意杀人罪,

---

〔1〕 赵秉志:《刑法争议问题研究》(上卷),河南人民出版社1996年版,第234~238页。

〔2〕 高铭暄:《刑法专论》(上编),高等教育出版社2002年版,第207页。

〔3〕 韩玉胜、贾学胜:《“罪名”与“犯罪行为”之辩——对刑法第十七条第二款的解读》,载《河南政法干部管理学院学报》2006年第1期。

而应当不负刑事责任。这种观点坚持了刑事责任年龄对犯罪性质所起的限制作用,即不得评价刑法所不允许评价的相对刑事责任年龄的人的部分行为(绑架行为),但该观点不当地否定了刑法允许评价的部分行为具有独立性,曲解了罪刑法定原则,亦即使刑法允许评价相对刑事责任年龄的人的行为部分,对刑法不允许评价的行为部分具有了从属性。其逻辑为:绑架过程中杀害行为从属于绑架行为,由于刑法不允许评价绑架行为,因而不能评价杀害行为。这是不合理的,因为"杀害被绑架人"作为绑架罪的量刑情节,是以绑架罪的成立为前提,在主体不适格的情况下绑架行为不符合绑架罪的犯罪构成,考虑量刑情节的杀害行为,便成为无稽之谈,但相对刑事责任年龄对犯罪性质的限制,使得绑架过程中的杀害行为在性质上不是作为量刑情节,而是作为具体行为存在的。将已满14周岁不满16周岁的人在绑架过程中故意杀人的行为认定为故意杀人罪,并不违反罪刑法定原则。与之类似的是,相对刑事责任年龄的人盗窃、诈骗、抢夺他人财物,为窝藏赃物、抗拒抓捕或者毁灭罪证,当场使用暴力,故意伤害致人重伤或者死亡,或者故意杀人的,因年龄对犯罪性质的限制,盗窃罪、诈骗罪、抢夺罪不成立,丧失了向第269条转化型抢劫罪转化的基础。因此,故意伤害致人重伤或者死亡,或者故意杀人的行为,只能依据第17条第2款的规定确定罪名,即故意伤害罪、故意杀人罪。

广义说认为,《刑法》第17条第2款规定的是八种具体罪名,不限于单纯一罪,还包括实质一罪和裁判上一罪,但应当依照本条款的规定确定罪名。这为多数学者所支持。广义的罪名说的逻辑推理为——大前提:《刑法》第17条第2款规定的各种犯罪构成;小前提:相对刑事责任年龄的人实施了具体行为;结论:相对刑事责任年龄的人是否成立其所触犯的《刑法》第17条第2款规定确定的罪名。此时,若相对刑事责任年龄的人实施了《刑法》第17条第2款以外的行为,如故意决水造成他人死亡的,故意决水行为因主体不适格而被排除在刑法评价的对象之外,若同时触犯了《刑法》第17条第2款的规定(故意造成他人死亡的),则依照第17条第2款规定的故意杀人罪定罪处罚。

当然,将第17条第2款解释为罪名符合将相对责任年龄人的刑事责任范围限定在一个较窄的范围,符合对未成年人犯罪的刑事政策。不过,这种"罪名说"的缺陷也是明显的。自文义解释的角度,"罪名说"也是不彻底的。因为第17条第2款规定的第2项是"故意伤害致人重伤或者死亡"并非1997年《刑法》规定的罪名,而是第234条故意伤害罪的加重处罚情节,那么就很难认为其可以与其他七种罪名相并列,因为在同一条款中并列的规定在种属归类上应当是一致的。[1]

不过，“罪名说”的支持者并非没有注意到“故意伤害致人重伤或者死亡”这一项的不和谐之处。有论者指出在将来修法时应将第 17 条第 2 款“故意伤害致人重伤或者死亡”改为“故意伤害(致人重伤或者死亡)”即可消除这一不和谐。也有论者指出并不需要立法者修改第 17 条第 2 款本身，而是最高司法机构没能把握立法含义，罪名的司法解释出现了错误，即把本来应当属于两个罪名的《刑法》第 234 条第 1 款规定的故意伤害罪、第 2 款规定的故意伤害致人重伤或者死亡罪仅确定为故意伤害罪所致。[2]

(二)罪行说

与此相对地，“罪名说”的反对者们提出了“罪行说”。论者主张《刑法》第 17 条第 2 款规定的是八种犯罪行为而不是八个具体罪名。“罪行说”论者认为：本条款的规范意义(功能)在于合理地限制未成年人承担刑事责任的范围，而不是将未成年人承担刑事责任的范围限制至不能再小(最小)的范围之内。若是将本条款的立法目的理解为极为严格地将未成年人承担刑事责任范围限制至最小——将刑法谦抑性和保护未成年人的刑事政策推向逻辑极致，并形式化地理解罪刑法定原则，容易得出这样的结论：在绑架过程中即使有故意杀人行为的，也不能以故意杀人罪论处，否则，便背离罪刑法定原则的基本精神。[3]

在 1997 年《刑法》制定出来后，第 17 条第 2 款本身的问题仅仅被视作一个假设的理论问题。然而，随着犯罪低龄化的发展，司法实践中出现了已满 14 周岁不满 16 周岁的人绑架人质后杀害被绑架人，拐卖妇女、儿童并故意造成被拐卖妇女、儿童重伤或死亡的行为，使得对于第 17 条第 2 款的讨论不再仅仅是一个假设的问题。

为了指导各地人民法院正确处理此类问题，最高人民法院刑一庭审判长会议发布了具有权威性的研究意见。[4] 理论上分歧的焦点是《刑法》第 17 条第 2 款的故意杀人是泛指一种罪行还是特指一个具体的罪名。对这一规定的不同理解将会导致完全不同的结论，关系到行为人要不要负刑事责任，负什么样的刑事责任问题，意义重大。经过慎重的研讨，研究意见认为该条的“故意杀人”是泛指一种犯罪行为，而不是特指《刑法》第 232 条故意杀人罪这一具体罪名，其理由是：

---

[1] 康诚：《论相对刑事责任年龄人的罪名适用——“犯罪构成说”解释论的提倡》，载《法学评论》2009 年第 5 期。

[2] 戴玉忠、刘明祥主编：《和谐社会语境下刑法机制的协调》，中国检察出版社 2008 年版，第 142 页。

[3] 曲新久：《相对负刑事责任年龄规定的适用》，载《人民检察》2009 年第 1 期。

[4] 参见最高人民法院刑一庭审判长会议《关于已满 14 周岁不满 16 周岁的人绑架并杀害被害人的行为如何适用法律问题的研究意见》，载《刑事审判参考》2001 年第 1 辑，第 86 ~ 88 页。

第一,《刑法》修改在前,司法解释确定罪名在后,立法本身并没有明确罪名,《刑法》第 17 条第 2 款中所称"犯……罪"只能指某种罪行,而不可能预见性地明指嗣后司法解释确定的罪名。

第二,犯罪行为是刑事立法规范的对象,罪名则是对犯罪行为本质特征的概括,此条款的目的是要解决已满 14 周岁不满 16 周岁的人承担刑事责任的范围,其标准只是犯罪行为本身,只能规定哪些种类的犯罪行为应当承担刑事责任,不可能也不会解决哪几种犯罪行为应为哪几种罪名的问题。

第三,故意伤害致人重伤或者死亡的表述,很明显是指罪行而非具体的罪名,因为按司法解释,该种罪行的罪名是故意伤害罪,而非"故意伤害致人重伤或者死亡罪",据此也可以印证与其并列的"犯故意杀人罪"的表述,应当是指一种罪行,因为并列的表述在种属归类上应当是一致的。

第四,将《刑法》第 17 条第 2 款理解为一种犯罪行为,符合立法本意,并非任意的扩大解释,不违背罪刑法定主义;反之,如果理解为仅限于《刑法》第 232 条规定的故意杀人罪,而不包括杀害被绑架人的行为,对已满 14 周岁不满 16 周岁的人故意杀人的,要负刑事责任,而绑架杀人、劫持航空器杀人等不负刑事责任,显然违背了立法本意,势必破坏立法确定的相对承担刑事责任年龄的标准和基础。

第五,《刑法》第 239 条实质上是绑架和故意杀人的结合规定,根据《刑法》第 17 条第 2 款的规定,已满 14 周岁不满 16 周岁的人,虽不对绑架行为负刑事责任,但仍应对故意杀人行为负刑事责任。因此,应当依照《刑法》第 232 条以故意杀人罪追究其刑事责任。

最高人民法院的这一意见采纳了罪行说的观点,将《刑法》第 17 条第 2 款理解为八种犯罪行为,从而如果按照其理由应当得出的结论,实在是一个任意的扩大解释,违反了罪刑法定的实质要求,必然破坏相对刑事责任年龄承担刑事责任的范围。因为这样的理解导致:已满 14 周岁不满 16 周岁的人对分则中规定的大多数罪名,都有可能承担刑事责任,特别是故意伤害致人重伤或者死亡的,分则中大部分的危害公共安全的犯罪和暴力犯罪,都是适用的。这样的解释又重新回到 1979 年《刑法》的立场:"已满十四岁不满十六岁的人,犯杀人、重伤、抢劫、放火、惯窃罪或者其他严重破坏社会秩序罪,应当负刑事责任。"此条导致最大批评的是:司法解释不断运用"其他严重破坏社会秩序"这个兜底和不明确的规定,扩大该条款的适用范围。鉴于此,立法者对违反罪刑法定主义的批评的应答是出台了《刑法》第 17 条第 2 款,明确了杀人和重伤的主观罪过是故意,同时取消了 1979 年《刑法》的"其他严重破坏社会秩序"的模糊规定。这个反复并不是人们乐意看到的结局,立法所作的努力如果被司法的惯性破坏,等于徒劳无功。

刑庭似乎感觉不妥,因而认为,绑架并杀人,是结合犯的规定,不需要承担绑架的责任,但必须承担故意杀人罪的刑事责任。

最高人民检察院对最高人民法院的解释并不足够满意,但是没有与最高人民法院发生正面的解释权的冲突。最高人民检察院于 2002 年 4 月 8 日就同一个问题向全国人大常委会法工委作了请示。2002 年 7 月 24 日,法工委作出了与最高人民法院的结论一致的答复,无疑它更具有权威性。[1] 该答复的内容是:"刑法第十七条第二款规定的八种犯罪,是指具体犯罪行为而不是具体罪名。对于刑法第十七条第二款规定的'犯故意杀人、故意伤害致人重伤或者死亡'是指只要故意实施了杀人、伤害行为并且造成了致人重伤、死亡后果的,都应负刑事责任。而不是指只有犯故意杀人罪、故意伤害罪的,才负刑事责任,绑架撕票的,不负刑事责任。对司法实践中出现的已满十四周岁不满十六周岁的人绑架人质后杀害被绑架人、拐卖妇女、儿童而故意造成被拐卖妇女、儿童重伤、或者死亡的行为,依据刑法是应当追究刑事责任的。"[2]

该答复明确了第 17 条第 2 款规定的八种犯罪,是具体犯罪行为而不是具体罪名,即已满 14 周岁不满 16 周岁的人,只要实施了故意杀人、故意伤害致人重伤或者死亡、强奸、抢劫、贩卖毒品、放火、爆炸、投毒八种行为的,须承担刑事责任。这是罪行说的立场。

(三)现实困境

如此一来,最高人民法院、最高人民检察院与全国人大法工委都一致认为《刑法》第 17 条第 2 款规定的是八种犯罪行为,相对责任年龄人绑架杀人的应当负刑事责任。但是,进一步深究的话,我们就不难发现三者的解决方案是不尽相同的。全国人大法工委的答复并不彻底,它的回答仅止于相对责任年龄人应当承担刑事责任,它没有回答相对责任年龄人应当认定为何种罪名。正是在此暧昧之处,最高人民法院与最高人民检察院的解决方案出现了分歧。

2003 年最高人民检察院《关于相对刑事责任年龄的人承担刑事责任范围有关问题的答复》规定:"相对刑事责任年龄的人实施了刑法第十七条第二款规定的行为,应当追究刑事责任的,其罪名应当根据所触犯的刑法分则具体条文认定。对于绑架后杀害被绑架人的,其罪名应认定为绑架罪。"可见,最高人民检察院的解释,在罪行说的立场上,对相对刑事责任年龄的人依据刑法分则对具体

---

[1] 该答复是《立法法》实施后,全国人大法工委关于适用刑法问题的第一个法律解释性的意见,《立法法》第 55 条规定,全国人大常委会的工作机构可以对有关具体问题的法律询问进行研究予以答复,这是其依法作出的具有法律效力的解释性文件。

[2] 参见《全国人民代表大会常务委员会法制工作委员会关于已满 14 周岁不满 16 周岁的人承担刑事责任范围问题的答复意见》,法工委复字[2002]12 号。

犯罪的规定来定罪。

2006年最高人民法院则颁布了《关于审理未成年人刑事案件具体应用法律若干问题的解释》。其第5条规定“已满十四周岁不满十六周岁的人实施刑法第十七条第二款规定以外的行为,如果同时触犯了刑法第十七条第二款规定的,应当依照刑法第十七条第二款的规定确定罪名,定罪处罚。”可见,最高人民法院的解释,在罪行说的立场上,对相对刑事责任年龄的人依据《刑法》第17条第2款对具体犯罪的规定来定罪。最高人民法院、最高人民检察院在“应当追究其刑事责任”的立场上是一致的,但在如何确定罪名上迥然有别。

(四)本书对争议的评价

1. 问题实质

最高人民检察院与最高人民法院的上述分歧,就其性质而言,实际上显现的是“罪行说”内部如何理解“罪行”的性质问题。

最高人民检察院将“罪行”理解为刑法规范评价之前的事实意义上的行为,即“裸”的行为。如此,便意味着相对责任年龄能力人若实施了故意杀人的事实行为,虽然一概需要负刑事责任,却不一定构成故意杀人罪,[1]如在闹市区开车撞死人可能构成以危险方法危害公共安全罪;反过来,相对责任年龄人是否构成犯罪要看是否出现了死亡或者重伤的后果。学者指出,相对责任年龄者是否能够构成破坏交通工具罪、破坏交通设施罪、破坏易燃易爆设备罪、以危险方法危害公共安全罪、强迫卖淫罪、组织卖淫罪等,均取决于行为人在此过程中是否实施了故意杀人,故意伤害致人重伤、死亡,强奸等行为(在此并非指其另行独立地实施上述行为,而是指破坏交通工具等行为本身即属于意图故意致人死亡的行为)或者类型化地造成了同样的危害结果。[2]

照此逻辑,相对责任年龄人承担刑事责任的罪名可达数十种之多。结果是相对刑事责任年龄人的行为可能触犯的罪名与完全刑事责任能力人可能触犯的罪名在数量上极为接近,《刑法》第17条第2款的限制性作用就会趋于崩溃,从而有虚置《刑法》第17条第2款的危险。[3] 显然,这样来理解“罪行”,对相对责任年龄人可能触犯的罪名难以事先作出预测,不符合国民的预测可能性与刑法适用的安定性,有违背罪刑法定原则之嫌。

最高人民法院的司法解释将“罪行”理解为规范意义上的行为。依照我国

---

[1] 康诚:《论相对刑事责任年龄人的罪名适用——“犯罪构成说”解释论的提倡》,载《法学评论》2009年第5期。

[2] 林维:《相对刑事责任年龄的协调适用——兼对晚近有关解释的批判解读》,载《当代法学》2004年第6期。

[3] 张志钢:《刑法17条第2款的体系定位与规范分析》,载《研究生法学》2011年第2期。

四要件犯罪构成理论，规范意义上的犯罪行为包括了成立犯罪的所有主客观要件，涵盖刑法分则有关某一具体犯罪的特殊要件以及总则规定的犯罪成立的一般要件的总和，也即具有犯罪客体、犯罪客观方面、犯罪主体以及犯罪主观方面的内容，而罪名是对刑法中某种犯罪行为所作的高度概括与简明称谓。因此，规范意义层面的"罪行"与罪名虽然表述不尽相同，但是其在定罪中的功能已别无二致，[1]因而在规范意义上的"罪行"已经与"罪名"形成了对应关系。如此理解的话，规范意义上的"罪行说"与"罪名说"只不过变成了同一观点的不同表述而已，规范意义上的"罪行说"的说服力也很有限。

对于最高人民法院的上述司法解释，暂且不论《刑法》第17条第2款规定的情形究竟是指"具体罪名"还是"具体罪行"，将其理解为是对相对责任年龄人最终认定罪名时的范围，即相对责任年龄人承担罪名的范围不应超越《刑法》第17条第2款的规定，应无疑问。基于此，有学者认为，该条司法解释虽然恪守"罪行说"，但是在罪名认定上仍然回归于刑事立法所提示的罪名范围，而将其总结为"行为+罪名的限定方式"。具体而言：《刑法》第17条第2款所设定的相对刑事责任年龄的人实施犯罪行为的具体样态以及具体样态所触犯的具体罪名。行为的具体样态包括故意杀人行为、故意伤害行为、强奸行为、抢劫行为、贩卖毒品、放火行为、爆炸行为和投毒行为，而这八种行为既可以是这八个罪名成立所要求的必备的、直接对应的危害行为，如故意杀人罪中的故意剥夺他人生命的行为，也可以是《刑法》第17条第2款以外的附随行为，如在实施非法拘禁行为时使用杀人或者重伤害的暴力行为。[2]

换言之，"第17条第2款规定的是八种犯罪行为而不是八个罪名，但在确定罪名时，必须以立法所体现出的罪名为限"。[3] 在此意义上，最高人民法院的上述解释可以理解为：已满14周岁不满16周岁的人实施《刑法》第17条第2款规定以外的行为，如果同时触犯了《刑法》第17条第2款规定的，应当依照《刑法》第17条第2款的规定（罪行相对应的刑法分则条文）确定罪名，定罪处罚。[4]

这样，可以避免原有表述违背"罪名只能根据刑法分则条文而不是总则条文加以确定"这一定罪的基本规则和常识。[5]

---

[1] 参见黄华生、于国旦：《论相对刑事责任年龄人在绑架杀人犯罪中的刑法适用——兼谈刑法第17条第2款的立法根据》，载《甘肃政法学院学报》2002年第6期。

[2] 赵秉志主编：《刑法总则要论》，中国法制出版社2010年版，第271页。

[3] 赵秉志主编：《刑法总则要论》，中国法制出版社2010年版，第272页。

[4] 赵秉志主编：《刑法总则要论》，中国法制出版社2010年版，第271页。

[5] 参见曲新久：《相对负刑事责任年龄规定的适用》，载《人民检察》2009年第1期。

2. 三阶层理论的审视

事实上，如果从三阶层理论的角度去重新审视《刑法》第 17 条第 2 款，对该问题的理解或许能够更加清晰和透彻。

德日犯罪论体系的位阶性决定德日犯罪论体系之下一直存在多层次的不同的犯罪观念。[1] 四要件的犯罪构成理论与阶层的犯罪论体系的根本区别在于犯罪成立要件之间是否具有位阶关系，[2]“阶层关系是通过犯罪论体系加以确定的，犯罪论体系是阶层关系的一种制度性安排”，[3]而犯罪论体系是否采取阶层式的构造则从思维上根本地决定了体系本身是否能够容纳多层次的犯罪概念。换句话说，如果承认阶段性的、多元化的犯罪概念或者“承认犯罪概念的相对性，实际上走的是阶层的犯罪成立理论的道路”。[4]

1997 年《刑法》第 17 条的四款内容是我国刑法对刑事责任年龄的原则性规定，其与《刑法》第 18 条有关精神病人、第 19 条有关生理缺陷人的刑事责任能力的规定共同构成了我国有关刑事责任能力的规范依据。依德日阶层犯罪论体系，一般认为成立犯罪应当具备三个条件，即构成要件该当性、违法性、有责性。自认定犯罪成立的角度而言，无责任能力者所实施的行为，在刑法上不得判断为犯罪行为。依照规范责任论的见解，刑事责任能力是责任的要素，[5]故意、过失仅是进行有责性判断的要素之一，除此之外的责任能力、违法性认识可能性与期待可能性也是责任判断的内容，因而，这几种因素均影响责任是否存在以及责任的程度，所以并无必要将责任能力置于责任之外，当作有责性的前提要件。有责性的基础在于具有辨认与控制能力的人，具有接受法律规范的要求并具有实施适法行为的可能性，却实施了该当构成要件的违法行为。在此，责任能力与故意与过失、违法认识可能性、期待可能性构成了责任的全部要素。

“刑法以责任为基础，没有责任就没有刑罚”，这就是近代刑法的责任主义原则。具体地讲，即使某种行为符合刑法条文规定的客观构成要件，对法益造成了侵害或者危险，但仅此并不能科处刑罚，科处刑罚还要求对行为人具有非难可能性。不仅如此，刑罚的量也应当与责任相当。简单地说，不具备有责性就不成

---

〔1〕 参见张明楷：《犯罪定义与犯罪化》，载《法学研究》2008 年第 3 期；冯亚东、邓君韬：《德国犯罪论体系对中国之启示》，载《国家检察官学院学报》2009 年第 2 期。

〔2〕 参见张明楷：《犯罪定义与犯罪化》，载《法学研究》2008 年第 3 期；冯亚东、邓君韬：《德国犯罪论体系对中国之启示》，载《国家检察官学院学报》2009 年第 2 期。

〔3〕 陈兴良：《犯罪构成论：从四要件到三阶层——一个学术史的考察》，载《中外法学》2010 年第 1 期。

〔4〕 周光权：《犯罪论体系在中国的论争与发展》，载中国人民大学刑事法律科学研究中心编：《刑事法热点问题的国际视野》，北京大学出版社 2010 年版，第 23 页。

〔5〕 关于刑事责任能力是责任要素还是责任前提的争论与研究，参见陈兴良：《刑事责任能力研究》，载《浙江社会科学》1999 年第 6 期；另参见马克昌：《责任能力比较研究》，载《现代法学》2001 年第 6 期。

立犯罪（有责性是犯罪成立的条件），刑罚的量不能超出责任的程度（责任是量刑的基准）。[1]

自犯罪成立的角度而言，责任既作为犯罪成立的条件为犯罪的成立提供依据，同时又划定了犯罪成立的界限以防止国家刑罚权的肆意干涉。在阶层的犯罪论体系当中，“该当构成要件并且违法的行为并不当然成立犯罪，必须在构成要件该当性与违法性的肯定性判断基础上，能够将该当构成要件的违法行为的责任归咎于行为人时，才能成立犯罪”。[2] 这是责任主义在犯罪论意义上的功能。自量刑的角度而言，刑罚的刑种与刑度必须与责任的内容与程度保持适当的比例，责任既为刑罚提供根据，也为刑罚设定上限。这是责任主义在刑罚论意义上的功能。

基于此，《刑法》第 17 条第 1 款与第 2 款的规定是就犯罪的成立而言的，第 3 款的规定（在认定未成年人构成犯罪之后）是就刑罚的裁量而言的，第 4 款的规定是就不满 14 周岁的人犯罪（依第 1 款与第 2 款的反对解释：不满 14 周岁的人犯罪，不应当负刑事责任）以及已满 14 周岁不满 16 周岁的人犯第 3 款规定以外的罪，不认为应当负刑事责任时的类似于保安处分的处遇规定。综合起来，刑法对所有人的“犯罪”都是给予评价的，具体而言，对已满 16 周岁的人的“犯罪”一律评价为犯罪，对不满 14 周岁的人的“犯罪”一律不评价为犯罪，对已满 14 周岁不满 16 周岁的人的部分“犯罪”评价为犯罪、部分“犯罪”不评价为犯罪。

这样一来，通过考虑行为人的责任能力因素或者说经过《刑法》第 17 条的评价，一部分“犯罪”因行为人不满 16 周岁而被排除在犯罪圈之外。这就是责任主义限制刑罚处罚范围功能的体现，同时，未成年人因年龄欠缺责任能力（不具有责性）出罪，符合对未成年人犯罪“教育为主、惩罚为辅”的刑事政策，责任主义成为连接刑事政策与刑法理论的桥梁。要特别指出的是，在这里“犯罪”是进行有责性评价的基础与前提，是暂时的犯罪概念；犯罪则是有责性评价的产物与结果，是终局的犯罪概念。相对责任年龄对于暂时的“犯罪”是否需要承担责任以及在多大范围内承担责任，需要经过有责性的评价与过滤。但是，此处“犯罪”的真正内涵应当如何确定呢？这就涉及“客观的犯罪”的概念。

在德日阶层犯罪论体系之下，无论是通行的由构成要件该当性、违法性与有责性组成的三阶层犯罪论体系（古典犯罪论体系与新古典犯罪论体系），还是有不法与责任建构的二阶层犯罪论体系（新古典的二阶层体系），抑或是以行为、构成要件该当性、违法性与有责性为基本要素的四阶层犯罪论体系（新古典暨

---

〔1〕 张明楷：《刑法学》，法律出版社 2007 年版，第 204 页。

〔2〕 梁根林：《责任主义原则及其例外》，载《清华法学》2009 年第 2 期。

目的论的综合阶层体系），都以不法与有责作为成立犯罪的实体并且构成阶层犯罪论体系的两大支柱，[1]同时两者之间存在位阶关系：在逻辑上，不法是先于责任的，只有确立了行为不法，才能考察责任追究的问题。"责任的存在以不法为前提，而不法的存在则不以责任为前提，即所谓存在无责的不法，但不存在没有不法的有责。"[2]依照德日目前占据通说地位的客观违法性论，"在判断犯罪成立的过程中，行为之法律秩序价值否定与是否非难行为人之间应当严格区分，不能混淆，前者是基于客观的违法性判断，后者是基于个人主观的罪责的判断……"[3]为保持违法性判断的客观性与判断对象的客观性，只要客观上出现了侵害或者威胁法益的行为就具有违法性，而不论行为人自身的责任能力、故意与过失等个人因素。在这个意义上，13 周岁的人故意杀人与 20 周岁的故意杀人在不法的意义上并无不同。只是在有责性阶段，充分考虑包括行为人刑事责任能力在内的个人因素从而进行非难可能性的判断时才产生了差异：对前者不评价为犯罪但是给予类似于保安处分的处遇（并非不予评价）；对后者则评价为犯罪并给予刑罚处罚。

由于犯罪的本质是法益侵害，不法行为（该当构成要件的违法行为）具有了法益侵害性，也就具有了犯罪的本质；同时，不法的评价与行为人个人的因素无关，只需要进行客观的评价，因此在阶层犯罪论语境下的"不法"可以等同于"客观的犯罪"。与之相对，经过有责性判断之后同时具备不法和有责即符合犯罪成立的全部要件的是"整体的犯罪"，即犯罪成立的所有条件的总和，与犯罪构成理论背景下的"犯罪构成"的内涵相同。

二、《刑法》第 17 条第 2 款革命性解释

体系定位成败的试金石是能否实现体系内部的协调。在刑法体系内部，《刑法》第 17 条第 2 款刑事责任年龄的规定属于有责性的要素，其评价的基础自然是"不法"（该当构成要件的违法行为）——"客观的犯罪"。《刑法》第 17 条第 2 款可以解读为：已满 14 周岁不满 16 周岁的人，应当对以下八种"客观的犯罪"负刑事责任。

（一）体系优点

本书认为，"客观的犯罪"是阶层犯罪论语境下的一个概念，具有以下优点：

---

〔1〕 参见张明楷：《犯罪构成体系与犯罪构成要素》，北京大学出版社 2010 年版，第 33 页。

〔2〕 陈兴良：《犯罪论体系的位阶性研究》，载《法学研究》2010 年第 4 期。

〔3〕 方泉：《犯罪论体系的演变——自"自然科技世纪"至"风险技术社会"的一种叙述和解读》，中国人民公安大学出版社 2008 年版，第 189 页。

第一,在条文的表述以及文义解释上顺畅无阻。"客观的犯罪"也是犯罪,在条文表述上,《刑法》第 17 条第 2 款之规定"已满十四周岁与不满十六周岁的人犯(部分)罪"的表述模式上与《刑法》第 17 条第 1 款之规定"已满十六周岁的人犯(所有)罪"的表述模式一致,可以具有"罪名说"所主张的文义解释上的优点。不仅如此,"客观的犯罪"不等于"全部的犯罪",即与罪名并不完全相同,也克服了罪名说不能合理安置"故意伤害致人重伤、死亡"非罪名式的规定。

第二,"客观的犯罪"跳出"罪名"与"罪行"名称之争的泥淖,并且具有独立的内涵。"客观的犯罪"的内涵是"不法",即该当构成要件的违法行为,是具有规范意义上的行为,在认定该当构成要件的违法行为后大体上可以确定罪名。现代刑事立法技术上的特点是,在刑法总则中规定犯罪一般的、共通的要件,在刑法分则中对各种具体犯罪设置相应的特殊的构成要件。具体而言,在刑法分则中对某一个具体犯罪的规定,通常是对行为等客观事实的规定,只有在个别情况下规定了目的、意图等主观要素以及身份等主体因素。至于故意、过失、责任能力等对于犯罪成立来说具有一般意义的责任要素都是在刑法总则中规定的,因而不属于构成要件的范畴……[1]

通过刑法分则中规定的各具体犯罪中构成要件要素的符合性判断,行为的类型性特征得以确定(构成要件的定型化机能),因此,《刑法》第 17 条第 2 款所规定的八类"不法"行为的内涵取决于相对应的刑法分则的规定。《刑法》第 17 条第 2 款有关相对刑事责任能力的规定,是规定在总则中的一般责任要件,通过包括责任能力在内的有责性阶段的评价,从个人确定行为人是否对该当构成要件的不法行为承担刑事责任。

第三,"客观的犯罪"与"整体的犯罪"相对,从而凸显了有责性(在此是指刑事责任能力)限定犯罪成立范围的功能。有责性的评价是在不法基础上并在不法的范围内进行评价的。刑法仅将相对责任年龄人实施的八种该当构成要件的违法行为进行评价,而不评价(除此之外)过剩的不法行为,在此,有责性的限制刑罚权发动的机能得以充分的展示。

第四,合理地解决共犯问题。共犯问题在此特指相对责任年龄人参与的共犯行为,有责性认定阶段对相对责任年龄人定罪不评价过剩的不法行为,可以合理地解释相对责任年龄人与完全责任年龄人构成共同犯罪,但最终罪名不同的情形。如 15 周岁的少年甲与 20 周岁的乙共同实施绑架杀人行为,对乙定绑架罪,对甲定故意杀人罪。

---

[1] 陈兴良:《犯罪构成论:从四要件到三阶层——一个学术史的考察》,载《中外法学》2010 年第 1 期。

（二）《刑法》第17条第2款在定罪中的具体操作

在“客观的犯罪”概念下，与《刑法》第17条第2款列举的八种“不法”行为直接对应的依次是第232条的故意杀人罪、第234条第2款的故意伤害罪（致人重伤或者死亡）、第236条的强奸罪、第263条的抢劫罪、第347条的贩卖毒品罪、第114条的放火罪、爆炸罪和第115条的投放危险物质罪。[1]

相对责任年龄人的行为该当上述条款所规定的构成要件并且不具有违法性排除事由时，行为人构成犯罪并无异议，此处不赘。本书下文将就上述罪名可能涉及的有关疑难问题进行分析。

1. 按罪名不按行为

（1）抢劫罪

检索我国《刑法》规定，不难发现，除了《刑法》第263条纯正的抢劫罪，第267条、第269条、第289条都涉及抢劫罪，其中第267条将携带凶器抢夺拟制为抢劫罪，第269条则规定了转化型抢劫，第289条则将聚众打砸抢的首要分子评价为抢劫罪。由于这几条法条所规定的行为本身并不是严格的抢劫行为，刑法却视为抢劫，因而实质上是一种法律拟制。

那么，结合《刑法》第17条第2款，就出现这了这么一个问题，即相对责任年龄人是否能够成立《刑法》第267条、第269条、第289条的抢劫罪呢？本书将以《刑法》第269条的转化型抢劫罪为例进行具体探讨。

该问题在1979年《刑法》施行后就引起争议，缘起原《刑法》第14条第2款：“已满十四岁不满十六岁的人，犯杀人、重伤、抢劫、放火、惯窃罪或者其他严重破坏社会秩序罪，应当负刑事责任”规定中“惯窃罪”是否是独立罪名，是否泛指一切盗窃行为，以及“其他严重破坏社会秩序罪”是否包括一般盗窃罪等问题，也直接涉及原《刑法》第153条转化抢劫罪能否由该年龄阶段的人构成。现行《刑法》虽然取消了“其他严重破坏社会秩序罪”的兜底规定，但也因在第17条第2款的列举中没有“盗窃罪”“诈骗罪”“抢夺罪”的规定，所以，限制刑事责任年龄人能否因实施一般的盗窃、诈骗、抢夺行为而转化构成抢劫罪一直是棘手的司法问题。

在1988年最高人民法院、最高人民检察院联合出台的《关于如何适用刑法第153条的批复》中，没有对该年龄阶段的人是否可以成为转化抢劫罪主体作出明确的限制，1992年最高人民法院《关于已满14岁不满16岁的人犯走私贩卖运输制造毒品罪应当如何适用法律问题的批复》中，曾将原《刑法》第116条走私罪中走私毒品的行为以及第171条规定“制造、贩卖、运输毒品罪”，解释为该

---

〔1〕 本书认为相对责任年龄人仅对该罪中投毒行为负刑事责任，详见下文。

年龄阶段人应负刑事责任。在这一意义上，“罪”被解释成为“行为”，但并未直接涉及该年龄阶段人的转化抢劫问题。在2005年6月8日最高人民法院《“两抢”意见》第5条“关于转化抢劫的认定”中，仍然没有对此问题直接涉及。从这一点可以说，直至2006年1月23日之前，最高人民法院一直没有明确将该年龄阶段的未成年人排除在转化型抢劫罪的主体之外。然而，问题在2006年1月23日起施行最高人民法院的《关于审理未成年人刑事案件具体应用法律若干问题的解释》（以下简称《未成年人解释》）后变得复杂起来。该解释第10条第1款规定：“已满14周岁不满16周岁的人盗窃、诈骗、抢夺他人财物，为窝藏赃物、抗拒抓捕或者毁灭罪证，当场使用暴力，故意伤害致人重伤或者死亡，或者故意杀人的，应当分别以故意伤害罪或者故意杀人罪定罪处罚。”也就是说，在该年龄阶段的未成年人可成为故意伤害罪、故意杀人罪的主体而不能成为转化抢劫罪的主体。这实质上否定了2003年4月18日最高人民检察院认为该年龄阶段的人可以成为转化抢劫罪主体的意见。〔1〕针对该款规定，学界有赞同之声也有否定之音。

赞同最高人民法院《未成年人解释》观点认为，对该年龄阶段的人适用转化型抢劫罪，有违罪刑法定原则。理由主要是：法工委《答复意见》规定的精神在于《刑法》第17条第2款规定的是八种罪行（行为），因此，对于已满14周岁不满16周岁的人，刑法只能对其所实施的此八种行为进行评价。如认为该年龄阶段的人可以构成转化型抢劫罪，则说明刑法评价了该年龄阶段人的“盗窃、诈骗、抢夺”行为，这显然违反《刑法》第17条第2款的规定。其次，针对否定观点关于“既然《刑法》第269条并非单纯处罚盗窃、诈骗、抢夺犯罪行为的条文，该条是基于转化型抢劫与普通抢劫在罪质上的一致性所作的法律拟制规定，那么在思考该年龄阶段的人能否成为转化型抢劫罪主体问题时，就必须破除刑事立法对盗窃、诈骗和抢夺罪主体年龄规定的局限，从实质上对其是否对盗窃、诈骗和抢夺行为具备认识和辨认能力进行考察”的看法，〔2〕赞同观点认为，对于转化型抢劫罪，刑法是对“盗窃、诈骗、抢夺”行为与事后的“暴力”进行的整体评价。但是，对该年龄阶段的人而言，刑法对其所实施的“盗窃、诈骗、抢夺”行为予以评价则不适宜。因为在转化型抢劫中，行为人先前实施的盗窃、诈骗、抢夺行为

---

〔1〕 2003年4月18日最高人民检察院《关于相对刑事责任年龄的人承担刑事责任范围有关问题的答复》第2条规定：“相对刑事责任年龄的人实施了刑法第269条规定的行为的，应当依照刑法第263的规定，以抢劫罪追究刑事责任。但对情节显著轻微，危害不大的，可根据刑法第13条的规定，不予追究刑事责任。”

〔2〕 参见刘艳红：《转化型抢劫罪主体条件的实质解释——以相对刑事责任年龄人的刑事责任为视角》，载《法商研究》2008年第1期。

本身是相对独立的，因为在实施盗窃、诈骗、抢夺行为时并没有使用暴力，如果没有被害人积极行为的介入，相对负刑事责任年龄人就不会使用暴力。如对该年龄阶段的未成年人适用转化型抢劫，仍然是对其“盗窃、诈骗、抢夺”行为进行了评价，而这同样是违反《刑法》第 17 条第 2 款。[1]

否定《未成年人解释》的观点认为，应从实质上对该年龄阶段的人是否对盗窃、诈骗和抢夺行为具备认识和辨认能力进行考察，而结论则是肯定的。主要理由是：该年龄阶段人对《刑法》第 269 条前段规定的行为——盗窃、诈骗、抢夺罪，具有辨识控制能力。该年龄阶段人的社会价值观与规范认知虽然尚不完全，但对明显违背社会价值与法律秩序的违法犯罪行为的性质是具有辨别认知能力的。虽然该年龄阶段人不能成为盗窃、诈骗、抢夺罪的主体，但并不意味着必然不能认识到这些行为的性质。如果这样认识，那么就混淆了行为人对法律规范认识（形式的违法性）与事实违法性认识（实质的违法性）。此外，该年龄阶段人对《刑法》第 269 条后段规定的行为——使用暴力或者以暴力相威胁的，更具辨识控制能力。当他们实施盗窃、诈骗和抢夺行为后，又出于特定目的使用暴力或者以暴力相威胁的，他们完全能够认识到其行为不再是单纯的财产犯罪行为，而是升高至他人生命与身体的危险性的暴力犯罪行为，其所侵犯的法益，对于财产犯性质的自然犯而言，认识到其中人身犯罪的行为性质及其危害程度也是容易的。[2] 类似从实质意义的理由上予以肯定的，还有张明楷教授。[3]

从法理层面上说，的确如同否定观点所言，该年龄阶段的人并非不能辨识不能实施“盗窃、诈骗、抢夺”行为，以及实施其后的“暴力或者以暴力相威胁”的行为，否则，在一系列的司法解释及司法文件中，就不会有最高人民检察院认可该年龄阶段人是转化抢劫罪主体、最高人民法院只认可是故意伤害罪、故意杀人罪主体那样的规定。

但是，实质意义上具有辨识、控制行为以及辨识违法性（形式违法性）的能力，是否等同于实质意义上具有刑事责任能力，要承担刑事责任，是有疑问的。作为实质解释论的典型论据之一，是用“类比”的方法，即假如该年龄阶段的人实施典型抢劫罪要入罪，而同样该人如果盗窃、诈骗、抢夺财物，后为窝藏赃物、抗拒抓捕或毁灭罪证而当场施暴或以暴力相威胁，如果不入罪则体现不出刑法的公正性，因实施者是智力发育水平、识别和控制自己行为的能力完全一致的同

---

〔1〕 参见李希慧、徐光华：《论转化型抢劫罪的主体——以已满 14 周岁不满 16 周岁的人为视角》，载《法学杂志》2009 年第 6 期。

〔2〕 参见刘艳红：《转化型抢劫罪主体条件的实质解释——以相对刑事责任年龄人的刑事责任为视角》，载《法商研究》2008 年第 1 期。

〔3〕 张明楷：《刑法学》，法律出版社 2011 年版，第 855 页。

一人,这种行为与前述抢劫罪的社会危害并无差别。[1] 这种论述的说服力其实是有限的。

本书认为,法律拟制性规定是指在刑法的明文规定下将不同的行为等同视之,将原本不符合某种规定的行为也按照该规定处理。德国学者阿瑟尔·考夫曼认为:在法律理论中,吾人通常把法律拟制称为隐藏的指示,籍由规定,对案件T2 应适用 T1 的法律效果;在此,立法者是基于法律经济性的缘故,以避免重复。然而这只是法律拟制的外在理由。它的内在理由在于构成要件的类似性。[2] 换言之,"刑法之所以设置法律拟制,主要基于两方面的理由,形式上的理由是基于法律经济性的考虑,避免重复;实质上的理由是基于两种行为对法益侵害的相同性或相似性。"[3] 比如,日本学者西田典之认为:"对盗窃犯在盗得财物之后,为了确保已盗得的财物而实施暴力、胁迫行为的情况,如作实质性评价,则可以视为通过实施暴力、胁迫行为而获取财物,因而应与强盗作同样处断。"[4] 换句话说,拟制性规定本身就说明了刑法立法对两种行为在实质违法性或者罪质的评价上别无二致,因而在不法评价上被拟制的行为与原行为的评价具有相当性。

具体来说,不管是《刑法》第 263 条规定的普通抢劫罪还是《刑法》第 267 条第 2 款规定的准抢劫,抑或《刑法》第 269 条规定的转化型抢劫具有同等的违法性。[5] 因此,普通抢劫、准抢劫、转化型抢劫同属于《刑法》第 17 条第 2 款列举的"客观的犯罪"——抢劫罪。不论是准抢劫的不法还是拟制性抢劫的不法,在有责性评价阶段同普通抢劫的不法一样,在不具备其他责任免除事由时都应认定为抢劫罪。需要特别指出的是,对于第 269 条转化型抢劫中的前行为,应当将"犯盗窃、诈骗、抢夺罪"[6] 作"客观的犯罪"而不是具备成立犯罪的一切主客观要件的"整体的犯罪"的解释。

---

〔1〕 参见周本再、刘洪志:《对转化型抢劫罪问题的两个思考》,载《检察实践》2002 年第 2 期。

〔2〕 [德]考夫曼:《类推与"事物本质"——兼论类型理论》,吴从周译,台湾学林文化事业有限公司 1999 年版,第 57 ~ 59 页。

〔3〕 张明楷:《刑法分则的解释原理》,中国人民大学出版社 2009 年版,第 253 页。

〔4〕 [日]西田典之:《日本刑法各论》,刘明祥、王昭武译,中国人民大学出版社 2007 年版,第 139 页。

〔5〕 不同的看法参见柴峥涛:《相对负刑事责任年龄人适用法律拟制与注意规定探析》,载《中国检察官》2009 年第 11 期。

〔6〕 本书认为第 269 条的前行为"盗窃、诈骗、抢夺罪"应当包含所有以前述三种方式侵犯财产的所有犯罪行为,即包括第 127 条盗窃、抢夺枪支、弹药、爆炸物、危险物质罪,第 210 条第 1 款盗窃罪,第 210 条第 2 款诈骗罪,第 264 条盗窃罪,第 265 条盗窃罪,第 328 条盗掘古文化、古墓葬罪,第 438 条盗窃、抢夺武器装备、军用物资罪,第 192 条集资诈骗罪,第 193 条贷款诈骗罪,第 194 条票据诈骗罪和金融凭证诈骗罪,第 195 条信用证诈骗罪,第 196 条信用卡诈骗罪,第 197 条有价证券诈骗罪,第 198 条保险诈骗罪,第 224 条合同诈骗罪,第 266 条诈骗罪等罪名。

因此，相对责任年龄人，其行为符合《刑法》第 267 条、第 269 条以及第 289 条的规定时，应当负刑事责任，以抢劫罪定罪处罚。

（2）故意杀人罪

在我国《刑法》中，被拟制成故意杀人罪的有第 234 条之一、第 238 条、第 247 条、第 248 条、第 289 条、第 292 条，如上文所述，拟制性规定本身就说明了刑法立法对两种行为在实质违法性或者罪质的评价上别无二致，因而在不法评价上被拟制的行为与原行为的评价具有相当性，[1]因此本书认为相对责任年龄人其行为符合《刑法》第 234 条之一、第 238 条、第 247 条、第 248 条、第 289 条、第 292 条规定时，应当负刑事责任，以故意杀人罪定罪处罚。

（3）故意伤害罪

我国《刑法》将第 234 条之一第 2 款"未经本人同意摘取其器官，或者摘取不满十八周岁的人的器官，或者强迫、欺骗他人捐献器官的"，第 238 条"非法拘禁他人使用暴力致人伤残的"，第 247 条"刑讯逼供、暴力取证致人伤残的"，第 248 条"虐待被监管人致人伤残死亡的"，第 289 条"聚众打砸抢致人伤残、死亡的"，第 292 条"聚众斗殴致人死伤残的"，第 333 条"非法组织卖血、强迫卖血致人对他人造成伤害的"等行为都拟制成《刑法》第 234 条故意伤害罪定罪处罚。拟制性规定本身就说明了刑法立法对两种行为在实质违法性或者罪质的评价上别无二致，因而在不法评价上被拟制的行为与原行为的评价具有相当性。因此，即使上述行为中，行为人对于被害人死亡的结果的主观心态虽然可能是过失，但也会按照故意伤害罪加以处罚。

因此，本书认为相对责任年龄人其行为符合《刑法》第 234 条之一、第 238 条、第 247 条、第 248 条、第 289 条、第 292 条、第 333 条规定时，应当负刑事责任，以故意伤害罪定罪处罚。[2]

（4）强奸罪

在《刑法》第 236 条第 2 款规定："奸淫不满十四周岁的幼女的，以强奸论，从重处罚"，奸淫幼女型的犯罪被立法规定为强奸罪是一种法律拟制，有别于典型的强奸罪的构成要件，突出了其保护幼女的立法功能。如此一来，相对责任年龄人的行为符合《刑法》第 236 条奸淫幼女型的犯罪的规定时，同理其应当负刑事责任，以强奸罪定罪处罚。

---

〔1〕 尽管在很多情况下，被拟制成故意杀人罪的很多行为中，行为人对于被害人死亡这一事实实际上采取的是一种过失的主观心态。

〔2〕 需要注意的是，对于第 17 条第 2 款所列举的这八种行为，只有以故意伤害罪定罪处罚要求必须产生被害人重伤或者死亡的结果，其余七种并无此要求。即第 17 条第 2 款的故意伤害罪不处罚未遂犯罪。

但是,同时 2013 年 10 月最高人民法院、最高人民检察院、公安部、司法部《关于依法惩治性侵害未成年人犯罪的意见》第 27 条规定“已满十四周岁不满十六周岁的偶尔与幼女发生性关系,情节轻微,未造成严重后果的,不认为是犯罪。”这一司法解释出于对未成年人的保护以及对现实的充分考虑,对于相对责任年龄人情节轻微的不法行为给予了出罪的空间,这是值得肯定的。

此外,需要注意的是我国刑法中拟制成强奸罪的行为还有第 300 条第 3 款“组织、利用会道门、邪教组织或者利用迷信破坏国家法律、行政法规实施的,处三年以上七年以下有期徒刑,并处罚金;情节特别严重的,处七年以上有期徒刑或者无期徒刑,并处罚金或者没收财产;情节较轻的,处三年以下有期徒刑、拘役、管制或者剥夺政治权利,并处或者单处罚金。组织、利用会道门、邪教组织或者利用迷信蒙骗他人,致人重伤、死亡的,依照前款的规定处罚。犯第一款罪又有奸淫妇女、诈骗财物等犯罪行为的,依照数罪并罚的规定处罚”。对于这一问题,本书会在第三部分具体展开,本书认为对于这一被拟制成强奸罪的行为,如果行为主体是相对责任年龄人,应当按照强奸罪定罪处罚。

2. 按行为不按罪名

(1)抢劫行为

《刑法》第 127 条第 2 款规定了“抢劫枪支弹药、爆炸物、危险物质罪”,因而,相对责任年龄人是否要对其实施该条对应不法行为承担刑事责任也就进入我们的视线。

由于枪支弹药、爆炸物、危险物质本身具有财产属性,因而事实上“抢劫枪支弹药、爆炸物、危险物质罪”可以被《刑法》第 263 条的抢劫罪所包容,本书认为对相对责任年龄人进行片面的评价,具体来说仅评价枪支、弹药、爆炸物、危险物质所具有的“普通财物”的一般属性,舍弃劫得“枪支、弹药、爆炸物、危险物质”可能危害公共安全的属性,应当定位认定为抢劫罪。

(2)故意杀人行为

由于故意杀人行为往往要借助一定的手段或者工具,抑或是发生在一些特定犯罪之中,因而刑法中对于故意杀人行为有着不同的评价方法。对于最简单的故意杀人行为,往往依照《刑法》第 232 条定罪处罚;对于发生在特定犯罪中的杀人行为,则规定成该犯罪的加重处罚情节,如第 239 条绑架罪和第 121 条劫持航空器罪;至于行为人采用类型化、可以单独构成其他犯罪的手法实行杀人行为时,则可能构成手段行为罪名和故意杀人罪的竞合,如《刑法》第 115 条、第 119 条等。

本书认为,首先,最为典型的当属行为人绑架并故意杀害人质的情形。如果相对责任年龄人实施绑架并杀害人质的行为,则仅评价其故意杀人的不法行为,舍弃“绑架行为”，构成故意杀人罪。同样，相对责任年龄人以暴力方法劫持航空器致人死亡的，认定为故意杀人罪。

其次，由于《刑法》第17条第2款未列“决水”这一“客观的犯罪”，若相对责任年龄人以决水的方法故意杀人，如果既侵害了公共安全，侵害了个人的生命权，则仅评价侵犯个人生命法益的故意杀人行为，结果是构成故意杀人罪。若是相对责任年龄人采取同是第115条规定的放火、爆炸的行为，则由于第17条第2款列举了该行为，其应当成立故意杀人罪和放火罪或者爆炸罪的想象竞合，从一重处断。当然，若行为人采取的是破坏交通工具、破坏电力设备等行为来实施杀人行为，则评价为故意杀人罪。

(3)故意伤害行为

与故意杀人行为相同，故意伤害行为借助一定的手段或者工具，抑或是发生在一些特定犯罪之中，因而刑法中对于故意伤害行为有着不同的评价方法。对于最简单的故意伤害行为，往往依照《刑法》第234条定罪处罚；对于发生在特定犯罪中的杀人行为，则规定成该犯罪的加重处罚情节，譬如《刑法》第239条第2款规定“故意伤害被绑架人，致人重伤、死亡的，处无期徒刑或者死刑，并处没收财产”。

本书认为，当相对责任年龄人实施绑架并伤害人质的行为，则仅评价其故意伤害的不法行为，舍弃“绑架行为”，构成故意故意伤害罪，按照《刑法》第234条定罪处罚。

(4)强奸行为

对于类型化的一般强奸行为以及奸淫幼女行为，《刑法》第236条已经作了规定。但是一些特殊的强奸行为，在刑法中是作为其他罪名或者加重处罚情节存在的。[1] 其中最为典型的是《刑法》第240条拐卖妇女、儿童罪，除了规定了本罪的基本法定刑(5年以上10年以下有期徒刑，并处罚金)之外，另外设置了本罪的加重构成，其中包括第3项“奸淫被拐卖的妇女的”，处10年以上有期徒刑或者无期徒刑，并处罚金或者没收财产的规定(情节特别严重的，处死刑，并处没收财产)。

对于“奸淫被拐卖的妇女”的界定，本书将在第三部分加以详细说明，在此先提出结论。因奸淫是强奸的上位概念，其含义要比强奸更为广泛，包含了自愿性的性行为，也包含了非自愿的性行为。因此，若犯罪人强奸被拐卖的妇女的，

---

〔1〕 主要指出的是，第259条第2款“利用职权、从属关系，以胁迫手段奸淫现役军人的妻子的，依照本法第二百三十六条的规定定罪处罚”。这里的奸淫前述修饰副词已然表明这并不是法律拟制，而是注意规定。因此，相对责任年龄人若有此行为，是按罪名不按行为，以强奸罪加以定罪处罚。

应当按照《刑法》第 240 条第 1 款第 3 项加以处罚。

因此，若相对责任年龄人强奸了被拐卖的妇女的，由于其不对第 240 条的拐卖妇女、儿童罪承担刑事责任，但是可以对其强奸的行为作单独的评价，按照《刑法》第 236 条加以处罚。当然，需要指出的是，若相对责任年龄人实施的是强奸以外的"奸淫"行为，即与被拐卖的妇女发生自愿的性行为，不成立犯罪。

3. 其他问题

(1) 投毒罪与投放危险物质罪

2001 年 12 月 29 日全国人大常委会通过的《刑法修正案(三)》，将《刑法》第 114 条、第 115 条中的投毒罪修改为投放危险物质罪；但《刑法》总则中有关"投毒"的规定并没有作相应的修改，《刑法》第 17 条第 2 款依然规定为："已满十四周岁不满十六周岁的人，犯故意杀人、故意伤害致人重伤或者死亡、强奸、抢劫、贩卖毒品、放火、爆炸、投毒罪的，应当负刑事责任。"

自此以后，对《刑法》第 17 条中规定的"投毒罪"应如何理解，成为一个争议点。一种观点认为，这里的"投毒罪"应该理解成投放危险物质罪，即已满 14 周岁不满 16 周岁的未成年人对投放毒害性、放射性、传染病病原体等危险物质的行为，都要负刑事责任。另一种观点认为，这里的"投毒罪"只应理解为投放有毒物质的犯罪行为，即已满 14 周岁不满 16 周岁的未成年人只对投放有化学毒性物质的行为负刑事责任，对投放放射性、传染病病原体等危险物质的行为不负刑事责任。

第一种观点是刑法学界的通说，我国知名的刑法学者几乎都持这种观点。

现在我国几乎所有的刑法学教材都持这种观点。例如，陈兴良著《陈兴良刑法学教科书之规范刑法学》在谈到投放危险物质罪的犯罪主体时，认为："根据《刑法》第 17 条第 2 款的规定，已满 14 周岁不满 16 周岁的人犯投毒罪的，应当负刑事责任。《刑法修正案(三)》已将本罪修改为投放危险物质罪。因此，《刑法》第 17 条第 2 款中的投毒罪也应置换为投放危险物质罪，已满 14 周岁不满 16 周岁的人应对投放危险物质罪承担刑事责任。"[1] 曲新久主编《刑法学》(第四版)在阐述《刑法》第 17 条第 2 款时，则在注释中标明："这里的投毒罪经《刑法修正案(三)》修订后，增加了投放放射性、传染病病原体等危险物质的内容，因而司法解释将罪名相应地修改为投放危险物质罪。"[2] 较为流行的刑法典工具书、李立众主编的《刑法一本通》，也在《刑法》第 17 条的注释中注明："2001 年 12 月 29 日全国人大常委会《中华人民共和国刑法修正案(三)》第一条已经将 1997 年刑法第一百一十四条、第一百一十五条中的投毒罪修改为投放危险物

---

[1] 陈兴良：《陈兴良刑法学教科书(之规范刑法学)》，中国政法大学出版社 2003 年版，第 296 页。

[2] 曲新久：《刑法学》，中国政法大学出版社 2011 年版，第 68 页。

质罪。因此，刑法第十七条第二款中的投毒应理解为投放危险物质。"[1]

对如何理解《刑法》第17条中规定的投毒罪，张明楷教授撰写的《刑法学》作了较为详细的论述："上述规定中的投毒包括投放毒害性、放射性、传染病病原体等物质。已满14周岁不满16周岁的人故意实施放火、爆炸、投放危险物质的行为，符合《刑法》第114条的构成要件，即使没有致人重伤、死亡或者使公私财产遭受重大损失的，也应以犯罪论处。或许有人认为，《刑法》第114条原来规定的是投毒，《刑法修正案（三）》将投毒修改为投放毒害性、放射性、传染病病原体等物质，却并未修改《刑法》第17条，这说明已满14周岁不满16周岁的人只对投放毒害性物质的行为承担责任，对投放放射性、传染病病原体等物质的行为不承担责任。本书不赞成这种观点。事实上，《刑法》第56条也保留了投毒概念。从补正解释的角度来说，可以认为《刑法修正案（三）》遗漏了对第17条与第56条的投毒概念的修改，故应当将这两个法条中的投毒补正解释为投放毒害性、放射性、传染病病原体等物质；从解释技巧的角度来说，对第17条与第56条中的投毒宜作扩大解释，即投毒包括投放毒害性、放射性、传染病病原体等物质。"[2]

本书认为将《刑法》第17条中的"投毒罪"解释为"投放危险物质罪"存在如下疑问：

首先，通说认为《刑法修正案（三）》通过时，遗漏了《刑法》第17条和第56条中"投毒"的修改，应该将它们补正解释为"投放危险物质"。但《刑法修正案（三）》通过至今已经十多年，已经又通过多个刑法修正案和刑法立法解释，立法机关为什么仍然不填补这两处遗漏，将"投毒"修改为"投放危险物质"呢？

《刑法修正案（三）》颁布后，对《刑法》第17条中的"投毒罪"就出现了不同的解释，并且后来的刑法教材几乎都把此处的"投毒罪"解释为"投放危险物质罪"，立法机关对这两处"遗漏"不可能不知道。也许有人说刑法修正案一直只是修改刑法分则的内容，刑法总则的内容没有机会修改。这个理由在2011年之前是成立的。但2011年2月25日通过的《刑法修正案（八）》对刑法总则的内容作了多处修改，在《刑法》第17条后面还增加了《刑法》第17条之一，现在这个理由已经站不住脚了。是不是几乎所有的刑法学教材都将《刑法》第17条和第56条中的"投毒"解释为了"投放危险物质"，因此通过学理解释解决了问题，司法机关在审理案件中都是这样适用的，并且在我国社会中已经不存在任何争议，已经没有再修改的必要了？

---

[1] 李立众：《刑法一本通》，法律出版社2011年版，第11页。

[2] 张明楷：《刑法学》，法律出版社2011年版，第291～292页。

显然不会是这样。因为罪刑法定原则是刑法的基本原则,一旦现实生活中真的发生年满 14 周岁不满 16 周岁的人投放放射性、传染病病原体等危险物质危害公共安全的刑事案件,如何解释《刑法》第 17 条第 2 款中的“投毒罪”,直接决定了行为人是否构成犯罪,在立法机关没有将“投毒罪”修改为“投放危险物质罪”的情况下,这里的“投毒罪”必然会成为争议的焦点,从而引起新闻界和刑法学界的关注。

据本书统计,从 2001 年 12 月《刑法修正案(三)》颁布后,我国还没有发生过年满 14 周岁不满 16 周岁的人投放放射性、传染病病原体等危险物质的刑事案件。因此,即便一些刑法学者向立法机关提出将《刑法》第 17 条中的“投毒罪”修改为“投放危险物质罪”的立法建议,也会使这样的修改建议显得没有急迫进行讨论的必要。

其次,无论从字面含义、历史形成以及与其他《刑法》条文的关系来看,都不应该将《刑法》第 17 条中的“投毒罪”解释为“投放危险物质罪”。

《刑法》第 17 条、第 56 条中的“投毒”一词,从字面含义来看,是投放有毒物质,有毒物质的核心含义是有化学毒性的物质,含有传染病病原体的物质也能够被称为有毒物质;但放射性物质能不能被称为有毒物质,人们可能就会出现一些争议,放射性物质可以说是处在有毒物质含义的边缘。但《刑法》条文中的“投毒”,其原有含义显然是不包括投放放射性、传染病病原体等危险物质的,而只是指投放有化学毒性的物质,为了包含投放放射性、传染病病原体等危险物质,《刑法修正案(三)》将《刑法》第 114 条、第 115 条中的“投毒”修改成了“投放毒害性、放射性、传染病病原体等物质”。如果《刑法》中“投毒”的含义原本就包含了“投放毒害性、放射性、传染病病原体等物质”,第 114 条、第 115 条就没有必要进行上述修改了。将《刑法》第 17 条、第 56 条中的“投毒”解释为投放危险物质,它的含义与《刑法》第 114 条、第 115 条中“投放毒害性、放射性、传染病病原体等物质”的含义完全相同,就会出现《刑法》条文中表达相同的含义,却使用了字面意思显然不同的表述方式,这样显然是不合适的。另外,《刑法修正案(八)》修改了《刑法》第 50 条和第 81 条,在这两个刑法总则条文中也运用了“投放危险物质”一词。现行《刑法》第 50 条第 2 款规定:“对被判处死刑缓期执行的累犯以及因故意杀人、强奸、抢劫、绑架、放火、爆炸、投放危险物质或者有组织的暴力性犯罪被判处死刑缓期执行的犯罪分子,人民法院根据犯罪情节等情况可以同时决定对其限制减刑。”第 81 条第 2 款规定:“对累犯以及因故意杀人、强奸、抢劫、绑架、放火、爆炸、投放危险物质或者有组织的暴力性犯罪被判处十年以上有期徒刑、无期徒刑的犯罪分子,不得假释。”对比这两个刑法总则条文,《刑法》第 17 条、第 56 条中的“投毒”一词也不应该解释为投放危险物质,而只应该解释为投放有毒物质，即投放有化学毒性的物质。否则，刑法总则条文中，表达完全相同的意思，却使用了字面含义相异的表述方式，这显然是刑法规定中不应该出现的问题。

最后，正常的已满 14 周岁不满 16 周岁的未成年人，能够理解投放放射性、传染病病原体等危险物质行为的结果、性质和意义吗？

刑事责任能力是行为人具有的刑法意义上的辨认和控制自己行为的能力，其中辨认能力是基础，没有辨认能力就谈不上控制能力。刑事责任年龄是根据一般儿童的生长和智力发育状况，尤其考虑一般未成年人的辨认和控制能力，推定并且通过刑法规定的行为人对自己的行为负刑事责任需要达到的年龄。《刑法》在规定刑事责任年龄时，要考虑未成年人的智力发育状况，即未成年人的辨认和控制能力。如果一般某个年龄段的未成年人不具有某种行为的辨认和控制能力，就不宜规定这个年龄段的未成年人对这种行为负刑事责任。纯度较高、能导致严重后果的放射性物质、传染病病原体物质在日常生活中人们很少接触到，它们一般被存放于实验室或者被运用于特定设备，这些地方都有较为严密的安全制度。从事这种具有较高危险度工作的专业人员，显然不会包括已满 14 周岁不满 16 周岁的未成年人。因此，已满 14 周岁不满 16 周岁的未成年人，很难通过日常生活了解投放放射性物质、传染病病原体物质行为的结果、性质和意义，他们一般也接触不到纯度较高的放射性物质、传染病病原体物质。相反，有化学毒性的物质，如农药、老鼠药等，在日常生活中却很常见。家中的成年人也常常会告诉未成年人老鼠药、农药等有化学毒性的物质的危害性，告诉他们不要食用、触摸这些物质。日常生活中，因误食有化学毒性物质导致的意外事件，利用投放有化学毒性物质为手段而发生的刑事案件、自杀事件都很常见。所以，一般年满 14 周岁不满 16 周岁的未成年人，通过日常生活，都能够知道投放有化学毒性物质的行为的结果、性质和意义，他们也容易得到足以引发公共危险的、纯度较高的有化学毒性的物质。

在学校教育方面，初中三年级的化学中才有放射性元素的概念，除此之外再没有放射性物质的知识。高中三年级理科班开设的物理课中，专设一章讲解放射性物质，讲授放射性物质的衰变原理、辐射等知识。病原体的概念，在初中开设的植物、动物和生理卫生课程中都没有出现，直到高中二年级理科班开设的生物课中才出现。正常的年满 14 周岁不满 16 周岁的未成年人也不可能通过学校教育知道投放放射性物质、传染病病原体物质的结果、性质和意义。除有化学毒性的物质、放射性物质和传染性病病原体物质以外，其他能够用来投放危害公共安全的物质，一般人可能根本就没有听说过，相对负刑事责任年龄的未成年人就更是如此。要求已满 14 周岁不满 16 周岁的未成年人对投放这种危险物质的行为负刑事责任,就更不具有合理性。

所以,已满 14 周岁不满 16 周岁的未成年人,除能够明白投放有化学毒性物质的结果、性质和意义外,一般不知道投放放射性、传染病病原体和其他危险物质行为的结果、性质和意义。在现实生活中,如果真的发生已满 14 周岁不满 16 周岁的未成年人利用投放放射性、传染病病原体等危险物质,故意危害公共安全的刑事案件,一般可以想象其身后必有成年人的指使。如果因为特殊原因而导致纯度较高、能够引发严重后果的放射性、传染病病原体等危险物质流落到普通社会中,年满 14 周岁不满 16 周岁的未成年人在不理解自己行为的结果、性质和意义的情况下投放这些危险物质的,按照责任原则,也不应该追究这些未成年人的刑事责任,而更应该追究导致这些危险物质流落到普通社会中的行为人的责任,是他们的行为导致了人们面临的危险显著增加。

本书认为,将《刑法》第 17 条第 2 款中的“投毒罪”解释为“投放有毒物质的犯罪行为”,即投放有化学毒性物质的犯罪行为,而不包括投放放射性物质、传染病病原体物质和其他危险物质的行为;年满 14 周岁不满 16 周岁的未成年人只对投放有化学毒性物质的行为负刑事责任,对投放放射性、传染病病原体等危险物质的行为不负刑事责任,这种解释更具有合理性。

综上所述,这种解释的支持理由如下:

第一,《刑法》第 17 条的规定运用的是“投毒罪”一词,并且至今没有修改,将“投毒罪”解释为投放有毒物质犯罪行为是平义解释,符合刑法的罪刑法定原则。根据“投毒”一词的一般含义,参照《刑法修正案(三)》将原《刑法》第 114 条、第 115 条中的“投毒”修改为“投放毒害性、放射性、传染病病原体等物质”的规定,以及对比现行《刑法》第 50 条、第 81 条中“投放危险物质”的规定,“投毒”一词显然不包括投放放射性、传染病病原体等危险物质的行为,而只指投放有化学毒性物质的行为,将第 17 条中的“投毒罪”解释为投放危险物质罪有类推解释的嫌疑,而类推解释是违反刑法的罪刑法定基本原则的。

第二,2002 年 7 月,全国人大常委会法制工作委员会《关于已满 14 周岁不满 16 周岁的人承担刑事责任范围问题的答复意见》指出,《刑法》第 17 条第 2 款规定的八种犯罪,是指具体犯罪行为,而不是具体罪名。根据《刑法》第 17 条第 2 款的规定,已满 14 周岁不满 16 周岁的未成年人,只对刑法分则一个罪名中的部分犯罪行为负责的情况不止一种。例如,已满 14 周岁不满 16 周岁的未成年人,只对《刑法》第 234 条规定的故意伤害罪中故意伤害致人重伤、死亡的犯罪行为负责,而对故意伤害致人轻伤的行为不负刑事责任;《刑法》第 347 条规定的走私、贩卖、运输、制造毒品罪这一选择性罪名,已满 14 周岁不满 16 周岁的未成年人也只对其中的贩卖毒品的犯罪行为负刑事责任,而对走私、运输、制造毒品的行为不负刑事责任。因此，将《刑法》第 17 条第 2 款中的“投毒罪”解释为投放有化学毒性物质的犯罪行为，让已满 14 周岁不满 16 周岁的未成年人只对投放危险物质罪中投放有化学毒性物质的犯罪行为负责，而对投放放射性、传染病病原体等危险物质的行为不负刑事责任，在解释上是顺畅的。

第三，如前所述，已满 14 周岁不满 16 周岁的未成年人，一般对投放有化学毒性物质的行为的结果、性质和意义有正确的认识；而对投放放射性、传染病病原体等危险物质行为的结果、性质和意义，很多时候没有清楚的认识。除投放有化学毒性的物质外，如果没有成年的专业人员的帮助和指导，已满 14 周岁不满 16 周岁的未成年人也无法实施投放放射性、传染病病原体等危险物质危害公共安全的行为。德国刑法学者罗克辛教授认为，刑罚是一种社会性操纵和控制的工具。[1] 将《刑法》第 17 条中的“投毒罪”解释为投放危险物质罪，除投放有化学毒性的物质外，还让已满 14 周岁不满 16 周岁的未成年人对投放放射性、传染病病原体等危险物质的行为负刑事责任，这并不能起到禁止或者减少实施这种行为的法律效果，达不到使用刑罚的目的。因此，从实质上来讲，让已满 14 周岁不满 16 周岁的未成年人对投放放射性、传染病病原体等危险物质的行为负刑事责任，也带不来任何益处。

张明楷教授认为将《刑法》第 17 条中的“投毒罪”解释为投放危险物质罪是补正解释，但正如张明楷教授自己所言：“刑法学中的补正解释的核心在于正，而不是在于补，即刑法学中的补正解释的核心，在于纠正刑法的文字表述错误与体系安排错误，以阐明法条的真实含义，而不是将刑法没有明文规定的犯罪补充解释为犯罪。”[2] 在已满 14 周岁不满 16 周岁的未成年人对刑法规定的投放放射性、传染病病原体等危险物质的行为一般没有正确认识，并且他们也无法独自实施投放这些危险物质危害公共安全的情况下，将《刑法》第 17 条中的“投毒罪”解释为投放危险物质罪，也就没有补“正”可言，这个“补正解释”就是不恰当的。

第四，将《刑法》第 17 条和第 56 条中规定的“投毒”，解释为投放有毒物质，即投放有化学毒性的物质，也不会形成任何法律漏洞。

2001 年 12 月通过《刑法修正案（三）》以后，除《刑法》第 17 条中保留有“投毒”规定以外，《刑法》第 56 条中也保留有“投毒”的规定。将这两处“投毒”规定解释为投放有毒物质，即投放有化学毒性的物质，并不会形成任何法律漏洞，

---

〔1〕［德］罗克辛：《德国犯罪原理的发展与现代趋势》，载中国人民大学刑事法律科学研究中心：《明德刑法学名家讲演录》（第 1 卷），北京大学出版社 2009 年版，第 101 ~ 116 页。

〔2〕张明楷：《刑法学》，法律出版社 2011 年版，第 291 ~ 292 页。

在司法实践中也不会引起任何问题。因为已满 14 周岁不满 16 周岁的未成年人,除投放有化学毒性的物质外,一般情况下不能理解投放放射性、传染病病原体等危险物质行为的结果、性质和意义,他们无法实施投放放射性、传染病病原体等危险物质的行为,因此,将《刑法》第 17 条中的"投毒罪"解释为投放有毒物质的犯罪行为,即投放有化学毒性物质的犯罪行为,不存在任何法律漏洞。在司法实践中,《刑法修正案(三)》实施的十多年来,并没有发生过年满 14 周岁不满 16 周岁的未成年人投放放射性、传染病病原体等危险物质的刑事案件,也是一个证明。而《刑法》第 56 条中规定的"投毒",被解释为投放有化学毒性的物质,这一条规定也能运行良好,是因为《刑法》第 56 条规定如下:"对于危害国家安全的犯罪分子应当附加剥夺政治权利;对于故意杀人、强奸、放火、爆炸、投毒、抢劫等严重破坏社会秩序的犯罪分子,可以附加剥夺政治权利。独立适用剥夺政治权利的,依照本法分则的规定。"其中的"对于故意杀人、强奸、放火、爆炸、投毒、抢劫等严重破坏社会秩序的犯罪分子,可以附加剥夺政治权利"是一个开放性规定,投放放射性、传染病病原体等危险物质危害公共安全的犯罪分子,可以被包括在"等严重破坏社会秩序的犯罪分子"中,从而不会产生不良影响,不会引起司法实践中的矛盾。当然,将《刑法》第 56 条中的"投毒"规定修订为"投放危险物质"以后,能够使刑法的相关规定表现一致,表述更加明确,具有语言表达上的优势。

综上所述,本书认为,出于完善我国刑法规定的考虑,即便在今后的刑法修正案中把《刑法》第 56 条中的"投毒"一词修正为"投放危险物质",为了维护未成年人的正当利益,也不应该把《刑法》第 17 条中的"投毒罪"修改为"投放危险物质罪",因为现有的规定不存在任何法律漏洞,并且符合实质正义。将第 17 条中的"投毒罪"修订成"投放危险物质罪"反倒是画蛇添足,违背实质正义。

(2)贩卖毒品罪

我国现行《刑法》第 347 条第 1 款规定:"走私、贩卖、运输、制造毒品、无论数量多少,都应当追究刑事责任,予以刑事处罚"。该罪名是选择性罪名,有四种行为形态,行为人只要符合任何一种行为形态,即成立犯罪。1979 年《刑法》第 14 条第 2 款规定:"已满十四岁不满十六岁的人,犯杀人、重伤、抢劫、放火、惯窃罪或者其他严重破坏社会秩序罪,应当负刑事责任。"长期以来,理论界和司法实务界一致认为,走私、贩卖、运输、制造毒品罪属于我国 1979 年《刑法》规定的"严重破坏社会秩序的犯罪",因此已满 14 周岁不满 16 周岁的未成年人当然可以成为本罪的主体。而 1997 年《刑法》第 17 条第 2 款则规定"已满十四周岁不满十六周岁的人,犯故意杀人、故意伤害致人重伤或者死亡、强奸、抢劫、贩卖毒品、放火、爆炸、投毒罪的,应当负刑事责任"。该条款只列举了"贩卖毒品"这一种行为形态，将走私、运输、制造毒品排除除了已满 14 周岁不满 16 岁的人应当承担刑事责任的范围。因此，只有相对责任年龄人实施贩卖毒品行为时，应当按照《刑法》第 347 条定罪处罚。

第二节　年龄与共犯

一、年龄对教唆犯的刑事责任的影响

我国现行《刑法》第 29 条规定“教唆他人犯罪的，应当按照他在共同犯罪中所起的作用处罚。教唆不满十八周岁的人犯罪的，应当从重处罚”。该法条的立法宗旨是保护青少年的健康成长，免受外界的不良诱惑，因而对怂恿、劝诱未成年人实施犯罪的行为人进行从重处罚。

但是从语义解释的角度出发审视该法条，不难发现该法条本身存在一定的问题。问题来自“教唆不满十八周岁的人犯罪的”中“犯罪”一词。我国《刑法》第 17 条确立了刑事责任年龄制度，14 周岁以下的未成年人没有刑事责任能力，在任何情况下都不构成犯罪，已满 14 周岁未满 16 周岁的未成年人仅对第 17 条第 2 款规定的八种行为承担刑事责任，其实施了该八种行为之外的行为也不成立犯罪。因此，举例来说，14 周岁以下的人如果实施了杀人行为或者 15 周岁的人实施了盗窃行为，不构成犯罪，那么教唆 14 周岁以下的人实施杀人行为或者教唆 15 周岁的人实施盗窃行为，能否认定其“教唆未满十八周岁的人犯罪”，进而对其从重处罚呢？

对此，我国刑法学界存在不同的观点。

第一种观点认为未满 14 周岁的未成年人属于无刑事责任能力之人，教唆其犯罪的，应成立间接实行犯或者间接正犯。在我国刑法理论中，间接正犯的准确称谓应当为间接实行犯。根据行为人在共同犯罪中的地位与作用，我国刑法典将共同犯罪人划分为主犯、从犯、胁从犯。由于不存在正犯与共犯之分，也就没有所谓的正犯概念。教唆已满 14 周岁的未成年人（具有完全刑事责任能力或限制刑事责任能力）实施犯罪的行为人构成教唆犯，应当按照《刑法》第 29 条第 1 款从重处罚；教唆不满 14 周岁的未成年人实施犯罪的行为人构成间接正犯。在该种情况下，教唆犯的身份角色和地位作用发生了变化，对其不适用《刑法》第 29 条第 1 款的规定。[1] 但是从举轻以明重的角度出发，教唆未满 14 周岁的人杀人和教唆 17 周岁的人杀人相比，显然前者的性质比后者更加恶劣，那么对于

〔1〕 魏东：《教唆犯研究》，中国人民公安大学出版社 2002 年版，第 268 页。

前者，更加应当从重处罚。因而，第一种观点与我国刑事立法的精神相违背，为极少数学者所坚持。

第二种观点认为虽然根据教唆的对象不同，教唆者分别构成教唆犯与间接正犯，但对构成间接正犯的教唆者亦可从重处罚。教唆不满14周岁的未成年人犯罪的行为人虽构成间接正犯，仍然可以按照我国《刑法》典第29条第1款规定从重处罚。在这种情况下，行为人不仅自己实施了一定的犯罪，而且又腐蚀了少年儿童的健康成长，这种处理方式，既不会与教唆犯、间接正犯的理论发生矛盾，也不至于放纵犯罪，不失为妥当的解决方式。[1] "教唆不满十八周岁的人犯罪的"包括教唆已满16周岁的未成年人犯罪和教唆已满14周岁不满16周岁的人犯《刑法》第17条第2款规定之罪的。教唆未达刑事责任年龄的人和无刑事责任能力的人犯罪，应对教唆人以间接实行犯从重处罚。[2]

第二种观点在我国刑法理论界处于通说的地位。根据这种观点，共同犯罪是指二人以上共同故意犯罪且教唆犯为共同犯罪人的一种。其中，自然人主体必须具有刑事责任能力，14周岁以下的未成年人不可能实施犯罪，不可能与他人构成共同犯罪。如果将教唆不满14周岁的未成年人实施犯罪的行为人理解为教唆犯，显然与通说的刑法理论相矛盾。教唆不满14周岁的未成年人实施犯罪虽构成间接正犯，但从重处罚与判断行为性质是两回事。为此，将之理解为按间接正犯并从重处罚才是正确的。[3] 这种观点从解释结论来看符合我国刑事立法的精神，但从其理论前提以及我国刑法的规定不可能得出该解释结论。

首先，我国法学理论乃至刑法理论一般认为，违法的主体必须具有责任能力，无刑事责任能力之人所实施的危害行为既不构成违法，也不构成犯罪。[4] 我国《刑法》第29条第1款规定："教唆不满十八周岁的人犯罪的，应当从重处罚。"该条文中的"犯罪"的主体显然是指不满18周岁的未成年人，而非教唆者。既然通说的观点认为教唆所有不满18周岁的未成年人实施犯罪的都应从重处罚（只不过因教唆的对象不同，行为人分别构成教唆犯与间接正犯），那么，也就是说10岁的无刑事责任能力之人亦可实施"犯罪"。为此，通说的观点一方面认为无刑事责任能力之人实施的危害行为不构成犯罪，另一方在他人教唆的情况下，无刑事责任能力之人却又可以实施"犯罪"，显然在逻辑上相互矛盾。其次，间接正犯的概念是刑法理论发展的产物，而非实证法之规定，其目的是弥补"极端的共犯从属性"所产生的刑罚处罚上的间隙。因而，各国刑法典对间接正

---

[1] 马克昌：《犯罪通论》，武汉大学出版社1995年版，第536页。

[2] 刘德法、王冠：《论教唆犯》，载《商丘职业技术学院学报》2002年第1期。

[3] 宁东升、贾新征：《试论间接正犯的几个问题》，载《国家检察官学报》1999年第3期。

[4] 马克昌：《犯罪通论》，武汉大学出版社1995年版，第40页。

犯一般未予明确规定，至于我国《刑法》第29条第1款是否是关于间接正犯的立法规定，尚存疑惑。正如张明楷教授指出："刑法第二十九条专门规定了教唆犯。"[1]最后，间接正犯是指利用他人的行为实施犯罪。在间接正犯中，被利用者的行为不一定构成犯罪或具有社会危害性，如行为人利用他人的无过错行为、排除社会危害性的行为亦可以构成间接正犯；而教唆犯是指"教唆他人犯罪的"，他人的行为一定是具有社会危害性（或客观违法性）的行为，教唆犯与间接正犯在行为方式上存在着差异。为此，我国《刑法》第29条第1款规定更接近于教唆犯的客观方面，而非间接正犯。

第三种观点则认为我国刑法突破了理论上间接正犯的范围，把对无刑事责任能力的未成年人进行教唆犯罪的，从间接正犯中划出来，归为应当从重处罚的教唆犯。

第三种观点将我国《刑法》第29条第1款理解为教唆犯的立法规定，而非间接正犯，而遭到了诸多学者的批评，究其缘由主要有以下两个方面：其一，客观主义刑法理论认为，共犯的处罚根据在于其通过正犯的实行行为引起法益的侵害或危险。为此，缺乏正犯的实行行为，行为人即使在客观上实施了教唆、帮助的行为，原则上不应当按照犯罪加以处罚。共犯从属性与刑法保护法益的机能、刑法的谦抑精神是相一致的，为德日刑法理论的通说，为此，教唆犯为共犯的一种。同时，我国传统的四要件学说认为，犯罪的主体必须具有刑事责任能力，不具有刑事责任能力之人所实施的危害行为不构成违法与犯罪，其不能成为犯罪主体。由于未满14周岁的未成年人不具有刑事责任能力，其不可能与教唆犯成立共同犯罪，没有共同犯罪，也就没有所谓教唆犯的存在，教唆不满14周岁的未成年人实施犯罪，行为人只构成间接正犯，而非教唆犯。其二，主观主义刑法理论认为，凡对犯罪事实予以加工者，无论直接与间接，其危险性均已充分表征，故间接正犯没有存在的必要，应包含于教唆犯之中。随着共犯从属形式由"极端从属"向"限制从属"的转化，间接正犯逐步发展成为与直接正犯相对应的一种独立的犯罪形态。在我国刑法理论对间接正犯研究极度匮乏的今天，如果认为将我国《刑法》第29条第1款理解为教唆犯的立法规定，间接正犯的概念在法理上也就没有存在的余地。[2] 为此，如何合理地解释我国《刑法》第29条第1款的规定涉及两个问题：一是如何理解"教唆犯"与"犯罪"的含义；二是教唆犯、共同犯罪人与间接正犯之间的关系。根据对法的理解的不同，违法观有主观违法与客观违法之争。主观违法论认为法的目的是国家通过法规范向行为人传达特定之命

---

〔1〕 张明楷：《刑法学》，法律出版社2003年版，第347页。

〔2〕 陈兴良：《间接正犯：以中国的立法与司法为视角》，载《法制社会发展》2002年第5期。

令或禁止，通过具有能正确理解法规范且有履行能力之人的行为，来保全特定之利益或社会伦理秩序，从而否定“无责任之不法”，即违法的主体必须具有责任能力，责任能力是违法的要素。无责任能力之人实施的危害行为既不构成违法，也不构成犯罪。为此，成立教唆犯或犯罪，行为主体必须具有刑事责任能力。客观违法论认为法规范从认识上或逻辑上可分为评价规范和决定规范，而法规范的根本任务在于保障人们外部的共同生活秩序或利益，为此，法规范首先为评价规范，凡与法秩序相悖的情形皆属违法。因此，违法不仅指可归责之危害行为，即使有责任能力之人不可归责的危害行为亦属违法性，此外，诸如未成年人、精神病人所实施的侵害行为亦具有违法性。为此，行为具有违法性，并不代表行为人承担责任，责任能力属于有责性的要素。主观违法论容易产生处罚上的间隙以及不能合理地阐释相关的刑法条文等问题，而在20世纪初被大陆法系的刑法学者所抛弃，并被认为是一种过时、落后的违法观。

我国刑法理论由于从主观违法论的角度来理解违法与犯罪，行为的法律性质与行为主体是紧密相连的，行为人是否具有刑事责任能力决定着行为的法律性质。为此，在解读“教唆不满十八周岁的人犯罪的”刑法条文时不可避免地出现尴尬的局面，即一方面在理论上认为无刑事责任能力之人实施的行为不构成犯罪，其不能成为犯罪主体；另一方面却又不得不得出不满14周岁的未成年人可以实施“犯罪”的结论。

行为主体决定着行为的法律性质，是一种反规范的判断。也就是说，在判断行为的法律性质时，不是从行为与法律规范相违背来判断某行为的法律性质，而是先查明行为主体是否具有责任能力，再来确定行为是否具有违法性。这种确定行为违法性的方式遭到了我国一些学者的质疑。葛洪义教授认为我国现有的法学著作几乎全都将违法的构成与违法责任的承担相混淆，某种行为是否构成违法与行为人对其违法行为是否承担法律责任是两个问题，否认责任能力为主体的要素（或违法的要素）。“对于作为违法主体的个人来说，不必强调其年龄和智力状况。即使未达到法定责任年龄的人，其行为如果违反了法律的规定，同样应当认为是违法行为，而不能因其年龄幼小就改变了行为的性质。”[1]在相同情况下，14周岁的未成年人实施抢劫，该行为具有违法性，13周岁的未成人实施抢劫却不具有违法性，这种认定行为的违法性的理论无法合理地阐释我国刑法为何对实施危害行为的无刑事责任能力之人施以保安处分。对没有违反法律规范的行为人亦可以实施强制收容显然与我国《刑法》第3条所确立的罪刑法定原则（法无明文规定不为罪，法无明文规定不处罚）相冲突。相反，德、日、法及

---

〔1〕 葛洪义：《法理学》，中国政法大学出版社2002年版，第349页。

英美等国法学理论则从客观违法理论的角度来理解行为的违法性，无责任能力之人实施的危害行为也具有违法性。这种认定违法的方式为对实施危害行为的无刑事责任能力之人施以保安处分提供了理论解说的基础。

本书在前文开始就一直坚持德日三阶层的理论，坚持客观违法论，主张犯罪的本质是法益侵害，不法行为（该当构成要件的违法行为）具有了法益侵害性，也就具有了犯罪的本质；同时，不法的评价与行为人个人的因素无关，只需要进行客观的评价，因此在阶层犯罪论语境下的"不法"可以等同于"客观的犯罪"。因而，本书认为《刑法》第29条中教唆未成年人犯罪的"犯罪"指的是"客观的犯罪"，即支持第三种观点，主张本条是对教唆犯的规定，教唆未满14周岁的人实施法益侵害行为，或者是教唆已满14周岁未满16周岁的人实施第17条第2款以外的行为应当适用第29条第1款，对教唆者从重处罚。

二、年龄与被教唆者的刑事责任

现行《刑法》第27条规定，"在共同犯罪中起次要或者辅助作用的，是从犯。对于从犯，应当从轻、减轻处罚或者免除处罚"。尽管《刑法》第29条确立了教唆未成年人犯罪从重处罚的原则，但是这并不表明被教唆犯罪的未成年人就一定是从犯，应当从轻处罚。

我国对于共犯立法采取的是一种双层递进式的立法模式。[1]"双层"是指在形式上对共犯的分类根据分工和分类两个标准分层进行，"递进"是指在机能上分工分类解决犯罪参与人的定罪问题，作用分类解决犯罪参与人的量刑问题。因此，我国在共犯的认定中按照定罪在先、量刑在后的逻辑顺序，先根据犯罪参与人的分工将其分别认定为组织犯、实行犯、教唆犯和帮助犯，以解决其行为是否构成犯罪以及构成何种犯罪的问题；然后再根据其在共同犯罪中的作用将其区分为主犯和从犯，以解决其刑事责任的轻重问题。分工分类与作用分类的结合可以比较合理地解决犯罪参与人刑事责任的有无及其程度问题。

因此，我国的教唆犯和主犯、从犯属于不同层级的问题，并无一一对应的必然情况。《刑法》第29条规定的教唆未成人犯罪从重处罚，并非因为教唆未成年人犯罪的教唆犯就是共同犯罪中的主犯，而是出于对未成年人特殊保护的需要，基于刑事政策的考量做出的选择。同理，即使未成年人被教唆犯罪，其在共同犯罪中也并不一定是从犯，而要根据其在共同犯罪中实际起到的作用来确定。

---

〔1〕 李志坚：《论共同犯罪人的分类》，载《中山大学学报论丛》2006年第12期。

第五章　年龄与刑罚

第一节　年龄与死刑

我国《刑法》第 49 条规定："犯罪时不满十八周岁的人和审判的时候怀孕的妇女，不适用死刑。审判的时候已满七十五周岁的人，不适用死刑，但以特别残忍手段致人死亡的除外。"

本条文的第 1 款规定了绝对的未成年人死刑不适用，确立与 1997 年刑法典制定时；第 2 款规定了相对的老年人死刑排除适用，是 2011 年《刑法修正案（八）》加以确立的。本书将对这两款的历史和适用问题进行分析。

一、未成年人的死刑绝对不适用

自贝卡利亚第一次明确提出废除死刑以来，死刑的存废之争已经进行了数百年，保留死刑主张者和废除死刑主张者各执一端。但是，值得注意的是，尽管双方争论不休，双方一般都能在未成年人犯罪应当废除死刑这一观点上达成统一意见。从各国刑法的规定来看，即便是目前保留死刑的国家，也大都明确禁止对于未成年犯罪人适用死刑。例如，《日本少年法》（2004 年修订）第 51 条规定"对于不满十八周岁的少年不能判处死刑；相当于死刑的，判处无期徒刑。"《越南刑法典》（1999 年）第 35 条规定"对未成年人犯罪不适用死刑。"《俄罗斯联邦刑法典》（2003 年修订）第 88 条也明确排除死刑适用于未成年人。[1]

（一）未成年死刑不适用在中国的逐步推进——1997 年之前的中国刑法

中国对于确立未成年人不适用死刑原则的最初动力源于恤幼的文化传统。中国各朝代并不乏对于尚未成年（丁年）的幼年人免予死刑适用的规定，如《唐律》曾经规定"七岁以下，虽有死罪，不加刑"。沈家本在《大清新刑律》编辑宗旨

---

〔1〕 赵秉志、姚建龙：《废除死刑之门——未成年人不判死刑原则及其在中国的确立与延伸》，载《河北法学》2008 年第 26 卷第 2 期。

的奏折中也曾经有“夫刑为最后之制裁,丁年以内乃教育之主体,非刑罚之主体”[1]的立法思想阐述。但纵观中国刑事立法的发展历史,首开对于18岁以下之未成年人犯罪不得判处死刑之立法先河的当属1935年的中华民国新刑法典。该刑法典第63条规定“未满十八岁人……犯罪者,不得处死刑或无期徒刑,本刑为死刑或无期徒刑者,减轻其刑。”不过遗憾的是,1935年《刑法》原本规定未满18岁者一律不得处死刑或无期徒刑,但是此修正案的规定受到吴经雄的反对,吴氏提出如杀直系血亲尊亲属应不在此限制的范围。这一反对意见得到程中行、刘克俊等人的赞同,他们提出了国外(如日本)有立法例、未满18岁的人杀直系尊亲属恐无法感化等立法理由。[2] 吴氏提案在交付表决后得到多数立法委员的赞同并获得通过。结果,1935年刑法典留下了未满18岁未成年人如果杀直系尊亲属可判死刑的例外性规定,这可谓是中国废除未成年犯死刑进程中的一大遗憾。

中华人民共和国成立后,对未成年人犯罪不适用死刑原则曾经一度得以确立。早在1951年,“对于十八岁以下的少年罪犯,即便情节严重,罪当处死,也不能处死”[3]就已经确立为指导司法实践的刑事政策。从20世纪50年代到1979年《刑法》颁布前的历部刑法草案均曾有明确、彻底禁止对不满18周岁的未成年人犯罪适用死刑的条款。例如,1954年9月《刑法指导原则草案(初稿)》第10条第3款、1957年6月《刑法草案(初稿)》(第22次稿)第48条、1963年10月《刑法草案(修正稿)》(第33次稿)第48条、1979年5月《刑法草案(法治委员会修正第二稿)》(第37次稿)第43条等,都有此种规定。[4]

20世纪70年代末所出现的青少年犯罪恶化的情况,据统计,1978年、1979年和1980年,青少年犯罪达到新中国成立以来的最高峰,青少年占整个刑事犯罪作案成员总数的百分比,在大中城市达70%~80%,在农村也达到60%~70%,[5]青少年犯罪骤然演变成一个危害社会治安的严重社会问题。1979年8月,中共中央还专门转发了《关于提醒全党重视解决青少年违法犯罪问题的报告》,体现了这一问题的严重性。在这样的背景下,彻底禁止对未成年人犯罪判处死刑难以被广泛接受。

因此,中华人民共和国首部刑法典,即1979年《刑法》,第44条规定“犯罪的时候不满十八周岁的人……不适用死刑。已满十六周岁不满十八周岁的,如

---

[1] 谢振民:《中华民国立法史·下册》,中国政法大学出版社2000年版,第886~925页。

[2] 谢振民:《中华民国立法史·下册》,中国政法大学出版社2000年版,第886~925页。

[3] 参见《中央公安部关于处理女犯、少年犯、及老年犯的指示》(1951年10月)。

[4] 参见高铭暄、赵秉志编:《中国刑法立法文献资料精选》,法律出版社2007年版。

[5] 康树华:《当代中国犯罪主体》,群众出版社2005年版,第16页。

果所犯罪行特别严重，可以判处死刑缓期二年执行。”该条虽然规定对于未满18周岁之人不得判处死刑，但同时却也如同1935年《刑法》一样没有彻底禁止对未成年人判处死刑，而是留下了可以判处死缓这样一个自相矛盾的尾巴。由于在中国刑法中死缓并非独立的刑种，而是死刑的一种执行方式，1979年《刑法》第44条的矛盾性是显而易见的，这也折射出立法者在对待未成年人犯罪是否适用死刑问题上的一种矛盾心态。这一条文所存在的立法逻辑上的矛盾还表现为：如果在死缓期内未成年罪犯抗拒改造时，将会造成《刑法》第46条和第44条矛盾——前者规定应当改死缓为死刑立即执行，而后者又规定不得对未满18周岁的人适用死刑。[1]

针对1979年《刑法》第44条的其他代表性批评，则分别是从未成年人犯罪特殊刑事政策和未成年人的辨别控制能力不健全两个角度展开。前者认为应当彻底废除未成年犯死刑（包括死缓）是对未成年人进行特殊保护的刑事政策、“教育、感化、挽救”方针、“教育为主，惩罚为辅”原则的要求和体现；而后者则认为未成年人的辨认和控制能力尚不健全，尚不具有完全的刑事责任能力，因此死缓的适用仍过于严苛。更为重要的是，还有学者注意到了禁止对未成年人适用死刑是国际刑罚改革的趋势和中国签署并批准生效的《儿童权利公约》等国际公约的要求。[2]

（二）国际公约对于未成年人绝对不适用死刑原则的确立和对中国1997年《刑法》的影响

未成年人绝对不适用死刑是联合国人权公约和少年司法准则中关于少年刑罚配置与适用的一项基本原则。联合国《儿童权利公约》在1990年1月26日签署工作当天就有61个国家签字加入，截至目前只有美国尚未批准该公约。《儿童权利公约》确立了儿童权利保护的三大基本原则：18岁原则、无歧视原则和儿童最大利益原则。18岁原则规定在公约第1条，确定“儿童系指18岁以下的任何人”；[3]无歧视原则规定在公约第2条，规定每一个儿童都平等地享有《儿童权利公约》规定的权利；儿童最大利益原则规定在公约第3条第1款，要求“关于儿童的一切行动，不论是公私社会福利机构、法院、行政当局或立法机构执行，均应以儿童的最大利益为一种首要考虑”按照此三大原则的要求，少年司法必然是一种矫正模式，而不应为报应模式，这也已经为联合国有关少年司法的公约、规则所确立。例如，联合国1985年《少年司法最低限度标准规则》（北京规则）

[1] 任志中、汪敏：《未成年人不适用死刑的若干问题》，载《人民司法》2006年第10期。

[2] 赵秉志：《犯罪主体论》，中国人民公安大学出版社1989年版，第395页。

[3] 本书在前文指出过，中国刑法中将未满18周岁的人用未成年人加以定义，而将儿童界定为14周岁以下，与该公约有所不同。

第5.1条规定“少年司法制度应强调少年的幸福”。北京规则在对这一关于少年司法目的的说明中，进一步明确指出这一少年司法首要目的的贯彻，可以“避免只采用惩罚性的处分”。再如，联合国《公民权利与政治权利国际公约》第14条之4也规定：“对少年的案件，在程序上应考虑到他们的年龄和帮助他们重新做人的需要”。由于死刑是一种原始而又残酷的刑罚，一种彻底放弃教育、感化犯罪人努力与责任的刑罚，它不符合少年司法矫正模式的要求，更与儿童最大利益原则的精神相悖，因此禁止对未成年人判处死刑自然成为联合国有关公约和规则中所反复强调的基本原则。例如，《儿童权利公约》第37条a项规定“对未满18岁的人所犯罪行不得判以死刑。”《少年司法最低限度标准规则》（北京规则）第17.2条规定“少年犯任何罪行都不得判处死刑。”《公民权利与政治权利国际公约》第6条第5款规定“对18周岁以下的人所犯的罪，不得判处死刑”。《保护面临死刑者权利的保障措施》第3条规定“犯罪时未满18周岁的人不得判处死刑”。

上述国际公约所确立的对未成年人不得判处死刑原则，实际上包括了以下三个方面的内涵：首先，禁止适用死刑的人群是指未满18周岁的未成年人（儿童）；其次，未成年人无论犯任何罪行都不得适用死刑；最后，不得适用死刑是指不得判处死刑。只要判处了死刑，不管是否实际执行死刑都属于违背了这一原则，执行死刑和私用死刑自然更属于被禁止的范畴。可见，联合国在禁止对未成年人判处死刑上的立场是坚定的，不容许任何折扣的。正因如此，虽然我国1979年《刑法》规定犯罪的时候不满18周岁的人不适用死刑，已满16周岁不满18周岁的人仅可判死缓，但因为可以据此对未成年人判处死刑，仍然属于对这一国际公约所确立的原则的违背。而且，最高人民法院于1983年9月发布的《关于人民法院审判严重刑事犯罪案件中具体应用法律的若干问题的答复》第2条规定“因犯罪时不满18岁而被判处死缓的人，在死刑缓期执行期间，满了18岁以后，抗拒改造情节恶劣、查证属实的，可以依照法律规定执行死刑”，也就是说这种死缓判决，还可能转化为实际执行。

据英国学者罗吉尔·胡德的研究，迄今为止至少还有阿富汗、孟加拉国、布隆迪等16个《儿童权利公约》的缔约国没有正式废除对未成年犯的死刑。[1] 这些国家所遭受的国际舆论压力也是空前的。1999年，联合国人权促进与保障委员会曾经严正谴责“对犯罪时未满十八周岁者判处并执行死刑”的行为，号召所

---

〔1〕［英］罗吉尔·胡德：《死刑的全球观察》，刘仁文、周振杰译，中国人民公安大学出版社2005年版，第214~217页。

有国家致力于废除对这一群体的死刑。[1] 许多国际人权组织特别是国际儿童权利保护组织所推动的儿童权利保障行动,对那些没有禁止对未成年人判处死刑的国家形成了空前的舆论压力。例如,2005 年 3 月 1 日美国联邦最高法院在洛普诉西蒙斯一案(Roper v. Simmons)中作出了废除不满 18 岁的未成年犯适用死刑的裁决,认定"宪法第八和第十四修正案禁止将死刑施加于犯罪时不满十八岁的人"。从某种程度上说,这一裁决的形成就是这种国际舆论压力影响的结果,即便肯尼迪大法官起草的裁决书也不得不承认了这一点。[2]

正因为国际舆论和世界上绝大多数国家都接受了未成年人不判死刑原则,1991 年我国加入《儿童权利公约》后,国际公约对于我国进一步推进未成年人犯罪死刑完全废除工作也产生了巨大的影响。

在制定 1997 年《刑法》的过程中,原本坚持"对现行法律规定的死刑,原则上不减也不增加"[3]的刑法修改指导原则,因而全国人大常委会法工委在 1988 年 12 月提出刑法修改稿(第 44 条第 1 款)时,保留了可以对年长少年(16 周岁以上不满 18 周岁的人)判处死缓的条款。但是,我国加入《儿童权利公约》后,未成年人犯罪不应适用包括死缓在内死刑的意见,逐步得到了理论界较为广泛的认同,并对刑法的修改产生了影响。因此,未成年人全面废除死刑得以例外性地被 1997 年新刑法所采纳,修正后的《刑法》第 49 条规定:"犯罪的时候不满十八周岁的人和审判的时候怀孕的妇女,不适用死刑。"这一规定正式确立了未成年人犯罪绝对不适用死刑的原则(包括不得适用死缓),实现了与未成年人不判死刑原则这一国际准则的"无缝衔接"。这也是现行《刑法》第 49 条第 1 款目前的面貌。

(三)现行刑法未成年死刑完全废除条款的适用问题

目前,在未成年死刑这一问题上,理论界并无太大争议。

"犯罪时不满十八周岁的人和审判的时候怀孕的妇女,不适用死刑。"这是我国现行刑法对于未成年犯罪完全不适用死刑的规定,值得注意的是,这里对于不适用死刑的时间节点为"犯罪时",即只要行为人实行犯罪行为时未满 18 周岁,即使在审判时年满 18 周岁,也不得适用死刑,因为未成年人的年龄增长与刑事诉讼过程在时间维度上具有同向性,刑事诉讼推进的过程,未成年人的年龄也与日俱增。18 周岁仅仅是一个时间点,一旦达到就不可逆。如果因为刑事诉讼

---

〔1〕[英]罗吉尔·胡德:《死刑的全球观察》,刘仁文、周振杰译,中国人民公安大学出版社 2005 年版,第 214~217 页。

〔2〕姚建龙:《未成年犯死刑的废除与美国少年司法的走势》,载《青少年犯罪问题》2007 年第 4 期。

〔3〕王汉斌:《关于〈中华人民共和国刑法(修订草案)〉的说明》,载高铭暄、赵秉志:《中国刑法立法文献资料精选》,法律出版社 2007 年版,第 872 页。

导致被告人达到18周岁而必须适用死刑,这是不符合免死条款的人道主义的。所以对未成年人的年龄判断标准越往前,对未成年人越为有利,因此将未成年人免死年龄的判断时间标准确定为犯罪的时候。

至于不适用死刑,正如上文所述,指的是无论是死刑缓期两年执行还是死刑立即执行,都完全不适用。

二、老年人死刑相对排除适用

老年人死刑相对排除适用,是2011年《刑法修正案(八)》加以确立的,这是吸收了我国古代的刑法传统,借鉴了国外相关立法例,结合当下的社会现实所创设的。老年人免除死刑的规定古已有之,并且在司法实践中是加以适用的。死刑废除是全世界的一大趋势,而尚未完全废除死刑的国家,一般将老年人作为特殊主体加以对待,免除其死刑的适用。老年人死刑相对排除适用条款彰显了刑法的人性化,符合刑罚的目的,是宽严相济刑事政策的具体表现。

(一)中国历史上对老年人免除死刑的规定

我国古代对老年人犯罪都有规定不同于正常人犯罪的规定,以体现尊老敬老的传统文化。文明精神底蕴的文化只孕育于本国的传统土壤之中,古老的中华法律文明留给我们灿烂的刑法制度传统,传承刑法制度传统和超越刑法观念传统并不悖逆。[1] 老耄在刑法上会被认为是能力欠缺的主体。在我国古代,老年人都是犯罪的主体,他们的犯罪行为都成立犯罪,只是没有适应刑罚的能力,因而可以不予处罚或者减轻处罚。

《周礼》以幼少、老耄和惷愚为三赦。《礼记·曲礼》规定八十、九十曰耄,虽有罪,不加刑焉。[2] 这些说明在春秋战国前的时代,老耄之人属于犯罪主体,但是可以免除刑罚。在汉朝,老年人存在受处罚的例外。“年八十,非诬告、杀、商人,它皆不坐。”[3]唐、宋、明、清律都将老耄分为九十以上、八十以上、七十以上三级。七十以上犯流罪以下,一般收赎;但加役流、反逆缘坐流及会赦犹流罪除外,死罪依法受刑。八十以上犯反逆、[4]杀人应死者,上请;盗及伤人者,亦收赎。九十以上,虽有死刑不加刑,但犯反逆的除外。[5]

从我国古代的规定来看,老年人的犯罪行为成立犯罪,只是由于适应刑罚能力受限,所以可以不予处罚。但是,从各朝各代规定来看,都不存在完全免责的

---

〔1〕 赵秉志、田宏杰:《传承与超越:现代化视野中的中国刑法传统考察》,载《政法论坛》2001年第5期。
〔2〕 沈家本:《历代刑法考》,商务印书馆2011年版,第778页。
〔3〕 参见《汉书·惠帝纪》。
〔4〕 只包括唐、宋、明三代,不包括清代。
〔5〕 蔡枢衡:《中国刑法史》,中国法制出版社2005年版,第186页。

老年人。在对老年人适用刑罚的时候,由于老年人受刑能力的减弱,一般不会对其适用死刑。清朝八十以上老年人谋杀之案,应当奏请收赎。乾隆四十三年,年逾八十之吴云章主使吴应元等活埋匪小功堂侄吴狗俚身死一案,将吴云章拟绞,声请免死收赎。嘉庆七年,年逾八十之方鸣保谋死伊妻李氏图诈一案,将方鸣保拟绞,声请免死,减为杖一百,流三千里。嘉庆九年,年已八十之邵英谋杀李文魁,准其免死,将该犯减为杖一百,流三千里。道光二年,林聪起意纠人,将无服族侄林由谋死,复主令林决诬告李暖致死,图泄私忿。该犯旋即脱逃被获,将林聪依谋杀人造意律拟斩监候,脱逃三年,就获,改为立决。恭逢大赦,应准免逃罪。其原犯谋杀人造意斩候之罪,不准援免。惟该犯年已八十,请旨准其免死,将该犯减为杖一百,流三千里。[1] 从以上四则清朝的案例中,可以看出,年满八十周岁的犯罪人,可以因为自己的年龄免除死刑,减轻处罚。在第四则谋杀脱逃案例中,大赦都无法免除死刑的犯罪人,由于其年龄达到八十岁,通过上请最终免死减刑。我国古代无论从立法和司法,都没有明确规定老年人能够免除死刑。通过对已有的立法规定的推论,可以判断我国古代是排斥对老年人适用死刑的。商周、春秋时期,老年人犯罪是免除刑罚的,所以当然不会适用死刑。在唐、宋、明、清时期,除了反逆犯罪,老年人犯其他的死罪可以免除死刑。这点在清朝的司法实践中也得到了印证。直到现在,我国台湾地区 2006 年重新修订的"刑法"仍然沿用 1928 年、1935 年制定的《中华民国刑法》的相关规定。该法第 63 条规定:"满八十岁犯罪者,不得处以死刑或无期徒刑。"[2]

(二)域外对老年人免除死刑的立法规定

《俄罗斯联邦刑法典》第 59 条规定"妇女和法院做出判决时已年满六十五岁的男子,不得判处死刑"。[3] 2002 年重新修订的《蒙古国刑法典》第 53 条第 4 款规定"六十岁以上的人不得适用死刑。"[4] 菲律宾和苏丹规定对年满 70 岁的犯罪人,危地马拉和墨西哥则规定对年满 60 岁的犯罪人,免除刑罚。哈萨克斯坦规定了对年龄在 65 岁的人不得执行死刑。[5]

从以上立法例可以看出,未完全废除死刑的国家在立法上对符合一定年龄要求的人免除死刑,其年龄跨度一般从 60 周岁到 80 周岁。此外,对犯罪的老年

---

〔1〕 叶肖静:《老年人免死但书条款规定的理解与适用》,华东政法大学 2015 年硕士学位论文。转引自(清)祝庆祺等编:《刑案汇览三编(一)》,北京古籍出版社 2004 年版,第 119 ~ 120 页。

〔2〕 林钰雄:《新刑法总则》,中国人民大学出版社 2009 年版,第 18、549 页。

〔3〕 《俄罗斯联邦刑法典》,黄通秀译,北京大学出版社 2008 年版,第 22 页。

〔4〕 《蒙古国刑法典》,徐留成译,北京大学出版社 2006 年版,第 14 页。

〔5〕 杨春洗、张庆方:《论世界范围内的死刑存废现状和中国的死刑问题》,载高铭暄、赵秉志编:《刑法论丛》(第 5 卷),法律出版社 2002 年版,第 422 页。

人不适用死刑也为一些国际文件所确认。《美洲人权公约》第4条第5款规定死刑不得适用于犯罪时年满70周岁的人。

现代国际上对待死刑主要是两种趋势：一种是完全废除死刑；另一种是保留死刑但严格限制死刑适用的对象和罪名。老年人不适用死刑，是限制死刑适用的一种表现，为部分未完全废除死刑的国家和地区所采用，也被一些国际性文件所确认。

(三)我国现行刑法中老年人死刑相对排除适用条款

我国2011年通过的《刑法修正案(八)》规定了审判的时候已满75周岁的人，不适用死刑，但以特别残忍手段致人死亡的除外。这继承了我国自古以来"矜老恤幼"的刑事法律传统，体现了刑法的人道主义原则，符合刑罚的目的和宽严相济的刑事政策。

老年人死刑相对排除适用条款体现了刑法的人道性。刑法的人道性是指刑法的制定与适用都应当与人的本性相符合。[1] 刑法的人道性，立足于人性，而人性的基本要求乃是人类出于良知而在其行为中表现出善良与仁爱的态度与做法。老年人处于生命周期的最后阶段，由于生理和心理功能的衰退和弱化，其刑事责任能力逐渐减弱。在这种情况下，要求老年人承担与成年人相同的刑事责任，这是不符合人性和良知的。刑法除了要通过杀伐决断来体现公平正义，也需要通过温情脉脉的人文关怀，来彰显对人的关爱和尊重。老年人免死条款的设定让老年人不至于在有生之年的尾声接受冰冷的注射，经历最后的惊吓，充分体现了刑法的人道主义关怀。

从刑罚目的来看，刑罚的目的已经由报应转向预防。国家制定刑罚，最重要的目的是教化民众，预防犯罪。只要刑罚的恶果大于犯罪所带来的好处，刑罚就可以收到它的效果。[2] 刑罚要收到正面效果，一方面是对犯罪人特殊预防，通过刑罚的改造，达到预防其重新犯罪的目的；另一方面是通过一般预防，对尚未犯罪的人产生威慑和警戒。对于老年犯罪者适用死刑，与根植于人们心中的美好传统相违背，让一般人难以接受，反而对刑罚产生抵触和排斥，甚至对犯罪人产生不必要的同情。对于老年人不必要适用死刑，因为无期徒刑、有期徒刑带来的坏处对于老年人来说，也远大于犯罪带来的好处。

宽严相济的刑事政策是我国的基本刑事政策，贯穿于刑事立法、刑事司法和刑罚执行的全过程。对于宽严相济，既要防止强调从严而忽略从宽，又要防止强调从宽忽略从严。老年人死刑相对排除适用条款及其但书规定体现了宽严相济

---

〔1〕 陈兴良：《刑法哲学》，中国政法大学出版社2004年版，第9页。

〔2〕 [意]贝卡利亚：《论犯罪与刑罚》，黄风译，中国法制出版社2005年版，第53页。

的刑事政策。宽严相济,宽字在前,严字在后。在老年人免死条款中,免死的宽宥规定在前,而适用死刑的严厉规定在后。在老年人死刑相对排除适用条款的适用,也是以免死作为原则,适用死刑作为例外。在处理作为弱势群体的老年人犯罪案件时,特别是可能判处死刑的案件时,司法者应当树立"悲天悯人""哀矜勿喜"的观念,要根据案件的性质、情节区别对待,防止和反对重刑主义,坚持慎刑恤刑的思想,当严则严,当宽则宽。这是宽严相济刑事政策的应有之义和必然要求。

1. 审判的时候年满 75 周岁的理解

对于老年人死刑相对排除适用规定中的年龄,学者们基于我国人口的预期寿命和老年人犯罪的数量,认为老年人免死的年龄应当规定于 70 周岁更为合适。[1] 这不仅符合《公民权利及政治权利国际公约》等国际性文件,也是世界许多国家的通例,还可以与我国传统法律文化对接。

但是,本书认为,尽管老年人死刑相对排除适用年龄,与国际性文件和其他国家的立法例都有所不同,但是作为一项从无到有的立法规定,将老年人死刑相对排除适用规定吸收入刑事立法本就是创举。年龄的选择只是技术上简单的操作而已,并非根本性问题。对于审判的时候年满 75 周岁的理解,不应当将关注点放在年龄的设置上,而是应当对"审判的时候"进行解释。

《刑法》第 49 条规定了不适用死刑的对象,分别是犯罪的时候不满 18 周岁的人、审判的时候怀孕的妇女以及审判的时候已满 75 周岁的人。对于不适用死刑的对象,不仅规定了年龄,更规定了年龄的衡量标准。免死规定本身是出于人道主义的考虑,体现刑事领域的人文关怀。因此,对于不适用死刑的对象的年龄衡量标准往往采用扩大解释的方法,以彰显对被告人的保护。比如对未成年人与怀孕的妇女规定的年龄的衡量标准就有所不同。前文已经提到,未成年人的不满 18 周岁采用的是"犯罪的时候"标准,是为了最大化有利于未成年人。

同理,从立法精神上来说,将"审判的时候"作为认定死刑适用意义上的老年人的年龄时间点,而不是"犯罪时"等之类的规定模式,能够实际上扩大老年人犯罪限制死刑适用的范围。"审判的时候"已满 75 周岁的人,除包括犯罪时已满 75 周岁的人以外,还包括"犯罪时虽未满 75 周岁然而审判的时候却已满 75 周岁"的犯罪人的情形,因而是刑事政策上的从宽适用的规定。但是,司法实践中问题可能会出现在如何保证刑罚适用的平等性上。[2] 例如,刑事诉讼的程

---

〔1〕 张建军:《老龄犯罪宽宥论——以贯彻"宽严相济"的刑事政策为视角》,载《西南政法大学学报》2007 年第 4 期;赵秉志、袁彬:《论特殊群体从宽制度的完善》,载《法学杂志》2010 年第 12 期。

〔2〕 王志祥:《〈刑法修正案(八)〉解读与评析》,中国人民公安大学出版社 2012 年版,第 110 页。

序推进的时间往往因案件复杂程度、刑事诉讼办案人员的工作效率以及其他客观及主观情况，在事实上会导致同样都是即将年满75周岁，如果加速推进刑事诉讼则被告人在判决生效后及执行阶段可能未达到已满75周岁的标准；而如果拖延刑事诉讼程序，则被告人则在刑事诉讼尚未完成时可能就达到已满75周岁的标准。即便在犯罪时是同样的年龄，却在结果上产生了这种差别待遇，这样可能为司法不公正甚至是公安司法机关徇私舞弊行为打开方便之门。

另外的问题可能是，虽然年龄是随时间流动而自然增长的变量，被告人对此无法控制，然而被告人可以在一定程度上、采取不配合侦查、拖延诉讼等手段拖延诉讼时间，从而在事实上增加被告人被认定为“已满75周岁”的可能性，在这个意义上这种规定就存在被犯罪人利用的可能性，从而在公正性上大打折扣。另外，被告人基于对年龄发展的合理预测，如果不提出上诉有可能被判处死刑，然而如果提出上诉，进入二审之后也能够被认为是审判时，就可能因这一死刑限制适用条款而不得对其判处死刑，这就使得被告人会想尽一切办法拖延时间，阻碍案件在其年满75周岁前审理终结，这不仅破坏了刑法的平等适用，也大大增加了司法成本。

对此，本书在前文就已经指出根本的解决途径就是将“审判的时候”改为“犯罪时”，从根本上切断被告人利用“审判的时候”这一漏洞的途径，保证刑法的平等使用和节约司法成本。但是，在现行刑法尚未进行修改的前提下，从刑法教义学的角度出发，就需要我们准确理解“审判的时候”这一概念。

在特殊主体的免死条款中，怀孕的妇女和老年人的年龄判断标准虽然都采用了“审判的时候”，但是由于怀孕妇女和老年人不适用死刑的考量因素不同，不能将两者所规定的“审判的时候”当然地等同看待。怀孕的妇女不适用死刑主要是因为妇女腹中的胎儿是无辜的，如果判处怀孕的妇女死刑，则会使无辜胎儿受到伤害。怀孕妇女的免死规定中的“审判的时候”采用的是广义的理解，既包括法院审理的期间又包括审理前的羁押期间。怀孕妇女的怀孕状态既是静态的也是动态的。怀孕的静态性表现为这个状态在时间上具有持续性，其动态性表现为这个状态存在一定变数，会随着时间的推移而消失。如果审判的时间判定的跨度范围越长，那么对怀孕妇女更为有利。如果将怀孕的妇女免死规定中的“审判的时候”严格解释为“法院审判期间”，那么在羁押期间怀孕，而到审判期间因各种原因没有继续怀孕状态的妇女是可以适用死刑的。这样的话，与免死规定的人道主义精神背道而驰，因此应将怀孕的妇女的审判的时间作扩大解释。但是老年人的情况与怀孕的妇女不同，老年人的年龄只会随着时间的推移而达到75周岁，并且一旦达到75周岁，这个情况就不会消失。这是与怀孕的妇女有所不同之处，正是由于这个区别，不能将两者的“审判的时候”等同看待。

关于"审判的时候"这一时间点的判断,存在不同的观点。全国人大常委会法制工作委员会编写的《刑法释义及实用指南》一书中提出:只要被告人在人民法院作出判决前,已年满75周岁的,就适用本款规定。[1] 依照此种观点,是以判决前年满75周岁作为标准。

有学者指出,我国刑法免死条款中,规定了一少一老的情况。未成年人免死年龄判断标准越早,对未成年人越有利。老年人恰好与未成年人相反,越往后确定不适用死刑的时间节点,对老年人而言就越有利。在我国现有的刑事诉讼制度中,可能判处死刑的案件在审判程序上,至少会经过第一审程序和死刑复核程序,还可能会经过第二审程序和审判监督程序。《刑法释义及实用指南》一书中的观点提及了作出判决前,但是没有说明是在哪个程序作出的判决。在"一审判决确定时"的观点中,提及老年人确定年龄的标准的明确程序,但是一审不一定是最后的审判,一审的结果也未必一定是最终的结果。如果以一审判决的时候作为免死年龄衡量的标准,对于老年人是不利的。比如说,一审判决的时候,被告人未满75周岁,而在二审判决的时候,被告人达到75周岁,这就可以不适用死刑。从"审判的时候"的含义上来看,其理所当然地包括一审和二审期间。由于死刑复核程序也具有审理的性质,因此死刑复核期间也应当认为是"审判的时候"。那么对于被判处死刑的老年人案件,最后的审判程序是死刑复核程序。只要在死刑复核程序时,被告人年满75周岁且不是以特别残忍手段致人死亡的,就不能够适用死刑。因而,《刑法》第49条所称"审判的时候"主要是指人民法院受理案件后至判决生效前的期间。在死刑案件中,如果死刑复核裁定尚未作出,那么原一、二审法院所作的裁判即未发生法律效力,案件仍处于"审判"的过程中。因此,对于老年人免死条款的年龄衡量标准,老年人最后接受审判的时候作为标准,审判的时候的理解可以包含一审、二审以及死刑复核程序。[2]

对此种观点,本书并不能赞同,这种观点的缺陷和本书在前文中指出的一样,会给犯罪人拖延诉讼程序的空隙。因此,在切合《刑法释义及实用指南》的精神的同时,尽可能减少司法成本和保证公平平等的原则下,本书赞同老年人不适用死刑规定中的"审判的时候"应当以"一审判决确定时"这一时间点来理解。[3]

2. 不适用死刑的理解

本款规定的不适用死刑,既包括死刑立即执行,又包括死刑缓期二年执行。

---

[1] 全国人大常委会法制工作委员会刑法室编:《〈中华人民共和国刑法〉释义及实用指南》,中国民主法制出版社2011年版,第126页。

[2] 叶肖静:《老年人免死但书条款规定的理解与适用》,华东政法大学2015年硕士学位论文。

[3] 刘宪权、周舟:《特殊群体从宽处罚规定司法适用分析》,载《华东政法大学学报》2011年第6期。

换言之，就是年满75周岁的人不是以特别残忍手段致人死亡的，就不能适用死刑立即执行或缓期二年执行。如果年满75周岁的人，以特别残忍手段致人死亡，需要适用的死刑的，并不意味着必然适用死刑立即执行，还可以根据实际情况，适用死刑缓期二年执行。

我国《刑法》第48条规定了死刑的执行方式有立即执行和缓期二年执行两种执行方式。死刑缓期执行，是对应当判处死刑但不是必须立即执行的犯罪人判处死刑同时宣告缓期二年执行的刑罚制度。该制度意味着被适用的犯罪人在死刑缓刑执行期满后，通常会减为适用无期徒刑，如果有重大立功表现，那么可以减为适用25年有期徒刑。在死刑缓期执行期间犯罪人故意犯罪的，经最高人民法院核准，会被执行死刑。这项制度是我们党和国家长期执行的"少杀慎杀"政策的法律表现，是当前我国处理死刑问题的一项中国特色措施。死刑缓期二年执行适用于应当判处死刑但不必立即执行的犯罪分子，尽管不会立即适用死刑，但这些犯罪人仍然应当是罪行极其严重，需要适用死刑的。这是适用死刑缓期二年执行的前提条件，也是适用死刑缓期二年执行与无期徒刑区别所在。

虽然死刑缓期二年执行在实践中大多数没有变成死刑立即执行，即被判处死刑缓期二年执行的人最后并没有被执行死刑，但是仍然必须将死刑缓期二年执行作为死刑的一种执行方式来看待。对于老年人适用死刑缓期二年执行，仍然应当对"特别残忍手段致人死亡"进行判断和理解。因此，根据老年人死刑相对排除适用条款的规定，如果年满75周岁的人以非特别残忍手段致人死亡的，那么就不能适用死刑的任何一种执行方式。

3. "以特别残忍手段致人死亡"的理解

老年人死刑相对排除适用条款的"但书"规定了"以特别残忍手段致人死亡"，说明在对老年人适用死刑的时候必须考虑到"特别残忍手段"和"致人死亡"两部分。如果只符合其中的一个部分，就不能对老年人适用死刑。司法实践中对老年人适用死刑，遵循着这个原则。

在江苏省南通市中级人民法院处理的一起案件中，[1]行为人的行为手段被法院认定为特别残忍，但是其行为未造成他人死亡的后果，因此没有对行为人适用死刑。75周岁以上的被告人孙某因与护理员负责人张某等人发生矛盾，被要求2013年10月1日前搬离护理院，因无机会对张某等人下手，遂欲杀害院内入住老人，以达到报复护理院的目的。2013年9月底孙某准备了榔头、手电筒、食用油等作案工具。2013年10月1日0时许，被告人孙某为了阻止他人的救援，先切断照明电源并在护理院的走廊、门堂地面上洒上食用油；后持手电筒、榔头、

---

〔1〕 江苏省南通市中级人民法院刑事判决书，(2014)通中刑初字第5号。

剪刀等工具,至被害人王某所住的房间持榔头对王某头部击打数下;又至被害人陈某、陆某所住的房间,持榔头对陈某头面部等处进行猛砸;又准备击打同房间的陆某,发现陆某逃至大厅,其又追上持榔头对陆某头部猛砸,并将前来查看情况的护工周某打伤,后被告人孙某的榔头被周某夺下,剪刀被闻讯赶来的李某等人夺下并被制服。经法医鉴定,被害人陈某、陆某的损伤程度均为重伤二级,被害人王某、周某的损伤程度均为轻伤二级。法院在判决中认为被告人孙某为泄私愤,采用榔头砸头等方法故意非法剥夺他人生命,其行为已构成故意杀人罪,其犯罪手段特别残忍,由于其意志以外的原因未致人死亡,因此最后对孙某适用无期徒刑。在本案中,犯罪行为人的行为手段被法院认定为"特别残忍",但是没有发生他人死亡的结果,因此不满足"以特别残忍手段致人死亡"的两个条件,因此没有对被告人适用死刑。

在浙江省金华市中级人民法院和浙江省高级人民法院处理的一起案件中,[1]行为人的行为造成了被害人死亡的后果,但是在对其行为手段进行认定时,一审法院和二审法院产生分歧,一审法院认定其手段特别残忍,决定适用死刑,而二审法院认定其手段并非属于特别残忍,因此没有对行为人适用死刑。年满75周岁的被告人胡某认为村干部黄某甲、黄某乙、黄某丙等对其分地不公,一直欺压自己,因此对他们怀恨在心,预谋将他们都杀害,并为此准备了犯罪工具尖刀一把。2011年11月7日,被告人胡某看到黄某丙来村里做群众工作,就一边尾随其后,一边辱骂黄某丙,趁黄某丙不备之机,用事先准备的尖刀从黄某丙左侧后背猛刺一刀,被害人黄某丙经医院抢救无效死亡。一审、二审法院对于被告人胡某行为的定罪没有争议,认为其已构成故意杀人罪。但是两级法院在对其行为手段是否构成特别残忍的认定上存在争议。一审法院法官认为,被告人预谋杀害三人,并事先准备作案工具;案发当日,被告人尾随、辱骂被害人后并公然猛刺被害人,致被害人死亡,应认定以特别残忍手段致人死亡。二审法院法官认为,被告人在本案中选择持刀杀人,而非其他非常见凶残的犯罪方法;在行为次数上仅仅捅刺了一刀,被害人失去反抗能力后也没有再次捅刺。其犯罪手段一般,不属于手段特别残忍,因此不符合以特别残忍手段致人死亡的规定。[2]在本案中,犯罪行为人的行为造成了被害人的死亡后果,但是其行为未被二审法院认定为"特别残忍",因此也同样不满足"以特别残忍手段致人死亡"的两大条件,未对其适用死刑。

---

[1] 浙江省金华市中级人民法院刑事判决书,(2012)浙金刑一初字第1号;浙江省高级人民法院刑事判决书,(2012)浙刑三终字第152号。

[2] 聂昭伟、吴郁槐:《对并非以特别残忍手段致人死亡的满75周岁被告人不适用死刑》,载《人民司法》2012年第20期。

通过以上两则司法实践中的案例,可以确定在对老年人适用免死条款“但书”规定的时候,司法机关需要对“特别残忍手段”和“致人死亡”两个条件加以判断,只有当两个条件都满足的时候,才能对老年犯罪人判处死刑。如果两个条件中只符合一个,不能对老年人适用死刑。

对于年满75周岁的老年人适用死刑,需要符合“特别残忍手段”和“致人死亡”两大条件。除了满足这两个条件之外,“特别残忍手段”与“致人死亡”之间应该存在因果关系。

刑法上的因果关系是犯罪客观危害中的重要内容,它反映了危害行为与危害结果之间存在内在联系。刑法中的因果关系是客观存在的,不会以任何人的意志为转移。认识刑法中的因果关系,应该先从行为的物质性质着手确定行为与结果之间有无因果关系,然后再结合行为人的主观罪过确定其行为是否属于危害行为。[1]

根据老年人死刑相对排除适用条款的“但书”规定,行为人“特别残忍手段”的行为方式是“致人死亡”的原因,而“被害人死亡”是行为人“特别残忍手段”的结果。如果被害人死亡的结果不是由行为人的特别残忍手段造成的,则两者不存在因果关系,不能认定行为人需要对被害人死亡结果负责。

行为人以特别残忍手段造成被害人受伤后,被害人由于其他因素导致死亡的,例如发生医疗事故或者交通事故造成死亡结果的,医疗事故或者交通事故作为介入因素,切断了行为人的行为与死亡结果之间的因果联系,因此不能认为被害人死亡的结果是由行为人的特别残忍手段造成的。又如果行为人以特别残忍手段造成被害人重伤,被害人因无法得到及时救治死亡,这说明“特别残忍手段”与“致人死亡”之间存在必然的因果关系,仍然可以认定是由犯罪人特别残忍手段的行为导致了被害人死亡的结果。

因此,在适用老年人死刑相对排除适用条款“但书”规定的时候,不仅应当满足“特别残忍手段”和“致人死亡”两大条件,还需要注意“特别残忍手段”与“致人死亡”结果之间是否存在因果关系。如果两者之间不存在因果关系,即使行为人实施了特别残忍的行为,或者发生被害人死亡的结果,仍然不能对年满75周岁的老年人适用死刑。自此,可以得出,针对老年犯罪人适用死刑,需要满足三个条件:犯罪人实施犯罪行为的手段特别残忍、发生了被害人死亡的结果以及手段与结果之间存在因果关系。

4.“特别残忍手段”的理解

考察我国刑法,使用“特别残忍手段”这一短语的条文仅有两条。其中一条

---

〔1〕 杨兴培:《犯罪构成原论》,北京大学出版社2014年版,第228页。

规定于刑法分则第234条第2款中故意伤害罪的加重情节，“以特别残忍手段致人重伤造成严重残疾的”。另一条就是《刑法修正案(八)》新增的老年人死刑相对排除适用的“但书”规定，“但以特别残忍手段致人死亡的除外”。立法者在制定了这两条规定以后，没有对“特别残忍手段”进行具体的立法解释。在给予了司法者充分的自由裁量权的同时，却也导致了在司法实践中法官对“特别残忍手段”的认定存在不同标准，有时甚至上下级法院在判断“特别残忍手段”的时候意见不一致。

有学者认为，老年人死刑相对排除适用条款“但书”规定中的“特别残忍手段”与《刑法》第234条故意伤害罪中的“特别残忍手段”含义相同，[1]虽然老年人免死条款但书规定没有具体解释，可以参照全国人大常委会法制工作委员会刑法室编著的《中华人民共和国刑法释义》(以下简称《释义》)一书中对《刑法》第234条故意伤害罪中的“特别残忍手段”的理解。[2] 该书认为“特别残忍手段”是指故意要造成他人严重残疾而采用毁容、挖人眼睛、砍掉人双脚等特别残忍的手段伤害他人的行为。[3]

先不论两个条款中的“特别残忍手段”含义是否相同，该《释义》仅仅列举了三种具体的行为方式，无法涵盖所有不当的行为手段。另外，该《释义》作为定义存在循环定义的问题。在列举了三种具体的行为方式之后，该《释义》以“等特别残忍的手段”作为兜底性的概括，以同一词语进行定义，这导致了循环定义的逻辑性问题。除此之外，该《释义》将造成严重残疾的后果，作为行为人行为时的主观目的，这是一个主观要素。“特别残忍手段”的理解是对客观行为的定义，将主观目的作为判断客观行为的要素之一，这表现了《释义》对主客观要件的认识存在误区。应该注意到的是，依照基本生活常识，《释义》中列举的三种具体行为方式，无论毁容、挖人眼睛，还是砍人双脚，都不会导致人死亡的结果，仅仅只是导致人重伤或者残疾的结果。因此，由于刑法中规定的“特别残忍手段”导致结果不同，《刑法》第234条故意伤害罪中的“特别残忍手段”含义和老年人死刑相对排除适用条款“但书”规定的“特别残忍手段”含义不能当然地被认为完全一致，只能说是在一定范围内存在交集。虽不能当然地将两者作同一理解，但前者可以作为判断后者标准的重要参考。

对于“特别残忍手段”的理解，首先应当解释“残忍”的含义。《辞海》解释“残忍”一词的意思为残暴狠毒。在国际公约中，“残忍”一词也有出现。《公民

---

〔1〕 周光权编：《刑法历次修正案权威解读》，中国人民大学出版社2011年版，第291页。

〔2〕 聂昭伟、吴郁槐：《对并非以特别残忍手段致人死亡的满75周岁被告人不适用死刑》，载《人民司法》2012年第20期。

〔3〕 郎胜编：《中华人民共和国刑法释义》，法律出版社2011年版，第416页。

权利和政治权利国际公约》第 7 条规定：任何人均不得加以酷刑或施以残忍的、不人道的或侮辱性的待遇或刑罚。在该公约中，“残忍”一词与不人道、侮辱性共同连用修饰待遇和刑罚方式。对于何种待遇和刑罚方式是“残忍”的，始终没有明确的解释。从词语的排序顺序上来看，“残忍”“不人道”“侮辱性”三个词的负面评价程度是依次递减的，其中“残忍”的负面评价程度应当最高，但“残忍”的待遇和刑罚方式相比酷刑负面程度低一点。1979 年联合国通过的《执法人员行为守则》第 5 条评注（c）中指出：虽然残忍的、不人道的侮辱性的待遇或处罚没有为联合国大会明确定义，但是解释的时候应该理解为最广泛地防止肉体上或精神上的虐待。从这条评注中，可以认为不仅肉体的虐待是残忍的体现，精神的虐待也可以是残忍的体现。无论是中国古籍，还是国际公约，对“残忍”一词都是从主观价值评价的角度加以解释和判断的。

在美国各州的刑事法律中也有关于“残忍”的条款，通过对“残忍”的判断，来适用加重的刑罚，甚至是死刑。“特别凶恶、恶毒或残忍”条款（Especially Heinous，Atrocious，or Cruel Statutes，以下简称 HAC 条款）是对攻击性犯罪的犯罪分子处以极刑的加重因素。该标准据统计，在美国 32 个州的刑法中出现。但是，其模糊的含义、矛盾的适用以及主观的判断使其在美国司法系统中引起了很大的争议。[1]

例如，阿拉巴马州最高法院认为 HAC 条款是用以判断极刑犯罪的重要标准，被认为符合 HAC 标准的行为是丧尽天良且毫无怜悯之心的犯罪，这种犯罪对受害者造成不必要的折磨。阿拉巴马州上诉法院在 1999 年的 Noris v. State 案中将符合 HAC 条款的行为量化为三个标准，包括心理折磨、超过造成死亡结果的必要手段的肉体折磨、攻击后的一定疼痛。[2]

美国各级法院在认定行为符合 HAC 条款标准的时候，会对被害人接受死亡的过程进行推测，当法院或陪审团认为受害者在死亡的过程中遭受不必要的肉体和精神折磨，就可以认为犯罪行为人的行为是极度残忍的，因而可以适用 HAC 条款。对于“特别残忍手段”，学界主要以社会公众观念和被害人承受痛苦为认定的标准。“手段残忍”是以社会一般观念作为判断基准的概念，不仅针对具体的被害人，而是在侵害被害人生命之外，重点是对社会善良风俗的严重违反和对人类恻隐之心的极端挑战。[3]

---

〔1〕 Breann N. Walk：Differences in Appellate Court Case Decisions Based Upon “Especially Heinous，Atrocious，or Cruel”Statutes，*ProQuest LLC*，2014.

〔2〕 Jennifer Adger：Quantifying the “Worst of the Worst”：Victim，Offender and Crime Characteristics Contributing to “Heinous，Atrocious，or Cruel”Findings in Alabama，*ProQuest LLC*，2011.

〔3〕 车浩：《从李昌奎案看“邻里纠纷”与“手段残忍”的涵义》，载《法学》2011 年第 8 期。

"残忍"作为一个形容词不是用来形容被害人遭受侵害的后果和程度,而是用以形容犯罪行为实施人侵害的方式。从法益侵害说和规范违反说的角度,"特别残忍的手段"表达的不是对法律所保护的利益被侵害的程度和后果的判断,更侧重表达的是对维持社会基本的伦理秩序的违反。而从结果无价值论和行为无价值论的角度,手段残忍相比一般的手段,不是必然造成更大的危害后果,而是行为手段本身更加反伦理和反秩序。[1]

"特别残忍手段"除了对社会秩序和价值伦理的破坏,还有学者认为该规定的设立目的是减轻被害人在被侵害时遭受的痛苦,而不是满足大众的伦理欲望。[2] 从目前学界的观点来看,社会观念和被害人感受是作为衡量"特别残忍"程度的标准。除了以概括的方式来判定"特别残忍"的标准,有学者凭借自己的社会经验和认知,以列举的方式具体描绘了各种"特别残忍的手段",主要包括特别残忍手段的种类、行为持续的时间和次数、被害人的痛苦程度以及其他社会公众在心理上难以接受的手段。以行为持续的时间和次数来看,特别残忍的犯罪行为持续时间长,对被害人的折磨次数多,从而加重了其死亡过程中的痛苦。除了以上两种具体标准,还以"其他社会公众在心理上难以接受的手段"作为兜底性标准。[3]

一般对概念下定义的方法主要有两种方式:一种是对概念所要描述的对象的本质特征或内涵外延作精确且概括的说明;另一种是以列举的方法对其各种具体表现形式进行概括或归类。"残忍"作为一个具有高度抽象性的词汇,难以依靠概括性的语言对之加以精确的说明;而利用列举的方式对其表现形式进行概括,也存在困难,这是因为社会上众生百态,不当的行为手段包罗万象,列举描述会存在遗漏。关系到犯罪行为人命运的,本应该界限分明的东西事实上没有任何明确的界限和标准,对"残忍"一词的讨论往往变成一场见仁见智、各执一词的论辩。究其原因乃是在于,残忍属于价值判断的范畴,是人们在价值判断中对特定事物产生的一定价值的认识。价值主体以一定的价值标准为参照系,对价值课题的自然属性与自己的需要和利益之间所形成的关系事实进行评价,从而得出客体是否符合自己需要和利益的价值结论。[4]

因此,对于特别残忍手段的认定是一大难题,是一个灰色区域。任何法律规

---

〔1〕 车浩:《论被害人同意在故意伤害罪中的界限》,载《中外法学》2008 年第 5 期。

〔2〕 邓毅丞、申敏:《被害人承诺中的法益处分权限研究》,载《法律科学》2014 年第 4 期。

〔3〕 聂昭伟、吴郁槐:《对并非以特别残忍手段致人死亡的满 75 周岁被告人不适用死刑》,载《人民司法》2012 年第 20 期。

〔4〕 冯亚东:《理性主义与刑法模式》,中国政法大学出版社 1999 年版,第 22 页。

范都包含了立法者的“利益评价”,也就是“价值判断”,所以法律适用意味着在具体案件中实现法定的价值判断。[1]

“特别残忍手段”作为老年人可能被判处死刑的一大要件,对于其具体的标准是需要厘清的。由于“残忍”是一个主观判断的形容词,用其他形容词来解释残忍仍然需要适用者在适用的时候对之进行理解和判断。而以列举具体行为方式来表达“残忍”,总难免会有疏漏不周之处。本书认为,对于“特别残忍手段”的判断应当从原则上考虑社会公众的价值观念和被害人所受痛苦这两个方面。

首先,对“特别残忍手段”的认定应当符合社会公众的价值观念。犯罪行为是由人实施的,刑罚措施是由人制定的,因此刑法作为规制人的行为的法律规范,其背后的社会观念和历史经验不得不加以关注。从空间上来看,人是社会的存在,除了自然属性,还有社会属性,人的行为不能脱离社会来理解。从时间上来看,人是历史的存在,虽然每个个体是漫漫历史长河中的沧海一粟,但是每个个体结合起来就构成了完整的历史。“特别残忍手段”是对社会善良风俗的违反,也是对人类恻隐之心的挑战。所谓善良风俗就是维持人类社会生活不可缺少的、最低限度的伦理道德标准,是人类在社会中行为的底线,也是人类恻隐之心的社会基础。所谓“恻隐之心,仁之端也”,[2]是我国自古儒家思想所追求的人文主义精神“仁”的集中体现,是在历史长河中缓慢积累的传统,它虽然看不见摸不着,却实实在在地控制个体的言行,最终构成整个社会的善良风俗。当法律和一般民众的实际行为有落差时,民众在心理上会逐渐累积一种不满的情绪;只要有机会,这股压抑已久的积怨,就会像山洪般地宣泄而出。[3]

司法者对于法律概念的理解和解释,虽然不是法律规定,但是司法判决作为一种法律活动,会对社会生活产生重大影响。当司法判决所表达的观点与社会公众的普遍观念严重背道而驰时,会引起社会公众强烈的不满和反对,如云南李昌奎案。当我们想运用某些词语对社会群体产生影响的时候,就必须知道社会群体此刻是如何理解它们的。[4]

因此,对于“特别残忍手段”的认定应当符合社会公众的一般观念。

其次,在认定“特别残忍手段”时,应当对被害人所遭受的痛苦加以判断。随意剥夺他人生命或者伤害他人的行为,本就是残忍的,缺乏人性的。特别残忍的手段就其残忍性而言应当更甚于随意剥夺他人生命的行为,这种手段应当是造成了被害人在死亡过程中承受了死亡所不必要的肉体疼痛和精神折磨。所谓

---

〔1〕［德］魏德士:《法理学》,丁晓春、吴越译,法律出版社2005年版,第61页。

〔2〕《孟子·公孙丑上》。

〔3〕熊秉元:《正义的成本》,东方出版社2013年版,第9页。

〔4〕［法］古斯塔夫·勒庞:《乌合之众:大众心理研究》,陈昊译,法律出版社2011年版,第65页。

不必要的肉体折磨，是犯罪行为人以非常见的手段缓慢造成被害人死亡，其间被害人应当体会到巨大的疼痛。这种不必要的肉体折磨可以是多次实施伤害行为致被害人严重残疾，最后杀死被害人，也可以是对被害人采用油煎、毒蛇猛兽撕咬等非常见杀人方式致其死亡等。精神折磨包括被害人在临死过程中产生的恐惧或者无助等负面情绪。例如，被害人在向犯罪行为人求饶后，犯罪行为人仍然执意杀死被害人，在临死的过程中被害人经历了巨大的恐惧。或者，被害人在临死前亲眼目睹犯罪行为人杀害自己挚爱之人，却无能为力加以解救而产生无助之感。通过重构犯罪现场，利用证据材料，分析被害人在被害过程中的肉体与精神的伤痛，判断犯罪行为人的行为手段是否特别残忍。

在判断行为手段是否属于特别残忍的时候，应当从以上两大原则上加以把握。此外，还有一些具体规则应当注意。在考察犯罪行为手段残忍程度的时候，应当注意区别行为动机与目的、行为侵害对象与犯罪行为手段，审慎对杀人后分尸行为加以定性，以及对同时具有杀人以及其他犯罪行为进行判断。

犯罪人的行为动机与目的能否作为手段特别残忍的认定标准？在“刘兵故意杀人案”中，犯罪人刘兵与未成年被害人发生性关系后，因害怕事情败露而产生杀人灭口之恶念，用手扼掐被害人颈部。在该案的裁判理由中，法官认定其犯罪手段残忍。[1]

在《刑事审判参考》中，另有其他几则案例的犯罪人以手掐被害人颈部，未被法官认定为犯罪手段残忍。该案与那些案例区别于犯罪行为人的犯罪动机与目的。本书认为，犯罪行为人的动机与目的不能作为评价手段是否特别残忍的标准。行为的动机是指引起行为人实施某种行为的内心起因，是反映行为人主观需要的一种心理活动。行为的目的是指行为人希望通过实施行为想要达到某种客观结果的主观心理愿望。人的客观行为在一定程度上都是由动机支配，追求一定的目的。从概念上看，行为人的动机与目的都是主观心理活动，而行为手段属于犯罪构成的客观方面。主观心理活动虽然是需要通过客观行为表现的，即犯罪手段是犯罪动机和目的的体现，但是这并不意味着行为人的主观心理活动就可以作为构成要件的客观方面加以考虑。在认定手段特别残忍的时候，需要区分犯罪行为人的主客观方面，不能将主观方面的内容归之于客观行为上。因此，不能因为犯罪行为人事前有预谋，犯罪目的为泄私愤、掩盖不可告人的秘密等主观心理，就认为犯罪行为人手段特别残忍，这样混同了主观动机目的与客观行为手段。在“刘兵故意杀人案”中，法官仅因犯罪人卑劣的犯罪动机和目

[1] 《刘兵故意杀人案》（总第465号），载中华人民共和国最高人民法院刑事审判一、二、三、四、五庭主编：《刑事审判参考》（2006年第6集），法律出版社2008年版，第13～18页。

的,认定其手段是残忍的,这并不妥当。

发生死亡结果的被害人具有特殊性,例如杀死妇孺老弱之人能否视为手段特别残忍？在“索和平故意伤害案”中,犯罪人索和平长期虐待年迈的父亲,仅因琐事即对父亲多次拳打脚踢,案发当日,朝父亲身上踹了几脚,致其当场死亡。在该案的裁判理由中,法官认定其犯罪手段特别残忍。[1] 该案中,犯罪人未用利器谋害被害人,仅仅因为被害人具有特殊性,是老年人,更是其尊长。本书认为,被害人自身的特殊性不能说明犯罪行为人的行为手段之特别残忍。犯罪对象虽然是犯罪构成的客观方面,但是犯罪对象不能等同于犯罪行为手段来看待。犯罪手段强调的是实施危害行为的具体方式和方法,手段特别残忍强调的是行为方法和方式的残忍。社会上的弱势群体值得保护,但是对他们的保护并不意味着必须对犯罪行为人的犯罪手段增加负面评价,从而导致犯罪行为人遭受更强烈的刑罚处罚甚至是死刑。对象与手段是犯罪构成客观方面的两个因素,不能混为一谈。在“索和平故意伤害案”中,法官仅因为被害人的特殊性即认定犯罪人的犯罪手段特别残忍,并不妥当。

除了被害人个体的特殊性,如果发生死亡的被害主体数量多于一个,是否可以认为是手段特别残忍？在“方金青惠投毒案”中,犯罪人方金青惠实施投毒方式故意杀人三次,共造成三人死亡、九人中毒受伤的严重后果。在该案的裁判理由中,法官认定其犯罪手段残忍。[2] 在老年人犯罪的案件中,由于老年人受制于生理因素,可能使用的暴力方法不多,更多的会采用投毒、制造陷阱等方式。一旦采用这些方法,往往会造成不特定多数人伤亡的结果。在日本刑法中,杀死一个人就构成一个杀人罪,杀死两个人就构成两个杀人罪,对此采用数罪并罚的方式。[3] 但是在我国,杀死两个人的情况是同种数罪,是作为一罪加以处罚,而非并罚。本书认为,被害对象的复数性不能认定行为手段的特别残忍。理由如前所述,在犯罪构成客观方面,对象与手段是两个内容,不能等同看之。但是,在老年人投毒致人死亡的案件中,仍然可以依照被害人死亡时所受痛苦加以判断。例如,有的剧毒物质并非直接导致被害人死亡,而是被害人在死亡过程中,经历了极大的痛苦。这种情况下,只要被害人中发生一例,这种情况就可以视为手段特别残忍。行为手段的残忍程度的判断,仍然应当以客观行为的标准来判断。比如在“方金青惠投毒案”中,被害人在致死的过程中,遭受了毒品侵蚀身体机

---

〔1〕《索和平故意伤害案》(总第524号),载中华人民共和国最高人民法院刑事审判一、二、三、四、五庭主编:《刑事审判参考》(2009年第1集),法律出版社2009年版,第36~41页。

〔2〕《方金青惠投毒案》(总第98号),载中华人民共和国最高人民法院刑事审判第一庭、第二庭主编:《刑事审判参考》(2001年第5辑),法律出版社2001年版,第1~5页。

〔3〕陈兴良:《死刑适用的司法控制——以首批刑事指导案例为视角》,载《法学》2013年第2期。

能和医院抢救的巨大痛苦。因此认定其犯罪手段残忍,不是由于被害主体的复数性,仍是因为被害人经历了不必要的巨大痛苦。

对于杀人后的“分尸”行为能否视为手段特别残忍?在“闫新华故意杀人、盗窃案”中,犯罪人闫新华趁被害人熟睡之际,用铁锤猛砸其头部,致其死亡。后肢解尸体,抛弃与垃圾堆中。在该案的裁判理由中,法官认定其犯罪手段凶残。[1] 在司法实践中,往往将碎尸、焚尸行为视为犯罪手段特别残忍,进而在量刑时对其加重处罚,甚至处以死刑,这是不恰当的。对于杀人或者致人死亡的案件中,刑法所要打击的是杀人这种罪行,而不是对待尸体的行为,犯罪行为人在实施杀人行为后,出于自保的本能,行为人会以分尸的方法来逃避侦查,要求犯罪行为人善待尸体,对犯罪行为人是不具有期待可能性的。[2] 且不论犯罪行为人分尸的目的,分尸行为发生在被害人死亡之后,该行为不能视为犯罪行为人杀人时的行为,所以这行为不能视为手段特别残忍。另外需要注意到的是,杀人后碎尸与分解肢体的方式杀人是不同的,[3] 在进行判断的时候,应当结合现场勘查和尸体鉴定结论等证据材料加以认定。杀人后碎尸中,碎尸行为发生于杀人行为后,所以不能视为杀人手段特别残忍;而分解肢体的方式杀人,是在杀人过程中通过分解肢体给被害人带来不必要的肉体痛苦,是特别凶残狠毒的,应当认定为手段特别残忍。故而杀人后碎尸分尸,不能认定为“犯罪手段特别残忍”,正所谓“皮之不存,毛将焉附”。

对于同时具有杀人行为,又有其他犯罪行为,是否能够认定为手段特别残忍?在“龙世成、吴正跃故意杀人、抢劫案”中,犯罪人抢劫后,为灭口杀死被害人,用匕首朝被害人颈、胸、背部连捅数十刀。在该案的裁判理由中,法官认定其犯罪手段残忍。[4] 这需要结合现有刑法规定来看。以抢劫罪为例,由于抢劫罪中将致人死亡作为加重情节规定。根据司法解释的规定,[5] 对抢劫致人死亡和抢劫后故意杀人加以区分。前者是以抢劫罪一罪定罪,而后者是以故意杀人罪和抢劫罪数罪并罚。在手段特别残忍的判断上,应当对导致被害人死亡的行为手段进行判断。在抢劫后故意杀人的情况中,抢劫行为不是导致被害人死亡的直接原因,对于抢劫中采用的行为手段,已经作为抢劫罪的犯罪事实,

---

[1] 《闫新华故意杀人、盗窃案》(总第 393 号),载中华人民共和国最高人民法院刑事审判一、二、三、四、五庭主编:《刑事审判参考》(2006 年第 3 集),法律出版社 2006 年版,第 1 ~ 8 页。

[2] 刘文志等:《死刑案件量刑情节研究》,载《山东审判》2007 年第 5 期。

[3] 彭新林:《论犯罪手段与死刑的限制适用》,载《政治与法律》2011 年第 6 期。

[4] 《龙世成、吴正跃故意杀人、抢劫案》(总第 634 号),载中华人民共和国最高人民法院刑事审判一、二、三、四、五庭主编:《刑事审判参考》(2010 年第 4 集),法律出版社 2011 年版,第 24 ~ 30 页。

[5] 2001 年 5 月 23 日最高人民法院《关于抢劫过程中故意杀人案件如何定罪问题的批复》。

那么不能再作为故意杀人罪的犯罪事实,来重复认定,否则就等于对抢劫的行为手段进行了重复认定,这样违背了禁止重复评价原则。因此,对于抢劫后故意杀人的情况,应该只对故意杀人的手段进行判断,不能够将抢劫手段作为手段特别残忍的判断内容。在"龙世成、吴正跃故意杀人、抢劫案"中,犯罪人对被害人连捅数十刀,在这个被害人的死亡过程中,反复承受着犯罪人暴力行为所带来的痛苦,因此可以认定犯罪人犯罪手段残忍。

综合以上分析,本书认为,对于"特别残忍手段"的判断,应当严格从社会公众的价值观念和被害人所受生理和心理痛苦这两个方面进行判断。在"覃玉顺强奸、故意杀人案"中,犯罪人覃玉顺实施强奸行为前,用随身携带的尖刀将被害人胸部刺伤。强奸行为实施完毕后又用刀捅刺被害人腹部,并将其推下山坡,捡以石头砸向被害人,但未砸中。在听到被害人呼救声后,用尖刀捅刺被害人腰部,并将被害人露出的肠子扯断,又向被害人的腰部、腿部连刺数刀,由于被害人得到救助,被害人没有发生死亡的结果。在裁判理由中,法官认定其犯罪手段特别残忍。[1] 该案中,虽然被害人只是发生重伤的结果,但是根据社会公众的一般判断,被告人一而再再而三地积极实施夺取被害人生命的行为。反复捅刺被害人的身体,对其肉体造成巨大创伤。在被害人呼救之时,仍不停止暴力行为,积极追求被害人死亡的结果,使其精神也遭受巨大痛苦。因此,该案中犯罪人的行为符合犯罪手段残忍的两个条件,无论被害人的结果如何,犯罪人的犯罪手段无疑是特别残忍的。犯罪行为人的犯罪动机和犯罪目的是犯罪构成的主观方面,不能与作为客观方面的行为手段混为一谈。不能因犯罪行为人有预谋,就认为手段特别残忍。犯罪对象虽然属于犯罪构成的客观方面,但是与行为手段是客观方面的两部分内容,也不能混同。犯罪对象的特殊性和复数性,不能成为手段特别残忍的认定标准。在数罪并罚的情况中,不能将触犯另外一罪的手段重复评价于故意杀人的行为手段中。在致人死亡后的,抛尸行为发生在犯罪行为之后,不能作为犯罪行为加以认定。

第二节 年龄与无期徒刑

对未成年人犯罪能否适用无期徒刑的问题,早在 20 世纪 50 年代,我国就有

---

〔1〕《覃玉顺强奸、故意杀人案》(总第 657 号),载中华人民共和国最高人民法院刑事审判一、二、三、四、五庭主编:《刑事审判参考》(2010 年第 6 集),法律出版社 2011 年版,第 35 ~ 41 页。

著述曾经提出过对未成年人犯罪不宜适用无期徒刑的观点,[1]但此观点一直未被我国刑事立法所采纳,这表现为无论是1979年《刑法》还是1997年《刑法》均未作出对未成年人犯罪适用无期徒刑的禁止性规定。

一、争议

现行1997年《刑法》第17条第3款规定"已满十四周岁不满十八周岁的犯罪,应当从轻或者减轻处罚",同时第49条又规定"犯罪时不满十八周岁的人和审判的时候怀孕的妇女,不适用死刑"。这两条的适用顺序的不同将引出一个问题:对于未成年人能否适用无期徒刑。

具体而言,如果未成年人犯有本应判处死刑的罪行,在没有其他因素存在的情况下,如果先适用第49条,则对其最多适用无期徒刑,再适用第17条,则应当在从轻或减轻,那么对于未成年人就不能判处无期徒刑。[2] 相反,如果先适用第17条后适用第49条,则对未成年人从轻或减轻判处刑罚,即从原本的死刑落入下一档次的无期徒刑,也就自然排除了死刑的适用,与第49条拥有相同的效果,对于未成年人即可以判处无期徒刑。

关于对未成年人能否适用无期徒刑的问题,1979年《刑法》颁布以后就已经存在争论。1990年12月,吉林省高级人民法院曾经为一起严重犯罪的未成年人案件的判决请示过最高人民法院。

最高人民法院:

我院最近审理一起王守巍故意杀人、抢劫重大案件。一审法院以故意杀人罪判处王守巍死刑,缓期二年执行,剥夺政治权利终身;以抢劫罪判处无期徒刑,剥夺政治权利终身,决定执行死刑,缓期二年执行,剥夺政治权利终身。宣判后,王守巍的法定代理人王玉家以"原审认定王守巍年龄有误,量刑过重"为由提出上诉。经我院审理,王守巍犯罪时尚差11天满16周岁,原审认定已满16岁有误。审判委员会认为虽然王守巍所犯罪行特别严重,但是根据刑法第44条的规定,王守巍不满16岁,因此不能判处"死缓"意见是一致的。但就如何改判有两种不同意见:

第一种意见认为,刑法第44条规定:"已满16岁不满18岁的,如果所犯罪行特别严重,可以判处死刑缓期二年执行。"其法定最高刑为"死缓"。这一规定已体现了刑法第44条第3款对未成年犯罪"应当从轻或者减轻处罚"的法定从轻原则,如无其他从轻减轻条件就不能再依照刑法第14条第3款规定从轻或减

---

〔1〕 赵秉志:《未成年人犯罪的刑事责任问题研究(三)》,载《山东公安专科学校学报》2001年第4期。
〔2〕 郑鲁宁:《对未成年人犯罪适用无期徒刑问题的探讨》,载《华东政法学院学报》2001年第4期。

轻处罚。因此,已满14岁不满16岁所犯罪行特别严重的法定最高刑,应根据刑法第44条理解为无期徒刑。这一法定最高刑已体现了刑法第14条第3款的从轻原则,如无其他从轻减轻条件,也不能再依照刑法第14条第3款规定从轻或者减轻处罚,可以判处无期徒刑。

第二种意见认为:刑法第44条中规定的刑罚原则,限定已满16岁不满18岁的所犯罪行特别严重的可以判处"死缓"的特别规定,同时又体现了已满14岁不满16岁的如果所犯罪行特别严重不能适用"死缓"的原则。但是刑法没明确对已满14岁不满16岁的所犯罪行特别严重应判何种法定最高刑,因此,对已满14岁不满16岁的所犯罪行特别严重的,具体量刑时可在无期徒刑的基础上,依照刑法第14条第3款规定,应当从轻或减轻处罚。单一罪行的实际量刑不能超过有期徒刑15年,数罪并罚的不能超过有期徒刑20年。

我院倾向第一种意见。当否,请批示。

最高人民法院研究室的电话答复如下:

基本同意你院的意见。根据刑法第44条和第14条第2款规定的精神,已满14岁不满16岁的人所犯罪行特别严重的,最高刑可以判处无期徒刑。但是,在办理具体案件中,根据刑法第14条第2款关于"已满14岁不满18岁的人犯罪,应当从轻或者减轻处罚"的规定和国家对未成年人罪犯实行教育、感化、挽救的方针,对于已满14岁不满16岁的人犯罪判处无期徒刑的案件,应当从严掌握。[1]

可见,从实践上说,对未成年人能否适用无期徒刑的问题,在旧刑法时代的司法解释已经得到了解决。结论是"可以判处无期徒刑,但应当从严掌握"。然而,1997年《刑法》颁布后,产生了新的争论。原因是新刑法第49条明文规定对不满18周岁的未成年人禁止适用死刑,即使缓期二年执行也不行。这样一来,原来据以对未成年人判处无期徒刑的理由变得不充分起来,有一些法者撰文指出不应对未成年人犯罪适用无期徒刑;[2]当然反对声也不绝于耳。[3]

---

[1] 转引自张波:《未成年人不能适用无期徒刑的误区——以刑法第49条和第17条第3款的关系为中心》,载《青少年犯罪问题》2006年第1期。

[2] 李文峰:《对未成年犯罪人能否适用无期徒刑》,载《法律适用》2000年第7期;卢建平、再杰:《对未成年被告人不应判处无期徒刑(上)》,载《人民检察》2005年第4期;郑鲁宁:《对未成年人犯罪适用无期徒刑问题的探讨》,载《华东政法学院学报》2001年第4期。

[3] 转引自张波:《未成年人不能适用无期徒刑的误区——以刑法第49条和第17条第3款的关系为中心》,载《青少年犯罪问题》2006年第1期;彭辅顺:《论对未成年人犯罪适用无期徒刑》,载《东北大学学报》(社会科学版)2005年第1期。

二、本书观点

刑法理念是立法机关和司法机关在涉及刑法制定和适用时的价值选择,它不但与刑法本身的规定有直接联系,而且与国家指导思想密切相关。与旧刑法时代的重刑主义相区别,新刑法的罪刑法定原则和罪刑相适应原则更加强调法律的公平与正义。而从广义上说,公平问题也就是正义问题。在法学界,历来有"形式正义"和"实质正义"的论争。比利时法哲学家佩雷尔曼认为,"形式正义"也就是"抽象正义",指"对每个人同样地对待",而不管他们是长者或者晚辈,健康或虚弱,富裕或贫困,正直或可耻,有罪或清白,高贵或卑贱,白肤或黑肤。与此相对应的是"具体正义"。佩雷尔曼的具体正义标准包括:(1)对每个人根据优点对待;(2)对每个人根据工作对待;(3)对每个人根据需要对待;(4)对每个人根据身份对待;(5)对每个人根据法律权利对待。[1] 丹麦法学家斯蒂格·乔根森认为:形式正义的核心是期望相同的案件得到平等的对待;而实质正义则是指在一切法律事务和社会关系中,要贯彻和体现合理、合法和正当性的原则。[2] 我国学者孙笑侠认为:形式正义和实质正义都是多义词,在不同的语境中它代表不同的语义。"法的形式正义至少存在三种形态,并且这三种形态的形式正义都与法治有着重要的联系",它们分别是:其一,与社会正义相对应的形式正义称为法律正义或制度正义,而社会正义主要是指社会基本结构的正义,它是实质正义。其二,与具体正义或特殊正义相对应的形式正义,可称为抽象正义。具体正义或特殊正义是指个案中的实质正义,它是存在于具体的人、行为或事件之中的具有实际的、具体内容的正义。与此相对应的形式正义,即抽象正义,是指舍弃了具体内容和特殊情况的一般正义,也就是"对每个人同样地对待"。其三,与实体正义相对应的形式正义是程序正义或诉讼正义。这是以立法和执法为标准所作的划分。实体正义相当于立法正义,即实体权利义务在立法上进行分配的正义,与此相对应的形式正义,即程序正义、诉讼正义,是指法律适用或执法阶段的正义。[3] 事实证明,片面强调形式正义或实质正义都是错误的。片面强调形式正义,有可能掩盖实质上的不正义,不能根据案件的具体情况分别处理,对不同的当事人是不公正的;片面强调实质正义,又可能抛弃基本的程序正义、制度正义,背离法治的基本精神。本书认为,我国对于未成年人所实施的危害社会的行为,不但在主观认识上有必要坚持形式正义与实质正义的

---

〔1〕[比]佩雷尔曼:《正义、法律和辩论》,D. Reidel 出版公司 1980 年版,第 1 ~ 12 页。

〔2〕[丹]斯蒂格·乔根森:《理想与现实》,奥尔胡斯大学出版社 1986 年版,第 145 ~ 146 页。

〔3〕孙笑侠:《法的形式正义与实质正义》,载《浙江大学学报》(人文社会科学版)1999 年第 5 期。

统一,而且应该在立法和司法实践中体现这种统一。也就是说,涉及理论界通常所说的"未成年人犯罪"时,既应该坚持和体现"对每个人同样地对待"的形式正义、程序正义、一般正义、抽象正义;也应该充分体现"存在于具体的人、行为或事件之中的具有实际的、具体内容的正义",即实质正义、社会正义,否则就有可能用形式正义否定实质正义,或者用形式正义掩盖实质上的不正义。

因而,对未成年人所实施的危害社会的行为,只要法律规定应该判处刑罚的,判处刑罚是没有疑义的;但是究竟如何判处则必须考虑公平和正义问题。表面上来看,对未成年人不判处死刑是一种从宽处理,但是无期徒刑毕竟是剥夺行为人终身自由的刑罚,对一个未成年人判处无期徒刑的结果和对成年人判处无期徒刑的结果有可能是完全不同的,实际执行的结果有可能使未成年人受到更为严厉的惩罚。例如,在没有减刑或假释的条件下,一个 40 ~ 50 岁的成年人被判处无期徒刑,其服刑的时间可能只有未成年人的一半甚至更少,这与刑法对未成年人犯罪处罚从宽的初衷是完全背离的。无期徒刑的设立意义在于通过终身监禁将危害性极大而又无悔改可能性的犯罪人永久与社会隔离,显然,将无期徒刑适用于未成年犯罪人,首先必须将未成年人视为"无悔改可能性"的犯罪人,这与我国现行《预防未成年人犯罪法》和《未成年人保护法》的基本精神相悖。1990 年 8 月 29 日我国作为公约共同提案国之一,正式签署了联合国《儿童权利公约》。该公约自 1992 年 4 月 1 日起正式对中国生效。这就意味着我国从这一天起承担并负有认真履行公约规定的保障儿童基本人权的各项义务。该公约第 1 条规定:"为本公约之目的,儿童系指十八岁以下的任何人,除非对其适用之法律规定成年年龄低于十八岁。"第 37 条规定:"缔约国应确保:任何儿童不受酷刑或其他形式的残忍、不人道或有辱人格的待遇或处罚。对未满十八岁的人所犯罪行不得判以死刑或无释放可能的无期徒刑。"根据我国现行法律的规定,18 周岁为成年,与公约规定不得适用无期徒刑要求是一致的。

本书认为,对未成年人犯罪,在任何情况下都不宜判处无期徒刑。由于已经明文规定死刑不得适用于未成年犯罪人,因此,不存在应当判处死刑而依据从轻或者减轻处罚,可以适用无期徒刑的可能性;又由于无期徒刑是没有刑期的刑种,不可能在无期徒刑的范围内实现从轻处罚,因此,可以说在对未成年人适用从轻处罚的规定时不可能适用无期徒刑。在实际适用时就应该减轻处罚。具体可分三种情况:

第一,未成年人犯了最高刑为无期徒刑的罪不能判处无期徒刑。新刑法典第 17 条第 3 款规定:"已满十四周岁,未满十八周岁的人犯罪,应当从轻或者减轻处罚。"这里的"应当"是命令性规定,它不同于授权性规定的"可以",它的含义是:所有未成年人犯罪,都必须予以从轻或者减轻处罚。由于无期徒刑本身并没有可以“从轻”的空间，因而只能减轻一级判处有期徒刑。可见，对于未成年人犯了最高刑为无期徒刑的罪，无论罪行多么严重，也不能对其适用无期徒刑。

第二，未成年人犯了最高刑为死刑的罪也不能判处无期徒刑。这种情况下不能对该未成年人适用死刑没有异议，而且用无期徒刑来代替死刑的适用也不合理。由于有《刑法》第 49 条禁止对未成年犯罪人适用死刑的规定，而使未成年人犯罪法定最高刑修正为无期徒刑；又由于有《刑法》第 17 条第 3 款对未成年犯罪人从轻或者减轻处罚的规定，理由如第一种情况所述，无期徒刑作为修正后的法定最高刑也是不能适用的。

第三，如果未成年犯罪人同时还具有从重处罚情节，即使罪行特别严重，这种情况下同样不能适用无期徒刑。关于有的未成年人犯罪既有从重又有从轻情节的处罚，理论和实践上都有不同主张：有主张抵消说的（认为可以采用从宽情节与从重情节相互折抵的方法予以抵消）；有主张综合判断说的（认为不应简单地相互折抵，而应根据全案各种情节综合考虑、分析来决定刑罚的轻重）；也有主张优势情节适用说的（认为“应当”情节优于“可以”情节、罪中情节优于罪前情节或罪后情节、法定情节优于酌定情节的原则处理）。但这些不同的观点对未成年人犯罪同时具有从重情节的，是否可以判处无期徒刑的问题影响并不大，因为从宽情节包括了从轻情节、减轻情节和免除处罚情节，而与探讨未成年人犯罪具有从重处罚的情节时能否判处无期徒刑问题有关的从宽情节只涉及从轻情节。如果从轻处罚的不能判处无期徒刑，那么减轻或者免除处罚的更不能判处无期徒刑。为了使从轻情节与从重情节在量刑中都能得到体现，准确量刑，使最终确定的刑罚更符合罪刑相适应原则，对于同时具有从轻情节与从重情节的，在量刑时应当如何掌握，刑法理论界和司法部门的观点基本上是相同的，一般都认为：在从轻情节与从重情节并存时，具体量刑的方法是：先考虑从重，这是对刑罚的第一次修正；在从重的基础上再从轻，这是对刑罚的第二次修正。这样做的好处是，先从重可以在法定刑幅度内确定一个上限，避免宣告刑无休止上浮。依此，对论罪法定刑为 10 年以上有期徒刑、无期徒刑或者死刑，又具有从重情节的未成年人量刑时，先从重。依照法律规定，从重应当在法定刑的幅度以内判处刑罚。未成年人最高的刑罚是无期徒刑，因此，即使先从重最高至无期徒刑，然后在此基础上再从轻，也只能在 10 年以上有期徒刑至 15 年有期徒刑（数罪并罚时不得超过 20 年）以下的区间内确定具体刑期，而不能判处无期徒刑，否则便没有体现出对未成年犯罪人应当从宽处罚的立法规定。[1]

有人援引最高人民法院 1995 年 5 月 2 日《关于办理未成年人刑事案件适用

---

〔1〕 林亚刚：《论我国未成年人犯罪刑事立法的若干规定》，载《吉林大学社会科学学报》2005 年第 3 期。

法律的若干问题的解释》第3条“关于对未成年罪犯刑罚的适用”：“对犯严重破坏社会秩序的未成年罪犯，除依法判处无期徒刑、死刑缓期执行的以外，一般不附加判处剥夺政治权利”，认为最高人民法院的规定是对未成年人犯罪处罚从宽的具体体现。[1] 而本书认为，这是似是而非的。首先，1995年的司法解释不能适用于新刑法，这是其一；不剥夺政治权利而又在监狱服刑，其“政治权利”的行使受到多大程度的限制不言自明，其“从宽”也就很值得怀疑，这是其二；其三，现行刑法对未成年人犯罪的主刑既然已经作了修正，那么用附加刑的“从宽”来说明问题实属多余。

其次，有的专家认为，犯罪、刑事责任、刑罚是刑法典的三个基本范畴，二者之间具有内在的逻辑关系。犯罪是因，刑事责任是果，刑罚作为刑事责任的主要承担方式，也是犯罪之果。因此，《刑法》第17条第3款规定和第49条规定之间存在着前因后果的关系。也就是说：“已满14周岁不满18周岁的人犯罪应当从轻或者减轻处罚”这一“前因”应当结出“犯罪的时候不满18周岁的人不适用死刑”这一从宽处罚的“后果”，正因为这样，对论罪当死的未成年犯不适用死刑而适用无期徒刑，本身就是对未成年人犯罪从轻处罚的结果。若对其再按照《刑法》第17条第3款规定予以从轻或者减轻处罚，则是对未成年人犯罪的再次从宽。这违反了刑法上的禁止重复评价原则。[2] 而本书认为，刑法典的各部分应该是统一，但又有侧重，在“犯罪论”一章对一切未成年人犯罪的从宽原则（第17条第3款）体现在“刑罚论”上，就是对一切未成年人和孕妇都不得判处死刑（第49条），这是一方面；另一方面，既然对一切未成年人都不能判处死刑，就认为对论罪当死的未成年人就不能再适用从宽原则，那就是对刑法立法理念的误解。这里不存在重复评价的问题。问题在于立法本身是否可以进一步完善。从世界各国对未成年人犯罪的轻刑倾向考虑，我个人认为不宜对未成年犯罪人判处无期徒刑。

最后，有学者认为，我国刑法中的无期徒刑，并不同于上述所言的“无释放可能的无期徒刑”，因为根据我国刑法的规定，被判处无期徒刑的犯罪分子在执行期间，如果认真遵守监规，接受教育改造，确有悔改表现的，或者有立功表现的，可以减刑；被判处有期徒刑的犯罪分子，执行原判刑期1/2以上，被判处无期徒刑的犯罪分子，实际执行10年以上，如果具备一定的条件，还可以获得假释。因此，对未成年人适用无期徒刑，既符合刑法的规定，也不违背国际惯例和国际人权公约的要求。[3] 这是把刑罚的适用与刑罚的执行混为一谈了。我国刑法

---

〔1〕林亚刚：《论我国未成年人犯罪刑事立法的若干规定》，载《吉林大学社会科学学报》2005年第3期。

〔2〕彭辅顺：《论对未成年人犯罪适用无期徒刑》，载《东北大学学报》（社会科学版）2005年第1期。

〔3〕胡云腾、李兵：《未成年人刑事案件法律适用若干问题研究》，载陈兴良、胡云腾：《中国刑法学年会论文集（2004年度）第2卷：实务问题研究》（下册），中国人民公安大学出版社2004年版。

确实规定了对于在刑罚执行过程中确有悔改的犯罪人予以减刑和假释的条款，但这是刑罚执行政策方面的事情，它对于一切犯罪人都是适用的，仅此一点，并没有体现对未成年人犯罪的宽大处理。

第三节　年龄与剥夺政治权利

由于我国刑法在剥夺政治权利资格刑的适用问题上，并没有区分未成年人犯罪和成年人犯罪，因此，刑法理论界对犯罪未成年人是否应当适用剥夺政治权利存在较大的争议，众说纷纭。

有论者认为既然刑法对剥夺政治权利的适用没有区分犯罪成年人和未成年人，那么只要符合刑法相关规定，对犯罪未成年人一律可以适用剥夺政治权利。

也有观点认为对犯罪未成年人适用剥夺政治权利应当视具体情况而定，可以有选择性地对犯罪未成年人适用剥夺政治权利，即对犯有应当判处无期徒刑以及犯危害国家安全罪的犯罪未成年人，应当附加适用剥夺政治权利，除此之外，不应当对犯罪未成年人适用剥夺政治权利资格刑。另外，还有论者从犯罪年龄角度来考虑剥夺政治权利资格刑的适用情形：剥夺政治权利资格刑不应当适用于未满 16 周岁的犯罪未成年人，但对已满 16 周岁的犯罪未成年人，如果犯危害国家安全罪或者被判处无期徒刑的应当附加剥夺政治权利，剥夺政治权利时间应当从其年满 18 周岁开始计算。当然，也有意见认为，在判决时可暂时不剥夺犯罪未成年人的政治权利，而是应当根据其在服刑过程中的悔过表现和改造状况，待其成年以后或者刑满假释后，如果确有必要，再对其拥有的政治权利予以剥夺。最后，也有论者直截了当地反对剥夺政治权利资格刑适用于犯罪未成年人。〔1〕

为解决对犯罪未成年人适用剥夺政治权利资格刑的问题，2005 年最高人民法院颁布的《关于审理未成年人刑事案件具体应用法律若干问题的解释》（以下简称《未成年人解释》）第 14 条规定，除刑法规定的“应当”附加剥夺政治权利情形之外，对犯罪未成年人一般不适用剥夺政治权利。即使一定要剥夺犯罪未成年人的政治权利，也应当依法从轻处罚。本书认为，在此《未成年人解释》仅作出了原则性的指导意见，并没有解决剥夺政治权利资格刑适用于犯罪未成年人的具体操作性问题，因此，对犯罪未成年人资格刑的适用实有必要作进一步的探讨。

---

〔1〕 胡春莉：《未成年人刑罚制度研究》，武汉大学出版社 2012 年版，第 115 页。

一、对犯罪未成年人适用剥夺政治权利资格刑的可能情形

《刑法》第 56 条规定适用剥夺政治权利的情形主要有三种：一是“应当”附加剥夺政治权利的情形。主要是针对被判处死刑、无期徒刑以及危害国家安全罪犯罪分子。二是“可以”附加剥夺政治权利的情形。主要针对某些严重暴力犯罪的犯罪分子，包括实施故意杀人、强奸、爆炸、放火、抢劫、投毒等行为的犯罪分子。三是刑法分则规定的可以“独立”适用剥夺政治权的情形。

但本书认为，由于根据刑法规定对未成年人不适用死刑，所以因被判处死刑而附加剥夺政治权利的规定不适用于犯罪未成年人。而根据《未成年人解释》的规定，一般不对不满 16 周岁的未成年人判处无期徒刑，[1] 因此也就不可能适用附加剥夺政治权利资格刑；对已满 16 周岁的未成年人，只有当其罪行极其严重的情形下才可能被判处无期徒刑，从而应当适用剥夺政治权利。因此，从刑事政策角度来分析，对犯罪未成年人可能适用剥夺政治权利资格刑的情形有：一是犯罪未成年人实施了危害国家安全罪，应当附加判处剥夺政治权利；二是已满 16 周岁的犯罪未成年人因犯罪被判处无期徒刑，应当附加判处剥夺政治权利；三是未成年人实施了刑法分则规定的可以单独适用剥夺政治权利的犯罪，可以单独判处剥夺政治权利；四是对于故意杀人、强奸、爆炸、放火、抢劫、投毒等严重破坏社会秩序的犯罪未成年人，只有在“特定”的情形下才可以判处剥夺政治权利，至于什么情形属于“特定情形”，仍有待于进一步的司法解释进行说明。

二、剥夺犯罪未成年人政治权利难与宪法精神相符

《刑法》第 54 条规定的政治权利主要有：选举权和被选举权；言论、出版、集会、结社、游行、示威的自由（以下简称“六大自由”）；担任国家机关职务的资格和担任国有公司、企业、事业单位和人民团体领导职务的资格。可见，刑法只规定了政治权利的具体内容，并没有界定政治权利的内涵。不过理论界对《刑法》第 54 条规定的“政治权利”的内涵有着不同的理解。

有观点认为，政治权利是人们参与国家政治活动包括选举权和被选举权等在内的一切权利和自由的总称。也有观点认为，政治权利主要是参与国家公务活动而享有的基本权利。[2]

本书认为，既然刑法没有明确政治权利的概念和内涵，那么，可以推定刑法

---

[1] 本书认为对未成年人不能判处无期徒刑，上文已述，更加说明这一点。

[2] 许崇德：《宪法学》，高等教育出版社 2000 年版，第 344 ~ 345 页；艾正邦：《宪法学教程》，法律出版社 2005 年版，第 171 页；张千帆：《宪法》，北京大学出版社 2012 年版，第 234 页。

规定的政治权利肯定与宪法规定的公民权利有关，或者直接源于宪法规定的公民权利和自由。然而，根据宪法的规定，对犯罪未成年人来说还不具有选举权和被选举权以及担任国家机关职务和国有公司、企业、事业单位以及人民团体领导职务的权利。因此，多数学者认为对犯罪未成年人剥夺的政治权利只能是“六大自由”。然而，在笔者看来，剥夺犯罪未成年人的“六大自由”是与宪法精神不相符合的。

首先，宪法并不明确认可“六大自由”属于政治权利。“宪法没有列举政治权利有哪些，但《宪法》第 34 条的规定从另一方面表明，选举权和被选举权是宪法明确认可的公民基本权利中的政治权利。”〔1〕《宪法》第 34 条一方面明确规定了选举权和被选举权属于公民的政治权利，另一方面又以“但书”的形式规定“选举权和被选举权”可以被依法剥夺。但《宪法》第 35 条在规定公民的“六大自由”的时候，却没有采用类似于第 34 条的规定方式，并没有明确阐述“六大自由”属于政治自由，更没有明确表明就是公民的“政治权利”。本书认为，这绝对不是宪法立法技术和立法语言上的失误，而是表明宪法对选举权、被选举权和“六大自由”在性质界定上所持的谨慎态度。众所周知，宪法只要明确规定了一项权利属于政治权利，就可以根据《刑法》第 54 条的规定剥夺该项政治权利。所以，如果宪法仅出于强调公民政治权利的重要性和多样性的需要，过于宽泛地理解和表述公民政治权利的内容和范畴，则很有可能导致刑法或者其他法律过多地剥夺公民权利和自由，最终缩小对公民权利实际保护的范围。由此可见，将“六大自由”内涵界定为“政治自由”从而引申为“政治权利”的观点其实是对宪法精神的曲解，是与宪法精神不相符合的。因为“刑法不但消极上不能抵触宪法的规定，还要积极充实宪法的内涵与基本价值”。〔2〕

其次，宪法规定的“六大自由”涵盖了政治性自由和非政治性自由。宪法中规定的“六大自由”是“包容性”的公民基本权利和自由。有些权利和自由可能与公民政治思想的表达存在一定的关联，但不能因此界定为就是“政治自由”。例如，言论自由和出版自由是推动人类自由和文明发展的基本人权内容，看似属于个人自由和权利，而实际上却属于整个人类的自由和权利，如果仅将其视为政治自由未免失之妥当。从司法实践来看，司法机关在执行剥夺政治权利时，对“六大自由”的理解显然包含了大量的非政治性自由。例如，1995 年公安部发布的《公安机关对被管制、剥夺政治权利、缓刑、假释、保外就医罪犯的监督管理规

---

〔1〕 刘松山：《宪法文本中的公民“政治权利”——兼论刑法中的“剥夺政治权利”》，载《华东政法学院学报》2006 年第 2 期。

〔2〕 林钰雄：《新刑法总则》，元照出版有限公司 2006 年版，第 48 页。

定》对“六大自由”内容的确定就包含了大量的非政治性自由。

最后,宪法精神下的“六大自由”是不能被剥夺的。基本权利在宪法规定的公民基本权利和自由当中,依据宪法精神,与“六大自由”相类似的其他公民基本权利和自由其实是不可以被剥夺的。例如,《宪法》第36条、第38条、第42条、第46条等分别规定了公民的宗教信仰自由、人格权、劳动权、受教育权等。由于宪法没有明确规定这些权利和自由可以被剥夺,因此,完全可以推断宪法的旨意是禁止法律或法规对这些权利和自由进行剥夺或限制。事实上也没有任何法律和法规对公民的宗教信仰自由、人格权、劳动权、受教育权作出限制或剥夺规定。因此,既然《宪法》第35条只赋予公民享有“六大自由”,而没赋予法律和法规剥夺或限制“六大自由”,则表明宪法认可“六大自由”同样是不可以被剥夺或限制的基本权利。虽然宪法也规定公民在行使“六大自由”以及宗教信仰自由、人格权、劳动权、受教育权等权利和自由时也会受到一定条件的限制,但这种有条件的限制不能改变其不能被剥夺的固有性质。而且,从世界各国来看,宪法和法律在规定公民的言论、出版、集会、结社、游行、示威自由等权利的时候也都没有作可以被剥夺的例外规定。有的国家宪法还明确规定禁止立法剥夺公民的言论、出版、集会自由等权利。例如,美国宪法修正案规定,国会不得制定关于宗教或禁止宗教自由,剥夺言论自由或出版自由或剥夺人民和平集会和向政府请愿申冤的权利的法律。

三、对未成年人适用剥夺政治权利资格刑会使刑罚适用落空

就《刑法》第54条规定的四种剥夺政治权利的范围来看,如果对犯罪未成年人适用剥夺政治权利,很有可能造成该资格刑适用的落空。首先,由于《宪法》第34条和《选举法》第3条都规定只有年满18周岁的公民才享有选举权和被选举权,因此,犯罪未成年人还不享有选举权和被选举权,当然也就不存在剥夺选举权和被选举权问题了。其次,根据《公务员法》有关公务员基本条件的规定,只有年满18周岁的人才能够担任国家公务员,因此,犯罪未成年人在不具有担任国家机关职务的权利的情形下,剥夺其担任国家机关职务的权利也无从谈起。再次,《公司法》规定限制民事行为能力人和无民事行为能力人都不得担任公司的高级管理人员;目前在我国,事业单位和人民团体领导职务基本上纳入公务员管理体系,如此看来未成年人也不具有担任事业单位和人民团体领导职务的资格。剥夺犯罪未成年人担任国有公司、企业、事业单位和人民团体领导职务的权利也必然落空。最后,刑法作为部门法对公民某项权利的剥夺不能是任意性的,而应当有宪法依据。即只有宪法明确规定可以被剥夺或被限制的公民基本权利,刑法才可以用刑罚的方式予以剥夺。在刑法确定可以剥夺政治权利的

内容方面，尽管宪法没有明确规定范围，但基于前述理由，本书认为，“六大自由”不应该成为刑法规定的剥夺政治权利的范围，刑法将“六大自由”规定为可以剥夺的政治权利的内容至少与宪法的立法精神不一致。因此，刑法规定的以“六大自由”为内容的政治权利实际上是缺少宪法根据的。对犯罪未成年人适用剥夺以“六大自由”为内容的政治权利最终也将导致刑罚实施的落空。

四、对犯罪未成年人适用资格刑的立法建言

资格刑是指对犯罪人限制或者剥夺一定的资格和身份，既要通过对犯罪行为进行否定性评价，彰显刑法的正义价值，实现刑罚的报应功能；又要通过对犯罪人资格和身份的限制与剥夺，防止其再次实施犯罪，从而实现刑罚的预防功能。鉴于未成年人特殊的心理和生理特征，在充分发挥其他各种刑罚惩治和预防犯罪机能的基础上，对犯罪未成年人适用资格刑时应当更加强调刑罚的预防功能。

首先，对犯罪未成年人适用刑罚应注重刑罚预防犯罪的功能。我国《未成年人保护法》和《预防未成年人犯罪法》都规定了对犯罪的未成年人追究刑事责任，坚持教育为主、惩罚为辅的原则，实行教育、感化、挽救的刑事方针。因此，对犯罪未成年人适用刑罚时应坚持以资格刑为主，其他刑罚为辅。目前我国对犯罪未成年人主要适用自由刑和财产刑。根据统计，目前有 50% 以上的少年犯被判处监禁刑。[1]

然而自由刑的最大弊端就是容易使犯罪未成年人出现交叉感染、形成监狱人格，不利于其改造和再社会化。所以在日本，针对犯罪未成年人的刑罚措施，自由刑被认为是最后的刑罚手段，只有未成年人犯有特别严重的罪行时才可能被判处限制人身自由的刑罚措施。由于我国刑法并没有特别针对犯罪未成年人是否可以适用罚金、没收财产等财产刑的规定，因此，依照对刑法精神的理解，只要刑法分则规定了并处或单处财产刑的，就可以适用于犯罪未成年人。最高人民法院 2000 年颁布的《关于适用财产刑若干问题的规定》指出，犯罪时不满 18 周岁的，如果犯罪情节较轻，适用单处罚金不至于再危害社会的，可以单处罚金。然而，如本书前文所述，犯罪未成年人一般是没有经济来源的，在司法实践中对犯罪未成年人判处罚金刑基本上都是由其法定监护人或其他亲属代交的，这是间接地对非犯罪行为人的处罚，是刑事责任的转移，显然不符合刑事责任自负原则，而且还会大大增加未成年犯罪人的心理压力和思想负担，不利于他们的改造和健康成长。与自由刑和财产刑相比，资格刑作为剥夺犯罪人享有的一定资格

---

[1] 孙国祥：《保护与惩罚：未成年人犯罪刑事政策之选择》，载《江苏行政学院学报》2005 年第 3 期。

的刑罚方式，给犯罪人造成的痛苦相对较轻。针对犯罪未成年人来说，通过剥夺其某种权利和资格，限制其从事某些职业或从事某些活动的自由，不仅可以对其施加一定的心理压力和负担，实现刑罚惩治犯罪的功能，而且还可以使犯罪未成年人与某些诱发其再次犯罪的社会因素隔离，从而实现刑罚的特殊防卫功能。因此，本书认为，对犯罪未成年人适用剥夺政治权利以外的资格刑，不应受“危害国家安全罪”和被判无期徒刑的限制。为消除犯罪未成年人的人身危险性和降低其犯罪人格，应当赋予法官更大的司法裁量权，针对不同性质的犯罪和不同人格的犯罪未成年人，可以结合具体的犯罪行为决定是否适用剥夺某种资格的刑罚。

其次，取消对犯罪未成年人剥夺政治权利的资格刑。刑法设置剥夺政治权利的理由是基于社会防卫。然而，剥夺政治权利对犯罪未成年人来说究竟是轻刑还是重刑，适用剥夺政治权利资格刑究竟是对犯罪未成年人的刑法保护还是刑法伤害，仍然是一个模糊不清的问题。从刑法总则来看，剥夺政治权利的适用对象主要是严重侵害公权性质的犯罪（如危害国家安全罪）、严重破坏社会秩序的犯罪（如故意杀人、强奸、放火、爆炸、投毒、抢劫等犯罪）以及罪行极其严重（被判处死刑和无期徒刑）的犯罪分子。这无疑可以看出附加剥夺政治权利是一种针对重罪的较重的刑罚方式。然而，从刑法分则规定可以单独适用剥夺政治权利的条文来看，只有在犯罪情节较轻时才可以单独适用剥夺政治权利。例如，《刑法》第 264 条规定的侮辱罪、诽谤罪等轻罪可以单独剥夺政治权利。这说明单独适用剥夺政治权利是一种针对轻罪的较轻的刑罚方式，体现了罪责刑相适应的原则，有利于对犯罪人权利的保护。可见，刑法本身对剥夺政治权资格刑的轻重性质定位模糊不清。此外，出于对犯罪未成年人的保护，《未成年人解释》在对犯罪未成年人是否适用剥夺政治权利进行规定时也显得格外谨慎。例如，根据《未成年人解释》第 14 条规定，要求司法实践当中尽量不对犯罪未成年人判处附加剥夺政治权利，这说明在司法机关看来，剥夺政治权利是一种不适宜对犯罪未成年人适用的刑种。然而，根据刑法分则可以单独适用剥夺政治权利的规定，《未成年人解释》并没有作出任何限制性的解释规定。这足以说明在司法实践中，对适用剥夺政治权的刑罚定位模糊，即其究竟是对犯罪未成年人的保护还是侵害没有明确的定位。所以本书认为，既然对剥夺政治权利本身的刑罚轻重性质界定不明，对犯罪未成年人适用剥夺政治权利的刑罚适用目标模糊，而且《刑法》规定的剥夺政治权利的内容对犯罪未成年人的适用往往导致刑罚适用的落空，因此，实有必要取消对犯罪未成年人适用剥夺政治权利的资格刑。

最后，构建以预防为主的适用于犯罪未成年人的资格刑制度。“资格刑是一个理论概念，它所概括的是某一类刑罚方法的共性，这类刑罚方法都以剥夺犯罪人的某种资格为内容。"[1]目前国外立法中的资格刑和国内学者设计的资格刑种类非常繁多，如剥夺公权、剥夺荣誉称号、禁止从业、限制或禁止出入特定场所、限制接触特定的人员、剥夺亲权及其他民事权利等。有些国家和地区还专门针对犯罪未成年人规定了一定内容的资格刑。本书认为，既然资格刑是对犯罪人享有的法定权利和资格的剥夺，有些权利和资格对未成年人来说还没有获得，而有些权利和资格对未成年人至关重要，一旦被剥夺将影响犯罪未成年人的心身健康长成和发展。因此，对犯罪未成年人适用的资格刑就不能涵盖所有资格刑种类，而是应当在结合犯罪未成年人自身的特点和有利于未成年人健康发展的基础上来完善适用犯罪未成年人的资格刑类型。

第一，限制进入特定区域和场所。由于犯罪未成年人的成长和发展过程更多地受到社会、家庭等各种因素的影响，对犯罪未成年人适用刑罚的目的之一是尽可能地阻隔引发未成年人犯罪的社会因素，从而实现刑罚的特殊预防功能。因此，对犯罪未成年人适用资格刑应当更加注重通过剥夺其一定的资格和权利，将其与引发犯罪的各种社会因素相隔离，降低犯罪的可能概率。例如，在网络普及化的今天，网络在一定程度上催化了未成年人犯罪的频发。据中国青少年犯罪研究会的一项统计数据表明，"有70%的少年犯因受网络色情暴力内容影响而诱发盗窃、抢劫、强奸、杀人等严重犯罪"。[2] 有人对北京市未成年犯管教所三百多名未成年犯进行调查研究发现，其中暴力犯罪的未成年人中有83%以上的曾经受到网络游戏上枪战、砍杀、飙车等影响。[3] 因此，可以针对某些实施暴力行为的犯罪未成年人适用限制一定时期进入网吧或使用网络工具的资格刑。例如，国内就有学者主张针对计算机犯罪人引入新的资格刑，即剥夺犯罪人从事计算机行业或者使用网络的资格。[4] 对某些实施侵害财产性质的未成年犯罪人，可限制其一定期限内单独进入营业商场、歌舞厅、电子游戏等场所。而对具有破坏公共秩序和侵害他人人身权、财产权等性质的犯罪未成年人，人民法院可以裁判禁止或者限制其进入特定大型群众性活动的场所、教育机构及周边区域等。关于这一点，国外的立法经验是可以借鉴的。例如，在英国，1998年的《少年犯罪与动乱法》规定对10周岁以下具有涉足犯罪危险的未成年人，法庭发出"少年安全令"，禁止其进入某些不利于其健康成长的公共场所。《加拿大刑法》也规定，法庭可以针对未满14周岁的未成年人发布"禁止令"，禁止其出入公园、游泳馆、体育场、学校、幼儿园等公共场所。

---

〔1〕 陈兴良：《刑罚通论》，中国人民大学出版社2007年版，第397页。
〔2〕 郭鑫：《试论网络时代未成年人犯罪的预防》，载《山东省青年管理干部学院学报》2010年第4期。
〔3〕 尚秀云：《法官妈妈给父母的90个建议》，石油工业出版社2007年版，第206页。
〔4〕 胡学相、吴锴：《论计算机犯罪的几个问题》，载《华南理工大学学报》（社会科学版）2004年第6期。

第二,限制从事某些不良行为。基于未成年人身体和智力的发展状况,其所表现出来的心理特征还没有定型化,因此,对自身某些“不良行为”的性质及其社会危害性的认知不足,如果不能及时采取有效措施对“不良行为”进行纠正,很容易发展成违法犯罪行为。有关调查表明,未成年人犯罪前由自身的不良行为引发的犯罪占到未成年人犯罪的74.7%。[1] 我国《预防未成年人犯罪法》明确规定类似于打架斗殴、辱骂;强取强要财物;赌博或者变相赌博;偷窃;故意毁坏财物;携带管制刀具;旷课、夜不归宿;观看、收听色情、淫秽的音像制品、读物等行为为未成年人的主要“不良行为”。因此,人民法院可以根据未成年人实施的犯罪性质判处限制或禁止其从事某些不良行为。例如,人民法院判处限制犯罪未成年人一定时期不得游荡社会、夜不归宿;不得脱离监护人单独居住;不得吸烟、酗酒等。这样,不仅有利于防止犯罪未成年人再次犯罪,而且能够使未成年人摆脱“恶习”健康成长。此外,在资格刑的执行制度方面,可以借鉴英美法系的某些立法经验。比如,在对犯罪未成年人进行审判之前,要求犯罪未成年人或者其监护人承诺或提供保证金保证不实施“不良行为”。如果“犯罪未成年人能够遵守保证的内容,那么法官就不必再对其量刑”。[2]

第三,限制从事某些营利性经营活动。目前我国正在推进市场经济体制的深化改革,未成年人作为经营主体进入经济市场的门槛越来越低。未成年人也可以通过设立公司、企业或其他经济组织参与市场经营活动。然而,由于未成年人的世界观和价值观还存在某种程度的片面性,有时未成年人在从事经济活动时可能会采取不正当的竞争手段,侵害其他经济主体的合法权益。比如,侵犯他人的知识产权、损毁他人商业信誉等行为。有时未成年人通过设立公司、企业或其他经济组织开展违法犯罪活动。比如,实施诈骗或金融诈骗、洗钱等行为。因此,在对某些破坏市场经济秩序的犯罪未成年人适用刑罚时,可以判处其在一定时期内禁止或限制从事营利性的经营活动。

第四,限制接触某些特定的人员。由于体力、智力和经验等方面的原因,对自己的某些行为的合法性认识不足,经常会结帮拉派,在与社会进行交往的过程中,容易受到其他社会成员的诱惑、蛊惑、教唆和滋扰,从而走向违法犯罪的道路。而且,对于接受过刑罚处罚的犯罪未成年人来说,出狱后一时难以快速地适应社会,其经常接触的极有可能仍然是同案犯和“狱友”,更容易形成再次犯罪的共同意识。因此,为防止犯罪未成年人再次实施犯罪行为,人民法院可以对某些实施过共同犯罪的未成年人判处一定时期禁止接触同案犯、滋扰的人员或者

---

〔1〕 李璐、戴秀英:《178名未成年人犯罪的成因分析及预防对策》,载《宁夏医学院学报》2008年第3期。

〔2〕 赵秉志:《英美刑法学》,中国人民大学出版社2004年版,第219~220页。

可能诱发其再次危害社会的人员。此外，一般情况下，未成年人犯罪后难以在较短时间内完全悔罪，在刑罚执行完毕后仍然具有一定程度的反社会性危险人格，容易产生对被害人、检举揭发人以及证人打击报复的犯罪意念，在该意念的驱使下再次实施犯罪的可能性较大。因此，刑事司法可以对具有反社会性危险人格的未成年犯罪人判处禁止或限制一定时期接触被害人、检举人以及证人等。

第四节　年龄与罚金刑

世界各国刑罚制度中财产刑普遍被采用。近年来，随着经济犯罪的突出及经济刑法的发展，财产刑范围逐步扩大。1979 年我国刑法中规定罚金刑的条文仅二十个，而 1997 年我国刑法规定的罚金刑条文增加到一百四十余个，涉及的罪名达一百六十余种。[1] 从某种意义上说，扩大财产刑的适用范围有利于对财产犯罪起到威慑和惩罚的目的，但对未成年罪犯而言，适用财产刑能否实现其特有的功能，达到预防犯罪的目的，则有较大的争议。本书将从理论与司法实践两个方面对未成年人犯罪能否适用财产刑、如何适用财产刑做粗浅的探索，以期为未成年人犯罪适用财产刑存在的问题提供解决思路。

一、对未成年人犯罪适用财产刑的现状

（一）立法对未成年人犯罪适用财产刑之必然

我国《刑法》第 34 条和第 35 条规定了四种附加刑：罚金、剥夺政治权利、没收财产和驱逐出境，其中罚金和没收财产属于财产刑的范畴。

我国刑法对未成年人犯罪是否适用财产刑，既没有明确的肯定态度，也没有明确的否定态度，但是可以推定，对未成年人是能够适用财产刑的，而且在某种情况下，这种适用又是必需的。

以罚金刑为例，我国《刑法》413 个罪名中，有 1 个罪名采用的是得并制罚金刑，并处罚金的数额是无限额的，有 114 个罪名采用的是必并制罚金刑，并处罚金的数额有 64 个罪名是无限额的，有 50 个罪名采用的是限额罚金刑和参照罚金刑。[2] 只要触及了上述这 114 个必并制罚金的罪名，则判处罚金刑就是必然的、无可置疑的。由此可以推定，我国刑法规定之现状造成了对未成年人犯罪判处罚金刑之必然。同时，最高人民法院在《关于办理未成年人刑事案件适用法

---

〔1〕 马嫦云：《财产刑初探》，载《辽宁公安司法管理干部学院学报》2005 年第 1 期。

〔2〕 韩轶：《对必并制罚金刑的思考》，载《法商研究》2000 年第 5 期。

律若干问题的解释》只对剥夺政治权利作了“一般不附加判处”的规定，而未对罚金刑作出限制。此外，最高人民法院在2000年12月3日公布的《关于财产刑若干问题的规定》第2条第2款中明确指出：“对未成年人犯罪的应当从轻或者减轻判处罚金。”同时第4条规定：“犯罪时不满18岁，犯罪情节较轻，适用单处罚金不致再危害社会的，可以单处罚金。”因此可知刑法规定的财产刑适用于未成年人。

（二）司法实践对未成年人犯罪适用财产刑之窘况

第一，未成年人犯罪适用财产刑的比例相对成年犯高。根据相关调查发现，未成年犯和成年犯在同类型犯罪中财产刑的适用概率几乎等同，只是数额上有一定的差别。司法实践中，由于未成年人犯罪的主要类型为侵犯财产罪，而侵犯财产罪是适用财产刑的一个重要犯罪类型，因此导致未成年被告人被判处财产刑的比例相对成年犯高，占未成年人犯罪总数的60%以上。[1]

第二，未成年人犯罪适用财产刑的执行困惑。一方面，由于现实生活中绝大多数未成年人没有独立财产，也没有独立生活来源，当然也不具备财产刑的执行能力。另一方面，根据调查显示，司法实践中未成年被告人主动缴纳财产刑的情况明显好于成年被告人，然而实际情况是绝大多数未成年被告人的财产刑都由监护人或其他法定代理人代为缴纳，这无形中将未成年人犯罪被科处的财产刑转移给了他人，背离了对未成年犯设立财产刑的立法初衷。

二、未成年人犯罪适用财产刑之理论争议

（一）肯定说

该观点认为我国《刑法》规定的适用财产刑的犯罪主体是已满14周岁的自然人与单位，并没有特别规定哪些自然人作为犯罪主体不适用罚金和没收财产。最高人民法院《关于办理未成年人刑事案件适用法律若干问题的解释》也只是对剥夺政治权利作了“一般不附加判处”的规定，而未对罚金刑作出限制。此外，最高人民法院在2000年12月3日公布的《关于财产刑若干问题的规定》第2条第2款中明确指出：“对未成年人犯罪的应当从轻或者减轻判处罚金。”同时第4条规定：“犯罪时不满18岁，犯罪情节较轻，适用单处罚金不致再危害社会的，可以单处罚金。”因此《刑法》规定的财产刑适用主体应当包括未成年人。未成年人犯罪与成年人犯罪在财产刑的适用上具有统一性，这既是罪刑法定原则的要求，也是法律适用平等原则的要求，同时对未成年人犯罪在量刑时一般应采取较轻的刑种和较轻的处罚，以最大限度地教育和挽救他们，促使他们悔过自

---

〔1〕 吴金鹏：《浅议未成年刑事被告人罚金刑之强化适用》，载《少年司法》2002年第5期。

新，以崭新的人格形象重新步入社会，所以，对未成年人罪犯适用处罚较轻的财产刑来代替适用较重的自由刑，与世界范围内对青少年保护、关怀及人性化、轻刑化的趋势是相适应的。因此，持肯定说的观点认为对未成年人罪犯应当依法适用并且要强化适用财产刑。

(二)否定说

该观点主要从司法实践的角度着眼，认为：

第一，违反了罪责自负的原则。罪责自负是刑罚的基本原则，即指犯罪行为产生的刑事责任必须由罪犯本人来承担。作为家长或亲属只是依照民法的有关规定，基于监护职责，对未成年人造成他人人身或财产的损害承担一定民事赔偿责任。而罚金是对罪犯的一种刑罚，只能由罪犯本人来承担，由家长或亲属替未成年罪犯垫付罚金，明显违反了刑罚的罪责自负原则。

第二，有悖于刑罚的目的。刑罚的目的具体表现为特殊预防和一般预防。对于罪犯本人而言，刑罚的目的只能是特殊预防，即通过对罪犯实施刑罚，使其感受到对自己的犯罪行为所要承担的罪责和所要付出的代价，从而有所警醒，有所悔悟，重新做人。由家长或亲属替未成年罪犯垫付罚金，本质上是把刑罚转由家长或亲属承担，对未成年罪犯没有达到特殊预防的刑罚目的。

第三，有损法律的严肃性与权威性。由于未成年罪犯大多没有独立的财产可供没收或支付罚金，对未成年罪犯科处没收财产往往无法执行，当未成年罪犯家长或亲属拒绝为未成年罪犯垫付罚金时，也不能强制执行。这样，对未成年罪犯判处财产刑就失去了实际意义，有损法律的严肃性与权威性。

第四，不利于保护未成年人的合法权益。未成年人是一个特殊的社会群体，他们的身体和心理还没有完全成熟，他们身体的成长和智力、心理上的成熟尚需要一定的物质基础，对未成年罪犯适用财产刑，不可避免地会给他们今后的学习、生活带来影响，不利于他们重新做人和健康成长。

(三)限制说

这种学说认为肯定说与否定说都有偏颇之处，强调应当有限制地适用财产刑。理由是：

第一，一般情况不宜判处财产刑，因为未成年人通常没有独立的个人财产，没有适用财产刑的法定条件；但如果未成年人有个人合法财产，也可以依法判处没收财产。

第二，允许未成年罪犯的法定代理人代为缴纳，法定代理人往往是未成年人的监护人，其对未成年子女犯罪往往有不可推卸的责任，无论是出于内疚，还是出于对犯罪子女的爱护之情，司法实践中法定代理人往往愿意代替未成年人交纳罚金。因此，对于法定代理人自愿代为缴纳罚金的，人民法院应当允许，但不能强制其缴纳,否则违反了罪责自负原则。

第三,国外对未成年犯也不排斥财产刑的适用。在德国,罚金刑被视为统一的刑罚种类,对未成年犯同样适用,只不过数额上有所区别。

第四,适用时应当实行严格限制,由于未成年人是特殊的社会群体,他们的身体及心智还不成熟,需要给予特殊的保护和更多的宽容,如果对其如成年人般适用财产刑,则不可避免地会给他们今后的学习、生活带来负面的影响,也不利于其改过自新、回归社会、重新生活,因此,对未成年犯应当根据案情及未成年人自身情况实行减免。[1]

本书认同限制说,除了其既符合刑法中关于罪刑法定原则的要求,符合法律适用平等性原则的要求之外,还有如下理由:

第一,司法解释采用限制说。最高人民法院《关于审理未成年人刑事案件具体应用法律若干问题的解释》第 15 条规定,对未成年罪犯实施刑法规定的"并处"没收财产或者罚金的犯罪,应当依法判处相应的财产刑;对未成年罪犯实施刑法规定的"可以并处"没收财产或者罚金的犯罪,一般不判处财产刑。对未成年罪犯判处罚金时,应当依法从轻或者减轻判处,并根据犯罪情节,综合考虑其缴纳能力,确定罚金数额。但罚金的数额不得少于人民币 500 元。对被判处罚金刑的未成年罪犯,其监护人或者其他人自愿代为垫付罚金的,人民法院应当允许。

第二,符合未成年罪犯的财产实际情况。一方面,绝大部分未成年人的财产极其有限。未成年人犯罪前通常与父母或其他法定监护人共同生活,根据我国劳动法,未成年人必须年满 16 周岁方能参加工作获得收入,在此之前,未成年人除了个人基本生活用品外,一般不具有个人财产,即便从 16 周岁开始工作到不满 18 周岁实施犯罪行为止这不到 2 年的时间内,其积累的财产数额也十分有限。另一方面,随着社会的进步与发展,未成年人获得财产的机会越来越多,其获得财产的数额与途径也越来越多,在一定程度上又具备适用财产刑的前提条件。

第三,对未成年罪犯有限制地适用财产刑符合我国对未成年人犯罪以"教育为主、惩罚为辅"的刑事政策。

三、对未成年人犯罪适用财产刑的法律思考

(一)取消对未成年人犯罪适用没收财产刑的立法规定

没收财产是指将犯罪分子所有财产的部分或全部强制无偿地收归国家所有

---

〔1〕 重庆市第一中级人民法院课题组:《财产刑执行情况的调查报告》,载《西南政法大学学报》2004 年第 6 期。

的刑罚方法。本书认为对未成年人犯罪不应适用没收财产刑。具体理由如下:

第一,没收财产刑与我国对未成年人犯罪的刑事政策相背离。我国刑法与世界其他国家一样,对未成年人犯罪采取"教育为主、惩罚为辅"的特殊司法保护政策,在量刑时一般采取较轻的刑种和较轻的刑罚。而没收财产刑是一种严厉的刑罚,明显与世界范围内对青少年保护、关怀及人性化、轻刑化的趋势相背离。

第二,未成年人的犯罪类型不需要适用没收财产刑。没收财产刑是一种严厉的财产刑,一般只适用于两大类犯罪:一是危害国家安全罪;二是贪污性犯罪。而未成年人犯罪所涉及的犯罪类型一般是暴力型犯罪,危害国家安全罪和贪污性犯罪在未成年人犯罪类型中并不多见,因此对未成年人犯罪基本上不需要适用没收财产刑。

第三,未成年人犯罪不具备没收财产刑的条件。首先,对还没有以自己的劳动收入作为主要生活经济来源的未成年犯罪人,没收财产刑只有象征意义,没有现实的惩罚效应,当然无法达到立法者所追求的惩罚与预防犯罪的适用效果。其次,对以自己的劳动收入作为主要经济来源的未成年犯罪人适用没收财产也不现实。根据我国法律,未成年人必须在年满16周岁方能参加工作,获得收入。即便是从16周岁开始工作,到不满18周岁实施了犯罪行为止,这不到2年的时间内其积累的财产数额也十分有限。而我国刑法设置没收财产刑的目的是彻底摧毁犯罪活动的物质基础,剥夺犯罪分子继续犯罪的经济能力。因此,没收未成年人数额不大的个人财产,没有多少实际意义。

(二)完善未成年人犯罪适用罚金刑的规定

第一,应对未成年罪犯适用单处罚金。从罚金刑的立法规定来看,罚金刑的规定方式具有单处罚金、并处罚金、并处或单处罚金和并处罚金或者没收财产四种情况,而第一种单处罚金方式只限于单位犯罪,本书认为只要条件允许,对未成年罪犯更应适用单处罚金,因为用罚金刑替代自由刑,不但使其感受到了刑罚的威慑,而且可以避免自由刑在狱中易于交叉感染不利于未成年罪犯教育改造的弊端,同时也是对未成年犯刑罚轻缓化的客观需要。

第二,建立罚金刑缓刑制度。作为一种刑罚的替代措施,缓刑对犯罪人特别是未成年人的矫正功能得到了实践的检验,缓刑对于未成年人罪犯的效果是积极的。一般情况下,未成年人犯罪时往往没有财产,但随着他们年龄的增长及重新回归社会,他们会从事一定的工作,他们的财产也会从无到有,从少到多,因此,法院可以根据未成年人的犯罪情况,判令其暂缓缴纳罚金。如果未成年人在缓刑考验期间表现良好,不执行罚金刑不致再危害社会,就不再执行罚金刑;反之,则撤销缓刑,将未执行的罚金刑与新罪的刑罚进行数罪并罚。

第三,设立公益劳动制度。国外少年刑法多设置社会服务令这一处罚,即被罚的未成年人须在空暇时间，从事有关司法机关指定的有益社会的无偿劳动。对于单处罚金或并处罚金的未成年罪犯，经过一定期限仍无力缴纳全部罚金的，可由原审判机关根据尚未缴纳的罚金数额，按照一定标准易为公益劳动。这种制度既可以克服易科自由刑的弊端，又有利于对未成年罪犯的教育改造。

第四，确定罚金数额应充分考虑其缴纳罚金的能力。本书认为，司法机关在对未成年罪犯适用罚金刑时，应充分考虑未成年罪犯本人的财产状况及其家庭经济状况，以避免给其监护人及家庭带来沉重的经济及精神负担。由于我国刑法明确规定了对未成年人适用刑罚应当从轻或者减轻处罚，因此不管家庭经济条件的好坏，对未成年罪犯都应当依法从轻或减轻处罚。而对家庭经济状况不好的未成年犯，在未成年犯没有个人财产的情况下，司法机关应充分考虑未成年犯成长的实际环境，以不给其家庭增加过大的负担为前提，更为合理地依法从轻或减轻处罚。

第五节　年龄与保安处分

未成年人犯罪的特殊性决定了未成年人罪犯所适用的法律制裁手段必须是有效且和缓的，国际上对于处理未成年人犯罪问题倾向地适用教育刑，而教育刑最本质的核心便是保安处分观念。保安处分注重对犯罪人的特别预防，通过教育、感化手段达到矫正改善犯罪的目的。对于未成年人犯罪来说，保安处分所采取的教育感化手段适应未成年人犯罪处遇制度所要求的非刑化和非监禁化。

一、保安处分的定义

保安处分究竟是什么，关于对其的定义，不同国家，不同学者之间理解也都不同。日本法学家滕团重光认为："与刑罚本质上是对犯罪的报应不同，保安处分是以社会防卫为目的，以针对特定对象的矫正、教育为目的的处分。"[1]西原春夫则认为："保安处分指的是为了达到特别预防而设立的，能够取得刑罚以外的处罚目的的法律效果"。[2] 大塚仁指出："保安处分，关注于行为人本身所具有的社会危险性，以向行为人进行社会保安和对其本人提供改治疗等为目的的国家处分。"[3]中山研一认为："保安处分，为了能够达到保存社会，并以改善、治

---

〔1〕［日］滕团重光：《刑法纲论总要》，创文社1979年版，第564页。

〔2〕［日］西原春夫：《刑法总论》，成文堂1978年版，第501页。

〔3〕［日］大塚仁：《刑法概说（总论）》，中国人民大学出版社2003年版，第506页。

疗本人等目的,着眼于行为人的危险性而实行的国家处分。"[1]相较于之前几位学者的定义,同为日本学者的木村龟二教授对保安处分的定义则考虑到了因为处分对象的不同,可能存在有广义的保安处分和狭义的保安处分之分。他认为:应当对保安处分作出广义和狭义区分。广义上的保安处分,是指实施主体必须是国家,且是作为刑罚的补充或替代的处分措施,针对犯罪的一切处分。从保安处分广义的定义中可以看到,保安处分不仅只是对犯罪人的处分,还包括对于与案件有关的物的处分,即关闭营业场所,解散相关公司法人,没收涉案物品之类的,针对物的保安处分。狭义上的保安处分,是指是社会为避免因为每个犯罪人的人身危险性而可能导致的危害而把具有危险性的人隔离、拘禁或者教化的国家处分。现实中学者们说的保安处分所指的就是这个意义上的保安处分,只将人纳入保安处分的管辖范围,而不考虑与物有关的处分。对人的保安处分又分为两种类型:一种是通过使用缓和的教育改善手段,缓和其所具备的社会危险性,让犯罪人能够重新适应社会生活;另一种是针对社会危险性不可矫正者或者很难矫正者实行隔离的措施。学界将前一种叫作矫正式保安处分,把后一种叫做防卫性保安处分。[2]

对于保安处分,我国法学界也有较多的研究,保安处分在我国学者苗有水看来是由刑法、行政法规定,针对无责任能力人和限制责任能力人等具有人身危险性且实施了危害社会的行为的群体所采取的能够对刑罚起到替代或是补充作用的多种处分措施的总称。其目的是消除施行行为人的人身危险性,预防可能的犯罪,护卫社会,保障社会的正常运行。[3] 台湾地区学者韩忠谟将保安处分定义为:是法律通过区别于刑罚严厉处罚手段的缓和的,如感化、医疗等方式,对具有人身危险性的无责任和限制责任能力人所采取的以特别预防为目的的处遇制度。[4]

以上多个学者对于保安处分的定义虽用词各异,但本书认为就其内在而言均是殊途同归,他们都认为保安处分是针对于特殊对象的特殊预防,所适用的对象都是具有社会危害性和人身危险性的特定群体,采用的手段都是预防、矫正和治疗改善。根据以上学者们的定义,本书认为保安处分就是指,为维护社会治安,保证社会安全,旨在消除具有社会危害性和人身危险性的特殊人群将犯、再犯可能性,以教育、感化、矫正改善和治疗改善等为手段,对刑罚起到补充或替代

---

〔1〕[日]中山研一:《刑法总论》,成文堂1989年版,第590页。

〔2〕[日]木二龟村:《刑法学词典》,顾肖荣、郑树周等译,上海翻译出版公司1991年版,第46页。

〔3〕苗有水:《保安处分与中国刑法发展》,中国方正出版社2001年版,第1页。

〔4〕韩忠谟:《刑法原理》,中国政法大学出版社2002年版,第338页。

作用的措施和制度。[1]

二、保安处分制度的性质

保安处分制度的广泛应用和推广,推动了各国的刑事法治的发展,但在这过程中也在一定程度上破坏了原有刑罚体系的配置,引起了刑法学者对于保安处分的研究和讨论。在保安处分理论中,所谓的保安处分的性质,其实就是其与刑罚的关系,而这一关系一直是较为复杂的问题。在这个问题上,保安处分自产生之时,各个时期以及各国学者一直就保安处分和刑罚的关系是一元性还是二元性存在争议。

(一)保安处分的一元论

一元论观点的出现是由 1921 年的菲利案形成的。实证主义学派主张一元论,他们着眼于人身危险性,将犯罪人以能否矫正为依据进行划分。根据一元论的观点,刑罚的本质是让犯罪人从处罚中接受教训,认识到犯罪的危害性,改变想法和做法,不再危害社会安全。一元论认为不论刑罚还是保安处分,其目的都在于矫正罪犯,预防犯罪。二者本质一样,没有区分的必要。

实证主义学派主张一元论是基于:其一,犯罪人应承担的刑事责任除了要考虑犯罪行为以外,还应该以犯罪人的素质、生存环境、生活状况和人生经历为评价对象,犯罪人的人身危险性和对社会的危害程度是对其定罪量刑的基础,从这一方面来看,刑罚和保安处分就没有本质上的区别;其二,报应刑理论上的罪刑均衡是没有实现可能性的,选用不定期刑罚措施,会使报应刑观点所主张的定期处罚失去基础,那么刑罚与保安处分之间的差别就非常小;其三,近代刑罚并非单纯的恶害,报应刑并不以报应犯罪为唯一目的,同时也存在有教育感化,那就和保安处分有相重合之处;其四,保安处分是为了防卫社会而对危险行为予以处分,刑罚是以有犯罪为前提,而犯罪的表现就是有社会危险性,两者同对危害社会安全的行为进行处罚,在本质上没有区别,也就没有区分的必要。

(二)保安处分二元论

保安处分二元论体系的有力支持者是刑事古典主义学派。1893 年的斯托斯草案中,形成了刑罚措施和保安处分制度的二元论。

古典学派认为坚持罪刑法定主义,即是要坚持"无犯罪则无刑罚"。存在客观犯罪事实是刑罚的前提,只有符合严格犯罪构成的行为才是犯罪,仅且只能适用刑罚。犯罪必须和其他行政违法和违警行为加以区分。如果只关注于既犯者,那么社会中还存在有将犯可能和再犯可能的对社会安全有危险的群体,这些

[1] 战奕静:《虞犯少年的保安处分制度研究》,昆明理工大学出版社 2013 年版。

人没有犯罪行为，不能科以刑罚，就必须采取预防或是防止危险发生的措施，这样就必须承认保安处分有存在的必要，但并非刑罚的辅助措施，而是单独存在，是与刑罚相平行的法律措施。

（三）保安处分两个性质的选择适用

保安处分的一元论思想和二元论思想都有不同的国家继承和使用，展现出不同的效果。

观察世界各国的立法状况，实际上采用二元主义的占多数。《刑法第一准备草案》将刑罚与保安处分作为并列制度予以规定，后来为德国、奥地利、法国、意大利等国家的刑法草案所继承。例如，德国1909年刑法预备草案中引入"对重犯从重处罚，对有前科的职业犯和习惯犯实行保安处分"；1919年的草案除了一般的刑罚制度外，"出现了特殊的刑罚制度，即所谓的矫正与保安处分"，正式形成了刑罚制度的双轨制；1925年的草案中允许保安处分与行为人的危险性成比例，依据二元论，增加了一个保安处分，即"在不确定判决的时候，要对具体案件规定一个量刑幅度"。采取二元论的还有奥地利的四个刑法修正案，日本和丹麦等国家，都将保安处分制度作为与刑罚并列的措施。采用一元方式立法的国家较少，如苏联、古巴、墨西哥以及瑞典等国家的立法。

（四）本书对于保安处分的认识

一元论立足于刑罚和保安处分的共同点，忽略和抹杀了这二者的不同，将二者统一于其中一方，实现一元化。一元论彻底否定报应主义，只注重于预防，把对社会秩序的防卫和对犯罪的预防作为唯一的价值。在刑法学家托巴哈看来，保安处分一元论只有在社会发展到人人完全平等，没有争斗，世界绝对和平，相互之间友爱，充满真正的人道主义的时候，才能发挥其所具备的作用。在报应观念尚存的现代社会，完全否定报应对于处罚的作用，会扩大法官的自由裁量权，削弱罪刑法定观念，过分强调和重视预防，会对人权造成最大程度的破坏。一元论立论过于偏激，其弊是大于利的。

二元论注重于刑罚和保安处分的不同之处，将二者单独设立，单独使用，形成一个法典中的两个体系。在二元论中，刑罚是对犯罪的报应和镇压，是对违法行为的强制制裁；保安处分是对犯罪的预防，是针对个别处遇从而达到改善的目的，考虑的是行为人的人身危险性。能看出二元论是古典主义学派对于保护处分观念的一种理论上的妥协。

本书认为，无论是单纯适用一元论或是单独适用二元论都有其不妥之处。刑罚的目的应当是同时关注报应作用和对犯罪的预防作用，是报应与预防的统一。适用单纯的一元保安处分，会造成对人权的漠视和司法权力的滥用，废除了传统的罪刑法定主义，破坏了罪责刑之间本应相互适应的平衡，预防只是维护社会安全的一个部分,对于预防不能处理的部分还必须要有刑罚来加以规制;刑罚本身具有报应和预防两种功能,如果采用二元论将二者独立使用,相互平行,则起不到对犯罪全面制约的作用,可能导致司法体系冗杂,案件处理过程复杂和不确定,二者可能会发生管辖上的冲突。

以一元论来处理刑罚和保安处分的关系是不可取的,应当在二元论的基础上进行适当的改变,二者即统一于刑法典之中,统称为刑事制裁措施,但不将二者完全独立开来,让其相互间能够通融和灵活运用,可以把保安处分进行分类,将与刑法相关的保安处分引入刑罚体系,建立起特殊意义上的保安刑,取一元论的内在以及二元论的形态,与传统的刑罚形态并列,作为对刑罚预防功能的强化和补充,作为个别预防功能而存在。在对犯罪人的罪行进行宣告时,同时宣告对他的刑罚措施和保安处分。在执行上按照罪行的轻重,对于主观恶性较大,罪行严重的人,首先选择刑罚措施,在刑罚措施能够使犯罪人不再有危险性的情况下就不再适用保安处分;如果罪行较轻,可以不适用刑罚,那就直接使用保安处分。简言之,就是将保安处分体系中的刑法内容作为刑罚体系的补充,辅助刑罚发挥作用,不与其完全融合也不完全独立。

三、保安处分的发展历程

保安处分是什么时候出现的,如何发展的,知道保安处分的历史由来对于了解保安处分有着极其重要的意义,能够理解保安处分的本质和内涵。

从第一次出现到其被世界各个国家纳入法律体系,保安处分经历了漫长的时光,也得到了历史的验证,证明了其必不可少的地位。

1. 古罗马时代的萌芽。保安处分制度的发源时期能够追溯到古罗马时代。古罗马法中有关于精神病人处在病情发作状态下犯罪,但又因其缺乏受刑能力,适用刑罚难以起到威慑的作用,因而需要特殊的监护管理手段来保障社会的安全,这种特殊与严厉的刑罚措施相区别的监护措施,实际上就是保安处分制度的最初形态。

2. 中世纪时期的发展。《加洛林纳刑法典》中已经出现了类似于保安处分措施的明确规定。《加洛林纳刑法典》第176条规定:对特定的对象和人群,设想实施犯罪,但因缺乏足够的预防措施让其不至于犯罪的场合,用不定期的保安监管措施来进行处罚。[1] 这一规定的明确对于建立保安处分措施有重大的时代意义。

3. 现代的保安处分。现代意义上的保安处分是由德国刑法学家克莱因于

---

〔1〕 陈兴良:《刑法哲学》,中国政法大学出版社2004年版,第489页。

18 世纪提出，但在报应主义盛行的时代，这一主张并没有得到重视。随着第二次世界大战之后实证主义的兴起和发展，人们对于刑罚的观念开始从报应观念转向教育刑观念，教育刑观念推动和发展了保安处分理论，使其迅速发展、成长。实证主义学派学者菲利和李斯特提出的社会责任论和社会防卫论成为保安处分的刑事基础理论。[1] 社会防卫论主要是指从犯罪可能带来的危害中保护社会。“预防的本质属性就是社会预防，其在刑法视域内的主要方式就是被实证主义学派学者称为‘刑罚替代措施’的保安处分。”[2] 谓之替代，是学者们认为仅依靠单纯的刑窃手段不能有效控制犯罪，也不能减少犯罪的发生，应当把保安处分作为补充或者替代手段加以运用。“采取所谓‘选择代替’的方式并最终以保安处分来替代其作用和地位。”在漫长的发展历程中斯托斯草案的出现开创了保安处分的新纪元，形成了保安处分的二元论体系，而 1921 年的菲利案认为刑罚和保安处分应当融为一体，这就是一元论的开端。随着保安处分的发展，其观点和内容逐渐为各国立法者所接收，与假释、缓刑被并称为“现代刑罚合理化道路上的‘三驾马车’”。

四、保安处分的具体类型

世界各国关于保安处分的规定各不相同，对于保安处分类型的划分更是五花八门，本书就罗列几种较为常见和典型的类型。[3]

1. 监护处分。监护处分针对的是无责任能力人和限制责任能力人，主要是通过将无责任能力或是限制责任能力的人交由专门的场所进行监护和治疗。多个国家如德国、意大利、瑞士刑法典中都规定了这种保安处分，这是最为常见的一种处分形式。

2. 劳动处分。劳动处分主要适用于常习犯、职业犯、流浪汉等人群，在专门设立有相关的劳动场所中进行劳作。劳动处分带有一定的强制性和监禁性。

3. 禁戒处分。这类处分是对于病癖性犯罪人和性异常犯专门设立的，也同时被称为禁绝处分。这类人主要是对药物和酒精成瘾，有专门的医疗场所或戒酒、戒毒所来执行保安处分。

4. 保安监置。也被称为保安拘禁、预防处分，一般是在特定场所收容有社会危险性和犯罪习性的人，主要是收容再犯危险性大的犯人、累犯等。例如，1969 年修订的联邦德国刑法典规定：“对于性向犯除加重刑罚外，还须于刑窃执行完

---

[1] 张明楷：《刑法的基本立场》，中国法制出版社 2002 年版，第 13 ~ 17 页。
[2] 苗有水：《保安处分与中国刑法发展》，中国方正出版社 2001 年版，第 30 页。
[3] 陈兴良：《刑法哲学》，中国政法大学出版社 2004 年版，第 500 ~ 503 页。

毕后执行不定期保安监置,何时释放,取决于收容目的是否达到。"

5. 善行保证。善行保证是让被处分人提供一定数额的财物,作为不会再犯的保证。如果被处分人违反保证内容,再犯,其所提供的保证金将被没收。一般设立善行保证都有一定的处分期间,期间从提供保证之日起算。

6. 保护观察。主要适用于缓刑、假释者和少年犯,作为刑罚的替代方式使用。主要的措施包括不得离开规定的地点,交往人群限制,使用物品限制,定期报告等。

7. 特殊场所的禁入。意大利刑法典中保安处分的禁止出入处分适用于因习惯性酗酒和在酗酒状态下犯罪者,一般是规定在刑罚之后禁止其出入能接触酒类的公告场所。别的国家对于不同的罪犯也有相似的规定。一般都是为了预防特定场所可能引发犯罪人的犯意。

五、保安处分的适用

保安处分从出现之日起经历了多次的发展,有过被遗忘和被抗拒。发展到现代社会,已经有多个国家将保安处分适用于各自的法律体系之中。

(一)适用的客观和主观条件

保安处分的适用条件是指适用所应具备的要件,一般的适用条件都是通过法律予以规定的,包括客观条件和主观条件,以及个别适用条件。

1. 保安处分适用的客观条件

日本学者牧野英一认为:"应由法律规定行为人是否成立对社会的危险性。法律内容的设定,则应以客观上的危害行为以及严重程度为根据,主观危险性不能脱离客观的危害行为而独立存在。"从客观方面来说,被处以保安处分的人都实施了犯罪行为或者至少实行了违法活动。因为在保安处分制度上,一定的违法事实不仅表现了被处分人本身所具有的人身危险性,而且对于法官行使自由裁量权也有一定程度的制约作用。以有违法行为事实为保安处分的适用条件,能够更好地保障人权和防卫社会。有主流就有例外,有的国家对于没有施行违法犯罪行为但存在有人身危险性的人,如精神病人、有病癖的人和有犯罪之虞的未成年人,也同样适用保安处分。[1]

2. 保安处分适用的主观条件

对于保安处分而言,行为人所具有的人身危险性是行为人能否适用这一处分制度的最主要的主观条件。[2] 人身危险性是保安处分制度的根基所在,指的

---

〔1〕 日本的未成年人法中就明确规定了虞犯未成年人适用的保安处分。

〔2〕 人身危险性包括有初犯可能性和再犯可能性。

是行为人将犯或是有犯罪的念头，但尚未实施具体的违法犯罪行为的状况。看一个人是否能够由保安处分加以管理就是要关注其是否具有这种危险，是否有可能犯罪或是再次实行犯罪活动。对于确定保安处分的种类和期限，人身危险性是必须具备的。

保安处分的主观条件和客观条件中，最应当予以重视的是主观条件，仅有违法事实和行为的存在而没有切实的人身危险性，则不能适用保安处分，但若是仅具有人身危险性而无违法事实和行为，却能够适用保安处分。

3. 个别适用条件

世界各国对于保安处分的适用在主观条件和客观条件上几乎都是相同的，但是有的国家就根据不同类型的保安处分，规定了一些具体的条件，这就是保安处分的个别适用条件。例如，日本对于适用监护处分和矫正处分的对象就规定了明确的主客观表征，日本刑法修正案规定，适用监护处分，须具备“犯符合于监禁刑以上罪”的客观表征和被处分者须具备“精神障碍或观者”的主观表征。保安处分个别适用条件是根据具体的保安处分措施的特殊性而确定的，它对于准确地适用保安处分具有重要意义。

（二）保安处分的适用对象

保安处分的适用对象被认为是具有社会危害性的主体，一般可以分为一定的人和一定的物，对人的保安处分是直接的，而对物的一般都是间接的。本文不涉及对物的保安处分，只考虑对人的保安处分。

适用于犯罪人的保安处分，是指对具有人身危险性而且对社会有危害可能性的人实施的，具有强制力的预防性处分制度。适用保安处分的人不考虑其行为状态和责任能力，只看是否具有人身危害性，是否会对其所生活的社会环境产生不良的影响和带来危害，只要具有危害可能性，那么就能对其处以保安处分。

根据世界各国的保安处分立法，保安处分的适用对象主要可以分为以下几类：

第一，无刑事责任能力人。无刑事责任能力的人因为不适格，不能施以刑罚。但是现实之中存在无刑事责任能力人对社会安全具有危险性的情况，无刑事责任能力人实施犯法行为甚至是犯罪后不能处以刑罚但是可以对其实施保安处分。

第二，特殊危险者。这类人主要是指累犯和常习惯犯、职业犯。职业犯和累犯对于社会安全有很大的隐患，这两种人具有较大的人身危险性和再犯可能性，可能对其所居住的小区或是社区产生影响。对职业犯和累犯，评估其接受刑罚后的危害性，通过保安处分来感化和教育是很好的选择。

第三，病癖性类型人。这类人一般是对酒精或毒品及其他精神药物有瘾或者习癖、性异常犯等。对酒精和精神药物有习癖的人，犯罪时可能处在意识不清醒状态，可能存在精神方面问题。这类人具有很大的人身危险性，存在将犯可能性，有提前予以应对的必要，而保安处分能够及时控制，对这一群体进行治疗和管理。

第四，缓刑犯和假释犯。被判处缓刑和假释的人，在考察期内适用保安处分能够更好地观察他们的改造状况，评估其重新融入社会的可能性和再犯可能性，能使缓刑制度和假释制度的作用在最大程度上得到发挥。

第五，青少年犯人。青少年人有其特殊性，针对实施危害社会安全行为的，适合于采取教育方式，而不太适合使用刑事处罚手段。从社会防卫的观点出发，青少年人往往被视作保安处分适用的重点对象。基于青少年人的心理特征，刑罚手段过于严厉和激烈可能会导致处罚本意的改造起反作用，引起更严重的抵触和反抗心理。适用手段缓和、以教育为主的保安处分能让青少年人减少抵触心理，能较好地让他们意识到违法犯罪的严重性和不可为性。能够在最大程度上减少青少年人的犯罪率和再犯率。

六、我国未成年人犯罪适用保安处分的研究现状

我国法学界很早就开始了对于保安处分的研究，对于未成年人犯罪问题的研究也十分重视，很多学者都提出在未成年人处遇制度中引入保安处分，以更好地完善我国未成年人法。本书对关于保安处分制度、保护处分制度和未成年人虞犯等内容的书籍和文章进行了收集和阅读，针对保安处分和保护处分制度在未成年人违法犯罪问题中适用的研究和讨论，主要集中在以下方面：

第一，在保安处分制度的适用方面。我国学者对于我国目前并没有将保安处分制度明确于法律之中这一观点都持认同的意见，学者们都认为在我国的法律体系中引入保安处分的观点是应当得到提倡和支持的。马克昌教授在《刑罚通论》中对保安处分作出了定义和评述，陈兴良教授的《刑法哲学》也对保安处分制度做了研究，他认为保安处分在现代刑法当中的重要性是不言而喻的，保安处分对于预防犯罪的作用是非常大的。书中通过研究保安处分制度的发展历史和比较国外保安处分制度的适用条件、基本类型与我国的和保安处分制度相似的刑罚制度的内容等来说明在我国刑法中引入保安处分制度的重要性和可行性，以及如何构建我国的保安刑。苗有水在其专著《保安处分与中国刑法发展》中，集中地对保安处分制度作了详细的分析，说明了保安处分的定义、发展历程和制度的具体内容，全面地说明了保安处分制度的优越性和尚存的不足之处。书中同样对我国现有的类似于保安处分的多个制度，如收容遣送、留场就业、劳动教养等进行了评价和比对，提出我国应当建立保安处分制度，且当从刑法观念

上进行改变，完善刑事立法，构建有我国特色的保安处分制度。与保安处分相关的研究也多见于学者们在期刊上发表的文章当中，陈伟在文章《保安处分的现实价值与命运归属》（载《兰州学刊》2011 年第 5 期）中认为我国虽没有用法律将保安处分规定下来，但我国客观上确实存在保安处分措施，文章作者认为应当将保安处分细化且将刑法上的和行政法上的保安处分区分开来，加以构建和完善；董邦俊《保安处分理论问题简析》（载《河南教育学院学报》2011 年第 1 期）一文对保安处分的历史渊源和内容界定作了详细的说明；周建军《保安处分制度理论研究六十年》（载《山东警察学院学报》2009 年第 4 期），对我国学界研究保安处分制度的成果作了总结；翟中东《保安处分适用的瓶颈及其解决》（载《法学论坛》2002 年第 6 期）一文通过与国外研究作对比之后，认为我国未对保安处分作出明文规定是因为担心刑法的谦抑性受到损害，但是若将人身危险性这一问题加以控制和解决就能够很好地推广保安处分制度；高维新的文章《保安处分制度的法理基础及其在我国的构建》（载《石河子大学学报》2003 年第 1 期）通过对比国外立法和保安处分的法律基础，认为构建保安处分是有必要的而且对于我国法律进步有推动作用；房清侠所作的文章《构建我国完整的保安处分制度的设想》（载《河北法学》2002 年第 4 期）从对我国保安处分制度现状的研究出发，认为我国应当建立完善的保安处分制度。

第二，在适用保安处分制度来处理未成年人犯罪的问题上。学者对未成年人犯罪问题的研究，都倾向于采用非刑罚化的处分措施，区别于成人的犯罪处遇制度。对于将保安处分适用于未成年人犯罪领域，学者都认为是合适的选择。姚建龙《犯罪后的第三种法律后果：保护处分》（载《法学论坛》2006 年第 1 期），于国旦的《保护处分及其在我国的适用》（载《国家检察官学院学报》2009 年第 3 期）两篇文章都认为，对于未成年人犯罪，使用保护处分是最适合的处遇措施。赖修桂在《保安处分在防治未成年人犯罪中的运用》一文中认为保安处分适合于预防未成年人犯罪，替代刑罚手段达到教育改善未成年人的作用，我国应当健全和完善保安处分制度在未成年人犯罪领域的立法和司法。

综上所述，我国对于将保安处分引入未成年人犯罪处遇措施的研究，是比较全面的。学者们在研究保安处分的同时，都认为对于未成年人犯罪的处罚手段必须和缓、以教育和社会矫治达到改善未成年人犯罪问题。我国落后于其他国家的未成年人法律体系的建设，未成年人犯罪问题越发严重，必须建立起一种既能够保护未成年人权益又能够减少犯罪的完善的未成年人刑罚体系。

但是我们在深入研究未成年人犯罪的保安处分措施之前，还必须区分两种类型：一种是已经犯罪了的未成年人；另一种是还没有犯罪，但将来可能犯罪的未成年人。

对于前者，本书认为，我们还要进一步区分成所犯罪行严重（如《刑法》第17条规定的故意杀人、故意伤害致人重伤或者死亡、强奸、抢劫、贩卖毒品、放火、爆炸和投毒等）的未成年人和所犯罪行较轻的未成年人，那么对于所犯罪行较轻的未成年人，适用非刑罚处置措施或者说保安处分就应该更多一些。对于后者，那些将来可能犯罪的未成年人（我国台湾地区及日本刑法称之为虞犯），基于其人身危险性的考量和预防其犯罪的需要，我们也应该引入保安处分来进行规制。下面本书将进行具体的论述。

（一）对于已经犯罪的未成年人

我国没有制定专门的少年刑法，对非刑罚处置措施也没有作出系统规定。虽然现在对非刑罚处置措施和保安处分的关系存在争议，但是本书一律将非刑罚处置措施视为保安处分的一部分。我国现行《刑法》只有第17条第4款对少年犯罪适用非刑罚处置措施作出了明确规定："因不满十六周岁不予刑事处罚的，责令他的家长或者监护人加以管教；在必要的时候，也可以由政府收容教养。"另外，《刑法》第37条规定："对于犯罪情节轻微不需要判处刑罚的，可以免予刑事处罚，但是可以根据案件的不同情况，予以训诫或者责令具结悔过、赔礼道歉、赔偿损失，或者由主管部门予以行政处罚或者行政处分。"但是这条规定并非专门针对少年犯罪人的，它适用于所有犯罪人。据此，我国刑法规定的可以适用于少年犯罪的非刑罚处置措施有以下几种：（1）责令严加管教。由法院对于因不满16周岁不予刑事处罚的少年，责令他的父母或者其他监护人对其进行严格的看管和教育。（2）收容教养。对于实施了犯罪行为，但因不满16周岁不需要判处刑罚的少年，由政府在必要的时候依法收容教养。收容教养采取限制人身自由的方式，给予少年保护性教育。收容教养期限一般为1～3年。少年在被收容教养期间，坚持"以教育改造为主，轻微劳动为辅"的改造方针，半天学习半天劳动，既实施政治、道德文化教育，也实施生产、技术教育；对没有完成义务教育的少年，执行机关应当保证其继续接受义务教育。解除收容教养的少年在复学、升学、就业等方面与其他少年享有同等权利，任何单位和个人不得歧视。（3）训诫。对于免予刑事处分的少年犯罪人，由人民法院根据其具体情况当庭公开予以批评、谴责，责令其改正、不再犯罪，并对其进行帮助教育。训诫一般采用口头的方式，但也可以采用书面的形式。（4）责令具结悔过。对于情节轻微、免予刑事处罚的少年犯罪人，人民法院依法责令其承认错误，并以书面方式保证悔改。这一方式使犯罪少年认识到自己行为的社会危害性，承认其主观过错，促使其按照自己的保证改恶从善、重新做人。（5）赔礼道歉。由人民法院依法责令情节轻微、免予刑事处罚的少年向被害人当面承认错误，表示歉意，并保证今后不再侵犯被害人的合法权益。这种方式不同于民法意义上的赔礼道歉,仍然反映了国家对犯罪行为的否定评价和对犯罪人的谴责,有利于促使犯罪少年悔过自新,平息被害人及周围群众的愤怒。(6)赔偿损失。对于情节轻微、免予刑事处分的犯罪少年,由人民法院依法责令其向被害人赔偿一定数额的金钱,以赔偿其犯罪行为给被害人造成的损失。(7)建议予以行政处罚或行政处分。人民法院可以根据案件具体情况,对于某些轻微的违法犯罪少年,向其所在单位提出给予其一定的行政处罚或行政处分的司法建议,由主管部门自行决定并具体执行诸如警告、记过、降职等行政处罚或行政处分。

我国不仅《刑法》规定了关于少年犯罪的非刑罚处置措施,而且在《未成年人保护法》《预防未成年人犯罪法》,以及其他诸如《治安管理处罚条例》等行政法规中亦明确了少年非刑罚处置的思想,并建立了一系列非刑罚处置措施。根据《预防未成年人犯罪法》及其他相关法律规定,这些非刑罚处置措施主要适用于有违法行为的少年:

1. 严加管教,或者送工读学校进行矫治和接受教育。对于有违法行为的少年,其监护人和学校应主动采取措施严加管教,有关部门也可以责令监护人严加管教,也可以送工读学校进行矫治和教育。工读教育是对有违法行为的少年进行教育、感化、挽救的措施,是一种对少年进行特殊教育的半工半读教育制度,其招收对象为 12 ~17 周岁有违法和轻微犯罪行为,不适宜留在原校学习,但又不够劳动教养、少年收容教养或刑事处罚的中学生,也包括那些被学校开除或自动退学,流浪在社会上的 17 周岁以下的少年。学习期限一般为 2 ~3 年,课程设置与普通学校相同,但更重视法制教育,针对少年违法行为产生的原因以及少年的心理特点,开展矫治工作。工读学校毕业的少年在升学、就业等方面,同普通学校毕业的学生享有同等权利,任何单位和个人不得歧视。可见,工读教育不是刑罚,也不同于劳动教养之类的行政处罚,而是一种特殊的教育保护措施。

2. 治安处罚,或者训诫。对于有违反治安管理行为的,由公安机关依法予以治安处罚,因不满 14 周岁或者情节特别轻微免予处罚的,可以予以训诫。治安处罚属于行政处罚措施,根据《治安管理处罚条例》第 6 条的规定,其种类包括警告、罚款、拘留三种。但是对于少年适用治安拘留应当慎重,应尽量避免使用。此处规定的训诫是治安处罚的替代性措施,是针对少年违法行为、起警示作用的教育措施。

3. 收容教养。因不满 16 周岁不予刑事处罚的少年,在必要的时候,可以由政府依法收容教养。我国《刑法》第 17 条对此有相同规定,前文已述,此处不再赘述。

4. 劳动教养。劳动教养是一种最严厉的行政处罚措施。适用于已满16周岁、有违法和轻微犯罪行为、尚不够刑事处罚、符合有关劳动教养法规规定条件的少年。根据《公安机关办理劳动教养案件规定》(2002年4月),对少年进行劳动教养的期限,除强制戒毒后又吸食、注射毒品的以外,一般为1年或1年零3个月,最长不得超过1年零6个月。劳动教养实际上剥夺了少年的人身自由,其严厉性不亚于某些刑罚。

目前劳动教养制度已被废除。

5. 收容教育。是指对卖淫、嫖娼人员进行法律教育和道德教育、组织参加生产劳动以及进行性病检查、治疗的行政强制教育措施。虽然《预防未成年人犯罪法》并没有规定这种处置措施,但是根据1993年9月国务院发布的《卖淫嫖娼人员收容教育办法》等法律法规的规定,对于年满14周岁,有卖淫、嫖娼行为,但尚不够实行劳动教养条件的未成年人,可以采取收容教育措施。收容教育的期限为6个月至2年,在专设的收容教育所执行。

6. 强制戒毒。这是对吸毒上瘾者的一种行政处罚措施。根据全国人大常委会通过的《关于禁毒的决定》和后来制定的《强制戒毒办法》《强制戒毒所管理办法》等规定,对于有吸毒成瘾行为的少年应采取强制戒毒措施,强制戒毒的期限为3个月至6个月,特殊情况可以延期,但实际执行的强制戒毒期限连续计算不得超过1年。强制戒毒在公安机关专设的强制戒毒所执行。

总的来说,对于已犯罪的未成年人,尤其是对于那些所犯罪行较轻的未成年人适用保安处分,是无可厚非的。首先,它符合国际潮流。目前世界上大多数国家对少年犯罪人都奉行"教育为主,惩罚为辅"的刑事政策,即尽量不用或少用刑罚措施,而代之以保安处分。同时,也符合我国宽严相济的刑事政策,是我国建立少年刑法的需要。当然其中人权保障的价值内涵也是十分明显的。

(二)对于将来可能犯罪的未成年人——虞犯

首先我们需要了解一下虞犯的定义。虞犯,是指在将来有违反触犯刑法和有犯罪的可能性。"虞"字代表或然性,具有预料之意,也有忧患之意。虞犯并非是一种行为模式,实际上是特定主体在特定环境下的状态,构成虞犯要符合两个方面的构成:一是形式要件上,虞犯需要具有法律规定的不良行为;二是还需要具有实质要件即必须有触犯刑法的危险性倾向。[1] 而广义的不良行为是指行为人实施了违反一切社会生活规范、社会公共道德准则、违反法律法规的行

---

〔1〕 周玲敏:《台湾地区少年虞犯处分措施对内地不良行为少年处遇的启示》,载《山东省团校学报》2011年第4期。

为,而狭义的不良行为是不包括违法犯罪行为的。不良行为与社会规范和道德标准处在对立面,不受社会生活规则和道德标准的约束,扰乱社会秩序,破坏是非观念,对社会安全有实害,是"前犯罪行为"。那么我们可以看出,虞犯其实包括了不良行为,是从不良行为中延伸出的将犯的状态。

下面来看看日本和我国台湾地区刑法对于不良行为和虞犯是如何规定的。

1. 我国台湾地区的规定

我国台湾地区的"少年不良行为及虞犯预防办法"中认定的少年不良行为,是指少年具有下列行为:(1)与有犯罪习性之人交往。(2)出入妨害身心健康场所或其他少年不当进入之场所。(3)逃学或逃家。(4)无正当理由携带具有杀伤力之器械、化学制剂或其他危险物品。(5)深夜游荡。(6)对父母、尊长或教师态度傲慢,举止粗暴。(7)于非公共场所或非公众得出入之职业赌博场所,赌博财物。(8)以猥亵言语、举动或其他方法,调戏他人。(9)持有猥亵图片、文字、录影带、光碟、出版物或其他物品。(10)加暴行于人或互相斗殴未至伤害。(11)无正当理由跟随他人,经劝阻不听。(12)借端滋扰住户、工厂、公司行号、公共场所或公众得出入之场所。(13)吸烟、嚼槟榔、饮酒或者公共场所高声喧哗。(14)无照驾驶汽车、机车。(15)其他有妨害善良风俗或公共秩序之行为。

从以上规定可以看出,我国台湾地区认定的少年不良行为大部分是违背社会公序良俗的行为,并未过多地涉及违法犯罪行为,对于少年不良行为的认定更多的是注重与对社会秩序的维护。

我国台湾地区的"少年事件处理法"第 3 条规定了少年依据其性格及所处环境,具有以下一种情形就有触犯刑罚法律之虞:(1)经常与有犯罪习性之人交往者;(2)经常出入于少年不当出入之场所者;(3)经常逃学或者逃家者;(4)参加不良组织者;(5)无正当理由经常携带刀械者;(6)吸食或施打烟毒或麻醉药品以外之迷幻物品者;(7)有预备犯罪或犯罪未遂而为法所不罚之行为者。

可以看出,我国台湾地区关于虞犯少年的规定相较于其关于不良少年的具体规定少,且涉及的行为更为严重。

2. 日本刑法的规定

日本法律认为不良行为在将来也有触法犯罪的可能性,与虞犯没有本质上的区别。日本的法律中并没有专门规定少年的不良行为,而是将不良少年划分到了虞犯少年的范围内,统一进行管理。

日本《少年法》中规定,虞犯少年是指:(1)有不服从于家人和监护者的正当保护的习性;(2)无正当理由而对家庭没有亲近感;(3)与有犯罪倾向的或是有不适合少年接触观念的人交往,出入不利于少年健康成长的场所;(4)具有损害自己或他人道德修养的习性的少年。这四个事由概括地阐述了虞犯少年的行为类型,表明了这些行为虽然并非一般意义上的违法犯罪行为,但是根据少年自身的情况和所处的环境,一旦具备四个事由中的一个或多个就可以预测其在将来有犯罪或是触犯刑法之虞。

我国的《预防未成年人犯罪法》第3章规定了少年的一般不良行为,其中第14条规定了少年不得具有的一般不良行为,其中包括有:(1)旷课、夜不归宿;(2)携带管制刀具;(3)打架斗殴、辱骂他人;(4)强行向他人索要财物;(5)偷窃、故意毁坏财物;(6)参与赌博或者变相赌博;(7)观看、收听色情、淫秽的音像制品、读物等;(8)进入法律、法规规定少年不适合于进入的营业性场所;(9)其他严重违背社会公德的不良行为。我国《预防未成年犯罪法》的第34条中又对少年不应当具备的严重不良行为作出了规定:(1)纠集他人结伙滋事,扰乱治安;(2)携带管制刀具,屡教不改;(3)多次拦截殴打他人或者强行索要他人财物;(4)传播淫秽的读物或者音像制品等;(5)进行淫乱或者色情、卖淫活动;(6)多次偷窃;(7)参与赌博,屡教不改;(8)吸食、注射毒品;(9)其他严重危害社会的行为。总结而言,我国《预防未成年人犯罪法》中的规定相较于我国台湾地区的规定,内容上没有那么细致,有的行为实际上已经触犯了我国的相关法律,但由于主体不适格而不承担处罚,仅被认定为不良行为。我国规定的严重不良行为更多地注重对于可能造成违法犯罪的行为的预防,这一点也与我国没有“虞犯”这一概念有关。

综上可以看出,在《预防未成年人犯罪法》中,我国规定了对于少年一般不良行为的处理方法,其注重于社会和家庭对少年的管理和看护。法律规定对于有严重不良行为的少年可由父母或监护人与学校相互配合进行管理和疏导,也可以送至工读学校接受教育矫治;对于违反治安管理行为的少年,由公安机关依法予以治安处罚,不到年龄界限或是情节轻微的予以训诫;因为未满16周岁而不受刑事处罚的少年,责令父母严加管教,必要时候可以由政府收容教养。

在本书看来,这样的规定繁杂,且由于社会不同群体的认知不同和父母作为监护人的素质不同,实际实施起来并不能彻底预防少年犯罪,还可能因为对一般不良和严重不良行为的区分不到位而导致少年的合法权益受到损害。

我国可以借鉴日本关于少年犯罪的划分,专门设立少年的虞犯行为,将一般不良和严重不良行为进行合并和细致划分后,统一认定为虞犯行为。这样一来,配合成立专门的虞犯少年司法制度,能够及时有效地预防少年因为不良行为而走上违法犯罪的道路。减少由于复杂的法律规定和司法程序而导致的监管不到位和对少年利益的损害。本书建议我国可以在法律中明确规定少年的虞犯行为有以下几种:(1)集结同伴,滋扰社会秩序和治安;(2)携带可能造成伤害的工具,经发现且不听劝阻;(3)出入可能产生不良影响的场所;(4)与有犯罪记录的不良人员交往;(5)吸食、注射致幻药品和毒品;(6)有轻微触法行为且多次劝阻无效。经由少年法律对虞犯少年的行为进行规定之后,再采取相应的适合于少年的司法制度,就能最大限度地减少少年犯罪行为的产生和发展,减少少年恶性犯罪事件的发生,维护好社会的安宁和谐。

第六节　年龄与刑罚免除

——被滥用的《刑法》第 37 条

我国《刑法》第 37 条规定:"对于犯罪情节轻微不需要判处刑罚的,可以免予刑事处罚,但是可以根据案件的不同情况,予以训诫或者责令具结悔过、赔礼道歉、赔偿损失,或者由主管部门予以行政处罚或行政处分。"

这一看似简单的刑法条文,在其能不能作为独立免刑(免刑即免予刑事处罚、免除刑罚处罚、免除处罚,后同)的法律依据适用之基本问题上,当前却呈现出了"理论反对实践、理论反对理论"的"双反"现象。这主要体现在:当前,我国的刑事司法实践(无论是司法解释实践还是司法个案裁判实践)都较为普遍地将该条文作为独立免刑依据适用;[1]而对于这一实践做法,我国刑法理论界表示极力认可、赞许者有之,表示坚决反对、批判者有之。

具体而言,对于认可《刑法》第 37 条可以作为独立免刑依据适用的司法解释,典型的是我国关于办理盗窃刑事案件的司法解释。最高人民法院、最高人民检察院于 2013 年 4 月 2 日公布并自 4 月 4 日起施行的《关于办理盗窃刑事案件适用法律若干问题的解释》(法释〔2013〕8 号)第 7 条规定:"盗窃公私财物数额较大,行为人认罪、悔罪,退赃、退赔,且具有下列情形之一,情节轻微的,可以不起诉或者免予刑事处罚;必要时,由有关部门予以行政处罚:(一)具有法定从宽处罚情节的……(三)被害人谅解的;(四)其他情节轻微、危害不大的。"根据该解释,即便是没有法定免刑情节,但如果具有被害人谅解等其他从宽处罚情节,确属情节轻微不需判处刑罚的,则可以直接根据《刑法》第 37 条对犯罪人免予

〔1〕 在未成年犯罪案件中,更是被大量滥用。

刑事处罚。[1]

对于认可《刑法》第37条可以作为独立免刑依据适用的司法裁判案例，这里以一则最高人民法院《刑事审判参考》中刊载的指导案例（第346号）为例予以说明。在本案中，一审法院认为，被告人朱家平建设两层楼房，购买的是旧材料，为了拆迁，吩咐于全门尽量节省，其由于疏忽大意没有预见到后果发生的可能性，并且亲自用吊车将两大桶烂泥浆吊到二楼，最终导致楼房崩塌并致两死两伤，其行为与后果有因果关系，符合过失致人死亡罪的法律特征。考虑到被告人朱家平在整个事故中起次要作用，其犯罪情节轻微，不需要判处刑罚，可以免予刑事处罚。因此，依照《刑法》第233条、第37条之规定，判决被告人朱家平犯过失致人死亡罪，免予刑事处罚。一审宣判后，被告人朱家平未上诉，检察机关也未抗诉，判决发生法律效力。[2]

本案作为最高人民法院在《刑事审判参考》中刊载的典型案例，在很大程度上已经代表了《刑法》第37条可以作为独立免刑依据适用的个案裁判倾向。[3]

对于人民法院在量刑时将《刑法》第37条作为独立免刑依据适用的实践做法，在我国刑法理论界是不少人所反对的，其中亦不乏著名刑法学者。比如，我国著名刑法学家张明楷教授在基于《刑法》第37条的条文立法表述特点、[4]条

---

〔1〕 类似的司法解释还有：《关于审理未成年人刑事案件具体应用法律若干问题的解释》（法释〔2006〕1号）第17条；《关于审理非法制造、买卖、运输枪支、弹药、爆炸物等刑事案件具体应用法律若干问题的解释》（法释〔2009〕18号第9条第1款）；《关于审理挪用公款案件具体应用法律若干问题的解释》（法释〔1998〕9号）第2条；《关于审理抢夺刑事案件具体应用法律若干问题的解释》（法释〔2002〕18号）第3条；《关于审理偷税抗税刑事案件具体应用法律若干问题的解释》（法释〔2002〕33号）第1条。

〔2〕 本案的大致案情是：被告人朱家平为了拆迁，从拆迁市场购买回来旧砖头、旧钢筋、旧楼板交给无建筑资质的于全门建两层楼房，并吩咐于全门为其节省资金。2004年5月中旬的一天，于全门带领王顶玉、王顶宝、王玉喜、王桂莲等人进行施工，在施工过程中，未采取安全防范措施。2004年5月28日下午2时许，当被告人朱家平经于全门同意将两桶烂泥浆吊到二楼廊檐顶部不久，在楼板自重和施工操作等负荷作用下，导致挑梁断落，致使王顶玉被砸当场死亡；王顶宝被砸伤后抢救无效死亡；王玉喜、王桂莲被砸成轻微伤。经鉴定，该房屋建造标准很低，泥浆强度为0，主要承重构件构造连接和整体性很差，挑梁不符合现行建筑结构设计规范的相关要求。参见最高人民法院刑事审判第一、二、三、四、五庭主编：《中国刑事审判指导案例（侵犯公民人身权利、民主权利罪）》，法律出版社2009年版，第201页。

〔3〕 最高人民法院发布的类似案例还有：最高人民法院刑事审判指导案例第262号之王之兰过失致人死亡案[最高人民法院刑事审判第一、二、三、四、五庭主编：《中国刑事审判指导案例（侵犯公民人身权利、民主权利罪）》，法律出版社2009年版，第194页]；最高人民法院公报案例之郝卫东盗窃案（参见《最高人民法院公报》2011年第5期）。除此之外，如本文第三章第一节所示，司法实践中的类似案例还大量存在。

〔4〕 从立法表述看，我国《刑法》中规定的免刑情节都是具体而非抽象的，而《刑法》第37条并没有规定具体的免刑情节，该条文中的“情节轻微”是一个相当抽象的概念，因此，不适合将《刑法》第37条作为一个具体独立的免刑根据。（参见张明楷：《刑法学》，法律出版社2011年版，第558页。）

文的立法意图、[1]条文所处的位置特征、[2]条文适用程序的协调性、[3]条文适用后果的消极性[4]等方面的综合考虑后认为,我国《刑法》第37条只是其他具体的免刑情节的概括性规定,而并非关于独立免刑事由的规定。进而,在没有自首、立功等法定免刑情节的情况下,人民法院不能直接适用《刑法》第37条作出免刑判决。[5]

与以上张明楷教授为代表的否定论观点截然相反的是,肯定论的观点则认为,我国《刑法》第37条可以作为独立的免刑依据(事由、情节)适用。比如,高铭暄教授和马克昌教授主编的《刑法学》教科书指出,"一般说(来),实施犯罪的人应当受到刑罚处罚,实际判处刑罚是绝大多数犯罪行为的必然法律后果,但是,由于罪行的大小与刑事责任的轻重不完全一致,个案的具体情况互不相同,因而《刑法》第37条规定对于犯罪情节轻微不需要判处刑罚的,可以免予刑事处罚,并可以根据案件的不同情况予以训诫、责令具结悔过等非刑罚处理方法,此外,刑法还有不少条文规定了若干应当或可以免除处罚的情节。"[6]这实际上

---

[1] 从立法意图看,《刑法》第37条的立法旨意并不在于规定具体的免刑情节,而是旨在概括地规定当案件具有免刑情节而对犯罪人免除刑罚时可以适用的非刑罚处罚的法律后果。(参见张明楷:《刑法学》,法律出版社2011年版,第558页。)

[2] 从条文所处的位置看,我国《刑法》在"刑罚的种类"一节中而不是在"自首和立功"(量刑情节)之后设立本规定,这也说明了《刑法》第37条规定的不是独立免刑情节。换言之,如果《刑法》第37条真是关于独立免刑情节规定的内容的话,那么,立法者就应当将该条文内容与自首立功等关于量刑情节的具体规定放在一块。(参见张明楷:《刑法学》,法律出版社2011年版,第558页。)

[3] 从条文适用程序的协调性看,我国《刑法》第63条第2款规定,"犯罪分子虽然不具有本法规定的减轻处罚情节,但是根据案件的特殊情况,经最高人民法院核准,也可以在法定刑以下判处刑罚。"据此,如果可以直接根据《刑法》第37条对犯罪人免刑而不必经过最高人民法院核准,这便与《刑法》第63条第2款关于特别减轻处罚的核准程序极不协调。(参见张明楷:《刑法学》,法律出版社2011年版,第558页。)

[4] 从条文适用后果的消极性看,如果认为《刑法》第37条是关于独立免刑事由的规定,那么便会产生一些不堪设想的消极后果。比如,会导致对任何犯罪不问罪质轻重都可以免予刑事处罚,而违反罪刑相适应原则;会导致刑法分则规定的法定刑的威慑作用大为减小,而违背刑罚目的;会导致法官的自由裁量权过大,而与罪刑法定原则相抵触;会导致适用刑罚必然出现不平等现象,而不符合平等适用刑法的原则。(参见张明楷:《刑法学》,法律出版社2011年版,第558页。)

[5] 参见张明楷:《刑法学》,法律出版社2011年版,第558页。(张明楷教授在他的前三版《刑法学》教科书中也一直坚持这种观点。)对该观点及理由的评析后文将专门论述。另外,与张明楷教授持相同看法的著述还有:高格:《定罪与量刑》(上册),中国方正出版社2001年版,281~282页;李晓明主编:《中国刑法基本原理》,法律出版社2013年版;张苏:《量刑根据与责任主义》,中国政法大学出版社2012年版,第125~126页;王婷:《刑法第三十七条免予刑事处罚不能独立适用》,载《检察日报》2009年11月3日;张明仪、胡昊:《免予刑事处罚也需符合罪刑法定原则》,载《江苏经济报》2011年4月13日;马凤春:《论"可以免予刑事处罚"》,载《山东师范大学学报》(人文社会科学版)2009年第4期;衣家奇:《中国非刑罚化改革的否证性分析》,载《政法论坛》(中国政法大学学报)2005年第2期等。

[6] 高铭暄、马克昌主编:《刑法学》,北京大学出版社2010年版,第270页。

是对《刑法》第 37 条可以作为独立免刑依据适用的一种肯定。又如，马克昌教授主编的《刑罚学》一书也指出，“有的情况下，行为人所犯之罪的性质较严重，也不具备法定免除处罚情节，但综合全案犯罪情节，认为犯罪情节轻微，不需要判处刑罚时，也可以适用非刑罚处理方法。”[1] 这实际上是对《刑法》第 37 条可以作为独立免刑依据适用的一种更为明确的肯定，同时也把《刑法》第 37 条视为了与自首、立功等其他法定免除处罚情节相对应的酌定免除处罚情节。

由于《刑法》第 37 条是对 1979 年《刑法》第 32 条的继承和延续，因此，对于《刑法》第 37 条可以作为独立免刑依据适用之独立免刑功能，还可以从我国较早的一些刑法学著述中寻找其学术轨迹和理论脉络。比如，在何秉松教授 1995 年主编的《刑法教科书》以及王作富教授 1988 年出版的《中国刑法研究》一书中均指出，《刑法》（指 1979 年《刑法》）第 32 条中的犯罪情节轻微不需要判处刑罚之规定是关于免予刑事处分根据的规定，因此，如果案件不具备法定的免除处罚情节，但又不需要对犯罪人判处刑罚的，则应当依照《刑法》（指 1979 年《刑法》）第 32 条规定，作出对犯罪人免予刑事处分的判决。[2] 按照此种观点推演，《刑法》第 37 条（1979 年《刑法》第 32 条）实际上是我国酌定免刑情节的规定，其自然是可以作为独立免刑依据适用的。

本书认为，该条不是独立的免除刑罚事由，而是对具体的免除处罚情节的概括性或原则性规定。也就是说，如果犯罪嫌疑人不具有法定的 16 种免除处罚情节的，则不能以刑法第 37 条的规定为其免除处罚。具体理由如下：

第一，根据刑法原理，犯罪嫌疑人即使具有数个法定的从轻处罚情节，也不能合并产生法定的减轻处罚效果。在犯罪嫌疑人不具有法定的 16 种免除处罚情节，又没有其他法定减轻处罚情节的情况下，仅凭一个或数个酌定的从轻处罚情节，就可产生直接免除处罚的效果，显然不符合刑法规定。因为，从效力来看，法定的应当型情节、法定的可以型情节、酌定情节的效力是依次递减的。

第二，从明确性和严肃性来看，法定情节也优越于酌定情节。犯罪嫌疑人在既不具有法定的 16 种免除处罚情节，也不具有法定减轻处罚情节的情况下，依据《刑法》第 37 条规定免除刑罚，有违罪刑法定原则。如果司法在这种情况下，依据《刑法》第 37 条的规定，仅凭酌定情节，将个案中处刑可能在 10 年以上有期徒刑或无期徒刑的犯罪嫌疑人，适用该条后产生直接免除处罚的结果，那么，法定量刑情节以及个罪构成要件和法定刑的规定都将形同虚设。这显然有

---

〔1〕 马克昌主编：《刑罚原理》，武汉大学出版社 2007 年版，第 751 页。

〔2〕 何秉松主编：《刑法教科书》，中国法制出版社 1995 年版，第 448 页；王作富：《中国刑法研究》，中国人民大学出版社 1988 年版，第 323 页。

违罪刑法定原则。

第三,《刑法》第37条与16种免除处罚情节的内容和表述之间不属于并列关系。前者仅规定"对于犯罪情节轻微",内容抽象笼统,而后者均为具体的事实或情形,无疑更符合罪刑法定原则的明确性要求。在具体的免除处罚情节中,既有属于违法范畴的防卫过当、避险过当,又有预备犯、中止犯等犯罪停止形态和从犯、胁从犯等共犯形态,还有犯罪后的自首、重大立功情形,以及具体个罪的特殊情形等。应该说,立法者考虑得比较全面、周详。因为免除刑罚是对犯罪嫌疑人刑罚效果影响最大的一类情节,没有理由不作具体、明确的列举规定。因此,《刑法》第37条不属于可与上述16种免除处罚情节并列存在的"同类"。

第四,将《刑法》第37条理解为独立的免除刑罚事由,有肆意扩大司法裁量权之嫌。《刑法》第63条第2款规定,在犯罪嫌疑人不具有法定的减轻处罚情节,需要根据案件的特殊情况减轻刑罚时,必须报经最高人民法院核准。此为"特殊减刑"制度,意在追求个案的实质公平正义,贯彻罪刑法定原则,限制司法裁量权。如果将《刑法》第37条理解为独立的免除刑罚事由,就意味着在没有报经最高人民法院核准的前提下,刑罚从宽幅度可以远大于《刑法》第63条的规定,这显然是不合理的。随着罪刑法定原则和限制司法裁量权等观念的深入人心,即使犯罪嫌疑人具有法定的减轻处罚情节的,应当在法定刑以下判处刑罚时,学术界普遍认为,也应在法定刑以下的"量刑格"幅度内予以减轻。可见,将《刑法》第37条理解为独立免除刑罚的事由,显然会被认为是对司法裁量权的扩大。

第五,司法实践直接适用该条已严重损害司法公正。实践中人民法院单独依据《刑法》第37条判决免予刑事处罚已经产生了消极后果,特别是对于职务犯罪行为,已经引起群众的强烈不满。从国家有关部门对全国2001~2005年职务犯罪案件判决情况的统计来看,被判处有罪但免予刑事处罚,或虽被判处有期徒刑但适用缓刑的比率,已由2001年的51.38%增至2005年的66.48%;渎职侵权案件在这方面的比率则增长得更快,已由2001年的52.6%增至2005年的82.83%,而且目前这种比率仍有扩大的趋向。在这些免除刑罚的案件中,难免有被告人并不具有刑法规定的上述16种免除处罚情节,仅因案发后退缴赃款或表示悔罪,并在一些案外因素的影响下,人民法院就直接依据《刑法》第37条判决免予刑事处罚。

第六,从《刑法》第37条的体系位置来看,其重点应该是关于"免予刑事处罚"后刑事责任承担方式的规定,而非免予刑事处罚的规定。《刑法》第37条处于刑法典总则编的第三章第一节"刑罚的种类",本节规定的主要是犯罪的法律后果,或者是刑事责任的表现形式。因此,该条的立法本意在于表明,根据法定的 16 种免除处罚情节而“免予刑事处罚”后，并不是一免了之，而是“可以根据案件的不同情况”承担其他形式的刑事责任，即可予以训诫或者责令具结悔过、赔礼道歉、赔偿损失，或者由主管部门予以行政处罚或者行政处分。由于刑法中具体的免除处罚情节数量较多，从立法的简洁性考虑，有必要在“刑罚的种类”部分对其他刑事责任的形式予以概括性规定，从而起到统领具体免除处罚情节规定的作用。

综上，从立法论的角度来看，为了避免认识偏差，可以将《刑法》第 37 条的个别字词加以修改，即该条可完整表述为：对于犯罪情节轻微不需要判处刑罚，免予刑事处罚的，可以根据案件的不同情况，予以训诫或者责令具结悔过、赔礼道歉、赔偿损失，或者由主管部门予以行政处罚或者行政处分。

第六章　年龄与刑罚的具体运用

我国的刑罚体系，共有五种主刑：管制、拘役、有期徒刑、无期徒刑、死刑；三种附加刑：罚金、剥夺政治权利、没收财产。但是，根据我国刑法和有关司法解释的规定以及未成年人犯罪的特点，本书在前文中已经提及，根据现行法律规定，对未成年人不适用死刑和无期徒刑。此外，对于未成年人犯罪，罚金与剥夺政治权利的刑罚也不宜适用。因而，对未成年人犯罪，主要应当适用管制、拘役、有期徒刑这几种刑罚。当然，在具体量刑时，不但要根据犯罪事实、犯罪性质和危害社会的程度，还要充分考虑未成年人犯罪的动机、犯罪时的年龄，是否初犯、偶犯或者惯犯，在共同犯罪中的地位和作用等情节，以及犯罪后有无悔改态度、个人一贯表现等情况，决定对其适用从轻、减轻处罚还是从轻或者减轻处罚的幅度，使判处的刑罚有利于未成年犯的改过自新和健康成长。因此，本书认为，对未成年人犯罪，刑罚的具体运用也应当重视。

第一节　年龄与量刑

《刑法》第 17 条第 3 款规定："已满十四周岁不满十八周岁的犯罪，应当从轻或者减轻处罚。"第 17 条之一规定："已满七十五周岁的人故意犯罪的，可以从轻或者减轻处罚；过失犯罪的，应当从轻或者减轻处罚。"第 62 条规定："犯罪分子具有本法规定的从重处罚、从轻处罚情节的，应当在法定刑的限度以内判处刑法，'从轻处罚'是指在法定刑幅度以内从轻判处刑罚。"第 63 条规定："犯罪分子具有本法规定的减轻处罚情节的，应当在法定刑以下判处刑罚。"

据此，不难发现，我国《刑法》将"年龄"视为一种量刑情节，对未成年人和老年人都采取了一定的刑法优待。未成年人犯罪或者老年人的过失犯罪，应当在法定刑的限度以内从轻判处刑罚或者在法定刑以下判处刑罚；老年人的故意犯罪，则可以在法定刑的限度以内从轻判处刑罚或者在法定刑以下判处刑罚。

然而,在现实的刑事审判中,案件往往要复杂得多,不仅仅有年龄一个量刑情节。例如,未成年人成立教唆未成年人奸淫幼女的未遂犯,且其自首,那么该如何定罪量刑？在该案中,“未成年犯罪”要求应当从轻或减轻处罚,“教唆未成年犯罪”则又要求从重处罚,“奸淫幼女”要求从重处罚,“未遂犯”有要求从轻或者减轻处罚,“自首”又可能要求免除刑罚,那么在本案中如何确定各个因素的使用顺序或者原则,做到裁判有序、量刑适当？这不仅是审判实践中的棘手问题,也是量刑理论研究的重要课题。

一、我国量刑情节的梳理

本书对《刑法》中的量刑情节进行了简单的梳理;将其分为法定量刑情节和酌定量刑情节。

“法定量刑情节”包括总则性情节和分则性情节。

总则性情节可以分为五类:(1)法定减轻或者免除处罚情节;(2)法定从轻或者减轻处罚情节;(3)法定从轻、减轻或者免除处罚情节;(4)法定免除处罚情节;(5)法定从重处罚情节。

其中“法定减轻或者免除处罚情节”包括《刑法》第 10 条“在国外犯罪已在国外受过刑法处罚的”、第 68 条“有重大立功表现的”;第 20 条第 2 款“正当防卫行为超过必要限度的”;第 21 条第 2 款“紧急避险行为超过必要限度的”;第 24 条第 2 款“中止犯”;第 28 条“胁从犯”。“法定从轻或者减轻处罚情节”则包括:《刑法》第 17 条第 3 款“已满 14 周岁不满 18 周岁的人犯罪”;第 18 条第 3 款“限制行为能力的精神病人犯罪的”;第 23 条第 2 款“未遂犯”;第 29 第 2 款“被教唆的人没有犯被教唆之罪的教唆犯”;第 68 条第 1 款“有立功表现的”。法定从轻、减轻或者免除处罚情节则包括:《刑法》第 19 条“又聋又哑的人或者盲人犯罪”;第 22 条第 2 款“预备犯”;第 27 条第 2 款“从犯”;第 67 条第 1 款“自首”。“法定免除处罚情节”则指:《刑法》第 67 条第 1 款“自首且犯罪较轻的”。“法定从重处罚情节”则包括:《刑法》第 29 条第 1 款“教唆不满 18 周岁的人犯罪的”;第 65 条第 1 款“累犯”。

“分则性情节”则可分为“法定从重处罚情节”“法定减轻或者免除处罚情节”和“法定免除处罚情节”。

“法定从重处罚情节”包括:《刑法》第 157 条第 1 款“武装掩护走私的”;第 171 条第 3 款“伪造货币并出售或者运输伪造的货币的”;第 236 条第 2 款“奸淫不满 14 周岁的幼女的”;第 237 条第 3 款“猥亵儿童的”;第 238 条“非法拘禁,具有殴打、侮辱情节的”;第 238 第 4 款“国家机关工作人员利用职务犯非法拘禁罪”;第 243 条第 2 款“国家机关工作人员犯诬告陷害罪”;第 245 条第 2 款“司法工作人员滥用职权,犯非法搜查、非法侵入宅罪的";第 247 条"刑讯逼供、暴力取证致人伤残、死亡,因而构成故意伤害、故意杀人罪的";第 248 条"虐待被监管人,致人伤残、死亡,因而构成故意伤害、故意杀人罪的";第 253 条第 2 款"邮政工作人员私自开拆邮件窃取财物,因而构成盗窃罪的";第 279 条第 2 款"冒充人民警察招摇撞骗的";第 301 条第 2 款"引诱未成年人聚众淫乱的";第 307 条第 3 款"司法工作人员;犯妨害作证罪,帮助毁灭、伪造证据罪的";第 345 条第 4 款"盗伐、滥伐国家级自然保护区内的森林或者林木的";第 347 条第 6 款"利用、教唆未成年人走私、贩卖、运输、制造毒品,或者向未成年人出售毒品的";第 349 条第 2 款"缉毒人员或者其他国家机关工作人员掩护、包庇毒品犯罪分子的";第 354 条第 3 款"引诱、教唆、欺骗或者强迫未成年人吸食注射毒品的";第 356 条"因走私、贩卖、运输、制造、非法持有毒品罪被判过刑,又犯毒品犯罪的";第 361 条第 2 款"单位的主要负责人利用本单位的条件,强迫、引诱、容留、介绍他人卖淫的";第 364 条第 4 款"向不满 18 周岁的未成年人传播淫秽物品的";第 369 条"战时破坏武器装备、军事设施、军事通信的";第 384 条第 2 款"挪用用于救灾、抢险、防汛、优抚、扶贫、移民、救济款物归个人使用的";第 386 条"索贿的"等。"法定减轻或者免除处罚情节"包括:第 164 条第 3 款"行贿人在被追诉前主动交待行贿行为的";第 383 条第 1 款第 3 项"个人贪污数额在五千元以上不满一万元,犯罪后有悔改表现、积极退赃的";第 386 条"个人受贿数额在五千元以上不满一万元,犯罪后有悔改表现、积极退赃的";第 392 条第 2 款"介绍贿赂人在被追诉前主动交代介绍贿赂行为的"。"法定免除处罚情节"则有:第 351 条第 3 款"非法种植毒品原植物,在收获前自动铲除的"。

至于酌定量刑情节可分为"酌定从轻处罚情节"和"酌定从重处罚情节"。"酌定从轻处罚情节"包括"犯罪对象特殊,反映社会危害程度较轻的";"没有造成危害结果或者危害结果较轻的";"积极采取措施消除或者减轻危害结果的";"积极退赃的";"主动赔偿经济损失的";"犯罪人与被害人有特殊关系需要从轻处罚的";"防卫中侵害第三人的";"所谓'大义灭亲'行为造成的犯罪";"被害人对犯罪的发生有一定责任的"。"危害行为持续时间较短的";"犯罪时间特殊反映社会危害程度较轻的";"防卫不适时的";"避险不适时的";"避险中的自救行为";"偶犯、初犯";"一般残疾人犯罪";"犯罪目的、动机特殊,反映主观恶性程度较轻的";"假想防卫";"假想避险"等。"酌定从重处罚情节"则包括:"挑拨防卫";"犯罪对象特殊,反映社会危害程度较重的";"造成了一定危害结果或者危害结果较重的";"再犯";"犯罪人是有犯罪经验和犯罪技能的人"等。

总的来看,我国的各种量刑情节整体上可以分为"从宽处罚情节"和"从严处罚情节"。其中,从宽处罚情节包括从轻、减轻或免除处罚情节,从严处罚情节包括从重和加重处罚情节[1]。

二、目前刑事审判实践中适用多种量刑情节的主要方法及问题

在目前的刑事审判实践中，遇到一个案件具有多种量刑情节时，主要存在下列适用方法：

1. 抵销法。即在一案中既有从宽处罚情节，又有从严处罚情节时，则将两种作用不同的情节相互抵销，既不从轻，也不从重，也就是把这两种情节从量刑因素中撇开，不再作为量刑情节考虑。

2. 择一法。即在一案中具有多种量刑情节时，有的审判人员根据自己的法律价值观作出取舍，在量刑中实际只考虑其中一个优势量刑情节，而对其他情节不予重视或斟酌，以致判处的刑罚中，某些量刑情节得不到任何的反映。

3. 相加升格法。即对于一案中的作用方向相同的复数情节，不作分别裁理，而是加在一起作为另一种情节考虑。例如，把两个减轻处罚情节相加当作一个免除处罚情节等。

4. 拔高或降低刑度法。即当一案中具有两个以上作用方向相同的量刑情节时，就是对罪犯适用的法定刑幅度先拔高或降低一档，然后再裁量具体的刑罚。其中的极端做法是，当犯罪分子具有两个以上同向量刑情节时，若都是从重处罚情节就判处所犯之罪的最高刑种或最长刑期；若都是从宽处罚情节，就判处相应罪的最轻刑种或最短刑期。

本书认为，上述方法各自存在一定的弊端，不能作为多种量刑情节并存或竞合时的适当裁量方法。现就其主要问题分析如下：

抵销法是审判实践中运用最多的一种适用方法，实际上其合理的适用范围是极为有限的。因为，能够相互抵销的量刑情节必须具备两个特点：一是从宽与从严的性质应当对应；二是两种情节各自对量刑的作用力必须相当。否则，抵销就违背常理，也于法无据。然而从我国现行刑法的规定来看，立法对各种从宽处罚情节大多规定为“可以”情节，如犯罪预备、犯罪未遂、又聋又哑的人或者盲人犯罪以及自首、立功等；而对从严处罚情节则基本上规定为“应当”情节，如教唆未成年人犯罪的教唆犯，以及累犯、再犯等。众所周知，“可以”和“应当”在法律上的效力并不相等，与之相应，“可以”情节与“应当”情节对量刑的影响力或作用力也不可等量齐观。这一事实表明，在大多数情况下，一案中的从宽与从严两

---

[1] 我国现行刑事立法中没有规定加重处罚情节，但最高人民法院在有关司法解释中规定，犯盗窃、诈骗罪，同时具有累犯、犯罪集团的首要分子或者共同犯罪中情节严重的主犯等情节的，可以升格到上一个法定刑幅度内酌量裁判刑罚，由此便在司法上确立了加重处罚情节。

种情节并不具备相互抵销所必需的对等条件,此其一。其二,从法定情节的种类看,所谓从宽处罚情节,一般是指从轻、减轻和免除处罚三种情节;而从严处罚情节,在立法上则只有从重处罚情节一种;在刑罚的实际适用中,也只有盗窃、诈骗两种犯罪,同时具有累犯等情节时,可以加重处罚。这里显然就暴露出一个问题,三种不同档次的从宽处罚情节如何与多数情况下的一种从严处罚情节相互对应抵销?如果说从轻处罚情节尚能与从重处罚情节相匹敌而互为抵销的话,那么分别属于不同档次的减轻和免除处罚两种从宽情节又该与何种从严情节对应相抵呢?由此可见,根据我国刑罚对情节的具体规定,抵销法的适用应当受到严格的限制,否则容易滥用。

择一法在多种量刑情节并存时只取其一,不顾其他,其主观片面性是显而易见的,因而不足取。相加升格法把数个同向量刑情节相加作为另一种量刑情节,客观上起到了变更法定刑的作用,于法无据。至于拔高或降低刑度法,则只能适用于情节加重犯和情节减轻犯。在其他情况下,已如上述,数个同向量刑情节并不具有拔高或降低量刑幅度的功能,故不得采用。

由以上简要分析可知,多种量刑情节并存时要恰如其分地把握好各种情节对量刑的影响并非易事,这主要是由量刑情节的复杂性、多样性决定的。基于斯,多种量刑情节的适用不可能界定一个整齐划一的标准,而应根据具体的法律规定和各种情节的实际情况予以具体把握。但是,这绝不意味着多种量刑情节的适用没有规律可循,也不等于我们对此没有原则可以遵守。相反,根据量刑理论和审判实践经验,总结出适用多种量刑情节的总体原则及其指导下的具体方法是切实可行的。

三、适用多种量刑情节时应遵循的总体原则

一案具有多种量刑情节时,应当把握以下三个适用原则:严格按照量刑标准掌握量刑情节的原则、全面考虑量刑情节的原则、禁止重复评价的原则。

所谓量刑标准,即量刑的根据,它要求量刑时既要考虑犯罪行为的社会危害性大小,也要斟酌犯罪人的主观恶性程度,二者共同决定对犯罪人的处罚轻重。在适用多种量刑情节时必须坚持这一原则,具体应注意以下两点:其一,所有量刑情节应一律纳入量刑根据之中统一考虑,以各种情节对犯罪行为的社会危害性和犯罪人的主观恶性程度的影响力或作用力大小决定其在量刑中的地位或意义。作用力大的应重点斟酌其对刑罚的调节作用。唯此才能在各种量刑情节交错并存的相对无序状态中,确立起相对统一的标准,建立裁量中的有序状态。其二,最终确定的刑罚轻重应以对犯罪行为的社会危害性和犯罪人的主观恶性大小的综合评价为依据,不能片面强调乃至夸大某一情节因素的作用,使其成为量

刑的决定因素。易言之，如果整个案情是轻微的，应当在法定刑范围内判处较轻的刑罚。任何片面夸大某一法定从重或者从轻情节的作用，使其孤立地决定刑罚轻重的做法，都是与量刑原则和量刑根据相违背的。

一案中的多个情节通常种类不一、性质不同、作用力大小有别，我们在量刑时必须对各种情节进行全面考虑，坚决反对只抓一点不及其余的做法。从我国审判实践情况来看，量刑中的有些偏颇倾向是应予纠正的。诸如在量刑中只注重不利于被告人的情节，而对有利于被告人的情节不太注意甚至视而不见；只重视罪中情节，而容易忽略罪前和罪后情节；只按法定情节量刑，而排斥考虑酌定情节；只考虑"应当"情节而轻视"可以"情节等。上述种种做法都不同程度地存在片面性，因此，我们强调量刑时必须坚持全面考虑量刑情节的原则，以求全面、准确、公正地裁量刑罚。

由于刑法中的情节在功能上有定罪情节与量刑情节之分。一般来说，定罪情节决定法定刑，量刑情节决定宣告刑。二者功能不同，不可交叉或重复使用。对此，国外刑法典中已有明文规定。如《联邦德国刑法典》第 64 条第 3 项规定，"属于法定犯罪构成事实要素之情况，毋庸再加斟酌"。这就是禁止重复评价原则的立法例。由于法律文化的共同性和可借鉴性，笔者认为，我们在量刑时考虑的只能是构成要件以外的其他表明行为的社会危害性和主观恶性程度的事实要素。定罪情节作为犯罪构成的基本事实在定罪时已经使用，因而在量刑时不得再度使用或评价。例如，对于国家工作人员与非国家工作人员相互勾结，共同侵吞公共财物的行为，因国家工作人员的身份事实已经作为贪污罪的构成要素予以评价，我们在量刑时就不能再以单纯的身份事实为由，对国家工作人员判处较非国家工作人员更重的刑罚。否则，即违反了禁止重复评价的原则。

（一）多个同向量刑情节并存时的适用

一案具有多个同向量刑情节，是指一个案件中有数个量刑情节，其功能是相同的，或者都属于从宽处罚情节（以下简称同向趋轻量刑情节），或者都属于从严处罚情节（简称同向趋重量刑情节）。下面分别阐述其适用问题。

1. 多个从宽处罚情节并存时的适用

多个从宽处罚情节并存包括如下情况：(1) 都属于从轻处罚情节；(2) 都属于减轻处罚情节；(3) 都属于免除处罚情节；(4) 从轻、减轻或免除处罚情节兼存。如果一案中的数个情节都属于免除处罚情节，量刑时只需按法律规定免除行为人的刑罚处罚即可，在此不必赘述。值得讨论的是其他三种情况。

(1) 多个从轻处罚情节并存的适用。在一般情况下，根据从轻处罚情节的实际情况和数目，在法定刑幅度内决定不同程度的从轻处罚是不成问题的。值得研究的是数个从轻处罚情节可否变更为一个减轻处罚情节。有人持肯定态度;有人持折中态度,认为应视具体案情而定。如果犯罪的社会危害性严重,在不考虑这些从轻情节时应判处法定刑中较重的刑罚,那么,有几个从轻情节也不能变为减轻情节;如果犯罪的社会危害性较轻或者一般,在不考虑从轻情节时应判较轻的刑,那么,几个从轻情节就可以变为一个减轻处罚情节。[1] 本书认为,这种理解是缺乏法律依据的。无论在什么情况下,数个从轻处罚情节都不具有变更法定刑的功能。这是因为,我国刑罚对大多数犯罪都规定了几个量刑幅度或档次,审判人员往往须先行对犯罪行为的社会危害性程度作出判断,决定该行为应当适用的法定刑幅度,然后斟酌各种具体情节,最后确定应处刑罚的轻重。如果某种行为的社会危害性较轻或者一般,再加上具有数个从轻处罚情节,法官在量刑时完全可以直接选择与这些情况相应的刑罚较轻的法定刑幅度或档次,而不用首先考虑较重的法定刑幅度,其次再根据几个从轻情节将刑罚减轻至下一个法定刑幅度,最后再依据这些从轻情节决定具体的刑罚。折中说所设想的几个从轻情节合并可以变为一个减轻情节的情形,既与司法实践中的通常做法相左,也与法律有关从轻处罚的规定相悖,因而不可取。解决数个从轻情节适用问题的唯一正确方法是,在与整个案件相应的法定刑幅度内,相对增大从轻处罚的分量。

(2)多个减轻处罚情节并存的适用。当数个减轻处罚情节并存时,应选择与全案相当的法定刑幅度最邻近的下一个法定刑幅度,根据减轻情节的情况和数目,逐步增大减轻刑罚的分量,直至罪刑相适应。但数个减轻情节不能合并为一个免除处罚情节,因为减刑与免刑是两种不同的量刑制度。

(3)从轻、减轻、免除处罚情节并存时的适用。在这种情况下,应采取从宽幅度大的情节吸收从宽幅度小的情节的吸收原则。于是,从轻情节已无甚意义,它至多只能成为决定减轻处罚幅度时的参考依据。至于究竟是适用减轻处罚抑或免除处罚,应依案件的情况和行为人的恶性程度决定之一。一旦决定适用免刑,减轻处罚情节亦随之失去意义。

2. 多个从严处罚情节并存时的适用

多个从严处罚情节的竞合不外乎三种情况:(1)一案中多个从重处罚情节并存;(2)多个加重处罚情节并存;(3)加重与从重处罚情节并存。由于我国刑法中的加重处罚情节十分有限,因此,在同一案件中,几种加重情节并存或者从重情节与加重情节并存的情况比较少见。即使出现这种情况,量刑时只要选择加重处罚即可。这样足以表明对犯罪人的严厉制裁。这里有必要提及的一个问题是,因犯盗窃罪、诈骗罪,同时具有累犯等情节而升格处刑时,应当遵守两个限

[1] 参见周振想:《刑罚适用论》,法律出版社1990年版,第288页。

定性条件:一是前提条件,即盗窃、诈骗公私财物的数额应当接近巨大或者特别巨大的标准;二是限制性条件,即升格处刑时,不能在上一个法定刑幅度内无限度加重刑罚,一般应以加重一格判处刑罚为宜。否则,就有可能明显背离罪刑相当原则的基本要求。

(二)多个逆向量刑情节并存时的适用

多个逆向情节(或称冲突情节)并存是指一个案件中的数个情节,有的对量刑起从宽作用,有的对量刑起从严作用,情节之间在功能上是相反的和有冲突的。对于这种逆向情节的适用,我国刑罚理论与司法实践中意见纷存,至今未能形成一个为大家一致接受的方案。如有人提出:"从宽情节与从严情节的功能相对应时,可以采取折抵法折抵或相加减。"[1] 另有人主张引入定量分析方法,将从轻、从重等情节规定不同的指数,然后进行加减运算。[2] 本书认为,当从轻与从重、减轻与加重情节的"功能相对应"时,并不等于各种情节对量刑的作用力大小正好抵销,亦即对应情节所决定的从宽与从严的分量往往不是完全等值的,所以二者不能简单相抵。至于对从轻或从重等情节规定一定的指数,由于它是脱离具体案情的抽象数值,并不能反映各种情节对量刑的实际作用力大小,因而是缺乏实践和法律依据的。

本书主张,在一罪具有多个逆向量刑幅度并存时的适用方法是:首先根据行为的社会危害性和行为人的主观恶性在不考虑从宽与从严情节的情况下,确定一个基本的量刑幅度,这一量刑幅度就是可判刑的区间范围;其次考虑从宽与从严情节,进行综合平衡。具体办法是:其一,在从重与从轻情节并存时,先考虑从重,这是对刑罚的第一次修正;再于从重的基础上酌情从轻,这是对刑罚的第二次修正。这样做的好处在于,于基准点上先从重,可以在法定刑幅度内确定上限,使法官知道本案至多判处何种刑罚或多长刑期,从而避免上浮过限的流弊。如果从重情节的分量明显大于从轻情节,且从重情节已使刑罚达到极限的,可以视为从轻情节的效力已被抵销,不予从轻处罚。如某人犯爆炸罪致使多人伤亡,其罪后有一般立功表现的,即可据情不予从轻处罚。其二,在从重与减轻情节并存时,先予以减轻,在基本量刑幅度以下酌定大于减轻的幅度,则刑罚的刻度可以再浮回到原来的基本量刑幅度之内。这样并不违背《刑法》第 62 条关于从重处罚的规定精神,因为,这种情况下的从重是在原来的量刑幅度内从重,而不应理解为在减轻处罚后的刑罚幅度内从重。先予以从重再考虑减轻,则势必导致

---

[1] 邱兴隆:《刑罚学》,群众出版社 1988 年版,第 291 页。

[2] 陆翼德:《刑事审判中量刑的定量分析方法初探》,载苏惠渔等:《量刑方法研究专论》,复旦大学出版社 1991 年版,第 136 页。

从重情节的适用毫无意义,故不足取。其三,从重情节与免刑情节并存时,应当首先考虑免刑情节对量刑结果的影响。其次再考虑从重情节,并尽可能地缩小从重处罚的分量,但一般不宜最终决定免除处罚。因为,从我国刑法规定来看,并没有单独规定某一情节为免刑情节,总是作为多功能情节与减轻和从轻处罚情节并列规定,由法官根据具体情况决定选择从轻还是减轻,抑或免除处罚。可见我国刑法对免刑情节的适用是持非常谨慎态度的。既然一案中同时存在从重处罚的情节,那就更不能轻易决定免刑了。妥当的做法是对从重与免刑情节进行综合平衡,在原来的量刑幅度内决定一个较轻的刑罚。其四,加重与从轻、减轻、免除处罚情节并存时,先考虑加重情节,再考虑从宽情节,即先突破基本的量刑幅度,在此幅度的上一格确定刑罚,然后予以减轻或从轻,对第一次修正的刑罚再行修正。如果是减轻处罚的情节,则刑罚量下降的幅度大一些;如果是从轻处罚情节,则刑罚量下降的幅度较小;如果同时还有免除处罚情节,则可排斥考虑免刑。因为加重处罚情节已经表明了犯罪行为的严重社会危害性和行为人的主观恶性,这时即使有一个免除处罚的情节,也是与从轻或减轻处罚功能并列的同一个情节,法官量刑时,不应从多功能中选择免除处罚功能,也即加重处罚情节对免除处罚功能应当具有排除作用。

与逆向量刑情节的适用问题相关并须专门讨论的一个问题是,在一人犯数罪且具有减轻处罚情节时,应如何裁量刑罚。例如,一人兼犯贩卖毒品罪与抢劫罪,后自动投案并具有重大立功表现,应当减轻处罚。对此,目前存在三种适用主张:一是减轻处罚的效力只及于所犯重罪然后实行数罪并罚;二是应当将所犯罪先予并罚,然后再行减轻处罚;三是应当先对所犯数罪分别减轻处罚,然后再予合并处罚。笔者赞同第三种主张,主要理由如下:其一,减轻处罚的效力能否及于先前所犯数罪,应当区分不同情况分别论定。在因犯罪中止、防卫过当等个案原因而生减轻处罚问题时,减轻处罚的效力当然只能及于相关的个罪;而在自首的场合,则应以行为人自动投案后如实交代罪行的情况而定。其能够如实交代数罪的,从轻或减轻处罚的效力无疑应当及于数罪;如果行为人到案后只能如实交代一罪的,对于没有如实供述的罪行,当然就不能从轻或减轻处罚。在因检举他人犯罪而构成立功或重大立功的场合,如果需要减轻处罚的,因减轻处罚的原因并非出于个罪,其效力是没有任何理由不能及于所犯数罪的。据此,笔者认为实践中只对所犯重罪予以减轻处罚的做法是欠妥当的。其二,如果采用先予合并处罚,再行减轻处罚的方法,则容易产生下列弊端:一是在有些情况下,数罪并罚的效果无法体现出来。如一人犯故意伤害罪应判 13 年有期徒刑,另犯抢劫罪应判 11 年有期徒刑,先合并处罚则应在 13 年以上 20 年以下判处刑罚。若再减轻处罚,则必然在 10 年以下有期徒刑的幅度内最终决定宣告刑。这与依一罪

（如故意伤害罪或抢劫罪）减轻处罚的效果并无大的不同。如果相反，我们采用先减轻处罚后予以并罚的方法，倘若上述两罪分别减轻后的刑罚为9年和7年有期徒刑，再行并罚则可在9年以上16年以下判处刑罚，若最终的宣告刑为15年有期徒刑，则减轻处罚与数罪并罚的双重效果都得到了明确的表现。二是在有些情况下，先行并罚后的减轻处罚幅度难以确定。如一人犯贩卖毒品罪应判13年有期徒刑，另犯抢劫罪应判11年有期徒刑。先合并处罚则应在13年以上20年以下判处刑罚，若再减轻处罚，就产生一个问题，依贩卖毒品罪的法定刑的下限减轻处罚，则应减轻到3年至7年的幅度内处刑；依抢劫罪的法定刑的下限减轻处罚，则应减轻到3年至10年的幅度内处刑，此时究竟依何种犯罪的法定刑减轻处刑，可谓均无法律依据，故难以具体操作。如果相反，我们采用先减轻处罚后予并罚的方法，倘若上两罪分别减轻后的刑罚为6年和8年的有期徒刑，再行并罚则可在8年以上14年以下判处刑罚，若最终的宣告刑为13年有期徒刑，上述难以决定减轻处罚幅度的难题，就可谓迎刃而解了。三是正如上文所述，由于先合并处罚后减轻处罚的方法不能体现并罚的效果，这样就势必容易造成罚不当罪，明显背离罪刑相当原则的处刑结果。如第一例中，依先并罚后减轻的方法，则通常只能判处9年有期徒刑；而依先减轻后并罚的方法，则可以判处15年左右的刑罚。这两种适用方法的差异性是显而易见的。由此可知，对于一人犯数罪以后又具有减轻处罚情节的行为，采用先分别对所犯数罪予以减轻处罚，然后再行合并处罚的方法，能够体现刑法基本原则的精神和与严重刑事犯罪作斗争的实际需要，因而是妥当的。

（三）适用多种量刑情节的技术性问题

在适用多种量刑情节时，以下几个技术性问题需要予以把握：

1."应当"情节优于"可以"情节。这两种情节对量刑的影响力是有所区别的，量刑时应予分辨清楚。"应当"情节是一种法律的硬性义务规定，具有法律规定的明确性和裁判上的确定性。法律规定了应当情节，法官就不能另作其他选择；"可以"情节虽然也是法律明文规定的，但它只是针对一般情况或依原则性而言，主要表明法律上的一种倾向性，而不排斥具体裁判的选择性或灵活性。在特定条件下，它也可以对量刑不产生作用。从法律效力来说，"应当"情节理当优于"可以"情节。从年龄上来说，如果行为人为未成年人，则该项年龄因素理当优于其他从轻减轻情节。

2.法定情节优于酌定情节。法定情节是法律明文规定在量刑时必须考虑的情节；而酌定情节法无明文规定，是由司法人员根据具体案情认定酌情适用的情节。尽管量刑时必须兼顾二者，而且在某些情况下，酌定情节对量刑的影响力并不亚于法定情节，但法定情节在大多数场合比酌定情节所起的量刑作用要大一些,所以法定情节应优于酌定情节的适用。因而年龄作为法定情节也就应当高于同等的其他从轻减轻情节。

3. 犯中情节优于犯前和犯后情节。由于犯罪行为的社会危害性是量刑的主要依据,而一案中的社会危害性除了表现于犯罪构成的诸要件之外主要通过罪中情节表现,罪前与罪后情节一般只反映行为人的主观恶性程度。因此,在量刑时应优先考虑罪中情节,然后考虑罪前与罪后情节。如是才能分清主次,抓住重点,而不至于本末倒置。

以上是本书根据量刑的一般理论,主要运用定性分析方法,对审判实践经验及疑难问题的归纳与探讨,但绝非列出了一个适用于各种情况的量刑公式。量刑情节的综合平衡是一个亟待深入研究,至今尚未取得突破性进展的诱人课题。可以断言,随着量刑理论研究的日趋深入,在不久的将来,我国的量刑活动将由目前的定性分析走向定性与定量分析相结合的方向,最后进入运用电脑科学量刑的时代。

第二节 年龄与累犯

刑法学意义上的累犯具有多层含义。首先,累犯是一种犯罪现象或者被称为一种犯罪行为,即是指以前曾因犯罪而被判处过一定的刑罚,在一定期间内又犯特定罪的犯罪事实。其次,累犯还是一类犯罪人的指称,是指曾因犯罪被判处过刑罚之后,在一定期限内又实施犯罪的人。再次,累犯还是一项刑罚制度,即在司法审判中,在刑罚裁量阶段,法官会根据被告人是否具有累犯情节,而决定采用何种刑罚幅度。最后,累犯还是法定从重的量刑情节,根据我国刑法的规定,行为人有累犯情节的,应从重处罚。而本书所讨论的累犯制度是从累犯是一项刑罚制度的角度阐述的,在此基础上,对一般累犯、特殊累犯和毒品再犯进行比较分析。

累犯制度作为一项古老的刑罚制度,无论是在东方的中国还是在西方社会,都有漫长的发展历程。早在《尚书·舜典》和《尚书·康诰》中,就有了累犯制度的雏形。而西方关于累犯制度的记载,可以追溯到古罗马法。古罗马法关于重新犯罪加重处罚的规定,被认为是西方关于累犯制度的最早记载。“19 世纪后半叶以来,累犯问题是犯罪学或刑事政策学中最重要的课题。”[1] 这是因为刑事实证学派的兴起,使得人们的研究视野得到了开拓。累犯制度作为一项刑罚制

---

〔1〕 [日]藤木哲也:《刑事政策讲义》,青林书院 1987 年版,第 388 页。转引自马克昌主编:《中国刑事政策学》,武汉大学出版社 1992 年版,第 350 页。

度也受到了人们空前的重视。在中国，累犯一词首次出现在《大清新刑律》中，该法典单章规定了累犯制度的具体内容。到了 1979 年《刑法》，累犯制度被分为一般累犯和特殊累犯两部分，且规定在总则中，其作为一项刑罚制度指引司法审判人员具体适用刑事制裁。1997 年《刑法》仍然是将累犯制度规定在总则中，但对一般累犯和特殊累犯进行了局部的修改，作此修改主要是为了适应当时社会形势的需要。1997 年《刑法》分则第 356 条还针对毒品犯罪规定了再犯的情形，这被看作有关毒品再犯的规定，这一规定最早来自 1990 年全国人民代表大会常务委员会《关于禁毒的决定》的内容。2011 年 2 月 25 颁布的《刑法修正案（八）》，再次对一般累犯和特殊累犯进行了修改，表现为将过失犯罪和不满 18 周岁的人犯罪排除在一般累犯之外，同时将特殊累犯的范围由危害国家安全罪增加至危害国家安全罪、黑社会性质组织犯罪和恐怖活动犯罪三种，扩大了特殊累犯的涵盖范围。对于毒品再犯，尽管从规定之日起便颇受争议，但至今刑法仍保留最初的规定。累犯制度从其诞生那一刻起就备受争议。时至今日，这种争议并没停歇，反而更因为现行刑法的规定使得对其争议愈发激烈。究其原因，主要是我国关于一般累犯、特殊累犯和毒品再犯的规定似乎还未能做到无缝对接，由此产生的一系列问题，冲击着现行刑法的整体制度构建。如一般累犯与毒品再犯规定之间的冲突使得立法矛盾之处不言自明，而这又给司法实践带来了难以克服的障碍，在行为人的行为既符合一般累犯又符合毒品再犯的规定时，如何适用法律，便是亟待解决的一个问题。

一、年龄与一般累犯

1997 年《刑法》第 65 条第 1 款规定“被判处有期徒刑以上刑罚的犯罪分子，刑罚执行完毕或者赦免以后，在五年以内再犯应当判处有期徒刑以上刑罚之罪的，是累犯，应当从重处罚，但是过失犯罪除外。”在 1997 年《刑法》中，虽对一般累犯作了规定，并排除了过失犯罪的累犯适用，但是并没有明确未成年人是否适用一般累犯规定。《刑法修正案（八）》则对该款进行了修改，加上了“不满十八周岁的人犯罪的除外”的规定，将其修改为“被判处有期徒刑以上刑罚的犯罪分子，刑罚执行完毕或者赦免以后，在五年以内再犯应当判处有期徒刑以上刑罚之罪的，是累犯，应当从重处罚，但是过失犯罪和不满十八周岁的人犯罪的除外。”

《刑法修正案（八）》明确将未成年人排除于普通累犯的适用主体之外，从而不再轻易对未成年人限制适用缓刑、假释制度和加重处罚，充分体现了“教育为主、惩罚为辅”的未成年人刑事司法保护政策和国家对未成年人的特殊宽宥，“没有宽容就没有未来”，也有利于未成年人更好地接受教育改造，顺利融入社会。但存在的问题是：虽然《刑法》第 65 条已明确规定“不满十八周岁的人犯罪的除外”，但是条文本身并未对行为人实施后罪的时间节点作出明确规定，使得司法实践中在对“不满十八周岁的人犯罪”的理解上产生了分歧。不满18周岁的人除外是指只要犯前罪时不满18周岁即可，还是要求犯后罪时也必须是未满18周岁才排除累犯的适用？

在满足累犯成立的其他条件的前提下，一种观点认为只要犯前罪时未满18周岁即可，即使犯后罪时已满18周岁仍不构成累犯。因为从修改的条款含义来看，“未成年人犯罪”与“过失犯罪”是并列关系，根据一般的语法使用规则，前后二者的内在规定性是一致的，由此得出只要前后两罪中有一个是“不满十八周岁的人犯罪”便可排除累犯成立的结论，即未成年人犯后罪时即使已满18周岁仍然不构成累犯。

另一种观点则认为“不满18周岁的人犯罪”是指犯前罪和后罪时都必须是未满18周岁，若行为人再次犯罪时已满18周岁，已具有完全刑事责任能力，理应对自己的行为承担完全的刑事责任。

由于累犯是以立法形式设立的刑罚从重处罚措施，旨在严厉制裁那些主观恶性深、人身危险性大的再犯罪人，以预防其再次犯罪，一旦将犯罪人认定为累犯，则对其量刑将产生相当大的影响，不但会在原刑罚的基础上加重处罚，而且不得适用缓刑〔1〕和假释。〔2〕 因此，本书认为，对于一般累犯的这一不同理解，严重影响了刑法的正确适用，需要加以厘清以正确指导司法实践。

需要指出的是，本书支持的是第二种观点。针对第一种观点，学者们支持的一个理由是，《刑法修正案（八）》在原1997年《刑法》第100条中增设了第2款规定“犯罪的时候不满十八周岁被判处五年有期徒刑以下刑罚的人，免除前款规定的报告义务（即前科报告义务）”，得出未满18周岁的人先前犯罪记录消失的结论，导致累犯制度适用的前罪条件荡然无存，因而犯后罪时即使已满18周岁亦排除累犯的成立。本书认为，这种理解明显参照了《俄罗斯联邦刑法典》对于累犯和前科消灭制度的规定。《俄罗斯联邦刑法典》第18条（累犯）规定：“1. 因实施故意犯罪而有前科的人又实施故意犯罪的，是累犯。2. 下列情况下的累犯被认定为危险的累犯：(1)一个有实施应判处实施剥夺自由的严重犯罪，而以前又曾经两次以上因中等严重的故意犯罪被判剥夺自由的；一个人实施严重犯罪，而以前又曾经因严重犯罪或特别严重犯罪被判处实际剥夺自由的。3. 下列情况下的累犯被认为是（特别）危险的累犯：(1)一个人实施应判处实际

---

〔1〕《刑法》第74条规定“对于累犯和犯罪集团的首要分子，不适用缓刑。”

〔2〕《刑法》第81条第2款规定“对累犯以及因故意杀人、强奸、抢劫、绑架、放火、爆炸投放危险物质或者有组织的暴力性犯罪被判处十年以上有期徒刑、无期徒刑的犯罪分子，不得假释。”

剥夺自由的严重犯罪，以前又曾经因严重犯罪两次以上被判处实际剥夺自由的；(2)一个人实施特别严重的犯罪，而以前又曾经两次因严重犯罪被判刑或者以前曾因特别严重的犯罪被判过刑的。4. 在认定累犯时，不得计算在内的有：(1)实施故意的轻罪的前科；(2)在年满18周岁之前实施犯罪的前科；(3)被判处缓刑或延期执行判决，如果缓刑或延期执行判决没有被撤销而犯罪人未被押送到剥夺自由场所服刑的情况下的前科；以及依照本法典第86条已经消灭或被撤销的前科。5. 对累犯应该依照本法典规定的根据和在本法典规定的限度内从重处罚。"[1]在《俄罗斯联邦刑法典》中，明确规定认定累犯时不得计算18周岁之前实施犯罪的前科，得出即使行为人前罪是未满18周岁，后罪为已满18周岁也不成立累犯，逻辑便是顺畅的。但是我国《刑法》第100条规定"依法受到刑事处罚的人，在入伍、就业的时候，应当如实向有关单位报告自己曾受过刑事处罚，不得隐瞒。犯罪的时候不满十八周岁被判处五年有期徒刑以下刑罚的人，免除前款规定的报告义务"。该条的规定不同于《俄罗斯联邦刑法典》，仅仅是程序上符合该条件的行为人可以免除报告义务，司法机关将这些人的犯罪记录予以封存，而不是前科消灭。况且该条第1款明确将前科报告义务限定在行为人入伍、就业时，这种封闭式的列举足以说明免除犯罪时不满18周岁的人的前科报告义务并不消灭其罪。那么也就不能得出前述所谓"行为人前罪是未满18周岁，后罪为已满18周岁也不成立累犯"的结论。

诚然，如果按照第一种观点来理解《刑法》第65条第1款，确实可能更有利于对未成年人的保护。但是对于刑法的解释应当遵循罪刑法定原则，不能突破刑法规定本身。事实上，尽管许多国家都把"未成年人不构成累犯"作为一项原则确定下来。但是，具体而言还是主要分为两种不同的立法体例：(1)前罪发生时犯罪人未成年的，不构成累犯，哪怕后罪实施时犯罪人已成年也不例外。例如，前述《俄罗斯联邦刑法典》第18条第4款规定，罗马尼亚1968年《刑法典》第38条规定，泰国1956年《刑法典》第94条规定等。[2] (2)规定一定年龄的人不构成累犯。如埃及刑法规定，不满15周岁的人不构成累犯，英国刑法规定不满22周岁的人不构成累犯。也就是指如果后罪实施时，行为人尚不满一定年龄，即使符合累犯的其他条件，也不构成累犯；但后罪实施时，行为人超出一定年龄，即使前罪是在未成年时实施的，符合累犯的其他条件的，也构成累犯。

因而，从罪刑法定的角度出发，本书认为立法者制定刑法必须遵循语文语法和基本的语言表述、使用规则，遵循语言表述逻辑规则和语法规则得出的解释结

---

〔1〕 参见《俄罗斯联邦刑法典》，黄道秀译，中国法制出版社2004年版，第628页。

〔2〕 《泰国刑法典》，吴光侠译，谢望原审校，中国人民公安大学出版社2004年版，第21～22页。

论可以帮助我们理解刑法条文。按照严格的字面解释,《刑法》第 65 条的描述可以看出其描述的乃是行为人在前罪执行完毕或者被赦免后的行为,即后罪行为,那么“不满十八周岁的人犯罪”也应当解释成描述后罪行为时行为人的状态,只有行为人实施后罪时未满 18 周岁才不构成累犯。这表明我国所采取的立法体例乃是和英国刑法和埃及刑法相同的立法体例。如此,后罪实施时,行为人已满 18 周岁,即使前罪是在未成年时实施的,符合累犯的其他条件的,也构成累犯。

当然,第一种观点的支持者仍有另一种主张,即根据《刑法》总则规定,已满 14 周岁未满 16 周岁的人只对《刑法》第 17 条规定的八种重罪(罪名或行为)负刑事责任,如无特殊情况出现,行为人的宣告刑最低是 3 年有期徒刑。当他们服刑期满、回归社会时基本已成年,如果将其再次实施犯罪的时间仍然限制在 18 周岁以内,实际发生的可能性微乎其微,进而导致新规定在实践中由于适用机会极小甚至根本无法得到适用而被虚置或废止,这是违背立法意旨的。但是本书认为这种主张是站不住脚的,这是刑罚执行中的问题,基于这种问题提出立法论上的建议是可以的,但是不能根据执行的情况来倒推立法的本意,这是违背罪刑法定原则的。

综上,本书认为,《刑法》65 条第 1 款所述“未满十八周岁的人犯罪的除外”中未满 18 周岁系指行为人后罪的时间节点。因而只有行为人犯前罪和后罪时都未满 18 周岁才不成立一般累犯,后罪时满 18 周岁则成立一般累犯。

二、年龄与特殊累犯问题

对于特殊累犯的规定,《刑法修正案(八)》第 7 条将《刑法》第 66 条修改为:“危害国家安全犯罪、恐怖活动犯罪、黑社会性质的组织犯罪的犯罪分子,在刑罚执行完毕或者赦免以后,在任何时候再犯上述任一类罪的,都以累犯论处。”

该条规定扩大了特别累犯的范围,将新形势下出现的一些严重危及国家、社会及个人且重犯率较高的犯罪纳入特别累犯的范围中,从而克服了长期以来特别累犯范围狭隘的不足,改变了特别累犯制度几近虚置的状况,具有一定的现实合理性。

但是,该条规定,对特别累犯的处罚“都以累犯论处”。联系到第 6 条的规定:“……在五年以内再犯应当判处有期徒刑以上刑罚之罪的,是累犯,应当从重处罚,但是过失犯罪和不满十八周岁的人犯罪的除外”。对第 7 条“都以累犯论处”的理解可能会出现分歧:“都以累犯论处”是仅仅针对第 6 条“是累犯,应当从重处罚”,即强调的是累犯处罚的原则还是涵盖了第 6 条的“但书”部分,即排除不满 18 周岁的人适用特别累犯的规定呢?

基于这种分歧，人们对《刑法修正案（八）》第7条必然会有两种截然不同的理解：一种理解认为，《刑法修正案（八）》彻底将未成年犯罪人排除在特别累犯主体之外；另一种理解认为，《刑法修正案（八）》第6条的“但书”部分并不及于特别累犯，因此，已满16周岁不满18周岁的未成年人，可以构成特别累犯。本书支持第二种理解。

第一，从文本解释上来说，《刑法修正案（八）》第6条的但书部分所规定的“过失犯罪和不满十八周岁的人犯罪的除外”着重解决的是一般累犯的成立条件问题，表明的是主观要件的例外情况和主体要件的部分排除，即对一般累犯主体范围和主观要件的限制性规定，并非处罚中的内容。另外，我国刑法基于累犯的人身危险性及应受谴责性均大于初犯的原因，对累犯始终是持从重处罚的态度，因此，“都以累犯论处”仅仅是对累犯处罚原则的强调，而不应涵盖《刑法修正案（八）》第6条的“但书”部分。

第二，从一般意义上说，人认识是非的能力和控制自己行为的能力与年龄的增长是成正比的，人对知识的获取和自身各方面能力的增长是有一个后天的渐进过程的，必定是要经历从完全不具有辨别是非的能力和控制自己行为的能力，到有一定的认知能力和控制能力，再到完全具有辨别是非的能力和控制自己行为的能力，这样一个循序渐进的过程。未成年人对犯罪行为的认识能力和控制能力也同样不可能在一夜之间就产生质的飞跃，要经历许多阶段。正因为这一特点，我国现行《刑法》第17条第2款规定了未成年人相对负刑事责任的范围：“已满十四周岁不满十六周岁的人，犯故意杀人、故意伤害致人重伤或者死亡、强奸、抢劫、贩卖毒品、放火、爆炸、投放危险物质罪的，应当负刑事责任”，即已满14周岁不满16周岁的未成年人，对某些严重危害社会的行为已经具备了一定的辨认能力和控制能力，因此刑法要求其对自己实施的严重危害社会的行为负刑事责任。《刑法修正案（八）》第7条新增的特别累犯两类犯罪，即恐怖活动犯罪和黑社会性质的组织犯皆是以其行为本身具有严重的社会危害性、高度组织性以及高重犯率的特点为设置的标准；这两类犯罪加上原有的危害国家安全犯罪，其犯罪主体均为完全刑事责任能力人，即已满16周岁的人。本书认为，虽然已满16周岁不满18周岁的行为人仍然属于未成年人，但是基于社会的一般认识标准，已满16周岁的人对危害国家安全犯罪、恐怖活动犯罪和黑社会性质的组织犯罪等的性质和较大的社会危害性应当已经具备了足够的辨认能力和控制能力。既已是完全刑事责任能力人，那么就应当对自己的犯罪行为负法律规定的刑事责任。之所以做出这样的判断，是基于以下的理由：其一，我们必须认识到，特别累犯的三类犯罪都是主观恶性较大，社会危害性严重的恶性犯罪，因此这些犯罪是《刑法》不遗余力重点打击的对象；其二，特别累犯中的三类犯罪，因其具有较大的危害性、较强的组织性以及较高的再犯率而与一般累犯相区别。正是因为特别累犯具有这些特点，其在认定条件及预防再犯方面应当采取相对不同的政策取向；其三，已满16周岁不满18周岁的未成年人，对特别累犯中所规定的三类犯罪的危害性质能够有准确的认知，并不缺乏足够的判断能力，在刑罚执行完毕或者赦免之后再次犯上述三类犯罪的，显然其主观恶性和人身危险性较之其他未成年犯罪人要大。因此，我们可以说，不排除已满16周岁不满18周岁未成年人构成特别累犯，将其作为特别累犯的适格主体。这是符合这个年龄段犯罪人特点的，如此既契合社会大众的伦理评价，又与这一年龄段的犯罪人可承受能力相一致。在预防未成年人再次犯罪以及保证刑罚目的的实现方面无疑具有积极意义。

第三，单纯从保护未成年人的角度考察，目前未成年人犯罪率持续升高，罪犯的年龄却在逐渐下降。[1] 面对日益严重的青少年犯罪问题，《刑法》显然应当作出建设性的努力。通过《刑法》规定，对未成年人的一些严重犯罪行为施加相应严重的处罚，这不仅符合刑法的教育、警诫功能，而且较之一味地宽容未成年人犯罪能更好地保护未成年人，有效预防其犯罪或再犯。反过来说，对未成年人犯罪的宽宥态度也不应超出社会容忍的底线，否则将会导致刑法功能的缺损，不利于发挥刑法在预防犯罪方面的作用，也不能满足社会公众正义理念的需求，最终将不利于对未成年人合法权益的保护。基于此，笔者认为不应排除已满16周岁不满18周岁的未成年人构成特别累犯，且这一立场与前面所述的在一般累犯中保护未成年人的观点并不相悖，二者之间体现的是矛盾普遍性与特殊性的关系，统一于未成年人合法权益和社会公共法益的维护之中。

三、年龄与特殊再犯

我国的再犯制度源于中华人民共和国成立初期。早在1950年3月13日，司法部就发布了《关于假释人犯重新犯罪如何撤销假释问题的批复》。后来，又有一系列相关规定陆续出台，如1955年9月29日公安部《关于刑满留场就业人员逃跑及重新犯罪的处理问题的批复》、1956年7月5日最高人民检察院《关于劳动改造队加、减刑等法律程序的通知》、1956年9月4日司法部《关于劳改犯刑期届满前或届满后留场重新犯罪如何确定其罪名的函》、1963年7月29日最高人民法院、最高人民检察院、公安部《关于监外执行的罪犯重新犯罪是否履行

〔1〕 根据中国犯罪学研究会名誉会长、北京大学康树华教授所作的统计，近几年，青少年犯罪已经占到了社会刑事犯罪的70%至80%，我国青少年犯罪问题已经成为非常严峻的社会问题。参见许剑：《“前科消灭”先要立法》，载《民主与法制时报》2005年12月6日。

逮捕手续的批复》、1963 年 11 月 7 日公安部《关于严防刑满释放分子重新犯罪的通知》等。但是,1979 年《刑法》却没有规定重新犯罪,导致司法实践中对再犯的认定和处理陷入混乱。[1] 这一失范状况一直到 1981 年6 月 10 日全国人大常委会颁布《关于处理逃跑或者重新犯罪的劳改犯和劳教人员的决定》才有所改观,该决定第 2 条规定:"劳改犯逃跑后又犯罪的,从重或者加重处罚。刑满释放后又犯罪的,从重处罚。"从而在刑事立法上首次确立了再犯制度。为了从严惩治毒品犯罪,1990 年 12 月 28 日,全国人大常委会《关于禁毒的决定》第 11 条规定:"因走私、贩卖、运输、制造、非法持有毒品罪被判过刑,又犯本决定规定之罪的,从重处罚。"这一规定标志着我国特别再犯制度的正式建立。

1997 年《刑法》第 356 条复制了全国人大常委会《关于禁毒的决定》第 11 条的内容。这也就带来了一个新的问题,即特别再犯和累犯的竞合问题。

就这一问题而言,我国《刑法》第 65 条和第 66 条分别规定了一般累犯和特别累犯。由于成立特别累犯要求前罪和后罪均为危害国家安全罪,所以不会产生特别再犯与特别累犯的竞合问题。至于一般累犯,虽然其在构成要件上与特别再犯存在诸多差异,但犯罪现象是复杂多样的,司法实践中完全可能出现同时符合特别再犯与一般累犯构成要件的情形,此时能否同时适用《刑法》第 65 条和第 356 条两个从重处罚条款,将直接关系到行为人所受刑罚的轻重。

对这一问题,此前的回答一直是否定的。否定的依据在于禁止重复评价原则。

众所周知,禁止重复评价是刑事立法和刑事司法的一项重要原则,反映了保障被告人合法权益的思想。对同一犯罪或者同一犯罪的某个情节反复处罚,意味着超出一般人的报应观念进行处罚,违背了刑法的公平正义观念。[2] 就行为人"被判过刑"的事实而言,如果同时给予两次责任非难,显然有悖于禁止重复评价的原则,不当加重了犯罪人的刑罚负担。这意味着对行为人只能择一适用《刑法》第 65 条或第 356 条的规定从重处罚。如果择一对毒品再犯的行为人适用第 65 条,则由于第 74 条规定"对于累犯和犯罪集团的首要分子,不适用缓刑",第 81 条第 2 款规定"对累犯以及因故意杀人、强奸、抢劫、绑架、放火、爆炸投放危险物质或者有组织的暴力性犯罪被判处十年以上有期徒刑、无期徒刑的犯罪分子,不得假释",毒品再犯的行为人将被同时剥夺缓刑和假释的权利,其处罚重于适用第 356 条。以张明楷为代表的很多学者因此认为应当择一重适用第 65 条。

---

〔1〕 莫洪宪:《论再犯制度立法完善》,载《中国刑事法杂志》1996 年第 4 期。

〔2〕 张明楷:《刑法格言的展开》,法律出版社 1999 年版,第 308 页。

然而，在这一问题上，最高人民法院最初作出的选择却不同于上述的观点。为了统一全国法院在这一问题上的标准，最高人民法院在2000年4月4日南宁会议的《全国法院审理毒品犯罪案件工作座谈会纪要》中指出："关于同时构成再犯和累犯的被告人适用法律和量刑的问题。对依法同时构成再犯和累犯的被告人，今后一律适用刑法第三百五十六条规定的再犯条款从重处罚，不再援引刑法关于累犯的条款。"

这一纪要遭到了很大的质疑。首先，如前文所述，根据《刑法》第74条、第81条的规定，对累犯不得适用缓刑和假释，如果对同时符合一般累犯和特别再犯条件的毒品犯罪人仅以特别再犯论处，则意味着完全可以适用缓刑、假释的规定，而其他犯罪的累犯则不得适用缓刑与假释，这不仅显得有失公允，而且有违特别再犯的立法目的。因此，有的学者认为，对于符合累犯条件的，必须适用总则关于累犯的条款，而不再适用刑法第356条。[1]

其次，有些学者认为，《刑法》第65条与第356条并非普通条款与特别条款的关系。理论上主张对上述竞合以特别再犯论处的主要理由是，第65条属普通条款，第356条属特别条款，按照"特别法优于普通法"的原则，应当优先适用特别条款即第356条的规定。然而，法条竞合理论中所谈的普通条款是指在一般场合普遍适用的刑法条款，特别条款是指在普通条款基础上附加特定条件、在特别场合适用的刑法条款。尽管一般累犯与特别再犯均属于重新犯罪的范畴，但二者的构成要件存在很大差别，它们之间并不是包容与被包容的关系，而是并列的量刑制度。因此，不能因为竞合现象的出现就简单地认为二者间存在普通条款与特别条款的关系。最后，立法者在设立一般累犯制度的同时又专就毒品犯罪设立特别再犯制度，无非是要打击毒品犯罪，所以在完全能够适用第65条的情况下，就没有必要适用第356条。[2]

本书并不赞成上述的两种观点，在本书看来，对于毒品再犯，应当同时适用《刑法》第65条和第356条。本书认为，即使同时适用这两个法条，也并没有对毒品再犯行为人的行为进行重复评价。重复评价的判断来自这个前提：第65条和第356条都是对行为人"被判过刑"这一事实进行评价。然而，仔细比较第65条和356条的条文，不难发现一般累犯和毒品再犯的成立要件有很大的不同。第65条要求"刑罚执行完毕或者赦免以后在5年内再犯"，而第356条仅仅要求"被判过刑"，本书认为累犯从重处罚的依据乃是累犯犯罪人的人身危险性大，需要对其进行特殊预防，这也是刑法同时规定了累犯不得使用缓刑和假释的原

〔1〕 张明楷：《刑法分则的解释原理》，中国人民大学出版社2004年版，第59页。
〔2〕 彭峰：《我国特别再犯制度及其立法完善》，载《湖北大学学报》（哲学社会科学版）2006年第2期。

因所在。然而毒品再犯的行为人并不要求其被判处的刑罚实际执行或者执行完毕，对其从重处罚评价的对象仅仅是再犯的事实，而不包含其人身危险性。因此第65条和第356条评价的对象并不相同，即使同时适用，也不存在重复评价的问题。2008年，有感于南宁会议《全国法院审理毒品犯罪案件工作座谈会纪要》存在的弊病，大连会议的《全国部分法院审理毒品犯罪案件工作座谈会纪要》对这一问题的规定进行了修正，指出"对同时构成累犯和毒品再犯的被告人，应当同时引用刑法关于累犯和毒品再犯的条款从重处罚"，也印证了本书的观点。

在此基础上，将视角再切换到未成年人毒品再犯时，问题也就清晰了很多。从第356条规定来看，其并没有明确排除未成年人成立毒品再犯，因而司法实践中为了从严惩治毒品犯罪也往往对未成年人也适用该条的规定。本书对此表示赞同。对于符合《刑法》第65条规定的一般累犯构成要件的未成年人毒品再犯，若其犯后罪时未满18周岁，排除其一般累犯的适用，按照第356条对其从重处罚。而对于犯后罪时已满18周岁的，本书认为其成立一般累犯，对其应当同时适用《刑法》第65条和第356条，对其进行两次加重处罚，并且根据《刑法》第74条和第81条，对其禁止适用缓刑和假释。

第三节　年龄与缓刑

缓刑作为国家控制犯罪的重要刑事政策，被认为是除了刑罚、保安处分两个抗制犯罪支柱外的第三个支柱，是"特种的刑罚手段"。[1] 缓刑是对监禁刑的一种改革，是在刑罚执行上实现非监禁化的主要形式，体现了轻缓刑事政策的价值。在刑事立法和刑事司法上，完善缓刑制度，扩大缓刑的范围，是实现非监禁化的重要途径，日益受到世界各国的重视。缓刑的适用对于预防未成年人再次犯罪以及重新复归社会的作用尤为明显。美国学者史卡陪第与史第文生曾做过一个极为广泛而深入的缓刑对于未成年犯罪人影响的研究。他们的研究对象是1962年1月至1965年1月间在新泽西州爱克丝县被判处刑罚的16岁至18岁的1210名男性未成年犯罪人。他们对研究对象追踪至1966年6月底为止。这1210名研究对象被分为四组，最大一组为943名的缓刑组，其他三组为受缓刑以外处罚的未成年犯。研究结果表明，缓刑组的再犯罪率远低于其他处罚组的再犯罪率，且缓刑组成员有较低的反社会胜、较好的社会适应能力与较高的社会责任感。这项研究发现，缓刑组的未成年犯在处罚前后有较大的变化，未成年犯

[1] 林山田：《刑罚学》，台湾商务印务馆1983年版，第280页。

对人的态度、克服困难的能力都有显著提高，而接受改造的安纳德勒感化院的未成年犯罪人没多大改善，甚至有变坏的趋势。[1] 因此，应当注重对未成年犯罪人缓刑的适用。[2] 实际上，对未成年犯罪人扩大缓刑的适用业已成为国际社会的普遍倾向。[3] 联合国第八届预防犯罪和罪犯待遇问题大会上通过的《联合国少年司法最低限度标准规则》（《北京规则》）更是将缓刑重点列为对未成年犯推荐使用的替代监禁措施。[4]

一、未成年人犯罪适用缓刑的特殊意义

首先，对未成年人犯罪适用缓刑，有利于调动犯罪未成年人自我改造积极性的一方面，未成年人缓刑的适用在保持对未成年犯的犯罪行为处罚的可能性的同时，给予其一次改过自新、重新作人的机会，可以使之深刻体会到党和政府对未成年犯实行教育、感化和挽救的政策，消除对立情绪，珍惜改造机会，悬崖勒马，自觉地弃旧图新，成为合格的社会成员。另一方面，将缓刑的未成年犯放在社会上，接受社会各方面力量的监督、帮助，可以避免监管场所中因交叉感染而造成的恶性循环，有利于未成年犯及时得到矫治，从而健康成长。同时，未成年犯也因为有改造不好就可能执行原判刑罚的压力，不得不多方面检点，严格要求自己，争取不再执行原判刑罚。实践证明，绝大多数缓刑未成年犯都十分珍惜对他们不予关押的宽大处理，遵纪守法，积极接受监督，自觉洗涤心灵上的污垢，重新健康成长。

其次，有利于调动全社会的力量搞好社会治安综合治理，预防和减少未成年人犯罪。未成年人缓刑的实质就在于依靠社会各界的力量，包括家庭、学校、基层单位以及司法机关等，督促、教育缓刑未成年犯要养成良好习惯，慎重交友，避免与社会上各种不法分子交往，并在日常学习和生活中，给予缓刑未成年犯更多的关心、更热情的鼓励和帮助，防微杜渐，预防和减少再犯。对未成年犯的家人和亲友来说，未成年犯依然生活在亲人之中，可以避免因被关押而可能产生的思念、担忧和反感等消极情绪，能够更加积极主动地承担起家庭应尽的责任，履行义务，其家人和亲友也能够协助司法机关对未成年犯进行有效的教育、帮助。再者，缓刑未成年犯生活在社会大家庭中，其经历本身就是一个很好的反面教材，可以引导、教育周围群众，尤其是青少年，以此为前车之鉴，不要走上违法犯罪的道路，这同时也是对社会不安定分子的一个警告，对于加强人们的法制观念，巩固家庭的稳定、社会的稳定有实际的作用。

---

〔1〕 林山田：《刑罚学》，台湾商务印务馆 1983 年版，第 280 页，第 227～228 页。

〔2〕 赵秉志主编：《刑法总论问题研究》，中国法制出版社 1996 年版，第 258～258 页。

〔3〕 赵秉志：《未成年人犯罪的刑事责任问题研究》，载《山东公安专科学校学报》2001 年第 4 期。

〔4〕 郭翔：《少年犯罪：联合国有关规则与我国的法律政策措施》，载《青少年犯罪研究》1997 年第 7 期。

再次，有利于社会各方接纳犯罪未成年人，培养其社会性，创造条件使之重返社会。当前，企业、事业单位、教育部门都面临着机制转化和体制改革，在用人、用工及就业等方面暴露出来的种种问题，使少年法庭的延伸教育工作处于尴尬的地位。缓刑未成年犯仍然以原有方式工作、学习，这样可以使有关单位在接纳他们时，有一个逐步适应的过程。例如，通过试工、试读的观察与辅导，可以对未成年犯有一个新的认识，消除偏见，为失足青少年重新做人、返回社会创造一个良好的开端。缓刑未成年犯也可以在正常的学习、生活和工作中，消除"破罐子破摔"的心理，充分发挥自己的长处，不断从自己所取得的成就和他人的鼓励中获得自尊和自信，并加强责任感和自主性。同时，良好的社会环境有利于重铸健康思想，净化心灵，使其成为对国家有用的人。

最后，有利于减轻劳改机关的压力，集中力量改造重刑犯。目前，我国各级劳改机关都面临着人力、财力、物力的严重不足，劳改场所压力很大、负荷过重。把缓刑未成年犯有条件地放在社会上进行监督改造，是解决这一矛盾的有效途径之一，事实亦证明此方法行之有效。目前，世界上缓刑制度是最普遍的刑罚制度之一，司法实践中也广泛运用，它不仅体现了新的刑法理论思想，符合刑罚人道化、缓和化、合理化的要求，而且产生了巨大的实际效益。根据资料统计，加拿大缓刑未成年犯执行缓刑期间的成功率达 80.5%，只有 6.5% 的人被延长缓刑期；而新加坡的成功率也在 80% 左右。据新加坡当局对 20 世纪 60 年代缓刑未成年犯进行的两次跟踪调查表明：约有 52% 的未成年人在缓刑被释放后，经过 10 年，没有引起任何麻烦，完全重新回到了社会；平均有 27.6% 的人，因为继续犯罪而被收容于监狱。[1] 在我国，1984 年年底，上海市长宁区人民法院率先建立起我国第一个少年法庭以来，全国各省市均相继建立了相应的少年法庭，缓刑作为教育、挽救少年犯的有效手段，得到了普遍运用，并初见成效。天津市统计，未成年犯缓刑重新犯罪率为 2.5%。江苏省南通市城区法院少年庭共判处未成年犯缓刑 76 人，未发现有重犯。重庆市沙坪坝区对缓刑期中的 46 名少年犯进行考察的结果是，全部能认真接受改造，不少人在受到社会上犯罪分子的诱惑时，能够加以抵制并及时向监管组织报告。[2]

二、我国未成年人犯罪适用缓刑的现状与不足

我国刑法将缓刑作为一项重要的刑罚方式。在司法实践中，在对被告人判处的刑罚中缓刑占相当比例。在未成年人犯罪案件的司法中，对缓刑的适用也

---

〔1〕 朱洪德主编：《世界各国少年犯罪与司法制度概览》，中国人民公安大学出版社 1992 年版，第 25 页。
〔2〕 徐建主编：《青少年法学新视野》，中国人民公安大学出版社 2005 年版，第 362 页。

相当重视，并在教育、挽救、改造未成年犯中收到了明显效果。

我国刑法中的缓刑，是指对于被判处拘役、3年以下有期徒刑的犯罪分子，根据犯罪分子的犯罪情节和悔罪表现，认为暂缓执行原判刑罚不致再危害社会的，附条件地不执行原判刑罚的一种刑罚制度，学理上亦称为“刑罚之犹豫”。根据现行《刑法》第72条的规定，适用缓刑的条件是：其一，罪犯被判处拘役、3年以下有期徒刑；其二，根据犯罪情节和悔罪表现，适用缓刑确实不致再危害社会；其三，犯罪分子不是累犯。符合这三个条件的，“可以宣告缓刑”。从这些规定可以看出，我国刑法对缓刑制度的适用并没有区分成年犯和未成年犯的不同。最高人民法院公布的于2006年1月23日起施行的最高人民法院《关于审理未成年人刑事案件具体应用法律若干问题的解释》第16条进一步明确了人民法院对未成年人犯罪量刑时“应当”宣告缓刑的情形，“如果同时具有下列情形之一，对其适用缓刑确实不致再危害社会的，应当宣告缓刑：一是初次犯罪；二是积极退赃或赔偿被害人经济损失；三是具备监护、帮教条件。”从最新的司法解释中可以看出最高人民法院在缓刑适用的问题上还是强调了成年犯和未成年犯应该区别对待的精神，在一定程度上体现了对未成年犯放宽缓刑适用条件。但是，应该看到，这一点点对未成年犯在适用缓刑条件上的宽松，不足以发挥缓刑制度本身应当对未成年犯所起的保护、教育、挽救的作用。

司法实践是未成年犯缓刑实施的最有力的检验者，对未成年犯适用缓刑这一开放性的刑罚措施，在社会中改造教育罪犯，实践已证明效果良好。但是，我国未成年人缓刑制度还处在探索阶段，相关法律及配套措施还不完善。我国刑法缓刑一节，没有明确规定对未成年犯的适用问题，把未成年人和成年人同等对待，适用条件的规定过高，无从体现对未成年人的保护。有关缓刑具体适用的内容过于笼统，甚至根本没有加以规定。例如，未成年犯缓刑的组织机构、考察的内容、要求和方法、缓刑未成年犯的权利和义务等。虽然实际部门在对未成年犯宣判缓刑的同时，进行了一些创新的摸索，如针对未成年人的特点，适当放宽适用缓刑的条件，对缓刑未成年犯进行帮教，签订帮教协议等，但迫切需要立法来完善未成年人缓刑适用的具体内容，避免和减少对未成年犯适用缓刑不恰当、不合理甚至过于严厉的问题。从全国来看，各省市少年庭对未成年犯宣判缓刑的适用率过低。在德国、日本等许多国家，只有不到10%的未成年犯被判处监禁刑。而我国，对未成年犯判处监禁刑的远远高于这一比例。对此运用较好的如江苏省某市，1999年判处缓刑的未成年人占同期判决未成年人总数的12%，占同期被判处3年以下自由刑的未成年人总数的24%；1999年，上海市判处缓刑的未成年人占同期判决未成年人总数的33%。[1]

目前在我国,对未成年犯罪人适用缓刑主要存在如下问题。

(一)刑度条件过于苛刻,未成年犯罪人适用缓刑的范围过窄

《刑法》第 17 条第 2 款规定:“已满十四周岁不满十六周岁的人,犯故意杀人、故意伤害致人重伤或者死亡、强奸、抢劫、贩卖毒品、放火、爆炸、投毒罪的,应当负刑事责任。”由此可以看出,对于相对负刑事责任的未成年犯来说,其所实施的犯罪都是性质十分严重的犯罪,从分则规定的法定刑来看,被判处 3 年以下有期徒刑或者拘役的可能性极小,这样一来,对这一部分未成年犯适用缓刑几乎成为不可能,无疑限制了对这一部分未成年犯缓刑的适用。

(二)缺乏专门的未成年犯缓刑适用标准

我国现行立法对适用缓刑的实质条件规定得过于原则、抽象,难以把握。《刑法》只是在第 72 条规定“对于被判处拘役、三年以下有期徒刑的犯罪分子,根据犯罪分子的犯罪情节和悔罪表现,适用缓刑确实不致再危害社会的,可以宣告缓刑”,而没有具体规定缓刑的适用条件,需要法官在审判时根据案件情节把握。这一条件中的“犯罪分子的犯罪情节和悔罪表现”,可以说是法官作出缓刑决定的客观依据,“确实不致再危害社会,是法官在以上客观依据的基础上所作出的主观判断。而最终是否对犯罪分子使用缓刑,取决于法官的主观判断,即看犯罪分子是否会危害社会”。

如果法官根据犯罪分子的犯罪情节和悔罪表现,认为使用缓刑确实不致再危害社会,就可能决定对其使用缓刑,否则,可能就不会使用缓刑。问题是,法官如何作出“不致再危害社会的判断”?什么样的“犯罪情节和悔罪表现”能使法官得出这样的结论?法律并没有作出明确的规定,由于在立法上没有统一的、具有可操作性的具体标准,在司法实践中必然造成同一犯罪情节和悔罪表现在不同的法官手里会得出不同的判决结果;同时,这也给法官的判决带来了一定的困难。这必然造成该缓刑的得不到缓刑、不该缓刑的被缓刑了,使缓刑具有很大的随意性。而且这是一条对成年犯和未成年犯都适用的规定,刑法及最高人民法院的司法解释都没有对未成年犯的缓刑适用制定出专门的标准,以致在司法实践中,对未成年犯的缓刑适用掌握得较为严格,没有体现出对未成年人从宽处罚的精神。

(三)缺乏完善的未成年犯缓刑考察制度

我国现行《刑法》规定缓刑应设置一定考验期,由公安机关考察,所在单位或基层组织予以配合,并具体规定了缓刑人员在考察期间应当遵守的法律义务:

---

[1] 李文伟:《缓刑的发展及我国缓刑监督制度的改革建议》,载《青少年犯罪研究》2001 年第1期。

(1)遵守法律、行政法规,服从监督;(2)按照考察机关的规定报告自己的活动情况;(3)遵守考察机关关于会客的规定;(4)离开所居住的市、县或者迁居,应当报经考察机关批准。相对1979年《刑法》规定的缓刑制度而言,现行《刑法》对缓刑制度有较大的完善。但现行刑法所规定的缓刑人员的考察监督制度并未对未成年犯罪人的特殊性给予足够重视。虽然刑法规定缓刑犯由公安机关考察,所在单位或者基层组织予以配合,但公安机关人员少,任务繁杂,经费不足,不可能将很大的人力和精力投入对未成年人缓刑犯的教育、改造、监督这项需要细致、耐心,而又费时、费力、费钱的工作上。致使对未成年人缓刑犯的观护、考察不到位,未成年人缓刑犯处于失控状态。在缓刑的考察期间,未成年犯罪人违反缓刑规定甚至再犯罪的屡有发生。这种状况,反过来也影响了缓刑的适用。审判机关看不到缓刑的明显效果,在审判实践中也就有意减少缓刑的适用。石家庄某基层检察院在2000年和2001年起诉后被判处实刑的23名未成年犯罪人中,有13人被判处3年以下有期徒刑,除7人是主观恶性较大、累犯或有前科外,其余6人(其中包括数名外来打工人员)并非绝对不能适用缓刑,只是由于对未成年人缓刑犯缺乏有效的监管机制,不能进行有效的观护、考察和教育,判处缓刑在一定程度上等于放任自流,效果反而不好,考虑这些因素,法院才对这些未成年犯罪人判处了实刑。[1] 最高人民检察院2006年12月28日发布的《人民检察院办理未成年人刑事案件的规定》明确规定将具有较好的帮教条件作为检察机关建议法院适用缓刑的条件之一,也是基于这种考虑。刑法规定缓刑制度的初衷在于避免短期自由刑的弊端,使危害轻微的犯罪分子处在考察机关的监督考察下,以促使其适应社会生活、顺利回归社会。所以缓刑犯是否能改过自新,关键在于是否有完备的缓刑考察制度。对宣告缓刑的未成年犯尤其需要注意缓刑期间的监督考察,因为未成年犯思想单纯,生理、心理都处于发育阶段,可塑性强,容易受社会不良因素的影响。但是,我国刑法在缓刑考察方面的规定过于粗疏,不具有可操作性,存在如下缺陷:

1. 考察主体单一。根据《刑法》规定,被宣告缓刑的犯罪分子,在缓刑考验期限内,由公安机关考察,所在单位或基层组织予以配合。初看这一规定,对缓刑犯的考察既有官方机构的牵头,又有群众组织的参与,似乎形成了一个体系性的多层次缓刑考察主体。但仔细分析,犯罪分子所在单位或基层组织很难真正履行对犯罪分子的考察职责:其一,无法履行。我国《刑法》第75条规定的缓刑考察期间的义务——"遵守法律、行政法规"是每一个公民都必须做到的,对缓

---

〔1〕 张景义:《人民法院参与综治的有益探索——关于房山法院对缓刑管制人员实施监管办法的调查》,载《人民法院报》2002年10月17日。

刑犯来说没有什么特殊意义；而“服从监督”则主要指该条规定的“按照考察机关的规定报告自己的活动情况”“遵守考察机关关于会客的规定”“离开所居住的市、县或者迁居，应当报考察机关批准”，其监督的主体显然是公安机关，而不是缓刑犯所在单位或基层组织。因此，很难让单位或基层组织履行“配合”的任务。其二，不愿履行。改革开放以来，我国社会结构发生了重大变化，公民的人身依附性弱化，人身独立性加强，有了较以往更大的自由度。另外，各经济单位、社会组织逐渐褪去泛政治化的色彩。特别是经济单位日益受自身利益的驱动，表现出追求最大经济利益的取向，从而导致对个人约束的不断弱化。在这种社会大环境下，所在单位或基层组织往往将对缓刑犯的监督考察当作自己的“额外负担”，很少有单位或组织愿主动担负起对缓刑犯进行监督考察的职责。

1998 年公安部发布的《公安机关办理刑事案件程序规定》规定，对于被宣告缓刑的罪犯，在缓刑考验期内由罪犯居住地派出所考察，所在单位或者基层组织予以配合。缺乏所在单位或基层组织的积极配合，公安机关实际上很难真正对缓刑犯进行有效的监督考察。基层公安派出所警力有限，各项业务活动繁重，实践中往往会造成交接脱节、监督考察不力、管理失控，致使一些缓刑犯在考验期限内放任自流。

2. 考察内容抽象。仔细分析我国《刑法》第 75 条所规定的缓刑犯在缓刑期间应当遵守的内容，可以发现其非常抽象、空洞，不具有可操作性，根本起不到对缓刑犯的考察监督作用，更谈不上对其人格的矫正。“遵守法律、行政法规”是任何公民应尽的责任，更不用说缓刑犯。“服从监督”也只是一种宣告，没有实质内容。“按照考察机关的规定报告自己的活动情况”应当是较为具体的规定，但是由于实践中很少有考察机关具体规定考察监督的内容，因而缓刑犯根本就不知道该如何报告自己的活动情况，也就不再向考察机关报告了，使这一规定流于形式。“遵守考察机关关于会客的规定”缺乏现实意义。当今社会科技迅猛发展，电话、传真、电子邮件、网上聊天，哪一样都比面对面的会客、交流更便捷和迅速。再者，哪些人属于“客人”，难以准确定义。立法上的本义绝不是让缓刑犯不和外界接触，而应当是让缓刑犯不和那些有犯罪危险性的、不利于缓刑犯自我改造的人接触。但由于“会客”这一规定本身含义不明，从而导致其意图难以实现。“离开所居住的县、市或者迁居”含义不明。例如，“市”的外延是什么，是指县级市、地级市还是省级市？“离开”的具体含义是什么，是指长期迁居他处还是临时到他处经商务工还是到外地游玩？这些模糊的规定使得在实践中考察机关根本无法具体操作。

3. 考察方式消极。从实际情况来看，公安机关对缓刑犯的考察，其实就是坐等缓刑犯上门报告，而不是积极主动地对缓刑犯进行矫正。造成这种现象的原因主要在于刑法没有规定对缓刑犯要进行积极的教育改造，而只是规定要“考察、监督”。这很不利于促使缓刑犯自我更新、重新融入社会生活。以上缓刑考察制度存在的缺陷，是缓刑制度不能发挥应有效果的关键原因，也是我国司法实践中缓刑适用相对较少的重要原因。由于刑法规定缓刑制度时并没有区分成年人犯罪和未成年人犯罪，以上缺陷也同样存在于未成年人犯罪的缓刑适用中，并且表现尤为明显。鉴于未成年人犯罪的原因、心理以及其本身的易感性特征，本书认为，有必要针对我国现有缓刑制度存在的缺陷，重构未成年人犯罪缓刑考察制度，以最大限度地发挥缓刑制度的效果，实现缓刑制度的目的。

三、未成年犯缓刑适用形式中存在的问题

在我国司法实践中，缓刑的适用直接由法院判决，法院认为犯罪分子符合缓刑的适用条件，在宣判时直接予以宣告，对未成年犯罪人亦是如此。这种缓刑适用方式势必会导致以下问题：

1. 缓刑适用的透明度不高。司法实践中，对未成年犯罪人适用缓刑，一般都是合议庭或者审判委员会根据刑法规定的缓刑适用的三个实质要件，认为符合缓刑条件的，作出适用缓刑的判决。我国合议制度和审判委员会制度具有中国特色，其讨论案件的形式是不公开的，即便是当事人和辩护人也无法查阅合议笔录和审委会笔录。这样，对未成年犯适用缓刑好像是在搞“暗箱操作”，除判决书中表述“适用缓刑不致再危害社会”这一笼统的理由外，谁也不知道法官对“不致再危害社会”的标准是如何掌握的。司法实践是将抽象的法律条文适用于具体的案件、具体的每一个犯罪嫌疑人，需要考虑诸多因素，比如该未成年犯罪人的犯罪情节、性质、后果、认罪态度、悔罪表现、社会、家庭帮教等，这些在判决书中都无法表述，也无从表述。对一个被告人适用缓刑，看不到为什么适用缓刑，社会难以理解。这样容易导致有的案件适用缓刑的社会效果不好，还有可能导致其他被告人上诉，增加不必要的诉累。

2. 缺少有效的监督机制。缓刑适用的决定权在于法院，它是法院审判权的一个方面。我们知道，任何权力都应当受到有效的监督，没有监督的权力必然导致腐败。司法实践中也确实存在有些法官对本不该适用缓刑的未成年犯罪人适用缓刑，适用缓刑的不公开、不透明，为某些不法分子提供了便利，他们与法官勾结在一起，徇私枉法，玷污着我们的法官队伍。当然，检察机关可以抗诉，但是，有很多案件并不是一目了然，适用缓刑与否可能只是认识上的差异，检察机关不会也不可能对那种可以适用也可以不适用缓刑的案件提出抗诉，检察机关的这种抗诉权对缓刑的适用并没有进行有效监督。另外，缓刑适用的不公开、不透明，使本来就没有统一标准的缓刑适用缺少了社会监督，公众对被告人是否应当

适用缓刑缺少理解，对于如何适用更不理解，如何才能监督？对未成年犯罪人适用缓刑时，尽管在作出缓刑宣告之前法官也要考虑社会有关方面的意见与影响，但这种意见与影响都是背靠背收集的，所收集的意见可能并不全面，群众与社会对这一过程看不见，他们无法对各方面的意见与影响作出自己的评判，因而难以使缓刑的决定置于社会的监督之下。缺少有效监督的缓刑适用制度滋生着司法腐败现象。从另一角度看，有些案件本应当适用缓刑，但是法官为了避嫌而不予适用，免生是非。这些现象都会影响对未成年犯罪人缓刑科学合理的适用。

3. 对未成年犯罪人缓刑适用只有法官裁量权而没有检察官裁量权（求刑权）和社会（或群众）的参与权。从实践情况看，目前对未成年犯罪人适用缓刑，主要是法官的自由裁量权在起作用。例如，刑法上规定对缓刑适用的条件之一是"确实不致再危害社会"。这主要就是法官依据自己的自由裁量作出判断。换言之，是否适用缓刑是基于法官的主观判断。而在检察机关方面，当前，检察机关比较关注的是自己提起公诉的案件是否得到人民法院的有罪判决，是否对被告人判处了实刑，而几乎没有在提起公诉的同时要求对被告人宣告缓刑，并且也极少就人民法院对某个案件判处缓刑与否发表不同意见。

四、我国未成年人犯罪缓刑适用的完善建议

（一）放宽未成年犯适用缓刑的刑度条件

目前，有学者提出将未成年犯罪人适用缓刑的刑度条件放宽至 5 年。即对于被判处拘役或者 5 年以下有期徒刑的未成年犯罪人，根据其犯罪情节和悔罪表现，认为适用缓刑确实不致再危害社会的，可以宣告缓刑。[1] 本书亦认为，这种观点具有合理性。《国际人权条约 B 条约》第 10 条第 2 款规定："将少年犯和成年犯分开，实施与其年龄及法律地位相应的处遇。"[2] 在实践中，人民法院对未成年人抢劫或盗窃数额巨大等类型的案件均判处有期徒刑 3 年，缓刑 5 年。虽然这种判决合法，量刑并无不当，但是仔细研究起来却缺乏个案差别，不同罪同罚。对未成年犯罪人适用缓刑条件放宽后，法院可根据未成年犯罪人的"人身危险性"和"社会危害性"程度的不同可判处"刑三缓五""刑四缓五"等，这样的判决对不同案件的未成年犯罪人的威慑力不同，撤销缓刑后执行原判刑罚也不同，显然就比较公平、公正。另外，对判处拘役或 5 年以下有期徒刑的符合缓刑条件的未成年犯罪人可以宣告缓刑，既有利于未成年犯罪人适当多适用缓刑，

---

〔1〕 赵秉志主编：《当代刑法理论探索（第二卷）：犯罪总论问题探索》，法律出版社 2003 年版，第 107 页。

〔2〕 单晓华：《未成年人犯罪刑罚适用的有关问题探讨》，载《沈阳师范大学学报》（社会科学版）2004 年第 5 期。

保障未成年人的权益,又可以与发达国家针对未成年人犯罪方面的特殊措施如暂缓宣判、司法宽恕缓刑管理等接轨。总之,这样放宽刑度条件,不但体现了对未成年犯罪人的从宽处罚原则,而且有利于对未成年犯罪人多适用缓刑,以充分利用社会、家庭的力量教育和挽救未成年犯,有利于未成年犯的改过自新。

(二)引入未成年犯罚金刑缓刑制度

罚金刑的缓刑是对宣告判处罚金的罪犯,在具备一定的法定条件下,在一定期间内暂缓罚金刑的执行。缓刑期内没有发生法定撤销缓刑的理由,则不再执行原判罚金刑的一种刑罚制度。[1] 按照我国《刑法》第72条的规定,适用缓刑的刑罚只有拘役和3年以下有期徒刑,其中并无罚金刑,罚金刑无论是同主刑并科处罚,还是单科处罚,均不可适用缓刑。罚金刑是社会经济发展到一定阶段的产物,是传统"重义轻利"观念向"义利并重"观念转化在刑罚上的反映。对罚金刑能否适用缓刑,目前理论界观点不一。主张罚金刑适用缓刑的论者认为:其一,缓刑有鼓励犯罪人改过自新的作用,这一作用无疑也适用于对判处罚金刑的罪犯。其二,在自由刑和罚金刑并列的情况下,如果只允许自由刑适用缓刑,而罚金刑却不能适用缓刑,无理论依据,且在适用中亦多不便。其三,允许罚金刑缓刑可以在一定程度上减少罚金刑的弊端。[2] 反对罚金刑适用缓刑的论者认为:其一,罚金刑是一种附加刑,本来就是轻刑,没必要再适用缓刑。其二,缓刑是自由刑制度的重要内容,而罚金刑是一种财产刑,没有必要适用缓刑。其三,对罚金一时不能缴纳者的缓期执行,与缓刑的性质不同,它不能因犯罪者行状善良而免除。其刑罚的效力,只能因经济条件的限制不能执行时免除。[3]

罚金刑以剥夺犯罪人一定数额的金钱为内容,它的执行以犯罪人拥有财产为前提,如果犯罪人没有财产,罚金刑无法实际得到执行。因此本书认为,对成年犯没有必要适用罚金刑缓刑。但是我国有必要引入未成年人罚金刑缓刑制度。一则因为大多数未成年人无经济来源,其罚金大多由其父母或其他监护人代为缴纳。犯罪的是未成年人,而代为受刑的反而是其父母或其他监护人,这显然有违罪责自负、不株连无辜的刑罚适用原则;二则因为我国刑法分则对财产犯罪一般都并处罚金,如盗窃、抢劫、诈骗等。如果为了不株连无辜,对犯罪的未成年人因其无财产可供执行便免除其罚金刑,又容易让人觉得适用法律的不严肃,刑罚过于随便,有损刑法的威信。而对未成年犯罪人判处罚金并宣告缓刑将有助于减少这一弊端。如果未成年缓刑犯人在考验期内表现较好,没有违反有关

---

[1] 马登民、徐安住:《财产刑研究》,中国检察出版社1998年版,第118页。
[2] 周应德、周海林:《试论罚金刑的缓刑》,载《现代法学》1998年第3期。
[3] 马克昌主编:《刑法学全书》,上海科学文献出版社1993年版,第67页。

规定,缓刑考验期满后原判罚金可以不再执行,一方面罚金刑缓刑可以给未成年犯罪人以威慑,促使其悔过自新,另一方面也可以防止法院"以罚代刑"。

(三)制定专门的未成年犯缓刑适用标准

未成年人犯罪大多没有强烈的主观恶意,且其世界观尚未完全形成,可塑性大,比较容易改造,因而矫治未成年罪犯,应坚持"教育为主、惩罚为辅"的原则。由于未成年人生理和心理尚未成熟,监禁对未成年人造成的不良影响可能较成年人更为严重,人道主义要求对未成年人犯处刑尽量宽缓,对犯罪的未成年人更应少适用监禁刑。皮艺军指出,少年司法所要达到的具体的目标是,一是少年能够得到一个最适于他改正的环境,二是能够继续得到教育。[1]《联合国少年司法最低限度标准规则》(《北京规则》)提出,"尽量少用监禁"。"把少年投入监禁机关始终是万不得已的处置办法,其期限应是尽可能最短的时间"。本书认为,对未成年犯罪人应有其专门的缓刑适用标准,这个标准应比成年犯更宽缓。

制定专门的未成年犯缓刑适用标准,需要对未成年犯适用缓刑的条件作出明确、具体和较强可操作性的规定。本书认为,对未成年人判处缓刑主要考虑的因素有:其一,犯罪情节。一是犯罪性质。未成年人犯罪的种类主要有侵犯财产的犯罪,如盗窃、抢劫、抢夺、敲诈勒索;暴力犯罪,如故意杀人、故意伤害、绑架;性犯罪,如强奸、强制猥亵妇女等。实施盗窃、抢夺、敲诈勒索等侵犯财产犯罪的未成年人主要是受金钱物欲诱惑,由于不能控制、把持自己而滑向犯罪,但被告人的主观恶性不深,如果教育得当,一般都能够悔改。对这类犯罪,即使数额比较大,只要能判处 3 年以下有期徒刑,一般情况下都应判处缓刑。对抢劫犯罪,只要未使用凶器对被害人身体造成伤害,数额又不大,特别是以大欺小的案件,一般也应判处缓刑。对于性质严重的暴力犯罪,对从犯、胁从犯和具有犯罪未遂、中止等从宽情节的,一般应判处缓刑。故意伤害案件,如果属于未成年人一时不能把握自己,不能正确对待、处理问题,头脑一热,行凶伤害他人而犯罪的,只要不是后果特别严重,能够判处 3 年以下有期徒刑时应考虑判处缓刑。对强奸等严重犯罪,如宣告刑在 3 年以下有期徒刑的,确实不致危害社会的,也可以适用缓刑。二是对无严重劣迹、犯罪动机不是特别恶劣、主观恶性不大、非使用残忍的犯罪手段、后果不是非常严重的初犯、偶犯、从犯、胁从犯,对于属于防卫过当、紧急避险、过失犯罪的,尽可能适用缓刑。其二,悔罪表现。对能够坦白交待犯罪事实积极抢救被害人、积极退赃、赔偿和具有自首、立功等悔罪表现的,都应尽可能适用缓刑。其三,其他可判处缓刑的条件。一是被害人要求和解或者被害方有明显过错,请求对被告人从宽处理的;二是家庭教育条件较好,父母对

---

[1] 皮艺军:《多学科视角下的少年司法制度》,载《人民法院报》2002 年 9 月 30 日。

其犯罪非常痛心，并表示做好管教工作的；三是系在校学生，特别是学习成绩较好，有一定前程，又是偶犯初犯的，能够判处3年以下有期徒刑的；四是16周岁以下的未成年人，宣告刑是3年以下有期徒刑的。

对具有下列情节的应判处实刑：其一，情节恶劣手段残忍、后果严重，又无其他从宽处罚情节的主犯；其二，惯犯、累犯、假释期内、缓刑期内犯罪等有严重前科或劣迹的；其三，犯罪后据不交待犯罪事实，态度恶劣，毫无悔罪之意，甚至诉讼过程中继续实施违法犯罪行为的；其四，串供、威胁、报复被害人、证人的。以上情况，不实际执行刑罚不足以体现法律的威严和对其本人的教育，因而不能适用缓刑。

（四）增设未成年犯缓刑保证金制度

所谓未成年犯缓刑保证金制度，是指对未成年缓刑犯人，在考验期内由提出担保的未成年缓刑犯的监护人向人民法院缴纳规定数额的货币，保证未成年缓刑犯遵守监督规定的一项缓刑保护管束制度。缓刑保证金制度的运作机制是：缓刑担保既可以由人民法院提出，也可以由犯罪分子亲属或其所在单位提出；缓刑担保需要保证人出具保证书，交纳一定数额的保证金；当缓刑考验期满，未发生应当撤销缓刑的情况，退回缓刑保证金；如果缓刑人员不思悔改，在缓刑考验期间违法、重新犯罪，或因其他事由被撤销缓刑，保证金予以没收。

目前，在我国，对未成年缓刑犯实行缓刑保证金制度是可行的。其理由是：其一，未成年犯与成年犯相比有明显的特殊性，除生理、心理差别外，未成年犯的主观恶性要小；其二，未成年犯意志薄弱，自制力差，可塑性强，因此，未成年犯更需要帮教和约束，对未成年犯需要给以特殊保护；其三，未成年犯缓刑保证金制度可以促使缓刑改造及帮教考察措施的落实，为未成年缓刑犯创造良好的缓刑改造的外部环境，这也是完善我国未成年人司法保护制度的需要；其四，未成年犯缓刑保证金的缴纳人是其监护人，通常是未成年人的父母，他们本身对未成年犯负教育保护责任，缴纳保证金后可以强化他们的监护、管教责任，于情于理都无可非议。[1] 对未成年犯适用缓刑保证金制度确实符合未成年人的特点，但并不是所有的未成年犯都必须缴纳缓刑保证金。缓刑保证金可以适用于法官不能确信未成年犯“适用缓刑确实不致再危害社会”的情形，使缓刑保证金制度成为未成年人缓刑制度的有机组成部分，即在通常情况下，当未成年犯完全符合缓刑适用条件，就可以适用缓刑，无须缴纳缓刑保证金。当法官不能确信未成年犯“适用缓刑确实不致再危害社会”时，如果未成年犯的监护人提供缓刑保证金并进行了保证，法官也可以考虑适用缓刑。

---

〔1〕 傅为高：《再论少年犯缓刑保证金制度》，载《青少年犯罪问题》1997年第6期。

未成年犯缓刑保证金一般由未成年犯罪人的父母缴纳，特殊情况经法院同意也可由其他亲属代缴。保证金缴纳的时间，一般在开庭后宣判前为宜。保证人在缴纳保证金后，法院应训诫犯罪分子填写“缓刑改造保证书”，保证其在考验期内履行各项改造义务，保证人要提供具体可行的监护、管教计划，承担相应的监管责任。保证金额度视案件的具体情况及刑期来确定，一要考虑未成年犯家庭的承受能力；二要考虑是否足以引起未成年犯及其家庭成员的重视，以至于不得不努力改造和认真负起监管责任；三要考虑犯罪分子所犯罪行的轻重及社会危害程度。对于家庭经济确属困难的，可以少缴，特别困难的可以免缴，绝不能让完全符合缓刑条件的未成年犯因缴不出保证金而判处实刑。缓刑考验期内，保证人认真履行保证义务，未成年犯应遵纪守法，认真改造，表现较好的，缓刑考验期满，保证金全部发还；考验期内，未成年犯又犯新罪的，原则上将保证金全部没收上交国库，但如果法院和缓刑考察组织一致认为，保证人切实履行了监护、管教责任，并经常积极主动地配合法院和考察组织对未成年犯开展帮教工作，仍未能有效防止该未成年犯重新犯罪的，法院可适当发还部分保证金，以进一步调动保证人履行担保义务的积极性；犯罪分子在考验期内虽未重新犯罪，但违反改造的有关规定，表现较差，或有违法乱纪行为的，可视情况没收部分保证金。[1]

设立未成年犯缓刑保证金制度，能够从立法上扩大未成年人适用缓刑的范围，体现了对未成年人的特殊保护。在不能确信未成年犯“不致再危害社会”时，对未成年犯适用缓刑体现刑罚适用的宽容精神，而设立缓刑保证金制度又强化了对未成年缓刑犯人的监督，有助于避免未成年缓刑犯重新犯罪的可能。[2]

（五）建立专门的对未成年人缓刑犯的观护考察制度

1. 实质性地增加缓刑考察主体，实现考察主体多元化

如前所述，按照我国刑法规定，缓刑考察主体实质上只有公安机关，基层组织和所在单位只是徒有虚名，并且未成年人根本就没有“所在单位”（除非将其犯罪前所就读的学校当作“所在单位”）。本书认为，根据未成年人生理、心理特点，以及未成年人犯罪原因多是由于家庭环境、外界诱因等具体情况，结合当前正在进行的社区矫正试点工作，应当建立起针对未成年犯的多元的缓刑考察主体，即由公安机关牵头，所在社区予以配合，家庭、所在学校及社会志愿者队伍积极参与的多层次、体系性的缓刑考察主体。

公安机关（实践中主要指公安派出所）警力有限，任务繁多，无力具体履行

---

〔1〕 傅为高：《再论少年犯缓刑保证金制度》，载《青少年犯罪问题》1997年第6期。

〔2〕 赵秉志主编：《刑罚总论问题探索》，法律出版社2002年版，第549页。

对未成年犯的考察矫正职责,但是可以履行自己的组织、领导职责。具体包括:接受分配到其辖区内的未成年缓刑犯,再交由具体的社区考察矫正组织及所在学校,向其告知未成年犯所犯罪行及考察矫正的基本原则,定期询问矫正情况,并接受具体考察主体的情况汇报,处理在缓刑期间内发生的重大突发事件等。

所在社区、城市居民委员会、农村村民委员会是未成年犯具体考察矫正工作的执行者。《预防未成年人犯罪法》第 47 条规定:"……城市居民委员会、农村村民委员会,对……被判处刑罚宣告缓刑、被假释的未成年人,应当采取有效的帮教措施,协助司法机关做好对未成年人的教育、挽救工作。"其具体职责是:聘请人员(主要是思想品德优秀、作风正派、热爱未成年人教育、了解未成年人心理的人,如退伍军人、退休教师等),接受社会志愿者,组成具体的矫正机构,并由矫正机构制定具体的矫正方案,监督未成年犯矫正义务的履行情况;与未成年犯集中或单个谈话,对其进行人生观、世界观及法治和道德教育,树立其遵纪守法的意识;组织未成年犯参加各种公共活动;联系未成年犯家庭,并监督其不得体罚、虐待、歧视未成年犯等。

学校是对未成年犯进行矫正的关键场所。《预防未成年人犯罪法》第 48 条规定:"依法免予刑事处罚、判处非监禁刑罚、判处刑罚宣告缓刑、假释或者刑罚执行完毕的未成年人,在复学、升学、就业等方面与其他未成年人享有同等权利,任何单位和个人不得歧视。"未成年人犯罪被宣告缓刑的,可以到其原来的学校继续学习。对此原学校不得拒绝,也不得歧视性对待。相反,学校应当积极采取措施,让未成年犯融入集体生活。可以重点对其进行法制和纪律教育,但在观念上和其他学习生活方面必须将其作为正常的学生对待。将未成年犯送工读学校进行矫治和接受教育,应当由其父母或其监护人、原所在学校提出申请,经教育行政部门批准。根据《预防未成年人犯罪法》第 36 条规定,工读学校对就读的未成年人应当严格管理和教育,在课程设置上与普通学校相同。应当加强法制教育的内容,针对未成年人严重不良行为产生的原因以及有严重不良行为的未成年人的心理特点,开展矫治工作。工读学校毕业的未成年人在升学、就业等方面,同普通学校毕业的学生享有同等的权利,任何单位和个人不得歧视。

家庭在未成年犯的矫治中起着举足轻重的作用。未成年犯父母或其监护人应当为未成年犯营造温暖和睦的家庭生活环境,不得对其体罚、歧视、虐待,更不得遗弃。父母或其监护人应当积极履行自己的监护职责,采取有效的帮教措施,协助公安机关及社区矫正机构做好对未成年犯的教育、挽救工作。在校大学生及其他有条件的单位及个人应当积极加入社会志愿者队伍,参与到未成年犯的矫正工作中。他们的主要任务是采取重点帮教、进行法制宣传、组织能够让未成年犯参加的集体活动等形式,协助以上机构及个人对未成年犯进行教育、挽救。

2. 具体规定和落实未成年犯缓刑期间的义务

对缓刑犯的考察和矫正，不只是考察主体单方面的任务，更重要的是要为缓刑犯设定义务，让缓刑犯“有事可做”，有思想上的压力，有改过自新的表现机会，有努力的目标，这也是测评缓刑犯是否改过自新的依据。由于现行刑法没有为缓刑犯规定具体的义务，这样至少会导致两个后果：一是裁判人员担心犯罪分子在缓刑期间不能得到很好矫正，可能会再次走上犯罪道路，不敢适用缓刑，致使缓刑适用率偏低；二是普通百姓会产生误解，觉得犯罪分子犯罪后，又被“无罪释放”，犯罪没有得到惩罚，正义没有得到伸张。

设定未成年缓刑犯应承担的具体义务，可以借鉴其他国家的相关做法。《德国刑法典》第56条b第2款规定了缓刑期间的义务：“1. 尽力补偿由犯罪行为所造成的损害；2. 向公益机构支付一定金额，如果它与行为人的个人情况相适应；3. 提供其他公益劳动；4. 向国库支付一定金额。”第56条c第2款又规定：“1. 遵守关于居住、培训、工作或业余时间或调整其经济关系的规定；2. 定期向法院或其他机关报告；3. 不得与可能提供再犯机会或诱惑其再犯的特定人或团体交往、受其雇用、教导和留宿；4. 不得持有、携带和保管可能向受审判人提供再犯机会和诱导其再犯的特定物；5. 履行赡养义务。”[1]《法国刑法典》第132—44条规定了被判刑人应当受之约束的监督措施：“1. 服从执行推事或经指定之考验监督人员的召见；2. 接受考验监督人员来访，并向考验监督人员通报有助于对其生活状况及履行义务进行监督的情况或材料；3. 将其工作之改变通知考验监督人员；4. 如其改变居所，或者打算外出时间超过15天，应通知考验监督人员；在其返回时，应通知其已返回；5. 前往外国，应事先得到执行推事的批准；如其改变工作或居所有碍其履行义务，应事先得到执行推事的批准。”第132—45条又规定了14项义务，判决法院或执行推事可选择适用其中的一项或几项。[2]

据此，本书认为，我国未成年犯缓刑期间的具体义务是：其一，接受学校教育。学校教育是较为完整的教育形式，对于未成年犯的教育改造和重新融入社会生活非常有益。首先，学校有长期从事教育工作的教师，这些教师与未成年人接触较多，了解未成年人心理；他们有丰富的教育教学经验，擅长做耐心细致的思想教育工作，适宜正面引导未成年人积极向上，健康成长。其次，学校教育是集体性教育，有利于未成年人参加集体生活，学会与人交往，有利于未成年人塑造健全人格。最后，学校都有一定的校规校纪，这也对未成年犯是一种约束，也便于监督其日常生活状况和思想状况。其二，参加一定量的社区公益劳动。让

---

〔1〕 徐久生、庄敬华译：《德国刑法典》，中国法制出版社2000年版，第61页。

〔2〕 罗结珍译：《法国刑法典》，中国人民公安大学出版社1995年版，第36页。

未成年犯参加社区公益劳动，为社区提供服务，一方面可以平复社区民众的心理，避免产生因认为“无罪释放”而产生的抵触情绪，有利于社区对未成年犯的同情和接纳。另一方面，未成年犯通过为社区提供一定的社区公益劳动，可以进一步反省自己的错误，弥补自己的犯罪行为给社会造成的损害，也有利于未成年犯养成劳动习惯，戒除好逸恶劳的恶习。社区缓刑考察机构决定未成年缓刑犯参加社区劳动的种类及时间，并具体实施监督。安排的劳动应是未成年人力所能及的，不应当带有歧视性，否则会在未成年犯心底埋下仇恨的种子。安排工作时，要和未成年犯协商，尽量使其在心理上接受。社区劳动可以是无偿的，也可以酌量发给一定的报酬。参加的社区公益劳动应当是公开的，社区缓刑考察机构和社区居民可以随时进行考察监督，并给予鼓励。社区劳动的时间不应过短，也不能过长。过短会给人以“形式”“敷衍”之感，过长则使未成年犯难以接受。借鉴外国经验，一般应以 40 小时至 200 小时为宜，并且应尽量安排在缓刑开始阶段。缓刑期满后不得再安排社区公益劳动。

3. 禁止出入网吧、游戏厅、赌场、歌舞厅等公共娱乐场所

许多国家都对此设有相关规定，我国《预防未成年人犯罪法》也有相关的禁止性规定。这些场所是容易滋生淫秽、色情、暴力、凶杀的场所。未成年人身心正处于发育阶段，极易受外界不良因素的影响。现实中，有相当数量的未成年人之所以走上违法犯罪道路，就是由于长期出入该类场所，以至于染上恶习，逐渐堕落。当然，做到这一点，不仅需要未成年犯自觉，还需要考察人员严加监管，也需要上述场所的经营人员及社会的大力配合。

（六）未成年犯缓刑适用形式要件的改进

本书认为，要改进对未成年犯罪人缓刑的适用，应当针对前文所述的现阶段我国缓刑适用形式中存在的问题来改进缓刑适用的司法裁量权。其主要的改进思路是：一要对缓刑宣告的权力进行重新配置，扩大检察机关与公安机关的发言权，增加社会参与权，做到彼此分权，相互制约，以实现缓刑宣告的公正与公平；二要对缓刑宣告的程序予以公开化，把人民法院的缓刑裁量权、检察机关与公安机关的发言权、社会的参与权都置于阳光之下，尽可能杜绝缓刑适用中的腐败与不公。具体如何改进，本书认为可以通过完善对未成年犯缓刑适用的程序要件予以解决：

1. 规定未成年犯罪人适用缓刑的建议、申请程序。对未成年犯罪人缓刑的适用可以由检察机关、当事人或者其他有关人员提出，不宜由人民法院单方面直接作出。也就是说检察机关可以建议对该未成年犯罪人适用缓刑、该未成年犯罪人可以请求适用缓刑，如果控辩双方都没有提出适用缓刑，人民法院一般不宜主动直接宣告适用缓刑。当然，检察机关的建议权可能少有行使，该未成年犯罪

人及其律师如果没有提出申请，那么法院有义务告知其该项权利。这样做有如下好处：其一，对检察机关来说，检察机关可以针对该未成年犯罪人是否可以适用缓刑予以审查，并提出自己的意见，能对缓刑适用程序予以全面监督，有效防止本不该适用缓刑的犯罪分子适用缓刑；其二，对未成年犯罪人来说，缓刑适用要求当事人提出申请，可以强化对该未成年人的教育，未成年犯罪人在申请适用缓刑时，会综合自己的犯罪性质、情节、主观恶性、悔罪表现等因素，有利于该未成年人明白缓刑的实质，也有利于该未成年犯罪人在被宣告缓刑后，在缓刑考验期间，自觉遵守各项义务；其三，对法官来说，法院能从调查该未成年犯罪人是否符合缓刑适用条件的职能中解脱出来，让提出意见的一方充分陈述缓刑适用的理由，并举出证据证实“适用缓刑不致再危害社会”。法官居中裁量，判断适用缓刑的理由是否正当，证据是否充分，从而作出是否适用缓刑的最终判决，这样，法官居中裁判的地位才能更为突出。

2. 增设未成年犯缓刑听证制度。在开庭审理中，诉讼各参与人对犯罪未成年人提出适用缓刑的请求或建议的，合议庭在开庭审理后，经评议认为对该未成年人拟判处 3 年以下有期徒刑或者拘役的，并且可以考虑对其适用缓刑的，举行缓刑听证。设置未成年犯罪人缓刑听证程序有如下优点：其一，它将现在的人民法院决定宣告缓刑由“暗箱操作”变成了阳光下的操作，将缓刑的决定过程置于社会与群众的监督之下；其二，它将现在的缓刑决定由纯粹的法官裁量变成了公诉机关、考察机关参与决策，再加上有其他相关单位或者社区组织的参与，体现了分权与制衡的原则；其三，由于在缓刑决定作出之前充分听取了多方面的意见，使得缓刑在宣告之后更容易得到各方面的遵守与执行；其四，缓刑听证程序的设置，可以使缓刑的宣告更加准确和恰当，从形式上体现了公正，为实质上的公正提供了形式要件。完成缓刑听证程序有如下具体问题：其一，缓刑听证的参加人员，应当有公诉人、公安机关辖区派出所的民警、犯罪未成年人的监护人、未成年人所在学校的代表、未成年人居住的社区基层组织代表、犯罪未成年人本人及其辩护人等。其二，缓刑听证的主要内容，主要应就未成年人的悔罪表现、犯罪情节、再犯可能、社区改造环境、家庭的监护及帮教条件、配合考察单位或者基层组织的责任、未成年犯缓刑考察期间的义务能否得到切实履行等进行核实，并考量对未成年犯缓刑考察期间的监督责任能否落实。其三，缓刑的听证程序，首先，应当听取申请或建议适用缓刑的一方的意见和理由，并提供相关证据材料；其次，听取控辩双方中另一方的意见，针对对方的意见发表同意或者反对的意见，并可提供相关证据材料，并听取检察机关、公安机关、未成年人家庭、未成年人所在学校或社区、辩护人等多方面的意见；最后，由未成年人作最后陈述，表明对自己适用缓刑的态度和在缓刑考察期间的义务如何落实等。其四，缓刑听证结束后,合议庭应当及时评议,综合考虑各方面关于是否可以适用缓刑的意见,认为符合适用缓刑条件的,可以宣告缓刑,认为不符合缓刑条件的,则宣告实刑。

第四节 年龄与减刑

对于已经身陷囹圄的未成年罪犯,减刑制度对于提高未成年犯改造质量,预防其重新犯罪,促进社会和谐,有着十分重要的意义。

一、我国未成年犯减刑制度的不足

(一)法律制度不完善

关于刑罚执行阶段的减刑问题,2006 年最高人民法院《关于审理未成年人刑事案件具体应用法律若干问题的解释》第 18 条第 2 款规定,未成年罪犯能认罪服法,遵守监规,积极参加学习、劳动的,即可视为"确有悔改表现"予以减刑,其减刑的幅度可以适当放宽,间隔的时间可以相应缩短。可见,根据司法解释的规定,未成年人达到"确有悔改表现"的减刑适用实质条件的标准比成年人低一些,但减刑的幅度却可以适当放宽,间隔的时间可以相应缩短,这无疑体现出我国司法机关在减刑问题上对未成年人的宽缓刑事政策倾向。

该条中的"认罪服法"包括认罪和服法两个环节。所谓认罪,主要是指犯人承认犯罪事实,认识到自己的罪行对社会的危害性,认识到自己思想的反社会性,深挖犯罪的思想根源,认识到自己进行改造的必要性;所谓服法,主要是指犯人认识到法律的公正性,人民法院适用法律的正确性,认识到自己所受的刑罚是罪有应得,咎由自取,服从法院的正确判决、裁定。只有真正认罪,然后才有服法可言。[1] 本书认为,我国的未成年犯减刑制度存在以下不足:

首先,"认罪服法"作为反映罪犯思想的主观条件,在实践中可操作性差。在实际监管工作中,如果未成年犯写出《认罪悔罪书》即认为罪犯认罪服法。但从《认罪悔罪书》的内容来看千篇一律,并没有体现出罪犯对自己罪行的深刻认识,以及对受害人、社会,甚至对自己家庭的愧疚感。在实际改造中悔罪感、羞耻心欠缺,有个别罪犯认为,我犯罪触犯了法律,但我已经被判刑入狱了,也就不欠受害人什么了。这种情况与减刑的立法初衷明显相背离,但在实际执法过程中不能很好地加以甄别,给罪犯留下了投机改造、骗取减刑的漏洞。

其次,在各项监规纪律中,司法部 2004 年 3 月 2 日施行的《监狱服刑人员行

---

[1] 吴宗宪主编:《刑事执行法学》,中国人民大学出版社 2007 年版,第 171 页。

为规范》无疑是最权威的一项，从《监狱服刑人员行为规范》第五章第38条的内容来看，原则性的条款很多，不易操作。如第3条，爱祖国，爱人民，爱集体，爱学习，爱劳动。在执法中，各省市根据自己的情况，又添加了许多补充性的条款，这也造成了各地要求的不统一。

最后，在刑罚执行中，未成年犯积极参加学习、劳动的标准难以把握。《监狱法》规定有劳动能力的罪犯必须参加劳动。同时由于监狱经费不能全额保障，造成了监狱出现过于重视劳动效益，而轻视思想教育、文化教育的现象。未成年犯的劳动能力参差不齐，真心悔改但劳动能力差的未成年犯可能因达不到劳动定额而得不到减刑。

另外由于减刑的相关法律规定比较笼统，各省、直辖市在具体操作中的规定也不尽相同，使未成年罪犯的减刑制度的执行不统一，不能很好地体现平等原则，甚至出现罪犯申请调往更容易减刑地区服刑的情况。

（二）监狱执法缺乏监督机制

监狱机关作为刑罚执行的主体，在减刑工作的考核、执行、呈报环节都有自由裁量权，使减刑在实际执行中更具灵活度和伸缩性。这主要体现在如下方面：

第一，计分考核规定的执行。根据"以分计奖、以奖减刑"的工作模式，未成年犯的计分考核工作是减刑的前提和主要依据。但在计分考核规定中有许多奖分和扣分的规定，这些规定固然有助于加强对罪犯的管理，有利于引导罪犯的言行，但监督制度的缺乏，容易造成贪腐行为和权力"寻租"。

第二，各省之间的减刑使用比例相差较大，而这种适用率的不同在很多地方是人为限定的，很多地方规定对罪犯按照一定比例分配减刑名额。不但各地法院或监狱机关规定了对监狱在押犯的减刑比例，而且各地规定的减刑比例还不一致。[1] 这样有失公平，容易挫伤罪犯的改造积极性。

（三）缺乏减刑撤销机制

缺乏善后制约力使得减刑后罪犯改造表现滑坡的现象普遍存在，尤其是减刑后余刑不长的罪犯或再无减刑希望的罪犯尤其严重，但减刑一经依法给予便不能因减刑后的表现不好而被撤销，这种缺乏善后制约力的特征使监狱部门对获得减刑后改造表现滑坡的罪犯束手无策。不可否认，作为高级动物的人及其行为是极具功利性的，作为监内行刑的罪犯更是如此，对这些减刑之后因名额有限难以再获减刑或余刑不长而不可能再获减刑的罪犯，心里难免产生一系列的波动：减刑已经到手，改造表象再好也受不了奖，得不到利益，混完余刑最实惠，"大错不犯，小错难免"的表现或混泡心态油然而生，而我们目前包括狱政管理

---

〔1〕 李豫黔：《我国减刑制度司法实践的反思与探讨》，载《中国监狱学刊》2003年第3期。

在内的行刑措施对这部分犯人既缺乏有力的矫正，更缺乏实实在在的激励机制，调动不了其改造积极性。

二、完善我国未成年犯减刑制度的建议

（一）进一步完善针对未成年犯的减刑制度

少年司法制度起源于美国，1899 年在伊利诺伊州率先制定了《少年法庭法》，这是世界上第一部少年法。[1] 在随后的一百多年中少年司法制度在世界范围内蓬勃发展。在我国，少年司法制度起步较晚，1984 年上海市长宁区设立了“审理未成年人刑事案件合议庭”，这是我国第一个未成年人刑事案件专门审判组织。截至 1998 年，全国共有少年法庭 2504 个。[2] 未成年罪犯由于生理、心理的特点，犯罪主观恶性相对成年罪犯较小，思想可塑性强，对未成年罪犯制定包括实体法、程序法在内的独立的减刑法律体系，体现了司法的公正和负责的精神。

（二）建立健全减刑监督机制

第一，健全减刑听证制度。听证制度可以有效地监督监狱的执法行为。但在司法实践中，减刑案件的公示、评审、呈报等环节由监狱系统操作，听证制度如同虚设，仅靠监狱的内部监督，这样易给徇私舞弊留下可乘之机。应当扩大听证的范围，吸收罪犯家属、检察机关、社会人员参加，杜绝监狱“暗箱操作”的机会。

第二，充分发挥检察院的监督职能。现有的减刑程序是由监狱直接向法院呈报减刑材料，法院针对材料进行判决。而法院没有设置在监狱的派出机构，因此对减刑材料的真实与否，法院不做也没有能力进行调查和考证。针对这种情况，检察机关的驻监狱检察室应深入了解每一件减刑案件的情况，使检察机关在减刑全过程起到实质性的监督作用，杜绝权力“寻租”和贪腐行为。

（三）建立减刑撤销机制

减刑的适用必须以罪犯确有悔改表现或立功表现为前提，因罪犯表现较好而给予，因表现较差而撤销是合理的。这种可撤销的做法弥补了通常情况下罪犯投机改造、骗取减刑假释的弊端。能够起到促进服刑人遵守监规、保持善行的一贯性，为行刑部门更生动、积极地运用减刑，以及保障减刑对在建服刑的罪犯的全程督促作用，充分发挥其正面激励与评价功能提供了切实的可能。[3]

总之，未成年罪犯的改造质量对社会的和谐稳定有着至关重要和长远的意

---

〔1〕 卢琦：《中外少年司法制度研究》，中国检察出版社 2008 年版，第 8 页。

〔2〕 《海淀少年法庭 18 周岁记》，载《人民法院报》2005 年 9 月 27 日。

〔3〕 袁登明：《国外减刑制度的立法例及中外比较》，载《中国监狱学刊》2001 年第 4 期。

义，只有立法、司法各部门通力协作，才能完善未成年犯的减刑制度，有效地提高未成年犯的改造质量。

第五节　年龄与假释

对未成年人犯罪尽量适用非监禁性刑罚或非机构性处遇，已经成为目前世界上通行的理念和做法。《联合国少年司法最低限度标准规则》（北京规则）第17.1条（b）规定，只有经过认真考虑之后才能对少年的人身自由加以限制并应尽可能把限制保持在最低限度。第19.1条规定，把少年投入监禁机关始终应是万不得已的处理办法，其期限应是尽可能最短的时间。从我国的情况来看，尽管刑法典还是一部典型的"成人刑法"，其中缺乏未成年人刑事责任的整体制度设计，但个别条款和相关司法解释对未成年人的刑罚裁量和执行都进行了一些宽缓的规定，在一定程度上体现了上述原则。

在刑罚的具体运用阶段，与成年人相比，未成年人能够更多地适用缓刑和减刑。前文已述，尽管存在各种不足，但是根据《刑法修正案（八）》的规定，未成年人在具备一定条件时能够享受"应当宣告缓刑"的待遇，这较之一般成年人更为优厚。关于刑罚执行阶段的减刑问题，2006年最高人民法院《关于审理未成年人刑事案件具体应用法律若干问题的解释》第18条第2款规定，未成年罪犯能认罪服法，遵守监规，积极参加学习、劳动的，即可视为"确有悔改表现"予以减刑，其减刑的幅度可以适当放宽，间隔的时间可以相应缩短。可见，根据司法解释的规定，未成年人达到"确有悔改表现"的减刑适用实质条件的标准比成年人低一些，但减刑的幅度却可以适当放宽，间隔的时间可以相应缩短，这无疑体现出我国司法机关在减刑问题上对未成年人的宽缓刑事政策倾向。

但是，作为刑罚执行环节的重要一环，未成年犯适用假释却没有得到与缓刑、免刑和减刑类似的对待。当然，司法实践并不是有意忽略这一问题，在政策性文件和司法解释中未成年人的假释规定一般都会紧随减刑出现。例如，2006年的全国政法工作会议特别强调，在贯彻宽严相济的刑事司法政策时，"对未成年犯罪人，可依法判处缓刑、运用减刑或假释等措施，进行教育、感化、挽救"。2006年最高人民法院《关于审理未成年人刑事案件具体应用法律若干问题的解释》第18条第1款规定"未成年罪犯的减刑、假释，在掌握标准上可以比照成年罪犯依法适度放宽。"但问题的关键在于，关于未成年人的缓刑、免刑和减刑，立法或司法解释都规定了相对宽缓的具体适用条件，对未成年人假释的适用却只有抽象的政策指向。比如，2006年最高人民法院《关于审理未成年人刑事案件具体应用法律若干问题的解释》第18条第2款在前段详细列举了未成年人适用减刑的"优惠条件"后，只是在后段规定"符合《刑法》第81条第1款规定的，可以假释"，此外再无其他内容。可见，司法解释虽然从总体上规定未成年犯假释的适用标准可以比照成年罪犯适度放宽，但却没有给出放宽的具体条件和幅度，这种规定在当前的司法环境下很难落实到实践中操作执行。在这种情况下，未成年犯适用假释处在一种十分艰难的境地。以湖南省未成年犯管教所为例，2004～2006年间未成年犯适用假释的比率仅为2.46%。[1]

一、未成年犯假释困境的原因分析

那么，为什么相关司法解释和规范文件明确规定对未成年犯假释放宽条件、加大力度的总体指导方针，但却始终没像缓刑、免刑和减刑那样制定具体的操作措施？本书认为，形成原则上"到位"与操作上"缺位"这种强烈反差的根源在于行刑上的观念偏差和立法上的制度障碍。

（一）观念偏差：谨慎适用假释的行刑态度

实际上，我国刑法一直以来对假释的适用都持非常谨慎的态度。1979年《刑法》中虽然没有设置假释的禁止性规定，但在有关司法解释中却有对某几种犯罪的假释从严掌握的规定。1991年最高人民法院《关于办理减刑、假释案件具体应用法律若干问题的规定》中指出："对于罪行严重的反革命犯，犯罪集团的首要分子、主犯、累犯、惯犯的减刑、假释，主要是根据他们的改造表现，同时也要考虑到原判的情况，应当特别慎重，严格掌握。"这种观念也延伸到对未成年犯的处理，1995年最高人民法院《关于办理未成年人刑事案件适用法律的若干问题的解释》第3条第5款第4项规定，对犯罪集团的首要分子、主犯、惯犯、累犯和罪行特别严重的未成年罪犯假释，应当从严掌握。到1997年修订刑法时，则增加了假释适用的禁止性条件。从实践情况来看，根据司法部监狱管理局统计，1995～2000年全国监狱年假释率分别为：2.3%、2.68%、2.93%、2.07%、2.13%、2.3%，全国假释犯人占在押犯人总数的比例过低且呈现出逐年递减的趋势。[2] 2005～2007年全国法院假释适用率分别为1.18%、1.29%、1.06%。[3] 可以发现，假释制度适用率有逐渐下降的趋势。与之相比，减刑制度在实践中的运用则比较普通。根据我国司法部监狱管理局的统计，自1995年

---

〔1〕参见姚兵：《未成年犯假释制度的完善》，载《国家检察官学报》2012年第20卷第6期。

〔2〕参见郑振远：《贯彻宽严相济刑事政策正确适用假释刑事制度——北京市假释制度执行情况分析及进一步运用之对策》，载《中国司法》2007年第7期。

〔3〕参见山东省高级人民法院课题组：《关于完善减刑假释制度的调研报告》，载《山东审判》2009年第4期。

至1999年，随着在押犯人数的增加，我国每年被减刑的罪犯数都在原基数上逐年增加（从1995年的277527人到1999年的350799人），减刑的适用率逐年提高（从1995年的21.35%到1999年的24.79%）。自1997年以后的近五年间，减刑罪犯人数与假释罪犯人数的比例始终在11∶1到9∶1，每年被假释的罪犯人数仅占被减刑罪犯人数的1/10。[1] 不难看出，我国目前的行刑格局是以减刑为主、假释为辅，并且假释制度在很大程度上仅具有象征意义。[2]

就未成年犯适用假释而言，尽管近年来司法解释和规范文件规定了相对宽缓的指导方针，但从宏观的立法演进和司法实践角度来看，实际上我国未成年犯适用假释呈现出逐渐从严的趋势。一方面，1997年修订刑法提高了假释的适用标准，限制了假释的适用范围。1997年《刑法》不仅将假释的实质条件从1979年《刑法》的“确有悔改表现，不致再危害社会”扩充为“认真遵守监规，接受教育改造，确有悔改表现，假释后不致再危害社会”，而且增加了“累犯以及因杀人、爆炸、抢劫、强奸、绑架等暴力性犯罪被判处十年以上有期徒刑、无期徒刑的犯罪分子，不得假释”的禁止性规定。由于我国没有区别未成年人和成年人的假释，因此上述修订不可避免地波及未成年犯的假释适用。另一方面，1993年最高人民法院《关于办理假释案件几个问题的意见（试行）》第2条“关于未成年罪犯的假释问题”规定，为了进一步贯彻《未成年人保护法》，执行对未成年罪犯实行教育、感化、挽救的方针，对犯罪时未成年，在刑罚执行中确有悔改表现，不致再危害社会，且假释后具备监管条件的罪犯，可以不受法定执行刑期的限制，适用《刑法》第73条关于特殊情节的规定，予以假释。[3] 此后，1995年最高人民法院《关于办理未成年人刑事案件适用法律的若干问题的解释》第3条第5款第4项规定，未成年罪犯在服刑期间确有悔改表现，不致再危害社会，接受教育改造表现突出的，可以适用《刑法》第73条关于“特殊情节”的规定予以假释。可见，在旧刑法时代，司法解释尚且明确了未成年犯可以不受法定执行刑期的限制，按照“特殊情节”予以假释的可能，而现在取而代之的2006年最高人民法院《关于审理未成年人刑事案件具体应用法律若干问题的解释》却取消了这一规定。

在本书看来，我们需要对当前我国这种“减刑为主、假释为辅”的行刑格局认真反思。一方面，从保证法院裁判的严肃性和刑罚的完整性角度考虑，减刑不如假释。因为，减刑直接缩短了原判刑期，这种彻底变更已经生效的法院判决、

---

〔1〕 参见李豫黔：《改革和完善我国假释制度的理性思考》，载《中国监狱学刊》2001年第2期。

〔2〕 参见王志祥：《我国减刑、假释制度改革路径前瞻》，载《法商研究》2009年第6期。

〔3〕 1979年《刑法》第73条规定：“被判处有期徒刑的犯罪分子，执行原判刑期二分之一以上，被判处无期徒刑的犯罪分子，实际执行十年以上，如果确有悔改表现，不致再危害社会，可以假释。如果有特殊情节，可以不受上述执行刑期的限制。”

裁定的做法使法院裁判的既判力受到破坏，不利于维护法院裁判的严肃性，在一定程度上造成刑罚裁量与执行的脱节；假释则维持了原判刑罚的期限，只是在刑罚执行一段时间以后有条件地调整刑罚的执行方式，这样既保证了生效裁判的严肃性又考虑到刑罚执行的灵活性，有利于刑罚裁量和执行两个阶段的稳定衔接。另一方面，从行刑的效果来看，假释优于减刑。实践已经证明，罪犯从封闭的监禁状态到完全的自由状态之间需要一段时间的过渡期，以便于他们逐步接近和适应正常的社会生活。相关的调查报告显示，在120名重新犯罪人员之中，有94人（占70.8%）认为刑满释放后感到不适应，时时不顺心，事事不如意。[1] 这种不适应会造成服刑期满的行为人再次犯罪。我国司法部于20世纪80年代对全国刑满释放3年内又重新犯罪的7132人进行调查发现，刑满释放后第一年内重新犯罪的占48%，第二年内重新犯罪的占32.2%，第三年内重新犯罪的占19.8%。[2] 由此看来，犯罪人在刑满释放后一到两年时间内重新犯罪的可能性最高，但随着时间延长逐渐适应正常社会生活之后重新犯罪的概率会迅速下降。这说明，犯罪人从监禁状态恢复到自由生活需要一段过渡期或者说缓冲期，在此期间犯罪人不能处于没有任何管理的完全自由状态，否则容易导致重新犯罪。在这一点上，设有考验期和监督措施的假释显然要优于在狱内缩短刑期后直接将犯罪人投向社会而没有任何监督和考察的减刑。因此，假释的行刑效果要显著好于减刑对犯罪人的矫正。例如，山东省青岛、运河和潍坊三个监狱在2005～2007年共假释罪犯2943人，在考验期内只有3人重新犯罪，考验期内犯新罪人数占假释总人数比例为0.1%。社会效果要好于减刑释放及减余刑释放。[3] 北京市监狱局2005～2006年的统计显示，2005年假释罪犯重新犯罪被收监的为5名，占被假释罪犯人数的0.56%；2006年假释罪犯被收监的2名，占被假释罪犯人数的0.17%。假释罪犯重新违法犯罪率远远低于其他刑释人员。[4]

（二）制度障碍：假释禁止性条件的存在

我国刑法典规定的假释制度在适用对象上没有区分成年人与未成年人，二者在形式上适用相同的假释标准。但是，由于《刑法》第81条第2款设置了假释的禁止性规定，使未成年犯在适用假释制度时面临较成年人更为不利的境地。

调查显示，当前未成年人犯罪的一个突出特点是暴力化色彩较强，特别是抢

---

〔1〕参见左登豪：《罪犯改造后其心理社会辅导刍议》，载《劳改理论与实践》1991年第1期。

〔2〕参见陈兴良：《宽严相济刑事政策研究》，中国人民大学出版社2007年版，第173页。

〔3〕参见山东省高级人民法院课题组：《关于完善减刑假释制度的调研报告》，载《山东审判》2009年第4期。

〔4〕参见郑振远：《贯彻宽严相济刑事政策正确适用假释刑事制度——北京市假释制度执行情况分析及进一步运用之对策》，载《中国司法》2007年第7期。

劫犯罪在未成年人犯罪中占有很大比重。暴力犯罪的性质都相对比较严重，在司法实践中更有可能被判处重刑。调查显示，被判处 10 年以上有期徒刑、无期徒刑的未成年犯触犯的罪名集中于几种暴力犯罪。首先抢劫最多，占 38.1%；其次是故意杀人，占 25.4%；最后是故意伤害，占 15.9%，强奸占 4.8%。其中抢劫、故意杀人、强奸三类共计 68.3%，加之其他一些暴力性犯罪也可能是未成年人以有组织的方式实施的，这使大部分刑罚在 10 年以上（包括无期徒刑）的未成年犯由于受限于第 81 条第 2 款的禁止性规定而无法适用假释。[1] 与之相比，成年人实施的财产犯罪以盗窃为主，一般占到 60% ~70%，而抢劫的比例并不高，通常只有 8% 左右。而且，很多成年罪犯是因经济犯罪、职务犯罪等非暴力性犯罪被判处 10 年以上刑罚，他们在适用假释时都可以不受禁止性规定的限制。由此看来，刑法不仅没有对未成年人的假释作出特别规定，就是表面上看起来在未成年人和成年人之间公平适用的禁止性条款，也由于二者犯罪的暴力性存在显著差异而实质上对未成年人不利。本书认为，相关司法解释始终无法对未成年犯从宽适用假释提出具有操作性的规定，一定程度上恐怕也是禁止性条款束缚的结果。

2010 年 8 月 28 日，全国人大常委会法制工作委员会向社会公开征集意见的《刑法修正案（八）（草案）》中，第 15 条规定，将刑法 81 条修改为："被判处有期徒刑的犯罪分子，执行原判刑期二分之一以上，被判处无期徒刑的犯罪分子，实际执行十年以上，本法第五十条第二款规定的原判死刑缓期执行，减为无期徒刑后不得再减刑的犯罪分子，实际执行二十年以上，原判死刑缓期执行，减为二十年有期徒刑后不得再减刑的犯罪分子，实际执行十八年以上，如果认真遵守监规，接受教育改造，确有悔改表现，人民法院认为其没有再犯罪的危险的，可以假释。如果有特殊情况，经最高人民法院核准，可以不受上述执行刑期的限制。人民法院对犯罪分子决定假释时，应当考虑其假释后对所居住社区的影响以及是否具备有效监管的条件。"在这一草案稿中，取消了有关假释禁止性条件的规定。在同时公布的《关于〈中华人民共和国刑法修正案（八）（草案）〉的说明》中，提到了进行上述修改的原因："刑法第八十一条第二款规定，对累犯以及因杀人、爆炸、抢劫、强奸、绑架等暴力性犯罪被判处十年以上有期徒刑、无期徒刑的犯罪分子，不得假释。考虑到这次修改，对上述犯罪分子中判处死刑缓期执行的，已经规定人民法院可以决定不得减刑，对这部分人，在给予严厉惩罚的同时，经必要的审批程序，也要给予出路，以促使他们接受改造，认罪服法，通过教育改造成为新人，从而实现刑罚目的。"

---

〔1〕 参见姚兵：《未成年犯假释制度的完善》，载《国家检察官学报》2012 年第 20 卷第 6 期。

在本书看来，尽管修改理由中并未提及未成年犯适用假释问题，但如果立法取消假释禁止性条件，那么显然能在客观上改变未成年犯适用假释制度面临的不利境地。但可惜的是，在 2011 年 2 月 25 日最终获得通过的《刑法修正案（八）》正式文本中，假释禁止性条款又重新被纳入进来。本次刑法修正之所以在假释禁止性条件问题上出现反复，根本上还是刑法保护社会与保障权利两种观念相互博弈的体现。尽管难以就假释禁止性条件得以保留的结果进行简单的是非评判，但不能不说，没能抓住这一机会破解未成年犯适用假释的困境，实属一大遗憾。

二、完善未成年犯假释制度的建议

假释制度的立法根据在于服刑人具有悔改表现和丧失人身危险性，这也是适用假释的实质条件。心理学研究表明，人格的一致性随年龄的增长而逐步增加。以每个年龄段之内不同年龄之间的特质相关系数作为人格稳定性的指标，在十几岁时这种相关系数为 0.47，而在二十几岁时就升到了 0.57，在三十几岁时达到 0.75 的高水平。[1] 一般而言，成年人在完成早期社会化之后已经具备了稳定的人格倾向和行为模式，社会可以推定他们通过犯罪表现出的蔑视社会的态度在短期内难以改变，因此需要符合比较严格的条件才能假释。但是，未成年人犯罪往往是一时冲动的结果，很多人事后都后悔不已，这说明他们再次实施犯罪的可能性其实并不高。退一步讲，即便是在犯罪当时以及一段时间内无意悔改，由于他们还处在学习主流价值观和行为规则的过程中，通过监禁期间的各方面努力也能够矫治尚不稳定的不良人格和行为习惯。因为，犯罪时的未成年人往往对社会事物的认知较为幼稚，行为动机常常表现出非理性的一面。随着年龄增长和心智健全，他们会逐渐形成比较成熟的社会认知，对行为的理性控制能力也会增强，加上监禁期间管教人员的悉心教育和努力矫正，重塑健康的生活习惯和生活方式是完全可能的。既然如此，未成年犯适用假释时就应当遵循有别于成年人的标准，特别是不能仅凭犯罪时的犯罪性质及罪行的严重程度就彻底排除未成年犯的假释可能性，这是违背假释制度的立法初衷和未成年犯改造的客观规律的。

基于以上分析，有必要转变行刑观念，对未成年犯罪人大胆适用假释。同时，从制度上确立低于成年人的未成年犯假释适用标准：一方面，降低未成年犯原判刑罚的执行期限，可以考虑对判处有期徒刑的未成年犯执行原判刑期 1/3 以上、对判处无期徒刑的未成年犯实际执行 10 年以上，如果认真遵守监规，接受

---

〔1〕 参见郭永玉：《人格心理学——人性及其差异的研究》，中国社会科学出版社 2005 年版，第 238 页。

教育改造，确有悔改表现，没有再犯罪的危险的，予以假释；另一方面，消除立法上的制度障碍，规定未成年犯适用假释不受禁止性条件的限制。之所以提出这种观点，主要是出于以下几点考虑：

首先，从世界范围来看，未成年人适用假释的标准低于成年人是国际上的通行做法。因此，在成年人之外为未成年人设立相对宽松的假释标准符合国际通例。当然，由于大多数国家和地区在立法中原本就没有设定假释的禁止性规定，所以未成年人在适用假释时标准低于成年人主要表现为实际执行的刑期较短。例如，《日本刑法典》第 28 条规定，对于成年人，被判处惩役或者监禁的人，如果有悔改表现，在有期刑的执行经过 1/3、无期刑的执行经过 10 年后，可以根据行政机关的决定准许假释。对于未成年人，根据《日本少年法》第 58 条的规定，在少年时被判处徒刑或者监禁者，在经过以下的期间后可以准许假释出狱：(1)判处无期徒刑的，超过 7 年；(2)根据第 52 条第 2 款规定被判处有期徒刑的，超过 3 年；(3)根据第 52 条第 1 款以及第 2 款的规定被判处最低刑期的，超过刑期的 1/3。根据第 51 条第 1 款规定被判处无期徒刑者，不适用前款第 1 项之规定。我国台湾地区"刑法"规定了成年犯假释的三个条件：一是受徒刑之执行，有俊悔实据；二是执行期间，无期徒刑逾 10 年，有期徒刑逾 1/2，但须执行 1 年以上；三是由监狱长官呈报司法行政最高官署核准之。《少年事件处理法》第 81 条规定未成年犯无期徒刑执行逾 7 年，有期徒刑逾 1/3，得予假释。此外，也有国家明确规定了未成年人适用假释时不须具备成年人的特定条件。例如，《奥地利联邦共和国刑法典》(2002 年修正)第 46 条是从自由刑中附条件释放的一般规定，被科处有期自由刑的违法者已执行刑罚的一半，至少已满 3 个月，认为不需要再执行余刑也可以防止违法者继续实施应受刑罚处罚行为的，或者违法者已执行判决中确定的或赦免所确定的有期自由刑的 2/3，但至少 3 个月，规定考验期限的，以及被科处终身自由刑的违法者在执行 15 年刑罚后，如果根据其人身、履历、正派生活的可能性和刑罚执行期间的表现，认为其在自由状态下不会再继续实施应受刑罚处罚的行为，且行为虽较严重但无须再继续执行刑罚，以防止其他人实施应受刑罚处罚行为的，可以被附条件释放。对于未成年人，《奥地利联邦共和国少年法院法》第 17 条规定："从因少年犯罪被科处的自由刑中附条件释放，适用普通刑法典第 46 条第 1 款至第 4 款的规定，但有其标准，即每次应执行的刑罚期限至少为 1 个月，是否需要执行刑罚，以防止他人实施应受刑罚处罚的行为，不予考虑。"可见，未成年人适用附条件释放时不仅实际执行刑罚的期限更短，而且不必考虑是否有利于防止他人实施应受刑罚处罚的行为。

其次，禁止被判 10 年以上有期徒刑、无期徒刑的未成年犯假释有违《联合国少年司法最低限度标准规则》的基本精神。1985 年 11 月 29 日联合国第 96 次全体会议通过了《联合国少年司法最低限度标准规则》，由于其内容是1984年5月在北京召开的“少年犯罪与司法”专家会议讨论、修改并最终定稿的，所以又称《北京规则》。这一规则虽然对于联合国各会员国没有刚性约束力，但作为国际上第一个有关少年犯罪的指导性文件，它集中了各国少年立法的成功经验，被公认为处理少年犯罪的国际标准，受到国际社会的广泛重视和支持。《联合国少年司法最低限度标准规则》第28条“经常、尽早地采用假释办法”的说明中指出，当表明有改过自新、进步良好的证据时，甚至在监禁时曾被认为有危险的罪犯，在可行时，也可以假释。可见，即便是在判处刑罚时被认为有再次犯罪或对社会安全造成威胁的危险，也不能完全剥夺未成年人在刑罚执行阶段获得假释的机会和可能，只要他们的改造能够表现出人身危险性消除的证据即可。以这一规则为参照衡量我国的假释禁止性规定，其显然达不到国际通行的少年司法最低限度标准。

最后，以未成年犯罪人为突破口改革现行的假释制度具有相当扎实的观念基础和可行条件。如前所述，《刑法修正案（八）》在对假释禁止性条件的修改过程中出现了反复，表明当前彻底取消假释禁止性条件还不具备相应的观念基础。但是，从在世界范围内达成广泛共识的国际规则，到我国党和政府的指导性文件，再到刑事立法和司法的规范性规定，都一致认为对未成年人犯罪的处理应当有别于成年人，并尽量采取相对宽缓的措施。我国前后两部刑法典都规定对未成年人犯罪从宽处罚，公安司法机关针对未成年人犯罪出台了多个内部规范性文件，如1991年最高人民法院《关于办理少年刑事案件的若干规定（试行）》、1995年最高人民法院《关于办理未成年人刑事案件适用法律的若干问题的解释》、1995年《公安机关办理未成年人违法犯罪案件的规定》、2001年最高人民法院《关于审理未成年人刑事案件的若干规定》、2002年《人民检察院办理未成年人刑事案件的规定》、2006年最高人民法院《关于审理未成年人刑事案件具体应用法律若干问题的解释》。在实践方面，从1984年上海市长宁区人民法院建立全国第一个少年法庭开始，少年司法制度在全国范围内逐步发展普及，并且日益受到重视。这些都为在立法上设立相对较低的未成年人假释标准奠定了坚实的理念基础。以此为基础，结合多年来未成年人司法理论与实践培养的民意基础和对决策层的影响，提出修改立法的动议不会遇到太大阻力，因而具有相当程度的可行性。

第六节　年龄与追诉时效

时效是指依照法律之规定,一定的事实状态因一定时间之经过而引起一定的法律后果的法律制度。时效包括取得时效与消灭时效,刑法上的时效是一种消灭时效,包括追诉时效和行刑时效。所谓追诉时效,是指刑法规定的,追究犯罪人刑事责任的有效期限;在此期限内,司法机关有权追究犯罪人的刑事责任;超过了此期限,司法机关就不能再追究刑事责任。时效早在罗马帝国时代的《儒里亚法》中就有所规定,经过不断地发展和完善,现今世界各国刑法中几乎都有了时效的规定,大多数国家同时规定了追诉时效制度和行刑时效制度。在早期的刑事立法中,并无时效制度的规定,时效制度是刑法出现后很长一段时间才出现的。时效制度的出现,反映了国家与犯罪人之间关系的转变。在时效制度出台之前,有罪必究是刑法的一个铁的原则,在国家与犯罪人之间,国家处于绝对强者的地位,较少地考虑保护犯罪人的权利,对于犯罪人的犯罪行为,国家采取了有罪必究的原则。时效制度的出现,反映了国家与犯罪人之间的紧张关系得到了适度的缓和,国家也开始在一定程度上考虑犯罪人的利益。犯罪后,或者刑罚判决后,经过一段时间,被犯罪行为所破坏的社会关系得到了一定程度的缓和,国家也就不再追究犯罪人的刑事责任了。这一制度,是刑法作为犯罪人的大宪章的重要标志之一。从各国关于刑法时效的规定来看,并非任何犯罪,只要经过一定的时间就不再追诉,或者刑罚判决后就不再执行,而是根据罪刑轻重的不同,规定了长短不一的时效期间。从这一意义上讲,各国关于追诉时效制度的规定,也体现了罪刑相适应原则。

我国1979年《刑法》规定了时效制度,但仅仅对追诉时效作了规定。1997年刑法在此基础上作了修改,但仍然仅肯定了追诉时效制度。就我国现行刑法中关于追诉时效制度的规定而言,仍然存在诸多值得完善的地方。

一、关于追诉时效的起算

我国《刑法》第89条第1款规定:“追诉期限从犯罪之日起计算;犯罪行为有连续或者继续状态的,从犯罪行为终了之日起计算。”这是关于追诉时效起算的规定。但如何理解这一规定,尤其是“犯罪之日”,存在不同的观点。有的认为是指犯罪行为实施之日;有的认为是指犯罪行为发生的之日;有的认为是指犯罪成立之日;有的认为是指犯罪行为完成之日;有的认为是指犯罪行为停止之日。

从文理解释的角度来看,只要是犯罪成立之日,就应当认为是“犯罪之日”。

不少学者也认为犯罪成立之日作为追诉期限的起算点，具有合理性。如有论者指出，“以犯罪成立时间为追诉时效的起算时间点较为合理，并具有如下优势：其一，反映出包括求刑权在内的刑罚权的准确产生时间和行使的最早可能性时间，是犯罪成立之日；其二，对于追诉时效起算时间之表述，是针对于作为犯罪之多数情况的既遂犯罪，而其他未完成形态之罪，则作为一种例外情况被特别规定；其三，对于求刑权人与受刑人而言，犯罪成立之日作为双方权益平衡的时间标准能为双方所接受；其四，与刑法设置追诉时效的基础标准相一致，即均以罪为标准而不以行为为标准。”[1]除了该款后半段所规定的“犯罪行为有连续或者继续状态的，从犯罪行为终了之日起计算”之后，将追诉期限的起算时间界定为“犯罪之日”仍然难以处理实践中的隔时犯。

犯罪无非包括行为和结果两个方面。具体而言，针对犯罪类型，可以作如下划分：

1. 对于大多数犯罪而言，犯罪行为一经实施，犯罪结果就出现，犯罪行为也告结束。例如，甲枪击乙，造成乙当场死亡。在这种情形下，追诉时效的期限的计算，无论是从犯罪行为实施之日起计算，还是从犯罪结果发生之日起计算，均不存在差异。

2. 部分犯罪，犯罪结果是寓于犯罪行为之中的，犯罪行为显现出连续或者继续状态。例如，非法持有型犯罪，行为人一经非法持有枪支，便成立非法持有枪支罪。但是，行为人持有行为可能持续数十年，如果仅以犯罪成立之时作为追诉时效的起算，则对于持有时间更长的非法持有型犯罪反倒不能追究，这显然是不适宜的。因此，《刑法》第 89 条第 1 款后半段所规定的“犯罪行为有连续或者继续状态的，从犯罪行为终了之日起计算”是具有一定的合理性的。

3. 犯罪行为与犯罪结果不同步的犯罪行为。此种情形的犯罪主要是指行为人实施犯罪行为之后，犯罪行为所造成的结果并非立即显现出来，而是需要经过一段时间才会导致犯罪结果的出现，或者犯罪行为实施后导致了基本结果的出现，但加重结果是在犯罪行为实施完毕后很长一段时间才出现的。在这种情形中，犯罪行为本身并没有持续或继续状态，如果从犯罪行为成立之日起计算，有可能出现追诉时效结束后，犯罪行为所导致的犯罪结果才出现的现象。特别是在当今的一些计算机犯罪中，行为人设置计算机病毒侵入他人的计算机，待若干年之后才会出现犯罪行为所造成的结果，如果以犯罪成立之日，或者犯罪行为完成之日起计算追诉时效，很可能已经超过了刑法中的追诉时效。并且，对于这类犯罪，如何确定犯罪行为实施之日（犯罪成立之日）也并非易事。“如果采用行

[1] 赵秉志：《刑罚总论问题探索》，法律出版社 2003 年版，第 571 页。

为主义，借助技术手段也无法确定犯罪实行行为时间的，就无法追究行为人的刑事责任。但采用结果主义就会避免这些问题，因为犯罪结果发生的时间与地点是相对容易确定的。同时，只有结果发生了，被害人才会发现具体的问题，侦查机关才可能介入侦查，这样前后之间的时间不会相差太久，保留犯罪证据的电磁记录数字信号等还未经过太多的操作，更易于查找和掌握犯罪的线索和证据，从而可以有效地确定追诉对象和追诉期限。”[1]

上述第三种情形，是刑法中的隔时犯。对于这种类型的犯罪，直接适用我国《刑法》第89条所规定的追诉时效期限的计算方法，得出的结论未必合理。实际上，刑法中设置追诉时效期限的原因在于犯罪行为及其所造成的结果已经停止，不会再继续向前发展，如果犯罪行为及其所造成的结果仍然处于进行过程中，则属于犯罪进行中，当然不存在追诉时效计算的问题，犯罪的行为正在进行，当然需要追究刑事责任。

基于此，有论者认为，对于我国刑法中的追诉时效的起算，应当作如下修改："追诉时效自犯罪成立后开始计算；犯罪行为有连续或者继续状态的，从犯罪行为终了之日起计算；犯罪结果之产生晚于犯罪行为的，以最终的犯罪结果发生之日起算。”[2]

二、年龄与时效的结合考察

（一）追诉起点

前文已经承认了“犯罪结果之产生晚于犯罪行为的，以最终的犯罪结果发生之日起算”，但是，如果将其和年龄因素结合进行考察，又会发现新的问题。

如果说犯罪结果之产生晚于犯罪行为的，并且在犯罪结果和犯罪行为之间跨越了我国《刑法》第17条规定的刑事责任年龄线，就会出现特殊的情况。譬如，如果行为人在13周岁零364天时对被害人实施了杀害行为，但是被害人在当日并未立刻死亡，而是于行为人14周岁零1天时不治身亡。

在这种情况下，如果从犯罪行为时考察，从杀害行为发生时确立追诉时效，由于彼时行为人因为不满14周岁，并无刑事责任能力，不承担刑事责任，并不成立故意杀人罪，是否就因此就阻却了司法机关追究行为人刑事责任追诉行为？但是，如果从最终的犯罪结果发生之日起计算追诉时效的话，则被害人死亡结果发生时，行为人年满14周岁，需要对杀人行为承担刑事责任，则司法机关是否因此可以按照20年的最高追诉时效开始起算追诉时效？

---

〔1〕 刘守芬、叶慧娟：《网络犯罪追诉时效问题探析》，载《法学杂志》2005年第4期。

〔2〕 徐光华：《我国刑法追诉时效制度之检讨》，载《广州市公安管理干部学院学报》2010年第1期。

解决这一问题,涉及"追诉"的概念界定。《刑法》第 87 条规定,"犯罪经过下列期限不再追诉:法定最高刑为不满五年有期徒刑的,经过五年;法定最高刑为五年以上不满十年有期徒刑的,经过十年;法定最高刑为十年以上有期徒刑的,经过十五年;法定最高刑为无期徒刑、死刑的,经过二十年。如果二十年以后认为必须追诉的,须报请最高人民检察院核准"。这表明,追诉时效是依附于罪名的,那么就存在一些问题,即第一,"追诉"是指"开始"(启动)追诉还是"完成"(结束)追诉?第二,"追诉"是侦查机关立案侦查、检察机关提起公诉以及被害人自诉,还是人民法院开始审判活动乃至判决裁定的确定生效?

对此,1979 年刑法实施期间就一直有观点主张,除了符合《刑法》第 77 条(现行《刑法》第 88 条)时效延长规定的以外,在刑事诉讼的任何阶段,只要追诉时效期限一过,就不能再追诉。[1] 这一观点意味着将追诉时效期限理解为追诉活动的"完成"而不仅仅是"开始"(启动)的期限。而且,侦查、起诉、审判活动必须在追诉时效期限内完成,否则,诉讼应当停止。这也意味着"追诉"是确定乃至完成"追究刑事责任"——形成定罪量刑的结局。相反的意见与做法是,一旦立案侦查,追诉时效即告延长。争议延续到现在,成为两种对立的意见。

第一种意见主张:"追诉时效停止时点为进入立案程序。理由是追诉是指追查、提起诉讼,只要行为人所犯之罪经过的时间到案件开始进入刑事诉讼程序时尚未过追诉期限,对其就可以追诉,将追诉期限的终点时间确定在审判之日,有放纵犯罪之嫌。"[2]

相反地,第二种意见主张:"追诉不只是起诉的含义,而是包括了侦查、起诉、审判的全过程,因此,追诉期限应从犯罪之日计算到审判之日为止。换言之,只有在审判之日还没有超过追诉期限的,才能追诉。"[3] 无论怎样,显而易见的事实是,一个可以判处三四年有期徒刑的普通刑事案件,从立案侦查到审查起诉再到依法裁判用去三四年的时间是正常的。这就产生一个现实问题,追诉时效是用来督促公安司法机关及时、迅速侦查、起诉和审判吗?持第一种意见的学者会倾向于持否定态度,或者有意无意地忽略这一问题。如有学者指出:如果刑事案件在立案侦查或者受理后受追诉时效的限制,那么,必然会导致相当一部分犯罪案件因超过追诉期限不能追究,这样不仅可能放纵了犯罪,而且有悖于情理法理。[4] 而持第二种意见的学者往往会持肯定的态度。"以立案为时效停止时点,当然有利于追诉犯罪人。但立案后如果侦查机关怠于行使侦查权,或者侦查

---

〔1〕 参见高憬宏:《如何理解我国刑法的"时效延长"》,载《法学杂志》1990 年第 5 期。

〔2〕 高铭暄、马克昌主编:《刑法学》,北京大学出版社、高等教育出版社 2010 年版,第 346 页。

〔3〕 张明楷:《刑法学》,法律出版社 2011 年版,第 568 页。

〔4〕 参见冯耀辉:《刑事案件在立案侦查后不应受追诉时效的限制》,载《人民检察》2006 年第 12 期。

能力有限,或者案件情况特殊,都可能出现'立而不侦'、'侦而不破'的局面,此时犯罪人即便没有逃避侦查,也不受追诉时效保护,追诉时效的目的恐怕就要落空。""如果立案即导致时效停止,侦查机关完全可以将所有发现的案件立案,什么时候想查哪件查哪件,这无异于鼓励侦查机关怠于履职。"[1]

迄今,以上两种意见仍然相持不下,在一定程度上影响到了刑事司法的统一。显而易见,按照上述两种意见的思路,几乎没有办法得出合理的结论,因此,上述两种对立意见的分析思路是有问题的。时效就是用来限制权力与权利的,时效制度的目的之一在于促使公权与私权(权力与权利)的及时行使,而不是让权力和权利"沉睡"。对此,持第二种意见的学者有着比较清醒的认识,直观地看,追诉时效制度就是用来"放纵"犯罪的。"追诉时效停止时间是在立案、起诉还是审判时并不涉及放纵犯罪的问题,只是刑罚严厉程度的区别而已,不存在立案侦查时时效不停止就是放纵犯罪的问题。"[2]实际上,立法者衡平考虑不同的法律价值选择,乃是常有之情形。刑法如此,其他法律部门,如民法,也是如此。"时效制度就其本质而言,不过是在这两种对立的秩序和相互冲突的利益中作出的在立法者看来是适当的选择。"[3]所以,是否有"放纵犯罪之嫌"的直觉判断构不成第一种意见的决定性的理由和根据。按照第二种意见,立案侦查、起诉均不能停止追诉时效的计算,只有"审判"之日才能停止时效的进行。但是,什么是"审判"之日?是"审"还是"判",上述意见并不明确。对此,有学者进一步明确到:"追诉时效停止于一审判决作出时,立案、起诉均不发生追诉时效停止的效力。"[4]但问题依然存在。追诉时效与行刑时效相对应,沿着第二种意见的思路,在不必"放纵犯罪之嫌"的情况下,既然追诉犯罪是从立案、侦查、提起公诉到审判以及刑事裁判生效与执行的全过程,追诉时效的终止日为什么不可以是判决裁定的确定生效日呢?上述两种意见的问题在于,均忽略了一个简单问题,即基于直觉过于简单地处理了论证理由。第一种意见简单地以"有放纵犯罪之嫌"的担忧为理由,是不充分的;第二种意见以"追诉是侦查、起诉、审判全过程"为理由,将"追诉"等同于"追究刑事责任",也同样过于简单地处理了论证过程。

本书认为,以上两种对立意见都忽视了刑法与刑事诉讼法的协调问题。公安司法机关是否"怠于侦查、起诉"、侦查机关能力有限、案件特殊、办案时间不足等实际问题,并不是确定追诉时效是否应当停止的规范根据。问题应当从法

---

[1] 黄国盛、林莉莉:《刑事案件追诉时效应在一审判决作出时停止》,载《福建法学》2013年第5期。
[2] 黄国盛、林莉莉:《刑事案件追诉时效应在一审判决作出时停止》,载《福建法学》2013年第5期。
[3] 柳经纬:《关于时效制度的若干理论问题》,载《比较法学》2004年第5期。
[4] 黄国盛、林莉莉:《刑事案件追诉时效应在一审判决作出时停止》,载《福建法学》2013年第5期。

规范层面进行论证，从刑法与刑事诉讼法规范体系的协调性出发寻求相对合理的解决方案。一般而言，“追诉”是指起诉，主要是公诉，也包括自诉。追诉时效也就是提起诉讼的有效期限。犯罪没有经过时效期限，即追诉时效还在进行中的，检察机关有权提起公诉，被害人有权提起刑事自诉，以惩罚犯罪人；反之，犯罪经过了追诉时效期限，追诉权消灭，就不能再起诉犯罪人以追究其刑事责任，与之相对应，行刑权自然也随之消失。“追诉”与“追究刑事责任”不同，前者是程序性术语，后者属于实体性概念。我们必须仔细地对待二者之间的差异与转化。“追究刑事责任”这一实体概念转化为程序性形式，是从立案、侦查、提起公诉（以及自诉）到审判以及刑事裁判生效与执行的整个司法过程，其中至少包括以下几个关键点：一是立案，又包含对事（对犯罪事实）和对人（对犯罪嫌疑人）的立案；二是起诉；三是法院受理；四是一审判决宣告；五是判决、裁定确定生效；六是判决执行。而“追诉”这一程序性概念，主要是指检察机关提起公诉以及被害人等提起自诉。尽管将“追诉”最为广泛地理解为“追究刑事责任的诉讼”也许未尝不可，但本书还是不能将“追诉”与“追究刑事责任”混同。《刑法》第87条“不再追诉”应当是指不再立案侦查以及起诉。因为无起诉则无审判，不再立案侦查、起诉，也就意味着不再审判，不再追究刑事责任。但是，单从“追诉时效”概念中的“追诉”语，或者“犯罪因为经过刑法规定的时效期限而不再追诉”这一规则本身出发直接得出结论，仍有疑问。因为追诉时效是相对于行刑时效而言的，所以，如上所述，追诉时效停止于判决裁定确定、生效之日，也未尝不可。我们知道，追诉时效期限及其计算是刑事实体法制度，而“追诉”又是与“追究刑事责任”相对应的程序性概念。所以，“追诉”概念需要立足于刑事实体法层面上作不与刑事诉讼法发生根本冲突的解释。如此，将“追诉”解释为“开始”追诉，是妥当的。若是将“追诉”解释为“完成”追诉活动，甚至于等同于实体法上的完成“追究刑事责任”，则意味着“时效制度”的设计要同时兼顾办案期限以及羁押期限问题，跨界解决刑事诉讼法规范领域的问题。刑事实体法不是不可以规定程序性概念，就像程序法也可以涉及某些实体性问题一样。羁押期限以及公安司法机关的办案期限，属于程序法范畴，应当由刑事诉讼法加以规定。在刑法没有“跨界”作出明确规定的情况下，不宜将追诉时效期限同时解释为公安司法机关的办案（以及羁押）期限。所以，“追诉时效”意味着公安司法机关只要是在追诉时效期限内正式开始（发动）刑事追诉活动即可，并不同时要求追诉活动必须在时效期限内完成。也就是说，尽管“追诉”活动必须在追诉期限内开始（发动）还是完成，我国刑法和刑事诉讼法均没有直接而明确的文字规定，但是，只要我们保持刑法与刑事诉讼法的协调一致，结论只能是，“追诉”应当理解为“开始”而不是“完成”，追诉不以整个“追究”刑事责任诉讼过程的完成——有罪判决宣告甚至于判决裁定生效为必要。

因此，既然明确了"追诉"指的是诉讼活动的"开始"，那么前述的疑问也就有了意义。追诉不以有罪判决为前提，那么即使将被害人死亡结果发生时作为追诉时效起点，也不会造成任何问题，因为法院在审判之时仍然会根据行为人犯罪行为发生之时判定其刑事责任，并不因为追诉活动启动便决定其有罪。

（二）"法定最高刑"的理解

《刑法》第87条规定："犯罪经过下列期限不再追诉：（一）法定最高刑为不满五年有期徒刑的，经过五年；（二）法定最高刑为五年以上不满十年有期徒刑的，经过十年；（三）法定最高刑为十年以上有期徒刑的，经过十五年；（四）法定最高刑为无期徒刑、死刑的，经过二十年。如果二十年以后认为必须追诉的，须报请最高人民检察院核准。"

如何理解"法定最高刑"，存在不同的观点，有的学者认为，"法定最高刑"是指刑法分则相应条文的最高刑，而不是同条中某款某项的最高刑。理由如下：某款某项的法定刑是适应某种犯罪的不同情节而规定的，只有经过实际审理才能确定其适用，如果以此作为追诉时效期限的衡量根据，就会使案件的追诉时效问题长期处于不稳定的状态，对于侦查机关和司法机关的工作不利。[1]

有的认为，"法定最高刑"是指刑法分则相应条款规定的最高刑。持这种观点的论者认为，将"法定最高刑"理解为犯罪相应条款或相应的量刑幅度的最高刑符合我国刑法关于追诉时效期限的立法精神。其次，也能使我国追诉时效制度收到积极的效果。最后，按照法定最高刑是犯罪相应条款或相应量刑幅度的最高刑的观点处理案件，并不会使案件的追诉时效问题处于不稳定的状态，不存在对司法工作不利的问题。[2] 这种观点也得到了最高人民法院相应司法解释的支持。1985年8月21日发布的《关于人民法院审判严重刑事犯罪案件中具体应用法律的若干问题的答复》中对此作了明确的解释。该解释规定，"刑法第76条（现为第87条）按照罪刑相适应的原则，将追诉期限分别规定为长短不同的四档，因此，根据所犯罪行的轻重，应当分别适用刑法规定的不同条款或相应的量刑幅度，按其法定最高刑来计算追诉期限。如果所犯罪行的刑罚，分别规定有几条或几款时，即按其罪行应当适用的条或款的法定最高刑计算；如果同一条文中，有几个量刑幅度时，即按其罪行应当适用的量刑幅度的法定最高刑计算；如果只有单一的量刑幅度时，即按此条的法定最高刑计算。"

当然，对于最高人民法院的解释，很多学者并不赞同，认为其未能体现罪行

---

〔1〕 梁世伟：《刑法学教程》，南京大学出版社1987年版，第372页。

〔2〕 马克昌：《刑罚通论》，武汉大学出版社1999年版，第672～674页。

的轻重与追诉期限长短之间的对应关系。例如,某甲犯A罪,根据刑法的规定,应当在“3年以上7年以下有期徒刑”这一幅度之内决定适用的刑罚。综合案件的情况,对甲应当判处7年有期徒刑,但根据上述解释,对甲的追诉期限应当以法定最高刑7年计算,追诉期限应为10年。但是某乙犯B罪,根据刑法的规定,应当在“3年以上10年以下有期徒刑”这一幅度内决定适用的刑罚,综合案件的情况,对乙应当判处3年有期徒刑,但按上述解释,法定最高刑为10年,对甲的追诉期限应当是15年。这样一来,明显违反了罪刑相适应原则,即对轻罪的追诉期限长于重罪的追诉期限。这一矛盾的根源在于,我国刑法中对具体犯罪所规定的法定刑的幅度档次与《刑法》第87条所规定的追诉期限的幅度并不一致,在此基础上,以刑法中的法定刑幅度中的最高刑作为追诉时效的判断标准,就容易出现重罪的追诉期限短于轻罪的追诉期限。〔1〕学者们指出,“每一档次的跨度太大,特别是对较轻的犯罪(法定最高刑不满5年有期徒刑)和特别严重的犯罪(法定最高刑为无期徒刑、死刑)没有进一步区分不同的时效期限,是不合理的,不符合罪责刑相适应这一基本原则。”〔2〕基于此,论者认为,应当以犯罪行为实际可能被判处的刑罚为基准,而非“法定最高刑”,来确定犯罪的追诉期限。

本书对这种观点并不赞同。前文已经表明本书认为,“追诉时效”的“追诉”是指司法程序的启动,而非全部司法程序的完成。在案件发生后,司法机关开始立案侦查之时,对于案件的全部情况并不能完全准确地掌握,因而对于犯罪嫌疑人实际可能被判处的刑罚并不能做到精准地掌握,在这种情况下又如何保证追诉时效内开展活动。此外,最后实际判处的刑罚受到诸多因素影响,例如立功、自首等个体化的因素,如果以最后可能判处的刑罚来确定追诉时效,就混淆了追诉时效作为一般性规定和个体化因素之间的界限。

值得注意的是,刑法分则在各个法定刑档次的设定上,是充分考虑构成要件行为的类型化的。因此,即使是刚刚介入案件的司法机关,在绝大多数情况下也能将犯罪人的行为对应到其对应的法定刑上。因此,本书支持最高人民法院的司法解释,依据犯罪人的行为本身对应的法定刑档次来确定追诉时效。

再结合年龄因素来看“法定最高刑”的理解,问题会变得稍微复杂些。本书在前文已经梳理了由于《刑法》第17条的存在,对14~16周岁犯第17条第2款规定的“8种行为”时,其实际应当适用的条文和罪名。已满14周岁未满16周

〔1〕 徐光华:《我国刑法追诉时效制度之检讨》,载《广州市公安管理干部学院学报》2010年第1期。
〔2〕 商志超:《大陆与澳门刑法追诉时效比较研究》,载《西南农业大学学报》(社会科学版)2004年第2期。

岁的未成年人犯有“8 种行为”时，应当按照《刑法》第 17 条第 2 款所涉及的罪名，即故意杀人罪、故意伤害罪、强奸罪、强奸罪、贩毒罪、放火罪、爆炸罪以及投放危险物质罪进行定罪处罚，因而对其追诉时效也应当按照这 8 个罪名的法定刑来确定。例如，犯罪人抢劫枪支、弹药、爆炸物、危险物质的，如果其年满 16 周岁，则应当按照《刑法》第 127 条第 2 款处罚，定抢劫枪支、弹药、爆炸物、危险物质罪。该条文只有一个法定刑档次，即“10 年以上有期徒刑、无期徒刑或者死刑”，则其追诉时效为 20 年。但是若犯罪人为已满 14 周岁未满 16 周岁的未成年人，则应当按照《刑法》第 263 条的规定定抢劫罪。抢劫罪有两个法定刑档次，即“3 年以上 10 年以下有期徒刑”和“10 年以上有期徒刑、无期徒刑或者死刑”，按照第一档次法定刑，则追诉时效为 15 年；按照第二档次法定刑，则追诉时效为 20 年。在犯罪人行为人没有第二档次法定刑要求的 8 种加重情节时，其追诉时效就只能是 15 年。如此一来，对于已满 14 周岁未满 16 周岁的未成年人的犯罪行为的追诉时效在某种意义上就有优待。

第七章　年龄与刑法中其他规定

第一节　年龄与前科

一、前科概述

前科的存在是前科消灭的前提条件。我国现行立法并未对“前科”作出明确的定义，各国对于前科的定义也均有不同。就国外而言，主要存在以下两种观点：

第一，认为前科仅仅以有罪宣告为前提，不需要判刑。这种定义模式主要是在许多发达资本主义国家使用，如英国、德国、美国、日本，此外，朝鲜也使用此种定义模式。在这些国家的刑法中，前科是指曾被法院确定宣告有罪的事实，但犯罪人是否实际受到过刑罚处罚则在所不问，也就是说前科与实际接受刑罚处罚与否没有必然联系。例如，《美国量刑指南》明确规定，“前科是指不是现行犯罪组成部分的行为被认定有罪而作出的先前判决，无论是自动认罪、审判定罪，或者是不愿辩护但是不承认有罪的抗辩表示。因此，对于判决的科处或者执行完全被中止或推迟的定罪被视为前科。同样，如果被告人已经被认定有罪，尚未被判刑，如果该罪所产生的判决是可算计的，则此种定罪可以被视为前科。”〔1〕可见，前科只要求行为人被判定有罪即可。《日本少年法》（1984 年）第 60 条对此规定：“少年犯刑期执行完毕或免于执行，适用有关人格法律的规定，在将来得视为未受过刑罚处罚。”〔2〕《朝鲜刑法典》第 62 条规定：“受有罪判决的人，未犯新罪，并未超过下列期限的，前科即行消灭。”这里的“前科即行消灭”中的“前科”仅仅是指受有罪宣告。此外，我国台湾地区“少年事件处理法”（1981 年）第 83 条规定：“少年受管训处分或刑之宣告，于执行完毕或赦免后，5 年内未再受管训处分或宣告者，视为未曾受该宣告。”

---

〔1〕 美国量刑委员会：《美国量刑指南》，王世洲等译，北京大学出版社 2005 年版，第 338 页。

〔2〕 于志刚：《刑罚消灭制度研究》，法律出版社 2012 年版，第 606 页。

第二,认为前科必须以犯罪人被实际科处刑罚为前提。如俄罗斯、韩国、蒙古、越南、罗马尼亚、保加利亚、阿尔尼亚等国家均是使用该定义模式。在俄罗斯的立法中明确提出了前科的概念,《俄罗斯联邦刑法典》第 86 条第 1 款规定:"因实施犯罪而被判刑的人,自法院的有罪判决生效之日起至前科消灭或者撤销时止,被认为有前科。"[1]俄罗斯联邦总检察院将该条解释为:"前科是由于法院因犯罪人实施犯罪而对他判处法律规定的刑罚而造成的该人的法律地位。"[2]通过以上的相关规定,我们可以看出,在俄罗斯,前科必须具备有罪宣告和科处刑罚两个因素,缺一不可。综上,在俄罗斯,前科是指因为行为人实施犯罪行为而被科处某种刑罚,并因为刑罚处罚而对该行为人所造成的发生消极法律后果的事实。韩国的前科消灭同样需要当事人判处刑罚这一因素,《韩国刑法典》第 61 条规定,"劳役、徒刑执行完毕或被免除者,在补偿被害人的损失后,未再被判处停止资格以上的刑罚,经过七年的,依本人或者检察官的申请,可以宣告其判决失效。"[3]

本书支持第一种观点,前科消灭对于被告人而言,是一种政策性鼓励或者法律福利。由于在一定情况下,前科可以构成法律上不能判处缓刑的事由和累犯加重的事由,而前科消灭解决了这种法律风险,从而使得未成年被告人可以以正常人的身份顺利完成社会化的过程。所以说,前科是指曾受确定判决有罪宣告的事实。

我国刑事法律虽没有明文规定前科制度,更没有关于前科概念的条文和司法解释。但是,刑法学界对此却有不少的争论,或全或偏,或保守或激进,各执己见。综观理论上对于前科的解释,大体上有如下代表性观点:(1)前科是指历史上因违反法纪而受过各种处分的事实;[4](2)前科是因犯罪而受到刑罚处罚并足以构成累犯的事实;[5](3)前科是指因犯罪被判处有期徒刑以上的刑罚且已执行完毕的事实,在又犯新罪时即成为前科;[6](4)前科是指曾因违法犯罪而受过劳动教养或刑罚处罚的事实;[7](5)前科是指曾经被宣告有罪或者被判处刑罚的事实;[8](6)前科是指曾被法院宣告有罪并被判处过刑罚的人的一种特殊

---

〔1〕 黄道秀等译:《俄罗斯联邦刑法典》,中国法制出版社 2008 年版,第 41 页。

〔2〕 俄罗斯联邦总检察院:《俄罗斯联邦刑法典释义》(上册),黄道秀译,中国政法大学出版社 2008 年版,第 219 页。

〔3〕 金永哲译:《韩国刑法典及单行刑法》,中国人民大学出版社 2006 年版,第 14 页。

〔4〕 于志刚:《刑罚消灭制度研究》,法律出版社 2012 年版,第 631 页。

〔5〕 于志刚:《刑罚消灭制度研究》,法律出版社 2012 年版,第 631 页。

〔6〕 喻伟主:《刑法专题研究》,武汉大学出版社 2012 年版,第 368 页。

〔7〕 鲍遂献:《论前科》,载《法学评论》2007 年第 1 期。

〔8〕 马克昌:《刑罚通论》,武汉大学出版社 2011 年版,第 709 页。

的法律状态。[1]

本书认为,上述各种观点都有欠妥之处。第一种观点中的“因违反法纪而受过各种处分”不仅包括因犯罪触犯刑法而受过有罪宣告或刑罚处罚的情形,而且还包括受过行政处罚的一般违法的情形,以及违反行政部门内部的规章制度而受到行政处分和违反党纪受过党纪处分的情形,这明显扩大了前科的适用范围,使其概念外延过于宽泛,从而丧失了刑法学上的意义。第二种观点是从刑法中是否构成累犯事实的角度考虑,我们知道,构成累犯需要前后两罪都是故意犯罪,而且两罪的宣告刑都需在有期徒刑以上,这就大大缩小了前科适用的外延。第三种观点的不妥之处在于将前科的范围限定于“曾因犯罪被判处有期徒刑以上的刑罚”,将其他刑罚种类排除在外,因而也是过于限制了前科的外延,不利于其发挥应有的作用。第四种观点主张,将劳动教养纳入前科的范围,但本书以为,劳动教养并非属刑事处罚种类,而只是一种行政处罚的手段,所以说,劳动教养根本不属于刑法处罚的情形,此说扩大了前科的外延,不足取。况且劳动教养已然废除。第五种观点只说对了一半,其中“被宣告有罪”是对的,但是后面多加了“或者被判处刑罚”一句,这就有了逻辑上的问题,既然前面说宣告有罪,那么后面再用“或者”相连,那意思就是说,“被宣告有罪”也可,“被判处刑罚”也可,但既然已经承认只要宣告有罪即可,为什么还在后面说“或者被判处刑罚”,岂不知被判处刑罚均是以被宣告有罪为前提的吗?此说犯了逻辑混乱的错误,不科学,亦不足取。第六种说法其实就是前苏联刑法学家坚持的“双要件说”,此说也是将前科的外延缩小化了,即被法院宣告有罪而未被判处刑罚的人永远不可能适用前科消灭,这对他们来讲是极不公平和公正的,所以,此说也是不足取的。

本书认为,对前科概念的界定,必须首先着眼于对其固有内涵的把握,其次要与其刑法学上的意义进行整合,既求其真谛又要保证其外延的适合。所以就不得不对前科的内涵和外延进行慎重的思考。首先,何为“前科的内涵”?本书认为,应当考量前科制度存在的核心价值和根本目的。前科制度的核心价值在于给予再次犯罪的犯罪人更为严厉的刑罚打击,以补偿之前刑罚的欠缺和不足,强调刑法的威慑功能,其根本目的是预防犯罪人再次实施犯罪,追求刑罚的特殊预防效应。因而对于前科概念的外延,本书认为可以从以下三个方面予以考虑:其一,前科首先是一个刑法学概念,所以其外延不可过于宽泛,要着眼于其刑法上的意义;其二,前科应当有其存在的期间;其三,由于在我国凡是被法院宣告有罪的人,不论其是否被科处刑罚,均有犯罪记录,而且终身不能消除,所以,“我

---

[1] 高铭暄、王作富、曹子丹:《中华法学大辞典》(刑法学卷),中国检察出版社2008年版,第467页。

们在考虑要消灭犯罪记录时,绝不能将罪行最轻的犯罪人排除出去,而是应该给所有的曾经犯过罪而又能够真心悔过的人以信心和希望"。这样就可以将所有被宣告有罪并受前科影响的人囊括进来,给予其充分的刑法上的人文关怀。

综上,本书认为,所谓前科,是指曾被法院宣告有罪而免予刑事处罚的人或被法院宣告有罪并被判处刑罚的人在刑罚执行完毕或被赦免后一定期间内所处的,并在此期间内其某些法律权利受到限制或剥夺的一种特殊的法律状态。这样定义前科概念,可使我国前科的理论范围与实际发挥作用的范围相统一,更具有科学性和可操作性。

二、前科消灭制度概述

前科是一种犯罪记录,前科消灭即消灭犯罪记录,即行为人在法律意义上被视为未实施过犯罪,行为人不应遭受任何歧视性待遇,其在法律上被认为没有过犯罪。前科消灭最早起源于法国,是17世纪后半叶在君主赦免权基础上发展起来的,通过国王的赦免行为,被处罚者在服刑之后和赔偿之后,可以从不名誉的污点中解放出来,其最早的表现形式是"恢复原状"。全面系统地阐述该制度的是德国。迄今为止,前科消灭制度已经被很多国家的立法采纳,但是世界各国的刑法典中对于前科消灭的提法不尽相同,有的叫作刑罚失效,有的叫作犯罪记录销毁,有的叫作刑事污点取消,有的叫作犯罪前科封存,有的叫作犯罪前科消灭,还有的叫作复权,如《意大利刑法典》的规定:"复权使附加刑和处罚的其他一切刑事后果消灭,但法律另有规定的情况除外。"〔1〕

虽然各国立法表述各有不同,学者观点也各异,但是各国对于前科消灭的必备要件认识基本一致。首先,从各国立法来看,未成年人犯罪前科消灭的先决条件都是未成年犯罪人受到有罪宣告或者刑罚已经执行完毕。这一条件符合犯罪前科消灭制度的本质精神,因为前科消灭所消灭的仅是前科所带来的不利影响,并非未成年犯罪人正在受到的刑罚处罚,所以前科消灭并不消灭正在执行的刑罚。其次,必须经过一定的法定期间,才能申请前科消灭。即未成年犯罪人在被判决宣告有罪或者服刑完毕或者被赦免后,不能立即引起前科消灭的法律后果,而是必须要经过一定的法定期间方可。最后,注重考察未成年犯罪人受到判决后的个人表现。即前科消灭要求未成年犯罪人在一定的法定期间内要有符合相关法律规定的个人表现才行。各个国家对此表现规定略有差异,但是大部分国家都将未成年犯罪人有无再犯新罪作为衡量能否适用前科消灭的首要条件。大体而言,以上三个要件是适用前科消灭制度的三个必备条件。

---

〔1〕 钟黎、姚小丽:《建立未成年人前科消灭制度相关问题探讨》,载《法制与社会》2008年第24期。

目前，综观世界其他国家及我国对前科消灭的研究，对前科消灭的界定主要有以下三种观点：第一种观点，认为前科消灭是指曾经被国家审判机关依法宣告有罪或者判处刑罚的法律事实不再存在；[1]第二种观点，认为前科消灭是指具有前科的人经过法定程序被宣告注销犯罪记录，恢复正常法律地位的一种制度；[2]第三种观点，认为前科消灭是指等曾受过有罪宣告或者被判处刑罚的人在具备法定条件时，注销有罪宣告或者罪及刑记录的制度。[3]

对比以上三种观点，第一种观点认为前科消灭的方式是自动消灭，第二种观点认为前科消灭的方式是经过法定程序由法院宣告。自动消灭和经过法定程序由法院宣告是前科消灭的两种不同的方式，这两种观点都只表述了前科消灭中的一种方式，都不够全面。但是第三种观点并未明确给出前科消灭的方式，此时既有可能是自动消灭，也有可能是法定消灭，或者自动消灭与法定消灭两种方式并存。

本书认为，这种表述更加妥当。此外，第一种观点和第三种观点都在表述中对前科的范围加以了界定，但是本书认为法律既然规定了前科消灭制度，在此之前肯定对前科的概念及范围予以了清晰、准确的界定，这时如果前科消灭中再对前科予以解释必然显得比较啰唆，有重复之嫌，因此，本书认为第二种观点的表述中未对前科的范围及含义进行界定，直接写出了前科的概念，使表述更加简洁、明了，相较于第一种观点与第三种观点而言更加合理。

综上，本书认为，前科消灭是指曾被宣告有罪而免予刑事处罚或者被法院宣告有罪并且刑罚执行完毕或被赦免后未成年人，在经过法定期间，符合法定条件的前提下，对其先前的犯罪记录和处罚记录予以注销的制度。对于前科消灭的法律后果而言，从宏观方面来分析包括以下几点：其一，法律评价的改变。犯罪记录注销后，当事人在法律上应被视为没有犯罪的人，任何人不得对其加以歧视。其二，合法权益的恢复。前科消灭以后，应当立即恢复当事人因为犯罪和存在前科而丧失的政治权利、民事权利和其他合法权益。其三，社会生活的保障。消灭前科以后，当事人在求学、就业等方面，应当与其他公民享有同等待遇。[4]具体到涉罪未成年人而言，前科消灭制度则是指基于未成年人特殊心理、生理状态，以及保障未成年人最大法益的需要，在一定前提下消除未成年人犯罪记录，从而保障其正常法律身份的一种制度。

---

〔1〕 马克昌：《刑法学全书》，上海科学技术文献出版社2013年版，第684页。

〔2〕 于志刚：《刑罚消灭制度研究》，法律出版社2012年版，第695页。

〔3〕 马克昌：《刑罚通论》，武汉大学出版社2011年版，第711页。

〔4〕 肖萍：《前科消灭制度研究》，载《刑法论丛》2011年第15卷。

三、未成年人前科消灭制度的比较法考察

未成年人犯罪前科的特殊化处理是一个世界性的趋势，现已被世界绝大多数国家普遍采用。《联合国少年司法最低限度规则》第 21 条第 2 款规定："少年犯罪的档案不得在其后的成人诉讼案中加以引用"，明确指出了只要犯罪时是未成年人，其犯罪所产生的后果不应该对其成年以后的生活产生任何影响，确立了前科消灭的原则，两大法系国家对未成年人前科消灭制度均作了相应规定。

对各国未成年前科消灭制度的规定进行比较分析，不难得出如下结论：

第一，未成年人前科消灭制度的消除方式主要有两种模式。第一种是自动消除模式。如日本。少年犯刑期执行完毕或者免于执行后，前科自动消除，恢复犯罪少年正常法律地位，视为没有犯罪，可以对外宣称没有受到过刑事处罚。第二种是裁定消除模式，如美国。前科的消除需要法院以裁定的形式作出，需要履行一定的程序。

第二，未成年人前科消灭均属于附条件的前科消灭。即只有当未成年人的犯罪前科满足一定条件的时候，才能由有权机关予以撤销。但是，各国在罪刑条件上的规定不尽相同：美国加利福尼亚在罪刑条件上有一定的限制，犯重罪的，如谋杀、企图谋杀、故意杀人、纵火、抢劫、性犯罪、绑架罪以及一些暴力重罪的行为，不能封存前科；英国对被判终身监禁而超过 30 个月监禁的未成年人，不能消灭其前科；俄罗斯、德国对罪刑条件没有特殊的限制。

第三，成年人前科消灭都需要一定的考察期限，此期限通常是在作出有罪宣告或者刑罚执行完毕后，用于观察未成年犯罪人的表现。美国加利福尼亚州规定，除法律规定不能封存犯罪记录的以外，其他犯罪前科在未成年犯罪人年满 18 周岁以后可以申请犯罪前科消灭；英国则根据未成年人所犯罪刑轻重规定了 1 年到 10 年不等的考验期间；澳大利亚警方对未成年人的犯罪记录不能保留到其成年后，18 岁必须销毁；德国规定前科消灭只能在执行刑罚 2 年以后或者刑罚被免除之后；俄罗斯则根据未成年人所犯罪刑轻重规定了 1 年到 3 年不等的考验期间；日本规定前科消灭需在监禁以上的刑罚已经执行完毕或者被免除执行之后，经过 2 年到 10 年，未被判处罚金以上刑罚的，刑罚宣告丧失效力。

第四，未成年人前科消灭都规定了一定的考察标准，即对个人表现的要求。也就是说，前科消灭只有在法定的期限内，具备法律所规定的个人表现方能施行，以期证实申请犯罪前科消灭的未成年人在考察期间已经得到了良好的矫正教育，重新具备了良好的品行。德国对此规定颇具特色，通过设定最短为 2 年的考验期，两年后未成年犯罪人负举证义务，来证明自己是一个正直的人，当然，法律也考虑到对有特殊表现的人予以区别对待，可以不受 2 年考验期间的限制，考

验期满,由享有最终裁判权的法院通过自由心证来判断该未成年是否已经恢复为一个正直的人,从而宣告此未成年人从此无犯罪痕迹。[1]

第五,未成年人前科消灭的申请主体呈多元化特点。申请主体既可以是本人,也可以是他们的监护人及保护机构。

第六,未成年人前科消灭的法律后果一致。各国都规定未成年人适用前科消灭制度之后,视为该未成年人未犯过罪,其因犯罪被剥夺的各项权利均须恢复,该未成年人再犯新罪,不适用累犯制度。

四、我国未成年人前科消灭制度的现状

几千年来,我国传统"重打击,轻刑罚","重刑主义"观念一直在人们的思想之中根深蒂固,所以,我国对于犯罪前科消灭制度的研究和探索也远远落后于西方的发达资本主义国家。20 世纪 90 年代起,我国专家学者才开始对罪犯的合法权益保护问题进行研究,也包括对犯罪未成年人的合法权益进行保护等问题进行研究。

司法实践之中也开始出台相关法律法规,一些地方法院也相继出台一些"未成年人前科消灭"实施办法以及试行意见等。从此,未成年人前科消灭制度走进人们的视野,逐渐成为人们的关注热点问题。我国至今还没有对未成年人前科消灭制度进行专门性立法,但是未成年人前科消灭制度在许多法律法规和相应司法实践之中均有所体现。

(一)我国未成年人前科消灭制度的立法探索

自 20 世纪 90 年代开始,由于我国青少年违法犯罪现象比较严重,我国才开始更加注重对青少年的专门性保护。1984 年我国签署并加入了《联合国未成年人司法最低限度标准规则》,该法第 21 条第 1 款和第 2 款对犯罪未成年人档案的保管和使用进行了严格的规定。该条款明确规定犯罪未成年人的犯罪档案必须加以保密,以保障犯罪未成年人的犯罪资料不外泄。与此同时,也表明如果行为人在实施犯罪的时候尚是未成年人,其所承担的不利后果就不应该波及其以后的正常生活,这些规定对我国在构建未成年人前科消灭制度时具有重要的借鉴作用。

我国对未成年人犯罪前科消灭制度的探索还要追溯到 1992 年,有关未成年人的前科限制公开制度在北京市海淀区人民法院首次试行,但是这次在我国开创新河的司法实践并没有在当时的司法界产生太大的影响,也没有引起我国司法界对未成年人犯罪前科消灭制度的广泛关注。

---

〔1〕 孙云晓:《当代未成年人法律译丛》(德国卷),中国检察出版社 2009 年版,第 207 页。

分别于1992年1月1日起正式施行的《未成年人保护法》以及1999年11月1日正式施行的《预防未成年人犯罪法》，代表了我国法制建设的重大进步。虽然我国有了这两部专门的少年法，但是它们在实施和执行中并非可以独立应用，往往需要依靠各种各样的地方性法规、行政规章以及相应的行政程序，否则根本无法起到保护未成年人的作用，因此使这两部法律有一些名存实亡。例如，《预防未成年人犯罪法》第37条规定："未成年人有本法规定的严重不良行为，构成违反治安管理行为的，由公安机关依法予以处罚。因不满十四周岁或者情节特别轻微免予处罚的，可以予以训诫。"[1]从该法条我们可以看出，本条中所说的严重不良行为是指那些构成违反治安管理的行为，但是在该法之中重复规定这一行为是没有什么意义和价值的，并且是由行政机关适用相关的法律法规通过相应的行政程序来处理这些违反治安管理的行为，由此就导致《预防未成年人犯罪法》第37条的规定没有独立的存在价值。

此外，许多省市还出台了未成年人保护条例，这些法律法规及条例的出台为保护未成年人的合法权益提供了法律依据。2008年12月，中央政法委在《关于深化司法体制和工作机制改革若干问题的意见》中提出在我国有条件地建立未成年人轻罪记录消灭制度的建议后，最高人民法院、最高人民检察院都对此十分重视，并作为司法改革工作的重点进行大力开展和推进；2009年3月25日，最高人民法院在"三五改革纲要"中也明确提出贯彻落实宽严相济的刑事政策是新一轮人民法院司法改革的重要内容，将配合有关部门有条件地建立未成年人轻罪犯罪记录消灭制度，明确其条件、期限、程序及法律后果。这预示着逐步构建我国的未成年人前科消灭制度已被正式列入最高人民法院的改革日程。2011年2月25日通过的《刑法修正案（八）》第19条规定，在《刑法》第100条中增加的作为第2款的免除未成年人"轻罪前科报告义务"制度的建立更是有着重要的意义。这是我国立法首次鲜明地提出有条件地免除未成年犯罪人的前科报告义务，体现了宽严相济的刑事政策，使我国的刑法更具科学性，也使我国相关的司法实践有法可依，为构建我国未成年人的前科消灭制度创造了立法和司法条件。

《刑法修正案（八）》为了防止犯罪未成年人成为累犯、惯犯，对我国关于未成年人犯罪的立法做出了进一步的完善，在该法第100条第1款之后增加了一款作为第2款，二者合并规定："依法受过刑事处罚的人，在入伍、就业的时候，应当如实向有关单位报告自己曾经受过刑事处罚，不得瞒报。犯罪的时候不满十八周岁，被判处五年有期徒刑以下刑罚的人，免除前款规定的报告义务。"从而，

---

〔1〕 赵秉志：《未成年人犯罪的刑事责任问题研究》，载《山东大学学报》2010年第2期。

我国刑法在总则中明确规定了免除未成年人轻罪前科的报告义务,从立法上确立了该少年刑事司法制度。适用免除未成年人轻罪前科报告义务制度主要应满足以下四个条件:

第一,主体条件。《刑法》第 100 条规定的"未成年人"是指犯罪时不满 18 周岁的人,而不是指审判时或者刑满释放时的周岁年龄。只要是犯罪时不满 18 周岁,即使是在审判时已满 18 周岁,仍然应该免除其前科报告义务。按照《刑法》第 17 条的规定,应当包括已满 14 周岁未满 16 周岁、16 周岁以上不满 18 周岁两个年龄阶段的未成年人。

第二,刑罚条件。《刑法》第 100 条规定的"处罚方式"是指刑罚范围内的处罚,仅仅是指刑法规定的五种主刑和三种附加刑,五种主刑包括管制、拘役、有期徒刑、无期徒刑及死刑,三种附加刑包括罚金、剥夺政治权利和没收财产。对于其他的非刑罚范围内的处罚方式,如治安管理处分等则不属于该范畴。同时,该条规定的 5 年以下有期徒刑的刑罚是指包括被判处 5 年以及 5 年以下的有期徒刑、拘役、管制以及以上刑罚方式并处附加刑或者单处附加刑的刑罚。

第三,处罚条件。《刑法》第 100 条规定的"受过刑事处罚"是指依照《刑法》及《刑事诉讼法》的规定判处了未成年人主刑或者附加刑,并且主刑或者附加刑被执行过。定罪判刑但宣告缓刑的以及定罪但免除刑罚的,他们并没有接受过刑罚的矫正,不认为是受过刑事处罚。

第四,结果条件。《刑法》第 100 条规定的免除未成年人的前科报告义务,可以保护未成年人的相关利益,使其在入伍、就业的时候不致因为犯罪前科而遭受歧视,从而有利于他们顺利回归社会。从对未成年人保护的视角来看,免除未成年人前科报告义务的规定具有积极的意义,是立法对前科消灭制度消极效应长期无视的改观,虽然在刑罚的程度上做出了一定的限制,但是这种限制具有一定的合理性。从国外对前科消灭的法律规定上我们也可以发现,绝大多数国家都对前科消灭制度的适用条件做出了刑罚程度方面的限制。但与此同时,针对前科消灭的立法尚有缺陷,亟须完善。这主要体现在以下方面:其一,这一规定仅仅涉及某些未成年犯罪人的前科报告义务的免除,全面系统的前科消灭制度还没有真正建立起来。其二,对于未成年人的前科报告义务的免除并没有附加任何限制条件,也就是说只要是被判处 5 年以下有期徒刑刑罚的未成年罪犯,均可以无条件地免除其报告义务。这一规定并未体现出刑罚个别化的理念,很显然还不全面,需要完善。其三,对于被判处 5 年以下有期徒刑的未成年罪犯的前科报告义务的免除的时间也没有作出相应规定。这些缺陷和不足还需通过逐步构建未成年人前科消灭制度得以解决,从而使之更加完善。

2012 年 3 月 14 日,第十一届全国人大第五次会议通过全国人大关于修改

《刑事诉讼法》的决定，该决定增加了未成年人刑事案件诉讼程序，并在第275条设置了我国未成年人犯罪记录封存制度，这是在我国现行《刑法》第100条规定的“前科报告制度”的基础上，结合社会发展的实际情况所做出的完善举措。未成年人犯罪记录封存是指不完全消灭未成年人的犯罪记录，在法律规定的范围内，通过技术性操作严格限制未成年人犯罪记录被查阅。具体内容为：犯罪的时候不满18周岁，被判处5年有期徒刑以下刑罚的，应当对相关犯罪记录予以封存。犯罪记录被封存的，不得向任何单位和个人提供，但司法机关为办案需要或有关单位根据国家规定进行查询的除外。依法进行查询的单位，应当对被封存的犯罪记录的情况进行保密。上述刑法及刑事诉讼法的修改规定了免除未成年人轻罪前科报告义务及犯罪记录封存制度，是我国立法的一个跨越，为我国建立未成年人前科消灭制度提供了法律基础。

（二）我国未成年人前科消灭制度的实践探索

2003年12月，河北省石家庄市长安区人民法院首先对未成年人犯罪前科消灭制度进行了规定，制定了《未成年人前科消灭实施办法》，以激励失足未成年人改过自新，加强对犯罪未成年人的保护和挽救。该办法规定被判处轻刑、缓刑的失足少年，在考验期内未犯新罪，有条件地“消灭前科”，使主观恶意不深、初犯的未成年人在升学和就业上没有罪犯的阴影。该办法就如何消灭未成年人的“前科”提出了具体的施行方案。方案规定：“犯罪时已满十四周岁不满十八周岁、初次犯罪、犯罪情节轻微、被判处管制、拘役、三年以下有期徒刑的未成年人犯罪人，在刑罚执行完毕后的一到三年法定考察期内再无违法和犯罪行为的，可以向原审人民法院申请消灭。另外，法院在接受申请后，对未成年犯罪人在服刑期间的表现进行调查、考核，确定前科消灭的考察期限，并对在考察期限内符合要求的未成年犯罪人作出决定撤销其犯罪前科的裁定，出具犯罪前科消灭证书，其犯罪被视为未曾发生，其享有与正常人相同的法律地位，不应受到歧视。”如此一来，与该犯罪有关的案卷、材料、法律文书等都不再计入未成年犯罪人的户籍和档案。值得注意的是，累犯以及犯罪性质较为严重的系初犯、偶犯的未成年人不在前科消灭之列，如贩卖毒品罪、危害国家安全罪以及其他较为严重的暴力性犯罪。这是因为他们的主观恶性较强，社会危害性较大，不能适用前科消灭制度。

2007年四川省彭州市人民法院首次启动了《关于前科消灭制度实施意见（试行）》，希望在彭州市试行针对于在校的所犯罪行为危害不大的轻微刑事案件或过失犯罪的未成年人的前科消灭制度，为轻刑、缓刑、免予起诉的少年犯在痛改前非之后，撕掉其“犯罪人”的标签，使其在以后的升学、就业、生活上不致受到前科阴影的拖累。[1] 在这个方案之中,犯罪前科是指已满14周岁未满18周岁的未成年人,实施了犯罪并被判处刑罚执行完毕的法律事实。该试行方案同石家庄市长安区的人民法院的施行方案一样,也对累犯及犯罪性质较为严重的未成年犯罪人规定了相应的例外情形,排除前科消灭制度的应用。随后,2009年12月,继《关于前科消灭制度实施意见(试行)》在彭州市人民法院取得了良好的成效后,彭州市人民法院又与彭州市人民检察院、彭州市公安局、彭州市司法局三家单位联合出台了《关于未成年人前科消灭制度实施办法》,该办法对前科的外延进行了扩张,实施办法规定被公安局处以治安处罚的违法犯罪记录以及被检察院作出不起诉决定的违法犯罪记录也属于可消灭前科的范畴,从而更好地在四川省彭州市全面推行未成年人犯罪前科消灭制度。

2007年,山东省青岛市综治委、市教育局和市中级人民法院等联合下发了《关于落实被判处非监禁刑的未成年人复学、升学问题的意见》。该意见规定,在升学时或者继续就学期间,表现良好的,可在档案中不记录前科劣迹。

2008年青岛市李沧区人民法院宣布正式启动未成年人前科封存制度,签发出台了《青岛市李沧区未成年犯罪人前科封存试行意见》,在全省首推未成年人前科封存制度。针对被法院判处3年以下有期徒刑、拘役的初犯未成年犯罪人,可以在刑罚执行结束后申请将档案封存,被判处缓刑的未成年犯罪人在判决生效后就可以向人民法院提出申请封存档案。档案被封存之后,该犯罪记录将不会出现在档案之中,未成年犯罪人以后的升学、就业、生活以及考公务员等都不会受到影响。同时,为了配合这一制度,李沧区公检法机关还分别建立了专门的未成年人犯罪档案并依照规定对已封存的犯罪档案进行专门管理,实行更加严格的保密制度。非经上述公检法机关同意,任何人不得借阅、复制、摘抄,更不得泄露档案内容,侵犯未成年人的隐私;但是,如果被封存犯罪记录的未成年人如果再次犯罪的话,其前科将被解封。[2]

2009年,在山东省乐陵市法院的倡导下,山东省乐陵市政法委等11个部门联合推出了《失足未成年人前科消灭制度》,产生了非常积极的影响。乐陵市人民法院与其他10个部门联合下发的《关于建立失足未成年人前科消灭制度的实施意见》以及《实施细则》,对前科消灭的内涵、工作程序、适用条件都作出了明确的规定,规定"对于处刑在三年以下有期徒刑、拘役、管制、单处罚金、免除刑罚的未成年人,在刑罚执行完毕后其前科自然消灭,若本人或家人提出申请,可报批发放前科消灭证明书;对处刑在三年以上有期徒刑的未成年人,在刑罚执行

---

[1] 朱伟:《论未成年人的前科消灭制度》,苏州大学2012年硕士学位论文。

[2] 徐明明:《论我国未成年人前科消灭制度的建立》,南京师范大学2011年硕士学位论文。

完毕后的一至六年不等的考察期内不再故意犯罪的，也有权提出申请，发放前科消灭证明书之后，未成年人的前科归于消灭，视为未曾犯罪，由相关司法部门对原卷宗材料进行加密封存、不予公开，其所受刑事处罚、法律文书不再计入其人事档案和户籍，但对涉及危害国家安全犯罪、严重暴力性犯罪以及毒品犯罪的首要分子及主犯等主观恶性较大的罪犯，构成累犯的罪犯不适用于前科消灭制度。”[1]通过以上相关规定可以看出，该制度为了避免与法律相抵触，在设计上进行了限制性的规定，从而使这项制度在实践中成为了附条件的、不完全性的前科消灭。

2010年1月1日起，山西省太原市开始试行未成年人犯罪前科消灭制度，规定对主观恶性不大、初犯、偶犯、判处3年以下有期徒刑的未成年人，经过考察之后，对悔罪表现良好的未成年人的犯罪记录进行封存，不记入学籍和人事档案，行为人的就学就业等权利不受犯罪前科的限制，免除了刑法规定的犯罪前科报告义务。[2]

2010年4月，山东省德州市综治委、公检法机关、教育局等10家单位联合签发了《德州市未成年人轻罪犯罪记录消灭实施细则（试行）》，规定对轻微犯罪的未成年人实行“前科消灭”，以充分保证这些未成年人升学、就业的权利。

2010年6月，山东省泰安市出台了《未成年人轻罪犯罪记录封存消灭制度的试行办法》，该办法对未成年人轻罪犯罪记录封存消灭制度的基本内涵、基本原则、适用条件、适用对象、程序启动、实施方法、考察内容、评审方法、档案管理等相关方面作出了明确的规定。

2010年6月，为了将未成年人犯罪前科消灭制度落到实处，江苏省彭楼区人民法院等11家单位经多次研讨之后，正式公布了《关于建立未成年人前科消灭制度的实施意见》与具体的实施细则。

通过对比以上各地法院未成年人前科消灭试行办法，我们可以看出，我国的未成年人前科消灭制度仅适用于初犯、偶犯、犯罪主观恶性不大的未成年人，累犯以及犯罪主观恶性较大的罪犯不适用前科消灭制度；在考察内容方面较为一致，基本都是在考察期间未重新犯罪、未被收容教养、劳动教养、治安拘留、收容教育、强制隔离戒毒且具有悔改表现；在裁定方式方面，普遍是由受理的法院作出未成年人前科消灭的裁定，为申请人出具前科消灭证明书；在程序设置方面较为人性，注重回访监督；适用的模式全部是封存犯罪记录，即由特定司法部门对涉及未成年犯罪人的犯罪记录等相关文件进行加密封存，不得对外公开，并且不

---

[1] 姜文：《论未成年人犯罪前科消灭制度》，广西大学2013年硕士学位论文。
[2] 徐明明：《论我国未成年人前科消灭制度的建立》，南京师范大学2011年硕士学位论文。

在当事人的档案之中载明其犯罪事实。前科消灭之后,未成年人的权利不受任何限制。

除了相同点之外,各地法院未成年人前科消灭试行办法中也有很多不同点:

第一,适用对象不同。绝大多数法院都是针对已满 14 周岁不满 18 周岁的未成年人,但是四川省彭州市人民法院规定的范围比较狭窄,仅仅规定了在校的未成年人。

第二,考察期间不同。四川省彭州市人民法院没有规定未成年人前科消灭的考察期限,只要符合被判处 3 年以下有期徒刑、管制、拘役、单处罚金或者免除刑罚的未成年犯罪人,在其刑罚执行完毕或者被赦免后,确有悔改表现的,就满足前科消灭的适用条件。山东省乐陵市除有以上规定外,还对被判处 3 年以上有期徒刑的未成年人规定了前科消灭考察期间:其中被判 3 年以上 5 年以下有期徒刑的未成年人,规定了 1 年的考察期间,被判处 5 年以上 10 年以下有期徒刑的未成年人,规定了 3 年的考察期间,对被判处 10 年以上有期徒刑的未成年人,规定了 6 年的考察期间,只要在以上考察期间不故意犯罪即可。山西省太原市则对因犯罪被判处 3 年以下有期徒刑、管制、拘役、单处罚金或者免于刑事处莉的未成年人,规定了 1 年的考察期间,1 年之内没有重新犯罪,没被劳动教养、治安拘留、收容教育、强制隔离戒毒、少年收容教养,确有悔改表现的即可适用前科消灭制度。[1]

第三,管辖机关不同。山东省德州市规定向一审人民法院申请,河北石家庄长安区人民法院、四川省彭州市人民法院、山东省泰安市人民法院规定向原审人民法院申请,山西省太原市人民法院规定向负责帮教安置的基层司法所申请。

五、我国建立未成年人前科消灭制度存在的难点

未成年人前科消灭制度的确立是世界法制进程的必然趋势,但是该制度的确立涉及立法、司法、观念和社会环境等诸多因素,从其设立到发挥效力,必须有特定的环境和条件以及配套的制度保障,这就决定了在我国建立该制度必然会遇到各种各样的难题。

(一)与我国现行法律规范存在冲突

第一,该制度与我国刑法规定相冲突。我国《刑法》第 66 条、第 356 条规定了特别累犯和特殊再犯,该规定对于犯有特定罪的人,其前科在刑法意义上的从重处罚效应将终身不能消灭。为此,如果建立前科消灭制度,需要调整好有关法律法规之间的关系。

---

〔1〕 赵彬花:《太原推出未成年人犯罪前科消灭制度》,载《工人日报》2009 年 12 月 8 日。

第二，该制度与我国民事、行政法律相冲突。如《公司法》规定受过刑事处罚的人在一定期间内不得担任公司的董事、监事等职务；又如《法官法》《检察官法》《人民警察法》《律师法》《教师法》都规定曾因犯罪受过刑事处罚的人不得担任法官、检察官、人民警察、律师、人民教师。以上法律均对受过刑事处罚的人规定没有从事相关职业的资格，但是，如果这些人适用了前科消灭制度之后是否还可以从事这些职业？如果不可以，那么建立前科消灭制度的意义是什么？如果可以，则与上述法律规定相违背。我国《人事档案管理办法》第9条规定："员工考核结果及奖励、惩罚决定存入人事档案。"《档案法》第10条规定："对国家规定的应当立卷归档的材料，必须按照规定，定期向本单位档案机构或者档案工作人员移交，集中管理，任何个人不得据为己有。"[1]按照以上规定，刑事犯罪记录必然属于应当归档的重要材料，前科消灭之后，这些档案材料又如何处理呢？以上相关法律规定，实际上确立了前科制度在我国的重要地位，如果这些法律冲突问题得不到解决，未成年人前科消灭制度将很难顺利进行。

第三，"保护"与"惩罚"规制的冲突。《未成年人保护法》第44条从法律保护的角度，规定了"人民检察院免予起诉、人民法院免于刑事处罚或者宣告缓刑以及被解除收容教养或者服刑期满释放的未成年人，复学、升学、就业不受歧视。"而2002年国家教育部《关于做好2002年普通高等学校招生工作的通知》第一部分规定"因触犯刑法而正在被追诉或者正在服刑者不得报名"，取消了刑事污点者的考试资格，第四部分规定"有违反社会治安条例或其他刑事犯罪行为的，属于思想政治品德考核不合格"，限制了刑事污点携带者考生的录取。[2]江苏省《2012年普通高等学校招生工作意见》第1章第2条第4款规定："因触犯刑法已被有关部门采取强制措施或正在服刑者。"诸如此类法律与行政部门规章冲突的条文很多。在实际操作中，经常遇到类似冲突。比如：学校为整顿学校纪律，开除犯罪或犯错误学生；服刑后回到社会的前科携带者，工厂不给安排工作等。现行条文上的"保护"与实际生活中的"惩罚"和"不公平待遇"之间产生了难以协调的矛盾。

（二）缺乏完善的配套机制

建立未成年人犯罪前科消灭制度，主要有两方面的制度需要与之配套。一是如何实现与未成年犯罪人的社区矫正和社会帮教制度的有效对接。只有把这项衔接制度做好，才能使未成年犯的社区矫正、社会帮教和前科消灭制度相得益彰，发挥整体联动的合力，从而有效预防未成年人犯罪。二是如何与我国的户籍

---

〔1〕 姚建龙：《创设少年法院必要性研究的反思》，载《青少年犯罪问题》2008年第2期。
〔2〕 马黎灿：《论我国未成年人前科消灭制度的构建》，法律出版社2013年版，第16页。

制度和人事档案制度相协调。在我国,每个人的出生、上学、结婚、就业和迁徙等无不受到户籍和人事档案制度的制约。居民户口簿和人事档案通常会对一个人是否受过刑事处罚有详细记录,而要确立未成年人前科消灭制度,势必会冲击我国传统的户籍和人事档案制度。

(三)面临民众观念的阻力

报应观念在我国根深蒂固,存在广泛的群众基础,“杀人者死,伤人者刑”的观念深入人心。在报应观念的影响下,未成年人承受前科带来的各种不利影响被看作其应有下场、咎由自取,要改变民众长期以来形成的这种报应的文化观念实非易事,因此未成年人犯罪前科消灭制度实施之初面临更多的可能是社会大众的质疑。

六、我国建立未成年人前科消灭制度之立法构想

作为一种控制犯罪的机制,前科制度确实可以预防犯罪,但永久保留前科不仅不利于未成年人复归社会,反而还会引发未成年人重新犯罪。因此,有必要探讨一种与之相对应的制度,最大限度地抑制保留前科给未成年犯罪人带来的消极影响,充分发挥前科消灭制度的应有功效。未成年人前科消灭制度就是在这样的大背景下应运而生的。在未成年人前科消灭制度的具体构建上,根据我国相关法律规定及各地司法实践,本书认为应该从如下方面来探讨我国未成年人前科消灭制度的建构问题。

(一)我国未成年人前科消灭制度的设计

第一,我国未成年人前科消灭制度构建的指导性思想。通过对国际法及国内法的比较研究,立足我国国内的实际情况,有条件地使用该制度。随着世界经济一体化越来越深入,法律等其他领域的世界一体化趋势势不可当。为了完善我国的立法,我们应放眼世界、拓宽视野,借鉴国外发达国家的先进立法经验,通过分析国内外立法现状,立足我国国情,有选择地将国外先进理念、立法引入我国。移植国外立法最重要的就是要符合我国国情和立法、司法实践经验,所以要培养贯彻该项制度的法治环境。

第二,对已经颁布实施的法律规范进行全面分析。我国部分地方已经出台了未成年人前科消灭方面的法律法规、试行办法等,取得了显著的成果。但是,实践之中仍然存在许多应该完善的地方,我们要在司法实践之中不断反思、总结,不断丰富我国未成年人前科消灭方面的相关立法,充分发挥该制度的积极作用和影响。

(二)我国未成年人前科消灭制度的具体设计

将未成年人前科消灭制度引入我国刑法的趋势势不可当,但是应该如何对

此制度在刑法之中进行规定还需要我们进一步思考。实体法需依赖程序法才能得以实现，程序法是实体法的保障。我国要建立未成年人前科消灭制度不应只对实体法进行规定，还应对相应的程序法进行规定，二者缺一不可。由此，在对国内外的相关理论和实践认真思索和研究的基础之上，本书提出以下立法建议。

1. 未成年人前科消灭制度的主体条件

学术理论界对该项制度的主体条件的探讨，主要有以下两种观点：一种是对前科的犯罪性质不作任何限制。例如，日本的相关规定，只要未成年前科犯罪人在法定的考察期间不再犯新罪即可自然消灭。另一种观点认为，在我国现今的法制环境下，我们应对前科犯罪性质作适当限制。此种情形主要是指对犯罪人本身的主观恶性程度较大、犯罪情节及社会危害较为严重的情形，对此应禁止前科消灭。前科禁止消灭包括三种类型：一是对危害国家安全的犯罪不适用前科消灭制度；二是对于累犯不适用前科消灭制度；三是对于惯犯、瘾癖性犯罪不适用前科消灭制度。本书更支持第二种观点，即应当对未成年人前科消灭制度的主体作适当的限制，但是具体限制的内容与以上观点存在一定的差异。

我国司法实践之中，对未成年人前科消灭制度的主体范围也存在一定的限制，主要包括以下四种：一是涉案未成年人所犯罪刑情节轻微并被判处 3 年以下有期徒刑或者拘役、管制、单处罚金的情形。二是涉案未成年人为初犯、偶犯。三是涉案未成年人具备法定或者酌定的从轻、减轻处罚的情节的。四是涉案未成年人确有悔改表现的。

本书认为，根据我国现有刑事立法体系，马上针对未成年人前科消灭制度进行专门的立法是不现实的。因此，我们可以先将未成年人前科消灭制度规定在刑法总则之中，由此，未成年人前科消灭制度不但在立法之中得以确立，还能在全国司法实践之中得以应用，有利于该项制度在全国范围内的普及和推进。

本书对该立法有如下建议：对于实施犯罪且被判处 10 年以下有期徒刑并已执行完毕的未成年犯罪人，如果存在以下情形，且该未成年涉罪人在法定的考察期间表现良好确有悔改表现的，符合法定条件的主体可以依照法定程序申请取消其犯罪记录：(1)由于过失构成犯罪的；(2)由于被诱骗而构成犯罪的；(3)属于共同犯罪之中的从犯、胁从犯的；(4)犯罪后有自首和重大立功表现的；(5)其他情形。对于被判决宣告为危害国家安全罪、走私、贩卖、制造、运输、非法持有毒品罪未成年人和属于累犯、惯犯的未成年人不应适用该制度。

2. 未成年人前科消灭制度的悔改要件

未成年人前科消灭制度的悔改要件是指满足了主体条件的未成年犯罪人适用前科消灭制度还需要满足的条件，也是未成年人前科消灭制度的实质条件，不同的国家和地区在这一点上的规定存在较大差异。主要有以下两种观点:一种是指只要满足法定条件的未成年犯罪人在法定期间没有触犯其他法律即可,不需要其他的考察条件。如日本、澳大利亚和我国台湾地区就采取此种做法。另一种是指需要涉案未成年犯罪人证明自己已不具有社会危害性,且具备了法定的内在品质。如德国、法国就采取此种做法。德国法律规定涉罪未成年人在规定的期限内不再重新犯罪,遵纪守法,品行良好。刑罚执行完毕后,可以依法提出前科消灭申请,涉案未成年人通过多种方式证明自己是一个"正直"的人,少年刑事法官通过自由心证确信后,可以官方的名义宣布取消其刑事污点。笔者认为,鉴于未成年人前科消灭制度的根本目的是改造犯罪、预防犯罪,从而给未成年犯罪人以改过自新的机会,因而当事人是否彻底悔改是判定是否能实现前科消灭制度目的的重要标准,因而对此严格规定更加适合。因此,笔者更加倾向于后者观点,即法院前科消灭的程序中,通过审查认为涉案的未成年犯罪人已彻底悔悟且不再具备社会危害性的,可以认为该未成年人已符合未成年人前科消灭制度的实质要件,可对其适用未成年人前科消灭制度。韩国刑法典规定前科消灭的条件不但需要满足在法定期限内未犯新罪,还需要满足以下条件:其一,能够模范地遵守法律,用自己的实际行动证明其确已得到改造并真心悔改等。其二,能够积极履行法院裁定的义务,积极赔偿被害人因自己的犯罪行为所受到的各种损失。其三,能够融入社会,诚实合法地参加劳动,积极履行应承担的家庭义务,抚养、赡养家庭成员。

3. 未成年人前科消灭制度的考察期间

考察期间为未成年犯罪人在刑罚执行完毕之后,还需要接受法定考核义务的期间。各国刑法中如果对考察期间加以规定的,基本都是依据不同的犯罪情形设定相应的考察期间。《俄罗斯联邦刑法典》规定:"在下列情况下前科消灭:第一,判缓刑的人,考验期届满;第二,被判处比剥夺自由更轻种类刑罚的人,考验期为服刑期满后过 1 年;第三,因轻罪或中等严重的犯罪被判处剥夺自由的人,考验期为服刑期满后满 3 年;第四,因严重犯罪而被剥夺自由的人,考验期为服刑期满后满 6 年;第五,因特别严重的犯罪被判剥夺自由的人,考验期为服刑期满后过 8 年。"《波兰刑法典》规定,原判为限制自由刑的,考验期为 5 年;剥夺自由刑的,考验期为 10 年。英国《前科消灭法》规定,对于未成年人犯罪的,考验期为 7 年至 10 年,原判被判处轻微刑罚的,考验期为 1 年。从我国的司法实践来看,考察期间的规定应纳入如下情形之中:一是对受有罪宣告而未被判处刑罚的;二是对被判处缓刑的;三是对单独判处附加刑的;四是对被判处刑罚且执行完毕或被赦免的。考察期间应根据原判刑罚轻重来确定。笔者认为,考察期间可以根据我国既有的地方法律规范和司法实践并在借鉴国外立法的基础上加以确定，具体建议如下：判决宣告有罪而未判处刑罚、判处管制、拘役刑的以及被单独判处附加刑的，考察期间为1年；判处缓刑的，缓刑期满后开始计算考察期间，考察期间为1年；被判处5年以下有期徒刑的，考察期间为期满后2年；判处5年以上不满10年有其徒刑的，考察期间为期满后5年；经法院确定表现突出或者有重大贡献的行为人，不受上述期间的限制。

4. 未成年人前科消灭制度的程序设计

第一，申请主体。不同国家和地区对启动前科消灭制度主体的规定不尽相同，综观各国刑罚条例，对于申请主体范围的规定主要有以下两种：一种是只能由本人申请，如瑞士。另一种是本人及与本人有特定关系的自然人、单位或者国家法定机关，如德国规定未成年犯罪人本人、其监护人或者法定代理人、检察官以及特殊情况下少年刑事诉讼办理机构的代表可以成为申请主体。笔者从更好地保护未成年人的角度考虑更倾向于第二种观点，申请主体原则上应为本人，但是本人申请确存在困难的，可以由其法定代理人、成年近亲属及其所在单位，居住地的村委会、居委会申请，也可以由人民检察院来申请。因为检察机关作为国家法律监督机关，在整个刑事诉讼过程中都担负着诉讼监督的职责，因此，在未成年人犯罪案件中，如未成年犯罪人经审判程序被判处刑罚后，检察机关可以根据该未成年人的悔改表现，向法院提出前科消灭的申请。综上，笔者有如下建议：有权申请前科消灭的主体为本人；本人申请确存在困难的，可以由其法定代理人、成年近亲属及其所在单位，居住地的村委会、居委会申请或者由人民检察院申请。申请人应当提交申请书，并在申请书中写明被申请前科消灭人的基本情况、申请消灭的事实及理由等情况，并附上相关证据。

第二，管辖法院。不同国家对管辖的规定也不尽相同，法国规定为原追溯法院、未成年人居住地法院及其出生地法院管辖。德国规定由对被判刑少年负有监护教育任务的初级少年法院管辖，如果判刑时犯罪人已经成年，则由其住所地人民法院管辖。我国理论学界主要有两种争论：一种观点认为，由终审法院管辖，因为终审法院对未成年人的前罪了解得更加详细；另一种观点认为，应由未成年人住所地基层法院管辖较为妥当。笔者更加倾向于第二种观点，因为实践之中适用未成年人前科消灭制度往往对未成年犯罪人设置一定的考察期间，观察其考察期间的表现。笔者认为，未成年人住所地基层法院更方便了解未成年人的表现，因此从节约司法资源的角度考虑，未成年人住所地基层法院更适合管辖。

第三，裁定。法官在裁决时如何对未成年犯罪人的再犯可能性进行评估一直是一个难题。目前，我国的未成年人犯罪或者重新犯罪，更多的是受制于社会环境的影响，对行为人本人的心理指标、行为指标和日常表现情况的评定，只能考察一个人在一定时期的行为表现,无法对他们将面临的社会环境作出预测。受理申请的少年法庭应当对当事人在考察期间的表现进行调查,经审查,在法定期间无新罪发生,且确有悔改表现的,裁定前科消灭。法定期间发生新罪或者悔罪表现不好的均裁定驳回申请。此外,根据案件性质,适用合议庭来裁定更为合适。

第四,监督。检察机关作为国家专门的法律监督机关,其监督职能贯穿于刑事诉讼的始终。对法院未成年人犯罪前科消灭决定权的监督是检察机关法律监督职能的应有之义。参照刑罚执行监督的模式,可以规定法院在作出前科消灭决定时前,应当征求检察机关的意见,检察机关对法院决定持异议的,有提出复核申请的权利。

5. 未成年人前科消灭制度的效力

前科消灭的效力问题是未成年人前科消灭制度最核心、最关键的问题。主要体现在如下方面:其一,罪刑记录一并取消,该未成年犯罪人在法律上被视为没有犯过罪,在其人事档案中也不作任何记载。其二,前科消灭后,行为人因前科被限制和剥夺的各项资格和权利恢复正常,如果再次犯罪不构成累犯。其三,任何单位、个人不得以未成年人有前科为由,对其入学、就业等采取歧视性待遇。

6. 建立未成年人前科消灭的相关配套机制

在构建未成年人犯罪前科消灭制度时,除了对制度本身进行设置外,还应该完善相关的配套措施。

第一,对于与前科消灭制度相抵触的法律法规进行修改,使之能适应时代的发展要求,进一步完善我国的法律制度。例如,可以对未成年人保护法进行修改和完善,在该法中确立未成年犯罪前科消灭制度,这样才能更加充分地维护未成年人的合法权益。国家和社会应为其创造一个良好的法律环境,以便于未成年人更加健康地成长。

第二,建立健全档案管理机构和制度。在现在的条件下,为尽可能缩小前科对未成年人的影响,应在司法机关建立专门的未成年人犯罪档案库,对未成年人犯罪记录统一管理,规定合理的存档期限和销档条件,设置专门机构、专门管理人员进行管理,销毁要有记录和必要的监督措施,并且不公开进行。同时,建立前科档案保密制度,加强对档案的严格管理,不得泄露档案内容,除司法机关外,任何人不得借阅、复制、摘抄未成年人犯罪记录档案。

第三,有效对接社区矫正和社区帮教制度。社区矫正制度全称为短期自由刑易科社区服务制度,是指不将被判处短期自由刑的未成年犯罪人拘禁于监狱或者一定的场所,而仅仅强制其向国家机关或者其他的公益团体提供一定时间的无报酬劳务的刑罚替代手段。在西方一些资本主义国家的刑法及刑事诉讼法中，将附条件的社会服务作为短期自由行的替代品已相当普遍。我国政府历来比较重视刑满释放人员的安置工作，并作出了一系列的法律、法规、政策，但是这些规定都太过笼统，缺乏可操作性，又缺乏相应的奖惩、监督等保障机制，进而影响了帮教工作的实施。因此，要想真正使未成年人前科消灭制度在现实中流畅运转，政府应发挥主导作用，推进社区矫正和社会帮教工作的落实。这两项工作的有效落实有助于未成年人前科消灭制度的建立，三者可以互相配合，协调运转。

第二节　年龄与民族自治

一、刑法变通的含义

我国《宪法》第116条规定："民族自治地方的人民代表大会有权依照当地民族的政治、经济和文化的特点，制定自治条例和单行条例。"民族区域自治法对此作了全面的规定。《刑法》第90条也明确规定："民族自治地方不能全部适用本法规定的，可以由自治区或者省的人民代表大会根据当地民族的政治、经济、文化的特点和本法规定的基本原则，制定变通或者补充的规定，报请全国人民代表大会常务委员会批准施行。"

所谓刑法变通或者补充规定，是指法律明确规定省、自治区的人民代表大会，有权依据刑法的基本原则，结合当地民族的政治、经济和文化的特点，对刑法进行某些变更或者补充，以利于刑法在该民族自治地方正确贯彻实施的一种特殊法律规定。刑法之所以这样规定，是因为我国是一个多民族的国家，共有56个民族，除汉族以外，少数民族有55个。少数民族虽然人口数相对于汉族来讲是少数，但是，绝大多数聚居在祖国的边疆省区。东北的黑龙江、吉林，主要聚居着朝鲜族；西北边疆的西藏和云南，是藏族、傣族等二十多个少数民族的聚居区；南疆的广西和海南，是壮族、瑶族、黎族等民族的聚居区。我国的陆地边境地区，几乎都是由少数民族聚居而成，其聚居地占我国陆地面积的64%。少数民族的人口分布在这样的地理环境条件下，只有实行民族区域自治，才有利于民族地区的政治稳定和民族的团结。中国自古以来就是一个多民族的国家，因而不同民族有不同的习俗，其文化呈多元状态。这种多元文化的格局对国家的统一和法律制度的影响极大，一直是中央政权在实现国家统一、进行法制建设时不得不予以重视的一个极其重要的因素。

中国历代统治者都非常重视这种多民族文化的特点，在制定法律时都不同程度地考虑民族性特点，奉行过"以夷治夷"的法律原则。例如，在夏代实行的夏刑，就把民族的习惯法用国家强制力进行规范；在汉朝，汉武帝在平定南越时，明确宣布对壮族地区原来的社会制度加以保留，承认该民族习惯法的适用；元朝的《大扎撒》就是对民族习惯的汇编；清王朝先后颁行《盛京定律》《蒙古律书》，这些规定对于清朝统治者统治国家起了极其重要的作用。相反，如果哪个统治者不重视少数民族这一因素，其社会就会处于不稳定状态。例如，民国时期，国民政府无视少数民族文化习俗与汉族文化习俗的差异，片面追求国家法制的统一。这种同化政策加深了民族隔阂和民族矛盾，少数民族人民反对国民政府统治的斗争此起彼伏。因此，我国宪法、刑法、民族区域自治法规定民族自治地方可以根据本民族文化、经济的特点制定变通或者补充规定，是充分考虑了我国是一个多民族国家这一国情的。

二、民族自治地方刑法变通或补充规定的现状

综观我国民族自治地方对法律所作的变通或者补充规定，针对婚姻法的较多，其次是关于继承法、土地管理法等，而关于刑法的变通或者补充规定几乎是零。

造成这一状况的根本原因，一方面是因为当地立法机关对制定刑法变通或者补充规定不重视，认为有刑法就足够了，无须再制定什么变通或者补充规定。另一个方面的原因是制定刑法变通或者补充规定有相当的难度，即如何把当地的民族文化习俗与刑法有机地结合起来，这一切入点不好把握。由于上述两个方面的原因，导致我国绝大多数民族自治地方刑法变通或者补充规定迟迟不能出台。

尽管绝大多数民族自治地方没有制定刑法变通或者补充规定，但少数民族历代传下来的民族文化习俗却是在执法过程中不容忽视的，而且也是无法忽视的。这些习俗历代相传，在当地少数民族人民头脑中根深蒂固，在执法过程中忽视这些因素而强行实施刑法相关的内容是行不通的。

因此，在司法实践中，有的办案人员已经作了变通，其变通的做法补充了刑法没有规定的内容。

例如，刑法把有配偶者与他人结婚，或者明知他人有配偶而与之结婚的行为规定为重婚罪，但是在有些少数民族地区，由于习俗而存在一夫多妻或者一妻多夫的现象，像在西双版纳地区的哈尼族，如果夫妻结婚几年之后无子女，按当地的习俗丈夫就可以纳小，或在有了 7 个女儿之后尚未生儿子的情况下，可以再娶。该民族的这一习俗从远古时期一直沿袭到今天，如果按照刑法的规定应当认定为重婚罪，而当地的办案人员考虑到当地的习俗，没有全部都定重婚罪。

再如，刑法把毁坏珍贵林木和猎取国家保护的稀有动物的行为分别定为非

法采伐、毁坏珍贵树木罪和非法狩猎罪，而有些少数民族，像景颇族、布朗族、独龙族等，他们刀耕火种，历代靠打猎为生，因此也就对珍贵动物和稀有树木造成了毁坏。如果按照刑法的规定，应当认定为非法采伐、毁坏珍贵树木罪和非法狩猎罪，而当地办案人员考虑到该民族的习俗，如果行为人非法采伐珍贵树木或者非法狩猎的行为后果不是非常严重的话，一般就不按犯罪处理了。

最后，则是涉及年龄因素的刑法变通。比如我国现行《刑法》第 236 条第 2 款规定“奸淫不满十四周岁的幼女的，以强奸论，从重处罚”。该条款将与未满 14 周岁的女子发生性关系拟制成强奸罪，并需要从重处罚。但是，一些少数民族普遍存有早婚的习俗，女孩子到了 13 岁便被视为成年人并举行成人礼（如藏族地区幼女的“戴天头”习俗），此后男子与其发生性行为或者结婚，在当地社会（甚至包括受害人）都习以为常，并不会受到谴责或干预。[1] 据介绍，贵州镇宁布依族苗族自治县某村在 1992 年冬“结婚”共 7 起，年龄均在 14 周岁以下，有的仅 10 周岁。[2] 对于这一类出于民族习俗的行为，除手段残忍、致被害人重伤、死亡或者造成其他严重后果外，不宜作为强奸罪处理；在量刑时，除造成被害人身心严重摧残甚至致人死亡外，一般不处重刑，这种变通做法补充了刑法没有规定的内容。

三、制定刑法变通或者补充规定时应通循的指导思想

民族风俗习惯是各民族在其历史发展长河中逐渐形成并长期保存下来的行为准则，在实际生活中一定程度上调整着各民族内部及外部的关系。这些风俗习惯依靠舆论和民间的惩罚得到流传并实施。风俗习惯具有强大的生命力，带有鲜明的民族特征，并由一个民族普遍遵守，世代相传。即使在统一的国家，各民族在遵守国家法律的同时，也必须遵守本民族的风俗习惯，一旦违反，便会遭到来自本民族内部的谴责或惩罚。在我国的许多民族乡村，民族的风俗习惯往往构成了乡规民约的主要内容。对于与国家基本法律之一的刑法相吻合的民族习惯来说，风俗习惯的实施必然给刑法的实施提供了种种便利。然而，风俗习惯作为一种具有民族特色的历史文化，不可能与现代法律完全吻合，现存的与法律相抵触的风俗习惯势必与现行刑法的有关规定发生冲突。为此，司法实践中办案人员在没有作出刑法变通或者补充规定之前，为了解决实践中遇到的这些冲突，采用变通手段审理具体案件就不足为奇了。

司法实践中对有些案件作出变通处理的做法由于于法无据，难免会产生对罪与非罪、此罪与彼罪的认定不统一，以及量刑畸轻畸重的情况。例如，前文提及奸

---

〔1〕 侯墩：《坚持法制的统一性和兼顾民族的特殊性》，载《法制建设》1988 年第 2 期。

〔2〕 吴大华：《重视和加强少数民族地区犯罪控制的研究》，载《云南法学》1999 年第 3 期。

淫幼女型的强奸罪,由于少数民族早婚的习俗影响,不宜全部按照《刑法》第264条第2款处理。但是,《关于依法惩治性侵害未成年人犯罪的意见》第25条对特别指出了“对不满12周岁的儿童”实施强奸的,“更要依法从严惩处”。这在某种意义上给对少数民族的早婚也加上了一层限制,即虽可适当放宽,但也不能过头。因此,为了防止司法实践中的量刑畸轻畸重,立法机关制定少数民族地区刑法变通或者补充规定就显得尤为迫切。

本书认为,制定少数民族地区刑法变通或者补充规定时,应当遵循两个基本原则:

第一,不能不顾少数民族传统文化习俗的影响,生硬强调无条件地推行刑法的规定。如果强行推行,就等于忽视了少数民族群众对传统文化习俗所具有的根深蒂固的信念。少数民族对传统文化的信念是其赖以保持民族性的法宝,丧失传统文化,其民族性也就消亡了。对于传统文化的改造,不能通过简单地推行先进的法律来实现。我们在制定刑法的变通或者补充规定时也是如此,不能把刑法的相关规定强行地、对少数民族的习俗不予充分考虑地体现在变通或者补充规定中。

第二,不能因少数民族的特殊性和少数民族对传统文化有根深蒂固的信念而排斥刑法基本原则对变通或者补充规定的指导。这样做等于忽视了少数民族传统文化的可利用性和可改造性。在现代化进程中,各民族在政治、经济、文化上的密切联系和频繁交流,使得我国境内的任何一个民族都不可能将自己锁闭在传统文化的深井中。少数民族刑事法律文化也是如此,在社会主义法制建设的推动下,少数民族传统刑事法律文化将会被社会主义的现代法律文化所利用和改造。我们在制定刑法变通或者补充规定时,要排除那些认为刑法的所有规定都不能在少数民族自治地方实施的错误想法。上述两个方面的问题是我们在制定刑法变通或者补充规定时所必须注意的,不能顾此失彼。

在这两个原则的基础之上,制定刑法变通或者补充规定时应当注意:

第一,保留少数民族文化习俗中好的东西。对于少数民族习俗和刑法共同否定的东西应予以承认,像盗窃罪、杀人罪、伤害罪、强奸罪、抢劫罪等,无论是刑法还是少数民族的文化习俗,都对这些传统型犯罪予以否定性评价,都认为是犯罪,在制定刑法变通或者补充规定时要予以体现。但要注意的问题是,尽管这些罪名是刑法和少数民族的文化习俗共同认可的,但不同的民族对其罪状的描述是不完全一致的,例如本书前面提到的奸淫幼女罪的认定,汉族人认为犯罪对象的年龄为14周岁,而在有些少数民族地区,人们认为13周岁就已经是成年人了,在制定变通或者补充规定时要注意区别对待,不能简单地以汉族的年龄来认定,但也不能无限放宽。

第二，关于罪与非罪的界限。刑法中规定为犯罪的，由于少数民族文化习俗的关系，就不易在变通或者补充规定中定为犯罪。像本书前面提到的有的少数民族有历代刀耕火种以狩猎为生的习俗，在制定刑法变通或者补充规定时不能简单地全部规定为非法砍伐珍贵树木罪和非法狩猎罪。因为这些习俗是他们世代沿袭下来的生活方式，如果把这些行为全部规定为犯罪的话，无疑剥夺了该民族区别于其他民族的最本质的特点，也无疑犯了在少数民族地区强行推行刑法的错误。这样做的后果一方面会导致刑法无法实施，另一方面导致该民族群众对现政权的仇视，从而会使该地区的政局陷于动荡。

第三，要摒弃少数民族野蛮的东西。有的少数民族有杀死刚出生的双胞胎和畸形儿的习俗，像动海哈尼族，他们就有认为生双胞胎和畸形儿不吉利，而必须将其杀死的习俗。这种习俗是落后和野蛮的。虽然这种习俗也是他们从祖辈那里传下来的，但这种习俗却不能与前面提到的那些行为一样一般不认定为犯罪，而要有所区别。前面提到的刀耕火种、以打猎为生的习俗，虽然给我们的生态环境造成损坏，但这种被限定在一定范围的损坏与杀死双胞胎和畸形儿相比，其对社会造成的危害结果要小得多。杀死双胞胎和畸形儿实际上是剥夺他人生命的行为，我们不能认为这种野蛮的行为是该民族最本质的东西而进行保留。因此，在制定变通或者补充规定时，必须按照刑法中的规定，一律认定为故意杀人罪。

第四，在适用死刑时应注意的问题。在对待死刑的态度上，一般民族都有祈生御死的观念，将死亡视为进入了地狱或是人生的终点。但是，也有一些民族认为灵魂不灭，人能够死而复生，如景颇族、藏族等，这样的对待死亡的价值取向直接影响到死刑的实施。对祈生御死的民族来说，死刑可能是一种极端严厉的刑罚；而对于相信死而复生、生死往复的民族来说，死刑可能是一种不及罚金刑严厉的刑罚。为此，在制定刑法变通或者补充规定时，不能不考虑不同民族对待死刑的态度来确定死刑的适用范围。必要时，可以用少数民族群众自己认为最严厉的刑罚，例如笞刑或者数额较大的罚金来代替死刑，以达到制定刑罚的目的。

第五，把我国的民族刑事政策“两宽一少”上升为变通或者补充规定。1983年7月《中共中央关于严厉打击严重刑事犯罪活动的决定》规定，对少数民族中的犯罪分子要少捕或少杀，在定罪和量刑时要从宽。这一刑事政策一直沿用至今。该政策对于指导民族自治地方打击严重破坏社会治安的刑事犯罪活动、稳定少数民族群众的思想、巩固民族团结，发挥了积极作用。但是，这毕竟是一种政策。政策在法律不健全的情况下起到法律所起的作用是可以理解的，但我们在制定变通或者补充规定时就应当把这一刑事政策上升为刑事法律，从而把

“两宽一少”的精神体现在刑法变通或者补充规定中。而且要详细列举何种情节可以少杀少捕，何种情节在定罪量刑时可以从宽。

第三节 跨年龄犯罪

一、跨年龄犯罪的学说

跨年龄犯罪是指犯罪行为跨越具有刑法意义的特殊年龄阶段——在我国是指区分无刑事责任与限制刑事责任的 14 周岁、区分限制刑事责任与完全刑事责任的 16 周岁、区分未成年人犯罪与成年人犯罪的 18 周岁。对于跨年龄犯罪行为的认定，学界尚无统一定论，但是围绕 18 周岁这一年龄分界线，大致存在“独立评价说”“主次区分说”“有利于被告人说”“立法意旨说”“未成年人身份说”等观点。[1] 这对于所有的跨年龄犯罪都具有借鉴意义。

独立评价说：是指以年龄分界线为界，将之前和之后的犯罪行为独立评价，不以 18 周岁之前的犯罪行为作为判定累犯的依据。该学说的观点已经体现在了现行《刑法》第 64 条中。

主次区分说：“即在以成年为时间分界线，拆分独立评价被告人成年前犯罪和成年后犯罪的基础之上，再对被告人成年前后犯罪予以比较……”

有利于被告人说：我国针对未成年人犯罪的处理方针为挽救教育为主，惩罚为辅，在刑事诉讼法中也确立了“有利于被告人原则”，因此，有利于被告人说要求在发生跨成年时间界限的情况下做出有利于被告人的判定。

立法意旨说：我国刑法、刑事诉讼法中规定了未成年人犯罪记录封存制度、缓刑制度、特别诉讼程序制度等，这些都体现了立法倾向于对未成年人犯罪予以宽容对待、试图消减刑罚之外的影响。因此，在出现跨 18 周岁年龄界限犯罪的情况下，根据立法意旨，不宜将其作为 18 周岁后再犯罪的不利的评判标准。

未成年人身份说：该说是指年龄分界线分割行为人的犯罪行为后，在此之前的犯罪应当适用未成年人犯罪的相关规定，这部分行为的实施应当将其视为未成年人。

---

[1] 陈俊豪、张鹏飞：《跨刑事责任年龄同种犯罪交织之累犯认定路径——基于量刑规范视野下的刑罚评价思路》，载《青少年犯罪问题》2012 年第 6 期。

二、跨年龄犯罪的各种情形

（一）跨年龄的数个犯罪行为

1. 跨年龄的同种数罪

同种数罪，是指行为人的犯罪事实充足符合数个性质相同的犯罪构成的犯罪形态。

（1）多次行为的犯罪

刑法中的“多次”不胜枚举，如第263条的“多次抢劫”、第264条的“多次盗窃”、第292条的“多次聚众斗殴”、第358条的“多次强迫他人卖淫”等。在刑法中，多次行为的犯罪是指行为人实施了三次以上的犯罪行为构成犯罪的情形。

多次行为的犯罪跨越不同的年龄阶段，在认定方面一般以刑事责任年龄时间线为分割点，对其之前的行为不予刑事处罚。例如，《刑法》第264条的“多次盗窃”，若行为人共实施三次盗窃，在未达到“数额较大”程度的前提下，前两次行为实施之时已满14周岁未满16周岁，最后一次行为实施之时已满16周岁。则其是否应当负刑事责任？根据上述学说，该例中的行为人只需要对最后一次盗窃行为负刑事责任，但是最后一次盗窃行为并未达到刑事责任的标准，因此行为人不需要承担刑事责任。

（2）连续犯罪

连续犯罪是多次犯罪的一种特殊情形，是指行为人基于数个统一的犯罪故意，连续多次实施数个性质相同的犯罪行为，触犯同一罪名的犯罪形态。例如，某人趁居民出门看电影的时机，一晚盗窃好几户人家，每户都被盗走数额较大的财物，这种情形便是连续犯罪。连续犯有以下特征：故意连续性、行为连续性、罪名同一性。由于连续犯不实行数罪并罚，在法律没有明文规定其他处罚形式的情况下，只按照一罪从重处罚。

因此对连续犯罪进行讨论的意义在同种数罪并罚下更为突出，但是在我国的刑法体制下，认定连续犯罪对量刑有着重要的影响。连续犯罪跨越不同的年龄阶段，在认定方面也只应对达到刑事责任年龄的犯罪行为进行认定，以此观测其是否达到连续犯罪的情形。例如，行为人连续实施了三次故意杀人行为，他的这一系列行为跨越14周岁前后，但是有两次发生在14周岁之前，那么对于其杀人行为，就不能予以连续故意犯罪的评价并以此加重刑罚。倘若前两次杀人罪行极其严重，最后一次被害人有过错，那么就不能依据前两次犯罪的量刑对其判处死刑。

（3）惯犯

惯犯是指在较长时间内反复多次实施某种危害行为、触犯同一罪名的形态。

它包括常习惯犯和常业惯犯两种类型。常习惯犯是指实施某种犯罪已成习惯、行为人具有某种程度上的人格异常的犯罪形态；常业惯犯是指以犯罪所得为其生活主要来源的犯罪形态。[1] 二者均为犯罪次数多且经历时间长，行为习性能够反映出罪犯深重的主观恶性。因此，单纯的“多次”并不等同于惯常。倘若惯犯的犯罪行为跨越了不同的刑事责任年龄阶段，我们不能单纯地根据被割裂的行为来判断其是否为惯犯。年龄对惯犯的认定有什么意义呢？

《刑法》在第264条盗窃罪中规定了扒窃入罪，但是司法实践中认定扒窃行为入罪的情形本身包含了一定的惯犯因素，在行为人仅扒窃了一次并且数额较小的情况下是否应以盗窃罪定罪处罚？若行为人多次扒窃，积习难改，但数目均不大，在最后一次扒窃时被抓获，此时该如何处理？在司法实践中，前一种情况一般会用《刑法》第13条进行出罪，毕竟对第一种情形进行刑事处罚有违罪责刑相适应原则；但是对于第二种情况，将其认定为盗窃罪却无可厚非，首先它符合《刑法》第264条的规范构成要件；其次它符合立法宗旨，《刑法修正案（八）》将扒窃入刑，目的就是打击扒窃这一类的惯犯、团伙作案行为等。因此，虽然刑法没有明文规定，但是在认定扒窃行为作为盗窃罪的定罪依据时，是否为惯犯是一个重要的认定因素。在后一个例子中，若行为人实施小额扒窃行为跨越了不同年龄阶段，假设只有最后一次扒窃行为发生在16周岁之后，那么是否应当对其进行刑事处罚？因为惯犯的认定不仅与次数相关，主要与行为人的主观恶性相关，而主观恶性的存在很大程度反映在了次数上，尽管绝大部分犯罪发生在未达刑事责任年龄之时，尽管对这部分扒窃行为不能直接进行刑事处罚，但是这些行为却有力地反映了行为人的主观恶性程度，这又进一步反映甚至决定了其最后一次行为是否是惯犯的认定，并影响到最终的定罪量刑。

但是根据刑法的立法精神，其对未成年人是持着一种教育和宽宥态度的，因此，我们是否要消除刑事处罚带来的其本身之外的影响？这种影响是否包括对惯犯的认定？我们的刑事责任年龄这条界线是否应该如同真空一般隔绝其先前行为所带来的一切影响？笔者认为，刑法虽然试图消除刑罚给未成年人所带来的附加影响，例如规定了未成年人犯罪记录封存制度，但是这并不代表刑罚本身的判定也要松弛宽泛，我们应该在依法认定的基础上对其行为进行政策上的宽宥和教育。因此，惯犯的认定应该参照行为人未达到刑事责任年龄时所实施的同类犯罪行为的次数，以此来确定其主观恶性，并进而判断惯犯的成立与否。

（4）数额犯

数额犯是指行为人以财产为对象实施犯罪行为时，需要具备一定的数额条

---

〔1〕 参见郭自力主编：《中国刑法论》，北京大学出版社2015年版。

件才能构成犯罪的情形。年龄时间线对数个数额犯罪的划分会对行为人行为的定罪量刑产生较大影响。如《刑法》第 264 条盗窃罪,一般情形要求达到数额较大方能构成犯罪,根据数额还分为不同档次的法定刑。因此,数额犯的同种数罪跨越不同年龄阶段时,就会产生数额认定问题。

例如,行为人以 16 周岁生日为分界点,前后实施了两次盗窃行为,每次盗窃数额均未达到入罪标准,但是总额却达到了盗窃罪的入罪标准。那么,针对行为人的行为,应当如何处理？笔者认为,此处可以借鉴独立评价说,以刑事责任年龄为分界线,独立评价前一行为和后一行为。为什么不采用另外的评价方式进行合并判断？一个人的刑事责任能力并不是与生俱来的,只有达到一定的年龄,才能具备这种辨认能力或者控制能力。对未达刑事责任年龄的行为人实施的行为不予刑事责任追究,就是考虑到其辨认或者控制能力并未完全具备。因此,该案中,合并盗窃数额追究刑事责任,有违刑法设立刑事责任年龄的初衷,应分别独立认定两次盗窃行为的刑事责任。

又如,行为人以 18 周岁为分界点,前后实施了两次盗窃行为,前一次盗窃数额达到了入罪标准,后一次盗窃未达到入罪标准,针对行为人的行为应如何处理？是将第一次盗窃行为作为盗窃罪处理、第二次予以行政处罚？还是将二次盗窃数额合计,在量刑起点上确定基础刑？现已失效的 1998 年最高人民法院《关于审理盗窃案件具体应用法律若干问题的解释》第 5 条第 12 款曾规定:“多次盗窃构成犯罪,依法应当追诉的,或者最后一次盗窃构成犯罪,前次盗窃行为在一年以内的,应当累计其盗窃数额。”该条款虽然已经失效,但是对于跨年龄的盗窃行为还是具有借鉴意义的。但最高人民法院《关于审理抢夺刑事案件具体运用法律若干问题的解释》第 2 条第 2 款规定,“抢夺公私财物,未经行政处罚处理,依法应当追诉的,抢夺数额累计计算。”因此,数额犯的数额一般如此认定:行为人依法应当受追诉的,数额累计计算。这种数额累计计算的条件有三个:一是行为人实施多次行为;二是行为人未经处理;三是行为人依法应当受到追诉。[1]

2. 跨年龄的异种数罪

异种数罪,是指行为人的犯罪事实充足符合数个性质不同的犯罪构成的犯罪形态。行为人跨越不同年龄阶段实施不同种类的犯罪行为,应当按照其行为当时各自的刑事责任年龄来决定对其行为的处理。例如,行为人在已满 14 周岁未满 16 周岁时故意杀人,在未满 14 周岁盗窃财产数额较大,那么则应该根据各自的刑事责任年龄对行为人处以故意杀人罪。

---

〔1〕 许光勇:《犯罪数额的累计计算》,载《河南公安高等专科学校学报》2007 年第 2 期。

3. 牵连犯

牵连犯是指犯罪的手段行为或结果行为，与目的行为或原因行为分别触犯不同罪名的情况。牵连犯有两个特征：其一，必须是其手段行为或者结果行为又触犯了其他罪名；其二，数行为之间存在手段行为与目的行为、原因行为与结果行为的牵连关系。对于牵连犯，除我国刑法已有规定外，从一重罪论处。牵连犯在中国刑法条文中虽然没有明文规定，但在司法实践中却经常涉及。对于牵连犯问题，在刑法理论界存在较多争议。传统刑法理论认为牵连犯是实质的数罪，处断的一罪；新刑法的规定对牵连犯有的适用从一重处断，有的适用数罪并罚。因此在讨论牵连犯处断原则的选择之前，必须确定牵连犯的罪数性质——牵连犯是一罪还是数罪。在这一点有的认为是一罪，有的则认为是数罪。认为是一罪的学者分别基于以下理由：一种是认为牵连犯无论在主观意图上还是客观行为上都存在一种前后相连的依存关系，是一个不可分割的整体，因此牵连犯就是一罪；另一种则认为应该将牵连犯的概念加以限制——将牵连犯定义为“在同一犯罪目的支配下侵犯同一客体的多个犯罪行为”进而将牵连犯认定为一罪。认为是数罪的学者有以下理由：现在理论界公认的牵连犯的本质特征如下：其一，牵连犯中行为人必须实施了数个相对独立的行为；其二，牵连犯的数个行为分别触犯刑法分则中的不同罪名；其三，牵连犯的数个行为之间因为一个最终的犯罪目的而具有原因与结果关系或者手段与目的关系。在此必须着重指出两个方面；一是牵连犯中的数个行为必须是客观上已经实施的。二是牵连犯并不意味着只有唯一的犯罪目的，更不是只有唯一的犯罪故意。因此在界定牵连犯中的牵连关系时，必须具备主客观两个方面的因素，缺一不可。通过分析可知，牵连犯中的数个行为侵犯了不同的法益，这意味着各个行为具有客观违法性，而各个行为又都有自己独特的犯罪故意，因为行为人对各行为都具有主观上的有责性，这样数个行为分别构成了不同的犯罪，也就是说牵连犯应该是数罪而不是一罪。[1]

由于关于牵连犯的性质有不同观点，因此，当牵连犯发生跨年龄情形时，对于牵连犯的处理，亦有不同看法。笔者赞同第二种观点，牵连犯这种实行数个相互关联的行为并触犯不同罪名的行为本质上是数行为。但是刑法对于牵连犯的处理各有不同，因此学界上对此采取不同的态度：第一种，对牵连犯原则上以一罪论处，但是刑法有特别规定的除外；第二种，将刑法所规定的牵连犯以数罪论处的情况排除在牵连犯之外；第三种，取消牵连犯概念，将原有的牵连犯所包含的犯罪现象，分别作为想象竞合犯、吸收犯与数罪处理。笔者赞同第一种观点，即依照刑法，将本质上为数行为的牵连犯根据其行为之间的紧密关联性作为一

〔1〕 于志强：《论牵连犯的处断原则》，载《法制与社会》2015 年第 13 期。

行为看待，例外情况例外对待。因此，当牵连犯发生了跨年龄阶段的情形时，依照刑法的规定为一罪的，根据结果行为或者目的行为等最终行为结束之时所处的刑事责任年龄来认定刑事责任；依照刑法规定为数罪并罚的，依照异种数罪跨年龄阶段来处理。

4. 累犯

累犯是指因犯罪受过一定的刑罚处罚，在该刑罚执行完毕或者赦免以后，在法定期限内又犯一定之罪的罪犯。因此，对跨年龄的数个犯罪行为的讨论影响到累犯的成立，也影响到对犯罪行为的定罪和量刑。但是《刑法》第 65 条有明文规定，"过失犯罪和不满十八周岁的人犯罪的除外。"因此，对跨越不同年龄阶段的犯罪认定累犯，应采用独立评价说，即以行为人 18 周岁之后的犯罪行为为基准认定累犯。

（二）跨年龄的单一犯罪行为

1. 预备行为与实行行为跨越不同年龄

根据《刑法》第 22 条，预备行为是指为了实施犯罪，准备工具、制造条件的行为。"准备工具"，是指准备实行犯罪所用的一切物品。"制造条件"，是指准备工具以外的其他犯罪预备行为。预备行为与实行行为的区分在于未着手实行犯罪。"着手"是指行为人实施了刑法分则所规定的某一犯罪构成行为，它的特征在于行为人的行为已经同客体发生接触，或者已经逼近了客体、可以直接造成犯罪结果，并且因犯罪性质、行为手段、行为方法的不同而不同，例如财产犯罪的本质是转移占有。早在 18 世纪贝卡利亚古典学派便提出了刑事追究的起点——着手犯罪。由于犯罪预备具备如上特性，即并没有真正实施犯罪构成行为，因此当犯罪预备行为与实行行为跨越不同年龄阶段时，我们仍然以实行行为发生的年龄阶段为基准，将预备行为与实行行为看作一个整体对犯罪行为进行刑事责任评判。

但是由于犯罪预备在《刑法》第 22 条明确规定了得减主义的处罚原则，反映出了犯罪预备的社会危害性，加上分则中设置了阴谋犯与特殊的预备犯这类本质上将预备犯正犯化的罪名，使部分学者认为应当将跨越不同年龄阶段的预备行为和实行行为分别定罪处罚。例如行为人在年满 16 周岁不满 18 周岁时实施了恐怖活动的预备犯罪行为，在已满 18 周岁时实施了恐怖活动行为，此时对其前一行为处准备实施恐怖活动罪，依据未成年人犯罪的处罚原则从轻或减轻处罚、并不得判处死刑；对其后一行为则定相应的犯罪，按照相应情节量刑，不享有未成年人的特殊待遇。关于这一情况，将在后文单独讨论。

2. 实施过程跨越不同年龄

（1）继续犯罪。持续（继续）犯罪行为是指行为从着手实行到终止以前，在一定时间内一直处于一种继续状态的犯罪，例如非法拘禁罪。继续犯有以下特征：其一，实行行为与不法状态同时继续，而不仅仅是不法状态的继续；其二，实行行为在一定时间内（成立继续犯所需时间内）持续；其三，一个行为侵犯了同一具体的法益，即实行行为自始至终都针对同一对象、侵犯同一法益。[1] 因此，持续行为是一个行为，只不过这一个行为具有某种持续性而已，其时间的增加并不影响犯罪的数量。“行为人在不同的刑事责任年龄阶段实施的某一危害社会的行为，且此行为是处于继续（持续）状态的，无法将一个行为分段来计算，其犯罪的时间的确定，可以参照《刑法》有关追诉期限对连续或者继续状态的追诉规定的立法精神，以其行为的终了时间计算为犯罪时间。”[2] 根据我国《刑法》第89条，“追诉期限从犯罪之日起计算；犯罪行为有连续或者继续状态的，从犯罪行为终了之日起计算。”因此，根据此观点，对于跨年龄继续犯罪的处理，应当以行为人继续行为结束之时的年龄作为其刑事责任年龄。

（2）徐行犯罪。徐行犯罪行为是指犯罪行为是以徐缓方式实行的情形。即本来可以即时达到预期目的的犯罪行为，行为人有意采取徐缓的方式陆续完成。例如，甲想毁坏乙的房屋，今天掀一瓦，明天拆一砖，长年累月最后导致他人房屋倒塌。这种情况下本来是一次性的行为，行为人分成若干次分别实行，因此刑法理论上仍然把徐行行为看作一个行为。跨越不同年龄阶段徐行犯罪的处理，类似于继续犯罪，以其行为终了之日的刑事责任年龄来确定刑事责任。

（3）接续犯罪。接续犯是指行为人在时间、场所非常接近的条件下，以性质相同的数个举动完成一个犯罪行为。其形似数行为，实际是数举动一行为；虽有一定数罪特征，但仍为实质的一罪。它具有犯罪行为的合成性、数个举动的密接性、举动性质的同一性和侵害权益的一致性四大特征。[3] 例如，某甲入室盗窃，在第一个房间偷了一台彩电，在第二个房间偷了一台电脑，在第三个房间偷了一个冰箱……如此连续偷了几个物品。在这种情况下，行为人实施的只是一个盗窃行为，只不过这几个盗窃举动之间具有某种接续性，因此它仍然是一行为而不是数行为。接续犯的意义在于在同种数罪并罚的情况下，把接续犯看作一个犯罪，以此来限制同种数罪的范围。由于接续犯的实行行为本质上是一个行为，因此，当它跨越不同年龄阶段时，以其行为结束时即最终举动终了之时的年龄阶段来判定刑事责任。

（4）转化型犯罪。转化犯定义为我国刑法理论之独创，其概念肇始于我国

---

〔1〕 参见张明楷：《刑法学》，法律出版社2011年版。

〔2〕 刘开煜：《跨刑事责任年龄探讨》，载《现代法学》1988年第4期。

〔3〕 吴振兴：《试论接续犯》，载《吉林大学社会科学学报》1992年第5期。

1979 年制定颁行的《刑法》第 153 条关于转化型抢劫罪的规定。老一辈刑法者在对本条款进行深入而详尽研究的基础上，将其称为“转化型抢劫”，并在此基础上提出了转化犯这一概念。

具有代表性的观点主要有以下几种：王仲兴教授认为“转化犯是由法律特别规定的，某一犯罪在一定条件下转化为另一种更为严重的犯罪，并且应当按照后一种犯罪定罪量刑的犯罪形态。”陈兴良教授则认为：“转化犯是行为触犯了某一较轻的犯罪时，由于连带行为人实施了某一较重的犯罪，因而法律规定以较重的犯罪论处的情形。”肖本山教授认为“转化犯，是指行为人实施一个故意犯罪（本罪）的同时，或者在本罪造成的不法状态持续过程中，由于行为人实施了特定行为，而这一特定行为与其本罪行为的结合足以填充另一故意犯罪（转化罪）的构成，从而使行为人的行为符合转化罪的犯罪构成，并根据刑法规定以转化罪定罪处刑的犯罪形态。”笔者认为，转化型犯罪是指行为人出于某一犯罪故意，在行为实施过程中发生性质转化而改变罪名的犯罪形态。例如，《刑法》第 269 条转化型抢劫罪，是指“犯盗窃、诈骗、抢夺罪，为窝藏赃物、抗拒抓捕或者毁灭罪证而当场使用暴力或者以暴力相威胁的，依照本法第 263 条的规定定罪处罚”。[1]

那么，当转化型犯罪犯意转化前后跨越不同年龄阶段时应当如何处理？

以转化型抢劫为例，首先我们需要明确转化型抢劫罪中的刑事责任问题。关于该问题，学界主要有两种观点。构成说认为，已满 14 周岁不满 16 周岁的未成年人可以构成转化型抢劫罪的主体，原因在于：其一，从规范层面上来看，《关于审理抢劫、抢夺刑事案件适用法律若干问题的意见》并未对转化型抢劫罪的主体规定特殊要求，基于规范的文义解释，应当理解为只要符合普通抢劫罪的主体要件亦应可以构成转化型抢劫罪主体，据此，已满 14 周岁不满 16 周岁的行为人应当对转化型抢劫罪负刑事责任。其二，从理论层面上来看，转化型抢劫罪与普通抢劫罪在实行行为上都表现为侵财行为与暴力、胁迫行为相结合的复合型行为，所要求的暴力和胁迫力度也是最狭义的范畴，即足以抑制对方反抗，但不要求直接对人的身体行使有形力。对于复合型的实行行为，不能将其中先行行为与后续行为截然分开或简单相加，而应对数个行为在犯罪构成的框架内进行整体评价。因此，对转化型抢劫罪应当与普通抢劫罪同等对待。其三，从现实层面上看，当前我国社会犯罪呈现低龄化趋势，未成年人犯罪形势相当严峻，因此，对未成年人犯罪一味强调宽大和非刑罚化，不利于犯罪预防。否定说认为，已满 14 周岁不满 16 周岁的未成年人，不管在何种情况下，均不能构成转化型抢劫罪，其后续暴力、胁迫行为构成何种犯罪就定何罪，如故意伤害或者故意杀人罪

---

〔1〕 张成东、肖翔：《浅议转化犯概念存在的非必要性》，载《法制与经济》2017 年第 4 期。

等。理由在于:其一,从法律规范层面看,已满 14 周岁不满 16 周岁属于相对刑事责任年龄,根据我国《刑法》第 264 条及最高人民法院《关于审理未成年人刑事案件具体应用法律问题的解释》第 10 条的规定,只有 16 周岁以上具备完全刑事责任能力的人,才可以成为盗窃罪的犯罪主体,进而具备在《刑法》第 269 条规定的情形下发生盗窃罪向抢劫罪的转化,未满 16 周岁的未成年人则根本不存在发生转化抢劫罪问题;其二,从刑事政策层面来看,我国历年来认定未成年人可以成为转化型犯罪主体,实质上有违我国一贯对未成年犯罪人的刑事政策。[1]

在上述问题讨论的基础上,我们进一步讨论转化型犯罪跨越不同年龄阶段的处理。如果犯意转化前后跨越 14 周岁或者 16 周岁刑事责任年龄,以《刑法》第 269 条为例,盗窃行为发生在未满 14 周岁或者已满 14 周岁未满 16 周岁阶段,犯意转化发生在已满 14 周岁未满 16 周岁阶段或者已满 16 周岁阶段,若该行为的处理参照否定说的观点,由于未满 16 周岁的未成年人不能成为盗窃罪犯罪主体,犯意转化之前不构成犯罪,因此就不存在发生转化抢劫罪问题;若将转化型抢劫罪与普通抢劫罪不加区分,那么转化型犯罪这一特殊的犯罪将被视为一个犯罪行为,那么在行为结束之时行为人处于已满 14 周岁未满 16 周岁阶段或者已满 16 周岁阶段,应当要负刑事责任。当然,前提是行为人的暴力行为达到了一定严重程度,足以与传统的抢劫罪相提并论。

3. 行为与结果跨越不同年龄

讨论犯罪行为的实施和结果跨越不同年龄的处理,以隔时犯和结果加重犯为典型范例。

隔时犯是指犯罪行为与结果之间存在时间间隔的犯罪形态。隔时犯是指犯罪的实行行为与作为犯罪构成要件的结果的发生之间存在时间间隔的犯罪。对于隔时犯犯罪时间的确定,理论上争论比较激烈,主要有以下三种观点:其一,行为主义,即以犯罪实行行为的发生时间作为隔时犯的犯罪时间;其二,结果主义,即以犯罪结果的发生时间作为隔时犯的犯罪时间;其三,行为结果主义,又称折中主义,认为犯罪的实行行为时间与结果发生的时间都是隔时犯的犯罪时间。对此,我国刑法并没有作出明确的规定,有学者认为行为主义比较合理,主要理由有:行为主义符合我国刑法的基本理论;以犯罪的实行行为发生的时间来确定隔时犯的犯罪时间,符合我国刑法认定犯罪时的主客观相一致原则;我国《刑法》第 89 条第 1 款规定,追诉期限从犯罪之日起计算,犯罪行为有连续或者继续状态的,从犯罪行为终了之日起计算。这一规定虽然没有明确犯罪之日的具体

---

〔1〕 米方:《转化型抢劫罪中的暴力认定及刑事责任年龄》,载《中国检察官》2015 年第 8 期。

含义,但是规定了对于连续犯或者继续犯是以行为终了作为犯罪时间,即采用行为主义,这可以为我们确定隔时犯的犯罪时间提供参考。[1]

结果加重犯是指在基本行为造成法定的严重后果时,基本犯的法定刑将依法得以升格的犯罪类型。结果加重犯的思想源头是自陷禁区原理。自陷禁区原理是指"对于从事不正当行为的人,该行为所产生的一切后果均可归责于行为人",它产生于12世纪末到13世纪初,原来是用于决定神职人员是否适合执行神职的法理。根据这一原理,神职人员必须"内心纯洁",否则即使在发生法律上的"偶然结果",都要对发生的结果负责。自陷禁区原理对于英美刑法的实践与理论也有着重要的影响。英国法官 Bracton 采纳自陷禁区原理,认为"行为人在非法行为过程中非故意的造成他人死亡,应承担杀人的责任,而不能被宽恕。"[2]结果加重犯有如下特征:它必须有一个基本的前犯罪行为;必须有一个超出前犯罪行为的加重结果;必须发生加重处罚的法律效果;加重结果以过失为归责要件。但部分学者对结果加重犯的正当性进行了批判——首先,如果根据自陷禁区理论,结果加重犯的成立将没有任何限制,必将导致偶然责任或者结果责任。[3] 李斯特斥之为"古老的结果责任的残余","既不符合当今之法律意识,也不符合理智之刑事政策原则"。其次,即使根据责任主义要求行为人对于加重结果具有过失,结果加重犯的法定刑也不应如此严厉。最后,不少学者通过基本行为的危险性来肯定结果加重犯的正当性。反对意见认为,这种路径依然不能说明为什么结果加重犯的法定刑如此之重。以伤害致死为例,致人重伤的基本行为存在致人死亡的危险,但在发生了死亡结果的情况下,法定刑却异常加重,这显然只是因为发生了加重结果而加重法定刑。[4] 结果加重犯的基本行为与加重结果之间的关系对结果加重犯的归责有重要影响。这种关系包括基本行为和加重结果的因果关系及其内在联系。在结果加重犯罪中,有两个层级的因果关系存在,一是行为人所实施的基本犯罪行为与基本结果的因果关系;二是行为人的基本行为与加重结果之间的因果关系。由于第一层级的因果关系其实就是指普通结果犯中的因果关系,在判断上无甚特殊,因此,结果加重犯所关注的是第二层次的因果关系。对此,理论上存在不同的见解,总体而言,以三种学说最有代表性——一是基本行为与加重结果间具备条件关系;二是基本行为与加

---

〔1〕 刘晓辉:《隔时犯的犯罪时间认定》,载《人民法院报》2004 年 5 月 24 日。

〔2〕 邓毅丞:《美国重罪谋杀罪规则:类型归属与理论研究——与我国结果加重犯的对比及其启示》,载《政治与法律》2015 年第 2 期。

〔3〕 ホセヨンパルト:《古代刑法におけるversari in re illcitaの認否と現代刑法における偶然の役割》,载《上智法学論集》1981 年第 3 号。

〔4〕 张明楷:《严格限制结果加重犯的范围与刑罚》,载《法学研究》2005 年第 1 期。

重结果间具备相当因果关系；三是基本行为与加重结果间需同时具备条件关系与直接关联性。[1]

明确了隔时犯和结果加重犯的相关性质之后，我们需要明确如何确定其跨年龄状态下的刑事责任。“在行为人的刑事责任能力确认方面以行为主义为原则，结果主义为例外。……所以一般说来应当以危害行为的实施时间作为认定行为人是否具有刑事责任能力的时间标准；在危害结果不是必然发生、发生与否还在行为人控制范围之内的情况下，应以结果发生时间作为认定行为人是否具有刑事责任能力的时间标准。”[2]这是关于行为人行为与结果分离的犯罪刑事责任年龄认定标准。按照上述理论，行为人的行为与结果跨越不同刑事责任年龄，需要依据具体情况具体判断。例如，行为人在满 14 周岁前夕捅伤他人，在其满 14 周岁之后被害人伤重死亡，原则上应当按照未满 14 周岁的未成年人定罪标准认定其不负刑事责任。但是在另一种情况下，行为人不满 14 周岁安装炸弹，14 周岁后炸弹爆炸，此时刑事责任的判定则不同——由于其行为的危害结果不是必然发生的、是可控的，因此应以炸弹爆炸的时间认定其刑事责任能力时间。并且该行为人自满 14 周岁起，因其先行行为产生了拆除炸弹的作为义务，若行为人不履行该义务，炸弹爆炸，其应当负刑事责任。

4. 犯罪行为与不可罚的事后行为跨越不同年龄

不可罚的事后行为是一种特殊的行为类型，它又被称为不可罚的事后行为，是指在状态犯的场合，利用该犯罪行为的结果的行为。如果孤立地看，不可罚的事后行为符合其他犯罪的犯罪构成，具有可罚性，但由于其被综合评价在该状态犯中，故没有必要另行认定为其他犯罪。

刑法中的行为是否属于犯罪行为，在一般情况下，是由该行为的性质本身所决定的，但在某些犯罪中，行为是否属于犯罪行为却不是行为性质所决定的，而是取决于其他因素，例如行为主体的因素。也就是说，某一种行为，法律规定由某人实施就构成犯罪，但如果另外的人实施相同行为法律却可能规定不构成犯罪。法律之所以做出这样的规定，是因为事后行为没有侵犯新的法益，也因为事后行为缺乏期待可能性，当事人本人毁灭证据是理所当然的，是人的本能表现，法律不能要求每个犯罪人犯罪后都主动向公安机关投案自首。

那么，当实行行为与不可罚的事后行为跨越不同年龄阶段时，应当如何处理？此时主要讨论行为人在法定责任年龄之前实施了某种犯罪行为，在达到刑事责任年龄之后实施了销赃、毁证等事后行为，应否对其事后行为进行刑事处

〔1〕 郭莉：《结果加重犯基本行为和加重结果的关系研究》，载《政治与法律》2013 年第 12 期。

〔2〕 张阳、刘璐：《论隔时犯犯罪时间的确定》，载《云南大学学报》（法学版）2012 年第 2 期。

罚。对此,学界有不同观点。部分学者认为,事后行为并没有增加法益侵害,何况我国古代刑法中“亲亲得相首匿”,亲属之间相互隐藏罪迹都是人之常情,更何况行为人销毁赃物、隐匿罪证乃人之天性,其不可罚的、为犯罪行为所吸收的性质并不因为行为实施的时间不同而改变,最重要的是犯罪行为都未受到刑事责难,其因事后行为受到刑事责难有违罪责刑相适应原则。也有部分学者认为,跨越刑事责任年龄的事后行为不同于未跨越刑事责任年龄的事行为,其负有一种类似于先前行为产生的不作为义务,并且当其犯罪行为因为未达到刑事责任年龄而未被处罚时,对于其严重干扰司法的事后行为不进行处罚有放纵犯罪的嫌疑。笔者认为,前一种观点更符合刑法精神,更为妥当。

(三)特殊讨论——涉恐犯罪跨年龄的处理

《刑法修正案(九)》新增了准备实施恐怖活动罪,这涉及预备犯的既遂化。一般来说,刑法将准备行为作为基本犯罪构成要件行为,即对实行行为之前的行为予以规定的情形,就属于从属预备罪;刑法将准备行为规定为独立的犯罪类型时,就属于独立预备罪。在我国,从属预备罪不是由分则规定,而是由总则规定。《刑法》第22条第1款与第2款分别规定:“为了犯罪,准备工具、制造条件的,是犯罪预备。”“对于预备犯,可以比照既遂犯从轻、减轻处罚或者免除处罚。”当行为人为了实行分则的具体犯罪而实施预备行为,因而成立犯罪预备时,不仅要引用分则条文的规定,适用分则所规定的法定刑,而且要适用总则第22条的规定。独立预备罪的行为则由分则条文具体描述为构成要件行为。由于刑法分则一般规定的是实行行为,而且以既遂为模式,所以,独立预备罪的设立可谓预备犯的既遂化,或者称为预备行为的实行行为化。例如,《刑法修正案(九)》增设的第120条之二第1款规定:“有下列情形之一的,处五年以下有期徒刑、拘役、管制或者剥夺政治权利,并处罚金;情节严重的,处五年以上有期徒刑,并处罚金或者没收财产:(一)为实施恐怖活动准备凶器、危险物品或者其他工具的;(二)组织恐怖活动培训或者积极参加恐怖活动培训的;(三)为实施恐怖活动与境外恐怖活动组织或者人员联络的;(四)为实施恐怖活动进行策划或者其他准备的。”本款所规定的行为原本是恐怖活动的预备行为,但该款将其规定为独立的犯罪(准备恐怖活动罪),使之成为既遂犯罪,不再适用刑法总则关于预备犯的处罚规定。

要讨论恐怖犯罪跨年龄阶段的处理,关于它的独立预备罪,需要弄清楚该问题——独立预备罪是否存在实行行为?肯定说认为,从属预备罪与独立预备罪均存在固有的构成要件,因而均有实行行为。折中说认为,独立预备罪中存在实行行为,从属预备罪中不存在实行行为。否定说认为,预备行为是无定型、无限定的行为,是实行行为之前的行为,因此,不管是从属预备罪还是独立预备罪,都不具有作为构成要件的实行行为的特点。笔者赞成折中说,即刑法所规定的从属预备罪的行为不属于实行行为,独立预备罪的行为则是实行行为。理由如下:首先,如果认为从属预备罪的行为是实行行为,会导致实行行为概念的混乱;其次,从共犯从属性的原理出发,也不应当将从属预备罪的行为当作实行行为;最后,独立预备罪的行为,在分则条文中得到了具体描述,并非无定型、无限定的行为,因而从形式上说完全具备实行行为的特点。并且从实质上说,刑法分则对极个别预备犯实行既遂化,就是因为其具有相当的社会危害性,值得作为既遂犯处理。所以,独立预备罪的行为也具备实行行为的实质属性。[1]

当涉恐犯罪的预备阶段与实施阶段跨越不同年龄阶段时,也引发了争议,主要有两种观点:一种观点是,将涉恐犯罪的预备阶段与实施阶段分别独立定两个罪名,实行数罪并罚;另一种观点是,按照传统犯罪观点,将预备阶段当作实行阶段事前不可罚的行为处理,仅定实行阶段的罪名,在量刑上作调整以对应其社会危害性。第一种观点的依据即如上所述,来源于独立预备罪具有固有的构成要件,在分则条文中得到了描述,此时它已经具备一个完整的犯罪行为所具有的内容了,刑法已经将其正犯化,不再是不可罚的事前行为了。第二种观点的依据则是传统的刑法理论,即预备行为在犯罪已经着手的情况下,理所当然地依附实行行为而存在。

恐怖活动犯罪的预备行为与实行行为跨越不同年龄阶段具体情况如下:

第一,预备行为发生在不满 14 周岁时,实行行为发生在满 14 周岁之后(不满 16 周岁)。行为人准备实施恐怖活动这一行为发生在不满 14 周岁阶段,属于完全不负刑事责任阶段,若采取独立分别定罪的观点,此时预备行为是不需要加以刑事责难的;14 周岁以后,则需要根据其实施的具体恐怖行为来认定罪名,且该行为应当被我国《刑法》第 17 条限制刑事责任能力人应负刑事责任的八种行为所涵盖。倘若行为人实施的是驾驶小车冲撞人群的行为,则应当根据具体情况(是否致人重伤、死亡等)定故意伤害罪、故意杀人罪或者不加以刑事责难;倘若行为人实施的是爆炸、放火行为,则应当定爆炸罪、放火罪等相应的罪名。

第二,预备行为发生在不满 16 周岁时,实行行为发生在满 16 周岁之后。若行为人的预备行为是限制刑事责任能力人应负刑事责任的八种行为类型之一时,需要分情况讨论:情况一,将该犯罪的预备行为与实行行为分别认定。例如,为了炸毁电力设备制造恐慌,将工作人员杀害,而后实施爆炸。根据本观点,应定故意杀人罪和爆炸罪。情况二,将犯罪预备与实行行为统一认定。上述例子中杀害工作人员的行为,根据牵连犯理论,吸收进爆炸罪中,让该情节成为加重

---

[1] 张明楷:《论刑法修正案(九)关于恐怖犯罪的规定》,载《现代法学》2016 年第 1 期。

量刑的情节。但这本身也有争论，因为这一行为究竟能否被评判为犯罪预备还值得商榷——有人认为它是另一犯罪的实行行为，有人认为它是具有双重性质的预备行为，并且可以被实行行为所涵盖。这就涉及犯罪预备的界定，根据《刑法》第22条规定，“为了犯罪，准备工具、制造条件的，是犯罪预备”。此处的杀人行为毋庸置疑地属于爆炸罪的“制造条件”，但是它本身也是犯罪，最重要的是，爆炸罪能否涵盖此种单独杀人行为，它能否属于《刑法》第115条的“犯爆炸罪致人重伤、死亡”，这仍有争论。

第三，预备行为发生在（已满16周岁）不满18周岁时，实行行为发生在满18周岁之后。此时讨论的问题本质上是预备行为与实行行为分别定罪还是只定实行阶段罪名的问题。已在前文讨论过，此处不再赘述。

下　篇

被害人年龄限制分析

第八章　被害人年龄因素的特殊保护概述

第一节　未成年人及老年被害人特殊保护之价值

从根本上说，对刑事未成年被害人的保护是一项综合性的社会工程，需要全社会各方面力量的共同参与，其价值主要体现在如下方面。

一、保障社会的可持续发展

个体的社会化程度，从某种意义上讲和人的需求满足层次是成正比的。当生存受到威胁，安全和尊严没有保障时，个体便很难从环境中找到爱和被爱的归属感以及实现自我价值的可能性，从而极易在挫折和无助感的压迫下丧失对社会的信心，失去形成正确社会价值观的机会。在犯罪特别是危害人身和精神利益的自然犯罪发生的场合，被害人特别是未成年及老年被害人被直接剥夺的，便是生存、健康的权利以及安全与尊严。这一点对于承受灾难性打击能力十分脆弱的未成年人和老年人来说，影响是巨大的。许多未成年及老年被害人由于创伤未能得到及时救治而遭受身体残疾，精神失常，人格分裂，甚至“恶逆变”走上犯罪报复的事件无不说明，来自环境的巨大伤害特别是犯罪伤害，极有可能阻碍甚至逆转未成年和老年被害人的正常社会化进程，从而增加社会保护与管理的成本，并造成对未来社会安全的潜在威胁。因而，适时适地为未成年和老年被害人提供充分的权利保障和满足其安全需求，对于保护其正常的社会化过程，进而保证整个社会的持续发展，具有无法估量的社会价值。

二、实现司法公正和人本主义观念

从本质上说，司法公正实际上表现的是一种利益分配上的合理性，是在社会利益“一次分配”受阻时，恢复社会秩序和平衡利益格局而实施的一种“二次分配”，这种“二次分配”只有在涉入司法过程的当事人均感到合理的情况下，才是真正的公平,其不但要求刑事司法机关在追究犯罪和保障人权之间取得相对平衡,而且要求司法机关本着公平合理和人道主义精神,对刑事被害人特别是未成年和老年被害人给予必要的、充分的法律关怀。通过为作为纯粹弱势群体的刑事未成年被害人提供最低权利保障和特殊“法律补贴”,既能够树立法律权威,体现司法公正,又能够使国家一直倡导的“以人为本”的刑事法律价值观得以实现。

三、能有效控制犯罪

弱者易受侵害,是犯罪发生的基本规律。因此,控制犯罪不但应着眼于对犯罪者进行直接的惩罚和矫治,还应努力改善被害人的处境,通过显示对被害人保护力量的无处不在而最大限度地孤立犯罪者,从而压缩犯罪的生存空间。这一点对未成年和老年被害人来说更加明显,因为未成年人和老年人在整个社会来说,相对更容易受到犯罪侵害,其相对的应付能力也更弱。如果社会也缺乏积极的、能动的未成年和老年人被害人保护机制,漠视未成年人和老年人的权利,那么,犯罪人就会心存侥幸并利用社会的冷漠,对未成年和老年被害人进行恐吓而使其忍气吞声,从而自己逍遥法外,进而变本加厉地实施新的犯罪。普遍的冷漠和强大的社会成见令受害者裹足不前。[1] 从未成年和老年被害人的角度而言,控制犯罪另一个更为重要的方面就是预防未成年和老年被害人的“恶逆变”。所谓“恶逆变”,是指被害人在合法权益受到犯罪行为侵犯以后,在不良心理和其他因素的推动下所导致的逆向变化,即从被害者向犯罪者方向的转化。[2] 而美国64%的未成年被害人在成年后变成违法者也说明了恶逆变的严重后果。[3] 这种“弱者犯罪”类型的恶逆变,刑罚的作用是非常有限的,其预防和控制的关键就在于为其提供强有力的社会扶持,以消除其经济上的贫困性,精神上的低落性和心理上的脆弱性,从而有效地控制和预防犯罪。[4] 因此,加强并完善刑事未成年和老年被害人的权益保障,为未成年及老年被害人提供官方的、法律的支援,无疑有利于建立未成年、老年被害人对法律的信任与合理期待,避免其因被害后的孤立无助而产生绝望甚至报复心理,从而避免“恶逆变”下新的犯罪的发生。

---

〔1〕 林方:《日本校园性暴力横行,受害者遭嘲笑犯罪者的被纵容》,载 TOM 新闻:www. news. tom. com,最后访问日期:2003 年 7 月 1 日。

〔2〕 王临平、赵霍娜:《防止未成年被害人恶逆变》,载《未成年人犯罪问题》2001 年第 3 期。

〔3〕 郭建安:《犯罪被害人学》,北京大学出版社 1997 年版,第 179 页。

〔4〕 谭志君:《论社会弱者的犯罪控制》,载《人文杂志》2001 年第 2 期。

第二节　未成年人及老年人权益的刑法保护框架

我国对于老年人被害人权益保护尚属薄弱。《刑法》第260条将“虐待家庭成员”规定为虐待罪，其中家庭成员包括家庭中的老年人。第260条之一虐待被监护、看护人罪则规定“对未成年人、老年人、患病的人、残疾人等负有监护、看护职责的人虐待被监护、看护的人，情节恶劣的，处三年以下有期徒刑或者拘役。”这一条文则明确指出虐待老年人成立此罪。第261条遗弃罪则规定“对于年老、年幼、患病或者其他没有独立生活能力的人，负有扶养义务而拒绝扶养，情节恶劣的，处五年以下有期徒刑、拘役或者管制。”这三个法条基本上是目前我国刑法条文中涉及老年被害人保护的全部内容。不难看出，对于老年人的保护，我国刑法还停留在防止老年人被虐待和遗弃的层面。

相较而言，我国刑法对于未成年人的保护则丰富得多，本书的这一部分也着重探讨这一部分内容。未成年被害人保护可以归纳为两种模式，第一种模式是设立以未成年人为特定对象的专门罪名，第二种模式是在一般罪名下对针对未成年人的犯罪进行特别的定罪和量刑规定。这两个模式一起构成了对未成年人权益的刑法保护框架。

一、以未成年人为特定对象的专门罪名

为了全面而充分地保护未成年被害人的权益，我国现行刑法典分则专门设置了以未成年人为犯罪对象或者行为对象的罪名。这些罪名集中规定在第四章“侵犯公民人身权利、民主权利罪”、第六章“妨害社会管理秩序罪”以及第九章“渎职罪”三章中。主要包括：第237条猥亵儿童罪、第240条拐卖儿童罪、第241条第1款收买被拐卖的儿童罪、第242条第2款聚众阻碍解救被收买的儿童罪、第244条之一雇用童工从事危重劳动罪、第262条拐骗儿童罪、第262条之一组织儿童乞讨罪、第262条之二组织未成年人进行违反治安管理活动罪、第301条第2款引诱未成年人聚众淫乱罪、第359条第2款引诱幼女卖淫罪、第416条第1款不解救被拐卖儿童罪、第416条第2款阻碍解救被拐卖儿童罪。这其中，第六章的罪名是对第四章罪名的一个延伸，是一种第二层保护。

现行刑法典通过上述罪名的设置，加强了对未成年人的性自由权利、身心健康权利、人身自由权利等诸项权益的保护。同时，还有一些虽未明确规定以未成年人为犯罪对象或者行为对象，但实际上其对象中包含未成年人的罪名，如第260条虐待罪、第261条遗弃罪以及第260条之一虐待被监护、看护人罪等。这

些罪名并非针对未成年被害人的权益保护而专设,但实践中针对未成年人实施虐待、遗弃等犯罪的情况时有发生,对这些犯罪的惩治,同样也具有保护未成年被害人权益的意义。因而,这些罪名与上述特定罪名一起构成了对未成年被害人权益刑法保护的罪名体系。

二、针对未成年人犯罪的特别的定罪和量刑规定

我国现行刑法典还在一般罪名下对针对未成年人的犯罪进行了特别的定罪和量刑规定,在量刑规定中主要涉及刑罚加重和刑罚减轻两种规定。

首先是特殊定罪规定。这表现在《刑法》第234条之一第2款和第236条第2款中。第234条之一否定了未成年人在器官摘取上承诺的有效性,直接将"摘取未满十八周岁的人的器官"直接拟制为第234条故意伤害罪和第232条故意杀人罪。第236条第2款则是否定了幼女在性行为上承诺的有效性,直接将"奸淫不满十四周岁的幼女"拟制成第236条第1款的强奸罪。同时该条款中对于犯罪既遂的规定也作了宽松化处理,将性器官的"接触"视为既遂,而非第263条第1款的"插入"。

其次则是特殊的量刑规定中的刑罚加重规定,可以分为从重处罚和加重处罚两种。

第一,除了总则部分对于教唆、引诱未成年人犯罪的,刑法规定予以从重处罚。例如,《刑法》第29条第1款规定了关于教唆未成年人犯罪的从重处罚。分则部分针对侵犯未成年被害人的某些犯罪,刑法专门规定了从重处罚。包括第236条第2款奸淫幼女的比照第236条第1款从重处罚;第347条第6款"利用、教唆未成年走私、贩卖、运输、制造毒品,或者向未成年人出售毒品的"比照前款规定从重处罚;第353条第3款"引诱、教唆、欺骗或者强迫未成年人吸毒、注射毒品的"比照第353条第1款和第2款从重处罚;第358条规定"组织、强迫未成年人卖淫的"中组织卖淫的依照第358条第1款的规定从重处罚;第364条第4款"向不满十八周岁的未成年人传播淫秽物品的"比照前款从重处罚。此外,司法解释也规定了一些特殊的从重处罚,如《刑法》第303条赌场罪在法条中未规定,但是2005年5月11日最高人民法院、最高人民检察院《关于办理赌博刑事案件具体应用法律若干问题的解释》第5条第3项规定"组织未成年人参与赌博或者开设赌场吸引未成年人参与赌博的",依照《刑法》第303条从重处罚。

第二,针对侵犯未成年人被害人的犯罪,司法解释规定加重处罚。根据2013年10月23日最高人民法院、最高人民检察院、公安部、司法部《关于依法惩治性侵害未成年人犯罪的意见》,"强迫幼女卖淫"的直接进入第358条第1款第2项的第二档次法定刑。

最后，则是特殊的量刑规定中的刑罚减轻规定。我国刑法通过减轻犯罪者刑事责任的从宽处罚，鼓励其对未成年被害人的合法权益进行事后保护。例如，《刑法》第 241 条第 6 款规定："对被买儿童没有虐待行为，不阻碍对其进行解救的，可以从轻处罚。"这一酌定的从宽情节，有助于贯彻宽严相济的刑事政策，防止被收买儿童的人身权利继续遭受严重侵害。虽然从切实保护被害儿童的合法权益的角度来看，行为人收买被拐卖的儿童与继后的持续侵权行为都侵犯了未成年被害人的人身权利，应予依法禁绝与判处刑罚，但实践中行为人收买被拐卖的儿童的目的主要是收养，客观上收买行为的暴力特征不明显，对被害儿童人身权利的侵犯程度较为轻缓，且被拐卖儿童的人身权利是否继续遭受严重侵犯，尚处于不确定状态。这就需要刑事政策的通盘考虑与区别对待，以有效避免更为严重的人权侵犯。对于没有虐待儿童也不阻碍对其解救的行为人，可以从轻追究刑事责任，以鼓励与加强对被害儿童的刑法保护。

三、未成年被害人权益刑法保护的立法比较

随着《儿童权利公约》的批准与执行，国际社会与世界各国越来越注重对未成年被害人权益的刑法保护。而相比之下，中国现行刑法典的有关规范较为粗疏。

（一）与国际立法之比较

以《儿童权利公约》中的国际立法规范为基准，我国现行刑法典还存在一些差距。

第一，刑法保护未成年被害人权益的范围较窄。我国刑法典所涉及的未成年被害人权益，仅包括生命权，与其父母或家人团聚权，不被非法转移权，不受虐待权，合法收养权，免受经济剥削、吸毒之害、性剥削、诱拐、买卖或贩运、酷刑或其他形式的残忍、不人道或有辱人格的待遇或处罚的自由和权利。对照上述公约的规定，其未涉部分主要有：获得姓名和国籍的权利，尊重儿童维护其身份不受非法干扰的权利，以儿童的最大利益为首要考虑事项的权利，自由发表言论的权利，思想、信仰和宗教自由的权利，结社自由及和平集会自由的权利，儿童的隐私、家庭、住宅或通信不受任意或非法干涉的权利，得到适当保护和人道主义援助的权利，残疾儿童获得特殊待遇、教育和照管的权利，受教育的权利，儿童免受酷刑或残忍、不人道或有辱人格的待遇或处罚的权利，不参与敌对行动并在武装冲突中受到特别保护的权利等。由于这些有待保护的权益与未成年被害人的人身、健康甚至生命等重要方面密切相关，我国作为上述公约的缔约国，理应采取一切适当的立法措施包括最严厉的刑法措施，以实现公约所确认的此类儿童权利，否则不利于公约规定的人权义务之切实履行，也难以全面保护未成年被害人

的合法权益。

第二,刑法保护未成年被害人权益的方式欠妥。一些刑法规范对未成年被害人权益的保护方式较为简单和传统,致使有关权益保护的力度不够、效果不佳,且与国际标准之间差距较大。例如,对于上述公约第 6 条规定的生命权,我国刑法典没有专设针对未成年人的杀婴之类的罪名,而是采用严惩杀人罪的传统模式,概括规定了对所有人生命权的刑法保护。这一简单而传统的保护方式排除了国际化的立法模式,未设与生命权保护有关的国际罪名,不利于有效惩治侵犯未成年人权益的国际犯罪。

可见,现行刑法仅在一定程度上保障了生命权和人身自由,难以最大限度地确保未成年被害人的生存与发展。另外,我国的刑罚规范基本沿袭了从严惩处的传统方式而非从严与从宽相结合的方式。这一单向的传统模式仅通过依法严惩犯罪者一方直接保护未成年被害人的基本人权。而未成年被害人的权利具有多样性,其权利需求也表现为多层次,在权利冲突发生时依法严惩侵权者并非刑法保护的最佳措施,在救济某项权益的同时也可能恶化未成年被害人的生存环境。可见,单一和传统的刑法保护方式难以应对侵犯未成年被害人权益的所有情形,因此需要更新我国的刑罚模式与综合运用刑法保护的多种方法,以满足未成年被害人多层次的权益诉求。

(二)与外国立法之比较

基于国际人权义务的履行与儿童最大利益原则的贯彻,各国刑法对于未成年被害人权益都采取了保护的立场。在这个意义上,中国现行刑法典与外国刑事立法有相同之处,即二者都包含了若干保护未成年被害人的基本内容,并在立法方式上呈现出相似的特点:惩罚侵害未成年人行为的罪名相对集中;以未成年人为犯罪对象,或者教唆、引诱未成年人犯罪的,均可成为从严处罚的量刑情节;无论如何处罚,都旨在加强对未成年被害人的特别保护。同时,二者的区别也很明显,总体上外国刑法比中国刑法规定得更为全面和细致。

这主要表现在两方面:

第一,大部分外国刑法典或者特别法明确界定了与未成年被害人相关概念的含义。如俄罗斯的《联邦刑法典》第 87 条第 1 款、日本《少年法》第 2 条,这与中国未明确界定有关概念的做法截然不同。

第二,外国刑法对未成年被害人权益保护的范围广泛且规范方式多样。就范围之广而言,外国刑法典普遍规定了一系列侵害未成年人合法权益的罪名,如《罗马尼亚刑法典》系统规定了侵犯未成年被害人权益的罪名,而我国刑法的保护范围主要限于人身权、健康权和家庭权等基本人权。就程度之深而言,外国刑法典大多详尽列举出许多保护未成年被害人的细微情形。例如,《西班牙刑法典》将触犯家庭关系罪分为伪造新生儿出生状况与违反家庭权利义务两类，且后一类罪包含不履行家庭权利、诱拐未成年人离开家庭、非法带走未成年人、遗弃家庭、未成年人或无行为能力人等。而我国刑法法的有关规定较为粗疏，既缺少伪造新生儿出生状况之类的罪名，也无非法带走未成年人的具体规定。就规范方式而言，外国刑法对未成年被害人权益的特别保护有多种形式，有别于我国刑法保护的传统式或单一化。例如，英国刑事制定法通过专设杀婴罪和种族灭绝罪，以国内罪名与国际罪名相结合的方式来特别保护未成年被害人的生命权。而我国刑法固守传统的生命权保护之一般规定，所涉罪名蕴含但未明示对未成年人生命权的刑法保护。又如，蒙古国刑法通过专门规定父母不尽监护职责罪，直接保护未成年被害人的合法权益，也通过从宽处罚犯罪的母亲或父亲，间接保护未成年人免受更多侵害。[1]

相较于国际立法和别国立法，当代中国的人权立法缺少完整的未成年被害人保障体系，即使刑法典也尚未针对未成年被害人的权益保护作出全面和体系性规制。[2] 因此，为了全面履行国际人权义务，充分实现《中国儿童发展纲要（2001～2010年）》，我国有必要基于对现行刑法的理性检讨，分析有关刑法保护的立法缺陷并加强人权保障的刑法完善，以有效惩治与防范侵害未成年被害人的犯罪行为。

我国分则对未成年被害人权益的保护是不充分的。

第一，部分条款对被害人年龄的划定不妥，14周岁以上未成年被害人的某些权益得不到刑法的特别保护与充分救济。例如，拐骗儿童罪等罪的规定将刑法保护的未成年被害人年龄降至14周岁以下，虽旨在特别保护14周岁以下而非已满14周岁的未成年被害人，但在缺少同类罪名与之协调或补充的情况下，明显限缩了刑法保护的范围，致使国际公约确认的部分被害人权益未能获得充分保护。

第二，有些罪刑规范缺少针对特定犯罪对象的专门规定，也未涉遭遇国际罪行侵害的未成年人的权利救济，这种一般性普适性的规范削弱了刑法对未成年被害人重要权益的特别保护。例如，杀人罪的罪刑规范广泛适用于所有被害人的权利救济，即使在母亲杀害其婴儿或国际罪行发生的特殊情况下，刑法也缺少针对性的保护规范或救济措施，从而难以充分保障未成年被害人的生命权。为了充分保护未成年人的合法权益，刑法分则需增设保障生命权的新罪名，并修改若干原罪名以扩展其保护未成年被害人的范围。

---

〔1〕 蒋娜：《未成年被害人权益刑法保护的立法问题探讨》，载《中国青年政治学院学报》2010年第5期。

〔2〕 董刚：《我国刑事法律对未成年被害人保护之缺陷及完善》，载《检察实践》2000年第2期。

一方面，为了惩治溺弃婴儿尤其是女婴的违法犯罪行为，我国刑法有必要在今后修改时增设"杀婴罪"并处以较轻的刑罚。杀婴弃婴行为在我国落后地区屡见不鲜。基于中国传统文化的影响，司法实践中较少追究杀婴母亲的刑事责任。面对这一司法困惑，我国通过刑法修订来完善人权立法是走出困境的现实路径之一。在规定杀婴罪的诸多外国立法例中，接近中国国情的是《越南刑法典》的第94条："由于落后思想的严重影响或者在特殊客观环境下，母亲杀害婴幼儿或者遗弃婴幼儿致死的，处二年以下监外改造或者三个月以上二年以下有期徒刑。"考虑到杀婴的传统文化及其社会诱因，行为人的人身危险性较小，因而基于宽严相济的刑事政策，对这类犯罪人应处以轻缓刑罚，以切实保护未成年被害人的权利。另外，刑法还需增加种族灭绝罪的规定，惩治为故意灭绝国家、民族、种族或者宗教团体而强制将此集团的未成年人转移到另一集团的罪行。在国内立法中引入国际罪名，旨在有效保障未成年被害人生命权的充分实现。

另一方面，为了真正贯彻第29条第3款的从重处罚原则，我国《刑法》需要根据有关的国际标准，修改与调整若干罪名中未成年被害人的法定范围，以切实履行公约缔约国应尽的国际人权义务。

首先，从未成年女性的身心健康权角度考虑，"不满十四周岁的幼女"应改为"不满十八周岁的未成年女性"，以尽可能全面地保护所有未成年被害人的合法权益。所涉罪名有：奸淫幼女罪，组织、强迫他人卖淫罪，引诱、容留、介绍卖淫罪等。因为年满14周岁的未成年女性对性的后果和意义尚缺乏充分的理性判断，需要刑法特别保护她们的性自由权和性健康。

其次，为了保障所有未成年人的身心健康权，刑法还需修改拐骗儿童罪与组织未成年人乞讨罪的年龄限定，将其保护对象的年龄标准从"不满14周岁"提高至"不满18周岁"，以扩大刑法所保护的未成年被害人的范围。因为实际上"拐骗14至18周岁的未成年人尤其是男性未成年人的现象时有发生"，[1]而现有刑法对之无明文规定，有悖于国际公约有关年龄的标准，不利于全面保护所有未成年人的身心健康。

第三节 未成年被害人犯罪中对年龄的认知

本书在前文已经提到过，被害人年龄在很多犯罪中是定罪的客观构成要件或者加重法定刑的情节之一，因而对犯罪人的刑事责任的认定有着举足轻重的

---

〔1〕 参见梁进：《论未成年人权利的刑事法律保护》，西南大学2007年硕士学位论文。

影响。但是，必须注意的是，犯罪是主客观相统一的产物。也就是说，要想成立犯罪，犯罪人主观对于被害人年龄的认知状况是认定犯罪成立的重要构成要件。本书将以奸淫幼女中的“明知”为例，探讨未成年被害人犯罪中对犯罪人对年龄的主观认知问题。

一、奸淫幼女中的“明知”

幼女是未成年被害人中颇具典型性的代表，而对幼女的保护也一直是我国的一贯态度。现行《刑法》第236条第1款规定了强奸罪，第2款则规定“奸淫不满14周岁幼女的，以强奸论，从重处罚。”事实上，在1955年最高人民法院《关于处理奸淫幼女案件不得以十四周岁为幼女年龄标准的通知》规定中，是“采取以被害女性实际是否发育成熟为确定幼女之标准”。但实施仅两年，由于造成实践混乱，1957年，最高人民法院发出《1955年以来奸淫幼女案件检查总结》，最高人民法院、司法部发出《关于城市中几类刑事案件审判工作的指示》确定不满14周岁为幼女标准。之后，1979年《刑法》及现行《刑法》也就延续了这一传统，采取是否年满14周岁作为判断幼女标准。

2003年1月17日，最高人民法院在法释〔2003〕4号《关于行为人不明知是不满十四周岁的幼女双方自愿发生性关系是否构成强奸罪问题的批复中》认为“行为人明知是不满14周岁的幼女而与其发生性关系，不论幼女是否自愿，均应按照刑法第二百三十六条第二款之规定，以强奸罪定罪处罚；行为人确实不知对方是不满十四周岁的幼女，双方自愿发生性关系，未造成严重后果，情节显著轻微的，不认为是犯罪。”

这个批复虽然引发了很大的争议，但是事实上解决了一个中国刑法学界久悬未决的公案：成立奸淫幼女型的强奸罪是否以犯罪人明知其所奸淫的对象是幼女为前提？

对于在奸淫幼女这样一类故意犯罪中“明知”的内容是否包含对年龄的认识，刑法理论中向来存在争议：第一种观点认为，按照刑法上主客观相统一的原则，行为人要构成奸淫幼女型强奸罪，除了对幼女实施了奸淫行为之外，行为人还必须明知被害人是不满14岁的幼女，否则就不构成奸淫幼女型强奸罪；第二种观点认为，不论行为人是否知道被害人为幼女，只要在客观上其与不满14周岁的幼女发生了性关系，就应以奸淫幼女型强奸罪对其定罪处罚；第三种观点认为，奸淫幼女型强奸罪应当要求行为人明知对方是幼女，但是，并不要求该行为人的明知必须达到确知之程度，而是只要他知道对方可能是幼女，就可以认定行为人是明知对方是幼女而故意奸淫，从而构成奸淫幼女型强奸罪；第四种观点认为，对这个问题不能一概而论，需作具体分析。幼女身体发育早熟，且谎报年龄，致使行为人显然无法知道其为幼女，同时性行为出于双方自愿的，一般不构成犯罪；幼女谎报年龄，但其身体发育并不早熟，行为人完全可以认识到她可能是幼女的，即使性行为已征得幼女之同意，仍然可以构成奸淫幼女型强奸罪。[1]

不难发现，上文所提及的第一种观点、第三种观点以及第四种观点，都属于肯定说，主张成立奸淫幼女型强奸罪除具备行为人实施对幼女的奸淫行为外，还必须具备明知被害人是14周岁幼女的主观要件。而第二种观点则属于否定说，主张不论行为人是否知道被害人是幼女，只要在客观上与不满14周岁的幼女发生了性行为就应以奸淫幼女型强奸罪定罪。

构成奸淫幼女是否需要"明知"这一主观要件，各国立法例并不一致。综观当今各国，主要有以下几种情况：

第一，美国、英国、加拿大、意大利等国明确否定明知。例如，美国各司法区的刑法一般理解为"被害人的年龄尚未达到法定承诺年龄，则法律推定为没有自由表达意志的能力，所以只要与之性交的就构成了强奸罪"。在美国的普通法域中，强奸罪被分为普通的强奸罪和法定的强奸罪（statutory rape）或者叫强奸幼女罪。[2] 由于强奸罪是一种犯罪，与性的成熟与否有重要关系，是否达到性成熟又是由年龄决定的，所以年龄问题是强奸罪中的一个重要问题。在法定强奸罪中被害人年龄界域各司法区也不统一，有的定为12岁，有的定为14岁（较多数州），有的定为16岁、17岁甚至18岁（如俄克拉荷马州）；并且在实践中常有这样的事，在和一个法定承诺年龄以下的女孩子发生性关系之后，双方随之同意结婚（在许多州，法律没有婚龄规定），则可以不予追究其刑事责任。如果被告人在对被害人的实际年龄发生错误认识时与之发生"自愿"性行为的，是否构成法定强奸罪？对此各个州规定并不统一。有些州（如新泽西州）仍然采取"年龄错误不免罪"的普通法传统。有些州，尤其是法定承诺的年龄较高的州，采取变通办法，如果被告人能证明他的这种年龄认识错误是真实的和合理的，也可以作为合法辩护的理由。[3]

第二，瑞士原则上主张明知，但却规定了限制条件。如《瑞士刑法典》规定"行为人因未充分注意而误认为该儿童为16周岁而为前述行为，若加以注意即可避免错误者，处轻惩役"。由此可见，瑞士刑法中把对幼女年龄的认识分为三种情况：不知、明知和误认，不知者不为罪，误认者与明知同罪，但在处罚上可予

---

〔1〕 高铭暄：《中国刑法学研究综述（1949～1985）》，河南人民出版社1986年版，第603～605页。
〔2〕 储槐植：《美国刑法》，北京大学出版社1996年版，第220页。
〔3〕 储槐植：《美国刑法》，北京大学出版社1996年版，第221页。

以从轻。[1]

本书认为,我国最高人民法院的批复事实上肯定了"肯定说",即对于奸淫幼女型强奸罪的罪的主观要件明确加以限定,须"明知"。由此,对于当前理论界仍存在的,认为构成奸淫幼女罪不需"明知要件"的观点,在此解释出台后,应予摒弃。

奸淫幼女自其诞生之日起就争议不断,理由之一可能就在于奸淫幼女的主观方面包括两方面:一是奸淫幼女罪是直接故意,抑或间接故意亦可构成本罪?二是奸淫幼女主观上是否要求行为人必须明知被害人是幼女?对于第一个问题的答案,奸淫幼女只能由直接故意构成,[2]值得讨论的是第二个问题,即本书主题的基本和前提,若非如此,就会出现将两个问题混为一谈的情况。例如有学者认为"在奸淫幼女罪中规定行为人须明知被害人为幼女只会徒增麻烦,根本不可能产生立法者预期之效果。而且从另一方面来看,若强调奸淫幼女罪之成立须以行为人明知被害人系幼女为要件,则被害人虽为幼女,但身体早熟,行为人不知且不得知其为幼女而使用暴力、胁迫或其他违背幼女意志的手段对其实施了奸淫的情况下,对行为人奸淫幼女之行为无法定罪,这是因为,若按奸淫幼女罪定罪,则由于行为人不知被害人为幼女而自然排除犯罪的行为对象"。[3] 我国《刑法》之所以在第 263 条第 1 款强奸罪之外规定奸淫幼女型强奸罪,目的在于给予幼女特殊的保护,因此并不把暴力、胁迫或其他方式作为本罪的客观要件,而仅仅要求实施奸淫幼女的行为。"奸淫"与"强奸"相比,在行为手段的强度上相比要轻很多,因此在上述情况下,如果行为人不知且不得知其为幼女而采用暴力、胁迫或其他违背妇女意志的手段,对其实施了"奸淫"行为(在此种情况下,在使用了暴力、胁迫或其他违背妇女意志的手段下实施的行为还可被称为"奸淫"而不是"强奸",似乎并不贴切),自当按强奸罪定罪。因为奸淫幼女尚且以强奸论,从重处罚,举轻以明重,"强奸幼女",岂能无罪?

在这个前提和基础之上,构成奸淫幼女,行为人主观上必须明知对方是不满 14 周岁的幼女,主要理由就在于:

第一,刑法对幼女的特殊保护,并不意味着可以离开主客观相统一的原则,可以脱离刑法总则的规定和指导。

《刑法》第 14 条、第 15 条规定了故意犯罪和过失犯罪的概念。有关犯罪主观方面的故意或过失的规定是总则性规定,可以也应该指导分则中的规定。故

---

〔1〕 高志荣、朱明锁:《关于奸淫幼女罪理论上几个问题的探讨》,载《河北法学》2002 年第 5 期;郑伟:《刑法个案比较研究》,河南人民出版社 1990 年版,第 342 页。

〔2〕 陈兴良:《罪名指南》,中国政法大学出版社 2000 年版,第 660 页。

〔3〕 高志荣、朱明锁:《关于奸淫幼女罪理论上几个问题的探讨》,载《河北法学》2002 年第 5 期。

意犯罪是一种明知故犯。没有“明知”这一认识因素,就根本谈不上故犯。刑法理论将明知分为一般之明知、特定之明知。[1] 一般之明知是明知的原则,而特定之明知则是例外。我国刑法分则中规定了许多特定之明知,即以犯罪人明知某种情况作为构成要件,这样的犯罪包括:窝赃罪、销赃罪、重婚罪等。刑法总则在犯罪故意概念中已经明确规定明知这一构成要件,有些刑法分则条文之所以再对明知加以规定,既不是无谓的重复,也不是再次的强调,而是因为总则中的明知与分则中的明知既相互联系又相互区别:前者是对自己的行为会造成危害社会的结果之明知,后者是对客体的某种特定情况的明知。在一般情况下,没有对客体的特定之明知,并不影响对自己的行为会造成危害社会的结果之明知。例如,只要认识到客体是人而故意杀人,就是明知自己的行为会造成危害社会的结果的,而不要求对被害人的性别、年龄、身份上的认识,甚至将物误认为人而故意杀人,虽然发生了认识上的错误,但是对自己的行为会造成危害社会的结果仍然是明知的,只不过因客体不能犯构成犯罪未遂而已。但是,在特定情况下,如果没有对客体(犯罪对象)的特定明知,也就不存在对自己的行为会造成危害社会的结果之明知,因而不存在犯罪故意,例如上述窝赃罪就是如此。[2] 奸淫幼女亦然。

奸淫幼女型强奸罪对幼女的年龄主观上可能出于明知其是幼女,也可能出于知道其可能是幼女,但对奸淫行为却只能出于直接故意。[3] 对于奸淫幼女罪的主观要件在学理上可以视为一种一般故意,而且是直接故意,而故意中的“明知”是指行为人对其行为本身具有的不正当性质所持的认识态度——有奸淫行为。对这种情况一些英美法系的学者解释为“一个打算进行非法性关系的人有犯意,因为他是有目的地从事一个不正当的行为。显然,这个语句中‘不正当’意味着‘不道德’‘不合法’。即使不正当的行为未受到惩罚,它也可能足以提供一般犯意。有正当理由的事实错误的辩护最终依赖于被告能够证明他已经遵守共同的道德标准。”[4]

奸淫幼女中的“明知”包括知道和可能知道。刑法中对幼女年龄的界定,基本上是法律上的一种拟制假设,纯粹是根据幼女的身心发育,一个地区的性观念和司法能力、司法资源应用能力等综合考虑后所作的一种认定,是在一定年龄之下,无性同意能力(强奸罪中妇女意志体现)的法律上的设定和拟制。例如,我国的司法实践中也曾以“是否性成熟”作为判断是否幼女之标准,但在随后的

---

〔1〕 陈兴良:《刑法适用总论》(上),法律出版社 1995 年版,第 140 页。
〔2〕 陈兴良:《刑法适用总论》(上),法律出版社 1995 年版,第 148 页。
〔3〕 马克昌:《刑法理论探索》,法律出版社 1995 年版,第 204 页。
〔4〕 冯亚东、黄维智:《论奸淫幼女罪的明知问题》,载《法学评论》2000 年第 2 期。

1957 年,便又重新以不满 14 周岁为确定幼女之标准。因此,14 周岁的标准仅仅是一种法律上的拟制和设定而没有事实上的原因。

此外,我国历来的司法解释对此问题都采取回避态度,如 1984 年 4 月 26 日最高人民法院、最高人民检察院、公安部《关于当前办理强奸案件中具体应用法律的若干问题的解答》中提议“在办理奸淫幼女案件中出现的特殊问题要具体分析,并总结经验,求得正确处理”。很明显这是一个回避问题的司法解释,对于解决司法实践中出现的问题没有任何实际意义;从另一方面来说,在该司法解释的适用空间中,由于严格以一定年龄(如我国的 14 周岁)作为幼女与否的标准,那么在个案中就很容易发生不公正的现象,即被害女子发育成熟过早或者过迟,出现处罚不当或放纵犯罪的现象,在这种情况下既不能保留个案中明显的不公正,也不能保证普遍的公平,于是,就只能具体问题具体分析了。在很多案例书中或是一些理论中的折中意见的出现也就成为必然了。

《批复》确立的“明知”要件可以很好地解决这个问题。“明知”确立要件的最大好处就在于既不能让犯罪人以不明知为由逃避法律追究,又不能处罚确实不明知的无辜者。因此,虽然司法解释中用“明知”这样一个典型的故意犯罪中的范畴来表达“应当知道和可能知道”。但是这些“确实不明知”的人应该是那些在产生怀疑之后尽了种种努力也无法知道被害人年龄,而且得到了错误信息的行为人。刑法之所以规定奸淫幼女,并且对奸淫幼女的“出罪功能”如此严格限制,就是因为作为体现公共政策的法律,刑法要对幼女进行严格的保护,另一方面则对行为人或者进一步说实施这种行为的行为人提出更高的道德要求,换言之,要求行为人尽完全的“明知”义务。

1875 年英国普林斯案就反映了这样的态度。其简要案情为:被告被控诱拐了一名未满 16 周岁的少女,但这名少女一方面外表比她的真实年龄大出许多,另一方面该少女亲口对被告声称已满 18 周岁,所以陪审团确认,被告无从对被拐少女的真实年龄产生怀疑。然而法庭最终仍认定被告构成诱拐少女罪,并提出一普通法规则的定罪理由——对少女年龄的认识与否不影响诱拐少女罪的成立。普林斯案的被害人虽不属幼女,但其具有普遍约束力,所有涉及对被害人年龄产生误解的情况都适用这条普通法规则。普林斯案的判词写道:“(对被告)定罪不仅是因为诱拐少女条文中未使用明知一词,而且还出于如下理由,诱拐行为本身不正当,即使不说是非法的话。我们已经注意到,立法者的意图或许主要针对那些具有邪恶动机的男性被告,但即使具有善良动机的妇女实施诱拐行为,仍是一项不正当的行为。让我们来澄清一下诱拐少女罪条文的含义,它规定被害人是一名少女——多少介于幼女和妇女之间的未成年女性,而没有称被害人为一名妇女;它规定被害人是处于其父母或其他合法监护人监护之下,因此未征得他们的同意的任何诱拐行为都是不正当的。从条文精神来看,每一诱拐行为都必须承担被诱拐少女可能未满16岁的风险。我不想说诱拐一名50岁的妇女,也要冒险,也是不正当的行为,因为这个年龄,她也有权做自我选择,已不可能再被称为少女或怀疑为少女,也不可能被称为处于其他人的监护之下。因此,条文所涉及和我们称为不正当的,只是那些诱拐一定年龄——或许可被称作少女或处于他人监护之下——的女子的行为。在这样的案件中没有对这一或然性作出证实的性质,这就是犯罪意图,也只要求这一犯罪意图。我们还想指出,条文的措词使用非法,而不用明知或相信,用意正在于此。”普林斯案成为最著名判例之一的原因在于其核心论据:对于某些在任何情况下都具有不正当性质的行为(如诱拐、奸淫),无须要求被告“明知”与案件有关的每一事实特征,而只需要他“明知”自己行为的不正当性质——从事不当行为必须承担可能存在的法律风险。这就符合立法原则:既不让犯罪人以“不明知”为由逃避法律追究,也不会刑及“不明知”自己行为为不正当性的无辜者。[1]

第二,对年龄的认识错误属于对构成要件的认识错误。

中国刑法中的奸淫幼女罪,对于那些尽了种种努力也无从知道幼女之年龄的行为人而言,这种情况就属于对犯罪对象的认识错误,而且属于对属于犯罪构成要件的犯罪对象的认识错误,影响犯罪的成立。例如,误认为提包中装的是财物而盗窃,实际提包中装的是枪支,就不构成盗窃枪支弹药罪。在奸淫幼女中,对年龄的认识错误属于对构成要件的认识错误,在这种情况下,不构成奸淫幼女。

需要阐述的第二个问题是“明知”的内容是什么。行为人对幼女年龄的主观心态划分为:明确知道对方为幼女、知道对方可能为幼女、应该知道对方可能是幼女、确实不知对方是幼女。最高人民法院的这个批复,将明知界定为“知道或应当知道”。其涵盖的范围是第一、二、三种,排除了第四种;对于确实不知对方是幼女的,要有足够的证据来加以证明。于是我们就可以发现最高人民法院的这个批复对传统刑法理论中的故意犯罪理论的冲击。故意包括直接故意和间接故意。过失犯罪更多的存在于有义务存在的案件中,可是无论如何,在本书看来,“应当知道”的心态都是过失的,而且是过于自信的过失。过于自信的过失作为一种有认识的过失,如果行为人对被害人即幼女的年龄可能认识,但是没有充分予以注意因而不知道幼女年龄的,这种心态就属于“应当知道”。

本书认为,最高人民法院的批复事实上已经不仅仅是对奸淫幼女主观方面要求故意了,在一定程度上,过于自信的过失也可能构成奸淫幼女罪的主观要

---

[1] 冯亚东、黄维智:《论奸淫幼女罪的明知问题》,载《法学评论》2000年第2期。

件。事实上,“应当知道”更准确的定位应该在故意和过失之间,在间接故意和过于自信的过失之间,属于一种位于故意之白和过失之黑中间的灰色地带——一种复合或者模糊的心态。这个结论可能是难以接受的,但是,只要行为人对于被害人的年龄——基于这种不正当行为所产生的或者是必须承担的法律风险——是否在14周岁以下的可能性的认识存在,就应当决定其主观方面属于“应当知道”的范畴,进而认定其构成犯罪。但是,在我们今天已然非常开放的社会中,在一些甚至是双方合意的情况之下,法律为什么还要对年龄这些看似无关紧要的东西作出规定?究其原因就在于我们要保护幼女,而且这种保护是不遗余力的。在任何情况下,非法性行为在道德的领域都是不正当的,但是由于我们这个社会已经决定划清道德伦理领域的悖德行为和违法行为、犯罪行为之间的界限,最起码对他们否定、谴责的工具是不同的,于是,我们对大部分悖德行为不再设置刑法障碍,这是一个原则。例外的就是奸淫幼女,无论这个女子是成熟还是不成熟,是自愿还是半推半就,是援助外交还是朋友行为,法律关注的是他的另一半——行为人,而且主要关注他的主观方面对于幼女年龄的认识问题。正是通过这种在主观方面放低要求、不符合刑法通常规定的作为,刑法已经能够有效地实现对幼女这一弱势群体的帮助了。

但是在这个司法解释后半部,“行为人确实不知对方是不满14周岁的幼女,双方自愿发生性关系,未造成严重后果,情节显著轻微的,不认为是犯罪”的规定,在司法实践中是最容易出问题的。例如,朱苏力教授认为,这个解释会让那些或有钱或有势或有社会影响的人,借助他们有能力雇佣的那些更好的、更多的律师为之辩护,也更有可能有效地利用司法程序的保护。[1] 这种担忧代表了社会中一部分人的担忧。但是还是需要指出的就是,其观点是存在于一个思维惯式下的主观判断。不能说这种观点好与不好,可是最起码在要求主客观相统一原则的刑法司法实践中,主观的问题从来都不仅仅是从主观出发即能解决的问题。因此,如果在上文中提及的那个命题可以成立的话——奸淫幼女中对幼女年龄的认识问题在主观上应是存在故意或过于自信的过失,得出以下这个结论应该是安全的:在主客观相统一的原则下,要想证明“确实不知”几乎是不可能的。

司法实践中,“能够证明被告心理状态的唯一手段”往往是事实的推定。[2] 这里的推定,是指根据对某个事实的证明来认定、推断另外某个事实的存在之活

---

〔1〕 朱苏力:《一个不公正的解释》,载北大法律信息网:www.chinaLawinfo.com,最后访问日期:2013年2月25日。

〔2〕 [英]鲁珀特·克罗斯:《英国刑法导论》,赵秉志等译,中国人民大学出版社1991年版,第55~56页。

动,其划分为事实推定和法律推定两类。[1] 长期以来,我国法学界对司法推定问题研究不多;而对于"如何根据行为人的客观表现来推定其犯罪心态"的研究,在主客观相统一原则指导下,几乎呈现"客观定罪"的态势,并因此常为理论界所诟病。例如,尽管在刑法理论中公认的主客观相统一原则,是指犯罪的成立一方面必须以行为人在客观上实施了具有危害的行为为前提,另一方面也要求以行为人一定的心理状态为必要条件。[2] 这个原则的价值更多地体现在司法实践中。由于人的主观心理具有非直观性、不确定性和易变性,这就决定了罪过形式的认定之间接性、困难性与复杂性。尤其是在这种推定之实质是"降低证明标准,即由一般的定罪标准——排除合理怀疑,降低为一种优势证明",即"更大的可能性"的证明的情况下,[3]追诉机关证明标准的降低大大增加了审判者定罪之可能性,相应的被追诉方之辩护责任就加重了。因为"如果被告人一口咬定从未认识到自己的行为可能发生危害结果,那么,欲排除合理性怀疑的证明当时行为人有认识是非常困难"。[4] 就是连被告人也许存在的"转瞬即逝"的心理状态,在证明标准降低、存在过失心态的环境中,也有可能会在"主客观相统一原则"的审视之下,被"推定"出来。因此,这个解释的后半截表面上是出罪,事实上是入罪。

2013 年 10 月 23 日最高人民法院、最高人民检察院、公安部、司法部的《关于依法惩治性侵害未成年人犯罪的意见》第 19 条又对"明知"的客观推定作了更加具体的规定。"知道或者应当知道对方是不满 14 周岁的幼女的,而实施奸淫等性侵害行为的,应当认定行为人明知对方是幼女。对于不满 12 周岁的被害人实施奸淫等性侵害行为的,应当认定行为人明知对方是幼女。对于已满 12 周岁不满 14 周岁的被害人,从其身体发育状况、言谈举止、衣着特征、生活作息规律等观察可能是幼女,而实施奸淫等性侵害行为的,应当认定行为人明知对方是幼女。"这一规定使得"行为人确实不知对方是不满 14 周岁的幼女"越加难以证明,但又未完全排斥不明知无罪的存在空间。

总结来说,在奸淫幼女中首先要求对奸淫行为存在直接故意,其次行为人在主观上对被害人是否幼女即 14 周岁以下必须明知,而且在这种明知是"知道或者应当知道"的前提下:其一,行为人确实知道对方是幼女,实施奸淫行为的,属

---

〔1〕 储槐植、杨书文:《再论复合罪过形式》,载陈兴良:《刑事法论坛》(第 7 卷),中国政法大学出版社,第 453 页。

〔2〕 陈忠林:《意大利刑法纲要》,中国人民大学出版社 1999 年版,第 113 页。

〔3〕 陈兴良:《刑事法判解》(第 1 卷),法律出版社 1999 年版,第 427 页。

〔4〕 储槐植、杨书文:《再论复合罪过形式》,载陈兴良:《刑事法论坛》(第 7 卷),中国政法大学出版社,第 453 页。

于奸淫幼女，构成强奸罪；其二，行为人知道被害人可能是幼女，或者是虽然不知道但可能知道对方是幼女，也就是行为人主观上没有认识到被害人是幼女，但只要给予应有的注意，就可能认识到被害人是幼女，实施奸淫行为的，属于奸淫幼女，构成强奸罪；其三，行为人确实不知道而且根据实际情况也不可能知道被害人是幼女的，双方自愿发生性关系，未发生严重后果，情节显著轻微的，不认为是犯罪；其四，行为人确实不知对方是幼女的，使用暴力、胁迫或者其他手段实施强奸行为的情形，属于奸淫幼女，构成强奸罪。

二、其他犯罪中对年龄的认知

既然奸淫幼女型强奸罪中"明知"的内涵已经明晰，则毫无疑问，同样以"幼女"为犯罪对象的第 359 条第 2 款"引诱幼女卖淫罪"，以及《关于依法惩治性侵害未成年人犯罪的意见》中"强迫幼女卖淫"行为形态，也应当与奸淫幼女型强奸罪中"明知"采取同一主观标准，即"知道或者应当知道"。

此外，对于其他状况下，犯罪人对于未成年人被害人的年龄的认知错误，同样属于对犯罪构成要件中犯罪对象的认识错误。出于对未成年人的保护，本书认为也应当采取前述"明知"的标准。比如，第 237 条猥亵儿童罪、第 240 条拐卖儿童罪、第 241 条第 1 款收买被拐卖的儿童罪中以犯罪人"明知"被害人为"儿童"为前提，即行为人"知道或者应当知道"被害人不满 14 周岁。因而如果犯罪人错将已满 14 周岁的未成年人当成未满 14 周岁的儿童进行猥亵、拐卖、收买等行为时，应当参考《关于依法惩治性侵害未成年人犯罪的意见》第 19 条的做法：对被害人不满 12 周岁的，直接推定犯罪人明知其为儿童；对于被害人已满 12 周岁不满 14 周岁的，如果从其身体发育状况、言谈举止、衣着特征、生活作息规律等观察可能是儿童的，也推定犯罪人明知被害人为儿童。

同理，在第 262 条之二组织未成年人进行违反治安管理活动罪、第 301 条第 2 款引诱未成年人聚众淫乱罪等情况下，犯罪人是否"明知"被害人属于"未成年人"也应当采取此标准，在避免完全的客观归罪的前提下，尽可能保护未成年人的权利。

第四节　被教唆犯罪的未成年人被害人特殊阶位

我国现行《刑法》第 29 条规定"教唆他人犯罪的，应当按照他在共同犯罪中所起的作用处罚。教唆不满 18 周岁的人犯罪的，应当从重处罚。如果被教唆的人没有犯被教唆的罪，对于教唆犯，可以从轻或者减轻处罚。"其中第 1 款规定了教唆犯的一般处罚原则和教唆未成年犯罪问题，对此，学界并没有太多争议。但是第 2 款对于“被教唆的人没有犯被教唆的罪”规定了“可以从轻或者减轻处罚”，对于这一条款，学者们出于对于我国犯罪参与体系的不同理解，因而产生了巨大的分歧。

一、区分制体系下的解读

（一）教唆犯独立性说的解释

教唆犯独立性说是我国立法机关对《刑法》第 29 条第 2 款的理解。根据立法机关的解释，“被教唆的人没有犯被教唆的罪”包括两种情况：一是教唆犯的教唆，对被教唆人没有起到促进犯意、实施犯罪的作用，被教唆人既没有实施教唆犯教唆的犯罪，也没有实施其他犯罪，其教唆行为没有造成直接的犯罪结果；二是被教唆人没有犯所教唆的罪，而犯了其他罪。不论哪一种情况，都是教唆犯罪，应当承担刑事责任。[1] 这种解释得到我国刑法学界的支持，并成为学界的通说。在立法原意的指引下通说对《刑法》第 29 条第 2 款的“被教唆的人没有犯被教唆的罪”进行了进一步解读，认为包括以下情形：其一，被教唆者拒绝了教唆者的教唆；其二，被教唆者虽然当时接受了教唆者的教唆，但事后又放弃了犯意，或者尚未来得及进行任何犯罪活动；其三，被教唆者虽然当时接受了教唆，但实际实施的并不是被教唆的罪，而是其他犯罪，并且这种其他犯罪与教唆者的教唆之罪没有重合关系。[2] 陈兴良教授在分析了共犯从属性和共犯独立性的含义之后，认为我国《刑法》第 29 条第 2 款规定处罚教唆犯的未遂犯，即没有正犯的共犯，因而不存在实行从属性，因此不得不得出我国刑法采共犯独立性说的结论。[3]

根据教唆犯独立性说，教唆犯在共同犯罪中处于独立的地位，教唆犯并不从属于实行犯。教唆行为本身就是独立的犯罪，被教唆人是否实施犯罪，对教唆犯的成立不发生影响。据此，余淦才教授指出：“独立性说和从属性说的基本理论表明，对于认定教唆犯的刑事责任，从立法根据、分析方法乃至如何适用刑罚，都是根本不同的；应用到具体案件上，结论有时甚至是相反的。在一部刑法里，要么采取独立性说，即完全以教唆人所教唆之罪作为定罪基础；要么采取从属性说，即完全以被教唆人所教唆之罪作为定罪基础。很难想象，在一部刑法里可以

---

〔1〕 全国人大常委会法制工作委员会刑法室编：《中华人民共和国刑法条文说明、立法理由及相关规定》，北京大学出版社 2009 年版，第 42 页。

〔2〕 参见高铭暄、马克昌：《刑法学》（上编），中国法制出版社 1999 年版，第 314 页。

〔3〕 参见陈兴良：《教义刑法学》，中国人民大学出版社 2010 年版，第 651 ~ 652 页。

合二为一，或者说具有所谓二重性……根据刑法第26条（指1979年《刑法》）第2款规定如果被教唆的人没有犯被教唆的罪，对于教唆犯，可以从轻或者减轻处罚。这里教唆犯不具有从属性，大概没有人会提出异议。根据刑法第26条第1款的规定教唆他人犯罪的，应当根据他在共同犯罪中所起的作用处罚。从文字表面上看，处罚根据明明是指他在共同犯罪中所起的作用，这种作用，无疑是指教唆犯的作用，而不是指实行犯的作用，教唆人是被处罚的独立主体，而没有丝毫从属于被教唆人的含义。从内容实质看，所谓按照他（教唆犯）在共同犯罪中所起的作用处罚，就是要看教唆犯所提供的犯罪意图究竟对实行犯发生多大影响力来决定处罚的轻重。……刑法第26条第1款的立法精神，同该条第2款一样，都是体现确定教唆犯刑事责任的独立性，并不对实行犯存在任何从属性。"〔1〕

教唆犯独立性说之所以对《刑法》第29条第2款作上述理解，乃是因为，这种学说认为："在被教唆者没有实施被教唆的罪的情况下，由于教唆者主观上具有教唆故意，且客观上实施了教唆行为，所以法律规定，对于教唆犯可以从轻或者减轻处罚。"〔2〕应当承认的是，通说对于《刑法》第29条第2款的解释完全符合该条款的文义，因此这种解释是完全符合罪刑法定原则的，并没有超过该条款的解释范围。甚至可以说，通说对该条款的解释与立法原意是吻合的。

但是，江溯教授对此进行了严厉的批评。他认为首先，不违反罪刑法定原则的解释并不一定是正确的解释，刑法解释必须是体系性解释，必须兼顾刑法的其他条款。〔3〕《刑法》第29条第2款的规定位于刑法的"共同犯罪"部分，根据通说，教唆犯的存在就必须以构成共同犯罪为前提。但通说所指的《刑法》第29条第2款的三种情形，除了被教唆者实施犯罪预备行为之后又放弃的情形以外，其他情况下教唆者与被教唆者根本不构成共同犯罪，何来教唆犯呢？其次，与立法原意相符合的解释也并不一定是正确的解释。在进行刑法解释之时，立法原意当然是值得参考的，但是，"刑法解释是一种创造性的活动，而不是消极地、被动地去发现立法者的原意，因此，刑法解释的目标应是存在于刑法规范中的客观意思，而不是立法者制定刑法规范时的主观意思或立法原意"。〔4〕所谓的立法原意代表的是我国1979年《刑法》时代的主观主义刑法理论，过分强调行为人的主观恶性，而忽视行为的法益侵害性。我国1997年《刑法》倾向客观主义和

---

〔1〕余淦才：《试论教唆犯的刑事责任》，载《安徽大学学报》（哲学社会科学版）1983年第2期。

〔2〕参见高铭暄、马克昌：《刑法学》（上编），中国法制出版社1999年版，第314页。

〔3〕江溯：《超越共犯独立性与共犯从属性之争——刑法第29条第2款的再解释》，载《苏州大学学报》2014年第2期。

〔4〕张明楷：《刑法学》，法律出版社2011年版，第33页。

法益侵害说,主观主义刑法理论已经被否定,因此,依然对《刑法》第29条第2款进行上述宽泛解释的通说,是不合时宜的。由此可见,如果说在1979年《刑法》时代对《刑法》第29条第2款的解释还具有某种正当性的话,那么在1997年《刑法》时代,这种解释已经难以为继。[1] 最后,根据通说的理解,会出现实际上无法定罪的情形。[2] 这是因为,根据刑法学的一般原理,定罪的前提是行为符合分则规定的构成要件或者符合总则与分则相结合的所谓修正的构成要件。因此,在教唆失败的情形下,要处罚单独的教唆者,也必须以该单独教唆行为符合具体的构成要件为前提。如果不符合具体的构成要件,就无法定罪。换言之,处罚单独的教唆者要么以刑法分则有特别规定(如分则规定的传授犯罪方法罪)为前提,要么必须存在可以被修正的构成要件。然而。在教唆失败的情况下,既不存在分则的特别规定,也不存在可以被修正的构成要件——因为所谓的被教唆人根本没有犯罪,因此被修正的构成要件根本不存在。[3]

(二)教唆犯从属性说的解释

1.《刑法》第29条第2款的含义是"被教唆的人没有犯罪既遂"?

张明楷教授指出,我国刑法采用了共犯从属性说。之所以处罚教唆犯,是因为教唆犯通过使正犯实施实行行为,引起了侵害法益的结果。正犯的实行着手,不是单纯的因果关系发展过程中的一个阶段,而是从实质上看必须产生了发生结果的、具体的、紧迫的危险;处罚未遂不是因为该行为是行为人的危险性或反道义性的定型的征表,而是因为产生了发生结果的、具体的、紧迫的危险。因此,将正犯着手实行犯罪作为处罚教唆犯的条件,意味着发生了侵害法益的、具体的、紧迫的危险,这不仅没有不妥之处,而且是理所当然。据此,只有当被教唆犯着手实行犯罪,使法益受到具体的、紧迫的危险时,才处罚教唆犯。这正是教唆犯从属性说的结论。[4]

根据教唆犯从属性说,《刑法》第29条第2款规定的应当是未遂犯的教唆犯,即可以将其中的"被教唆的人没有犯被教唆的罪"解释为"被教唆的人没有犯被教唆的既遂罪"或"被教唆的人没有犯罪既遂"。详言之,该款的基本含义是,如果被教唆的人着手实行犯罪后,由于意志以外的原因未得逞(未遂)或者自动放弃犯罪或有效地防止结果发生(中止),对于教唆犯,可以从轻或者减轻

---

〔1〕 江溯:《超越共犯独立性与共犯从属性之争——刑法第29条第2款的再解释》,载《苏州大学学报》2014年第2期。

〔2〕 江溯:《超越共犯独立性与共犯从属性之争——刑法第29条第2款的再解释》,载《苏州大学学报》2014年第2期。

〔3〕 参见赵兴洪:《返璞归真:刑法第29条第2款再解读》,未刊稿。

〔4〕 参见张明楷:《刑法学》,法律出版社2011年版,第377页。

处罚。这一解释不仅维持了教唆犯从属性说,使教唆犯的处罚根据明确、得当,而且在解释论上具有根据。〔1〕

张明楷教授的这种观点得到了黎宏教授和周光权教授的支持。〔2〕 黎宏教授认为,“被教唆的人没有犯被教唆的罪”,是指被教唆的人已经着手实行犯罪,但由于其意志以外的原因而没有得逞的所谓教唆未遂的情况,它包括两种情形:一是被教唆人构成犯罪未遂的情形;二是被教唆人着手实行犯罪后又中止的情形。而将被教唆人完全拒绝教唆犯的教唆,或者当时接受了教唆,但根本没有任何行动的情况排除在教唆犯的处罚范围之外。〔3〕 周光权教授在对刘明祥教授的观点进行全面批判之后指出,“被教唆的人没有犯被教唆的罪”是指教唆犯教唆他人犯罪,被教唆人接受之后,已经着手实行犯罪,但尚未达到既遂状态的情形。换言之,被教唆的人“没有犯被教唆的罪”,仅指被教唆的人已经实行,但“没有犯被教唆的、达到既遂状态的罪”,才有成立教唆未遂的余地。在这个意义上,教唆犯从属于正犯的实行。〔4〕

无论是张明楷教授、黎宏教授还是周光权教授,其学说的出发点均为教唆犯从属性说,在此基础上将《刑法》第 29 条第 2 款解释为“被教唆的人没有犯被教唆的既遂罪”“被教唆的人已经着手实行犯罪,但由于其意志以外的原因而没有得逞”或者“教唆犯教唆他人犯罪,被教唆人接受之后,已经着手实行犯罪,但尚未达到既遂状态的情形”。〔5〕

本书认为上述观点的解释过程存在以下根本的缺陷:教唆未遂与所谓的共犯从属性说并不具有必然的关联性;相反,从未遂的处罚根据出发完全可以对教唆未遂的问题进行说明。换言之,教唆未遂的问题并不必然属于共犯论,而是完全可以从未遂犯论来加以说明的问题。共犯从属性说认为教唆行为本身不是实行行为,而是要等到正犯着手才能处罚,因此误以为共犯从属性与教唆未遂之间存在逻辑上的关联。〔6〕 但是,从未遂犯论的角度上看,完全可以对教唆行为的处罚起点为正犯着手的原因作如下解释:从规范上看,虽然教唆行为已经成立,

---

〔1〕 参见张明楷:《刑法学》,法律出版社 2011 年版,第 378 页。

〔2〕 在我国刑法学界,支持共犯从属性说的重要学者还包括王昭武教授和钱叶六教授。参见王昭武:《教唆犯从属性说之坚持与展开》,载《刑法论丛》第 15 卷;钱叶六:《共犯与正犯关系论》,载《中外法学》2013 年第 4 期。

〔3〕 参见黎宏:《刑法总论问题思考》,中国人民大学出版社 2007 年版,第 514 页。

〔4〕 参见周光权:《“被教唆的人没有犯被教唆的罪”之理解——兼与刘明祥教授商榷》,载《法学研究》2013 年第 4 期。

〔5〕 黎宏:《刑法总论问题思考》,中国人民大学出版社 2007 年版,第 514 页。

〔6〕 例如,张明楷教授指出:“只有当被教唆犯着手实行犯罪,使法益受到具体的、紧迫的危险时,才处罚教唆犯。这正是教唆犯从属性说的结论。”(参见张明楷:《刑法学》,法律出版社 2011 年版,第 377 页。)这就是说,以正犯着手为教唆未遂的处罚起点必然采取教唆犯从属性说。

但是从可罚的评价层面上看却不可罚。这里的问题是是否可以将教唆行为评价为实行行为的问题。关于正犯行为与实行行为,日本学者平野龙一指出:“本来实行的着手这一概念就是划定到了这一阶段就要处罚的概念,因此,在逻辑上并没有与正犯行为一致的必然性。即使实施了正犯行为,但只要没有产生值得作为未遂来处罚的危险性就不处罚,采取这种态度当然是非常可能的。相反,不是正犯者的行为人的行为也并非不可能是实行行为。因为所谓实行行为是指伴随着值得处罚之危险的发生的行为。”[1]这样一来,教唆行为之所有要等到正犯着手才处罚其未遂,并不是因为教唆犯从属于正犯,而是从教唆的行为构造来看,仅仅有教唆行为还不具备作为未遂犯处罚的法益侵害的现实危险性。更为明确地说,采用共犯从属性说必然以正犯的着手为教唆未遂的处罚起点,但是,认为教唆未遂的处罚以正犯的着手为起点,却并不必然以其具备正犯从属性为前提。

2.《刑法》第 29 条第 2 款规定的是以教唆方式实施的间接正犯?

与前述直截了当地将《刑法》第 29 条第 2 款解释为“被教唆的人没有犯被教唆的既遂罪”的观点不同,为了贯彻共犯从属性,何庆仁教授非常有创见地指出,《刑法》第 29 条规定的是广义的教唆犯,即第 29 条第 1 款是狭义的教唆犯或者真正意义的教唆犯,“如果被教唆的人没有犯罪,就不应该处罚教唆者,对狭义的教唆犯的处罚以共同犯罪的成立为前提,条文中所谓按照他在共同犯罪中所起的作用处罚就是此义”;[2]而第 29 条第 2 款则是以教唆方式实施的间接正犯,“刑法第 29 条第 2 款规定可以从轻或者减轻处罚是合理的,因为该款明确规定的是间接正犯未遂的处罚,对间接正犯未遂的处罚应该与直接正犯未遂的处罚一样,只可以而不是应当从轻或者减轻处罚,并且,只能像一般的未遂犯一样比照相应的既遂犯从轻或者减轻处罚”。[3] 但是,首先,《刑法》第 29 条第 1 款规定“教唆不满十八周岁的人犯罪的,应当从重处罚”,如果认为教唆不满 14 周岁的人或者教唆已满 14 周岁不满 16 周岁的人实施《刑法》第 17 条第 2 款规定的八种犯罪以外的行为构成间接正犯,那么,当被教唆人实施了被教唆的行为而未遂之时,对于作为教唆者的间接正犯可以从轻或者减轻处罚;相反,当教唆已满 14 周岁不满 16 周岁的人实施《刑法》第 17 条第 2 款规定的八种犯罪,或者教唆已满 16 周岁不满 18 周岁的人犯罪,无论被教唆的人是否犯罪既遂,则一律应当从重处罚。这意味着,教唆年龄更小的被教唆者,处罚反而可能比教唆年龄更大的被教唆者处罚更轻,这显然不合理。其次,正如张明措

---

[1] [日]平野龙一:《犯罪论的诸问题》(上),有斐阁 1981 年版,第 130~131 页。

[2] 何庆仁:《我国刑法中教唆犯的两种涵义》,载《法学研究》2004 年第 1 期。

[3] 何庆仁:《我国刑法中教唆犯的两种涵义》,载《法学研究》2004 年第 1 期。

教授所质疑的那样："为何刑法仅规定以教唆的行为方式实施的间接正犯？在刑法并没有明文规定对于间接正犯作为正犯处罚的情况下，为什么却规定了间接正犯的未遂的处罚原则。"[1]由此可见，何庆仁教授的这一学说显然欠缺充分的说服力。

二、单一正犯体系的解释

（一）自然的、形式的单一正犯体系的解释

刘明祥教授认为，上述两类解释路径都是以德国和日本刑法学中的共犯从属性说与共犯独立性说为基础来展开论说的，而这两种学说又是以德、日刑法所采用的正犯与共犯区分体系作为法律根据的。这种犯罪参与体系的特点是，在法律条文中，不仅就犯罪之成立在概念上区分"正犯"和"共犯"（教唆犯和帮助犯），而且在刑罚评价上对二者也加以区分。因为正犯之刑是所有共同犯罪参与者处刑的基准，共犯要比照正犯之刑处罚或减轻处罚，并且原则上正犯的处罚重于共犯。与此相对的另一种犯罪参与体系单一正犯体系，是指将所有共同参与犯罪的人都视为正犯，而不注重从构成要件的立场来区分正犯与教唆犯、帮助犯，只是在正犯之内根据其加功的程度和性质在量刑时予以考虑。从我国刑法的规定来看，明显不能说教唆犯是从属于正犯或实行犯。因为我国《刑法》第29条第1款明文规定"教唆他人犯罪的，应当按照他在共同犯罪中所起的作用处罚。"而且，在司法实践中，教唆犯一般都是作为主犯来处罚，被教唆的实行犯作为从犯处罚，也就是说教唆犯处于主要地位处更重的刑罚，被教唆的实行犯处于从属地位处较轻的刑罚。[2] 因此，在刘明祥教授看来，我国刑法采取的不是德日正犯与共犯的区分制，而是单一正犯体系。"由于我国刑法采取的是单一正犯体系，实行犯、教唆犯和帮助犯并无严格加以区分的必要，根据我国的刑法理论，实行犯、教唆犯和帮助犯的行为都是互相联系、互相利用的，不能单独抽取出来进行独立的评价。只要行为人基于共同故意，参与了共同犯罪行为，即构成共同犯罪，根据其在共同犯罪中所起作用大小的不同，给予轻重不同的处罚。由此可见，套用德、日的教唆犯从属性说或教唆犯独立性说，来解释我国刑法第29条第2款中的被教唆的人没有犯被教唆的罪，显然是忽视了我国刑法与德、日刑法在共犯参与体系上的重大差异。"[3]以此为前提，教唆犯从属性说在我国没有存在的法律基础，对《刑法》第29条第2款就必须要有新的解释，即将其解释为被

---

[1] 张明楷：《刑法学》，法律出版社2011年版，第378页。

[2] 刘明祥：《"被教唆的人没有犯被教唆的罪"之解释》，载《法学研究》2011年第1期。

[3] 刘明祥：《"被教唆的人没有犯被教唆的罪"之解释》，载《法学研究》2011年第1期。

教唆的人没有按教唆犯的意思实施犯罪,具体包括四种情形:一是教唆犯已实施教唆行为但教唆信息(或内容)还未传达到被教唆的人;二是被教唆的人拒绝教唆犯的教唆;三是被教唆的人接受教唆,但还未为犯罪做准备;四是被教唆的人接受教唆但后来改变犯意或者因误解教唆犯的意思实施了其他犯罪,并且所犯之罪不能包容被教唆的罪。[1]

刘明祥教授所主张的单一正犯体系是一种自然的、形式的单一正犯体系。这种自然的、形式的单一正犯体系具有两个特征:其一,在理论基础上,这种单一正犯体系是以因果关系的条件说为基础的,即凡是与结果之间具有条件关系的人,一律作为正犯加以处罚;其二,在构成要件层面,不重视参与形态的区分,所有的参与者一律称为"正犯"。但是,这种单一正犯体系具有以下缺陷:其一,在因果关系理论中,条件说已经被扬弃,取而代之的是相当因果关系说或客观归责理论,因为通常认为,按照条件说认定的因果关系范围过于宽泛,从而导致处罚范围无边无际,正是在这种问题意识之下才出现了限定条件说的理论学说。既然对于单独犯的因果关系认定不再采取条件说,为什么可以对犯罪参与者依据这种学说加以处罚呢?其二,自然的、形式的单一正犯体系无法说明犯罪参与者之间的关联,在这种单一正犯体系看来,似乎各参与者之间是彼此独立、互不相干的,但实际上,正如刘明祥教授所指出的那样,各参与者之间是相互利用、相互补充的关系。然而,如何说明这种相互利用、相互补充的关系呢?这种理论对此似乎语焉不详。其三,自然的、形式的单一正犯体系不承认构成要件层面犯罪参与形态的区隔,从表面上看,似乎具有刑法适用更为简便的优点,但却会导致处罚范围极为不明确的严重问题。事实上,试图将我国共同犯罪的规定解释为不区分参与形态的形式的单一正犯体系,是存在法律障碍的,因为至少我国刑法明确规定了教唆犯这种参与形态,这与纯粹的形式的单一正犯体系(例如《意大利刑法典》)是有所不同的。

此外,批评者指出,按照刘明祥教授所主张的自然的、形式的单一正犯体系,由于对于每个参与者的既、未遂都要独立判断,因此其对《刑法》第29条第2款的解释是合乎逻辑的结论。但问题是,按照这种体系的理论,对于其他参与者例如组织犯、实行犯、帮助犯,恐怕也要按照类似的原理来处罚,因为这些参与者与教唆犯都是地位平等的"正犯"。然而,刑法为什么没有对这些参与者作出与第29条第2款的教唆犯相同或类似的规定呢?在缺乏这样的规定的情况下,是否可以依照刘明祥教授所主张的单一正犯体系的基本原理加以处罚呢?如果真的

---

[1] 参见刘明祥:《"被教唆的人没有犯被教唆的罪"之解释》,载《法学研究》2011年第1期。

这样处罚了，有违反罪刑法定原则的嫌疑。[1]

（二）规范的、功能的单一正犯体系的解释

江溯教授主张一种不同于刘明祥教授的规范的、功能的单一正犯体系。这种规范的、功能的单一正犯体系与上述自然的、形式的单一正犯体系的共通点在于构成要件层面与量刑层面的分离：前者解决可罚性的外部界限问题，后者解决可罚性的内部界限问题，这就是所谓的“犯罪参与的两重性”。

但是，与自然的、形式的单一正犯体系不同的是，规范的、功能的单一正犯体系具有以下两个特征：首先，现代刑法坚持个人责任原则，即个人只能对自己的行为及其结果承担责任，而不能对他人的行为及其结果承担责任。个人除了亲自实施犯罪以外，当然可以利用（通过）他人来实现犯罪。然而，应当注意的是，在犯罪参与的情况下，直接行为人与间接行为人的行为构造是不同的，直接行为人以自己的行为来实现犯罪，而间接行为人则是利用（通过）他人来实现自己的犯罪。虽然存在这种行为构造上的差异，但无论对于直接行为人还是间接行为人，在刑法上判断其是否构成犯罪的标准应当相同，即个人的行为必须具备不法性和罪责性。质言之，在犯罪参与的情况下，各参与者之间在犯罪成立上存在事实的依存性，但各参与者的不法性和罪责性必须予以独立判断。其次，规范的、功能的单一正犯体系并不认为所有与结果具有条件意义上因果关系的参与行为都是可罚的行为，而是主张所有的行为（无论是直接行为或间接行为）在经过条件说的检验之后，都需要再进行客观归责或者相当因果关系的判断。最后，规范的、功能的单一正犯体系认为，为了保障法治国家的明确性，有必要在间接行为人（正犯）内部进行类型化。根据我国刑法的规定和刑法理论，可以对间接行为人（正犯）进行初步的类型化，将之划分为组织犯、教唆犯、帮助犯、区分制意义上的间接正犯、共同正犯等。但是，必须注意的是，组织犯、教唆犯、帮助犯、区分制意义上的间接正犯、共同正犯等都是正犯，对它们的类型化只是为了更好地确定犯罪参与者的外部界限，其彼此之间并不存在非常精确的界线，而是可以自由流动的。由于我国采取的是单一正犯体系，因此完全没有必要沉迷于对直接行为人（正犯）与间接行为人（正犯）内部的类型化。毋宁说，这些正犯的类型化是为了给法官提供各行为人之不法的一个参照（外观），至于各行为人具体的不法性和罪责性对于犯罪的作用程度，则需要在量刑阶段予以个别考察。

根据规范的、功能的单一正犯体系，教唆犯是利用（通过）他人来实现自己犯罪的行为人，因此教唆犯的行为构造是教唆行为 + 利用行为，这就意味着，仅

---

[1] 江溯：《超越共犯独立性与共犯从属性之争——刑法第 29 条第 2 款的再解释》，载《苏州大学学报》2014 年第 2 期。

仅有教唆行为还不足以构成犯罪,因为除非刑法将教唆行为规定为独立的犯罪,否则虽然实施了教唆行为,但其并不具有法益侵害的现实危险性,因而不具有可罚性,必须等到被利用者的行为到达了具有法益侵害的现实危险性的阶段,教唆犯才具有可罚性。质言之,教唆行为是否成立,与教唆行为是否可罚即是否可以被评价为具有法益侵害的现实危险性的行为,是两个不同的问题。

那么,按照这种理解,对于我国《刑法》第 29 条第 2 款应当如何解释呢? 由于被教唆的人实际上并未实施犯罪,因此以下情形下的教唆行为虽然成立,但并不具有可罚性,因为教唆行为不具有法益侵害的现实危险性:一是教唆犯已实施教唆行为但教唆信息(或内容)还未传达到被教唆的人;二是被教唆的人拒绝教唆犯的教唆;三是被教唆的人接受教唆,但还未为犯罪做准备;四是被教唆者虽然当时接受了教唆者的教唆,但事后又放弃了犯意,或者尚未来得及进行任何犯罪活动;五是被教唆者虽然当时接受了教唆,但实际实施的并不是被教唆的罪,而是其他犯罪,并且这种其他犯罪与教唆者的教唆之罪没有重合关系。由于我国刑法是以处罚预备为原则的,因此《刑法》第 29 条第 2 款所谓的“被教唆的人没有犯被教的罪”首先考虑解释为被教唆人已经开始为犯罪准备工具、制造条件而最终未能完成犯罪的情形。但是,这样一来,就会出现教唆预备与一般犯罪预备处罚原则不同的不协调状况:对于教唆预备,刑法规定“可以从轻或者减轻处罚”;而对于一般的犯罪预备,刑法规定“可以比照既遂犯从轻、减轻处罚或者免除处罚”。因此,最终应当将《刑法》第 29 条第 2 款缩小解释为“被教唆人已经着手实行犯罪但由于意志以外的因素而没有得逞”,才能协调上述文义解释所产生的矛盾。从这个意义上说,《刑法》第 29 条第 2 款的规定只是一个注意规定,即在没有这一规定的情况下事实上也可以直接适用刑法关于犯罪的预备和未遂的规定对教唆预备和教唆未遂进行处罚。[1]

但是,本书认为,江溯教授这种努力过于限缩了“被教唆的人没有犯被教唆的罪”的文义含义,有些过度解释了。

三、教唆犯两重性说的解释

教唆犯两重性说认为教唆犯既有从属性,又有相对的独立性。两重性说的首倡者是伍柳村先生,他根据教唆犯的一般特性,论述教唆犯具有两重性,故又被称为抽象的两重性说。他指出:“教唆犯的犯罪意图既然必须通过被教唆人的决意,并且去实施他所教唆的犯罪行为,才能发生危害结果或者达到犯罪目

---

〔1〕 江溯:《超越共犯独立性与共犯从属性之争——刑法第 29 条第 2 款的再解释》,载《苏州大学学报》2014 年第 2 期。

的，否则，是不可能发生危害结果或者达到犯罪目的的；所以，就教唆犯与被教唆人的关系来讲，教唆犯处于从属地位，教唆犯具有从属性。但是，教唆犯给予他人以犯罪意图这一行为，它与单个人犯罪的犯意表示，其危害性是不相同的。单个人犯罪的犯意表示还没有发生社会关系，只是个人犯罪意思活动的流露而已，所以不能认为犯罪；而在共同犯罪中，教唆犯的教唆行为则是教唆犯与被教唆人已经发生了人与人之间的社会关系，而且在这种社会关系中，又已显示出教唆他人犯罪这一行为本身对社会危害的严重程度。无论被教唆人是否去实行犯罪，教唆行为本身都应该认为犯罪，当然在处罚时也必须考虑被教唆人已否犯了被教唆的罪这一事实。因此，从这个意义上说，教唆犯在共犯中又处于相对的独立地位，教唆犯又具有相对的独立性。"〔1〕

马克昌先生也主张两重性说，但他不是抽象地讨论，而是具体地说明，故又被称为具体的两重性说。马先生指出："教唆犯固然是一种社会现象，但它毕竟是一个法律概念，论证它的独立性或从属性不能不结合一个国家刑法规定来进行。……教唆犯的从属性或独立性往往因刑法对教唆犯规定的不同而不同。其次，要论证教唆犯的从属性或独立性，应当了解从属性指的是什么？从属性通常包括犯罪的从属性与处罚的从属性两个方面。前者是指教唆犯因被教唆人实施犯罪而构成，被教唆人未实施犯罪，教唆犯即不成立。被教唆人犯罪既遂、未遂或预备，教唆犯也是犯罪既遂、未遂或预备。后者指对教唆犯依照实行犯的刑罚来处罚。刑法规定的教唆完全符合上述情况的，就是具有从属性，不符合或不完全符合上述情况的，就是具有独立性或一定的独立性。据此，我们认为我国刑法规定的教唆犯，确实具有两重性，但独立性是主要的。具言之，刑法第26条（指1979年《刑法》）第1款规定的教唆犯，只有在被教唆人实施犯罪时才能成立。这时教唆人与被教唆人构成共同犯罪关系，被教唆人实施的犯罪行为是犯罪预备、未遂或既遂，教唆犯也是犯罪预备、未遂或既遂，这就是教唆犯犯罪的从属性。但这一规定的教唆犯的刑事责任，则是依其在共同犯罪中的作用处罚，而不是依照实行犯的刑罚处罚，这就是教唆犯处罚的独立性。第26条第2款规定的教唆犯，是被教唆人没有犯被教唆之罪的情况。在这种情况下，教唆犯与被教唆人不构成共同犯罪关系，刑法却仍然对之规定了刑事责任。这里的教唆犯既无犯罪的从属性，也无刑罚的从属性，亦即只有独立性。"〔2〕

赵秉志教授等也认为教唆犯具有两重性，并阐述了其具体表现。教唆犯的

---

〔1〕 伍柳村：《试论教唆犯的二重性》，载《法学研究》1982年第1期。

〔2〕 马克昌：《论教唆犯》，载《法律学习与研究》1987年第5期。

从属性主要表现在:其一,教唆行为的社会危害性程度,受被教唆人的犯意是否产生、实行行为的有无以及发展进程和危害结果大小等因素的影响和制约。其二,被教唆人是否实施被教唆罪的犯罪行为,对教唆结果的产生起着非常重要的作用。如果被教唆人没有着手实施犯罪,教唆犯的犯罪意图就不会实现。其三,教唆犯所追求的最终犯罪结果,是由于被教唆人因为教唆而实施了被教唆之罪的犯罪行为产生的,被教唆人是"内因",教唆犯的教唆行为仅是"外因"。教唆犯的独立性主要表现在:其一,教唆犯出于故意实施了教唆他人犯罪的行为,本身具有主观恶性与社会危害性,从而成为其构成犯罪并承担刑事责任的主客观依据。其二,教唆行为是危害结果产生的前提和基础,没有教唆犯的教唆行为,就不会有被教唆人实施所教唆之罪的行为以及因此而生的危害结果。其三,教唆犯有自己相对独立的构成要件。其四,教唆犯有自己的犯罪形态。其五,教唆犯通常以其所教唆之罪为依据来确定其触犯的罪名。[1]

陈兴良教授曾经在批判共犯从属性说和共犯独立性说的基础上,借鉴伍柳村先生提出的教唆犯的两重性说,提出共犯从属性与独立性统一说,认为不仅教唆犯具有两重性,而且组织犯与帮助犯等非实行犯都具有这种两重性。他指出:"根据共犯从属性说,犯罪构成的客观要件只能是刑法分则所规定的实行行为,共犯的犯罪构成的客观要件是在教唆或帮助下的实行犯的实行行为,而共犯的行为不是直接破坏法律规范的犯罪行为,不属于犯罪构成的客观要件。这样,共犯从属性说就必然把共犯的可罚件完全建立在实行犯的实行行为之上。而根据共犯从属性与独立性统一说,作为犯罪构成客观要件的行为并不限于刑法分则所规定的实行行为。共犯行为,例如组织行为、教唆行为与帮助行为,在刑法总则中加以规定,从而使共犯在犯罪构成客观方面而得到补充。这样,就使共犯的可罚性奠基于自身的行为,因为这些行为本身就是具有社会危害性的犯罪行为,这就体现了共犯的相对独立性。具体地说,共犯的独立性是指共犯具备独立的主客观相统一的承担刑事责任的根据,因而其构成犯罪并不取决于实行犯是否实行犯罪。"[2]"根据共犯独立性说,共犯完全独立于实行犯的实行行为,共犯构成独立的犯罪,不受实行犯的影响,甚至根本否认正犯与共犯的区别,因而否定了整个共同犯罪制度。而根据共犯从属性与独立性统一说,共犯的行为毕竟不是刑法分则所规定的犯罪实行行为,它只有与实行行为有机地结合在一起,才能构成犯罪,这就体现了共犯的从属性。具体地说,共犯的从属性是指共犯所构成的具体犯罪和罪名,取决于实行犯所实施的特定犯罪,没有抽象的脱离具体

---

〔1〕 参见赵秉志、魏东:《论教唆犯的未遂》,载《法学家》1999年第3期。
〔2〕 陈兴良:《共同犯罪论》,中国人民大学出版社2006年版,第42页。

犯罪的共犯。”[1]

四、双重“被害人”视角下的审视

本书认为，教唆犯两重性说更为符合《刑法》第29条第2款的实体规定。但是上述教唆犯两重性说的问题在于其未能指出何以“共犯从属性”和“共犯独立性”能够并存。因为在德、日刑法学上，“共犯的从属性，是指共犯成立犯罪至少要求正犯者着手实行了犯罪的原理。主张共犯的从属性的学说称为共犯从属性说，与共犯独立性说相对立。共犯独立性说主张共犯的独立性，认为共犯的可罚性在于共犯的行为本身，共犯成立犯罪不一定要求正犯者着手实行犯罪”。[2]换言之，共犯从属性说与共犯独立性说，所争论的基本问题是：在被教唆者、被帮助者没有着手实行犯罪的情况下，能否处罚教唆者与帮助者？共犯从属性说认为，如果被教唆的人没有实行被教唆的罪，教唆者不成立犯罪；如果被帮助的人没有实行被帮助的罪，帮助者的行为不成立犯罪。相反，共犯独立性说则认为，无论被教唆的人或被帮助的人是否着手实行了犯罪，只要教唆者或帮助者实施了教唆行为或者帮助行为就成立犯罪。两者在这个问题上得出的是完全矛盾的结论。

本书认为，解决这个矛盾的所在是另一个层次的问题，需要从被害人视角下加以解读。

被害人，从构词规则来看是一个被动词组，所表示的范畴为被动者或受事者，而不是主动者或施事者，亦即被害人的字面意义为施害者的对象。因此，被害人的原初之意为遭受伤害、杀害或者灾害的人。在生活用语中并没有严格区分被害与受害、被害人与受害人，如《现代汉语词典》认为所谓的受害是指，遭到损害或杀害；而将被害人解释为，指刑事、民事案件中受犯罪行为侵害的人，但并没有对被害人和受害人词条进行解释。可见该词典并没有严格区分被害与受害、被害人与受害人，从其解释中也无从了解这两个范畴的实质区别。然而在法律的语境下人们约定俗成地对二者进行了区分，在我国《民法通则》中使用的是受害人的概念，而在《刑事诉讼法》中使用的则是被害人的概念。这一区分也为《辞海》所采纳，其将被害人解释为：合法权益遭受犯罪行为侵害的人，刑事诉讼中的诉讼参与人之一；不同于受害人，后者是民事诉讼中的用语，指因侵权行为而遭受人身或财产损害的人。虽然并没有法律条文明确地赋予二者概念具体的内涵，但是这种区分已经为法律共同体所承认，并逐渐成为学界的共识。

---

〔1〕 陈兴良：《共同犯罪论》，中国人民大学出版社2006年版，第42~43页。
〔2〕 [日]西原春夫：《刑法总论》（下卷）（改订准备版），成文堂1993年版，第377页。

在犯罪学的领域主要使用的是被害人或者被害者的概念，但实质二者并无区别，只是针对“victim”一词的翻译差异。根据有关学者考证，被害人一词来自拉丁文的“vietima”，如英文“vietim”、法文“vietim”、德文“vikim”等都基本上保留了单词的原貌和原义，该词有两个基本意思：一是宗教礼俗仪式上对神的祭品；二是因他人行为而受伤害或受阻碍的个人、组织、道德或法律秩序。[1] 据此，有学者认为被害人泛指一切遭受杀害、伤害或者损害的人，甚至包括遭受自然灾害之人，此为广义之被害人的概念。[2] 这一层面的被害人与生活用语同义，本不足取。犯罪学中的被害人理应作为犯罪人的对应范畴，因此应当将之限定为犯罪行为之客体或者承受者，多数学者采用这一观点，许多作品中常常加上“犯罪”或者“刑事”的定语以区别广义的被害人概念。如有学者认为，犯罪被害人是指因他人的非法行为而遭受损害的个人或团体，包括遭受犯罪行为直接侵害的被害人，以及间接（或者衍生）的被害人。如家庭成员等所遭受的情感以及经济上的损害。[3] 另外，学界历来有区分犯罪学意义上的犯罪与刑法学意义上的犯罪的传统，这也是恰当的，因为犯罪学关注的是犯罪现象这一事实，而刑法学关注的是规范中的犯罪，因此如果要区别被害人在犯罪学和刑法学中的意义还应当对被害人一词进行限定。犯罪学意义上的被害人可以称为犯罪被害人，而刑法学意义上的被害人可以称为刑事被害人，这也与学界的习惯称谓相吻合。所谓的刑事，是对“民事”而言的，是有关刑法的。因此，刑事诉讼法的场合被害人也应当称为刑事被害人。当然，多数情况下根据语境就可以区分二者，而并无必要加以限定。

被害人学最初关注的是受到犯罪行为侵害的自然人，包括犯罪过程中犯罪人与被害人的互动、被害人援助、被害人国家补偿等，这是最狭义的被害人概念，被害人学的研究重心即在于此。如有学者认为被害人即是指因犯罪行为而使人身或财产遭受损害的人，是相对于犯罪人（加害人）而言的。[4] 日本学者大谷石在《刑事政策讲义》中也采这一最狭义被害人的立场，认为“犯罪被害人”是指生命、身体等个人法益受到危害的犯罪的被害人。[5] 狭义的被害人概念除了自然人之外，还包括法人和社会组织。在民事领域法人和社会组织已经被承认为享受权利和承担义务的实体，在英美法系和大陆法系的法国以及我国并且承认法

---

〔1〕 参见张智辉、徐名涓编译：《犯罪被害者学》，群众出版社 1989 年版，第 33 页。

〔2〕 参见张智辉、徐名涓编译：《犯罪被害者学》，群众出版社 1989 年版，第 33 页。

〔3〕 Andrew Karmen, *Crime Victims: An Introduction to Vcitimology* (third edition), Wadsworth Publishing Company, 1996, p. 2.

〔4〕 参见康树华：《犯罪学通论》，北京大学出版社 1992 年版，第 547 页。

〔5〕 参见［日］大谷实：《犯罪被害人及其补偿》，黎宏译，载《中国刑事法杂志》2000 年第 2 期。

人可以犯罪，基于实践要求，法人和社会组织似乎应当纳入被害人的范畴之内。如我国的高铭暄等人认为，刑法学科中的被害人，不能笼统地包括所有由于犯罪行为的影响而间接地遭受物质或精神损害的人，也不能包括由于犯罪行为而抽象地遭受侵害的国家或社会，而只能包括由于犯罪行为直接侵害其具体权利并由此而直接承受物质损失或精神损害的人和单位。“应当指出，刑法学科中的被害人不能包括国家。在刑法学的视野中，被害人受到侵害的，必须是一种具体的权利，而不能是抽象的国家权力或社会公共利益。”[1]狭义的被害人外延涵盖了自然人、法人以及社会组织等。

广义的被害人概念除了自然人、法人和社会组织之外，还包括社会与国家，如欧洲议会的艾格拉·迪佐拉、斯蒂芬·谢弗等都采此观点，[2]我国学者也有采此广义的被害人概念者。[3] 按照法益侵害说，法益可以划分为个人法益、社会法益和国家法益，从世界各国的刑法来看无一不把侵害国家法益和社会法益的行为规定为犯罪，国家法益和社会法益具有独立的法律地位，不是个人法益的集合，更不是个人法益的扩大，因此广义的被害人概念把国家与社会也纳入被害人的范畴并非全无道理，当然，在侵害国家法益和社会法益的犯罪中往往也存在具体受到侵害的自然人，这是间接的被害人，这类被害人很可能是在犯罪过程中偶遇的，被害人在其中对犯罪所起的作用有限，但是在研究对被害人补偿等问题时还是不能忽视这一群体。总之，不能因为不存在这种间接的被害人就否定国家与社会法益的独立地位，也不能因为存在这种间接的被害人就以自然人完全取代对国家与社会法益的保护。换言之，国家法益与社会法益是独立于个体法益的公共法益，是无法以个体法益的概念完全进行解释的独立存在的法益形态。

从最广泛的意义上来说的，被害人既然为犯罪恶害的承受者，一般来说只要有犯罪就会有被害人，不存在没有被害人的犯罪。这一层面上的被害人可以包括自然人、法人、社会组织、国家甚至是抽象的法律秩序和善良风俗。如施耐德就认为被害人是指受到犯罪行为侵犯、危害或破坏的被害人，可能是某个人、某种团体、道德规范或法律制度，可能是非物质的、无形的或抽象的，如作为整体的社会、信仰、国家等。[4]

---

〔1〕 高铭暄、张杰：《刑法学视野中的被害人问题探讨》，载《中国刑事法杂志》2006年第1期。

〔2〕 参见[德]汉斯·约阿希德·施耐德主编：《国际范围内的被害人》，许章润等译，中国人民公安大学出版社1992年版，“序”第5页、“导论”第5页。

〔3〕 参见赵可、周纪兰、董新臣：《一个被轻视的社会群体——犯罪被害人》，群众出版社2002年版，第4页。

〔4〕 参见[德]汉斯·约阿希德·施耐德主编：《国际范围内的被害人》，许章润等译，中国人民公安大学出版社1992年版，“导论”第5页。

我国《刑法》第301条规定了聚众淫乱罪,"聚众进行淫乱活动的,对首要分子或者多次参加的,处五年以下有期徒刑、拘役或者管制。引诱未成年人参加聚众淫乱活动的,按照前款的规定从重处罚"。对于本罪的客体,刑法理论界也有不同的认识。通说认为,本罪的客体是公共秩序。此种观点认为"公共秩序一方面包括公共场所秩序,另一方面还应包括人们在日常交往中应共同遵守的生活规则。其中,前者由纪律规则来调整,是相对具体的;后者则由交往规则来调整,是相对抽象的。人们通过遵守这些生活规则来维持公共生活有条不紊的状态。违反了这些规则,也就打破了公共生活的稳定状态。因此,任何违反了公共生活规则的行为都是对公共秩序的破坏。而聚众淫乱行为,即是一种违反社会公共生活中的交往规制,破坏社会良好的风俗习尚的行为。因此,从这个角度讲,它是破坏了公共秩序。在具体地说,就是破坏了公共秩序中的交往秩序。"[1]第二种观点认为,本罪的客体是社会风尚。主张这种观点的学者认为,聚众淫乱的行为严重伤害了他人的道德感情,污染了社会风气,是一种轻视社会道德、伤风败俗的犯罪行为。所以本罪所侵犯的客体是社会风尚。[2] 另外,还有观点认为本罪侵犯的客体是社会风化。无论是哪一种观点,都表明了我国在立法上事实上采取的是最广泛的被害人概念。本条的第2款"引诱未成年人聚众淫乱罪"规定引诱未成年人参加聚众淫乱活动的,需要从重处罚。这种从重处罚的规定,是出于对于未成年人的特殊保护。既然本罪所保护的法益是公共秩序或者社会风尚,那么被害人实际上就是最广泛被害人概念下的公共秩序或者社会风尚。然而,在这个罪名的框架下,未成年人是一种什么样的地位呢,何以出于对未成年人的特殊保护,就需要对犯罪人进行从重处罚呢?本书认为,在本罪中,因为未成年人的身心发育不健全,引诱未成年人参加聚众淫乱活动,对其身心健康会造成巨大的不良影响。因而,事实上在这里,被引诱的未成年人实际上是一种次于本罪直接保护法益的准被害人地位,本罪是由两重被害人的。

同理,将目光再回到《刑法》第29条。本书认为,教唆他人犯罪的,教唆者的可罚性有双层来源,第一层是实行犯实行行为造成的法益侵害,第二层则是被教唆者本身所受到的法益侵害。简单来说,以A教唆B杀害C为例。在这种情况下,乍看之下,被害人只有C一人。因而前文所述的各种理论在这一单一被害人的框架下进行探讨,得出水火不相容的结论。教唆犯双重性更为符合立法规定,本书在前文已经明确表达了对于此说的支持并论证了此说的缺陷。此说虽然注意到给予他人以犯罪意图这一行为,它与单个人犯罪的犯意表示,其危害

---

〔1〕 赵秉志主编:《扰乱公共秩序罪》,中国人民公安大学出版社2003年版,第431页。

〔2〕 高铭暄、马克昌主编:《刑法学》,高等教育出版社2005年版,第609页。

性是不相同的，却无法给出一个合理解释——为何这种行为的危害性就有所不同。这是因为，它没有注意到在这种情况下，还隐藏着另一重被害人，或者说是准被害人角色，即B。B作为故意杀人罪的实行犯，属于加害人角色，这是无疑的。但是本书认为，在A的教唆行为之前，B是没有任何犯意的，可以被视为一个守法公民。A的教唆使一个守法公民产生犯罪的意图，并有沦为犯罪人的危险，这在某种意义上就使B陷入一种准被害人的角色。正是因为B这一准被害人的存在，使得教唆他人犯罪的A的可罚性来自两处；一是B的杀人行为，这是共犯从属性的体现，对于A的定罪依附于B的杀人行为；二是B沦为犯罪人，这正是共犯独立性的体现。因此，即使第一处的可罚性消失，即B没有实行杀人行为，那么A也具有可罚性，只是对于A的惩罚相较于B实行了杀人行为时，可以从轻或者减轻，但是并不能免除。《刑法》第29条第2款"被教唆的人没有犯被教唆的罪"，正是这种体现。

此外，第29条第1款第2项规定"教唆不满18周岁的未成年人犯罪的"，应当"从重处罚"，也从另一个侧面支持了本书。在教唆不满18周岁的未成年人犯罪的情况下，教唆者的刑事责任来自两方面，一是未成年人本身的实行行为造成的法益侵害，二是未成年人沦为犯罪人的危险。出于对于未成年人的特殊保护，因而使未成年人沦为犯罪人的行为，其危害性大于一般成年人，从而有从重处罚的必要。因此，无论未成年人是否实行了被教唆的行为，都不阻碍对教唆者的从重处罚，即使未成年人直接拒绝了教唆，对于教唆者也应当从重处罚。

五、本种被害人角色于刑法分则中的局部呈现

刑法分则部分针对侵犯未成年被害人的某些犯罪，专门规定了从重处罚。包括第236条第2款奸淫幼女的比照第236条第1款从重处罚；第347条第6款"利用、教唆未成年走私、贩卖、运输、制造毒品，或者向未成年人出售毒品的"比照前款规定从重处罚；第353条第3款"引诱、教唆、欺骗或者强迫未成年人吸毒、注射毒品的"比照第353条第1款和第2款从重处罚；第358条规定"组织、强迫未成年人卖淫的"中组织卖淫的依照第358条第1款的规定从重处罚；第364条第4款"向不满十八周岁的未成年人传播淫秽物品的"比照前款从重处罚。此外，司法解释也规定了一些特殊的从重处罚，如《刑法》第303条赌场罪在法条中未规定，但是《关于办理赌博刑事案件具体应用法律若干问题的解释》第5条第3项规定"组织未成年人参与赌博或者开设赌场吸引未成年人参与赌博的"，依照《刑法》第303条从重处罚。

但是仔细考究的话，不难发现在这些从重处罚中，明显是依照两种逻辑进行组织的。第236条强奸罪的保护法益本身就是女性的性权利，第2款规定奸淫

幼女的比照第236条第1款从重处罚，这里面的被害人直接是被性侵害的幼女，也就是说这里只有单层被害人。但是，“利用、教唆未成年走私、贩卖、运输、制造毒品，或者向未成年人出售毒品的”“组织、强迫未成年人卖淫的”的情况下，逻辑框架却有所不同。因为罪名本身并非保护未成年人的身心权利的，而是为保护公共秩序或者善良风俗，只是因为行为客体有未成年人，犯罪行为将未成年人陷入一种准被害人的角色，才得以从重处罚。也就是说，这种情况下，年龄因素带来了两层受害人的框架。

第九章　刑法对年龄因素下人身权利的偏护

第一节　器官摘移：重伤承诺从无罪到有责的良性变异

《刑法修正案（八）》第37条对于1997年《刑法》增设了有关人体器官犯罪的规定，在刑法第二百三十四条后增加一条，作为第二百三十四条之一："组织他人出卖人体器官的，处五年以下有期徒刑，并处罚金；情节严重的，处五年以上有期徒刑，并处罚金或者没收财产。未经本人同意摘取其器官，或者摘取不满十八周岁的人的器官，或者强迫、欺骗他人捐献器官的，依照本法第二百三十四条、第二百三十二条的规定定罪处罚。违背本人生前意愿摘取其尸体器官，或者本人生前未表示同意，违反国家规定，违背其近亲属意愿摘取其尸体器官的，依照本法第三百零二条的规定定罪处罚。"其中第2款对于摘取未成年人的器官，并未区分未成年人是否同意，而是整体性规定对于"摘取不满十八周岁的人的器官"，按照《刑法》第234条和第232条定罪处罚，这种立法从被害人承诺的角度全面否定了未成年人作为被摘取器官的被害人的承诺效力，体现了对于未成年人人身权利的特殊保护。

一、"人体器官"概念

对"人体器官"概念和范畴的界定是对人体器官犯罪进行研究的前提。在《辞海》中，对"器官"的定义是"生命体内由多种组织构成的能行使一定功能的结构单位"。[1] 而在不同的专业学科中，对这个词语也有不同的定义。在生物学中，人体器官是指由多种不同组织组成特定构造，以共同达到特定的功能。例如，皮膜组织和肌肉组织就构成了胃。在医学中，皮肤是人体的最大器官，还有

〔1〕 夏征农主编：《辞海》，上海辞书出版社1990年版，第851页。

很多容易被忽略的器官,如骨骼肌。[1]

但是,在刑法学中,对于“人体器官”的定义和范畴,往往和生物学上存在区别。

世界卫生组织认定的“人体器官”是指人体上的多种组织构成的能行使特定功能的结构单位。既包括眼、鼻、耳等感觉器官和心、肺、肾、脏、脾、大肠、小肠等内脏器官,也包括皮肤、肌肉、骨骼、细胞等人们容易忽视的器官部分,但不包含以遗传和生殖为目的的组织,以及以输血为目的的血液成分。[2] 这一规定没有细致区分人体组织和器官,将一部分的人体组织也纳入了人体器官的范畴之中。我国台湾地区制定的“人体器官移植条例实施细则”规定,人体器官既包括主要脏器,也包括肠、肢体和视网膜,但不包括骨髓;韩国的器官移植法所规制的对象,既包括主要的脏器,也包括骨髓、角膜等人体组织;瑞典将生殖细胞、生殖腺以外的人体器官与组织都纳入器官移植法的对象范围之中,而法国则认为,构成人体的全部要素都属于器官移植法的调整对象。[3] 由此可见,各个国家和地区对于各自法律法规中人体器官的范围的规定虽然都有所不同,但大部分都把脏器器官、角膜列入了人体器官的范畴。

而在《刑法》中,虽然《刑法修正案(八)》增设的第234条之一对人体器官相关犯罪进行了规定,但是对具体的犯罪对象,即“人体器官”的含义和范围并没有作出任何解释。可以参考的是《人体器官移植条例》(以下简称《条例》),该条例第2条第2款对此进行了列举,[4]并且在第1款中将角膜、骨髓等人体组织排除在外,“从事人体细胞和角膜、骨髓等人体组织移植,不适用本条例”。据此,可以看出我国的《人体器官移植条例》是将人体器官界定为具有特定功能的心脏、肺脏、肝脏、肾脏或者胰腺等器官的全部或者部分,并排除了人体细胞、角膜、骨髓等人体组织,其实只是比较严格地区分了人体器官和人体组织,因为这本来就是两个不同的概念,并且包含的范围也并不相同。但这种解释是否可以适用于人体器官犯罪中“人体器官”的定义呢?学界对此有不同观点:一种观点主张按照上述条例的规定来确定本罪中人体器官的范围,因此角膜不属于本罪

---

〔1〕 参见孙智博:《人体器官犯罪若干问题研究》,吉林大学2012年硕士学位论文。

〔2〕 World Health Assembly, Preventing the Purchase and Sale of Human Hrgans, World Health Organization, Geneva(1989). 转引自赵玉娇:《人体器官犯罪研究》,上海交通大学2013年硕士学位论文。

〔3〕 [日]加藤久雄:《医事刑法入门》,东京法令出版社2005年版,第453页。转引自陈家林:《〈刑法修正案(八)〉器官犯罪规定之解析》,载《法学论坛》2011年第3期。

〔4〕 本条例所称人体器官移植,是指摘取人体器官捐献人具有特定功能的心脏、肺脏、肝脏、肾脏或者胰腺等器官的全部或者部分,将其植入接受人身体以代替其病损器官的过程。

中的人体器官。[1] 另一种观点主张根据本罪的法益与“器官”可能具有的含义确定人体器官的范围，即既包括《条例》所称的器官，也包括角膜、皮肤、肢体、骨头等器官。[2]

综合以上材料和分析，不难看出，我国《人体器官移植条例》对人体器官的界定范围是较为狭隘和模糊的，对打击人体器官犯罪的司法实践不具有指导意义。本书认为，不应仅仅根据《条例》的规定来解释人体器官犯罪中的人体器官的范围，应当基于刑法的目的进行解释，理由有三点：

第一，不管是一个词语的内涵，还是法律法规的规定，都应当与时俱进，能够反映出使用时的社会现实。在2007年该条例实施时的人体器官移植的社会实际和现在的人体器官犯罪的情况已有很大的不同，当时制定的法规是对当时社会现实的反映，是以当时的科学技术和社会情况为基础的。由于之前医疗技术和设备的局限，人体器官和组织的移植可能以脏器、骨髓、角膜居多，而经过了8年的社会变迁，随着医疗手段和技术的进步，人体器官和组织的移植早就不限于这些了，甚至皮肤、肌肉的移植都成为平常。可以预见的是，在未来，人体可以移植的器官组织一定会更多，我们不应该拘泥于之前的立法背景来解释法律。

第二，从广义上来说，人体器官的概念是包含人体组织和人体细胞的。人体组织是人体器官的下位概念，二者是被包含与包含的关系。《条例》无非是为了谨慎地区分人体器官和人体组织、人体细胞的这三个概念，避免混淆，所以我们有必要对以上三个词的关系梳理一下。在医学中，“不同类型的细胞，以一种细胞为主体，分别构成不同的组织，各种组织构成器官。”[3] 也就是说，从细胞到组织再到器官，是从下位到上位、被包含与包含的一组概念，因而从广义上来说，人体器官的概念既包括人体组织，也包含人体细胞。对一个词语的解释必须在其可能具有的含义的范围内，基于此，角膜等人体组织和人体细胞也可以被包含在人体器官的含义之内。

第三，名词的解释是具有相对性的，在可能具有的含义内，必须与其所在的语境相符合，这样的解释才有意义。对“人体器官”的界定，必须考虑到解释的目的和解释的语境。由于本书讨论的人体器官犯罪是刑法学意义的概念，因而此处的人体器官必须对应的也是刑法学意义内的解释。《条例》中的规定可以作为参考，但绝不能拘泥于此。在理论层面，对人体器官的解释必须体现刑法的目的，即对公民健康权益的保护。我国刑法将人体器官犯罪表现形式之一的组

---

〔1〕 参见王志祥、张伟珂：《论〈刑法修正案（八）〉中的人体器官犯罪》，载《山东警察学院学报》2011年第3期。

〔2〕 参见张明楷：《组织出卖人体器官罪的基本问题》，载《吉林大学社会科学学报》2011年第5期。

〔3〕 张朝佑：《人体解剖学》，人民卫生出版社1998年版，第2页。

织出卖人体器官罪放在第四章中的故意伤害罪和过失致人重伤罪的中间，说明刑法对此强调保护的是公民的身体健康权益免受伤害，人体器官犯罪造成公民健康不可逆损害的都要受到刑法的规制。在实践层面，人体器官犯罪的对象并不仅仅是心脏、肝脏等器官，偷取角膜的案例也比比皆是。在其他国家和地区的立法实践中，也有将角膜、肠道等组织纳入人体器官概念的例子。对心脏、肾脏、肝脏等器官的摘取行为无疑会导致人体不可恢复的损伤，但是同样的，对角膜、肢体等人体组织的伤害同样也是不可逆的，具备同等的危害性，且从广义上来说，人体器官的概念是包含人体组织的。骨髓可以通过血液取得，生殖细胞是可以再生的，少量抽取血液不会危害到健康，皮肤的小范围损伤一般情况下是可以恢复的，但若抽取过量血液或皮肤缺损过大或过深，却是无法恢复的甚至会危害到生命，而刑法针对血液已经规定了非法采集、供应血液、制作、供应血液制品罪，本罪无须重复规定，所以本书认为，应当将不可逆的皮肤、角膜、肢体等伤害纳入此罪。

基于以上分析，结合我国的社会实践和对他国和其他地区立法的借鉴，可以得出人体器官犯罪中“人体器官”概念的范围不仅包含《人体器官移植条例》中规定的心脏、肺脏、肝脏、肾脏、胰腺等器官的全部或部分，还应当包括角膜、肢体的全部或部分，以及会造成不可逆伤害的一定程度和数量的皮肤、肠道、骨头等组织。

二、“被害人承诺”概念

“被害人承诺”，是指被害人基于自己的自由意志和真实的意思，对自己享有处分权的法益，许诺行为人对其加以侵害的意思表示。被害人同意的行为，正如古罗马的格言“同意中没有侵害”所说的一样，自古以来就不成立犯罪。[1] 被害人承诺在我国是作为超法规的违法阻却事由存在的，例如在被害人的默许之下盗取属于被害人的财物的行为，或者是征得被害人的同意后将其拘禁数日的行为，都是由于取得了被害人的承诺而阻却违法的行为。虽然刑法学界对于得到被害人承诺的行为不构成犯罪的根据向来存在争议，但这并不影响它阻却违法的效力。根据主流观点的内容，其发生效力的法理依据在于：在现代社会中，被害人的自主决定权也是一种重要的权益，法律必须尊重公民对于一些自己可处分的法益的自主决定权，因而被害人可以对这些法益进行自由处分。基于此，既然被害人本人自己实施处分相关法益的行为不构成犯罪，那么行为人在获得被害人真实有效意思表示的承诺的情形之下所实施的侵害行为，当然也不构成

---

〔1〕［日］大谷实：《刑法总论》，黎宏译，中国人民大学出版社2008年版，第234页。

犯罪，因为通过被害人作出的承诺，这些法益已经丧失了法律对其的保护，因而行为人得到承诺的行为不构成犯罪。只是这样的行为虽然阻却违法性，但是仍然符合相关犯罪的构成要件，属于超法规的违法阻却事由，并且其有效性仅限于被害人具有处分权的相关法益范围。

（一）被害人承诺的一般成立条件

虽然被害人承诺的正当化已经得到理论界的普遍认同，但是关于其正当化的法理基础却一直存在争论，主流观点应当是法益衡量说。法益主体即被害人同意放弃自己能够处分的权益的时候，受保护的利益就消失了，没有必要适用保护该法益的法规，对行为人进行处罚（利益的放弃），[1]这也是法律对公民的自我意愿和自主决定权的尊重的体现。被害人承诺，就是指具有承诺能力的人，基于自己的自由意志和真实的意思，对自己享有处分权的法益，许诺行为人对其加以侵害的意思表示。并且被害人承诺的成立，需要满足一些必备的条件。

第一，承诺的主体必须是法益的享有者并且具备相应的承诺能力。一方面，只有法益的享有者才具备处分其法益的权利。公民有权对部分个人法益进行处分，但是其对国家法益和社会法益是不享有处分权的。换句话说，在被害人承诺中，公民个人能够对其享有的一部分个人法益作出承诺，其他主体是无权对其个人法益作出承诺的。另一方面，承诺主体还必须具备相应的承诺能力，即承诺主体应当在生理上和心理上都发展到了较为成熟的阶段，具备一定的辨认、控制能力，对其承诺事项的内容、可能产生的结果以及对自身的影响都能够有所认识并理解。基于此，在对承诺主体的判断上必须考虑到年龄、精神状况等影响到认识能力的因素，并根据这些因素是否会阻碍主体的认识能力来判断承诺的主体是否适格。

第二，承诺的法益是被害人享有处分权的法益。一方面，承诺主体享有处分权的个人法益是有限的，主要包括个人财产法益和一定范围内的人身法益，但对重伤害和生命法益的处分权是受到限制的，因为这涉及个人的生存和发展，出于"父权主义"的思想，国家不允许出现这样的情况，因而即使被害人对此作出承诺，也无法阻却行为的违法性，仍然构成犯罪。另一方面，个人只能对个人法益加以处分，被害人承诺中的法益只能是个人法益，而不是国家法益或社会法益，否则承诺无效。但若是被害人对超出其处分权的个人法益作出了承诺，虽然承诺无法生效，不能阻却行为人行为的违法性，但是可能会因为存在承诺的这一事实而使行为人成立较轻的犯罪。

第三，承诺必须是承诺主体自由真实意思的体现。承诺必须真实自由，是承

〔1〕 黎宏：《日本刑法精义》，法律出版社2008年版，第143页。

诺人基于自由意志和真实意思所作出的表示，是在充分认识到承诺的内容、可能产生的后果和影响的前提下，在自由意志的主导下，基于自己的意思所作出的决定。若是承诺人被强迫、胁迫或欺骗而作出相应的允诺，则此处的承诺不能代表承诺主体的真实自由意思，承诺人在丧失自由意志或陷入认识错误的情形下作出的承诺存在瑕疵，会导致承诺的无效。

第四，承诺时间是在结果发生时存在承诺即可。在承诺的时间上，理论界有两种不同的观点：一种观点认为，有效的承诺必须在行为开始前或者行为进行时作出；[1]另一种观点认为，是否存在同意，只要在结果发生的时间点予以考虑即可。[2]

本书认为后者的观点更为合理，既然承诺是针对自身的法益所作出的，承诺的目的就是使法益丧失法律对其的保护，从而使侵害行为正当化，则只要在这种侵害结果发生时，承诺存在，便可以达到承诺的目的，放弃法益，不管这个承诺是被害人何时作出的，只要它在结果发生时存在就可以了，而并非一定要将承诺作出的时间限定在行为前或行为时。

第五，承诺存在于承诺人内心即可，不要求一定要表现出来。关于这一点，学界的观点也存在不一致：意思方向说认为，被害人的承诺只要存在于被害人的内心中，被害人自己知道即可，不一定非要在外部表现出来；而意思表示说认为，法益主体所作出的承诺并不纯粹是个人内心层面的东西，而是法律层面的存在，必须使其具有社会存在的实体并表现出来。[3]

本书赞同的是意思方向说的观点，承诺是被害人自主决定权的体现，作出承诺就是为了排除行为人行为的违法性，不应该用表现的方式来束缚其效力，只要被害人内心知道即可。但是随着理论的发展，现在意思表示说也肯定了被害人承诺既可以采用明示的方式，也可以采用默示的方式，都是有效的表达方式，其观点和意思方向说已经没有多大的不同。

由上可见，一般来说，被害人承诺的成立需要考虑承诺主体、承诺的法益、承诺的真实自由、承诺的时间以及承诺的表现方式等这几个方面，各个方面又有各自不同的内容和不同的观点，将这些内容与之前文章得出的年龄、法益伤害程度以及是否存在欺骗等这几个研究标准相结合，对下文着重研究被害人对伤害的承诺会有很大帮助。

（二）对被害人伤害承诺的效力分析

一般来说，只要被害人根据自身的真实自由意志，就享有处分权的法益作出

---

〔1〕 周光权：《刑法总论》，中国人民大学出版社 2011 年版，第 161 页。

〔2〕 [日]松原芳博：《刑法总论重要问题》，王昭武译，中国政法大学出版社 2014 年版，第 104 页。

〔3〕 参见黎宏：《日本刑法精义》，法律出版社 2008 年版，第 148 页。

相应的有效承诺，则行为人实施的侵害行为就可以被阻却违法并予以正当化。但这只是针对个人的财产、自由、名誉等有限范围内的个人法益，而对涉及身体健康、生命等重要法益的承诺则会有不同的法律效果。

关于得到承诺的伤害行为是否构成犯罪、如何处理的问题，在学界一直存在争论，学者们在这个问题上都存在各自不同的见解，这些观点基本上可以分为三种。

第一种观点主张，在承诺的伤害行为危害到公序良俗的情况下，构成故意伤害罪。这种观点受到了日本的行为无价值论者的支持，他们主张，“在被害人承诺的伤害案中，如果行为违反了公序良俗，就不问伤害的轻重，以故意伤害罪论处；如果不违反公序良俗，即使造成了重大伤害，也不认定为故意伤害罪”。[1]但是这种观点存在明显的问题，其一，这一观点将故意伤害罪中的个人法益替换成了社会法益。伤害承诺针对的法益是个人的身体健康权益，与故意伤害罪的法益相同，而社会的公序良俗属于社会法益，与故意伤害罪的法益属于不同的范畴，这种观点将故意伤害罪的个人法益混淆成了社会法益，与刑事立法的内容相矛盾；其二，观点弱化了被害人承诺应有的作用和效力，将公序良俗作为判断是否构成伤害罪的核心标准。被害人承诺的正当化之所以被普遍认同，是因为法律尊重被害人的自由意志和自主决定权，而不是因为公序良俗。在判断得到承诺的伤害行为是否构成犯罪时，首要考虑的应当是被害人的承诺是否有效，这才是判断的核心标准，而不是一味地强调公序良俗，弱化真正重要的被害人承诺的效力。

第二种观点主张，得到承诺的伤害行为一律不构成犯罪，即不可罚说。这种观点是将被害人承诺原理的效力贯彻到底的体现，认为即便是伤害行为，只要法益主体表达了同意的承诺，该承诺的法益便一律丧失刑法的保护，承诺有效，行为人的行为不构成犯罪。日本的前田雅英教授认为在现行刑法典的范围之内，如果说最大限度地尊重个人的自主决定权的话，只要本人具有真诚的承诺，承诺伤害行为原则上应当否定成立伤害罪。[2]

德国也有学者主张对于侵犯生命和身体伤害的行为，只要存在被害人的承诺，则此行为一概不成立犯罪。但是这样的判断方法难免有“一刀切”的嫌疑，没有考虑到其中可能出现的不同情形，显得过于武断。其一，德国学者主张的得到承诺的侵害生命行为不成立犯罪的观点是违背刑法理论价值观和社会伦理观

---

〔1〕［日］大冢仁：《刑法概说（总论）》，有斐阁 2008 年版，第 419 页。转引自张明楷：《组织出卖人体器官罪的基本问题》，载《吉林大学社会科学学报》2011 年第 5 期。

〔2〕［日］前田雅英：《刑法总论讲义》，东京大学出版会 2006 年版，第 316 页。转引自黎宏：《日本刑法精义》，法律出版社 2008 年版，第 150 页。

念的。个人所享有的对自身法益的处分权是有限的,生命权益是个体存在和发展的根本所在,个人对生命权益是没有处分权的,对侵害生命权益的行为,超出了可承诺的范围,被害人承诺是无效的,行为构成犯罪。其二,得到承诺的身体伤害应当考虑到轻伤害和重伤害的不同情况和不同效果。在轻伤害的情况中,被害人的承诺不会危害到其自身的生命,可以视为有效的承诺。但是在重伤害的情形中,行为人的行为极有可能会危及到被害人的生命。因为身体健康和生命是一种递进的关系,对身体健康的伤害越严重,就越接近于对生命的侵害和威胁,因而严重侵害身体健康的重伤害行为的性质是接近于侵害生命行为的性质的,其严重程度与轻伤害不是在一个层次上的。基于此,不应对伤害承诺的效力一概而论,应当分析不同情况及其后果,将轻伤害与重伤害承诺的效力予以区分。

第三种观点主张,得到承诺的重伤害行为构成犯罪,被害人承诺无效,而得到承诺的轻伤害行为无罪,承诺有效。这种观点是较为折中的主张,也是得到较多认可的一种观点。如日本的大谷实教授认为,从日本刑法第202条处罚同意杀人,以及保护生命法益的重要性来看,在有危及生命程度或形式的重大伤害时,不许自由处分法益,即被害人的同意无效。[1] 西田典之教授也主张,第202条规定针对生命侵害的同意归于无效,作为其延续,只能是认为,当该伤害行为具有危及生命的高度危险之时,对此伤害行为的同意也应归于无效。[2] 这一观点避免了以上两种观点的矛盾,区分了两种不同伤害程度的情况,较为合理。既然刑法将得到承诺的杀人行为规定为犯罪,其中的被害人承诺无效,说明刑法对生命法益的保护不允许被害人作出允许侵害的承诺,则据此推理,威胁到生命的重大伤害行为中被害人承诺的也应当归于无效。并且对"重大伤害"也进行了较为准确的定性,即造成危及生命的高度危险的伤害行为。

根据以上论述,对于从伤害程度角度出发来分析伤害承诺的效力,可以得出的结论是:其一,根据伤害行为是否有危及到生命的高度危险,可以将伤害分为轻伤害和重伤害,重伤害会对被害人的生命权益造成高度威胁。其二,被害人对轻伤害的承诺是有效的,行为人的行为不构成犯罪;但是对重伤害的承诺是无效的,行为人的行为仍然构成犯罪。可见,不同的伤害程度会对被害人承诺的效力造成不同的影响,并产生不同的法律效果。

三、器官犯罪中的被害人承诺

人体器官犯罪中的被害人承诺,在本质上主要是指对摘取、移植器官等重伤

---

〔1〕[日]大谷实:《刑法总论》,黎宏译,中国人民大学出版社2008年版,第235页。

〔2〕[日]西田典之:《日本刑法总论》,王昭武、刘明祥译,法律出版社2013年版,第159页。

害的承诺,那伤害的程度是如何影响承诺的有效性的就是一个值得讨论的问题。

由于器官的摘取、移植行为是会对被害人的生命造成高度危险的重伤害行为,因而人体器官犯罪中被害人所作出的承诺都是对于重伤害的承诺,原则上应当归于无效。

(一)他国或地区刑事立法例

我国是从《刑法修正案(八)》才开始着眼于人体器官犯罪的立法工作,与其他国家相比,还不是非常的体系和完整,其中涉及被害人承诺的研究内容也较为有限,因此,可以借鉴其他国家和地区的刑事立法中涉及人体器官犯罪中被害人承诺的相关规定,从比较立法的角度来审视我国《刑法》第234条之一。

1. 他国刑法典中关于人体器官犯罪中被害人承诺的规定

在其他国家的刑法典中,涉及人体器官犯罪的规定,大多都是将没有取得被害人同意而摘取其器官的行为规定为犯罪,即未得承诺的人体器官犯罪,这部分犯罪是不涉及被害人承诺的内容和效力等问题的,不属于本书的讨论范围。少数国家的刑法典对取得被害人承诺的人体器官犯罪进行了规制,以下以法国和马耳他的刑法典为例进行讨论。《法国刑法典》对涉及人体器官的相关犯罪在第551条中进行了详细的规定,包括购买人体器官、充当买卖人体器官的中介、未经被害人同意摘取其器官以及摘取未成年人活体器官等行为,都是作为犯罪由刑法典加以规制的。其中涉及被害人承诺的条文主要是第511—2条。[1]

这条规定中体现被害人承诺的情形主要表现为:在器官交易中,被害人同意行为人从自身取得器官,但无论行为人采取何种形式来取得这样的被害人承诺,仍然构成犯罪。即被害人承诺无效,不管被害人是基于出卖的意思完全自由自愿的情况还是被欺骗的情况,都不能使这种行为正当化。《马耳他刑事法典》第248条将“贩卖成年人以移植其器官”的行为规定为犯罪,[2]这条规定中既有未取得被害人承诺的强行移植器官的情形,也有取得承诺后移植器官的情形。后者的行为方式表现为两种:一种是采取欺骗或欺诈的方法,使被害人陷入错误认识,同意行为人控制和贩卖其人身并移植其器官的情况;另一种是行为人向被害人提供报酬,作为交换被害人同意行为人将自己贩卖和移植器官的情况。根据其规定,这两种都是犯罪行为,两种情况中的被害人虽然作出了承诺,但是无效,不影响犯罪的成立。值得注意的是,这里的被害人承诺有两种情况:其一,被害人被行为人欺骗,基于错误认识作出了允许移植器官的承诺;其二,被害人是基

---

〔1〕 付款人从人身取得器官之行为,无论形式如何,处7年监禁并处70万法郎罚金;充当中介,为有偿取得人之器官提供方便条件,或者有偿转让他人人体器官的,处相同之刑罚。

〔2〕 以暴力、威胁及诱拐,欺骗或欺诈,滥用职权、影响及权力,提供或收受报酬或好处,以取得控制他人者的同意的行为,贩卖成年人,以移植其器官,构成犯罪,处4年至12年监禁。

于出卖的意思作出的移植器官的承诺，与行为人达成交易，移植器官以获取报酬。二者都是对重伤害作出的承诺，但被害人作出承诺的前提可能是基于出卖的意思或者是捐献的意思，还有认识错误的因素，在研究承诺效力时可以从这些角度进行探讨。

2. 他国或地区专项立法中关于人体器官犯罪中被害人承诺的规定

一般来说，由于专项立法可以更全面地考虑到一个问题的方方面面，因而在人体器官移植的专项立法中，会对其中的各项内容以及不同行为造成的不同法律后果都予以详细地规定，其中涉及刑事法律后果的相关条文规定，可能会包含人体器官犯罪中的被害人承诺问题，这些条文可以作为我们的研究资料。

我国澳门特别行政区的《第 2/96/M 号法律，制定以捐赠、摘取及移植人体器官及组织为目的之行为所应遵守之规则》第 17 条“器官或组织之交易及宣传”规定“凡在本地区购买或出售他人身体器官或组织，或因取得或交付他人身体器官或组织而以任何方式支付或收取任何金额者，处至 3 年徒刑。”第 18 条“捐赠之报酬”规定，“违反第 4 条第 2 款至第 4 款之规定，在本地区因捐赠器官或组织而收取或支付任何报酬者、偿还或接受偿还有关摘取之开支或负担者，处至 1年徒刑或科至 120 日罚款。”[1]

这些规定主要是对人体器官交易行为的刑事规制，针对的是单纯买卖人体器官的行为，并没有涉及器官摘取、移植的犯罪，因而此处的被害人承诺也仅限于被害人对行为人出卖自己器官的承诺，而没有涉及重伤害的承诺。由于我国《刑法》并没有将买卖人体器官的行为规定为犯罪，因而对此处被害人承诺也无法进行深入的探讨。这份规则之所以这样规定，也可能是这一承诺因侵害到了超出个人处分权限的社会法益而被视为无效。

《日本器官移植法》对人体器官移植的商业化操作予以明确禁止，并且对非法出售人体器官罪、非法买受人体器官罪、从事人体器官买卖中介罪以及为获利而非法为他人实施器官移植罪这几项人体器官犯罪的相关内容和刑事处罚予以规制。其中涉及的被害人承诺与我国法律规定相关联的是后两种，前面两种规定的是非法买卖人体器官的犯罪，我国还没有将这类行为列入刑法规制范围，此处不予讨论。在为获利而非法为他人实施器官移植罪中，可能会出现得到承诺和未得到承诺的两种情况，在得至承诺的情形下，虽然被害人对侵害自身健康权益的行为予以承诺，但这种行为仍然构成犯罪，承诺无效。

通过对其他国家和地区刑事立法中涉及人体器官犯罪中被害人承诺的相关规定进行分析，不难发现：首先，在这些由刑法予以规制的人体器官犯罪中的被

[1] 熊永明：《我国人体器官移植犯罪及其刑法规制》，法律出版社 2015 年版，第 108～109 页。

害人承诺都是无效的，即使存在被害人承诺的情形，行为人仍然构成犯罪。其次，在人体器官犯罪中，被害人作出的承诺一般都是针对自身身体健康权益，更简单地说，就是对重伤害的承诺。再次，人体器官犯罪中的被害人承诺与人体器官捐献中的被害人承诺的效力大相径庭，虽然二者的行为事实极其相似，但承诺的效力却完全不同，一个归于无效，一个却阻却了违法。最后，通过以上分析，在分别研究人体器官捐献和人体器官犯罪中被害人承诺的效力时，可以从伤害程度、年龄和认识能力以及是否存在认识错误等这几个角度入手来进行探讨。

（二）我国《人体器官移植条例》关于人体器官犯罪中被害人承诺的规定

在《刑法修正案（八）》出台之前，我国对于人体器官犯罪的规制主要依据《人体器官移植条例》。该条例的内容主要是对人体器官的移植、捐献等工作的各项程序予以规范，对相关人员和机构的行为仅予以民事处罚或行政处分，很少涉及刑事责任的方面。

虽然其中关于刑事责任的规定很少，但并不是没有，仍然属于关于人体器官犯罪中被害人承诺的刑事立法内容，具有相应的分析价值。

在我国的《人体器官移植条例》中，涉及人体器官犯罪中被害人承诺的相关规定只有一条，在第 25 条中规定了可能会构成犯罪并追究刑事责任的三种情形，包括：未经公民本人同意摘取其活体器官的；公民生前表示不同意捐献其人体器官而摘取其尸体器官的；摘取未满 18 周岁公民的活体器官的。其中前两种情形都是未经被害人承诺而实施的摘取器官的行为，不存在被害人承诺的问题，只有第三种情形可能存在被害人承诺的情况。若是存在未成年被害人的承诺，根据条文的规定，只要是摘取了未满 18 周岁的公民的活体器官，即要承担刑事责任，并不考虑是否存在承诺，都是构成犯罪，说明这种情形中的被害人承诺不阻却违法，是无效的。该条款是后来我国《刑法》中的“摘取不满十八周岁的人的器官”的基础，目的都是保护未成年人的合法权益，并可以引导我们从年龄和认识能力的角度来分析人体器官犯罪中的被害人承诺。

（三）现行刑法中关于人体器官犯罪中被害人承诺的规定

在《刑法》第 224 条之一中，不难发现可以根据是否存在被害人承诺为标准，将本条涉及的人体器官犯罪分为得到承诺的和未得到承诺的两种情况。其中第 2 款中的“未经本人同意摘取器官”“强迫他人捐献器官”（不真实承诺）以及第 3 款“违背本人生前意愿摘取其尸体器官，或者本人生前未表示同意，违反国家规定，违背其近亲属意愿摘取其尸体器官的”都属于未得到承诺的情况；而第 1 款“组织他人出卖人体器官的”以及第 2 款中的“摘取不满十八周岁的人的器官”“欺骗他人捐献器官”则属于得到承诺的情况。

在未得到承诺的情况下进行的器官摘除，其构成罪名与得到承诺的情况下的构成罪名出现了差异。一般而言，得到承诺的器官摘除，根据第234条之一第1款，构成组织出卖人体器官罪；然而未得到承诺或不真实承诺的情况下，则构成故意杀人罪或者故意伤害罪。但是，这其中最特别的情况就是“摘取不满十八周岁的人的器官”，即使在得到真实承诺的情况下，也成立故意杀人罪或者故意伤害罪。这是由器官犯罪中被害人承诺效力的不同等级决定的。

1. 第234条第1款中“组织他人出卖人体器官”中的被害人承诺

这种情形指向的罪名便是组织出卖人体器官罪，虽然在条文表述中并没有涉及被害人承诺的内容，但是从理论上来说，被害人承诺的存在是构成此罪的必需条件，否则就可能构成故意伤害罪或者故意杀人罪了。此处可以从被害人承诺在组织出卖人体器官罪中的表现形式、性质以及效力这几个层面来进行探讨。

第一，在被害人承诺的表现形式层面，首先要明确的是被害人承诺的存在是构成组织出卖人体器官罪的必要条件，这也是组织出卖人体器官罪区别于针对人体器官的故意伤害罪和故意杀人罪的关键。其承诺主体应当是成年人，若是未成年人，则属于“摘取不满十八周岁的人的器官”的情形了。另外，其中的“组织出卖”行为只能是采用相对平和的手段，即供体出卖其器官并不是在暴力的驱使下，而是基于本人自愿；[1]若是存在暴力、胁迫的情形的话，则只能属于“未经本人同意摘取其器官”的情形而不是“组织他人出卖人体器官”的情形了。其表现形式主要体现为被害人是能够认识到行为人的行为是组织出卖人体器官的行为事实，以及这种行为对被害人的身体所造成的伤害和影响，并在自由意志的主导下表示同意的情形。例如南昌的一个团伙“圈养”供体组织出卖肾脏的案例。在2011年10月至2012年2月，以陈某为首的12名团伙成员分工明确，招募和“圈养”供体近40人，先后对23名供体进行了肾脏摘除手术，并且通过组织出卖人体器官获取巨大非法利益。[2] 在这类案例中，供体是应行为人的招募而自愿被圈养并摘除肾脏，在这种情况下，被害人与行为人之间其实是存在利益交换的关系的，双方互利互惠，被害人用自己的器官来交换金钱利益，可以说被害人是有求于行为人的，因而他们肯定会配合行为人并作出同意侵害自身身体权益的承诺，但是这种承诺是否有效又要另当别论了。

第二，在被害人承诺的性质和效力层面，首先，从性质上来说，这种情形中的被害人承诺其实就是被害人对侵害自身身体健康的伤害行为所作出的承诺，从

〔1〕 熊永明：《〈刑法修正案（八）〉第37条的理解与适用》，载《山东警察学院学报》2011年第5期。

〔2〕 参见赖星：《南昌12人“圈养”近40人做供体卖掉肾脏获利》，载中国网（财经首页）：http://finance.china.com.cn/news/dfjj/20140727/2567783.shtml，最后访问日期：2014年7月26日。

人体器官摘取、移植可能造成的伤害程度上来看，应当属于重伤害，因而从本质上来说，可以视为对重伤害作出的承诺。其次，在效力上，我们可以先采用反推的方式来进行论证，“组织他人出卖人体器官”的情形中虽然存在被害人承诺，但既然《刑法》已经将这种行为明文规定为犯罪，说明其中的被害人承诺并没有起到阻却违法的作用，是无效的。虽然都是无效的承诺，但由于被害人在其中所展现的自主性有所不同而产生不同的法律效果，相对于被强迫、欺骗作出的承诺来说，此处的承诺是被害人自由自愿作出的，因而其违法性相对轻一些，构成组织出卖人体器官罪；而强迫、欺骗作出承诺的，其违法性相对重一些，构成故意伤害罪。

2.“摘取不满十八周岁的人的器官”中的被害人承诺

在“摘取不满十八周岁的人的器官”的情形中有两种情况，一种是被害人没有作出承诺的情况，另一种是被害人作出承诺的情况，此处讨论的是第二种情况。首先，在表现形式方面，是行为人在征得被害人的同意后实施摘取其器官的行为，被害人是基于其自由意志自愿被摘取器官的，且被害人必须是不满 18 周岁的人。其次，在性质方面，也是属于对重伤害的承诺。最后，在效力层面，根据我国《刑法》的规定，这种行为是构成犯罪的，此处的被害人承诺没有将这种行为正当化，因而也是无效的。

对于摘取不满 18 周岁的人的器官的情形，《刑法》将这种行为规定为犯罪并追究其刑事责任，其中的被害人承诺体现为无效。我们也可以将其无效的原因归结为对重伤害承诺的无效，但既然法律特地将不满 18 周岁的主体予以着重强调，说明这些规定的目的是体现对未成年人的保护，是从年龄的角度考虑到他们的承诺能力有所欠缺所导致的承诺无效的结果，因此是从与其他规定中考虑的重伤害因素不同的角度进行的规定。然而学界在对被害人承诺成立的年龄条件中，只是要求具有辨别、控制的能力，并没有涉及具体的年龄限制，因而此处笔者希望结合以上法律规定以及被害人承诺成立条件中的相关内容，从年龄角度对伤害承诺的效力进行相应的分析。

首先，在人体器官犯罪相关法律的具体规定中，对“摘取不满十八周岁的人的器官”的年龄设置的界限是 18 周岁，即重点强调的是不满 18 周岁的人即使作出了同意摘取器官的承诺，该承诺也是属于无效的。基于法条的目的和侧重点，我们可以理解为未满 18 周岁的人作出的摘取器官的重伤害承诺的主体有缺陷，导致承诺无效。说明法律认为未满 18 周岁的人由于年龄的限制，缺乏相关的知识和社会经验以及社会认识，对器官摘取的事实、可能导致的结果和对其可能产生的影响无法作出正确的判断和理解，为了保护其合法权益不受侵害而作出此规定，我们可以先将 18 周岁作为界定被害人对伤害承诺的认识能力的一个临界点。

其次,在被害人承诺理论的成立条件上,对年龄的要求是包含在承诺能力里的,对承诺主体的年龄要求的描述一般都是“年幼的人”“年少的人”或是“幼儿”“未成年人”等方式,并没有统一的称谓。但对于这一类主体的具体描述没有太大的差别,一般都是概括为由于年龄原因不能准确理解和表达承诺事项意思的群体,有的甚至直接概括为“未成年人”,但对年龄的界定并没有明确的分界点,只是通过描述的方式来体现这类主体的特点。显然,年龄在承诺能力方面的体现主要就是一个人的认识能力和理解能力,这需要承诺人在生理和心理两方面都达到相应的成熟度并具备一定的社会阅历。这不是一个单纯的数字就可以决定的,必须考虑到多方面的因素,且每个个体都是完全不同的,就算都是未成年人,他们的生理和心理的成长速度肯定也不相同,因此,作出承诺的效力也不尽相同,必须具体问题具体分析,不能简单地一概而论。

最后,通过以上分析,本部分旨在不考虑承诺涉及危及生命的重伤害导致无效的前提下,单纯地从承诺主体承诺能力的年龄层面来判断承诺的效力,从年龄的角度来分析其对伤害承诺的效力。可以得出的是,从年龄角度来说:其一,要使被害人对伤害的承诺有效,承诺主体必须达到一定的年龄,在生理和心理以及社会阅历上都要相对成熟,对伤害承诺的内容、事实、可能产生的结果和对自身的影响都有相应的认识和理解。但由于每个个体都具有特殊性,即使是相同年龄的人,对伤害承诺的理解能力也很可能会存在不同。其二,一般来说,18 周岁是区分一个人成熟与否的重要标志,以上法条对人体器官犯罪中的伤害承诺无效所指向的主体是不满 18 周岁的人,在不考虑重伤害导致承诺无效的情形下,从承诺的主体角度出发,已满 18 周岁的人对伤害事项的认识和理解会比较成熟,18 周岁可以作为界定伤害承诺主体是否具备承诺能力的一个参考年龄标准,但在涉及具体案件时还是要在以上参考年龄的基础上具体分析其承诺能力。

第二节　剥削监护:重锤下产生的疑似条文缺陷

我国《宪法》第 37 条规定:“中华人民共和国公民的人身自由不受侵犯。任何公民,非经人民检察院批准或者决定或者人民法院决定,并由公安机关执行,不受逮捕,禁止非法拘禁和以其他方法非法剥夺或者限制公民的人身自由。”我国的法律制度从宪法层面规定了我国公民享有人身自由的权利,为非法拘禁罪的设立提供了宪法保障。因此,《刑法》第 238 条规定“非法拘禁他人或者以其他方法非法剥夺他人人身自由的,处三年以下有期徒刑、拘役、管制或者剥夺政治权利。具有殴打、侮辱情节的，从重处罚。国家机关工作人员利用职权犯拘禁罪的，从重处罚。”

《刑法》第238条规定非法拘禁罪侵害的对象是“他人”，并没有明确地限定其范围，因此司法实践中把握非法拘禁罪的对象多借助于学说。判断是否是本罪的犯罪对象历来就有“无限定说”与“限定说”的对立和“现实说”与“可能说”的对立。无限定说的主旨是认为有生命的自然人都应当成为非法拘禁罪的犯罪对象，都有值得被刑法保护的人身行动自由；限定说的主旨是并非所有具有生命的自然人均可以成为非法拘禁罪的犯罪对象，应当具体分析；现实说的主旨是认为只有那些意识清醒的具有现实意思能力和行动能力的人才能成为非法拘禁罪的犯罪对象；可能说的主旨是认为只要具有现实意思能力和行动能力的可能性就足以成为非法拘禁罪的犯罪对象。

无限定说、限定说与现实说、可能说不是同一层面的对立范畴。无限定说与限定说的争论解决应在前，现实说与可能说的争论解决应在后。无限定说与限定说是讨论哪些人一般地具有非法拘禁罪保护客体的属性的问题，而现实说与可能说是讨论一般地具有非法拘禁罪保护客体的人是否会具体地、现实地缺乏非法拘禁罪所要保护的客体的问题。理论上，有人将现实说等同于限定说，将可能说等同于无限定说，[1]并不准确。

一、“无限定说”与“限定说”的对立

在日本，限定说历来都是多数说。大谷实教授认为，本罪由于是以身体行动的自由为保护法益，所以完全没有按照意思进行身体活动能力的婴儿或没有意识状态的人，都不是本罪的对象。[2] 显然，大谷实是持限定说的。西田典之主张婴儿、泥醉者、使用麻醉药身体不能动的人不能成为非法拘禁罪的犯罪对象；[3]不过，在我国无限定说曾是有力的见解。赵秉志曾认为，人类从出生到死亡，不论老幼残废以及意识活动能力的有无，均应享有行动自由，而不受年龄和其他偶然事件的限制，即使是非法束缚精神病人或婴儿的手足，使其不能动弹的，也同样构成本罪。[4] 这种观点的实质是任何有生命的个体都享有人身行动自由，人身行动自由是抽象的，只要针对有生命的个体实施了非法拘禁行为，就足以构成非法拘禁罪。肖中华也认为，考察痴呆人、精神病人和婴儿是否属于非法拘禁罪的对象，既要注意保障这些人应有的人身自由权，又要注意保障民事法

---

〔1〕 陈洪兵、安文禄：《试析非法拘禁罪的疑难问题》，载《云南大学学报》（法学版）2005年第1期。

〔2〕 ［日］大谷实：《刑法各论》，黎宏译，法律出版社2003年版，第59页。

〔3〕 ［日］西田典之：《日本刑法各论》，刘明祥、王昭武译，中国人民大学出版社2007年版，第62页。

〔4〕 赵秉志：《妨害司法活动罪研究》，中国人民公安大学出版社1994年版，第190～191页。

律为监护人所设定的监护权。若监护人为保护精神病人、痴呆人的安全或者为防止其行为危害社会而将其暂时禁闭,则不构成非法拘禁,但如果这种行为超出了监护内容的合法性范围,则构成非法拘禁罪。[1] 显然该论者也是持无限定说的,其认为痴呆人、精神病人、婴儿都是非法拘禁罪的犯罪对象。至于其提出应从民事监护的角度进行解释限制,这本身并不是限定说,而是正当化事由而已。另外,刘宪权还从国家应当无差别地保护公民人身行动自由权利的角度主张无限定说。[2] 在台湾地区也有少数的无限定说的支持者。赵琛指出:“行动自由,为人类身体行止动作之生理上自然作用,人类自出生以至死亡,不问老幼、残废及意思能力之有无,均享有行动之自由,不受年龄或其他偶然事实之限制。故虽属婴孩……非本罪之客体者,实非确论。”[3] 在我国,限定说正成为有力的观点。周光权就认为,“至于婴儿、高度精神病人、麻醉药施用者等欠缺变更其所停留处所的意思决定能力,完全没有行动自由,不能成为本罪的行为对象。”[4] 李立众也认为,“身体活动自由以意思活动的自由为前提,因此事实上完全没有意思活动能力的婴儿、高度精神病患者以及植物人,不能成为本罪的对象。”[5]

本书认为,限定说的基本主张是正确的。能够自由发出人身行动的人应当具备人的意思自由和行动能力两个部分。人的意思自由是人身自由行动的前提,没有意思自由的支配,人不能做出自由的行动。人的每一个自由行动都是基于自由意思做出的,根本没有意思或根本不能做出意思上决定的人不可能有人身行动的自由。对这种人而言,也不存在着可以剥夺的人身行动自由,其自然不能成为非法拘禁罪的犯罪对象。人的行动能力是指人在身体行动的意思决定支配下能够做出相应的身体行动。进言之,其是指人能够做出移动身体的意思决定并有条件支配身体按照该意思决定进行行动。缺乏人身行动能力的人,不可能基于意思自由做出任何的行动,当然也不能被剥夺人身行动自由。

限定说立论的基点在于并非是一切人都具有进行意思活动与支配身体活动的能力。而无限定说立论的基点在于一切人都具有意思活动与支配身体活动的能力。显然,无限定说的出发点与事实并不相符。譬如,植物人毫无意思活动更无任何支配身体行动的能力,将其作为非法拘禁罪的犯罪对象没有任何意义,只会无端地扩张刑罚的处罚范围。另外,那种将人身行动自由理解为一种抽象的人权或公民权的无限定说,只不过是前一种无限定说的理论变种,同样会导致刑

---

[1] 肖中华:《侵犯公民人身权利罪》,中国人民公安大学出版社 1998 年版,第 207 ~ 208 页。

[2] 刘宪权:《刑法学》,上海人民出版社 2005 年版,第 581 页。

[3] 赵琛:《刑法分则实用(下)》,赵张韵清发行 1979 年版,第 706 页。

[4] 周光权:《刑法各论讲义》,清华大学出版社 2003 年版,第 29 页。

[5] 高铭暄、马克昌、冯军:《中国刑法解释(上)》,中国社会科学出版社 2005 年版,第 1627 页。

罚权的过度扩张；相反，限定说将人身行动自由理解为一种具体的权利，更符合事实，有利于均衡保护被害人、被告人的利益并限制国家权力的膨胀。

二、“现实说”与“可能说”的对立

现实说历来都是少数说。我国陈洪斌支持现实说，并认为企图强奸妇女进而欺骗其进入汽车的行为不构成非法拘禁罪。其理由是该行为并没有侵犯妇女的现实的人身行动自由（该妇女没有认识到被拘禁的事实，也就无所谓违背其行动自由意志的问题）。日本西田典之支持该说，指出“所谓移动场所的自由，是指移动这种意思的自由，因此，实际上想要移动时给予保护就足够了”。西田典之也认为上例中的妇女不能成为非法拘禁罪的犯罪对象。[1]

可能说在我国、日本都是通说，英美刑法理论也多支持该说。我国屈学武主张熟睡者、醉酒者等都能够成为非法拘禁罪的犯罪对象，其指出“应当将身体活动自由视作可能的自由”。周光权认为，“如果考虑到本罪是非法剥夺人身自由的犯罪，人身自由权与被害人处于熟睡还是清醒状态没有直接关联这一实际情况，那么，将身体活动自由视作可能的自由就是合理的。”[2]大谷实指出，“身体活动的自由，本来就是想行动的时候就能行动的状态，熟睡中的人、醉酒的人、做手脚使他人身体被限制起来的人，也是本罪的对象。”[3]福田平也认为，“行动自由未必要求现实的存在，只要有其可能性就行，所以临时失去行动自由的人（例如酩酊大醉的人、正在熟睡者）也可以解释为足以成为本罪的客体。”[4]在英国的梅隆诉格莱海姆瓦尔特航空公司案件中，上诉法院法官埃特金认为：“在我看来，一个人在他自己不知情的状况下，能够被拘禁。我认为，当一个人正在睡眠中，或者处于醉酒的状态，或者失去知觉时……他都可能被拘禁。”[5]

两种学说都有一定的道理。现实说仅仅注重对人身行动自由的现实保护，而可能说则将关注的视点扩展到现实的人身行动之前。基于对人身行动自由的有力保护而言，本书倾向于对可能的行动自由也应予及时的保护。论者有反驳意见，认为既然在限定说与无限定说的论争中主张限制刑罚权，那么也不应当将非现实的可能的人身行动自由纳入刑法保护的范围之中。诚然，主张可能说会扩张刑罚处罚的范围，但这种扩张是有限度和节制的，其仅仅扩张到现实的人身行动自由之前的可能状态而已。可能性与现实性有密切关联，可能性会随时变

---

〔1〕［日］西田典之：《日本刑法各论》，刘明祥、王昭武译，中国人民大学出版社 2007 年版，第 62 页。

〔2〕周光权：《刑法各论讲义》，清华大学出版社 2003 年版，第 30 页。

〔3〕［日］大谷实：《刑法各论》，黎宏译，法律出版社 2003 年版，第 59 页。

〔4〕［日］木村龟二：《刑法学辞典》，顾肖荣等译，上海翻译出版公司 1991 年版，第 641～642 页。

〔5〕［英］J. C. 史密斯、B. 霍根：《英国刑法》，李贵方译，法律出版社 2000 年版，第 487 页。

化为现实性,故有必要将这种可能与现实的人身行动自由予以同等看待。

有人从可能说出发认为被欺骗而没有察觉事实上处于被拘禁状态的人(如被以强奸目的骗上车的妇女),可以成为非法拘禁罪的犯罪对象,如前述大谷实的主张。相反,也有不少人从现实说出发否定其可以成为非法拘禁罪的犯罪对象,如前述陈洪斌的主张。本书认为,甘愿落入行为人圈套而有认识错误的人固然像熟睡的人、醉酒的人一样没有认识到其人身行动自由被侵犯了,也一样地不会做出反对的表示;但是并不能据此类推,也应当根据可能说(或现实说)承认(或否认)其应作为非法拘禁罪的犯罪对象。关键的问题是,甘愿落入行为人圈套而有认识错误的人在当时就事实上享有人身行动自由,其完全可以表示反对的意思并移动自己的身体。将落入圈套而有认识错误的人与熟睡的人、醉酒的人视作一类人实是混淆了"认识的可能性"与"人身行动自由的可能性"这两个不同的概念。

三、作为非法拘禁罪对象的儿童与剥削监护

刚刚脱离母体,还在襁褓之中的婴儿,其或许能够哇哇啼哭、手舞足蹈,但很难进行哪怕是有限的空间位置的移动。这种无法自由移动自己身体的状态在相当长的时间内都无法改变。襁褓中的婴儿没有自由的意思,自然无法向其监护人表达意思从而借助其监护人的行为实现人身行动的自由,因此不应当将襁褓中的婴儿作为非法拘禁罪的犯罪对象。行为人将襁褓中的婴儿抱走不会侵犯该婴儿的人身行动自由,不成立非法拘禁罪。

但是,儿童不同于婴儿。一般而言,正常的儿童已有自己相对独立的意志,能够表达自己进行身体位置移动的意愿,其身体已经发育并能够进行较大空间范围内的自我移动。行为人违背儿童的意志将其禁闭在狭小的房间或将其强行带走,都现实地侵犯了其人身行动自由,应当构成非法拘禁罪。如甲企图将邻居乙 5 岁的儿子丙强行关押在黑屋子里,其行为足以成立非法拘禁罪。又如 A 将 4 岁的儿童 B 强行带到外地,其行为也应当构成非法拘禁罪。关键的问题是,是否承认儿童有权决定放弃自己的人身行动自由?我国理论界对这个问题的研究较少。

本书认为,既然承认儿童确有人身行动自由,其当然应有权决定是否具体行使这种自由,其完全可以承诺不行使这种行动自由。置言之,不行使行动的自由也表明了儿童享有人身行动自由,其完全可以承诺或请求他人将自己囚禁或带走。可是,如果这样考虑并不利于对儿童权利的保护。比如,儿童受到引诱或行为人基于某种邪恶的动机将儿童带走。许多国家和地区的法制实践和理论都倾向于将这种情形予以犯罪化处理。如在美国,一般就将此种情形归入缺乏被害

人同意的范畴，进而可能构成非法拘禁罪。[1] 但这种做法必然造成人身行动自由观念的分裂。一方面承认违背儿童意志强行拘禁儿童的行为构成非法拘禁罪，另一方面又否认儿童同意他人对自己进行拘禁的合法效果，这是矛盾的。儿童的人身行动自由既可表现为自我决定行动，也可表现为自我决定不行动。动与不动都是儿童的行动自由。对此，妥当的解决方案是，承认儿童能够自我决定是否放弃人身行动自由，只考虑行为对监护权的侵犯即可。我国《刑法》第262条规定了"拐骗儿童罪"：拐骗不满14周岁的未成年人，脱离家庭或者监护人的，处5年以下有期徒刑或者拘役。按此，儿童请求行为人将其藏在仓库里以便躲避其家长的行为，完全可以认定为拐骗儿童罪。[2]

但是，当家长、监护人对自身的孩子实行拘禁行为时，问题便变得复杂了。

依本书上文得出的结论判断，由于未成年人具有相当的意志独立自由，从理论上而言，家长、监护人完全有成立非法拘禁罪的空间。在现实生活中，家长极易采用禁闭、关小黑屋等方式对其进行惩戒，此种方式是对未成年人人身自由的限制和侵犯，但能否适用我国《刑法》第238条规定的非法拘禁罪条款对其进行调整，对此我国刑法并无明确的规定，存在法律漏洞。

从传统而言，家长或者监护人在某种意义上是拥有惩戒权的。

首先，家长惩戒权在我国历史悠久。早在原始社会末期至夏商西周时期，家长基于其在家族中的尊贵身份就被赋予了强大的家长权，即对家庭其他成员人身上的支配权利以及财产上的支配管理权利。尽管不同时期家长权的具体内容不同，但惩戒权始终是其中的重要组成部分。例如，西周时期《诗经·小雅》所云："饮之食之，教之诲之。"即强调了家长对违令不肖子孙教育惩戒的权利。秦王朝建立以后，在秦简中规定：家长对卑幼有惩戒权和送惩权。汉代推行"三纲五常"，强调"父为子纲"，对于家长对子女的惩戒权、送惩权，汉承秦制，没有较大变化。唐代规定家长对子孙享有教令权，还在《唐律疏议·斗讼律》中规定了子孙违反家长教令，需徒二年的法律后果。宋朝在唐律的基础上强化了家长对子孙的惩戒权，子孙只要违反了家长对其的教令，家长即可"依法处决，邂逅致子孙死亡的，家长亦无罪"。明朝虽然沿袭唐宋律维护家长对子孙的各项权利，但如果子孙违反的仅是有关伦理风化的规定或仅有民事违法行为，明律对其处罚比唐律轻，例如唐律对子孙违反家长教令的处罚是徒二年，明律则杖一百。清朝基本继承了宋元明法律中有关家长对子孙惩戒权的规定，并无较大变更。[3]

---

〔1〕储槐植：《美国刑法》，北京大学出版社1996年版，第234页。

〔2〕陈山：《论非法拘禁罪的犯罪对象》，载《天津市政法管理干部学院学报》2009年第2期。

〔3〕徐振坤：《中国传统教令权研究》，郑州大学2011年硕士学位论文。

中华民国成立后，在其编撰的民法亲属编中规定："父母可以在必要范围内对子女施以惩戒。"此规定沿袭至今，仍是台湾民法典的重要内容。由此可见家长惩戒权在我国渊源已久。

其次，家长惩戒权在我国具有法律依据。根据《未成年人保护法》的相关规定[1]可知，在我国，父母或其他监护人应当以适当的方法教育、影响未成年人，其中"适当的方法"就包括必要范围内的惩戒。《预防未成年人犯罪法》也作出了类似规定，[2]即父母或其他监护人应当对因不满 16 周岁不予刑事处罚的未成年人严加管教，其中的"严加管教"就暗含了家长对未成年人的惩戒。而且《婚姻法》将"管教"改为"教育"并不是排除惩戒，而是强调将父母的管教权利改为包括权利和义务性质的教育权，况且必要范围内的惩戒不失为一种有效的教育手段。

再次，现实生活中我国家长采用惩戒手段教育孩子的现象屡见不鲜。费孝通先生在《生育制度》中略带夸张的描述[3]就是对这一现状的有力例证。而且根据中国青少年研究中心在全国范围内进行的"中小学生人身伤害基本情况调查"结果表明：有 3.6% 的人在家里"经常"被家长打，"偶尔"挨打的也占被调查者的 57.3%，表示"从未"被家长打过的有39.1%；有 15% 的人在家里"经常"被家长骂，"偶尔"挨骂的占被调查者的 69%，表示"从未"被家长骂过的只有 16%。[4] 在广州市妇联 2014 年 5 月 13 日发布的《广州市反家庭暴力情况研究调查报告》也显示，认为家长或其他家庭成员打孩子属于家庭暴力行为的人仅占受访者的 37.5%，约六成的受访者仍然认为家长打骂孩子是天经地义的事。[5] 因此，在家长普遍还存在惩戒观念和惩戒行为的情况下，如果否定家长

---

[1] 《未成年人保护法》第 11 条规定：父母或者其他监护人应当关注未成年人的生理、心理状况和行为习惯，以健康的思想、良好的品行和适当的方法教育和影响未成年人，引导未成年人进行有益身心健康的活动，预防和制止未成年人吸烟、酗酒、流浪、沉迷网络以及赌博、吸毒、卖淫等行为。

[2] 《预防未成年人犯罪法》规定：对有本法规定严重不良行为的未成年人，其父母或者其他监护人和学校应当相互配合，采取措施严加管教，也可以送工读学校进行矫治和接受教育；未成年人因不满十六周岁不予刑事处罚的，责令他的父母或者其他监护人严加管教；在必要的时候，也可以由政府依法收容教养。详见《中华人民共和国预防未成年人犯罪法》第 35 条、第 38 条的规定。

[3] 费孝通先生指出："一个孩子在一小时中所受到的干涉，一定会超过成年人一年中所受社会指摘的次数。在最专制的君王手下做老百姓，也不会比一个孩子在最疼他的父母手下过日子更为难过。"详见费孝通：《生育制度》，生活 · 读书 · 新知三联书店 1935 年版，第 101 页。

[4] 数据系综合以下文献综合而来，郗杰英、鞠青主编：《家庭抚养和监护未成年人责任履行的社会干预研究报告》，中国人民公安大学出版社 2003 年版，第 23 页。也可参见克里斯蒂安 · 温格尔文：《中国家长打骂孩子普遍（问题与建议）》，木青译，载人民网：http://www.people.com.cn/GB/paper68/14017/1250771.html，最后访问日期：2005 年 2 月 2 日；高婷：《惩戒权问题研究》，烟台大学 2011 年硕士学位论文。

[5] 源尔：《另一面专题：子女非私产，勿以惩戒为名施暴》，载网易新闻：http://news.163.com/14/0521/23/9SQ9QDTS00014JHT.html，最后访问日期：2014 年 5 月 21 日。

享有惩戒权,就可能导致很多在合理范围的惩戒行为违反法律规定,家长须承担民事、行政甚至刑事责任,这显然违背了制定法律的初衷以及法律的谦抑性,因此应赋予家长惩戒权。

最后,家长行使惩戒权预防未成年人犯罪有其社会学基础和心理学依据。社会学上认为,父母在控制未成年人不良行为方面,具有特殊的权威性,这种权威性主要建立在血缘关系和经济资助上。血缘关系使家长对未成年人的教诲和要求往往带有亲切感和信任感而被未成年人自觉接受,从而提高其对孩子不良言行的影响度和控制。[1] 心理学上认为,处罚能通过给予未成年人生理、心理的痛苦,从反面告知行为人不良思想、品德和行为的错误性,从而刺激未成年人改变原来的不良行为方式。[2]

在承认惩戒权存在的同时,也应当对其有一定边界的限制。家长通过拘禁方式惩戒未成年时,是否适用《刑法》第238条,应当考量如下因素:其一,家长的惩戒行为是对未成年人人身自由的限制还是剥夺。由于非法拘禁罪保护的是被剥夺的人身自由权利,因此如果家长采取的惩戒措施是将未成年人的人身自由控制在一定范围、一定限度内,如规定不准外出、不准参加社交活动、不准进入公共场所等,[3]由于未成年人的人身自由并未完全丧失,只是受到限制,因此家长的行为就不构成非法拘禁罪。其二,家长是否有剥夺未成年人人身自由的故意。由于我国刑法在定罪上采取主客观相统一原则,因此家长只有在实施非法拘禁行为的同时存在非法剥夺他人人身自由的故意才能构成非法拘禁罪。如果家长并无此故意,只是想对未成年人施以惩戒、以示教训,如家长虽将未成年人关在自己房间、厕所或整个家内,告诉其不准出去,但仍然将钥匙交给未成年人或不对未成年人所在房间上锁,未成年人可以轻易出去的,不能以非法拘禁罪追究家长的刑事责任。其三,家长剥夺未成年人自由的时间长短。虽然刑法学界一致认为,非法剥夺他人人身自由的时间的长短无关非法拘禁罪的构成与否,仅作为量刑情节予以考虑,但如果拘禁时间过短,就可能构成我国《刑法》第13条但书规定的情形,不作为犯罪处理。因此在对家长滥用惩戒权的行为进行规制时,拘禁时间的长短应该被作为定罪因素予以考虑。根据1999年最高人民检察院颁发的《关于人民检察院直接受理立案侦查案件立案标准的规定(试行)》,"国家机关工作人员涉嫌利用职权非法拘禁,具有下列情形之一的,应予立案:1.非法拘禁持续时间超过24小时的……"我国《刑事诉讼法》第64条、第65条

---

〔1〕莫洪宪、康均心:《未成年人权益保护及救济理论与实务》,武汉大学出版社2001年版,第122页。转引自梁武彬:《父母惩戒权的悖论——以预防未成年人犯罪为视角》,载《青年探索》2004年第4期。

〔2〕梁武彬:《父母惩戒权的悖论——以预防未成年人犯罪为视角》,载《青年探索》2004年第4期。

〔3〕张艳民:《非法拘禁罪疑难问题研究》,郑州大学2011年硕士学位论文。

也规定，公安机关在执行拘留后，应在24小时内通知被拘留人的家属或其所在单位；对被拘留人应在拘留后24小时内讯问。[1]

因此，本书认为应将拘禁时间持续满24小时作为非法拘禁罪的定罪标准，如果家长的惩戒行为并没有达到24小时，即便其拘禁行为有侮辱、殴打情节，或发生了致被害人重伤、死亡的后果，也不能以非法拘禁罪追究家长的刑事责任，而应该单独考察侮辱、殴打行为是否构成侮辱罪、故意伤害罪，或致被害人重伤、死亡行为是否构成过失致人重伤罪、过失致人死亡罪、故意杀人罪等。但在计算家长的拘禁时间时，应以支配家长行为的相同惩戒故意为准，而不能单纯以次数计。因此，在家长实施了多次拘禁行为，且每次拘禁时间都没达到24小时，但多次拘禁时间加起来超过24小时的情况下，如果家长是受同一惩戒故意的支配，则其行为构成非法拘禁罪；但如果家长是受不同的惩戒故意支配，则其行为不构成非法拘禁罪。

第三节　弱冷暴力：重负如释的修正诱因及蜕变期盼

我国《刑法》第260条规定，"虐待家庭成员，情节恶劣的，处二年以下有期徒刑、拘役或者管制。犯前款罪，致被害人重伤、死亡的，处二年以上七年以下有期徒刑。第一款罪，告诉的才处理，但对于被害人没有能力告诉，或者因受到强制、威吓无法告诉的除外"。

"虐待"一词的英文为"ill treat"、"abuse"，意思为以变态的、不健康的方式对待他人或者以野蛮、不人道的方式对待他人。具体来说，虐待就是一种行为，该行为会造成受虐者身体的损伤和内心的惶恐，迫使受虐者不能按其自己的意愿行事，或逼迫他人以违反常理的方式做事。虐待通常包含长期地对他人进行威胁、恐吓、人身暴力、性暴力、情感虐待和经济剥夺的行为等。

理论上，一般认为虐待的行为方式有三种：

第一，肉体上的虐待。此种类型的虐待行为侵害的主要是受害人的生命健康权。传统虐待行为主要指行为人用种种不合理甚至暴力的方式对受害人进行身体虐待，具体表现为殴打辱骂、强迫超体力劳动、冻饿、有病不给医、不允许自由出入等。就殴打而言，行为人一般对行为对象拳打脚踢，甚至利用伤害性器具对行为对象进行殴打，但这种伤害强度不应很大，因为如若造成了严重的损害后果，该行为就不应该由虐待罪来规范定性了；强迫体力劳动则是指行为人强迫行

---

〔1〕 古淑惠：《非法拘禁罪研究》，武汉大学2004年硕士学位论文。

为对象从事强度明显是被害人体力所不能承受的劳动；对于冻饿、不给饭吃的行为应当在具有相对严重的结果时才能予以处罚，若是偶尔的几次则不具有处罚的必要性；有病不给医若构成虐待罪，则要求同时满足行为人具有提供医疗费用的能力和受害人如不及时治疗会导致不可挽回的后果两个条件。

第二，性虐待。司法实务中的性虐待案件常有发生，在理论界也逐渐引起学者和专家的关注。性虐待是指行为人故意进攻对方的性器官，强迫对方与其发生性接触、性关系的行为。性虐待以向性爱对象施加暴力行为作为使自己性兴奋的方式。性虐待与虐恋（SM）最大的区别为被性虐待的受害人主观上不愿意而又不能或不敢反抗行为人的性虐待行为。如果情侣或夫妻之间一方长期对另一方进行性暴力或性虐待，此时就不能认为是情侣或夫妻间的正常性生活，就会因长期实施性虐待触犯虐待罪，进入刑事法律的处罚范围。性虐待侵犯了对方的性自由，给受虐对象造成身体上的痛苦，也伴随精神上的折磨。国际上都将其界定为家暴的一种表现形式，长期的家庭暴力构成虐待罪，长期的性虐待也应当评价为虐待罪。

第三，精神虐待。精神虐待是指采用语言的、非身体行为的方式对被害人进行心理、精神方面的折磨和摧残，通常表现为家庭冷暴力。传统观念认为虐待行为仅仅包括对身体的伤害这一种形式。随着社会的不断进步，人权观念逐步深入人心，国家对公民精神层面需求的重视程度也随之不断加深。现如今，精神虐待行为被人们称作“冷暴力”，是消极情绪催生的行为的外在表现，同时作为虐待行为的方式之一已经得到了大众的普遍认可。长期地对家庭成员漠视、强迫其做不合理行为，情节恶劣的，可以认定为虐待罪。虽然精神虐待不见伤疤不见滴血，但其实危害极大。现实生活中的精神虐待不易查实，难以举证，且现行法律对精神损伤没有规定统一明确的标准，不能对精神伤害的轻重进行准确的定位。虽然在司法实践中，将精神虐待定性为虐待罪的行为方式并不是那么容易，但精神虐待却是虐待罪中不能缺少的行为表现方式。精神虐待的发生率高、[1]危害性大，[2]而且有愈演愈烈之势。

我国刑法条文并未对虐待的行为方式进行明确规定，2015 年 3 月 2 日《关

---

〔1〕 中国法学会针对“妇女家庭暴力现状”进行问卷调查时，发现回收的 3543 份有效样本中，有 65% 左右的家庭出现了丈夫不理睬妻子的现象。2006 年 3 月 8 日至 10 月 31 日，浙江“联通‘心之桥’妇女热线”共接听热线 273 个，其中婚姻求助的 114 个，占 41% 多，其中涉及家庭暴力的占 80% 以上。

〔2〕 家庭冷暴力造成的伤害有时要远远大于身体的伤害。它会使家庭气氛变得十分压抑、冷漠，如同生活在冰窖。很多受害者会因此产生委屈感、被控制感，感情变得脆弱、心理上常常处于孤独、抑郁、悲伤状态，甚至会造成精神疾病。有的受害者因为长期受到精神虐待得不到宣泄和缓冲而做出过激行为，比如自杀或杀人，造成了严重的后果。冷暴力可谓“杀人不见血”。

于依法办理家庭暴力犯罪案件的意见》第17条，用列举的方法，将“虐待”界定为“殴打、冻饿、强迫过度劳动、限制人身自由、恐吓、侮辱谩骂等手段”，并未能够规范的体系性。而在刑法理论上，则一般认为第260条虐待罪是指“对共同生活的家庭成员，经常以打骂、冻饿、强迫过度劳动、有病不予治疗、限制自由、凌辱人格等手段，从肉体上和精神上进行摧残、折磨，情节恶劣的行为”。[1] 这种解读虽然也同时关注了肉体和精神两方面，但仍然对于精神虐待关注不足，只列举了少数的积极性行为。

我国学者所做的部分实证调查显示，我国家庭暴力中精神暴力占比极高，可达整个家暴行为的40%左右。[2] 随着经济社会的发展，尤其是人们文化程度的逐步提高，人们已经能够认识到身体暴力是违法的行为，故家庭暴力的施暴者尤其是文化层次较高的群体，将会越来越倾向于实施精神暴力这种不易为人所察觉的暴力行为。因此，2015年12月27日第十二届全国人民代表大会常务委员会第十八次会议审议通过了《反家庭暴力法》，其第2条规定“本法所称家庭暴力，是指家庭成员之间以殴打、捆绑、残害、限制人身自由以及经常性谩骂、恐吓等方式实施的身体、精神等侵害行为。”《反家暴法》的规定将“经常性谩骂、恐吓”等非暴力性的精神暴力行为都明确定义为家庭暴力行为，这是吸收了理论界对于虐待的观点的产物，同时也为理解虐待罪的虐待行为的提供了新的路径。

据此，本书认为，应当对《刑法》第260条虐待罪的具体行为作范围上的扩大，严格区分“热暴力”与“冷暴力”两种行为，对两种行为作出具体的规制，并将两种行为同时对罗列为虐待罪的具体表现方式。

家庭中对未成年人冷暴力的常见表现形式为：一是父母不愿搭理孩子，故意漠视孩子的存在；二是批评过度，从不认可孩子，甚至全盘否定孩子的一切；三是经常威胁恐吓孩子，用“考不了高分就别想出去玩”“要是再这样，就滚出家门”等刺激性语言威胁孩子。[3] 现在社会上存在的青少年自杀的人数有所上升、青少年犯罪率居高不下等现象，就与家庭“冷暴力”有关。因为这些所谓的“问题孩子”，多半都是老师和家长眼中的“差生”，对其缺乏关爱。[4] 相对于肉体上的伤痛，心灵上的创伤对人的打击更具有危害性。“冷暴力”的伤害则往往是持续不断的，隐藏在内心深处。家庭本应当是一个人温暖的港湾，而冷暴力则会把家庭变为一个“冰窟”。面对压抑、冷漠、孤立无援，满腹委屈却无人能理解，精神上被牢牢控制，感情上得不到慰藉。生命和青春就被一点点的消耗，却看不到未

---

〔1〕 参见张明楷：《刑法学》，法律出版社2011年版。

〔2〕 参见徐萌：《〈反家庭暴力法（草案）〉中关于“暴力”的界定》，载《商界论坛》2015年第9期。

〔3〕 刘佳婧：《谨防家庭“冷暴力”伤害孩子》，载《中国教育报》2006年5月10日。

〔4〕 刘佳婧：《谨防家庭“冷暴力”伤害孩子》，载《中国教育报》2006年5月10日。

来和希望。导致受害者对生活充满悲观情绪，更严重者精神抑郁，引发精神疾病，做出极端行为，自杀或伤害他人，酿成家庭悲剧。“冷暴力”实则是杀人于无形中。[1] 因而，出于对未成年人的特殊保护，当行为对象为未成年人时，本书认为应当将“虐待”的行为进一步扩张，将以往认为不符合“情节恶劣”的上述“弱冷暴力”也纳入虐待罪中。

---

〔1〕 黄艳珊：《家庭“冷暴力”的伦理研究》，华中师范大学2013年硕士学位论文。

第十章　性侵犯罪下的年龄与自主权

对于性犯罪范围的圈定，我国刑法理论界主要存在如下争议观点：

第一种观点认为性犯罪主要可分为两大类：第一类是侵犯公民人身权利的性犯罪，包括强奸罪、强制猥亵、侮辱妇女罪和猥亵儿童罪。第二类是妨害社会管理秩序的性犯罪，其又可分为三类，一是组织、强迫、引诱、容留、介绍卖淫罪；二是制作、贩卖、传播淫秽物品罪；三是聚众淫乱罪。[1]

第二种观点认为我国刑法中的性犯罪具体应当包括以下犯罪：《刑法》第336条规定的强奸罪、奸淫幼女罪，第237条规定的强制猥亵、侮辱妇女罪，猥亵儿童罪，第301条规定的聚众淫乱罪，第358条规定的组织卖淫罪、强迫卖淫罪、协助组织卖淫罪，第359条规定的引诱、容留、介绍卖淫罪，引诱幼女卖淫罪，第360条规定的传播性病罪，嫖宿幼女罪，[2]第365条规定的组织淫秽表演罪。[3]

第三种观点认为根据1997年修订的《刑法》，可纳入性犯罪的罪名主要有：强奸罪，暴力干涉婚姻自由罪，重婚罪，破坏军婚罪，故意传播性病罪，嫖宿幼女罪，奸淫幼女罪，强迫卖淫罪，引诱、留容、介绍卖淫罪，引诱幼女卖淫罪，组织卖淫罪，协助组织卖淫罪，强制猥亵、侮辱妇女罪，猥亵儿童罪，聚众淫乱罪，走私淫秽物品罪，制作、复制、出版、贩卖、传播淫秽物品罪，组织播放淫秽音像制品罪等。[4]

第四种观点认为随着最高人民法院、最高人民检察院的司法解释把“奸淫幼女罪”作为一个独立罪名的剔除，刑法在侵犯公民人身权利、民主权利这一章中对于性犯罪的规定只剩下了三个：强奸罪，强制猥亵、侮辱妇女罪和猥亵儿童罪。刑法四百多个条文只规定了三个性犯罪的种类。[5]

---

〔1〕宋海山：《性犯罪的社会伦理研究》，西南政法大学2004年硕士学位论文。

〔2〕《刑法修正案（九）》已经废除此罪。

〔3〕李邦友、王德育、邓超：《性犯罪的定罪与量刑》，人民法院出版社2001年版，第7页。

〔4〕王雯：《我国青少年的性越轨、性违法与性犯罪问题及其对策》，载《中国性科学》2003年第4期。

〔5〕贺洪超：《对我国性犯罪立法若干问题的法律思考》，载《武汉理工大学学报》（社会科学版）2005年第1期。

上述观点中，第一种观点确定的性犯罪的范围，除了强奸罪，强制猥亵，侮辱妇女罪，猥亵儿童罪，聚众淫乱罪外，包括刑法中卖淫犯罪与淫秽物品犯罪两节罪名。第二种观点在性犯罪的范围上除了强奸罪、强制猥亵、侮辱妇女罪、猥亵儿童罪、聚众淫乱罪、卖淫一节犯罪外，将制作、贩卖、传播淫秽物品罪一节中的组织淫秽表演罪纳入到性犯罪中，而排除了本节其他的犯罪。第三种观点对性犯罪界定的范围最广，除了包括前三种观点中所有的罪名外，还包括暴力干涉婚姻自由罪、重婚罪和破坏军婚罪。第四种观点认为在我国刑法中性犯罪只包括三种犯罪，对性犯罪范围的界定最窄。事实上这四种观点各有各的分类方法，本书认为分类是否合理取决于性犯罪定义的界定和研究目的的确定。胡萨克曾言：采取一种分类方式而不是另一类分类方式并没有必然性。而两种独特的犯罪之间是否具有足够的相似性保证其内涵符合共同的标题，有赖于设计这种分类的服务目的。[1]

本部分的目的是研究那些与未成年被害人有直接联系的性犯罪，因而本书采取最简单的分类方法，以行为模式作为分类标准，即可以将性犯罪分为性交型犯罪、猥亵型犯罪、淫媒犯罪，分别加以讨论。所谓性交型犯罪包括第236条强奸罪，猥亵类犯罪则包括第237条强制猥亵、侮辱妇女罪、猥亵儿童罪，淫媒犯罪则包括第358条强迫卖淫罪、组织卖淫罪、协助组织卖淫罪，第359条引诱、容留、介绍卖淫罪、引诱幼女卖淫罪。

第一节　对奸淫幼女及关联罪行的统筹考量

一、奸淫的双层含义及其于刑法分则中显现的贯通对比

（一）“奸淫”在刑法中的分布

“奸淫”一词在1997《刑法》中一共在4个法条中出现7次，包括：（1）第236条“以暴力、胁迫或者其他手段强奸妇女的，处三年以上十年以下有期徒刑。奸淫不满十四周岁的幼女的，以强奸论，从重处罚。强奸妇女、奸淫幼女，有下列情形之一的，处十年以上有期徒刑、无期徒刑或者死刑：（一）强奸妇女、奸淫幼女情节恶劣的；（二）强奸妇女、奸淫幼女多人的”。（2）第240条“拐卖妇女、儿童的，处五年以上十年以下有期徒刑，并处罚金；有下列情形之一的，处十年以上有期徒刑或者无期徒刑，并处罚金或者没收财产；情节特别严重的，处死刑，并处没收财产：（一）拐卖妇女、儿童集团的首要分子；（二）拐卖妇女、儿童三人以上的；

---

〔1〕［美］道格拉斯·N.胡萨克：《刑法哲学》，中国人民公安大学出版社1994年版，第23页。

(三)奸淫被拐卖的妇女的”。(3)第 259 条第 2 款“利用职权、从属关系,以胁迫手段奸淫现役军人的妻子的,依照本法第二百三十六条的规定定罪处罚”。(4)第300 条第 3 款“组织、利用会道门、邪教组织或者利用迷信破坏国家法律、行政法规实施的,处三年以上七年以下有期徒刑,并处罚金;情节特别严重的,处七年以上有期徒刑或者无期徒刑,并处罚金或者没收财产;情节较轻的,处三年以下有期徒刑、拘役、管制或者剥夺政治权利,并处或者单处罚金。组织、利用会道门、邪教组织或者利用迷信蒙骗他人,致人重伤、死亡的,依照前款的规定处罚。犯第一款罪又有奸淫妇女、诈骗财物等犯罪行为的,依照数罪并罚的规定处罚”。

“奸淫”一词无疑是作为动词出现的,从其搭配的宾语来分析:其中有 4 次出现在第 236 条强奸罪的罪状中,其搭配的宾语为“幼女”;1 次出现在第 259 条破坏军婚罪中,其搭配的宾语为“现役军人的妻子”;1 次出现在第 240 条拐卖妇女、儿童罪中,其搭配的宾语为“被拐卖的妇女”;1 次出现第 300 条组织、利用会道门、邪教组织或者利用迷信破坏法律实施罪中,其搭配的宾语为“妇女”。从修饰其的副词来说:“奸淫”一词在第 236 条、第 300 条、第 240 条中是单独出现,没有修饰的副词;在第 259 条中其修饰副词为“利用职权、从属关系,以胁迫手段”。从定罪角度来说,第 236 条、第 259 条、第 300 条中的奸淫最终按照强奸罪定罪处罚,只有第 240 条中的奸淫是按照其所处的法条罪名即拐卖妇女罪加重处罚。

(二)“奸淫”含义的体系性审视

既然刑法中的“奸淫”在绝大多数情况下都按照强奸罪定罪处罚,那么何以刑法并未在这些情况下直接使用“强奸”一词,而第 240 条中的“奸淫”又何以不按照强奸罪定罪处罚呢?

“奸淫”与“强奸”一词都有与妇女性交的含义,但是根据《刑法》第 236 条,“强奸”指的是“以暴力、胁迫或者其他手段”强行与妇女性交。其中“其他手段”是指采用暴力、胁迫以外的使被害妇女不知反抗、不敢反抗或者不能抗拒的手段,具有与暴力、胁迫相同的强制性质。因而,“强奸”一词包含了违背妇女性意愿的含义。而现代汉语词典对“奸淫”的解释是男女间不正当的性行为。因而奸淫是强奸的上位概念,其含义要比强奸更为广泛,包含了自愿的性行为,也包含了非自愿的性行为。因而,第 259 条中“利用职权、从属关系,以胁迫手段”是一种限缩,而第 236 条、第 259 条、第 300 条中单独出现的“奸淫”一词,同时包含了自愿与非自愿两种模式,是一种扩张。综合来说,使用“奸淫”一词可以扩大打击范围,完善刑事法网。

（三）拐卖妇女、儿童罪中的“奸淫”

值得注意的是，《刑法》第 240 条拐卖妇女、儿童罪，除了规定了本罪的基本法定刑（5 年以上 10 年以下有期徒刑，并处罚金）之外，另外设置了本罪的加重构成，其中包括第 3 项“奸淫被拐卖的妇女的”，处 10 年以上有期徒刑或者无期徒刑，并处罚金或者没收财产的规定（情节特别严重的，处死刑，并处没收财产）。这是刑法中唯一例外的未将“奸淫行为”按照强奸罪定罪处罚。

对此，我国刑法学界和司法实务部门对于应该如何理解“奸淫被拐卖的妇女”中“奸淫”的范围问题存在较大争议。

有的学者认为，如果行为人与妇女的性交行为不具有强制性，那么应将该行为排除在“奸淫”的范围之外。[1]

有的学者则主张：在拐卖过程中与被拐卖妇女发生性关系的，应该主要包括以下三种情况：其一，强奸被拐妇女。即在拐卖妇女的过程之中，使用暴力、胁迫或者其他手段，使被害妇女不能反抗、不敢反抗或者不知反抗，从而违背妇女意志与其发生性行为。其二，奸淫被拐妇女。这种情况下的“奸淫”，是指狭义上的奸淫。这种情况下的性行为尽管实质上仍然违背妇女意志，但是这里的“在拐卖过程中奸淫”不能理解为强奸罪中的“暴力、胁迫以外的其他手段”，单纯的拐卖行为人利用拐卖过程中被害妇女人身自由受一定限制的事实实施奸淫的，由于欠缺强奸罪的手段行为，所以难以按照强奸罪处理。其三，单纯与被拐妇女发生性行为。这是指，在拐卖过程中，被拐卖妇女与拐卖人产生感情，甚至发展为结婚的，此种情况之下双方的性行为，应该认为其实质上并不违背妇女的自由意志，因此来说，此种情况的性行为也不属于“奸淫”，自然不该当刑法第 240 条第 1 款第 3 项。[2]

本书并不赞同这些主张，从体系性的角度来说，本书认为第 240 条的“奸淫”一词应当和第 236 条中的奸淫作相同解释。事实上，司法解释采取的就是这一态度，1992 年 12 月 11 日最高人民法院、最高人民检察院《关于执行〈全国人大常委会关于严惩拐卖、绑架妇女、儿童的犯罪分子的决定〉的若干问题的解答》规定，“奸淫被拐卖的妇女的”，是指拐卖妇女的犯罪分子在拐卖过程中，与被害妇女发生性关系的行为。不论行为人是否使用了暴力或者胁迫手段，也不论被害妇女是否有反抗行为，都应当按照该项规定处罚。之所以在第 240 条的状况下，对于“奸淫”之中的自愿性行为也具有可罚性，那是因为被拐卖的妇女在彼时处于一个孤立无援的状态，犯罪人利用这一状态与其发生性行为，与正常

---

〔1〕 参见张明楷：《刑法学》，法律出版社 2007 年版，第 54、670 页。

〔2〕 付立庆：《“奸淫被拐卖的妇女”应如何理解》，载《法制日报》2007 年 9 月 9 日。

状态下相比在某种意义上自愿性有所欠缺，同样具有很强的社会危害性。

当然，也有学者认为如陈兴良教授认识到被拐卖妇女自愿性欠缺的问题，认为应当按照拐卖妇女儿童罪和强奸罪数罪并罚，“将在拐卖妇女、儿童过程中强奸妇女、奸淫幼女的行为以拐卖妇女、儿童罪一罪定罪（尽管处罚可以很重），其结果是在有意无意中贬低了数罪并罚制度的作用，不利于刑法分则与刑法总则规定的协调发展。在拐卖妇女、儿童过程中，兼犯有强奸犯罪，本来是一人犯数罪，理应实行数罪并罚，但法律却将强奸犯罪规定为拐卖妇女、儿童罪的加重情节，值得反思”。本书认为，立法之所以未进行数罪并罚的规定，是因为奸淫所拐卖的妇女的情形有时未必符合普通的强奸罪的构成要件，这时就难以按照拐卖妇女罪和强奸罪并罚，所以将其规定为本罪的加重犯也就可以避免司法机关在认定时产生困难，便于司法实践对于本罪的处理。应该说，这样一种加重构成的规定是值得肯定的。

二、“幼女”与“妇女”概念辨析

如上文所述，《刑法》第 240 条规定第 1 款规定了“拐卖妇女、儿童的，处五年以上十年以下有期徒刑，并处罚金”，确立了拐卖妇女、儿童罪的基本法定刑（5 年以上 10 年以下有期徒刑，并处罚金）；其第 2 款第 3 项规定“奸淫被拐卖的妇女的”，“处十年以上有期徒刑或者无期徒刑，并处罚金或者没收财产”，明确将奸淫妇女确立为该罪的加重处罚情节。由此产生一个疑问：拐卖幼女并奸淫的该如何定罪量刑？

（一）认定为拐卖儿童罪一罪无法保证刑事处罚的合理性

对拐卖幼女并奸淫的该如何定罪量刑的认识，一般来说存在这样的一个前提：《刑法》第 236 条关于强奸罪的规定明确区分了妇女（第 236 条第 1 款）和幼女（第 236 条第 2 款）；《刑法》第 240 条的犯罪对象是妇女、儿童（其中妇女是指已满 14 周岁的女性，儿童是指未满 14 周岁的男童和未满 14 周岁的女童，即幼女）。简言之，幼女属于拐卖妇女、儿童罪中的儿童，从而拐卖幼女的，应定拐卖儿童罪。在此认识的前提之下，对“拐卖幼女并奸淫”的行为该如何定罪量刑呢？先讨论如下两种解决方案。

一种方案是定拐卖儿童罪，适用本罪基本法定刑。根据上述认识前提，既然《刑法》第 240 条中相应的规定是“奸淫被拐卖的妇女的”适用加重法定刑（而幼女又不属于“妇女”），并且，本条关于加重法定刑的规定采取的是明示列举的封闭式规定方式，而没有添加诸如“其他情节严重”“其他性质恶劣”之类的兜底式规定，那么，按照所谓罪刑法定的要求，对于拐卖幼女并且奸淫的，只能按照拐卖儿童罪定罪，在基本法定刑幅度之内从重处罚。但是，这一方案显然是不可取的。因为，没有人会否认，奸淫被拐卖的幼女的行为之社会危害性（法益侵害性）要重于奸淫被拐卖的妇女的情形。轻行为适用加重法定刑而重行为适用基本法定刑，这是典型的重罪轻罚、罪刑失衡，坚持相对（而非机械）罪刑法定原则的解释者，应该着力避免这样的解释结果的发生。因此，本书认为，这一方案会导致量刑失衡，是不可取的。

另一种方案是对于拐卖幼女并奸淫的，直接按照《刑法》第 240 条第 1 款第 7 项“造成被拐卖的妇女、儿童或者其亲属重伤、死亡或者其他严重后果”，以拐卖儿童罪处以加重法定刑。这一方案，实际上仍坚持了“幼女”不属于“妇女”而属于“儿童”的认识前提，在此基础上认为奸淫所拐卖的幼女的，属于造成被拐卖的儿童“其他严重后果”，所以直接按照《刑法》第 240 条第 1 款第 7 项的规定适用加重法定刑。这样理解便能保证“奸淫所拐卖的幼女的”与“奸淫所拐卖的妇女的”，在同一个量刑幅度之内进行量刑，从而也保证了前者能够在此刑罚幅度之内加重处罚，在与后者相比的意义上能够做到罪刑均衡（前者的社会危害性重于后者）。但是，在量刑适当之外，这样的处理方式是否也能够保证定性准确？还需要进一步考察。应该说，将奸淫被拐卖的幼女的行为认定为“拐卖儿童罪”本身还是有合理性根据的，这样的处理保证了对于幼女、儿童、妇女几个概念在不同的法条（如《刑法》第 236 条、第 237 条、第 240 条）之间以及在同一法条（《刑法》第 240 条）内部在外延上的同一性。但是，奸淫所拐卖的幼女的，能够认定为造成被拐卖的儿童“其他严重后果”吗？答案应该是否定的。首先，从主观方面来说，这里的“造成被拐卖的儿童或者其亲属重伤、死亡或者其他严重后果”，应该限于过失，而不应该包括故意行为，比如造成被拐卖的儿童死亡，应该是指在拐卖儿童的过程之中出于过失致使被拐卖儿童死亡，而不应该包括故意杀害被拐卖儿童的情况；对于故意杀害被拐卖儿童的，应该直接按照拐卖儿童罪和故意杀人罪实行并罚。而奸淫所拐卖的幼女的，毫无疑问是一种故意行为，这种故意行为不能被评价为“造成被拐卖的儿童其他严重后果”。其次，从客观属性上来说，奸淫行为也不能被评价为“造成被拐卖的儿童其他严重后果”。因为这里所说的“其他严重后果”，应该是指与“重伤、死亡”相当的后果，比如精神失常等。可以认为，本条第 7 项的规定属于“结果加重犯”的规定，而奸淫所拐卖的幼女的，应该属于“情节”而非“结果”，在具有相应“情节加重犯”规定时对此可以予以加重处罚，反之，则不能从实质合理性的角度将“加重情节”解释为“加重结果”，否则就违反了《刑法》本身的规定。这样看来，对于拐卖幼女并实施奸淫的，直接按照造成被拐卖的儿童其他严重后果的规定，以拐卖儿童罪处以加重法定刑，也是不适当的。这样虽然能够在量刑上做到罪刑均衡，但是在定性上，将此处的奸淫幼女的行为解释为“造成幼女其他严重后果”，却是在主客观两方面都存在问题的。因此,这一方案会导致定性不准,也是不可取的。

(二)认定为拐卖儿童罪和强奸罪两罪并罚同样无法解决刑事处罚的合理性问题

在此,再列举另外两种解决方案,并逐一予以分析:

一种方案是按照拐卖儿童罪和奸淫幼女型的强奸罪,数罪并罚。在同样承认以上“幼女”属于“儿童”而不属于“妇女”的认识前提之下,容易想到的另一种方案是,对于拐卖幼女并奸淫的,按照拐卖儿童罪和强奸罪(奸淫幼女定强奸罪)并罚。在采取数罪并罚的场合,对于其中的拐卖行为按照拐卖儿童罪适用基本法定刑(5 年以上 10 年以下有期徒刑,并处罚金)没有疑问,问题是,此时的奸淫幼女行为,适用强奸罪的何种幅度的法定刑?根据《刑法》第 236 条的规定,奸淫幼女,有下列情形之一的,处 10 年以上有期徒刑、无期徒刑或者死刑:(1)奸淫幼女情节恶劣的;(2)奸淫幼女多人的;(3)二人以上轮奸的;(4)致使被害人重伤、死亡或者造成其他严重后果的。根据这样的规定,在拐卖幼女的行为人一人(不存在轮奸)奸淫幼女一人(不存在奸淫幼女多人),并且不属于情节恶劣也未造成幼女重伤、死亡或者其他严重后果时,对于其中奸淫幼女的行为,就无法适用强奸罪的加重法定刑,而只能在强奸罪基本法定刑的幅度之内,依照《刑法》第 236 条第 2 款的规定从重处罚了。在这样的情况之下,根据《刑法》第 69 条判决宣告前一人犯数罪的并罚原则,两罪并罚之后可供选择的刑罚幅度是 10 年以上 20 年以下有期徒刑,并处罚金。从法理的角度上讲,犯罪分子的数个行为确实都分别受到了处罚。但是,比照一下奸淫所拐卖的妇女时的法定刑规定就会发现,这里仍然存在着罪刑失衡的问题。因为在奸淫被拐卖的妇女的场合,其适用的法定刑幅度是 10 年以上有期徒刑或者无期徒刑,并处罚金或者没收财产。就自由刑而言,较轻的拐卖妇女并奸淫的行为可能被判处无期徒刑,而较重的拐卖幼女并奸淫的行为,最高却只能判处 20 年有期徒刑;就财产刑而言,较轻的拐卖妇女并奸淫的行为要并处罚金或者没收财产,而较重的拐卖幼女并奸淫的行为,却只能适用并处罚金。[1] 尽管就我国的刑事司法实践而言确实存在着“无期徒刑有期化”的倾向,无期徒刑经数次减刑在事实上常常等同于十几年的有期徒刑,但是在法律性质上来说,无期徒刑无疑仍是重于 20 年有期徒刑的。就为司法者所提供的量刑范围来说,可以说是存在着轻罪重罚、重罪轻罚的

[1] 对于奸淫被拐卖的妇女的行为来说,存在着“情节特别严重的,处死刑,并处没收财产”的可能,如果对于奸淫被拐卖的幼女的情形按照拐卖儿童罪和强奸罪(奸淫幼女)数罪并罚,情节恶劣的话,也可以判处死刑(《刑法》第 236 条第 3 款)。这样倒是不存在问题。

巨大可能(何况还存在着轻者可以并处没收财产而重者只能并处罚金的问题)。因此,这种并罚的方案,仍然没能有效地解决罪刑均衡的问题,就刑事处罚的合理性(定罪准确+量刑适当)来说,仍然是不理想的。

另一种方案是按照拐卖儿童罪和强奸罪的加重法定刑,实行并罚。同样的道理,将拐卖幼女并奸淫的行为按照拐卖儿童罪和强奸罪的加重构成(认为存在着奸淫幼女"情节恶劣")的方案,更是不合理、不妥当的,这样的方案不但同样存在着定性不准确、定罪不协调的问题,[1]而且,还存在着对于拐卖幼女的行为的双重评价(既被评价为"拐卖儿童罪",又被借用成强奸罪中的"情节恶劣")的嫌疑,是尤其不能赞成的。

(三)认定为强奸罪一罪的观点在定罪上存在着明显的缺陷

有的学者认为,可以跳出《刑法》第240条的圈子,直接按强奸罪的加重法定刑,以强奸罪一罪论处。如果将先前的拐卖幼女的行为评价为"情节恶劣"(从而将整个拐卖幼女并奸淫的行为评价为"奸淫幼女情节恶劣"),按照强奸罪一罪处断的话,就可以在"10年以上有期徒刑、无期徒刑或者死刑"的幅度之内量刑,与拐卖妇女并奸淫的"处10年以上有期徒刑或者无期徒刑,并处罚金或者没收财产"相比,应该说在刑罚后果上可以做到重罪重判、罪刑均衡(前者虽然无法并处财产刑,但是却可以判处死刑)。而且,这样的处理也避免了对于拐卖幼女行为的双重评价问题。但是,这种方案虽然从量刑的角度上大致解决了问题,但是从定性的角度来看,还是有问题的。因为,强奸罪加重情节中所说的"情节恶劣",一般认为是指《刑法》第236条加重情节中所列举之外的恶劣情节,如在公共场所劫持并强奸妇女的;多次利用淫秽物品、跳黑灯舞等手段引诱女青年,进行强奸,在社会上造成很坏影响、极大危害的等。[2] 可以说,这里的"情节恶劣",是指在强奸的手段、性质等方面属于"恶劣"。"情节恶劣"的加重规定,只是一个"情节加重犯"的规定,这些手段、性质等,其自身不应该是犯罪行为。由此,将拐卖幼女并奸淫的行为之中拐卖的行为评价为"性质恶劣",是不恰当的,这样的评价尽管避免了按照拐卖儿童罪和强奸罪并罚并对强奸罪适用加重法定刑时的"双重评价"问题,但是,已经成为犯罪行为的拐卖幼女行为未能得到恰如其分的评价。而且,将拐卖妇女并奸淫的行为定为拐卖妇女罪,而将拐卖幼女并奸淫的行为定为强奸罪,仅仅是因为犯罪对象年龄上的差别而造成定罪上的如此不均衡,尽管这样的方案在量刑上或许能做到重罪重判,但在定

---

〔1〕 同样是奸淫被拐卖的对象的行为,仅仅因为对方年龄上的差异,而导致或者按照一罪处理,或者按照数罪处理,这终归是不够协调的。

〔2〕 参见张明楷:《刑法学》,法律出版社2003年版,第696页。

性的评价上，却只能说是不恰当的。因此，上述看法在定罪上明显存在问题，仍未能解决刑事处罚的合理性问题，是不足取的。

（四）认定为拐卖妇女罪并适用加重法定刑应该是最为理想的选择

通过以上分析可以看出，只要坚持“妇女”一词在含义上的统一性，即只要坚持认为《刑法》第240条第1款及第236条、第237条等中的“妇女”的含义相同（仅限于已满14周岁的女性），那么，在面对“奸淫被拐卖的幼女”该如何处理这一问题时，就总是无法得出令人满意的答案：定罪准确和量刑适当这两者总是无法两全，从而在此问题的解决上也就无法实现刑事处罚的合理性。那么，在现行的立法面前，拐卖幼女并奸淫的行为，究竟应该怎样适用法律才能做到既定罪准确又量刑适当？有这样的可能吗？这样的努力，又将付出什么样的代价？对此，有的学者认为，可仅将《刑法》第240条中加重情节第3项〔1〕中的“妇女”解释为“包括幼女”，对于拐卖幼女并奸淫的，直接认定为“奸淫被拐卖的妇女”，以拐卖妇女罪适用加重法定刑。

实际上，只有在面临“拐卖幼女并奸淫该如何定罪量刑”的具体问题时，才会产生“幼女究竟属于妇女还是属于儿童”的问题，而在不涉及此问题的时候，《刑法》第240条通常都是“妇女、儿童”并提的。〔2〕 在法条并列使用“妇女、儿童”的时候，当然应该认为，这里的“妇女”和“儿童”在外延上是互相排斥的——是“妇女”的则不是“儿童”，是“儿童”的则不是“妇女”。这一般来说不会有什么问题，但在未满14周岁的幼女的情况下，由于其属于“妇女”和“儿童”的交叉地带，则在法条将“妇女、儿童”并列时，幼女究竟属于“妇女”还是“儿童”就需要加以检讨了。在法律用语中并列使用“妇女、儿童”时，将此时的“妇女”解释为包括幼女从而将儿童解释为未满14周岁的男童超出了一般国民的预测可能性（没有谁会预测到法律所说的“儿童”仅指未满14周岁的男童），所以是不可取的。与此相对，将儿童解释为未满14周岁的男女（同时将妇女解释为已满14周岁的女性）则不但符合国民的一般预测，而且也有规范性文件的支持。比如，1999年10月27日《全国法院维护农村稳定刑事审判工作座谈会纪要》，2000年3月20日最高人民法院、最高人民检察院、公安部、民政部、司法部、全国妇联联合发布的《关于打击拐卖妇女儿童犯罪有关问题的通知》等都把（未满14周岁

〔1〕 实际上第240条第1款第4项也面临着同样的问题：“诱骗、强迫被拐卖的妇女卖淫或者将被拐卖的妇女卖给他人迫使其卖淫的”中的“妇女”也应该包括“幼女”，这与本文所讨论的问题在性质上是相同的，在解决方案上也应该一样。

〔2〕 第237条也应该认为是将妇女与儿童并列规定（分别为第1款和第3款），因此，毫无疑问，强制猥亵、侮辱妇女罪中的“妇女”是指已满14周岁的女性；而同条的猥亵儿童罪则包括未满14周岁的男女（在幼男和幼女的场合，“猥亵”的含义不同）。

的)“子女”归入了“儿童”的行列。但是,这是在法条将“妇女”与“儿童”并列(即表述为“妇女、儿童”)[1]的场合,与此相对,在法条仅仅规定了“妇女”而没有并列规定“儿童”(如《刑法》第240条第1款第3项)或者是法条明确作出排除性规定(如《刑法》第236条第2款)的情况下,对于“妇女”一词含义的理解而言,是否还必须要坚持“已满14周岁的女性”这一外延,就是需要讨论的问题。应该认为,如果此时认为妇女包括已满14周岁的女性和未满14周岁的幼女的解释是具有刑事合理性的,并且这样的解释结论也并未超出一般国民的预测可能性(妇女即女性),那么,这样的解释结论由于并没有立法本身的明确否定,就应该是可以成立的。在这种解释下,将《刑法》第240条第1款第3项中的“妇女”解释为包括幼女,从而,对于拐卖幼女并且奸淫的行为,直接按照“奸淫被拐卖的妇女”论处(并且在此基础上从重处罚),应该说是合理的。这样处理,既能保证定罪准确(拐卖妇女罪)又能保证量刑适当(本罪的加重法定刑,在此幅度之内从重处罚),应该说是实现了刑事处罚的合理性。[2]

(五)法条用语的统一性与刑事处罚的合理性之辩证关系

概括说来,在解决“奸淫被拐卖的幼女”如何定罪量刑的时候,我们实际上遇到了这样一对矛盾,即法条用语的统一性和刑事处罚的合理性的矛盾。坚持法条用语的统一性,坚守所有的法条中的“妇女”都是指已满14周岁的女性,则在此前提之下无论我们如何挖空心思,都无法保证既定罪准确又量刑适当,即无法保证刑事处罚的合理性;而如果我们要追求刑事处罚的合理性,就必须对于《刑法》第240条第1款第3项(以及第4项)中所使用的“妇女”一词作新的理解。将此种场合的“妇女”认定为泛指一切女性(也就是包括未满14周岁的幼女),这就造成了同样是“妇女”这一词语,在不同的法条甚至相同的法条不同款项之间的含义不同,[3]也就导致法条用语的含义发生了分裂,无从统一。这样在面对奸淫所拐卖的幼女该如何适用法律这一问题时,法条用语的统一性与刑事处罚的合理性之间就发生了矛盾,且无从调和。

---

[1] 除了将妇女与儿童并列之外,法条还可能将妇女与幼女并列(如《刑法》第236条第3款)。

[2] 主张奸淫被拐卖的幼女的,按照奸淫被拐卖的妇女论处的观点,应该说属于学界现今的有力说。可参见张明楷:《刑法学》,法律出版社2003年版,第708页;陈兴良主编:《刑法学》,复旦大学出版社2003年版,第366页,该部分为林维博士所撰写。相似的观点,可参见龚培华、肖中华:《刑法疑难争议问题与司法对策》,中国检察出版社2002年版,第477页;肖中华:《拐卖妇女、儿童罪刑事责任条款的适用》,载赵秉志主编:《中国刑法案例与学理研究》(第4卷),法律出版社2004年版,第157~158页。

[3] 已如前述,“妇女”含义仅指已满14周岁的女性的,是指法条明确将妇女、儿童并列(如《刑法》第240条第1款第1项、第2项),或者是法条明确作出了排除性规定(如《刑法》第236条第2款,由此规定,则同条第1款中的“妇女”仅指幼女之外的女性),或者是法条明确将妇女与幼女并列(如《刑法》第236条第3款)等场合。除此之外,则有足够的空间将“妇女”解释为一切女性。

在刑法用语的统一性和刑事处罚的合理性之间存在矛盾的时候，不能笼统地说谁优先谁让步。无疑，在刑事处罚的合理性能够通过其他方式加以保证的时候，就不应该牺牲刑法用语的统一性，这实际上是一个努力寻求鱼与熊掌兼得的过程；而在刑事处罚的合理性无法通过其他途径获得而只能通过牺牲刑法用语的统一性才能获得时，应该说两者之间才真正地发生了矛盾（本文所讨论的"奸淫被拐卖的幼女行为该如何处理"即属于此种情况）。这时，应该说，鱼与熊掌无法兼得，只能有所取舍。问题是，何者为应该舍弃的"鱼"？何者为应该求取的"熊掌"？笔者认为，应该牺牲刑法用语的统一性（刑法用语的统一性＝鱼）、承认刑法用语的相对性而追求刑事处罚的合理性（刑事处罚的合理性＝熊掌）。这是因为，刑法用语的统一性实际上其背后也就是法的安定性的问题（放弃刑法用语含义的统一性，可能会破坏法的安定性），而法的安定性本身就是一个相对的命题；[1] 而刑事处罚的合理性其背后则是法的正义性的问题，对于法的正义性的追求应该是一个绝对的目标，因为正是通过刑事处罚的合理性，法的正义性得以张扬。承认刑法用语的相对性，从而为刑事处罚的合理性疏通管道，是解释者在面对具体案例时应该尽可能采取的态度。这是实质解释论的当然命题。

那么，在什么情况之下，解释者可以借助实质解释、借助刑法用语含义的相对性这一武器来填补法律的"漏洞"，在什么情况之下，解释者只能承认立法的缺陷、坚持形式解释（即坚持刑法用语含义的统一性）而将漏洞的填补留给立法本身？这个问题实际上也就是追求刑事处罚的合理性是否应该受到一定的限制，再进一步说，涉及司法与立法的界限、实质解释（其解释结果可能是扩大解释，也可能是缩小解释）与类推解释之间的界分等。这些都是近年来在学界争论不休、难有定论的问题，但是至少一点，"一般人的预测可能性"应该是在处理这些问题时一个比较公允的标准。在此观念之下，应该说，将未满 14 周岁的幼女解释为"妇女"没有超出一般人的预测可能性，所以就是一种实质解释（另一个角度来看，也可以说是补正解释），是应该接受的结论（此时，刑法用语含义的统一性让位于刑事处罚的合理性）；而在另外的场合，在拐卖已满 14 周岁的男子的场合，由于不可能将被拐卖对象解释为"妇女"或者"儿童"（否则就超出了一般国民的预测可能性），这时候，尽管对拐卖已满 14 周岁的男子的行为进行惩罚

---

〔1〕 承认刑法用语含义的相对性，有多种原因，比如刑法用语本身的多义性，比如犯罪的复杂性、刑法规定的错综复杂性，比如解释的目的性、限制或者扩大解释的必要性，等等。对于用语的统一性与用语的相对性的关系问题详尽的研究，请参见张明楷：《刑法分则的解释原理》，中国人民大学出版社 2004 年版，第 324 页以下。应该指出，承认刑法用语的相对性、放弃刑法用语的统一性，这尽管"并不理想"，但是有时也是不得已的。

当然也具有刑事处罚的合理性，但是由于罪刑法定原则的限制，这种刑事处罚的合理性就必须被牺牲而只能期待立法的变动本身了。[1] 所以，如果需要就法条用语含义的统一性与刑事处罚的合理性之间的关系作一个小结的话，那应该是，追求法条用语含义的统一性和刑事处罚的合理性之“双赢”应该是最为理想的选择，而在两者难以兼得时，在（相对）罪刑法定原则的框架之内，法条用语含义的统一性应该服从于刑事处罚的合理性，即在一般国民的预测可能性范围之内，法的安定性（法条用语含义的统一性）要让位于法的正义性（刑事处罚的合理性）；而如果超出了一般国民的预测可能性范围，那就应该坚持刑法用语含义的统一性，而将对刑事处罚的合理性的追求诉诸立法本身的变动完善，这是罪刑法定原则的基本要求，也是本书的基本结论。

三、特殊保护下已被曲解的既遂标准

我国 1997 年《刑法》第 236 条第 1 款规定了一般强奸罪“以暴力、胁迫或者其他手段强奸妇女的，处三年以上十年以下有期徒刑”。在我国当下，强奸罪的对象仅限于妇女，那么强奸罪的既遂标准采用插入说，即只要行为人阴茎的一部分插入妇女的阴道即为既遂，应当说是比较科学合理的。

同样是《刑法》第 236 条，其第 2 款则规定“奸淫不满 14 周岁幼女的，以强奸论，从重处罚”，将奸淫幼女拟制成强奸罪。但是，关于奸淫幼女型强奸罪的既遂标准，却与一般强奸罪的既遂标准不同。其认定的法律根据是 1984 年最高人民法院发布的司法解释，该司法解释规定“只要行为人的生殖器与幼女的阴部有接触即为既遂”，从而确立了奸淫幼女既遂的接触说。自该解释发布以来的司法实践中，涉及奸淫幼女既遂的认定就一直采用此标准作为官方的定罪标准。理论上也一般认为，该司法解释的根本目的和重大理由为了加强对幼女的特殊保护。

但是，本书认为，奸淫幼女犯罪既遂标准的接触说存在诸多不合理之处，是为了对幼女进行特殊保护而产生的一种曲解。接触说立场所确立的这一标准应当说很不科学、很不合理，不但对被害人和被告人不利，而且对于倡导正常的性行为方式和性文化健康发展也是不利的。本书认为，应当在法理上、实务上统一强奸犯罪（其中当然包括奸淫幼女犯罪）既遂的插入说标准，反对并废止奸淫幼女犯罪既遂的接触说标准。

第一，从犯罪未遂形态的本身含义出发，接触说与犯罪未遂的规定冲突。我

---

〔1〕 对于《刑法》第 240 条立法所存在缺陷的分析以及立法建议等的全面研究，可参见刘宪权：《论我国惩治拐卖人口犯罪的刑法完善》，载《法学》2003 年第 5 期。

国《刑法》第23条将犯罪未遂明确规定为“已经着手实行犯罪，由于犯罪分子意志以外的原因而未得逞”，尽管对“未得逞”存在不同的理解，但通说认为其意为未能完成该行为、未能彻底实现其犯罪意图。无论是强奸妇女还是奸淫幼女，都是以与对方发生性交为故意内容和行为方式。而性交就是两性生殖器官的交接或结合，如果尚未插入，是不能说已经完成性交的。因此，仅有性器官的接触，不能说对方已满14周岁就是未遂、对方未满14周岁就是既遂，因为行为对象并不能单独成为强奸行为的全部内容。仅有外部生殖器的接触，不能认为性交行为已经完成，没有实际的插入行为就不存在彻底的性交行为（存在的只是性交之外的其他行为），这对于已满14周岁的女性和未满14周岁的女性应当具有相同的意义。性器官的接触只是表明行为人已经着手实施强奸行为，但着手不等于犯罪既遂。只有存在实际的插入行为，才能认定存在彻底的性交行为，此时才属于强奸既遂。接触说显然将既遂的时间过于提前，违背了基本常识、常情和常理。所以，就同一个行为而言，既遂与否不应该因对象的不同而有差别，而应该看行为本身是否完成。从这一意义上讲，我国刑法理论与实践中一直对强奸罪采用不同的既遂标准并不科学，不符合奸淫幼女行为本身的性质。而且，就科刑基础来看，客观主义认为，刑事责任的基础是表现在外部的犯罪人的行为。因为犯罪是对社会有现实危害的行为，如果没有客观的行为，就没有犯罪；如果仅以行为人的主观恶意为处罚根据，则会混淆法与伦理的界限。如果犯罪形态的认定标准完全脱离了客观性、科学性，就会造成认定犯罪的困难以及法官的恣意判断。客观主义重视的是行为，其所称的行为是现实的行为，这是科刑的基础。主观主义认为，刑事责任的基础是犯罪人的反社会性，即犯罪人反复实施犯罪行为的危险性。主观主义重视的是行为人，因此主观主义又称为行为人主义。根据主观主义的观点，犯罪人的本来性格、内部的危险性是科刑的基础，但是现代科学表明，只有当犯罪人内部的危险性表现为外部行为时，人们才能认识到其危险性。换言之，只有当犯罪人的危险性表征为外部行为时，才能对之科处刑罚。因此，只有生殖器的接触而没有进一步的行为，即使出于对幼女的特殊保护要定强奸罪，也只能认定为犯罪未遂而不是犯罪既遂。

第二，就行为人的主观心态而言，接触说偏离了主客观相一致的原则。在奸淫幼女的场合，行为人主观上追求的是插入的效果（如果行为人没有追求插入的意思，则属于猥亵幼女）。只有在已经插入的前提下，才能够说犯罪已“得逞”，从而认定行为人构成强奸既遂；反之，只能认定为犯罪“未得逞”。的确，多数幼女的性器官未发育成熟，行为人不易插入，而且即使未插入，也往往会严重损害幼女的身心健康。但是，在不能插入的情况下，显然属于对象不能犯未遂。法律不能因为这种行为具有严重的社会危害性，就将犯罪未遂人为地升格为犯罪既遂。

第三，就法益侵害的彻底性来说，强奸罪的法益是女性的性自由权利，即女性拒绝接受性交的自主权。对于幼女而言，从其身心健康出发，性的自由权利显得尤为重要。但只有行为人的生殖器已经插入幼女的阴道，才能够彻底实现对幼女性自由权利的侵害，此时认定构成强奸罪既遂才是合理的。两性生殖器仅仅接触，而没有插入行为，足以表明行为人之性侵害行为并没有彻底侵害性自由这一法益，此时只具有侵害性自由权利的重大危险性，从而应当将其行为认定为犯罪未遂；但依接触说，却将此认定为犯罪既遂，这显然不符合强奸犯罪和犯罪既遂的基本原理。

第四，就加强对幼女性权利的特殊保护而言，事实上以插入说作为奸淫幼女行为的既遂标准，并不会降低对幼女的保护程度。在我国，对奸淫幼女犯罪既遂的标准采用接触说的根本理由是加强对幼女的特殊保护。但是，加强对幼女的特殊保护这个理由显然是站不住脚的。不顾行为本身的性质，违背客观规律，人为地提前行为的既遂阶段并不可取；而且，我国刑法对生殖器接触的行为认定为未遂，并不必然要比将该行为认定为既遂处刑轻。因此，那种担心以插入说为奸淫幼女既遂标准会降低对幼女保护程度的观点是没有道理的。本书认为，对幼女给予特殊保护是完全应该的，但该“特殊”只应体现在其同意性交的“同意”无效因而在法律上视为“不同意”，以及在处刑上实行“从重处罚原则”等方面，而不应该体现在将奸淫幼女与强奸非幼女的女性之既遂标准加以区别上。同时，接触说本身对幼女也存在不良影响。刑法对被害人的潜在影响之一，就是被刑法“规定”所确认的被害人，有可能由受害人转化为加害人，这种转化可能性的大小与被刑法所确认的被害程度的大小形成一种正比例关系（同向发展关系），即被刑法所确认的被害程度大，则由受害人转化为加害人的转化可能性就大。美国犯罪学家辛格通过研究发现，在未成年时成为被害人在很大程度上意味着在成年后成为犯罪人；犯罪行为的被害人比非被害人更多地犯暴力罪行。[1] 人是社会的产物，人们经常提及人由于其社会经历而变得坚强和平和，然而，犯罪学理论却可能没有重视这种经历在违法和犯罪的起因中所起到的作用。探讨被害人与犯罪人之间的联系，应当强调生活经历对于违法者和罪犯的态度和行为的塑造作用，而不仅仅是单纯从犯罪人的生理变态和心理异常中探求原因。人们从社会经历中学习，并以各种方式对这些社会经验作出反应。爱森斯在《危险的暴力犯的产生》一书中区分了平凡的社会经历与重要的社会经历。平凡的社会经历只在瞬间、几分钟、几小时以至几日内具有很小的影响，几乎一经历就

---

〔1〕 郭建安：《犯罪被害人学》，北京大学出版社 1997 年版，第 144 页。

消失并被遗忘了。而重要的社会经历是重要的并难以被遗忘的，它们对于人的生活具有持久的影响，在经历这种体验后会牢记数星期、数月或多年。使人成为危险的暴力犯的社会经历，正是重要的社会经历，而不是他们生活中的平凡的社会经历。[1] 结合强奸犯罪对被害人的影响而言，可以断言：被刑法确认为"强奸既遂"的被害人，相对地应当成为被害人难以忘怀的"重要的社会经历"；而被刑法确认为"强奸未遂"的被害人，则相对地不能构成被害人难以忘怀的"重要的社会经历"。而在奸淫幼女犯罪的场合采取"接触说标准"来人为地提前犯罪既遂并人为地加大被害幼女的被害程度，即在客观上加大了被害幼女由受害人转化为加害人的可能性，根本不符合加强对幼女的特殊保护和防治犯罪的刑法的功利性目标。未成年幼女遭受强奸者往往在 8 ~ 13 岁，她们不会像个别成年人那样因受辱而自杀，但其受辱的经历会深深地在她们的心里留下烙印。如果法院把本该定为猥亵罪的行为定为强奸罪，把本该认定为强奸未遂的情形定为强奸既遂，那么，在我国这样一个把贞操看得很重的民族，随着被害幼女年龄的增长，她就会知道曾经被他人强奸对自己意味着什么，其直接的恶果之一可能就是该被害幼女由受害人转化为加害人。因为"已经成为被害人""被他人强奸既遂"的意识会随着年龄的增长而逐渐加剧，以致产生对男性的深刻仇视和严重报复心理。一方面，这一意识或心理不仅为其犯罪提供了"诱因"和"借口"，还提供了必要的发自内心的合理性信念，从而使其成为具有"重大的现实危险性"的潜在犯罪人。受害人极有可能"堆积巨大理性能量"以克服任何正式的和非正式的社会控制，包括道德抑制和刑罚威慑等，最终转化为一个毫无怜悯之情的加害者。虽然事实上并非每一个受到侵犯的人或者大多数受到侵犯的人都必然以同样的方式去报复，以暴力行为对暴力行为，但这并不排除少数人会作出这样的反应。作为受到性侵犯达到"既遂"程度的幼女，她们以后报复的对象也许是整个男性集体乃至全社会。另一方面的潜在影响则是被害人自身可能情绪恶化、压抑加剧。这一心理会使其看不见生活中的阳光，虽然憧憬未来美好的个人幸福生活，但又认为这一生活已随着自己的被害"既遂"远离自己而去，因此被害人的生活特别是精神生活质量将会大打折扣。如这一心理阴影挥之不去，则会随着年龄的增长表现出诸多不良反应，如被害人自杀、精神失常、惧怕和厌恶异性、独身、离家出走、转学、调动工作、失恋、离婚、遭受歧视、玩弄男性、卖淫等。造成这些现象的原因是复杂的，既有受传统观念支配的人们对受害人社会评价降低的影响，也是被害人自身不堪忍受精神折磨而作消极选择的结果。不管出于何种原因，这些转折和改变的出现对于被害人的顺利生存和发展是一种极大

---

[1] 郭建安：《犯罪被害人学》，北京大学出版社 1997 年版，第 144 页。

的障碍和损害，这种损害就是一种潜在的远期损失，这种潜在的远期损失既可能是物质的，也可能是精神的。相反，如果我们严格以客观行为，并以客观行为所反映的主观罪过定罪，把那些虽有奸淫的故意，但并没有奸入的罪犯定为强奸未遂，虽然这种行为毫无疑问侵犯了幼女的身心健康，但从长远的角度看，这种行为相对于"强奸既遂"对受害人的成长及今后的个人家庭生活的影响相对来说要小得多。因此，在打击犯罪时，不光要站在国家的立场上来发动刑罚权，同时也要站在个人立场上考虑受害者的利益。

第五，从各国立法比较来看，接触说也不符合潮流。综观世界各国关于强奸行为的规定，鲜有国家以生殖器的接触为既遂标准。关于强奸罪中的"性交"的含义，传统理论认为，性交指阳具插入阴道。关于强奸罪既遂的标准，英美法系各国和地区的刑法基本上都采用"插入说"。在大陆法系各国，关于强奸罪中的奸淫，通常是指男子的阴茎插入女子的阴道。只要阴茎的一部分插入，不论插入多少，不论是否射精，也不论被害人的处女膜是否因奸淫而破裂，都构成强奸既遂。然而，受女权运动和性革命的影响，女子强迫男子、女子强迫女子、男子强迫男子进行性交的事例也不在少数。传统的阳具插入阴道的性交模式显然已不足以概括上述情形。性交的方式发生转变，如肛交、口交等。强迫男子或女子肛交，给被害人造成的伤害并不比传统的性交轻。此外，将异物，如棍、棒强行插入女子的阴道也足以造成性侵害。为了充分保护被害人性自主的权利，很多国家在修改强奸罪立法时就摒弃了传统的狭隘"阳具中心观"，扩大了强奸罪的行为方式。如，法国1994年《刑法典》第222～223条规定"以暴力……对他人施以任何性进入行为……均为强奸罪"，这里的"任何性进入行为"就应包括肛交、口交以及异物进入等性侵害行为。我国台湾地区"刑法"第10条第5款增设了性交的定义"称性交者，(一)以性器进入他人之性器、肛门或口腔之行为。(二)以性器以外之其他身体部位或器物进入他人之性器、肛门或口腔之行为。"但是，这些规定仍然强调了强奸犯罪的既遂标准是"插入"。

第六，刑法的人权保障机能也与接触说相冲突。保障人权应该是宪法及其他法律的应有之义，是一切法律的基本点、出发点，刑法也概莫能外。不能以为了经济的发展、社会处于转型期、社会治安形势严峻为借口而否定刑法的最终价值追求，其所包括的人权不仅有被害人的人权，也应有被告人的人权。而现行刑法实践中关于奸淫幼女既遂标准的规定却只注重保护被害人的人权而忽略了被告人的人权。在我国，老百姓都痛恨强奸行为，尤其是对幼女性权利的侵犯。从惩罚犯罪的重刑主义立场出发，只要行为人的行为有朝着强奸方向发展的趋势，而不问其主观故意，就一律定强奸罪，对被告人来说根本没有未遂的可能，甚至可以说没有给被告人中止犯罪等未遂的机会，阻断了犯罪人返回的"金桥"，犯罪人只能在犯罪这一条道上走下去。这样一来,本可能避免更严重的悲剧却因刑法的不合理制定而发生,这不能不说这是法律的悲哀。如果人为地造成刑法的调整范围过宽、过严、泛化或失当,带来的恶果可能恰恰是侵犯人权。[1]

第七,刑法是以必要的自身之恶实现其善良理想,实现其自由保护和秩序保障的根本目的,因而在创制刑事法规时必须注重其价值权衡与合理性判断。刑事立法的合理性是指刑事立法活动所创制的刑事法律规范要符合刑法理想的要求、符合刑事立法的基本规则。符合刑法理想的要求属于实质的合理性问题,符合刑事立法基本规则属于形式的合理性问题。刑法的形式合理性,又可称为刑法的手段合理性,是实现刑法目的与价值观的一种手段性要求。从刑事立法上讲,刑法的形式合理性主要是指刑法的制定应接受一定的理性指导,从而使刑法的制定具有一定的科学性与客观依据,在内在结构和外在形式上均符合一定的理性原则和社会规律。刑法的形式合理性的要求主要是法律形式上的科学性与客观性。对于刑事立法活动而言,所创制的刑事法律规范之形式合理性主要体现在以下几个方面:其一,合乎逻辑性。主要指刑事立法思想思路合乎逻辑和刑事法律规范体系自身以及与整个法律体系之间协调统一。其二,可预测性。即要求刑事立法主体所创制的刑事法律规范能使行为人据此对自己行为所导致的刑法后果准确地作出预测。其三,可操作性。即要求刑事立法所创制的刑事法律规范不能流于抽象的原则,而能为司法实践提供可操作性的标准和程序。具备形式合理性是一部刑法实现其目的与价值观的一种手段性要求,但这种形式合理性却可能以"牺牲个别合理为代价,以期能够建立一种可以预测行为后果的社会秩序"。[2] 但"一个国家如果将社会秩序的稳定置于国家行动的首要目标,甚至为了秩序的稳定而使个人成为驯服的工具,那么,它将看到,它不惜一切代价所求得的稳定的社会秩序,由于它为秩序的稳定甚至超稳定而宁愿放弃生成和发展社会秩序的基本动力——个人自由,结果将是一无所获"。[3] 当然,刑法仅仅具备形式合理性是不够的,还必须具备实质合理性。刑法的实质合理性就是在刑事立法活动中,刑事立法思想即刑法价值取向起作用而实现的一种合理性。作为法律价值而言,一般认为秩序、公平与个人自由是基本观念。法律价值不仅是多元的,而且是随着社会需要的变化而变化的。在我国,随着计划经济体制向市场经济体制的转轨,法律价值正面临着一场观念革命,具体到刑事立

[1] 郭恒忠:《打击犯罪与保障人权仍是刑法的目的——第二届刑法犯罪理论体系国际学术研讨会综述》,载《法制日报》2005 年 11 月 24 日。

[2] 陈兴良、周光权:《困惑中的超越与超越中的困惑》,载陈兴良主编:《刑事法评论》(第 2 卷),中国政法大学出版社 1998 年版,第 23 页。

[3] 曲新久:《刑法的精神与范畴》,中国政法大学出版社 2000 年版,第 66 页。

法,不能仅仅倾向于侧重社会秩序或社会公平这种法律价值,更应倾向于侧重个人自由这种法律价值,刑法的最高理想和终极价值是对自由和正义的维护,而不是对犯罪和犯罪人的惩罚,惩罚犯罪和犯罪人只是实现刑法理想的一种必要手段。刑法的形式合理性还只是刑事立法的一种技术性、规范性的合理问题,它是刑法实质合理性的基础,如果放弃刑事立法实质合理性的追求,再合乎形式合理性的刑事法规也只能是一部恶法,而恶法的伦理品性早已臭名昭著。具体到我国刑法关于奸淫幼女的既遂标准的司法解释,它虽然具备刑法形式合理性的可预测性,但却不具备合乎逻辑性和可操作性,更不具备刑法实质的合理性。这样的法的确应该被废除。

总之,奸淫幼女既遂的接触说,是一厢情愿地以特殊保护为目的引发的已被曲解的既遂标准,应当予以废除,强奸罪应该统一以插入说作为既遂标准。

四、因轮奸带来的诸多问题

强奸罪是严重侵犯女性性权利的犯罪,而作为强奸罪的加重处罚情节之一的轮奸,则对女性的身心伤害更为严重,因此,在法律上体现出比普通强奸罪更为严厉的量刑。这一点从各个时代的法律规定就可看出。

自古以来,强奸罪在我国都是一个重罪,尽管各个时期规定的名称不同,但是对其严厉惩治的立法是明确的。《尚书·大传》中规定的"男女不以义交者,其刑宫"是对奸淫罪的最早规定。到了汉代,对奸淫罪作了具体的分类,据《九朝律考》,汉代将奸淫罪分为:和奸、强奸、居丧奸、奸部民妻等。另据《汉书·淄川王传》记载:"有司案验,因发淫乱事,奏之禽兽行,请诛。"此处的"禽兽行",指的就是强奸行为。在唐代,唐律将奸淫罪分了三类:一般奸淫罪、亲属间的奸淫罪、特定职务或职业者构成的奸淫罪。而在《元律》中不仅规定了强奸妇女、奸淫幼女的律条,更第一次规定了轮奸犯罪的律条,如《元律》规定:"诸三男强奸一妇者,皆处死,妇人不坐。"可以说元代对轮奸犯罪的规定,既是古代惩处强奸犯罪立法的一大进步,又带动了后代对这方面立法的发展。后来的明律、清律也是在元律的基础上对轮奸犯罪加以具体规定,并严厉惩罚。如《大清律续纂条例》中有:"有犯轮奸之案,审实,照强盗律,不分首从皆斩。其同行未成奸者,仍依轮奸本例拟绞监候。如因轮奸而杀死人命者,无论成奸与否,俱照强盗杀人例,奏请斩决枭示。"从以上立法,不难看出,尽管轮奸犯罪在元代才予以规定,但是,立法对轮奸犯罪的惩处极为严厉,且多为死刑。

1950 年的《刑法大纲(草案)》第 132 条强奸轮奸罪规定"以暴力胁迫或其他方法,使人不能抗拒而奸淫者(包括鸡奸),为强奸,处 3 年以上 7 年以下监禁……强奸轮奸致人死亡或重伤者处死刑,终身监禁或 5 年以上 15 年以下监禁。”1957 年的《刑法草案(初稿)》第 156 条对轮奸的处罚规定“二人以上犯强奸罪而共同轮奸的,处 7 年以上有期徒刑或者无期徒刑……致人重伤、死亡的,处 10 年以上有期徒刑、无期徒刑或者死刑。”

1963 年的《刑法草案(修正稿)》第 146 条中规定“两人以上犯强奸罪而共同轮奸的,从重处罚。”1979 年《刑法》第 139 条中有“二人以上犯强奸罪而共同轮奸的,从重处罚。”此时的法律对轮奸犯罪的规定更具科学性、合理性,不仅对轮奸犯罪的具体情形进行了区分,更对轮奸犯罪的量刑进行了细化,这体现了此时轮奸犯罪立法的严谨、合理。1984 年由最高人民法院、最高人民检察院、公安部联合制定的《关于当前办理强奸案件中具体应用法律的若干问题的解答》中:“轮奸是强奸罪中的一种严重的犯罪形式,应从重处罚,轮奸幼女或者轮奸妇女具有第 3 款规定的情节的,按照第 3 款的法定刑从重处罚。”可以说是新中国成立以来对“轮奸”的第一次具体概述,尽管没有明确轮奸的概念,但是阐明了将其从重处罚的理由,也为后来有关“轮奸”的立法奠定了基础。1997 年八届人大五次会议修订的《刑法》是一部完整、统一的刑法典。相较于 1979 年《刑法》,1997 年《刑法》规定了轮奸是强奸罪的加重处罚情节之一。1997 年《刑法》第 236 条第 3 款第 4 项规定“二人以上轮奸的……处 10 年以上有期徒刑、无期徒刑或者死刑。”这一加重处罚情节,相比 1979 年的从重情节,无疑会在量刑上产生重大影响,也体现了国家对惩处轮奸这类极具社会危害性犯罪行为的积极态度。

根据 1997 年《刑法》,轮奸是一个重要的加重处罚情节,对于量刑有着重大影响。但是,对于轮奸的概念,我国刑法并没有具体规定,亦没有相关司法解释。我国理论界对于轮奸的概念,则主要有三种观点:第一种观点认为“轮奸是指两人以上在一较短时间内先后轮流强奸同一妇女或者幼女”。[1] 第二种观点认为“轮奸是指 2 男以上在同一段时间内,共同对同一妇女(或幼女)连续地轮流或同时强奸(奸淫)的行为……”[2];第三种观点则主张“轮奸是指两个以上的行为人基于共同强奸犯罪的故意,在同一时间内对同一女性实施强奸的行为”。[3]

本书认为,第一种观点并未规定两个以上行为人的主观意思联络,并且“较短时”并不能体现轮流奸淫行为的连续性。可以举这样一个例子来否定该观点,例如:深夜甲女在某一胡同被乙男强奸后,乙男逃跑,甲女因身体受损趴在地上无力起来。5 分钟后被路过的丙男发现,丙男误以为甲女醉酒倒地而对甲女又进行了强奸。此例子中,乙、丙在前后间隔 5 分钟这一较短时间内先后轮流强

---

〔1〕 参见韩轶:《侵犯女性人身权利犯罪研究》,安徽大学出版社 2003 年版,第 9 页。

〔2〕 参见高铭暄、马克昌主编:《刑法学》,北京大学出版社、高等教育出版社 2011 年版,第 471 页。

〔3〕 参见张明楷:《刑法学》,法律出版社 2011 年版,第 782 页。

奸了甲，若按观点一，乙、丙的行为构成轮奸。但是，基于法律和司法实践经验我们断定：乙、丙的行为分别成立普通强奸罪，不具有轮奸的量刑情节。观点一的主张就不攻自破了。第二种观点相较于第一种观点，将“轮奸”的主体限定为男性。该观点无疑是将强奸罪归为“亲手犯”而得出来的，本书并不认为强奸罪是亲手犯（在下文会具体分析），且认为只要行为人支配了轮奸的犯罪事实，仍有可能认定为轮奸。例如，女行为人甲利用两名精神病人轮奸被害女性的，对女行为人甲也能认定为轮奸。因此，将轮奸的主体限定为男性的观点也是不正确的。此外，该观点“同一时间”的表述存在逻辑上的瑕疵，轮奸的主体为两名或两名以上男子，那又如何能在“同一时间”完成奸淫的犯罪行为呢？举例而言，若两名男子非法监禁一名妇女期间，相隔数个小时先后强奸了该妇女，就很难说是在同一时间内完成奸淫，但无疑应当纳入轮奸的范畴。张明楷教授的第三种观点显然对第一、二种观点作了修正，也使得“轮奸”的定义更为完善，即强调了“两男以上有共同强奸的故意”，同时也对犯罪的时间和地点进一步完善，表明是“同一时间段、连续的”而不是“同一时间、地点”。但是，张明楷教授对于“轮奸需有共同强奸的故意”这一观点的表达，本书持有疑惑。本书认为，若行为人一方有与另一方共同强奸的故意，即使另一方不知情，对知情的一方也应当成立轮奸情节，对此本书将在下文详述。

正是由于立法、理论不明确，轮奸犯罪在司法实践中的认定存在诸多争议，归纳总结有四种特殊情形的案例在司法认定中存有争议：情形一，有刑事责任能力和无刑事责任能力者共同实施强奸犯罪时该如何定罪。例如成年人 A 与未满 14 周岁的 B 共同实施了强奸。情形二，两人不存在共同强奸的故意但恰巧先后对同一受害人实施了强奸犯罪，例如，A 实施了强奸离开犯罪现场后恰巧路过的 B 也对同一被害人实施了强奸犯罪，或 A 暗中看到了 B 实施了强奸犯罪，待 B 离开后 A 又对同一受害人实施了强奸。情形三，多人实施强奸时，两人以上实施完犯罪，其余至少一人没能达到奸淫的目的。例如 A、B、C 三人有共同强奸的故意，A 和 B 均实施完强奸犯罪，而 C 未能达到奸淫的目的。情形四，多人实施强奸时只有一人实施完犯罪，其余均未得逞。例如 A 与 B、C 有共同强奸的故意，在犯罪实施的过程中 A 完成了强奸，而 B、C 未能达到奸淫的目的。

对于情形一，譬如成年人 A 与未满 14 周岁的 B 共同实施了强奸。有学者认为，“轮奸应属于共同犯罪中的共同实行犯，需要二人或者以上者均构成强奸罪为前提”，[1] 从而认为对于其中的有责任能力者不能认定轮奸的加重处罚情

---

〔1〕 腾凤英、胡云飞：《关于强奸罪中“轮奸”认定的思考》，载高铭暄、马克昌主编：《刑法热点疑难问题探讨》（上册），中国人民公安大学出版社 2002 年版，第 808 页。

节,因而也不适用《刑法》第236条第3款第4项。这是因为我国传统共同犯罪理论通说建立在四要件理论之上,共同犯罪的主体构成要件包括两个以上的人、达到了刑事责任年龄、具有刑事责任能力的人,也就是说就上述《刑法》第17条规定的8类犯罪而言,已满14周岁的人才可以构成共同犯罪,即A与B此时的情况并不构成共同犯罪,这使支持轮奸以共同犯罪为前提的理论陷入了困局。[1] 但是,如果从三阶层的理论出发,共同犯罪的成立是在第一阶层构成要件该当性上进行判断的,而行为人的年龄是在第三阶层有责性层面进行判断的。这么一来,尽管共同实施强奸行为的行为人中有不对强奸罪承担责任的无刑事责任能力者,也不影响他们在构成要件该当性这一层面成立共同犯罪。有责性层面进行的是个体化的责任判断,因而共同犯罪的不同行为人依据其不同责任能力承担不同的责任也就无可非议了。因而,对于情形一,本书认为应当适用《刑法》第236条第3款第4项对共同犯罪中的A定罪处罚。

对于情形二,A暗中看到B实施了强奸犯罪,待B离开后A又对同一受害人实施了强奸。对于B能否认定轮奸情节呢?这涉及B是否成立片面的共同正犯问题。这个问题的关键在于如何认定共同犯罪的因果性。因果关系"是构成犯罪的因素之一",[2]应当具体认定。犯罪共同说强调共同犯罪主观上心理的因果性,即强调相互沟通、彼此联络所产生的心理上的影响,那么,片面的共同正犯不符合共同犯罪的特征。[3] 因为既然是"片面"的,那么肯定是只有一方知情。而在行为共同说的立场上,肯定了基于一方的共同实行的意思的片面的共同正犯(一方的共同正犯)这种观念。[4] 即共同正犯的成立不需要共同的故意,知情的一方可以被认定为片面的共同正犯。本书认为,片面的共同正犯也可以引起相同的法益侵害。详言之,对被害人而言,A、B是否有意思联络对其法益受侵害的程度并无影响,而知情的B客观上使被害人法益受侵害程度提升,主观上对此有责,应当认定为片面的共同正犯并加重其刑罚。否则,一方面对犯罪人未能做到罪刑相适应;另一方面对被害人而言,刑法未能真正实现法益保护的目的。因而本书认为在该种情形下,应当对B认定轮奸情节,适用第236条第3款第4项定罪处罚,对于A则按照强奸罪的一般规定处罚。

对于情形三,A、B、C三人有共同强奸的故意,A和B均实施完强奸犯罪,而C未能达到奸淫的目的。在这种情形下,也就引出了轮奸是否存在既遂与未遂的并存。有观点认为:"显然性交行为是行为人的目的行为,此种行为必须亲身

---

[1] 易娜:《轮奸犯罪若干疑难问题探析》,吉林大学2011年硕士学位论文。

[2] 马静编译:《美国刑法》,中国民主法制出版社2006年版,第30页。

[3] 参见张明楷:《刑法学》,法律出版社2011年版,第392页。

[4] [日]大塚仁:《刑法概说(总论)》,冯军译,中国人民大学出版社2003年版,第288页。

实施而具有不可替代性。因此,在强奸罪中也应坚持“亲手犯”理论,并严格区分共同正犯的既、未遂。”[1]也有观点认为:“实行犯的犯罪行为的既遂并不以其本人的行为是否完成为标志。即使每个人的行为具有不可替代性,但个人行为的未遂并不意味着其构成犯罪未遂。”[2]即坚持“部分实行全部责任”,反对“亲手犯”理论在轮奸犯罪中的运用。本书以为,上述争论可以归结为两个方面:其一,强奸罪是否是亲手犯;其二,亲手犯是否影响共同正犯停止形态的认定。关于亲手犯的含义和范围,[3]在刑法理论上并不统一。“一般说来,亲手犯是指必须由正犯者自己直接实行的犯罪。”[4]所谓亲手犯,“指以间接正犯的形式不可能犯的犯罪。”[5]综合以上观点,可以认为,亲手犯就是说该罪的主体只能自己亲身直接实行,而不可能假手于他人犯该罪。那么强奸罪是否是亲手犯呢?本书以为,强奸罪并不是亲手犯。“因为理论与实践都几乎无争议地认为无身份之女性可利用有身份而无责任能力之男性实施暴力奸淫行为,而无身份之女性成立强奸罪的间接正犯。”[6]例如,甲女使唤一个无刑事责任能力的智障男子去奸淫一智障女子,甲女因支配了该男子的行为而独自构成强奸罪的正犯。“在身份犯中,亲手犯与间接正犯的划分,关键在于身份与主体能否分离。间接正犯的构成实际上就是一个广义的主体身份与实行行为的分离,是法律上的责任主体与自然意义上的行为主体的分离。”[7]在这一案件中,法律上的责任主体甲女与自然意义上的行为主体智障男子能够分离,强奸罪的间接正犯得以构成。有上述强奸罪不是亲手犯的结论就足以证明强奸罪共同正犯的停止形态不应当受到亲手犯理论的干扰,即其停止形态仍应当坚持违法是连带的“部分实行全部责任”原则。即使坚持强奸罪是亲手犯,本书认为也并不影响共同正犯停止形态的认定。在知名学者刑法学著作的体系编排中,一般是在间接正犯这一部分的最后一小部分来论述亲手犯是否可能存在间接正犯。[8] 也即,“亲手犯概念

---

〔1〕 于志刚:《刑法总则的扩张解释》,中国法制出版社 2009 年版,第 150 页。

〔2〕 王玉杰等:《刑事法律前沿问题研究》,河南人民出版社 2009 年版,第 182 页。

〔3〕 台湾地区学者蔡墩铭认为亲手犯存在于身份犯、目的犯、纯正不作为犯、单纯行动犯和表现犯五种犯罪形态中。转引自武良军:《论刑法中亲手犯的共同正犯——限于真正身份犯中亲手犯的探讨》,载《研究生法学》2011 年第 4 期。

〔4〕 张明楷:《刑法学》,法律出版社 2011 年版,第 370 页。

〔5〕 马克昌:《外国刑法学原理——外国刑法学总论》,武汉大学出版社 2002 年版,第 583 页。

〔6〕 武良军:《论刑法中亲手犯的共同正犯——限于真正身份犯中亲手犯的探讨》,载《研究生法学》2011 年第 4 期。

〔7〕 转引自武良军:《论刑法中亲手犯的共同正犯——限于真正身份犯中亲手犯的探讨》,载《研究生法学》2011 年第 4 期。

〔8〕 参见马克昌:《外国刑法学原理——外国刑法学总论》,武汉大学出版社 2002 年版,第 574 ~ 585 页;张明楷:《刑法学》,法律出版社 2011 年版,第 366 ~ 371 页。

的提出就是为了限制间接正犯的成立范围”,“亲手犯的作用仅在于限定犯罪成立的主体范围”,“并不意味着就能对其未遂形态产生实质影响”。[1] 总之,认定为亲手犯仅仅对犯罪成立与否的要件之一,即主体要件,产生限定作用。限定主体之后,其使命也就完成。所以,即使承认强奸罪是亲手犯,亲手犯也不影响强奸共同正犯停止形态的认定,其认定依然适用“部分实行全部责任”。另外,又有学者支持“独立侵害价值说”,以此作为界定共同犯罪是否存在部分既遂、部分未遂的客观标准:在性侵害的共同犯罪中,每一个行为人均有独立侵害的犯罪目的、价值和意义。[2] 本书认为,“独立侵害价值说”在本质上和以犯罪目的说认定停止形态一样,过于重视行为无价,站在犯罪人的立场上来认定各个犯罪人的停止形态。这同样难以实现罪刑相适应,对被害人不公平,而且徒增司法实践的困境。“强奸罪之本质,并非系男性以不法方法满足其个人之性欲,而在于保护正常性生活之秩序,尤其女性之性交自由。”[3] 共同犯罪本质上是共同侵害法益,刑法是基于保护法益的目的惩罚共同犯罪的,我们应当以“女性之性交自由”是否受到侵害作为认定共同犯罪行为人停止形态的标准,而非以“其个人之性欲”是否得到“满足”为依据。因此,在第三种情形下,本书认为行为人 A、B、C 都应当认定为是轮奸情节,应当按照第 236 条第 3 款第 4 项加重处罚。

对于第四种情形,多人实施强奸时只有一人实施完犯罪,其余均未得逞;例如 A 与 B、C 有共同强奸的故意,在犯罪实施的过程中 A 完成了强奸,而 B、C 未能达到奸淫的目的。这一情形与第三种情形的差异在于完成强奸行为的只有一人,即被害人仅遭受一次侵害。按照本书在上文中对于第三种情形的分析,A、B、C 应当部分承担连带责任,对于三人的处罚应当是一致的。有观点认为,一人得逞、余者未得逞的案件中是不存在加重情节的,在这种情况下,因为被害人仅遭受一次侵害,所以轮奸的客观结果并未发生,因而对所有行为人不能认定轮奸情节,应当以强奸罪的一般规定进行处罚。[4] 本书并不赞同这种观点,同上文所述,本书认为在这种情况下,应当适用“部分行为全体责任”,认定 A、B、C 具有轮奸情节,应当按照第 236 条第 3 款第 4 项加重处罚。当然,在第三种情形和第四种情形中的具体未完成奸淫行为的个人,考虑到其情节的轻重,可以酌情从轻或从重处罚,如此一来,既能对他们的行为进行充分评价,也能区分不同犯罪人的责任。

---

[1] 王玉杰等:《刑事法律前沿问题研究》,河南人民出版社 2009 年版,第 180 ~ 181 页。

[2] 参见许航:《对于强奸罪中轮奸、共犯既未遂问题的思考》,载《中国检察官》2008 年第 9 期。

[3] 武良军:《论刑法中亲手犯的共同正犯——限于真正身份犯中亲手犯的探讨》,载《研究生法学》2011 年第 4 期。

[4] 郭旨龙:《“轮奸”条款之再解读——基于特殊案件的研究》,载《研究生法学》2012 年第 1 期。

上文对于四种情形的分析是建立在轮奸的对象是年满 14 周岁的妇女的基础之上，如果考虑到轮奸的对象是未满 14 周岁的幼女，问题将变得更加复杂。根据《刑法》第 236 条第 2 款，“奸淫不满十四周岁的幼女的，以强奸论，从重处罚”，因而只要与未满 14 周岁的幼女发生性关系，就构成强奸罪。那么如果出现 2 人以上轮流与未满 14 周岁的幼女发生性关系，其刑事责任如何确定呢？

英美法系在未成年人性权利保护方面采取的一刀切式“严格责任年龄”制度，即只要与未满法定年龄的未成年人发生性行为就认为是犯罪，而我国并没有完全采纳这种观点，通行的是以明知为前提的“相对严格的责任年龄”制度，即穷尽一个普通人可以采取的任何办法、尽到最大注意义务仍不能有效判断对方为未满 14 周岁的幼女，则不认为其明知对方为未满 14 周岁的幼女。2013 年四机关联合颁布的《关于惩治性侵害未成年人犯罪的意见》（以下简称《性侵意见》）第 19 条在秉持“相对严格的责任年龄”的精神下将其细化为“奸淫不满十二周岁的被害人应当认定为明知对方是幼女；奸淫已满十二周岁不满十四周岁的被害人，除特殊情况不可能观察到对方是幼女外，应当认定为明知对方是幼女。”

在独立的奸淫幼女的案件中，“明知”的规定带来的问题并不算复杂，但是当出现 2 人以上的男子奸淫幼女的情形，问题会变得复杂得多。简单归纳起来的话，有以下三种情形：

第一种情形，2 人以上的男子，如 A、B 两人共同奸淫不满 12 周岁的被害人。这种情形比较简单，根据《性侵意见》的规定，应当推定行为人均明知被害人是幼女，成立奸淫幼女型的轮奸。

第二种情形，2 人以上的男子，如 A、B 两人共同奸淫已满 12 周岁不满 14 周岁的被害人，由被害人身体发育状况、言谈举止、衣着特征、生活作息等观察无法得知其可能是幼女的，且两人均不知道被害人真实年龄，应当认定两人均不明知被害人为幼女，两人都不成立强奸罪，也就不成立轮奸的加重处罚情节。

第三种情形，2 人以上的男子，如 A、B 共同奸淫已满 12 周岁不满 14 周岁的被害人，由被害人身体发育状况、言谈举止、衣着特征、生活作息等观察无法得知其可能是幼女的，但是 A 明知被害人年龄，而 B 并不知道被害人年龄的。由于 B 并不明知被害人为幼女，并不成立强奸罪，而 A 成立强奸罪。在这种情况下，对于 A 能否认定轮奸情节呢？本书认为，这种情况与前文本书其所提到的片面的共犯相类似，A 与 B 共同实施了奸淫幼女的行为，B 缺乏主观构成要件，A 却对此知情，A 拥有与他人共同奸淫幼女的犯罪故意，应当认定其具有轮奸情节，按照第二档次法定刑处罚，而对于 B 则应当认定不成立强奸罪。

这三种情形与前文轮奸的 4 种完成形态相结合，就会演绎出更加复杂的情况，但是按照本书前文所阐述的观点，细细地抽丝剥茧，也就能准确把握其定性。

第二节 年龄因素影响的猥亵含义的确凿外延

一、法条顺序诱发的严重解释误差

《刑法》第 237 条规定"以暴力、胁迫或者其他方法强制猥亵他人或者侮辱妇女的,处五年以下有期徒刑或者拘役。聚众或者在公共场所当众犯前款罪的,或者有其他恶劣情节的,处五年以上有期徒刑。猥亵儿童的,依照前两款的规定从重处罚"。"猥亵儿童"的行为被单独规定为"猥亵儿童罪",出现在该法条第 3 款,因此"依照前两款的规定"使"猥亵儿童"的认定依附于前两款。

第 237 条第 1 款"强制猥亵、侮辱罪"要求"以暴力、胁迫或者其他方法",而第 3 款"猥亵儿童"并没有相应规定,因而产生猥亵儿童行为是否需要满足前款"以暴力、胁迫或者其他方法"的理解误差。

有观点认为,猥亵儿童的行为要求满足"以暴力、胁迫或者其他方法"的要求,才能构成猥亵儿童罪。另一种观点认为猥亵行为既可以采用暴力、胁迫等强制手段实施,也可以采用非强制的方式,如利用儿童的无知或者好奇心理有意识地对儿童露阴的行为,也可能成立本罪。

不难发现,《刑法》第 237 条的构造与第 236 条相类似。第 236 条第 1 款普通强奸罪要求"以暴力、胁迫或者其他手段",而第 236 条第 2 款中奸淫幼女型强奸罪并没有这一规定。同时第 236 条中幼女的年龄标准为不满 14 周岁,而根据我国刑法的一般规定,儿童的年龄标准也是 14 周岁。理论上对于第 236 条的探讨已经十分成熟,本书认为从体系性的角度理解,对于猥亵儿童的认定,可以参照奸淫幼女的认定,并不需要具有第 1 款的"强制"情节。

本书认为,在对 14 周岁以下的人的性犯罪中,"猥亵儿童"与"奸淫幼女"形成互补关系。猥亵儿童行为,是指奸淫幼女以外的、对不满 14 周岁的人实施性侵犯行为。"性侵犯行为",是以普通成人性观念为标准认为的具有刺激、兴奋、满足性欲的行为。因为婴幼儿尚未形成性意识,不能理解性意义。10 岁左右的儿童,虽然开始逐渐形成性意识,但不具有成熟的性识别和防范能力。所以,尽管猥亵的对象是儿童,但评判行为性侵犯的标准是普通成人的性观念。按照普通成人性观念的标准,对儿童实施具有刺激兴奋满足性欲的行为,就是对儿童的猥亵行为,也就是对儿童性侵犯的行为,主要包括以下情况:(1)对儿童性器官或性敏感部位的侵犯;(2)对儿童实行常识意义的性行为,如鸡奸、手淫、(与男童)性交、以性器官、性敏感部位磨蹭儿童身体;(3)使儿童自行实施第(1)(2)中的性行为或观看自己或他人实施第(1)(2)中的性行为。其中,"性侵犯"不以被害儿童当时感知性侵犯事实及性质为必要。婴幼儿没有形成性意识，只要行为人的行为客观上逾越了与儿童亲昵的界限，普通人看来具有性侵犯性质，即可认定为猥亵儿童行为。性意识形成中的儿童，虽然对性意义有一定程度的感知，但鉴于儿童身心尚未成熟，即使行为没有令其产生性羞耻感，也可以认定为猥亵行为。当然，令儿童产生性羞耻感的行为通常足以被认定为具有猥亵性质。尽管儿童遭遇行为人实施的性意义行为之时没有性意识或没有性羞耻感，但仍然遭受到性侵害。因为儿童遭遇性意义行为的情形可能留在意识、记忆里，会对其未来成长、人格形成发生持续的侵害或负面影响。有的性侵行为可能对儿童身体造成伤害，也会对其未来健康成长造成负面影响。

二、修正后猥亵与侮辱再次重合的解释方向

猥亵犯罪是与社会正常的性道德相背离的一类犯罪行为，我国 1979 年刑法中并没有明确规定猥亵犯罪，而是将相关行为作为流氓罪的一种表现形式加以处理，即第 160 条规定的“聚众斗殴，寻衅滋事，侮辱妇女或者进行其他流氓活动，破坏公共秩序，情节恶劣的行为”。1997 年修订《刑法》时，吸取立法、司法上的经验教训，借鉴国外立法例，取消了流氓罪这一“口袋罪”，将其中的一些行为独立成罪，强制猥亵、侮辱妇女罪就是其中之一，第 237 条第 1 款规定“以暴力、胁迫或者其他方法强制猥亵妇女或者侮辱妇女的，处五年以下有期徒刑或者拘役”。值得注意的是，该罪中的“侮辱妇女”罪状正是移自 1979 年《刑法》第 160 条流氓罪中的“侮辱妇女”。

但在刑事司法实践中，问题随之而来，因为该罪是选择性罪名，在具体的案件中依猥亵行为与侮辱行为的不同分别定为强制猥亵妇女罪和强制侮辱妇女罪。如何确定一个标准，在司法实践中区分何为猥亵、何为侮辱，是刑法学理论界的任务。有不少学者试图对此进行区分，如有的教科书指出，“猥亵妇女，是指对妇女实施奸淫行为以外，能够满足性欲和性刺激的有伤风化的淫秽行为，例如搂抱、接吻、捏摸乳房、抠摸下身等。侮辱妇女，是指对妇女实施猥亵行为以外的、损害妇女人格尊严的淫秽下流的、伤风败俗的行为，例如在公共场所用淫秽下流的语言调戏妇女；剪开妇女裙裤，使其露丑；向妇女显露生殖器；强迫妇女为自己手淫；扒光妇女衣服示众等。”[1] 有学者认为两者的区别是：其一，在主观目的上，猥亵行为性欲满足的目的呈显性，某些侮辱行为寻求性刺激、性兴奋的目的呈隐性；其二，客观方面，猥亵行为必然采取身体接触的方式直接作用于侵害对象，侮辱行为除了身体接触外也可以用言语调戏；猥亵行为如不具有强制性，

〔1〕 高铭暄：《新编中国刑法学》（下册），中国人民大学出版社 1998 年版，第 702 页。

即没有违背意志，则不具有社会危害性，而侮辱行为必然违背妇女意志，因此在任何意义上应当具有社会危害性。[1] 也有学者认为猥亵妇女与侮辱妇女行为的主要区别在于：其一，猥亵行为侵犯的是妇女拒绝性交以外的违反善良性习俗的性行为的权利，而侮辱妇女侵犯的是妇女的人格尊严及正常的社会生活秩序；其二，猥亵妇女行为侵害的对象限于年满14周岁的女性，猥亵未满14周岁的幼女构成犯罪的应按《刑法》第237条第3款规定的猥亵儿童罪定罪处罚。而侮辱妇女的行为对象包括未满14周岁的所有女性；[2] 其三，猥亵妇女行为只能通过身体动作实施。而侮辱妇女行为一般不直接表现为性行为，且既可以身体动作实施，也可以语言进行；其四，猥亵行为虽然在一定意义上也会侮辱妇女的人格，但其行为具有更为明显的性内容，即猥亵行为具有更浓厚的性色彩。而侮辱妇女的行为性质是对女性人格尊严的践踏和侵犯。[3]

第一种观点采用列举式的方法来区分猥亵行为与侮辱行为，但"在公共场所用淫秽下流语言调戏妇女"并没有使用强制手段；"向妇女显露生殖器"是典型的公然猥亵行为，不具有强制性，也没有侵犯妇女性的不可侵犯权利，更重要的是这种列举方法忽视了新旧刑法中"侮辱"行为的性质差异即法益的差别，1979年《刑法》第160条的流氓罪属于妨害社会管理秩序罪，而现行刑法中强制猥亵、侮辱妇女罪属于侵犯人身权利、民主权利罪，因此将属于1979年《刑法》第160条中的"侮辱妇女"的所有行为乃至所有流氓行为全部强加于新刑法的强制猥亵、侮辱妇女罪的行为之中，显然是没有考虑保护法益的变化，也不当扩大了强制猥亵、侮辱妇女罪的处罚范围。[4]

第二种观点试图兼从主观心理与客观行为角度区分猥亵与侮辱，不足之处在于：其一，不管大陆法系还是英美法系国家，审判实践与刑法理论都认为，猥亵行为既可能接触妇女身体，也可能不接触妇女身体。[5] 其二，混淆了第237条第1款的"侮辱"与第246条的"侮辱"的含义。这两种侮辱行为虽然都是蔑视他人人格，采取暴力或粗俗的言语、文字、举动，使他人名誉和尊严受到损害的行为，但前者是采用淫秽下流的言语或举动伤害妇女的性羞耻心，侵犯其性的不可侵犯权；而后者是行为人采用淫秽下流以外的言语或举动侵犯妇女性的羞耻心、性权利以外的其他人身权。值得注意的是本罪的侮辱行为实际上也侵犯了妇女的人身权利，由于性权利作为具体的人身权，立法者出于特殊保护的考虑，才将

[1] 李邦友、高艳东：《性犯罪的定罪与量刑》，人民法院出版社2001年版，第98页。
[2] 韩轶：《强制猥亵、侮辱妇女罪的几个问题》，载《河南公安高等专科学校学报》2002年第6期。
[3] 韩轶：《强制猥亵、侮辱妇女罪的几个问题》，载《河南公安高等专科学校学报》2002年第6期。
[4] 张明楷：《刑法分则的解释原理》，中国人民大学出版社2004年版，第152页。
[5] [日]前田雅英：《刑法各论讲义》，东京大学出版会1999年版，第516页。

侵犯该权利的行为单列出来。

本书认为如果拘泥于刑法罪名设置，硬性区分猥亵与侮辱行为，在刑事司法实践中会造成以下两种困境：其一，强行扒光妇女衣裤、用生殖器顶擦妇女身体等行为既可谓强制猥亵行为，也可谓侮辱行为，那么对该罪行既可定强制猥亵妇女罪，也可定强制侮辱妇女罪是不妥当的。其二，《刑法》第237条第1款将猥亵与侮辱并列，但其3款却只规定了猥亵儿童一种行为，必然造成以下两种情况之一：一是猥亵儿童是犯罪行为，但侮辱儿童不是犯罪行为，这显然不利于保护儿童的权利；二是猥亵儿童的行为成立猥亵儿童罪，侮辱儿童的行为成立第246条的侮辱罪，这显然不合理的。因为儿童也有性的不可侵犯权，而不是只有人格、名誉权，而且儿童的性的不可侵犯权之法益高于其人格权、名誉权，因此将侵犯儿童的性的不可侵犯权的侮辱行为归入《刑法》第246条规定的侵犯人格、名誉的侮辱行为，必然会造成刑法保护的不均衡现象。

事实上在大陆刑法理论看来，究竟“猥亵”与“侮辱”之间存在何具体差距是难以判断的。[1] 侮辱行为与猥亵行为是性质相同的行为，都是针对妇女实施的侵犯妇女的性的不可侵犯权利的行为，这里说的侮辱妇女与猥亵妇女并无本质的不同，[2]如果性质不同，刑法就不会将它们作为一个犯罪规定在同一款中。现在的问题是，可否从定义和行为方式上对两者作出区分？答案也是否定的。猥亵行为包括了针对妇女实施的，伤害妇女的性的羞耻心，违反正常的性行为秩序的行为，而侮辱行为无论如何也不可能超出这一范围，任何针对妇女实施的与猥亵行为性质相同的侮辱行为，都必然伤害妇女的性的羞耻心、违反正常的性行为秩序；既然是淫秽下流的行为，就难逃猥亵之嫌，既然是对妇女强制实施该行为，就必然是猥亵妇女人格、尊严，伤害妇女性羞耻心的侮辱行为。从行为的客观方面，如身体是否接触，是否言语调戏等角度区分两者，也不可能。“猥亵行为不以接触被害人的身体为必要，使人裸体而拍摄其照片的行为也包括在内”；[3]两可行为的存在更使得区分猥亵与侮辱行为变得不可能。

1997年《刑法》之所以保留“侮辱妇女”之一罪状是修订刑法的指导思想与修订方式决定的。1997年修订刑法的指导思想为，一是要制定一部有中国特色的、统一的、比较完备的刑法典；二是注意保持刑法的连续性与稳定性，可改可不改的尽量不改；三是对原来比较笼统的规定，尽量修改为具体规定。[4] 基于这

---

〔1〕 赵秉志：《侵犯人身权利犯罪疑难问题司法对策》，吉林人民出版社2001年版，第154页。

〔2〕 高铭暄、马克昌：《刑法学》，中国法制出版社1999年版，第831页。

〔3〕 [日]前田雅英：《刑法各论讲义》，东京大学出版会1999年版，第94页。

〔4〕 王汉斌1997年3月6日在第八届全国人民代表大会第五次会议上所作的《关于〈中华人民共和国刑法（修订草案）〉的说明》。转引自张明楷：《刑法分则的解释原理》，中国人民大学出版社2004年版，第316页。

样的指导思想,为保持刑法的延续性以及担心产生“侮辱妇女”的行为非罪的误解,1997 年《刑法》作了如此规定。如果不考虑刑法的连续性,新刑法完全可以仅规定内涵明确、外延全面的“强制猥亵”一语,而不必并列使用“侮辱妇女”一词。

2015 年 11 月 1 日生效的《刑法修正案(九)》对 1997 年《刑法》第 237 条进行了修正,修正案第 13 条将《刑法》第 237 条第 1 款修改为“以暴力、胁迫或者其他方法强制猥亵他人或者侮辱妇女的,处五年以下有期徒刑或者拘役。”随后,最高人民法院、最高人民检察院将该条的罪名修改为“强制猥亵、侮辱罪”。

对于最高人民法院、最高人民检察院的罪名确定,学界颇有疑议。论者认为将本罪确定为“强制猥亵、侮辱罪”会对罪数的认定产生不利影响。依照司法解释,《刑法》第 237 条第 1 款只规定了“强制猥亵、侮辱罪”这一个罪名,并不是学界多数观点所认为的“强制猥亵罪”“强制侮辱妇女罪”两个罪名。那么,当行为人既对男性实施了强制猥亵行为,又对女性实施了强制侮辱的行为,基于我国同种数罪不并罚的通常认识,就只能认定为一个“强制猥亵、侮辱罪”,在“五年以下有期徒刑或者拘役”这一幅度内量刑,容易出现罪责刑不相适应的问题。而如果认为“强制猥亵罪”与“强制侮辱妇女罪”是两个不同的罪名,则可以对行为人进行数罪并罚。进而,论者主张将《刑法》第 237 条第 1 款概括为“强制猥亵罪”“强制侮辱妇女罪”两个罪名是更符合法律规定和更有利于实现刑法基本原则的归纳。[1]

在本书看来,这种理解仍然是在传统“猥亵”和“侮辱”区分说的思维下产生的误读。在修正后,该条款的犯罪对象由“妇女”扩大到“他人”,这也带来“猥亵他人和侮辱妇女”变成由两个并列的动宾组合组成的短语。如果再坚持区分猥亵行为和侮辱行为,则猥亵男子、猥亵妇女、侮辱妇女构成罪,而侮辱男子不成立本罪,而是成立《刑法》第 246 条的侮辱罪。但是考虑到第 246 条所保护法益和本罪保护法益的不同,这明显是不合适的。因此,事实上,《刑法修正案(九)》已经从立法上使得“猥亵”和“侮辱”的含义相重合。

此外,即使出现论者提及的既有猥亵男子又有侮辱女子的行为,《刑法修正案(九)》还对《刑法》第 237 条第 2 款作了修正,增加了“或者有其他恶劣情节的”加重处罚规定,即除了“聚众或者在公共场所当众实施”之外,“有其他恶劣情节的”也可以判处 5 年以上有期徒刑。而上述这种情况就可以被视为“有其他恶劣情节的”,从而实现对行为人的重罚。

---

〔1〕 陈家林:《〈刑法修正案(九)〉修正后的强制猥亵、侮辱罪解析》,载《苏州大学学报》(哲学社会科学版)2016 年第 3 期。

三、聚众与轮流的解释差距造就的不交融情形

《刑法》第237条第2款规定“聚众或者在公共场所当众犯前款罪,或者有其他恶劣情节的,处五年以上有期徒刑”。该条款将“聚众”作为本罪的加重处罚情节。那么“聚众”与轮流的差别何在,“聚众”该如何认定?加重处罚适用于全部人员,还是其组织者呢?

有学者认为,本罪的责任主体应设定为首要分子和积极参加者,但加重法定刑只适用于首要分子。因为积极参加者仅实施了直接危害行为——强制猥亵他人或者侮辱妇女行为,即《刑法》第237条第1款规定的犯罪行为。另有学者认为,法律没有单独对首要分子、积极参加者或者其他参加者的处罚进行规定,也就意味着对聚众犯强制猥亵、侮辱妇女罪和猥亵儿童罪的所有参加者均应当加重处罚。除以上观点外,还有学者认为,法律没有规定具体处罚对象,这时应当认定处罚对象只是聚众者,他们实际上还是聚众犯罪的组织、策划、指挥者。[1]

这些观点都有一定的合理性,但是共同存在的问题就是单一地考量第237条本身,而未能从体系性的角度对刑法中的“聚众”有一个整体性的把握。本书认为,要想厘清这一问题,尤其是区分“聚众”和“轮流”的情况,必须先对“聚众”有一个清晰的界定。

(一)聚众的概念

“聚众”涉及的是“聚众犯”的概念。对此,学界有很多种观点,有的认为聚众犯就是一种共同犯罪,与一般的共同犯罪并无区别;[2]有的认为聚众犯是一种以聚众为要件的共同犯罪;[3]有的认为,聚众犯是刑法分则明文规定的,在首要分子的作用下以聚众的行为方式实施的一种犯罪类型;[4]还有的认为,聚众犯是法律规定的聚集特定或者不特定的多人实施犯罪,这些众多的人之所以能够聚集在一起实施犯罪,是由于其中的首要分子组织、策划、指挥的结果。[5] 以上观点都从不同角度阐释了聚众犯的含义,各有其值得借鉴的地方,但也都存在不足之处。

聚众犯这一概念乃舶来品,最初来自于德日刑法。该概念引入我国之后,就产生了理论对接的问题,我国刑法理论原初并无此概念,刑法条文中也未对此作

---

〔1〕 汪红飞:《论聚众犯强制猥亵、侮辱妇女罪的加重犯》,载《河南科技大学学报》(社会科学版)2014年第3期。

〔2〕 何秉松:《刑法教科书》,中国法制出版社1995年版,第302页。

〔3〕 陈兴良:《共同犯罪论》,中国社会科学出版社1992年版,第150页。

〔4〕 李宇先:《聚众犯罪研究》,湖南人民出版社2004年版,第123~124页。

〔5〕 高铭暄:《中国刑法学》,中国人民大学出版社1989年版,第196页。

出明文规定，但我国刑法中又确实规定了聚众犯这一具体的犯罪类型，有诸多条文规定的犯罪均要求聚众方能实施，例如聚众冲击国家机关罪等，因此要在我国刑法中界定聚众犯的概念，一方面要结合德日刑法中聚众犯的原初概念，另一方面要根据我国刑法的具体规定予以分析。

在德日刑法中，聚众犯又称聚合犯，是必要共犯的一种。所谓必要共犯，是指依刑法分则之规定，以两人或两人以上共同实施构成要件之行为为必要的犯罪类型，即以多数人之参与为必要之犯罪类型。[1] 必要共犯的核心在于刑法规定之犯罪行为有赖于多数人共同实施，其又可分为两种犯罪类型，多数人同向协力实施构成“聚众犯”，相向协力实施构成“对向犯”。聚众犯与对向犯的区别在于参与犯罪的众人处于集中关系，即二人以上的行为处于同一方向，同一目标关系。

从表面上看，聚众犯与普通的多人共同犯罪并无区别，聚众犯是多人同向实施一犯罪行为，普通的多人共同犯罪也是如此，但聚众犯属于必要共犯，即刑法明文规定该类犯罪的构成必须由多数人共同实施，如果单个人实施该行为则不构成犯罪。例如，刑法规定聚众冲击国家机关罪，一个人无法构成该罪名。而普通的多人共同犯罪与此不同，多人所实施的犯罪一个人也可以构成，例如故意伤害罪，可以由一个人实施，也可以由多人共同实施。由此，聚众犯并非一般的共同犯罪，其核心区别在于，聚众犯是法律规定该犯罪的构成必须由多数人共同实施，一个人实施该行为是不能构成犯罪的，而一般共同犯罪则并非如此。法定性是聚众犯罪的基本特征。

在我国刑法中，聚众犯均以“聚众……的”形式出现，可见我国刑法中的聚众犯强调“聚众”性的特征。聚众，即聚集多数人，聚众一般体现为一种现实的情势，即多数人聚集一起的现实状况，聚众又体现为一种临时性，参与犯罪的多数人并非长期合作，而是临时邀集一起。聚众也是聚众犯的要件之一，当事人之间不符合聚众条件的，不能认定为聚众犯。聚众性是聚众犯罪首要的客观表现，是聚众犯罪的核心特征。

此外，我国刑法对于聚众犯罪均规定了处罚首要分子，而且从客观解释的角度，任何聚众犯罪必定有一定的召集者、发起者或指挥者，因此任何一个聚众犯都必然存在首要分子，聚众犯是在首要分子的召集、发起和指挥下开始实施犯罪的。首要分子可能不止一个，但不可或缺。首要分子的存在和处罚也是我国聚众犯的特征之一。

由此可以归纳出聚众犯的概念：所谓聚众犯，是指依据刑法分则之规定，该

---

〔1〕 陈子平：《刑法总论》，中国人民大学出版社2009年版，第459页。

犯罪之成立有赖于首要分子的召集、策划和指挥，而由多人共同聚集实施的犯罪。前述前两种学术观点均未将聚众犯与普通的共同犯罪区别开来，反而认为聚众犯只是以聚众为条件的共同犯罪，没有抓住聚众犯的本质——法律规定性，一般的共同犯罪也可能出现聚众实施的情况，如果认为这种情况也是聚众犯，无疑使这个概念丧失了区分意义；第三种观点突出了刑法规定性，但将所有刑法规定的聚众实施的犯罪行为均纳入聚众犯的范畴，反而没有体现聚众的入罪条件，也有所不当；第四种观点既体现了法律规定性，也将聚众作为聚众犯成立的条件，内涵较为明确，但用语不够精练。

（二）聚众犯的罪名范围

如前所述，我国刑法中，聚众犯的经典表述为："聚众"，对法条进行梳理后可以看出刑法中规定了"聚众"的罪名共有 19 个，可以分为以下三类：

第一，聚众是该罪名的必备条件。有学者将这一类罪名称为纯正聚众犯罪。〔1〕就这一类罪名而言，刑法分则将聚众作为该罪名的必备条件，不具备聚众条件的不构成该罪，聚众性是法定的、不可或缺的。这一类犯罪不仅罪状上使用"聚众"的表达，罪名中也包含有"聚众"，可见聚众性是该类罪名的必备要件。该类共有 11 个罪名，分别是：《刑法》第 268 条规定的聚众哄抢罪，第 290 条第 1 款规定的聚众扰乱的聚众持械劫狱罪，第 371 条两款规定的聚众冲击军事禁区罪、聚众扰乱军事管理区秩序罪，第 291 条规定的聚众扰乱公共场所、交通要道秩序罪，第 301 条规定的聚众淫乱罪，第 242 条规定的聚众阻碍解救被收买的妇女、儿童罪。

第二，聚众是该罪名的行为方式之一。有学者将其称为选择的聚众犯罪。〔2〕这类犯罪刑法上并没有规定聚众是该犯罪的必备条件，而是这类犯罪的行为方式之一，由于这类犯罪聚众方式实施情况十分普遍，因而刑法将其聚众的行为方式列举出来，从而成为选择的聚众犯罪。这类罪名包括：《刑法》第 303 条规定的赌博罪包含的聚众赌博行为，第 309 条规定的扰乱法庭秩序罪包含的聚众哄闹、冲击法庭的行为，第 289 条规定的聚众"打砸抢"行为等。

第三，聚众是该罪名的加重处罚条件。这类罪名刑法并未将聚众作为该类犯罪的行为要件，而是将其作为加重处罚的情形，如果行为人聚众实施该罪名的，则予以加重刑罚。例如《刑法》第 237 条第 1 款规定："以暴力、胁迫或者其他方法强制猥亵妇女或者侮辱妇女的，处五年以下有期徒刑或者拘役。聚众或者在公共场所当众犯前款罪的，处五年以上有期徒刑。"

---

〔1〕 李文凯：《聚众犯罪的构成特征及司法认定》，载《河南政法干部管理学院学报》2008 年第 4 期。
〔2〕 李文凯：《聚众犯罪的构成特征及司法认定》，载《河南政法干部管理学院学报》2008 年第 4 期。

就第一类罪名而言，其归属于聚合犯范畴并无太大争议，该类罪名完全符合聚合犯的要件。但对于第二、三类罪名，能否归属于聚合犯的范畴，还有一定的争议。有学者认为第三类属于聚合犯的范畴，理由是聚众犯中的聚众不仅是法定定罪情节，也可以是法定的量刑情节，只要法律对聚众作出规定的，都应当认定为聚众犯。[1] 本书不能赞同这种观点，事实上，聚众犯所要解决的核心问题是划定犯罪的合理范围，判断聚众犯的处罚模式，而这一问题是建立在聚众犯的法定性基础上的，法定性要求聚众成为定罪的必要条件，如果不是聚众实施，单个人无法构成犯罪。但第三种类型的罪名，个人和聚众都可以构成犯罪，因而不符合聚众犯的要件，不宜作聚众犯论处。

对于第二类罪名中的聚众行为，则有更多学者认为其属于聚众犯的范畴，这些学者认为，虽然这些罪名可以由单个人构成，但其行为模式与聚众的行为模式是不一样的，在聚众的行为模式下，单个人实施该行为不构成犯罪，因而符合聚众犯的要件。[2]

本书认为，这里首先要弄清楚的问题是：这些条款中的“聚众”是拟制性规定还是注意性规定？如果这些条款中的聚众是拟制性规定，则该罪名本来并未将该聚众行为纳入规制范围，而基于刑法聚众条款之特别规定才予以处罚，个人实施该类行为则不应处罚之，此种情形下，该类聚众行为应当属于聚合犯范畴；如果这些条款中的聚众是注意性规定，只不过由于这种犯罪的聚众在实践中高发，或者是该聚众情形在该类犯罪中占据重要比例，由此立法特意强调的，这种情形下该聚众犯之规定只不过是立法上的明示而已，并不具有法律区分的效果，个人实施该种犯罪行为也应当同样定罪，则该类聚众行为不应归属为聚众犯。

综上所述，我国刑法有关聚众犯的罪名主要有两种类型 13 个罪名，一种是聚众是该罪名的必备条件，另一种是聚众是该罪名中一类犯罪情形的必备条件，但无论哪种类型，都体现了聚众犯的特点，即聚众犯是基于法律的特别规定，而以聚众为犯罪成立要件的犯罪类型。因此，《刑法》第 237 条第 2 款中虽然有“聚众”，但并不是聚众犯。当然，虽然这种情况并非聚众犯，但是对于该条文的理解仍然依赖于聚众犯概念中的聚众性，对其惩罚也应参照聚众犯。

（三）聚众性的概念

聚众性是聚众犯罪首要的客观表现，聚众犯罪如果不满足聚众性要件即为构成要件缺失，因此在认定聚众犯罪时，首先应当判定行为是否符合聚众性要件。刑法条文中，聚众性要件的表述较为简单，例如聚众斗殴罪刑法即规定为

---

[1] 李文凯：《聚众犯罪的构成特征及司法认定》，载《河南政法干部管理学院学报》2008 年第 4 期。

[2] 刘德法、孔德琴：《论聚众犯罪的概念和法律特征》，载《河南政法干部管理学院学报》2009 年第 3 期。

"聚众斗殴"的客观行为，从文义解释的角度出发，"聚众斗殴"既可以理解为两个相互并列的行为，即"聚众行为"加上"斗殴行为"；也可以理解为前后修饰的关系，即"聚众"是斗殴行为的一种情势和条件，而非单独的行为方式。正基于此，学理上对于聚众性的认定存在相当的争议，争议的核心问题即为聚众究竟表现为一种客观的行为要件还是仅仅是实施犯罪行为所必须具备的客观情势，前者被称为行为说，后者被称为情势说。

行为说认为，聚众性是聚众犯罪的显著特征，构成聚众犯罪必须具备"聚众"行为，如果行为人没有实施聚众行为的，则不应构成聚众犯罪。[1]由于对聚众行为的性质认识不一致，行为说又可以分为预备行为说和实行行为说。实行行为说认为，聚众犯罪在客观方面往往表现为聚众行为和具体犯罪行为结合的复合行为犯，聚众犯罪主体必须同时实施了聚众行为和具体犯罪行为方可构成犯罪。[2] 实行行为说在行为说中占据主要地位。实行行为说的主要理由是，聚众作为刑法规定的聚众犯罪客观条件，如果不表现为一定的行为，聚众犯罪在客观方面就缺乏完整性，有损聚众与具体犯罪行为之间的统一性。此外，刑法规定聚众犯罪的首要分子系起"组织、领导、指挥"作用者，这些作用的发挥都需要通过聚众行为得以实现，而且聚众行为往往表现为对社会秩序具有直接而现实的侵害性，因此聚众行为符合实行行为的要求，也是聚众犯罪成立所必需，应当作为聚众性认定之表征。实行行为说认为通说也持该种观点，通说在解读具体的聚众罪名时，往往将聚众行为作为聚众犯罪客观方面的实行行为加以论述，例如，通说在解释聚众扰乱社会秩序罪中即指出："本罪的客观方面表现为行为人实施了聚众扰乱社会秩序且情节严重的行为，所谓聚众，即首要分子纠集多人，在同一时间、同一地点相聚集。所谓扰乱社会秩序，是指由于行为人之行为致使工作、生产、营业或者教学科研无法进行。"[3]可见，通说也认为聚众犯罪的聚众表现为一种聚众的实行行为。预备行为说则认为，聚众行为是聚众犯罪的预备行为，聚众犯罪由聚众预备行为和实施的具体犯罪实行行为两部分构成，例如聚众斗殴罪的实行行为是斗殴行为，聚众行为为聚众斗殴的预备行为，但仍为犯罪构成所必需。该说的基本理由是聚众行为和具体的犯罪实行行为二者存在本质的差异，聚众行为并不能直接对犯罪所保护的法益造成侵害，因而将之作为犯罪实行行为存在不妥。[4]

情势说是与行为说相对应的观点，情势说认为聚众犯罪中的聚众性仅为犯

---

[1] 刘德法：《聚众犯罪理论与实务研究》，中国法制出版社 2011 年版，第 46～50 页。

[2] 李文凯：《聚众犯罪的构成特征及司法认定》，载《河南政法干部管理学院学报》2008 年第 4 期。

[3] 高铭暄、马克昌：《刑法学》，北京大学出版社 2000 年版，第 544 页。

[4] 刘志伟：《聚众犯罪若干实务问题研讨》，载《国家检察官学院学报》2003 年第 6 期。

罪人实施具体犯罪行为时所应具有的情势条件，即犯罪人在实施具体犯罪行为时，现实地具备了聚众实施的情势条件即可，这时犯罪人如果起组织、领导、指挥作用的，即为聚众犯罪的首要分子。[1] 根据情势说的观点，聚众犯罪并非复合行为犯，而是单独实施具体犯罪行为即可，在判断聚众犯罪是否构成时，只需判断行为人在实施犯罪行为时是否具备聚众的样态即可，而不需对行为人的聚众行为进行考察，行为人没有实施聚众行为，而只是利用现实的人群聚集效果而实施犯罪行为的，也可以构成聚众犯罪。

（四）聚众性行为

实行行为说将聚众性理解为聚众的实行行为，虽然在聚众的认定上具有相当的清晰性，但却产生了诸多的不当和困境，导致这一观点本身存在难以克服的弊端。首先，将聚众行为作为聚众犯罪的实行行为要件，就会产生聚众犯罪构成要件难以涵盖全部聚众犯罪行为的结果，过于缩小了聚众犯罪的范围。实行行为说将聚众犯罪理解为复合行为犯，则聚众行为与后续犯罪行为之间必然存在手段目的关系，即聚众行为必须以实施后续犯罪行为为目的，二者必须保持目的的一致性，然而这显然无法涵盖所有的聚众犯罪情形。以聚众斗殴罪为例，聚众斗殴罪如果要求聚众的实行行为，则该聚众行为的目标必须是斗殴行为，非以斗殴行为为目的的聚众行为应被排除在聚众犯罪范围之外，事实上现实存在以斗殴为目的的聚集和不以斗殴为目的的聚集两种聚集状况，如果后一情形发生斗殴行为，从刑法条文规定来看并无排除罪名适用之可能，而且也符合该罪侵害公共秩序的要件，理应作为聚众斗殴罪处理，然而实行行为说即排除了该种情形适用罪名之余地。此外，复合行为犯要求行为的先后次序性，即聚众行为应当先于后续犯罪行为而实施，然而聚众犯罪中，往往存在聚众行为与具体犯罪行为同时实施的状况，实行行为说也难以解释该种情形适用聚众犯罪之理由。其次，实行行为说又会导致聚众犯罪的处罚过于提前，处罚范围不当扩大。实行行为说将聚众犯罪认定为聚众行为和后续犯罪行为的复合行为犯，则聚众犯罪的着手应当以聚众行为着手为判断标准，行为人着手实施聚众犯罪之后，如果因意志以外的原因未能完成犯罪的，应当认定为犯罪未遂。然而，行为人如果仅着手实施了聚众行为还未实施具体的犯罪行为，一般情形下对于所保护的法益还未形成现实的侵害。以聚众斗殴罪为例，仅仅聚集而未实施斗殴行为的，社会秩序尚未遭到现实的侵害，况且即使存在斗殴的犯罪故意，聚集行为也并不必然导致斗殴行为的发生，将之作为犯罪处罚未免过于苛刻，有违刑法谦抑性的要求。更进一步来看，实行行为说将实行聚众行为视为聚众犯罪的着手，然而聚众行为的着手距

[1] 苏雄华：《不只是行为：关于聚众的另行解读》，载《重庆理工大学学报》2010年第5期。

离法益的侵害未免过于遥远,对法益尚未形成任何现实之威胁,即使需要处罚也应当以犯罪预备论处,将之作为犯罪未遂处理明显处罚范围过宽。最后,实行行为说存在主体混乱的论证逻辑,实行行为说要求聚众犯罪以聚众行为和后续犯罪行为为行为要件,聚众行为的行为人应为聚众的领导者和组织者,即聚众犯罪的首要分子,但后续犯罪行为的行为主体系全体聚众人员,一个犯罪中,存在两个不同的犯罪主体,该罪的犯罪主体究竟应如何认定?聚众犯罪本属必要共犯,其行为主体应当确定为全体参与人,但基于刑事司法的目的,才将处罚范围限制在一定范围之内,有的不处罚参与者,有的仅处罚首要分子,但不管怎样,聚众犯罪的行为主体仍然应确定,不可将首要分子单独作为聚众犯罪的行为主体,否则对于积极参加者和其他参与人员就会丧失处罚的根据。

正因为实行行为说存在诸多不可克服的缺陷,因而部分学者提出应当将聚众犯罪中聚众行为作为预备行为处理,即聚众犯罪的实行行为仅为后续的具体犯罪行为,而聚众行为为犯罪预备行为,实施了聚众行为而因意志以外原因停止的,可以以聚众犯罪的预备犯处罚之。[1] 预备行为说认为,聚众行为是聚众犯罪类型化的预备行为,是聚众犯罪的必备客观要件,如果不具备聚众预备行为的,则不应认定为聚众犯罪。[2] 预备行为说克服了实行行为说处罚过于提前的弊端,将聚众行为作为聚众犯罪的预备行为处理,具有相当的合理性,然而由于立论上的本质缺陷,导致该说也存在诸多无法解释的困境。首先,预备行为说同样未能涵盖全部聚众犯罪的处罚范围。在行为人没有实施聚众行为,而基于自然积聚而被行为人利用实施具体犯罪行为的场合,预备行为说同样无法说明处罚的根据,此外,预备行为说也无法解释不以后续犯罪为目的的聚众后实施具体犯罪行为的处罚根据。其次,如果将聚众行为作为预备行为处理,则其与具体犯罪行为应当存在先后的时间顺序,毕竟预备行为应当早于实行行为实施,这在聚众犯罪中具体犯罪行为和聚众行为同时实施的情形中就存在处理的难题,而且此时犯罪的停止形态的认定也存在无法克服的困难。最后,预备行为说将聚众这一预备行为作为聚众犯罪的客观必备条件,这完全不符合罪状设置的基本原理,从未有任何罪名将预备行为和实行行为同时规定为犯罪要件,刑法要么将预备行为实行化处理,要么就是在犯罪形态中作为预备样态处罚,否则停止形态就完全丧失了判断的依据。可见,预备行为说为了克服实行行为说存在的弊端,提出了可行的思考方法,然而立论的错误导致预备行为说仍然存在本质的缺陷,不可适用。

情势说将聚众性视为具体犯罪行为所应具备的情势条件,认为聚众犯罪的

---

〔1〕 刘志伟:《聚众斗殴罪若干实务问题》,载《法制日报》2003 年 12 月 4 日。

〔2〕 何俊:《聚众斗殴罪相关问题研究》,载《安徽大学学报》2005 年第 5 期。

犯罪行为仅为在聚众样态下实施的具体犯罪行为，聚众犯罪并非复合行为犯，而是单独行为。聚众是犯罪行为的客观条件，体现于具体犯罪行为的认定之中，而非独立的行为要件。情势说回避了聚众行为的认定，避免将聚众行为作为聚众性的标准，而将其理解为一种具体行为的样态，从而既坚持了聚众性的要件，又较好地涵盖了聚众犯罪的处罚范围，因而具有相当的合理性。事实上，将聚众性理解为具体犯罪行为的样态条件，是聚众性的应有之义，也是聚众犯罪的本质要求，聚众犯罪的聚众性必须依附于具体犯罪行为而存在，脱离具体犯罪行为认定聚众性无异于缘木求鱼，聚众犯罪归根结底是通过具体犯罪行为实现对于法益的侵害，因此聚众性如果离开具体犯罪行为，则丧失法益侵害的处罚根据。从另一角度来看，刑法将聚众犯罪规定为必要共同犯罪，强调的就是实施具体犯罪行为时所应具备的聚众特征，这也是必要共犯的核心特征，即行为要求多人实施，可见聚众犯罪的本质即为在聚众样态下实施的犯罪行为，因此将聚众性理解为聚众犯罪的样态，无疑具有本质上的合理性。根基的合理性推导出完善的处罚范围，行为说正因为将聚众性作为一种行为，才导致其聚众犯罪的处罚范围始终未能明确，在相当多的聚众情形下丧失处罚根据，而情势说能够明确聚众犯罪的处罚范围，在临时聚众、非特定目的聚众等情形下都能够说明处罚的依据。从犯罪形态标准来看，情势说也较好地符合了犯罪形态认定的要求，将法益尚未受到直接侵害和威胁的聚众行为排除在实行行为之外，也否定聚众性的预备行为性质，而将聚众性的要件内化于具体犯罪行为的样态条件，可以有效地将法益危险与聚众性相结合，合理地认定犯罪形态。综上所述，情势说具有理论上的合理性，应当成为认定聚众性的基本原理。

需要说明的是，在一些聚众犯罪中，聚众行为直接表现为法益的侵害行为，例如聚众扰乱公共秩序罪中，聚众行为直接体现为扰乱公共秩序的行为，聚众行为和具体犯罪行为发生重合，这时聚众行为也成为犯罪的实行行为，但这并非是聚众犯罪的常例，而且虽然存在聚众行为，但这时聚众行为实际上是作为具体犯罪行为而处理，因此并不可认为在此类罪名中，聚众犯罪存在复行为犯的情形。情势说仍然可以适用。

（五）聚众性的具体认定

既然将聚众性理解为具体犯罪行为的情势条件，那么如何认定这一情势条件就成为必须解决的问题。一般而言，聚众性要求行为主体数量在三人以上，这是聚众犯罪的数量基础，至于数量的上限则未有要求。对于聚众性而言，由于其仅为一种情势条件，因此不要求考察聚众情势形成的过程，如聚众到底是由首要分子组织、聚集而成，还是由参加者自发组织而成均不必严格要求。一般而言，聚众情势的形成方式包括以下两种：其一，由首要分子或骨干成员组织、指挥组成，这是聚众犯罪的基本形式，一般而言这种聚众犯罪发起容易，组织严密，危害也较大；其二，由参加者自发组织形成，这是一种特殊形式，近年来这种聚众犯罪日益多发，这与公民的权利救济机制存在障碍有显著的联系。就聚众情势的形成时间来看，聚众情势可以是事前形成，即参与者相互邀约，事前在特定地点集合，然后共同实施聚众犯罪行为，聚众持械劫狱罪往往会以本种情形实施；聚众情势也可以是临时形成，即参与者并非事前邀约参与，而是基于某一特定的场合而相互聚集，从而实施聚众犯罪，这种在扰乱公共秩序和交通秩序的相关犯罪中表现较为突出；聚众情势还可以是事前和临时形成相混合的状态，有的聚众犯罪往往存在核心的参与群体，在核心的参与群体引导下，其他人逐渐参与，这也是聚众情势形成的类型之一。

聚众情势的要件，要求行为人在实施具体犯罪时对聚众情势有所认识，如果行为人并不存在对聚众情势的认识则不具有犯罪故意，聚众情势系具体犯罪行为的客观表现，行为人对于具体犯罪行为的认识必然包含对于聚众情势的认识，因此不具有该种认识者，不可认定为聚众犯罪。

（六）《刑法》第237条第2款中的“聚众”与“轮流”

因此本书认为，对于《刑法》第237条第2款中“聚众”的认定应当按照前文所述的聚众性概念进行判断，与轮流行为加以区分。轮流行为指的是按照次序一个接替一个进行，更具一种“多人性”而非“聚众”中的“聚”的性质。

具体而言，首先，就数量而言，聚众的数量基础为3人以上，轮流只要求2人以上。两个概念在3人以上轮流猥亵、侮辱他人时，存在一定的竞合空间。其次，聚众虽可以由参与者自发组织形成，但多数是由首要分子或骨干成员组织、指挥组成。轮流则并不强调组织形式。最后，聚众要求行为人在实施具体犯罪时对聚众情势有所认识，“轮流”则不强调参与者对彼时情势的认识。

因此，如果3人以上先后轮流强制猥亵、侮辱他人时，他们之间事前并无联系，实施行为过程中也缺少对整体情势的认识，则不能认定为聚众，对于这些参与者只能按照第237条第1款进行处罚。相反，若是3人以上虽然先后轮流强制猥亵、侮辱他人，但是他们事前有过联系或者在实施犯罪行为期间对整体的情势有认识，有意一起强制猥亵、侮辱他人，则可以认定为“聚众”，应当对全部参与者按照第237条加以处罚。

四、情节恶劣创制出的无限解释可能

《刑法修正案（九）》在第237条第2款法定刑应处5年以上有期徒刑的罪状部分，又新增加了“或者有其他恶劣情节的”情形。

《刑法修正案（九）》之所以增设“有其他恶劣情节的”规定，主要理由是“仅对聚众或者在公共场所当众两种情况加重处罚已不能适宜当前惩治、遏制猥亵犯罪的实际需要。如近来曝光的教师猥亵多名学生以及多次猥亵学生,造成严重后果,社会影响恶劣等情形,仅按第一款规定处以五年以下有期徒刑或者拘役,难以做到罪刑相适应。对此,各方面强烈建议加大对情节恶劣的猥亵犯罪的惩治力度。为此,《刑法修正案(九)》在刑法第二百三十七条第二款规定的基础上,增加了'有其他恶劣情节的'加重处罚的规定"。[1]

与刑法分则中屡见不鲜的结果加重犯或情节加重犯等相比,准确界定猥亵犯罪的"其他恶劣情节"存在异乎寻常的困难,经初步梳理,至少受制于如下因素。其一,进行解释缺少指引、参照对象。第237条第2款虽列举了"聚众""在公共场所当众"两项加重处罚情节,但该两项情节与刑法增设的"其他恶劣情节"之间缺少实质关联,难以比照该两项情节对"其他恶劣情节"进行解释。其二,"猥亵"概念过于宽泛,且行为样态各异,行政违法与刑事犯罪之间存在交叉重合的灰色地带,基本情节与加重情节之间的区分度不高。[2] 鉴于猥亵犯罪的复杂性,采取列举方式解释猥亵对"其他恶劣情节",具有相当的挑战性,部分情节虽可明确,但仍有大量其他情节,因需结合其他因素综合考量,只能留待法官在个案裁判中具体把握。

因此,《刑法修正案(九)》中"其他恶劣情节"规定的增设,事实上创制出了无限解释可能,有违背罪刑法定原则的嫌疑。

第三节 淫媒犯罪修正后的成败得失

一、组织的包容性并没有想象的广阔

我国1979年《刑法》并没有规定组织卖淫罪,而只是规定了强迫妇女卖淫罪和引诱、容留妇女卖淫罪。[3] 在1991年9月4日通过的《全国人民代表大会

[1] 臧铁伟:《中华人民共和国刑法修正案(九)解读》,中国法制出版社2015年版。

[2] 赵俊甫:《猥亵犯罪审判实践中若干争议问题探究——兼论〈刑法修正案(九)〉对猥亵犯罪的修改》,载《法律适用》2016年第7期。

[3] 1979年《刑法》中的强迫妇女卖淫罪被规定在刑法分则第四章侵犯公民人身权利罪一章,《刑法》第140条规定:"强迫妇女卖淫的,处3年以上10年以下有期徒刑。"而引诱、容留妇女卖淫罪被规定在刑法分则第六章妨害社会管理秩序罪一章中,《刑法》第169条规定,"以营利为目的,引诱、容留妇女卖淫的,处5年以下有期徒刑、拘役或者管制;情节严重的,处5年以上有期徒刑,可以并处罚金或者没收财产。"强迫妇女卖淫罪的最高刑为10年,而引诱、容留妇女卖淫罪的最高刑为15年。显然,法定刑的设置轻重颠倒了。在1983年9月2日的通过的《全国人民代表大会常务委员会关于严惩严重危害社会治安的犯罪分子的决定》中,把引诱、容留、强迫妇女卖淫罪的法定刑都提高了,"可以在刑法规定的最高刑以上处刑,直至判处死刑。"

常务委员会关于严禁卖淫嫖娼的决定》中，规定了组织他人卖淫罪和协助组织他人卖淫罪。[1] 1997年修订的《刑法》对1979年《刑法》以及相关单行刑法的内容进行修正，在刑法分则第六章“妨害社会管理秩序罪”的第八节“组织、强迫、引诱、容留、介绍卖淫罪”中规定了淫媒犯罪，其中第358条规定了组织卖淫罪、强迫卖淫罪和协助组织卖淫罪。[2]

根据汉语词典，“组织”是指安排分散的人或事物使具有一定系统性或整体，从字面上来说其包容性极其广泛，但是，淫媒犯罪中的“组织”却没有那么广阔。

（一）《刑法》中的“组织”

《刑法》规定了一系列组织类犯罪，这些犯罪包括：第120条组织、领导、参加恐怖组织罪，第224条之一组织、领导传销活动罪，第234条组织出卖人体器官罪，第262条组织乞讨罪，第262条组织未成年人进行违反治安管理活动罪，第294条组织、领导黑社会性质组织罪，第300条组织、利用会道门、邪教组织、利用迷信破坏法律实施罪和组织、利用会道门、邪教组织、利用迷信致人死亡罪，第317条组织越狱罪，第318条组织他人偷越国边境罪，第333条非法组织卖血罪，第358条组织卖淫罪，第364条组织播放淫秽音像制品罪以及第365条组织淫秽表演罪。

分析以上刑法规定的组织类犯罪，可以发现有如下特点：这些组织类犯罪有的是从1979年《刑法》沿袭而来，如组织越狱罪；不少是1997年《刑法》规定的罪名，如组织、领导、参加恐怖组织罪，组织、领导黑社会性质组织罪，组织、利用会道门、邪教组织、利用迷信破坏法律实施罪，组织、利用会道门、邪教组织、利用迷信致人死亡罪等；也有一些犯罪是刑法修正案中新增设的犯罪，如组织、领导传销活动罪，组织出卖人体器官罪，组织乞讨罪，组织未成年人进行违反治安管理活动罪等。这表明组织类犯罪呈现出不断严重的趋势，引起了立法者的重视，因此不断对这种组织类活动予以犯罪化。另外，这些组织类犯罪都是故意犯罪，从犯罪既遂的形态上分析，都是举动犯，即行为一着手实施即构成犯罪既遂，表明了对这种行为的容忍度很低，从另一角度反映了这类行为比较严重的社会危害性。这些组织类犯罪遍及的范围比较宽广，分别分布于刑法分则第二章危害公共安全罪、第三章破坏社会主义市场经济秩序罪、第四章侵犯公民人身权利

---

[1] 该单行刑法规定：“组织他人卖淫的，处10年以上有期徒刑或者无期徒刑，并处1万元以下罚金或者没收财产；情节特别严重的，处死刑，并处没收财产。协助组织卖淫的，处3年以上10年以下有期徒刑，并处一万元以下罚金；情节严重的，处10年以上有期徒刑，并处一万元以下罚金或者没收财产。”

[2] 何萍：《论组织卖淫罪中的组织行为——殷某组织卖淫案评析》，载《华东政法大学学报》2013年第4期。

罪、第六章妨害社会管理秩序罪。

应该说,这些组织类的犯罪有一些共性,比如,对于组织者的人数应当没有要求,可以是1人,也可以多人,当有多人有组织地行为时,组织者之间构成共同犯罪。对于被组织者的人数是否有最低要求,理论界有不同意见:一种观点认为,根据刑法的立法目的,被组织的人员必须是多人,人数应当为3人或者3人以上;[1]另一种观点认为,组织者组织的人数不必3人以上。[2]

本书认为,对于"组织"一词的理解必须按照字面含义来理解。既然"组织"是指安排分散的人或事物具有一定的系统性和整体性,组织的对象应该是多人,至于如何理解多人,我们可以结合相关的文件进行体系解释,例如,联合国在《打击跨国有组织犯罪公约》中第2条规定:"有组织犯罪集团,系指由3人或多人所组成的、在一定时期内存在的、为了实施一项或多项严重犯罪或根据本公约确立的犯罪以直接或间接获得金钱或其他物质利益而一致行动的有组织机构的集团。"可见,"有组织犯罪集团"的人数应当有3人以上。另外,两高《解答》中规定,组织卖淫罪是指以招募、雇佣、强迫、引诱、容留等手段,控制多人从事卖淫的行为。"多人""多次"的"多",是指"3"以上的数(含本数)。以上可见,"组织"一词应当是指针对3人以上的对象,否则就偏离了"组织"一词的基本含义。

从组织行为针对的内容来看,有些属于犯罪行为,如组织偷越国边境罪、组织越狱罪、组织播放淫秽音像制品罪,偷越国边境、脱逃和传播淫秽物品等行为都属于犯罪行为。有些属于违法行为,如组织卖淫罪、组织未成年人进行违反治安管理活动罪、组织淫秽表演罪等,卖淫、违反治安管理活动、淫秽表演等行为本身不构成犯罪,但是组织实施这些行为构成了犯罪。还有一些属于刑法将一些预备性质的行为提升为实行行为,如组织恐怖组织罪、组织黑社会性质组织罪等,恐怖活动和黑社会活动属于犯罪行为,刑法将这类活动的预备行为,即成立这样的组织也单独规定为犯罪。仔细分析这些组织类犯罪的法定刑,可以看到,组织恐怖组织罪最重,起点刑为10年,组织黑社会性质的组织罪起点刑为7年,组织越狱罪的起点刑为5年,因为恐怖犯罪、黑社会性质犯罪以及脱逃罪的严重性使然。但是,组织卖淫罪的起点刑也相当高,为5年,尽管卖淫活动本身不是犯罪行为。这一法定刑高于组织偷越国边境罪的法定最低刑2年,大大高于组织传销活动罪,组织残疾人、儿童乞讨罪和组织未成年人进行违反治安管理活动罪的法定最低刑拘役,也远远高于同样妨害社会风化的组织播放淫秽音像制品罪、组织淫秽表演罪的法定最低刑管制。本书认为,虽然同为"组织"一词,但由

---

〔1〕 李连嘉、杜邈:《组织未成年人从事违法活动的司法认定》,载《检察日报》2009年7月15日。

〔2〕 潘家永:《组织残疾人、儿童乞讨罪中:组织的人数不必3人以上》,载《检察日报》2009年5月12日。

于刑法设定了截然不同的法定刑，在理解具体含义时应该精准把握，对组织卖淫罪的“组织”一词理应比组织播放淫秽音像制品罪、组织淫秽表演罪中的“组织”作出更为严格的理解。

（二）“组织卖淫罪”中的“组织”

组织卖淫与容留、介绍卖淫都属于卖淫嫖娼类的犯罪行为，组织卖淫罪与容留、介绍卖淫罪有竞合之处，此罪与彼罪的界限比较模糊。但是，既然刑法将组织卖淫罪单独列罪，其必然有着与他罪不同的构成要件。

需要注意的是，不能把组织卖淫罪与容留、介绍卖淫罪共同拥有的特征作为组织卖淫罪的本质特征，因为这无助于区分它们之间的界限。

对于组织卖淫罪与容留、介绍卖淫罪的区别，有观点认为关键在于是否具有组织性，而组织性具体体现为三个方面：

第一，是否建立卖淫组织。无论是否具有固定的卖淫场所，组织卖淫必然要建立相应的卖淫组织，卖淫组织的建立一般首先由组织者采取各种手段纠集卖淫人员，纠集的方法有招募、雇佣、强迫、引诱等方式，实施的行为既可能是暴力性、欺骗性的，也可能是非暴力、非欺骗性的。在纠集卖淫人员的过程中，组织者是处于发起、负责的地位，目的是控制一定的卖淫人员，以实现组织卖淫，从中牟利。

第二，是否组织、安排卖淫活动。主要是指组织者在卖淫组织中有无参与组织、安排具体的卖淫活动，具体方式有推荐、介绍卖淫活动，招揽嫖客、安排相关服务、提供物质便利条件等。

第三，是否对卖淫者进行管理。组织者通过制定、确立相关的人、财、物管理方法，与卖淫人员之间形成组织和被组织、管理和被管理的关系。[1]

而本书认为，以上述三条标准来区分组织卖淫罪与容留、介绍卖淫罪的界限并没有点明问题的关键所在。

对于第一点是否建立卖淫组织的问题，众所周知，卖淫是非法活动，建立卖淫组织不可能获得许可或者批准，因此不可能光明正大地建立卖淫组织，即使非法建立了卖淫组织，一方面往往因为非常隐秘而很难查证，另一方面这种组织性无非证明了这种活动是一种有严密组织形式的共同犯罪，但是，容留、介绍卖淫罪同样也可以存在共同犯罪乃至犯罪集团的形式。因此，是否具有组织性不是他们之间的关键区别。而所谓采用暴力或者非暴力、欺骗或者非欺骗方式纠集卖淫人员的行为，与强迫、引诱、容留、介绍卖淫的手段重合，也无法判断两者的区别。

对于第二点是否组织、安排卖淫活动的问题，组织和安排的具体方式有推荐、介绍，招揽嫖客、安排相关服务、提供物质便利等，本书认为这些行为与介绍、

〔1〕 参见祁飞：《组织卖淫罪与容留卖淫罪的司法认定》，载《江苏法制报》2011年5月23日。

容留卖淫活动十分相似,也不具有本质的区别。

至于第三点是否对卖淫者进行管理,是否制定、确立相关的人、财、物管理方法,本书认为这些内容比较接近"组织"的含义,但是"组织"是指"安排分散的人或事物使具有系统性或整体性","管理"是指"负责某项工作使顺利进行"。在语义上"组织"比"管理"要求更高、责任更大,因此用"管理"的标准来解释"组织"的含义也略有不妥。

根据最高人民法院、最高人民检察院《关于执行〈全国人民代表大会常务委员会关于严禁卖淫嫖娼的决定〉的若干问题的解答》,组织卖淫罪是指以招募、雇佣、强迫、引诱、容留等手段,控制多人从事卖淫的行为。根据此条解释,组织卖淫行为,有手段行为和目的行为,"招募、雇佣、强迫、引诱、容留"是手段行为,"控制多人从事卖淫活动"是目的行为。两者必须同时具备,缺一不可。手段行为中的"招募"是指招收或者募集他人参与卖淫活动,"雇佣"是指组织者与卖淫者双方建立的以一定薪酬换取卖淫者从事卖淫活动的交易,"强迫"是指以暴力、胁迫或者其他强制手段,迫使他人违背意志从事卖淫活动,"引诱"是指以金钱、财物或者其他利益诱使本来没有卖淫意图的人从事卖淫活动,"容留"是指提供场所供自愿卖淫的人从事卖淫活动。组织卖淫罪的这些手段行为同时也是强迫、引诱、容留、介绍卖淫罪的实行行为,因此,组织卖淫罪的手段行为与强迫、引诱、容留、介绍卖淫行为往往发生竞合,这些手段行为无法区分此罪与彼罪。

本书认为,目的行为"控制多人从事卖淫活动"是组织卖淫罪的本质特征,这是区分组织卖淫罪与其他相似犯罪的关键所在。按照《现代汉语词典》解释,"控制"是指"掌握住,使其不流动、不超出一定范围"。人都有追求向往自由的本性,为了使特定的对象受到控制,通常需要采取一定的措施,要么是身体上的强制,要么是精神上的约束。如果没有一定程度的强制和约束,不能算是"控制"。本书认为,最高人民法院、最高人民检察院司法解释中的"控制多人卖淫"其实隐含着"带有一定的强制性"的含义。这一结论可以从组织卖淫罪具有非常严厉的法定刑推导得出。组织卖淫罪的法定最低刑为 5 年,比故意杀人罪强奸罪、抢劫罪、放火罪、爆炸罪、投放危险物质罪等犯罪的法定最低刑都要高。组织卖淫罪与强迫卖淫罪适用相同的法定刑,强迫卖淫罪具有很重的法定刑是因为强迫卖淫罪的犯罪对象往往也是强奸罪的犯罪对象,只是强迫卖淫罪的犯罪主体与强奸罪的犯罪主体属于不同的人,如果刑法没有单列强迫卖淫罪的话,强迫卖淫的主体其实是强奸罪的共同犯罪。[1] 强奸罪的犯罪客体是妇女的性自

---

〔1〕 当然,这里要排除强迫卖淫的对象是男子的情况。因为,强迫卖淫罪的犯罪对象可以是男子,也可以是妇女,而强奸罪的犯罪对象只能是妇女。

主权，而强迫卖淫罪的犯罪客体除了是他人的性自主权以外，还有社会风尚。因此，强迫卖淫罪的社会危害性的确重于强奸罪。值得注意的是，刑法将组织卖淫罪与强迫卖淫罪规定了相同的法定刑，非但如此，组织卖淫罪甚至被排列在强迫卖淫罪之前。刑法的通行理论认为，刑法分则罪名的排列顺序基本上是根据社会危害性由重到轻排列的，因此，组织卖淫罪在主观罪过、行为方式和危害后果等方面不应轻于强迫卖淫罪。如果只是提供了一定的场所，召集了一些卖淫女从事卖淫活动的，不应当认定为组织卖淫罪，否则就违反了《刑法》第 5 条规定的原则："刑罚的轻重应当与犯罪分子所犯罪行和承担的刑事责任相适应。"

二、抛弃死刑却增加适用条文嫁接的负累

1997 年《刑法》第 358 条规定"组织他人卖淫或者强迫他人卖淫的，处五年以上十年以下有期徒刑，并处罚金；有下列情形之一的，处十年以上有期徒刑或者无期徒刑，并处罚金或者没收财产：（一）组织他人卖淫，情节严重的；（二）强迫不满十四周岁的幼女卖淫的；（三）强迫多人卖淫或者多次强迫他人卖淫的；（四）强奸后迫使卖淫的；（五）造成被强迫卖淫的人重伤、死亡或者其他严重后果的。有前款所列情形之一，情节特别严重的，处无期徒刑或者死刑，并处没收财产。协助组织他人卖淫的，处五年以下有期徒刑，并处罚金；情节严重的，处五年以上十年以下有期徒刑，并处罚金。"在该条文第 2 款中，规定其最高刑为死刑。

2015 年生效的《刑法修正案（九）》第 42 条对该条作了修改，规定，将刑法第三百五十八条修改为："组织、强迫他人卖淫的，处五年以上十年以下有期徒刑，并处罚金；情节严重的，处十年以上有期徒刑或者无期徒刑，并处罚金或者没收财产。组织、强迫未成年人卖淫的，依照前款的规定从重处罚。犯前两款罪，并有杀害、伤害、强奸、绑架等犯罪行为的，依照数罪并罚的规定处罚。"《刑法修正案（九）》将组织卖淫罪和强迫卖淫罪的死刑废除，因此，在现行刑法中组织卖淫罪和强迫卖淫罪的最高刑为无期徒刑。

《刑法修正案（九）》做出这一改变，既有逐步废除死刑的大势影响，也有一些特殊的考量。

一者，纵观近二十年来的刑事判决，涉及强迫卖淫罪的不可谓不多，但以强迫卖淫罪为例，判处死刑的却寥寥无几。例如周军辉、秦星强迫卖淫案，[1] 该案

---

〔1〕《周军辉、秦星强迫卖淫罪一二审刑事判决书》，载裁判文书网：http://wenshu.court.gov.cn/content/content?DocID=3a471b1c-dfa8-4ea0-b53f-edf0a40d5ac5，最后访问日期：2014 年 9 月 7 日；《周军辉、秦星强迫卖淫罪死刑复核刑事裁定书》，载裁判文书网：http://wenshu.court.gov.cn/content/content?DocID=a6fc72ab-718d-4138-bd1b-e72926668002，最后访问日期：2014 年 6 月 12 日。

中，一、二审法院都判处死刑，在死刑复核阶段，最高人民法院认为周军辉、秦星强迫卖淫的暴力、胁迫程度，犯罪情节的恶劣程度尚未达到情节特别严重，如果对其以强迫卖淫罪判处死刑立即执行，则量刑过重，因此不予核准死刑，发回湖南省高院重新审理。经法院重新审理以后，判处周军辉、秦星无期徒刑。因此，有论者以为强迫卖淫罪的死刑量刑情节可谓是名存实亡。[1]

再者，他国的立法例也有一定影响。世界各国的刑法中组织卖淫罪强迫卖淫罪与对于性犯罪，特别是性自主权均有翔实的规定，但是令人感到奇怪的是，现代法律起源地欧洲各国对于卖淫这一行为相关的态度一般呈现两种情况：一是对于卖淫罪不作任何规定，对于我国存在的强迫卖淫罪中的“卖淫”的犯罪情节一般不将其视为客观归责中所必需的一部分，仅追究其“强迫”所产生的对于人身权利的侵害的情节；二是对于卖淫罪虽有着相关规定，却对强迫卖淫罪只字未提。在与我们同为大陆法系的《德国刑法典》当中只有对于卖淫罪的相关规定。在与我们法系大相径庭的美国我找到了相同的规定，在《纽约州刑法典》的第230.34的第五节中，明确作出了对于强迫卖淫的规定。并规定强迫卖淫属于B级重罪，最高可判处25年监禁。在纽约州的刑法当中还未废除死刑，但是对于强迫卖淫罪确是连A级重罪都不算，不应当以此判处死刑。

但是，《刑法修正案(九)》废除了强迫卖淫罪的死刑的做法却给司法实践带来一些问题。以“强迫不满十四周岁的幼女卖淫”为例，第236条第2款规定奸淫幼女以强奸论处，因为嫖宿幼女罪的废除，因此在嫖客知道卖淫人员未满14周岁时，其成立强奸罪，那么强迫幼女卖淫的也应当成立强奸罪的片面帮助犯。换而言之，在此种情况下，犯罪人成立强奸罪与强迫卖淫罪的想象竞合，应当从一重处断。在1997年《刑法》中，强迫卖淫罪的最低法定刑为5年，最高法定刑为死刑，相较第236条强奸罪最低法定刑为3年，最高法定刑为死刑，显然强迫卖淫罪比强奸罪的处罚要重，以强迫卖淫罪定罪处罚，可以实现罪刑相适应。

在废除强迫卖淫罪的死刑后，由于强迫卖淫罪的最低法定刑高于强奸罪，因而在犯罪人不需要判处死刑时，应当对其定强迫卖淫罪；而当犯罪人需要判处死刑时，则需要对其按照强奸罪定罪。这就人为地将“强迫不满14周岁的幼女卖淫”这一行为割裂开来，出现了法条嫁接适用的负累。

三、年龄因素介入引诱介绍容留卖淫中的协调体现

引诱、介绍、容留卖淫的行为是淫媒行为的一种，即为他人卖淫作媒介，帮

---

〔1〕郭珊、王心仪、彭彦钧等：《论性自主权的制约与保障——以组织卖淫罪、强迫卖淫罪死刑废除为例》，载《法制与社会》2016年第5期。

助、协助、庇护他人卖淫或从他人卖淫中获利。不仅伤风败俗，破坏性行为方面的良好道德风尚与习俗，而且给社会治安管理带来了很大的危害。

我国关于引诱、容留、介绍他人卖淫行为的立法演变及法律适用存在一个循序渐进的过程。1979 年《刑法》第 169 条规定："以营利为目的，引诱、容留妇女卖淫的，处 5 年以下有期徒刑、拘役或者管制；情节严重的，处 5 年以上有期徒刑，可以并处罚金或者没收财产。"随后，1983 年的全国人民代表大会常务委员会《关于严惩严重危害社会治安的犯罪分子的决定》、1986 年的《治安管理处罚条例》、1990 年的公安部公发〔1990〕9 号《关于严格依法办事，执行政策，深入开展除"六害"斗争的通知》等相关法律中对上述行为作了进一步的规定。1991 年全国人大常委会出台的《关于严禁卖淫嫖娼的决定》，对 1979 年《刑法》第 169 条规定内容作了相应补充修改，该决定第 3 条规定："引诱、容留、介绍他人卖淫的，处 5 年以下有期徒刑或者拘役，并处 5 千元以下罚金；情节严重的，处 5 年以上有期徒刑，并处 1 万元以下罚金；情节较轻的，依照治安管理处罚条例第三十条的规定处罚。"紧接着，1992 年最高人民法院、最高人民检察院以法发〔1992〕42 号、高检会〔1992〕36 号作出了《关于执行〈全国人民代表大会常务委员会关于严禁卖淫嫖娼的决定〉的若干问题的解答》，该解释第 6 条、第 7 条、第 9 条等内容就引诱、容留、介绍他人卖淫行为的具体定罪、量刑标准等作了具体规定。

1997 年《刑法》的颁布实施，对上述法律规定产生了一次较大的冲撞。1997 年《刑法》第 359 条规定："引诱、容留、介绍他人卖淫的，处 5 年以下有期徒刑、拘役或者管制，并处罚金；情节严重的，处 5 年以上有期徒刑，并处罚金。引诱不满十四周岁的幼女卖淫的，处 5 年以上有期徒刑，并处罚金。"1997 年《刑法》相较此前的规定，第一次考虑到对于幼女特殊保护的需要，增设了引诱不满 14 周岁的幼女卖淫的行为形态，将其作为引诱幼女卖淫罪定罪处罚。同时，对于这一行为形态，确立了相较于第 359 条第 1 款更高的法定刑。

2008 年 6 月 25 日，由最高人民法院、公安部制订的《关于公安机关管辖的刑事案件立案追诉标准的规定(一)》第 78 条确定了引诱、容留、介绍他人卖淫的四种立案追诉条件，包括：引诱、容留、介绍二人次以上卖淫的，引诱、容留、介绍已满 14 周岁未满 18 周岁的未成年人卖淫的等。该司法解释延续了 1997 年《刑法》对于年龄因素的重视。从以上规定可知，引诱、容留、介绍他人卖淫达二人或二次时，可以刑事立案追诉，而当被害人是未成年人时，则取消了这一人数要求，采取了更低的立案标准。

2013 年 10 月 23 日最高人民法院、最高人民检察院、公安部、司法部《关于依法惩治性侵害未成年人犯罪的意见》规定"组织、强迫、引诱、容留、介绍未成年人卖淫构成犯罪的，应当从重处罚"，该意见以司法解释的形式在对幼女的保护之外,进一步扩大了保护范围,使引诱容留介绍 14 岁以上未成年女性以及不满 18 周岁的未成年男性卖淫也得以从重处罚。

如此一来,1997 年《刑法》加上两个司法解释充分引入了年龄因素,从量刑和立案两个方面构成了引诱容留卖淫中对于未成年人的全面保护框架。在这一框架下,危害性最严重的行为是引诱幼女卖淫,依照第 359 条第 2 款,处以 5 年以上有期徒刑或者罚金;危害性较轻的引诱、容留、介绍未成年人卖淫的,依照 359 条第 1 款从重处罚。与此同时,被害人是未成年人的引诱容留卖淫犯罪的立案标准也远低于普通情况,大大提升了对未成年人的保护。

四、摒弃将嫖宿幼女罪废除的失调理念

1997 年《刑法》第 360 条第 2 款规定了嫖宿幼女罪,“嫖宿不满十四周岁的幼女的,处五年以上有期徒刑,并处罚金”。

1997 年《刑法》修改之初,并没有引起司法与理论界的过多争议。与奸淫幼女构成的强奸罪不同,嫖宿幼女行为应在嫖宿幼女罪中评价,基本上成为不争的观点。但近年来,随着几起恶性嫖宿幼女案件的发生,尤其是涉及官员嫖宿幼女案的出现,社会民众对这种行为适用嫖宿幼女罪的公正性与司法公信力产生怀疑。基本的理由是,强奸罪最高刑可以到死刑,而嫖宿幼女罪最高刑只有 15 年有期徒刑,因此,嫖宿幼女罪被认为是典型恶法的认识逐渐形成。[1] 2008 年起,全国人大与全国政协会议期间,不断有全国人大代表、政协委员提出取消嫖宿幼女罪的提案,[2]作为对提案的回应,2013 年最高立法机构的相关部门与最高司法机关的职能部门也对此争议表达了各自的立场:全国人大法工委在《法工委议〔2013〕67 号》文中指出:“一些明显属于强奸性质的案件,被作为嫖宿幼女罪处理,确有降格之嫌……”法工委表示,对于嫖宿幼女罪,将根据全国人大常委会立法规划和计划,纳入下一步刑法修改完善工作中认真考虑。同时,最高人民法院也在《法办函〔2013〕177 号》文中表示“最高人民法院完全赞成废除此罪的

---

〔1〕 学者指出,这种政策压力的实质是“反腐”,而不单单是“反嫖”,但却激活了对嫖宿幼女罪罪刑关系的思考。参见潘星丞、陈芹:《“罪—刑”关系之分析范式:犯罪评价架构——以嫖宿幼女与奸淫幼女之争为切入点》,载《华南师范大学学报》(社会科学版)2013 年第 1 期。应当说,对嫖宿幼女罪的立法正当性质疑的原因来自个案,在转型时期,特别是在一个对官民不平等极其敏感、公权力的公信力逐渐走低的社会,立法上的任何失衡,一旦能给官员带来“受益”的司法结果,必然引起公众对于立法本身的质疑与司法正当性的疑问。

〔2〕 比如,2008 年全国政协委员刘白驹、2010 年全国人大代表孙晓梅、2011 年全国政协委员洪天慧、2012 年全国政协委员甄砚、王月娥、2013 年全国人大代表孙晓梅、2014 年全国人大代表孙晓梅、政协委员朱征夫等均在当年的“两会”上提出废除嫖宿幼女罪的提案。参见《人大代表孙晓梅:嫖宿幼女罪不废,我就没完》,载《北京青年报》2013 年 12 月 17 日。

建议,认为无论从法理上,还是从未成年人保护层面,废除嫖宿幼女罪都有充分理由。”最高立法机关和司法机关的发生使废除嫖宿幼女罪成为主流观点,随后2015年生效的《刑法修正案(九)》正式废除嫖宿幼女罪。

论者对于废除嫖宿幼女罪的理由归纳有:其一,本罪有污名化幼女的嫌疑。[1] 其二,本罪属于轻罪,有放纵犯罪嫌疑,[2]尤其为官员与富人犯罪打开了刑法处罚的“绿灯”。其三,本罪所涉及行为本身就是强奸行为,理应成立强奸罪或者猥亵儿童罪,[3]并可适用强奸罪的加重处罚规定,嫖宿幼女罪的存在毫无必要。因此,该“个罪规范”之设置本身也具有不合理性、不适法性以及其所导致的负价值大大高于其正价值等。[4]

但是,本书认为嫖宿幼女罪的存在总体上是合理的、妥当的,不应当废除。已有的基本认识是,嫖宿幼女的行为不仅侵害幼女的身心健康与性权力,是一种性暴力犯罪,更是对幼女的性剥削行为,是比强奸罪更重的犯罪,而不是轻罪,那种认为本罪属于轻罪的认识与理由不能成立,嫖宿幼女罪及其法定刑规定恰恰体现了儿童优先保护原则与相应的刑事政策;1997年《刑法》所规定的嫖宿幼女罪与法定刑,只是嫖宿幼女罪的基本犯与刑罚,对于更为严重的嫖宿幼女行为,理应在现行刑法框架与刑法解释原理基础上,选择恰当的法条与法定刑适用;司法应当遵循由“罪”到“刑”的适用思路,并且不会导致罪责刑不相适应结果;嫖宿幼女罪是强迫卖淫罪、而不是(奸淫幼女的)强奸罪的特别法条,强迫卖淫罪的加重犯情形理应对嫖宿幼女罪适用。[5] 更为基础,也更为重要的是,语言与文字表达的局限性决定了嫖宿幼女罪最多是一种表述有缺陷的罪名,但没有污名化幼女。从形式上看,嫖宿幼女罪似乎有污名化“幼女”的嫌疑,但将其上升到对“幼女”公然歧视的“高度”,也有不当之嫌。

主张废止嫖宿幼女罪立法的观点大多认为,针对幼女性侵害的刑事立法中,

---

〔1〕 张荣丽:《“嫖宿幼女罪”存废论——基于儿童优先和非歧视原则的分析》,载《妇女研究论丛》2013年第1期;但未丽:《嫖宿幼女罪存废之再思考》,载《中国刑事法杂志》2012年第12期。

〔2〕 安翱:《奸淫幼女罪相关问题探讨》,载《法学评论》2002年第4期。

〔3〕 黄旭巍:《嫖宿幼女罪若干疑难问题研究》,载《武汉理工大学学报》(社会科学版)2006年第1期。

〔4〕 屈学武:《关于取消嫖宿幼女罪的立法反思》,载《法治研究》2012年第8期。

〔5〕 有学者主张,加重情节的嫖宿幼女行为,完全可以适用《刑法》第236条第3款的规定而成立强奸罪的情节加重犯或者结果加重犯。参见劳东燕:《强奸罪与嫖宿幼女罪的关系新论》,载《清华法学》2011年第2期;张明楷:《嫖宿幼女罪与奸淫幼女型强奸罪的关系》,载《人民检察》2009年第17期;李翔:《嫖宿幼女罪司法适用新论——以刑法解释利益平衡为视角》,载《中国刑事法杂志》2013年第9期。还有学者主张,《刑法》第236条第2款(奸淫幼女构成的强奸罪)与《刑法》第360条第2款(嫖宿幼女罪)之间、第236条第2款与第236条第3款之间是基本构成与加重构成的特别关系法条竞合,适用特别法条优先原则,而第360条第2款与第236条第3款之间形成双包含关系,适用从重择一原则。参见王强:《法条竞合特别关系及其处理》,载《法学研究》2012年第1期。

将幼女是否自愿、是否存在金钱交易作为强奸还是嫖宿幼女罪名区分的标准背后存在一个重大的逻辑缺陷,即未满14周岁的幼女拥有性行为的支配权。在强奸罪之外单列嫖宿幼女罪,便面临将幼女视同为妓女的道德不正义。[1] 但是,我们需要注意的是,这种所谓的重大逻辑缺陷是一个真命题吗?立法与司法是否承认过未满14周岁的幼女拥有性行为的支配权?法律应当如何看待幼女的"卖淫"行为?刑法上的性自治权是拒绝与他人发生性行为的自由。只要不同意与他人发生性行为,他人就没有强制的权利,否则就构成犯罪。"强制是一种恶,因为它据此把人视为一无力思想和不能评估之人,实际上是把人彻底沦为为了实现他人目标的工具。"[2]不同意的性行为包括两种情形:其一,法律推定的不同意。如被害人由于没有达到一定年龄而不能行使性的积极自由,因此,即使对性行为表示同意,在法律上也被推定属于不同意,与其发生性行为就可能侵犯其性自治权。其二,事实上的不同意。当行为人使用暴力等手段强暴被害人,显然侵犯了被害人拒绝强制性行为的消极自由。如果我们正视现实,无论是立法还是司法,从来都没有承认过幼女有承诺的能力,也不允许通过个案否证这种立法的推定,更不会认为幼女有刑法上的过错。从这个意义上说,"法律给予所有人同等对待和尊重",[3]所以,污名化幼女的说法难以成立。

应当说,德日三阶层犯罪论体系的犯罪认定逻辑与思路,为我们证明嫖宿幼女罪没有污名化幼女,也不会推导出幼女具有刑法上的被害人过错的结论提供了新的分析视角,也提供了新的理论证成依据。三阶层的犯罪论体系,既适用于对加害人行为性质的判断,也应当适用于对被害人行为性质的认定。其一,对于未达到刑事责任年龄的未成年加害人而言,无责任不代表行为不违法。传统的犯罪构成理论在对犯罪的判断方面存在致命的问题。学者指出,传统犯罪构成理论,只能适用于一种对实害行为"贴标签"的流水化处理过程,即对大量的、反复出现的犯罪只需要适用构成要件的规定性简单地作出判断即可,诸如主体资格是否符合,主观方面是故意还是过失等,而一旦行为的社会危害性模糊不清或行为处于罪和非罪的关节点上,则构成要件所提供的标准便全无用场,这时就再无任何有效的科学方法可供遵循,于是只能在一种难以名状的感悟中完成生杀予夺的裁决。[4] 传统犯罪构成理论对待未成年人不承担刑事责任的犯罪的逻辑认定,也是如此。按照传统犯罪构成理论,似乎主体不适格,行为就不是犯罪。这样就将本来丰富的、分层次的犯罪概念与犯罪认定武断地简单化、线性化了,

---

[1] 参见汪大林:《嫖宿幼女罪:存废之争不能代替立法审慎》,载《检察日报》2013年12月18日。

[2] [英]哈耶克:《自由秩序原理》,邓正来译,生活·读书·新知三联书店1997年版,第17~18页。

[3] [美]约翰·W.海德:《摸着石头过河:中国的法治》,李松锋译,载《比较法研究》2013年第2期。

[4] 冯亚东:《理性主义和刑法模式——犯罪概念研究》,中国政法大学出版社1999年版,第181页。

也导致违法认定与责任承担的混同与混乱。但按照德日的三阶层犯罪论体系，对于未成年或者精神病人“加害”行为，即便刑法基于少年犯罪刑事政策与精神病人刑事责任能力的考量，而对行为人由于没有达到刑事责任年龄与欠缺刑事责任能力的行为，最终不进行刑法非难，但绝对不意味着行为人的行为不为刑法所禁止，行为本身也不具有正当性。“这也表明，幼年人与精神错乱者虽然没有责任，但其行为依然可能是违法的。亦即，行为人是否到达责任年龄与是否具有责任能力，并不影响其实施的行为是否具有违法性。”[1]就像未满16周岁的未成年人的盗窃行为，一定属于刑法中的盗窃范畴一样，只是刑法基于未成年人犯罪刑事政策的考量，规定不从刑法上非难行为人，即不让其承担刑事责任而已。无论是从法律规范意义上，还是从生活经验意义上说，这种行为都是盗窃行为。我们不能因为将这种行为评价为盗窃，而误认为刑法本身已经在非难未成年人。同样的，即使刑法不非难未成年人，也不能否认行为人盗窃行为为法律所禁止，以及这种行为具有违法性的基本属性。这才是问题的关键所在，也是规范刑法的解释与生活中对刑法认识的差别。只有在违法与责任分层次评价的情形下，我们才能得出这一结论。可以说，未满14周岁的未成年人或者未满16周岁的未成年人不具有刑事责任能力的推定，是公共政策或者法律政策的产物，也是贯彻这一公共政策的重要手段，同时也是罪刑法定原则所要求的刑法安定性的要求。按照违法与责任分层次判断的三阶层犯罪论体系，在没有证据证明行为人未满16周岁的情形下，司法机关对实施符合盗窃罪立案标准行为的行为人所适用的强制措施就具有正当性。但是，如果在刑事诉讼过程中，有证据足以证明行为人没有达到承担刑事责任的年龄，那么，无论是按照刑法还是刑事诉讼法，都不应当再对行为人的行为进行刑事法上的非难。不过，这样的处理结果，丝毫不影响行政机关基于行政法规的规定，对行为人进行行政处罚法上的规制。因为盗窃行为为刑法所禁止且具有违法性不言自明。其二，对于未达到承诺年龄的被害人来说，借用违法与责任的概念，刑法表述的是其“违法”的行为性质而不是“责任”承担的内容。在刑法中，以违反被害人意愿为构成要件的犯罪，如果行为人的行为得到了被害人的承诺，则不具有违法性。也就是说，“行为人实施某种侵害行为时，如果该行为及其产生的结果正是被害人所意欲的行为与结果，那么，对被害人就不产生侵害问题。换言之，如果行为人的行为得到了被害人的承诺（同意），那么，该行为就不违法。”但是，这种不违法的认定是有限制的。比如，年幼的人没有达到一定的承诺年龄，由于其欠缺辨认与控制能力，因而其承

---

〔1〕 张明楷：《刑法格言的展开》（第3版），北京大学出版社2013年版，第342页。

诺就是无效的。任何民族的性风俗都禁止与不满一定年龄的未成年人发生性关系。[1] 为此,刑事立法就会在保障个体的性的自主决定权上规定个人的基本选择自由,同时又要确保社会对于维系正常秩序与性安全和对于个体的基本行为期待与义务履行期许。正因为如此,刑法中的法定年龄标准是不可动摇的。[2] 刑法上的承诺年龄的意义就在于此。即便得到幼女承诺的性"同意"行为,仍然可以成立犯罪。以奸淫幼女构成的强奸罪为例,我们可以发现,无论幼女是否"同意",都不会影响强奸罪的成立。此时,即便有所谓的"同意",这种认定也不会污名化幼女。因为立法推定幼女没有承诺能力。对于嫖宿幼女的行为,基于同样的道理,即便有所谓的对"嫖宿"的承诺与同意,也是无效的,嫖宿者的行为是法律上的强制性行为,行为人仍然构成嫖宿幼女罪。而且,我们也不能得出幼女有刑法上罪过的结论,因为刑法不允许评价被害人主观"责任"。从这个意义上说,废除论的主张就是错误的:有效同意的判断标准在于行为对象是否属于卖淫幼女,如果是,则性同意能力是应当肯定的,反之,则应当否定其性同意能力。[3] 因为只要行为人属于幼女,无论是否属于生活意义上的"卖淫女",法律都不能承认其有性同意能力。但同时,我们需要确立的认识是:一方面,幼女的承诺无效,无论立法还是司法都不允许,也不能够对幼女进行刑法上的非难;另一方面,我们必须对幼女行为有个全方位认识(包括犯罪论体系意义上的客观违法与主观责任概念的借用),必须联系相关的行政法规进行准确解读,其行为是卖淫行为不能否认。幼女承诺无效,刑法不得对幼女进行过错判断,但也绝对不意味着这种"承诺"所涉及的行为就是不可以定性的,就不是卖淫行为,甚至得出将这种行为表述"卖淫"行为就是"政治不正确"的结论。道理正如前文所述,不满 14 周岁的人杀人,刑法上不能进行责任非难,但绝对不能得出此种行为不是杀人行为、甚至行为正当的结论。否则,我们就无法理解与解释,没有达到责任年龄的人完全可能被其他法律规制的原因所在。其三,幼女卖淫是为现行行政法规所承认与规制的现实,也证明刑法规定嫖宿幼女罪是污名化幼女的认识难以成立。

此外,嫖宿幼女罪的被废亦带来了一个亟待解决的新问题。立法者出于嫖宿幼女罪污名化幼女的错误认识,通过废除旨在体现幼女是被害人而不是卖淫女的价值观念。但是,我国《刑法》第 358 条第 2 款与第 359 条第 2 款都存在涉及"幼女卖淫"的刑法规定,前者是"组织、强迫未成年人卖淫的",后者是"引诱

〔1〕 钱应学:《关于青海藏族公民强奸妇女罪的探讨》,载《青海社会科学》1989 年第 6 期。
〔2〕 刘光显:《试论强奸罪》,载《法学研究》1982 年第 5 期。
〔3〕 车浩:《强奸罪与嫖宿幼女罪的关系》,载《法学研究》2010 年第 2 期。

不满十四周岁的幼女卖淫的”。在立法者将幼女视为被害人的前提下，既然幼女不是卖淫女，那么“幼女卖淫”也就不能成立。如此一来，对于组织、强迫、引诱幼女卖淫的行为就不能适用第358条第2款和第359条第2款。按照这一逻辑，强迫幼女进行性交易，“致使被害人重伤、死亡或者造成其他严重后果的”仍定为强奸罪一罪，但是，组织、强迫14周岁到18周岁之间的未成年人卖淫并伴有杀害、伤害、强奸、绑架等犯罪行为的，却要根据第358条第3款数罪并罚。两相比较，这反而导致了对幼女的不充分保护。并且，第359条第2款也将会沦为一个僵尸条款。

第十一章 “黄赌毒”犯罪与未成年人思想身心保护

第一节 “黄赌毒”等侵蚀成瘾通径的隔断

我国刑法第六章“妨碍社会管理秩序罪”的第八节规定了“组织、强迫、引诱、容留、介绍卖淫罪”，其中围绕着卖淫这一行为，包括了第358条组织卖淫罪、强迫卖淫罪、协助组织卖淫罪，第359条引诱、容留、介绍卖淫罪、引诱幼女卖淫罪，第360条传播性病罪等罪名。可以说，我国针对卖淫嫖娼行为，构建了一张极为严密的刑事法网，几乎囊括了与之相关的所有行为形态。但是值得注意的是，在这张刑事法网中，对于卖淫嫖娼行为却没有规定为犯罪。与此同时，2013年10月23日最高人民法院、最高人民检察院、公安部、司法部联合制定的《关于依法惩治性侵害未成年人犯罪的意见》规定，对于上述罪名，如果涉及组织、强迫、引诱、容留、介绍未成年人卖淫构成犯罪的，应当从重处罚。既然卖淫嫖娼行为本身不构成犯罪，那么为什么组织、强迫、引诱、容留、介绍卖淫就成立犯罪，且组织、强迫、引诱、容留、介绍未成年人卖淫构成犯罪的，应当从重处罚呢？这其中是否存在着一定的矛盾呢？

无独有偶，刑法第六章“妨碍社会管理秩序罪”的第7节的“走私、贩卖、运输、制造毒品罪”，围绕着毒品规定了第347条走私、贩卖、运输、制造毒品罪，非法持有毒品罪，包庇毒品犯罪分子罪，窝藏、转移、隐瞒毒品、毒赃罪，非法生产、买卖、运输、走私制毒物品罪，非法种植毒品原植物罪，非法买卖、运输、携带、持有毒品原植物种子、幼苗罪，引诱、教唆、欺骗他人吸毒罪，强迫他人吸毒罪，容留他人吸毒罪，非法提供麻醉药品、精神药品罪。相较于规制卖淫嫖娼的罪名，刑法对于毒品犯罪，从原材料到制成品，从生产到销售钩织了更加严密的刑事法网。但是，同样令人疑问的是，本该是这一刑事法网核心的吸毒行为，却被排除出了犯罪圈。但是，引诱、教唆、欺骗、强迫他人吸毒，却成立犯罪，与此同时，引诱、教唆、欺骗或者强迫未成年人吸食、注射毒品的，也需要从重处罚，这背后又是基于什么样的考量呢？

此外，《刑法》第 303 条规定了赌博罪与开设赌场罪，将聚众赌博、以赌博为业以及开设赌场的行为规定为犯罪，但是对于一般的赌博行为，却并不当作犯罪加以处理。同时，2005 年 5 月 11 日最高人民法院、最高人民检察院《关于办理赌博刑事案件具体应用法律若干问题的解释》第 3 条第 2 项又规定“组织未成年人参与赌博的，或者开设赌场吸引未成年人参与赌博的”，应当从重处罚。这里对于赌博罪的规定与前述卖淫以及吸毒的规定采取了近似的立法模式。

前述三种犯罪，简单而言，可以归纳为我们日常认知的“黄赌毒”犯罪。刑法对于这三种犯罪同时采取了一种十分微妙的态度，将其中的核心行为不视为犯罪，而将围绕其展开的各种边缘性行为规定为犯罪，并且对于其中涉及未成年人的边缘行为又要从重处罚，这不得不引起注意。本书认为，这实际上是我国出于“轻轻重重”的刑事政策的考量，对于“无被害人犯罪”作出的一种合理安排。

一、“无被害人”犯罪的概念

所谓“无被害人犯罪”，滥觞于美国学者埃德温·舒尔 1965 年出版的题为《无被害人犯罪》的著作。在该书中，作者首次提出了“无被害人犯罪”（Victimless Crime）的概念，即“人们有强烈的需要，主要在成年人之间依自由意志积极交换的行为，如果属于不为社会承认且被法律所禁止买卖的物品或服务，即构成（无被害人犯罪）”。[1] 对于这些没有被害人的反社会行为，舒尔主张应将其非犯罪化。事实上，在舒尔之前，1957 年英国《吴尔芬登报告》和 1962 年《美国模范刑法草案》就已经提出了将同性恋、卖淫及通奸罪非犯罪化的主张，并引发了不少争议。

1967 年通过的《英国性犯罪法》，规定 21 岁以上的男子之间私下自愿发生的同性恋行为不构成违法；同年通过的《英国堕胎罪法》也提出，如果妊娠是由一个已经注册的开业医生予以终止的，且该开业医生已经提出了善意的意见，则其堕胎手术行为不构成堕胎罪。该规定事实上导致英国堕胎行为的非犯罪化。在美国，总统执法与司法委员会于 1967 年发表的题为《自由社会犯罪的挑战》的报告及 1970 年制定的《美国联邦总合性药物滥用防止及管制法》，逐步实现了部分“无被害人犯罪”的非犯罪化。与联邦立法相呼应，美国一些州也陆续将卖淫、滥用药品、堕胎、公然酗酒等行为非犯罪化。较之英、美两国，欧洲各国虽在“无被害人犯罪”问题上的认识和立法起步较晚，但也取得了较为明显的成果。其中，1967 年的《丹麦刑法》取消了对猥亵文书罪的处罚规定。1975 年的

---

〔1〕 转引自王思海：《无被害人犯罪与未成年人保护》，载《青少年犯罪问题》2002 年第 2 期。

《德国刑法典》废除了决斗、堕胎、通奸、男子间单纯猥亵行为等罪名。在赌博行为的法律性质上，欧洲国家尤其是北欧诸国一般都采取了事实上的非犯罪化态度。荷兰在2003年甚至通过立法承认了安乐死的合法性。

虽然各国都在行动上比较一致地采取将"无被害人犯罪"非犯罪化的措施，但事实上对于何为"无被害人犯罪"，其主要类型有哪些却存在很大的争议。当前国内外学界对"无被害人犯罪"的界定主要有以下几种学说：

第一，"无法益侵害说"。该说强调"无被害人犯罪"是不对法益产生侵害或者危险的犯罪。换言之，"无被害人犯罪"就是保护法益不明确的犯罪。[1] 这派观点的主要代表人是日本学者大谷实。

第二，"纯自愿行为说"。最早提出"无被害人犯罪"学说的美国学者舒尔认为"某些罪行是被害人和犯罪人双方都同意并且自愿交换的行为，如吸毒者与贩毒者之间、赌徒与赌场老板之间、卖淫者与嫖娼者之间等，上述行为的被害人并不认为自己是被害人，他们认为自己是一个利益交换者，是在利益平等的前提下所做的交易，交易双方两厢情愿，甚至都是交易的受益者，并不存谁是被害人的问题。"[2]这一观点强调行为相对人的自愿性。持相同观点的学者还有贝道等人。

第三，"纯伦理保护说"。我国学者着眼于"无被害人犯罪"与传统犯罪的区别，认为"无被害人犯罪"是指专为保护宗教或道德而同个人的生活利益无关的犯罪。持这派观点的学者主要有王恩海、彭磊等人。[3]

第四，"被害人不明显说"。从犯罪的样态上看，有学者提出"无被害人犯罪"是指没有直接被害人或者被害人不明显的犯罪。此观点的主要支持者是王晓辉、李贵方等学者。[4]

上述四种学说从不同的角度对"无被害人犯罪"进行了定义，仁者见仁，智者见智。本书认为"纯自愿行为说"表面上看很有道理，但事实上这个定义的外延明显超出了"无被害人犯罪"的外延，将"被害人承诺"与"无被害人"混淆了。一些国家的刑法对于被害人承诺的问题有所规定，犯罪类型包括在被害人承诺的情形下实施的诸如"决斗""允许伤害""允许偷盗"等犯罪行为。然而，这类犯罪行为虽经被害人同意或默许，但其对被害人法律权益的侵害是客观存在的，不能因为被害人的承诺或不愿追究行为人责任，就否定存在被害人。从这个意

---

〔1〕 参见[日]大谷实：《刑事政策学》，黎宏译，法律出版社2000年版，第86、89~90页。

〔2〕 [日]森下忠：《刑事政策大纲》，成文堂1993年版，第27页。

〔3〕 彭磊：《非犯罪化思想研究》，载《杭州商学院学报》2003年第1期。

〔4〕 王晓辉：《无被害人"犯罪"的视角转换：安乐死之非犯罪化》，载《法学与实践》2005年第2期；李贵方：《西方国家关于"无被害人犯罪"问题的争论》，载《外国法学研究》1989年第2期。

义上讲,“纯自愿行为说”的定义过于宽泛,超出了“无被害人犯罪”的概念范围,不够科学。“纯伦理保护说”的定义本身并没有反映出“无被害人犯罪”的明显特征,容易引起误解;同时,许多“无被害人犯罪”与个人的生活有着密切的联系,诸如同性恋、赌博、吸毒、卖淫等无不与个人生活习性息息相关。如果将其排除在“无被害人犯罪”的定义之外,实有不妥。“被害人不明显说”的定义不符合定义的基本规则,即根据形式逻辑,定义项不能包含被定义项词语。这种定义方式只是将待界定的对象作了同语反复,没有说明待界定对象的本质特征和外延。“概念是解决法律问题所必需的和必不可少的工具。没有限定严格的专门概念,我们就不能清楚和理性地思考问题。”[1]

进而本书认为,从本质上看,“无被害人犯罪”是没有对刑法所保护的法益造成侵害或者威胁的行为。对法益没有侵害是“无被害人犯罪”最本质的特征。正是这个特征使无被害人的侵害行为有别于有被害人的犯罪行为。同时,这个特征也应作为将“无被害人犯罪”非犯罪化的主要理由。因此,在上述四种定义中,本书认为“无法益侵害说”的定义更为合理。“无被害人犯罪”的行为类型包括:(1)非法性行为,包括通奸、同性恋、卖淫、婚前性行为等;(2)赌博;(3)吸食毒品;(4)“安乐死”;(5)自杀;(6)堕胎或避孕;(7)流浪;(8)高利贷;(9)公开酗酒等。有学者认为重婚罪也是属于无被害人的犯罪,但在本书看来,重婚罪本身违背了大多数国家已经建立的一夫一妻婚姻制度,侵害了合法配偶的法益,破坏了家庭的完整性与和谐性。这也正是我国刑法将重婚罪视为侵害公民人身权利、民主权利犯罪的原因。根据“无法益侵害说”,重婚行为构成了对合法婚姻中一方法益的侵害,将其归于“无被害人犯罪”有失偏颇。

就这些行为而言,我们不难归纳出他们之间共同的特征:其一,从危害性方面来看,这些行为本身并没有对其他社会法益产生侵害。换言之,就是除了当事人本身以外没有对其他任何人产生伤害;而对于当事人本身而言,他们不认为在他人看来是伤害的行为对自己产生了危害。其二,从客观形态来看,这些行为基本上是在秘密的情形下进行的,因而很难被发现。其中,除了公开酗酒之外,通奸、同性恋、卖淫、婚前性行为、赌博、吸食毒品、“安乐死”、自杀、堕胎或避孕、流浪、高利贷等行为都是在非公开或秘密状态下进行的。其三,从主观方面来看,侵害行为的双方当事者,无人愿意诉之于法。行为大多基于合意或自愿,即所谓的“自愿交换”(willing exchange),因而当事人双方一般不会主动向国家机关举报或争取救济。其四,从诉讼便利性来看,由于缺少行为人的追诉意愿和积极配

---

〔1〕[美]E. 博登海默:《法理学——法律哲学与法律方法》,邓正来译,中国政法大学出版社 1999 年版,第 486 页。

合，上述行为难以被司法机关察觉，也就难以进入诉讼的视线。即使司法机关发现这种行为或后果，也常常因事实不清、证据不足等客观原因，难以保证迅速、公正地进行审判。

“无被害人犯罪”是西方学者在犯罪日益增多，司法资源不堪重负的情况下提出的一种犯罪类型。对这一犯罪类型的认识与研究，对各国的刑事立法政策和司法实务产生了不可小视的影响。如何看待这种现实存在的社会现象，如何对“无被害人犯罪”进行必要的社会干预，需要从刑法学和犯罪学的基础理论中寻求答案。

二、刑法的谦抑性与“无被害人犯罪”

“无被害人犯罪”的行为违反了社会的主导价值原则和社会规范，但这并不必然使其犯罪化。一个社会对反社会行为的调整和控制体系具有复杂的层次和结构，直接以国家暴力为后盾的刑事规范只是社会规范体系中的组成部分之一。对某一行为用法律手段进行干预必须符合必要性原则和正义原则。对法益侵害程度和社会危害性明显小于传统犯罪的“无被害人犯罪”行为的规制是否除了将其犯罪化之外而别无选择？是否应当优先考虑适用非刑罚的经济、民事、行政乃至道义规范的调整手段，只有在这些手段调整无效的情况下，才将刑罚作为不得已而采用的最后手段？

在思考这一问题时，日本法学家平野龙一提出的刑法谦抑性理论给我们提供了有益的借鉴。所谓谦抑性理论是指：“即使刑法侵害或威胁了他人的生活利益，也不是必须直接动用刑法。可能的话，采取其他社会统制手段才是理想的。可以说，只有在其他社会统制手段不充分时，或者其他社会统制手段（如私刑）过于强烈、有代之以刑罚的必要时，才可以动用刑法。”〔1〕根据这一观点，刑事法律应当具有补充性、不完整性和宽容性的特点。对此，日本学者大谷实的解释是：“刑法所具有的保护法益的最后手段的特殊性被称为刑法的补充性；刑法不介入市民生活的各个角落的特殊性被称为刑法的不完整性；即使现实生活已经发生了犯罪，但从维持社会秩序的角度来看，缺乏处罚的必要性，因而不进行处罚的特性被称为宽容性。”〔2〕

刑法的谦抑性原则与犯罪化的必要性原则有着异曲同工之处。它体现出刑法作为保障社会秩序的最后一道防线的特点。同时刑法的谦抑性原则决定了刑罚资源的稀缺性和刑罚成本的昂贵性，衍生出刑法经济性原则。也就是说，立法

〔1〕［日］平野龙一：《刑法总论》，有斐阁1972年版，第47页。

〔2〕［日］大谷实：《刑事政策学》，黎宏译，法律出版社2000年版，第86、89～90页。

者应该注意对有限的刑罚资源进行合理分配，以满足社会的需要，从而达到效益的极大化。[1] 如果违背这些原则，刑法权任意扩张，人们动辄得咎，那么将不可避免地导致两个后果：一方面窒息了社会生活的活力；另一方面刑罚的效力不断下降。

从限制国家权力的角度出发，刑法的谦抑性源于立法机关滥用立法权，使得刑法呈肢端肥大的弊病。[2] 立法权的滥用必然导致侵害公民的自由和权利，进而势必影响刑法的社会防卫机能，正如著名法学家耶林所说的：“刑罚如两刃之剑，用之不得其当，则国家与个人两受其害。”[3] 出于对滥用立法权的警惕必然要求慎用立法权，这是立法层面上刑法的谦抑性；同时由于刑法的介入必然带来的后果是法律评价与刑罚，而刑罚是以剥夺犯罪人的人身自由、财产甚至生命为代价的，它本身也是一种带有负面效应的恶害性的惩罚手段，因而使用这种恶害性的惩罚手段必须谨慎，加之刑罚权作为一种需要动用公安机关、检察院、法院、监狱等国家机器的公共权力，其发动和适用也必须是谨慎的，这样事实上在司法层面上也包含了一种刑法的谦抑性。[4]

“无被害人犯罪”是一种无法益侵害的行为，其本质特征就是没有对他人的法益造成实质性侵害。根据一般的犯罪构成，没有侵害法益的行为不能被认为是犯罪行为；再者，就主客观相适应的角度而言，“无被害人犯罪”缺乏主观恶性也很难对其定罪。但是，以往各国基于抽象的公序良俗观念，将这些行为犯罪化并设置了刑罚。20 世纪 60 年代以来，西方国家掀起了非犯罪化的司法实践浪潮。所谓非犯罪化，是指将原本法律规范之犯罪行为，通过立法程序或法律解释，将其排除在犯罪之外。非犯罪化刑事政策的意义在于，纠正国家在惩罚犯罪方面过度严厉的倾向，根据刑法谦抑主义的原则，重新审视犯罪。非犯罪化是刑法谦抑性理论催生的具体应用之一。从刑法谦抑性角度出发，“无被害人犯罪”理应予以非犯罪化，理由如下：

首先，从刑法的补充性原则来看，“无被害人犯罪”与社会的公序良俗相抵触，应属于道德规范的调整范畴。属于道德层面的东西本应该依靠道德或者其他的非刑法方法来调整，在使用其他的方法就可以解决矛盾、维护秩序的情况下，就不需要刑法的介入，这是刑法谦抑理论的应有之意。虽然刑法保护的法益中包括了道德伦理，但法律是道德的底线，而作为法律最后防线的刑法亦是最后的选择。因此，刑法只能调整最基本之伦理道德，且仅在道德等其他调整方式不

---

〔1〕 莫洪宪、王树茂：《刑法谦抑主义论纲》，载《中国刑事法杂志》2004 年第 1 期。

〔2〕 [法]卢梭：《社会契约论》，何兆武译，商务印书馆 1980 年版，第 73 页。

〔3〕 [德]耶林：《为权利而斗争》。转引自林山田：《刑罚学》，台湾商务印书馆 1983 年版，第 127 页。

〔4〕 [美]房龙：《宽容》，迮卫、靳翠微译，生活·读书·新知三联书店 1985 年版，第 13 页。

奏效的情况下才能适用。对于“无被害人犯罪”等并非严重违背社会伦理道德的行为，刑法应该让位于伦理道德来调整，即将其作非犯罪化处理。[1]

其次，从刑法的不完整性原则来看，“无被害人犯罪”所涉及的基本上都是公民的私人生活，属于公民隐私范畴的琐碎事务。在质的层面上，其行为大多社会危害性不大，不应成为刑法的调整对象。这也就是西谚中所言的“法律不理会琐细之事”。在量的层面上，“无被害人犯罪的秘密特征，导致其实际样态难以把握，因而很难依法规制。当事者不愿意诉之于法加上证据难以搜集，如果以刑法加以干预，必然需要动用大量的司法资源，有违刑法经济的原则。因此，将“无被害人犯罪”非犯罪化不失为权宜之计。

最后，从刑法的宽容性原则来看，德国于1973年大幅修正刑法时，其政府提案理由书序言很值得我们思考：“应该注意到，刑法只是保护社会一般态度的外部秩序。在今日社会上，有关于婚姻、家庭及性等价值观具有极大的多样化。因而在此领域中，人们的态度、动机及表现具有极大个别化的性质，导致常常无法正确地判断。所以，刑事立法者在此非谦让抑制不可。”[2]这就充分体现了宽容性原则。对于“无被害人犯罪”这样反传统的异端行为，对这些涉及公民自由权利且未伤害他人的行为应该予以充分的尊重和宽容。刑法涉及的是最低限度而不是最高限度的标准，所以应尽可能地尊重个人自由。“整个刑事责任基本原则的核心是限制国家当局滥用刑罚，这些原则表达了政府在创造法律时必须尊重公民的基本权利。”[3]因此，一部宽容、谦抑的刑法应该考虑将“无被害人犯罪”予以非犯罪化。

三、“无被害人犯罪”非犯罪化的与“轻轻重重”刑事政策

不可否认，观念和理论的变迁使得西方国家“无被害人犯罪”的立法与司法发生了翻天覆地的变化，一些西方国家已经或正在将“无被害人犯罪”非犯罪化。因此，从比较法的角度来审视我国“无被害人犯罪”的立法问题有现实的意义，毕竟他国的经验可以为我国的立法选择提供有益的借鉴。然而，把别国具体的法律当作标语虽然简单，但了解其产生的社会背景却是相当困难的。如果不知道相应立法的社会背景，而随便把国外因特殊背景和问题或根据一定的社会

〔1〕 参见黄丁全：《社会相当性理论研究》，载陈兴良主编：《刑事法评论》（第5卷），中国政法大学出版社2000年版，第323页。

〔2〕 转引自［日］宫泽浩一：《现代社会内外刑法思潮》，载宫泽浩一：《刑事法论集》（第2卷），成文堂1976年版，第350页。

〔3〕 ［美］道格拉斯·N. 胡萨克：《刑法哲学》，谢望原等译，中国人民公安大学出版社1992年版，第219页。

现状发展起来的东西当作我们的权威就会发生形式主义的谬误。

在西方，由于人权运动的充分发展，人们权利意识极强，再加上有着完善的社会保障体制，在公众充分讨论的基础上，“无被害人犯罪”的非犯罪化可以说得到了社会的强力支持。但是，如果将“无被害人犯罪”全面非犯罪化毕竟牵涉太广，它不仅要解决伦理道德、习俗观念、法律操作等问题，而且要慎重考虑此项措施在实际执行中所遇到的困难和对社会关系的重大影响，尤其是对传统犯罪理论的巨大破坏，因而只有部分西方国家在近几年才将“无被害人犯罪”作非犯罪化处理，并且其涵盖范围各有不同。换言之，“被害人犯罪”的“非犯罪化”实际上受到刑事政策的极大影响。

（一）刑事立法政策的本体认识

如何选择理性的无被害人犯罪刑事立法政策，需要回归到刑事政策制定的共有模式上来。忽视无被害人犯罪的特殊性、复杂性和敏感性，无视政策制定的背景和各种制约因素，将刑事政策选择的关注焦点完全集中于犯罪化或非犯罪化，都不是一种理性的选择。理性的政策选择必然会周全地考虑到影响政策制定的所有因素，这就要求我们在决策之前应该首先客观地分析这些因素是如何影响和制约政策选择的。只有全面地考察所有重要因素所决定的不同政策导向，最终决策才能真正达到平衡状态。同时要看到，一切影响政策制定的因素又分别受制于不同的价值取向。政策制定者在政策制定过程中，不论其是否意识到，其行为都是在一定的价值观指导下进行的。从本质上讲，不同的因素对政策制定的影响，实质上就是各种价值观念在决策过程中的渗透和制约。

（二）以正义的视角考察无被害人犯罪的刑事立法政策

在正义的视角下考察无被害人犯罪的刑事立法政策包括：其一，犯罪本质与刑法目的在犯罪圈划定中的政策功能决定了犯罪的界定必须以法益侵害为原则。只有对造成法益侵害后果或至少具有法益侵害危险的行为，才有予以犯罪化的必要。而部分犯罪的伦理侵害性与法益侵害的犯罪本质是不相矛盾的。对社会生存不可或缺的伦理道德观被上升为法益时，侵犯该伦理道德的行为也就被上升为犯罪。可见，值得刑法保护的伦理道德，只能是统治者认为对于维系社会的正常发展，从而维护统治的稳定所必需的这部分。在此基础上，刑法具备的伦理品性与刑法的非道德化之间的关系可以得以辩证的认识。对于无被害人犯罪所具有的反道德性，是否应使用刑法手段介入干涉，也就不再具有理论障碍。其二，考察国家刑罚权的正当性。从国家刑罚权的来源和根据探讨，维护人类共同生活秩序的基本条件，确保国家权力安全顺利地行使，是国家刑罚权确立的正当化根据。因此，国家刑罚权的行使需要在积极保障秩序与保持必要的惰性之间形成一种张力。对于无被害人犯罪的介入，刑罚权就应该控制在适当的度上。

其三,刑法谦抑主义思想所包含的刑法不完整性、宽容性、经济性,必然要求适当缩小犯罪圈。该思想渗透进无被害人犯罪的刑事立法政策中,体现出来的就是非犯罪化趋势。其四,自由主义观念要求刑法为公民个人自由提供保障的同时,必须防止这种自由的保护异化为对自由的破坏。因此,刑法在介入无被害人犯罪时,在保护和限制自由之间也应保持张力,在最大限度保护个人自由的同时又要最大限度地保护法益。其五,刑事立法的公众认同与国民欲求是立法政策制定不可忽视的民意基础。在对无被害人犯罪是否犯罪化问题上,需要考察被侵害的社会法益在一定程度上是否还原为个人法益。如此才是可以信服的国民欲求,也是立法能否顺利实施的关键。

(三)以科学性的视角考察无被害人犯罪的刑事立法政策

把握犯罪原因对控制无被害人犯罪具有的重要影响。其中"标签理论"强调了国家干预和官僚机构的反应产生的反讽性后果。由此,在对待无被害人犯罪问题上,要求从宽处置。树立科学的犯罪观,需要正视犯罪的积极功能,以及犯罪的不可消灭性、相对性,这就为无被害人犯罪的刑事立法政策提供了犯罪化与非犯罪化的契机,并要求用历史发展的观点进行刑法法益的选择和犯罪的界定,客观认识刑罚的功能。对于无被害人犯罪是否犯罪化,要看刑罚能否对这些行为进行有效干预。充分重视实证分析在政策制定中的重要价值。

(四)以功利性的视角考察无被害人犯罪的刑事立法政策

在功利的视角中考察无被害人犯罪的刑事立法政策,要求刑法必须承担起维护社会秩序的职能,部分无被害人犯罪对社会秩序的侵害是无法用该行为只针对行为人自己有害的理由忽略掉的。运用经济分析的方法,通过论证刑法规制无被害人犯罪的成本效率,说明刑法介入无被害人犯罪领域必须考虑到刑法资源配置的科学性。这类行为犯罪化后带来的种种执法困境,使立法者在制定政策之前不得不慎重考虑。

(五)以特定性的视角考察无被害人犯罪的刑事立法政策

制定理性的无被害人犯罪刑事立法政策,还需要充分考量各国的具体国情。不同的国家有不同的文化传统和国家制度,不同的时期也有各自的阶段性特征,从而决定了不同国家在不同的时期进行犯罪行为的选择时,会受到不同观念和因素的影响与制约。结合我国的具体国情,从传统文化观念、政治环境与政府政策、经济体制与发展水平、民众观念与社会既有价值偏向、法治现状等方面分析这些因素对我国制定无被害人犯罪的刑事立法政策所带来的影响。法文化传统的差异是导致中西"犯罪分层"不同的根源。我国"法不治众""重理轻法"的传统社会心理和治世经验要求我们缩小刑事立法的打击面,从而形成了定性与定量结合的"犯罪分层"模式,这就决定了我国并不适宜将大量的无被害人犯罪行为放入犯罪圈。传统刑法观念导致立法者对待很多反社会行为都采用刑法手段处理。在这样一种公权力明显强大的文化背景下，处理无被害人犯罪问题切不可操之过急。即使是采取“非犯罪化”的措施也应将重心落在公权力所能及的范围内。

在处理具有强烈“反道德性”色彩的无被害人犯罪时，不能轻易跟随某种潮流将其一味合法化。对于应犯罪化的行为，立法绝不能姑息。目前，我国应将无被害人犯罪的刑事立法政策纳入构建和谐社会整体发展的政策体系之中。为了维护社会秩序的稳定，应当将为社会生存条件的基本保障所不允许的反伦理秩序、反道德的行为纳入犯罪圈；但同时，和谐社会蕴含的以人为本理念对自由价值的关切，公共权力和公民权利间关系的和谐，社会多元化所要求的宽容态度，人性化的刑罚制度设计，犯罪社会对策体系的完善等，都能看出无被害人犯罪的刑事立法政策越来越宽容。我们也要看到，良好的衡平与解决纠纷的机制才是和谐社会内在生命力的体现。犯罪圈的伸缩与社会经济发展之间存在着内在的、深层的有机关联。我国市场经济的发展使国家与社会的一体化格局和政府权力一统天下的局面被打破，这自然就影响到国家刑罚权干预无被害人犯罪的度；社会生产力的标准成为指导刑事立法和犯罪界定的重要标准，是评定犯罪圈设置是否科学的一项应然指标；我国经济转轨背景不可避免会出现失范与失序现象，科学制定预防和控制无被害人犯罪的正确途径必须重视这一客观环境造成的犯罪根源；最后，“刑罚经济”的价值观需要树立与社会市场经济相适应的既要求公正、又讲究经济的注重效益的轻刑化观念。时代变迁导致国民价值观的变化，人民大众对一些传统的犯罪逐渐走向宽容态度。但在尊重社会价值观念多元化的同时，也不能完全忽略社会既有的价值倾向。因此，在我国以后很长一段时期里，刑法对某些行为作否定性评价将仍占主流思想。我国正处于国家本位的犯罪控制模式向“国家·社会双本位”的控制模式的转化期。在这种趋势下，对待无被害人犯罪的刑事立法政策应该向社会本位的价值取向有所偏靠，积极依靠社会力量，不要过于夸大国家权力的效果。

（六）“轻轻重重”的刑事政策——价值冲突、权衡、调和中的理性选择

面对政策制定在正义、科学、功利、立足于不同国情与背景下现实主义的不同价值取向，我们认为最好的刑事政策是社会不断根据犯罪的实际状况和自身理性的价值选择，调整对犯罪的容忍度的平衡艺术。[1] 在一定意义上讲，刑法立法过程实质上就是协调、平衡各种互相矛盾的利益和互相冲突的价值的过程。一个法律制度之所以成功，乃是因为它成功地在冲突价值的一端与另一端之间

---

〔1〕 白建军：《关系犯罪学》，中国人民大学出版社2005年版，第510～516页。

达到了平衡并维持了这种平衡。如何才能实现刑事政策的平衡呢？这需要建构一种法律价值观，即法律的价值中立。它是与价值非中立或者价值倾斜性相对立的价值定位。[1] 它不要求选出一个优于所有价值的特殊价值，而是要进行中庸兼顾、中道权衡，对特殊意愿的追求永远受制于多重价值间的平衡。在中立的法律价值观指导下，我们追求着平衡的结果，即各种价值取向之间的互补和制约。这就意味着在无被害人犯罪的刑事立法政策中应贯穿这样的价值选择：在自由、平等、秩序和安全方面创设一种切实可行的综合体与和谐体；建构一种法律制度，需要正义和功利的有机和谐，而不是强调其一而不顾其他；注重保护机能与保障机能的合理兼顾，而不是顾此失彼或者重此轻彼。简言之，不同的价值取向会导致无被害人犯罪刑事立法政策的制定带有不同的犯罪化或非犯罪化的倾向。面对这种复杂的价值取舍，立法者理性的选择是忠诚于价值中立，即在制定刑事政策时，对各种影响刑事政策制定的价值要素持共存的态度，使价值要素间的互补和制约构成一种整体价值结构的平衡状态，如此制定出的刑事立法政策才不会出现一味犯罪化或者非犯罪化的倾向。当然，这里的均衡并不等同于价值间的绝对均等。在实际情况中，必须是在各种价值兼顾的情况下有所侧重，具体侧重哪一方面应视犯罪形势、具体国情等因素而定。我们关注的是政策制定的整体机制达到均衡状态，这是社会得以健康、和谐、可持续发展的必要条件。因此，确立犯罪化与非犯罪化双轨并行的立法观念，是立法者制定无被害人犯罪刑事立法政策贯穿始终的理性选择。在这种思维下，"轻轻重重"的两极化刑事政策自然成为明智之选。"轻轻"就是对轻微犯罪的处理比以往更轻，"重重"就是对严重犯罪的处理比以往更重。[2] 在我国实行无被害人犯罪的两极化政策并不是偶然，而是有着深刻的社会背景与坚实的理论基础。我们提倡"轻轻重重"策略，就是要对政策制定的各种价值要素，采取中立的态度，利用价值之间的相互牵制达到政策制定中的价值均衡。当然，由于这种价值均衡是动态的整体结构的平衡，不是一成不变的。在一定时期，均衡被打破时，我们就应及时调整政策。

"轻轻"政策在我国立法与司法中实现的具体途径主要是非犯罪化、非刑罚化、非机构化。非犯罪划分为法律上的非犯罪化与事实上的非犯罪化。法律上的非犯罪化是主要形式，它又包括合法化以及违法非犯罪化，后者即刑法的行政化。主导这一非犯罪化动作的内在政策考虑是刑法控制体系与行政控制体系的分工转化。但在我国行政法领域的立法、司法工作仍很落后，现存行政处罚体系

---

〔1〕 谢晖：《价值重建与规范选择》，山东人民出版社 1998 年版，第 34 ~ 39 页。

〔2〕 参见储槐植：《美国刑事政策趋向》，载《北京大学学报》（哲学社会科学版）1985 年第 3 期。

在制裁越轨行为、反社会行为上存在很大的弊端，需要进一步完善。非刑罚即用刑罚以外的比较轻的制裁替代刑罚。[1] 在我国可以考虑将保安处分、社会医疗措施等新范畴纳入传统的以“犯罪”“刑罚”和“罪刑关系”为中心的刑法体系中。[2] 非机构化，或称非监禁化，是刑事执行上的替代措施。在我国目前非监禁化不可能大规模进行的情况下，最好的办法是最大限度发挥缓刑的作用，以及逐步实施“社区矫正”制度。非刑法措施旨在重筑刑法堤坝，建构以道德谴责、民事制裁、行政处罚三位一体，以民事制裁和行政处罚为主的刑法堤坝基础，提高进行刑法制裁的门槛。总之，刑事社会政策的落实反对犯罪治理中的刑事专门正义，运用刑事法之外的社会手段预防犯罪，形成一个复杂层次和结构的社会防控体系。而“重重”政策则体现在严密刑事法网、执行上从严处理上。

在“轻轻”的刑事政策的指引之下，我国将卖淫嫖娼、吸毒与赌博这三类“无被害人犯罪”都作了非犯罪化的处理，但并没有采取合法化的手段，只是将其降格到行政处罚的层面，即行政化。与此同时，由于保护未成年人，是一项发展民主、保障民权民生的工程，是一个国家或政权维系所必须履行的职责。然而在现实中，未成年人的身心健康极易受到“黄赌毒”的侵蚀。《中国青年报》2014 年 12 月 17 日报道《未成年人涉黄赌毒案件增加》指出“未成年人涉足黄、赌、毒类型的犯罪案件开始增加”。出于对未成年人的特殊保护，为了断隔黄赌毒等侵蚀成瘾的途径，在“重重”的刑事政策的引导下，我国又对教唆、引诱、欺骗、容留未成年人卖淫、吸毒的行为以及引诱未成年人赌博的行为规定为从重处罚的犯罪。因此，也就出现了本书在前文所提到的特殊的立法模式。

第二节 赌博：司法解释法定性与酌定性的矛盾识别

《刑法》第 303 条规定了赌博罪和开设赌场罪，“以营利为目的，聚众赌博或者以赌博为业的，处三年以下有期徒刑、拘役或者管制，并处罚金。开设赌场的，处三年以下有期徒刑、拘役或者管制，并处罚金；情节严重的，处三年以上十年以下有期徒刑，并处罚金”。

其中“情节严重”被作为开设赌场罪的加重处罚情节，需要升格法定刑加以处罚。对于“情节严重”的内容，2010 年 8 月 31 日最高人民法院、最高人民检察院、公安部《关于办理网络赌博犯罪案件适用法律若干问题的意见》第 1 条第 7

---

〔1〕［日］大谷实：《刑事政策学》，黎宏译，法律出版社 2000 年版，第 107 页。

〔2〕曲新久：《刑事政策的权力分析》，中国政法大学出版社 2002 年版，引论第 3 页。

项规定是“招揽未成年人参与网络赌博的”。也就是说，根据该司法解释，如果有招揽未成年人参与网络赌博的行为，则应当按照第303条第2款开设赌场罪的第二档法定刑加以处罚。

然而，2005年5月11日最高人民法院、最高人民检察院《关于办理赌博刑事案件具体应用法律若干问题的解释》第5条第3项又规定“组织未成年人参与赌博的，或者开设赌场吸引未成年人参与赌博的”，“依照刑法三百零三条的规定从重处罚”。据此，在网络上开设赌场招揽未成年人参与网络赌博的行为，则应在按照《刑法》第303条第2款开设赌场罪的第二档法定刑的基础之上从重处罚。

当然，前文所述的两个司法解释规定的目的都是为了保护未成年人的身心健康，严惩将未成年人引入歧途的行为人。但是对于“吸引未成年人参与赌博”这一个情节，司法解释既将其界定为“情节严重”，即法定加重处罚情节，又同时规定了“依照刑法第三百零三条的规定从重处罚”，那么后者的性质到底是什么呢？是法定从重处罚，还是酌定从重处罚呢？此外，这样的司法解释是否违背了罪刑法定原则和禁止重复评价原则呢？

一、司法解释中从重处罚的性质界定

（一）基本概念区分

法定从重量刑情节是与酌定从重处罚情节相对的概念，学界最初以刑法是否有明文规定为划分标准，后发展到以刑法是否规定了内容和功能来划分二者。最初，二者的界分标准是“刑法有无明文规定”。随着量刑理论的发展，法定量刑情节与酌定量刑情节的区分标准也在发展。顾肖荣研究员在《量刑原理与操作》（1991）中认为“刑法对其形式和内容都只做概括性的规定”，[1]樊凤林教授在《刑罚通论》（1994）中认为“刑法未明文规定但实际认可”，[2]马克昌教授在《刑罚通论》（2006）中认为“我国刑法认可的”，[3]石经海教授在《量刑个别化的基本原理》（2010）中认为“法律未就其具体内容和功能做出明确规定”。[4] 周金刚博士在《量刑情节研究》（2012）中认为“法律上只作原则性规定”。[5] 从此发展可以看出，认为酌定量刑情节没有在刑法中明文规定这一观点在逐渐得到修正。法定量刑情节与酌定量刑情节的区分标准应是“刑法是否对形式、内容

〔1〕 参见顾肖荣：《量刑的原理与操作》，上海社会科学院出版社1991年版，第33页。

〔2〕 参见樊凤林：《刑罚通论》，中国政法大学出版社1994年版，第402页。

〔3〕 参见马克昌主编：《刑罚通论》，武汉大学出版社2006年版，第175页。

〔4〕 参见石经海：《量刑个别化的基本原理》，法律出版社2010年版，第193页。

〔5〕 参见周金刚：《量刑情节研究》，法律出版社2012年版，第103页。

和功能进行明确规定”。对于酌定从重处罚情节而言,功能是从重处罚,因此,法定从重处罚情节与酌定从重处罚情节的区别在于刑法有没有明确规定其形式、内容。

本书认为,法定从重处罚情节是刑法明文规定内容和功能的,量刑时必须考虑的,在法定量刑幅度内从重处罚的情节。我国的法定从重处罚情节分布在《刑法》和《关于惩治、骗购外汇、逃汇和非法买卖外汇犯罪的决定》(以下简称《决定》),主要是因为犯罪主体身份而从重处罚的情节;因犯罪客观方面特殊而从重处罚的情节即犯罪对象特殊、犯罪时间特殊、犯罪行为手段特殊;因犯罪主体与犯罪客观方面都特殊而从重处罚的情节。从这些法定从重处罚情节可以看出,刑法之所以将这些情节明确规定在条文中是在于,行为的社会危害性和行为人的人身危险性比同种犯罪没有这个情节更大。

(二)司法解释中的从重处罚情节的性质

由于法定从重处罚情节的明确性,通常情况下,在司法实践中法官能非常清楚地区别法定从重处罚情节和酌定从重处罚情节,但司法解释中的从重处罚情节是否属于法定从重处罚情节是值得探讨的问题。探究司法解释中从重处罚情节的性质解决的是在司法实践中这类情节的适用规则问题,即法官在量刑时必须考虑还是根据全案酌情考虑。这一问题在理论层面和实践层面将会得出不同的结论。

在理论层面,法定从重处罚情节的“刑法规定”理解为有立法权的有权机关制定的“刑法”。在我国就是指《刑法》和《决定》。而司法解释是指最高人民法院和最高人民检察院在审判工作和检察工作对具体如何适用法律问题做出的具有普遍效力的解释。在长期的发展中,司法解释已经从最初的就事论事式的解释方式,转变为常规化的对法律文本进行系统性、创设性的解释。司法解释的“立法化”或“泛立法化”现象已经成为我国司法解释的一个基本特征和普遍趋势。[1] 司法解释立法化倾向逐渐引起了学界的注意。但学者普遍认为从理论上讲,司法解释不属于刑法。因此,司法解释不能成为法定从重处罚情节的来源。司法解释中的从重处罚情节应归属于酌定量刑情节,在量刑时酌情考虑。

在实践层面,正是由于司法解释的“立法化”倾向,法官在判决案件包括量刑时都当然地将涉及罪名的相关司法解释拿来适用。司法解释已经从“指导司法实践”变为“指挥司法实践”。因此,在实践层面上,法官们往往将司法解释作为准法适用,对其中的从重处罚情节也当然地当作法定从重处罚情节适用。

然而,这样的现象是否就能使得司法解释中的从重处罚情节不证自明地作

〔1〕 袁圣明:《司法解释“立法化”现象探微》,载《法商研究》2003 年第 2 期。

为法定从重处罚情节适用？这些从重处罚情节是否具有天然的正当性和合理性？本书认为，司法解释中的从重处罚情节不属于法定从重处罚情节，应属于酌定从重处罚情节。

首先，司法解释中的从重处罚情节也存在问题，下文将详细分析其中存在的异化、重复评价、不正当等问题。既然这类情节本身并不是天然的正义、正当或合理，就更不能当然地当作法定从重处罚情节适用。我国《刑法》中规定的法定从重处罚情节是经过慎重地考虑之后立法的。换言之，法定从重处罚情节之所以能直接适用就在于它具有正当性、合理性或达到了某种正义的程度。但现有司法解释中的从重处罚情节很有可能达不到法定从重处罚情节的正当性。

其次，即便司法解释中的所有从重处罚情节都是正当的、合理的，不存在异化、重复评价等问题。但司法解释只是具有司法解释权的机关对于适用法律所做的解释，并不是法，不能解释为法定从重处罚情节的“法”。

最后，将司法解释中的从重处罚情节作为法定从重处罚情节适用扩大了法定从重处罚情节的范围，对被告人不利。我国《刑法》之所以只规定了少数从重处罚情节，原因在于这些情节都是国际社会广泛认同的、经过精拣、确定反映犯罪社会危害性大或行为人的人身危险性较大的事实。从重处罚作为增加被告人刑量或适用更重刑罚的根据，必须慎重。亦即，从限制刑罚权、保障人权、刑罚轻缓化的角度，法定从重处罚情节应严格限制其范围，将司法解释中的从重处罚情节作为法定情节适用就不当地扩大了法定从重处罚情节的范围。

二、酌定从重处罚情节的理论根基

探讨酌定从重处罚情节存在的根据是为了论证其存在的合理性。大部分学者认为，酌定从重处罚情节存在，且应适用于司法实践中。理论上很少有学者质疑酌定从重处罚情节存在的合理、合法性，而否定论者有两种，一种是部分否定，另一种是完全否定。

持部分否定观点的学者对酌定从重处罚情节中某些情节的合理性采怀疑态度。如张明楷教授所提倡的“禁止间接处罚”[1]实际上否定了一部分酌定从重处罚情节作为从重处罚的依据。此外，还有游伟、陆建红研究员提出的“法无明文规定非犯罪情节不得纳入从重处罚情节”[2]这一观点虽然没有明确提出反对酌定从重处罚与酌定从重处罚情节的存在，但实际上部分否定了酌定从重处罚情节。他们的理由在于：其一，从“有利于被告人”和“刑之法定”为出发点，对

---

〔1〕 参见张明楷：《刑法学》，法律出版社2011年版，第513页。

〔2〕 参见游伟、陆建红：《论刑法上的“从重处罚”》，载《法律科学》2000年第6期。

《刑法》第61条的“情节”解释为专指从轻情节。罪前、罪后情节不具有刑法上的意义,不应成为刑事处罚的对象。据此,罪前、罪后反映人身危险性大的酌定从重处罚情节就不得作为从重处罚的依据。其二,《刑法》第61条所称的社会危害程度是犯罪行为已经或可能给社会造成的危害,不包括犯罪人本身对社会存在的潜在危险性。人身危险性不应作为从重处罚的依据。刑法已经明确规定的法定从重量刑情节应予适用,但酌定从重处罚情节不能适用。其三,只有犯罪行为才是犯罪行为人负刑事责任的客观事实基础。其四,从“适用刑法平等”原则出发,除法律有特别规定,否则,身份(如国家工作人员)不得作为从重处罚的依据。[1]

对酌定从重处罚情节持完全否定态度的观点较少,谭剑辉在其硕士论文《酌定量刑情节研究》中提出“酌定从重处罚情节是一种错误的观念和错误的实践”[2]是目前完全否定酌定从重处罚情节的观点的代表。他主要从有利于被告人原则和刑之法定原则对酌定从重处罚情节存在的合理性进行了否定。他认为,“有利于被告原则的提出,从根本上否定了酌定从重处罚情节作为量刑因素的观点与做法。”[3]此外,犯罪人的个人情况不能作为从重处罚的因素,犯罪人的个人情况作为量刑因素是预防目的,使刑罚的分配因为预防的需要而超出犯罪的“害恶”所应该配置的量。他还认为社会形势与发案率上升对应的是一般预防,民愤对应的是特殊预防。这三方面因素作为量刑因素违背了刑罚一体化的精神,并不一定能真正达到预防的需要。最后,他得出结论“把法定从轻量刑情节作为量刑因素具有合理性和现实性,也应该是酌定量刑情节中唯一应该运用于刑罚的一种情况。”[4]

从以上学界的争论可以看出,虽然长期以来,酌定从重处罚情节作为一种约定俗成的称谓和存在的情况得到普遍认同,但还是有学者对酌定从重处罚情节的合理性、合法性提出质疑。本书赞同肯定态度的观点,酌定从重处罚情节作为影响量刑的因素必然有其存在的合理性、历史根基以及法学根基的。

(一)酌定从重处罚情节存在依据之历史根基

1. 酌定从重处罚情节是量刑个别化历史进程中的必然产物

酌定从重处罚情节的产生与发展离不开量刑个别化的发展,我们可以从量刑个别化的历史发展中看到酌定从重处罚情节的根据、外延的产生与延伸。

早期朴素量刑个别化是近代刑事实证学派产生之前以社会危害性为根据

---

〔1〕 参见游伟、陆建红:《论刑法上的“从重处罚”》,载《法律科学》2000年第6期。
〔2〕 谭剑辉:《酌定量刑情节研究》,湘潭大学2002年硕士学位论文。
〔3〕 谭剑辉:《酌定量刑情节研究》,湘潭大学2002年硕士学位论文。
〔4〕 谭剑辉:《酌定量刑情节研究》,湘潭大学2002年硕士学位论文。

的，体现了刑罚报应主义。“刑罚个别化，首先萌生于刑罚裁量领域，表现为量刑个别化。”[1]这一点，就与酌定从重处罚情节契合。行为人承担责任以及责任的大小为实施行为时的意志自由及其状况以及主观恶性大小。因此，主观恶性较大，以及犯罪的结果较重，就是法官在刑罚裁量时考虑从重的因素，即酌定从重处罚情节。虽然说当时并没有酌定从重处罚情节这样的概念，但不可否认的是法官在裁量时会依据行为的社会危害性较大而处以较重的刑罚，这是一种朴素的报应观的体现。

随后近代极端量刑个别化产生，是以犯罪人的人身危险性为根据的量刑个别化。新派的社会责任论否定了客观危害为刑事责任的根据，但人身危险性的引入使酌定从重处罚情节增加了理论根据。反社会倾向的表现通常是犯罪人曾经有过犯罪经历，在当时对累犯还没有完整界定的情况下，有犯罪经历就反映了犯罪人的人身危险性较大，应在量刑上有所体现。这实际上是前科等罪前表现作为酌定从重处罚情节的历史来源。

随着刑罚理论的发展，出现了兼有社会危害性和人身危险性为根据的量刑个别化。这样的量刑个别化中的重要组成部分就包含了酌定从重处罚情节。“我国刑法中各种法定或酌定的关于从轻处罚、从重处罚、减轻处罚、免除处罚的原则性规定和具体规定，以及缓刑、减刑、假释等制度和刑法分则对不同主体、不同行为应受处罚的不同规定，也都是现代理性的刑罚个别化思想的具体体现。”[2]发展到现代理性量刑个别化下的酌定从重处罚情节，就包含了反映社会危害性较大的诸如结果较为严重、行为手段恶劣等事实和反映人身危险性较大的诸如前科、劣迹等事实。

2. 酌定从重处罚情节是量刑情节历史发展中的必然产物

酌定从重处罚情节是在量刑情节发展、演变的过程的出现的，在量刑情节的发展过程中，酌定从重处罚情节也在产生、发展。

威慑刑时代，具有威慑社会作用的因素中有一部分成为独立于定罪环节的量刑情节。犯罪人的主观恶性程度成为刑事责任的根据之一，反映主观恶性程度的因素如犯罪动机、目的等情节相应地影响刑罚的轻重。而当时这种思考并不是在制定法中出现，而是裁判者依职权斟酌适用的酌定量刑情节。因此，威慑刑时代反映主观恶性程度深的因素就会成为酌定从重处罚情节。

威慑刑之后刑法跨入初步合理的罪刑法定、立法威慑、主客观统一、刑罚轻缓化的等价刑时代。等价刑时代的主旨为刑与罪的价值抽象对等，以主客观相

---

〔1〕 石经海：《量刑个别化的基本原理》，法律出版社2010年版，第123页。

〔2〕 石经海：《量刑个别化的基本原理》，法律出版社2010年版，第140页。

统一的法律责任为归责原则。量刑情节在不断地发展与扩张,上一个时代合理的量刑情节也仍然会继续保留,酌定从重处罚情节也是一样。在威慑刑时代产生的依据对犯罪恶害和预防效果产生影响而考虑的自首从轻、累犯加重等量刑情节由于与法律威慑论相一致,被保留下来。与累犯相同性质的前科为酌定从重处罚情节被保留下来。此外,在威慑刑时代对主观恶性的酌定从重处罚情节的标准深化为必须通过某种方式感知,而不能仅凭主观推断。这也是主观归责原则到主客观统一归责原则的变化。

在等价刑时代,很大一部分酌定量刑情节因运用成熟而被法律明文规定而成为法定情节。“法定情节是被习惯法或成文法固定了的酌定量刑情节。”而威慑刑时代的情节则一部分被排除适用,一部分继续成为酌定从重处罚情节在一定的条件下适用。如身份特殊这一酌定从重情节在威慑刑时代因封建思想的影响得以从重处罚,在等价刑时代虽然强调人人平等的观念。“但在一定的情况下,犯罪人特定身份情节可以作为影响量刑的情节由裁判者酌定适用。”〔1〕

至19世纪末20世纪初,刑罚的视角由行为转向了行为人,人身危险性成为量刑的根据之一。这一时代的酌定从重处罚情节主要围绕人身危险性扩张。例如,能说明人身危险性较大的累犯成为从重量刑情节。同样性质的有犯罪经历也表明了人身危险性较大,成为广泛地反映人身危险性的量刑情节之一。大量符合矫正需要,能反映人身危险性较大的酌定从重处罚情节,在法官自由裁量权的规则下,被发现并被采用。如行为人在犯罪前的表现不好,犯罪后不悔过,都可能反映人身危险性较大,而成为酌定从重处罚情节被采用。

20世纪中后期,在系统论的理论基础上折中刑兴盛。折中刑下的酌定从重处罚情节呈现以下特点:其一,报应倾向情节的回归。折中刑下的报应量刑情节,关注已然之罪的轻重,是量刑情节中的基本情节。酌定从重处罚情节言即犯罪中能体现行为人主观恶性大和行为客观危害大的情节。这是“刑法理论中报复倾向的回归”,〔2〕“我国刑法分则中定罪剩余的危害结果转化而来的从重处罚情节,就是典型的报应量刑情节”。〔3〕 其二,威慑量刑情节不再具有主观随意性,而是强调与犯罪的直接关系,必须主客观相统一。如反映主观恶性较大的酌定从重处罚情节必须有客观表现且与犯罪的关系直接、紧密。其三,人身危险性较大的事实继续作为酌定从重处罚情节。其四,与实现预防犯罪有关的功利事实,被不正当地纳入酌定从重处罚情节的范围。一些与犯罪报应或功利要素联

---

〔1〕 周金刚:《量刑情节研究》,法律出版社2012年版,第33页。
〔2〕 [英]史密斯·霍根:《英国刑法》,李贵方等译,法律出版社2001年版,第7页。
〔3〕 周金刚:《量刑情节研究》,法律出版社2012年版,第41页。

系不紧密的因素，因受形势和法官的主观观念影响，被不正确地纳入量刑中，成为酌定从重处罚情节被用于具体案件中，如社会形势、社会舆论、民愤等。

(二)酌定从重处罚情节存在依据之法学根基

1. 酌定从重处罚情节是法官自由裁量权的应有之义

酌定从重处罚情节是法官自由裁量权的体现。“由于我国刑法采取的是相对确定的法定刑，表现为同一犯罪刑罚的种类的多样性和刑期长短的可选择性，在此情况下，如果任由法官自由裁量，科处的刑罚难免轻重失当，为了使法官在量刑时，慎重科刑，达到裁判公允的目的，也就有了量刑上的酌定情节。”[1]量刑需要法官自由裁量，否则，“犯罪分子不再是具体的人，而是法官可以在其背上贴刑法条文的标本”。[2] 在酌定从重处罚情节上，法官的自由裁量权来源于刑法关于量刑原则、量刑根据的授予，即法官可以酌情选择、适用反映行为社会危害性大或行为人身危险性大的事实作为从重处罚的情节。

在肯定法官自由裁量权的同时，必须注意这种对被告人从重处罚的自由裁量权必须受到限制。其一，法官的自由裁量权能最大限度地公正使用，在于法官的法学素养、综合素质和司法独立性。我国现阶段的法官素质虽然在不断地提高，但是整体素质并不高，特别是法律素养。部分法官由于自身法律素养不高或者长期从事刑事审判工作，对被告人形成一种天然的“另眼相看”，这也导致法官在量刑时对酌定从重处罚情节的选择往往能够“一眼相中”，而不深入思考该事实是否属于酌定从重处罚情节或该情节能否被适用来从重处罚被告人。此外，在我国出于各方面原因，司法难以独立，法官判案往往还有隐形的影响力在发挥作用。在这种情况下，具有趋重功能，对被告人增加刑量的酌定从重处罚情节就更需要以严密的规则来限制法官的自由裁量权，以避免对被告人施以不公正、不必要的刑罚。其二，即使是在法官整体素质较高和司法独立性较强的国家，也对法官的自由裁量权进行了限制。

2. 酌定从重处罚情节是刑罚秩序价值与安全价值的体现

动态的社会秩序就是对一定行为的肯定、提倡、限制、否定和制裁。刑罚意味着对一定行为予以处罚、制裁或惩罚。因此，刑罚的秩序价值是其基本价值之一。这种秩序价值就体现在法官对实施犯罪的犯罪人依据其罪行施以刑罚，以此来对这种犯罪行为予以否定和制裁。而酌定从重处罚情节中如犯罪行为手段恶劣(如碎尸)，行为后果严重，主观恶性大(如犯罪动机卑劣)，犯罪人的罪前(如前科、劣迹)罪后表现(如公然藐视法庭、严词拒绝对被害人予以赔偿)较差

---

〔1〕 房清侠:《酌定情节非法定化的反思》，载《河北法学》2001 年第 4 期。

〔2〕 [意]菲利:《实证派犯罪学》，郭建安译，中国人民公安大学出版社 2004 年版，第 176 页。

等,都是法官在量刑时需要考虑的因素,并以此向公众宣告对这类行为或事实进行否定和制裁。这是维护社会秩序的体现。

刑罚的安全价值是在立法和司法中使社会成员对其所居住的环境有一种安全感。这种安全价值体现在对于实施了犯罪行为的犯罪人处以刑罚,以满足社会及其成员安全感的需要。一方面,对社会成员而言,酌定从重处罚情节如果不在量刑中提取和适用,将会直观地对他们的朴素的安全感造成伤害。很难想象对于手段非常残忍的犯罪人(如杀人后碎尸、煮尸),如果不在量刑中将这些事实作为酌定从重处罚情节,将会使公众产生多大的不安全感。因为这些犯罪行为本身就会使人的安全感受损,如果在刑罚裁量时只以杀死一人这一后果为量刑情节,不体现出对其行为手段的惩罚性,就更会使公众的安全感受到更为直接伤害,也会对司法产生怀疑。在法定从重量刑情节有限,不能体现司法实践中纷繁复杂的案件情况时,酌定从重处罚情节体现了刑罚的安全价值。另一方面,以人身危险性为根据的酌定从重处罚情节如果不存在,不在量刑中加以体现,也会使刑罚的安全价值大打折扣。例如,有过好几次犯罪前科和劣迹的犯罪人,再次犯罪,在量刑时如果排除前科这一酌定从重处罚情节,而在同样的情况下施以与初犯相同的刑罚。那么,有几次前科和劣迹的犯罪人与初犯的犯罪人同时执行刑罚完毕回归社会,有前科的人身危险性较大的犯罪人将会对社会造成不稳定因素,给社会成员造成不安全感。因为对于普通大众而言,身边有曾经几次犯罪的犯罪人,其不安全感肯定大于身边有只有一次犯罪的犯罪人。

三、酌定从重处罚情节的适用根据

探讨酌定从重处罚的适用根据,是在酌定从重处罚情节存在具有合理性的基础上,探讨其背后设置的依据是什么。从前述酌定从重处罚情节发展的历史就可看出,其适用依据存在着从社会危害性到人身危险性到二者兼有的发展过程。因此,本书主要探讨社会危害性和人身危险性能否作为酌定从重处罚情节的适用根据。

(一)社会危害性

“我国传统的刑法学体系可以称为社会危害性中心论的刑法学体系。”[1]在这种体系下,犯罪与刑罚都围绕社会危害性展开解释。社会危害性作为酌定从重处罚情节的适用根据不存在很大争议,但也有否定说。

否定说主要是来源于量刑根据基于责任主义的立场的学者。从其基本观点中可以提取出酌定从重处罚情节以社会危害性作为根据,存在以下问题:其一,

---

〔1〕 参见陈兴良:《刑法哲学》,中国政法大学出版社1996年版,第671页。

社会危害性下可能将并非刑法上的违法事实作为量刑的根据。例如,杀人后碎尸比单纯的杀人通常除以较重的刑罚。但碎尸行为只是一般意义上的应受谴责的行为,而不是刑法评价的行为,所以,不能作为升高责任刑的基础。社会危害性下并不区分违法、有责,而是抽象地判断,不区分刑法上的违法事实和刑法外的违法事实,而是笼统地评价。其二,社会危害性下可能将并无责任的违法事实作为量刑的根据。无责任的违法事实不能作为责任刑的情节,但社会危害性这一抽象的概念,极有可能将客观的危害结果作为从重处罚的根据,从而使被告人承受本不应当承受的刑罚。其三,将抽象的社会危害性作为量刑根据容易导致间接处罚。其四,抽象的社会危害性量刑标准可能导致处罚事由的不当扩张,如犯罪过程中故意或过失导致的轻微伤。轻微伤作为酌定从重处罚情节使原本在刑法上并不评价的行为受到处罚。其五,抽象的社会危害性作为量刑根据还会导致量刑的随意性,如依据社会影响大而从重处罚。[1]

本书认为,社会危害性应作为量刑根据,也是酌定从重处罚情节的成立根据。其一,社会危害性是罪刑均衡的标准。“我们已经看到什么是衡量犯罪的真正标尺,即犯罪对社会的危害。”[2]贝卡利亚的论断意图说明的意思就是:刑罚的轻重是由犯罪的社会危害的大小所决定的,犯罪的社会危害就是刑罚的标准。同时,犯罪的本质是严重的社会危害性。犯罪的社会危害性较大就会在刑罚中有所体现,反映对社会危害较大的事实自然可以作为酌定从重处罚情节。其二,社会危害性虽具有抽象性,但正是因为这种抽象性才使得社会危害性的生命力持久。在司法实践中,形形色色的案件并不是普通民众、理论者可以想象的。一个具体的、限定的概念不能涵盖司法实践中种种反映犯罪对社会危害大小的事实。因此,抽象的社会危害性较大可以包含司法实践中多样化的酌定从重处罚情节。其三,社会危害性的评价具有民众性和伦理性。以具有民众性和伦理性的社会危害性为适用依据,是酌定从重处罚情节安全价值的体现。“所谓犯罪社会危害性评价的民众性,是指在评价犯罪社会危害性时不能脱离民众的主观感受和价值判断。”[3]伦理性是指社会危害性的评价不能离开正面伦理的影响与制约。社会危害性评价的伦理性实际上是一个评价视角,或者说,社会伦理的侵害就是社会危害性的一个方面。从民众性和伦理性角度可以解释为什么碎尸或者说手段残忍能成为酌定从重处罚情节,普通民众在面对碎尸这一杀人手段时,对这一行为的反应肯定是在刑罚上要从重处罚。

---

〔1〕 张苏:《量刑根据与责任主义》,中国政法大学出版社 2012 年版,第 77 ~ 83 页。

〔2〕 [意]贝卡利亚:《论犯罪与刑罚》,黄风译,中国大百科全书出版社 1993 年版,第 63 页。

〔3〕 马荣春、周建达:《犯罪危害性刑法学地位的新视角:犯罪危害性的属性》,载《刑法论丛》2009 年第 1 卷。

(二)人身危险性

对于酌定从重处罚情节的理论根据是否包括人身危险性争论较大。这实际上与人身危险性本身争议有关。虽然说在人身危险性发展的历史长河中,它曾被歪曲,但犯罪人的人身危险性是客观存在的,它客观地反映了犯罪人再次犯罪可能性。

人身危险性能否作为酌定从重处罚情节的理论根据,在理论界有较大的争议。争议主要是在于在人身危险性的量刑功能上有双向功能说、单向功能说和限定功能说。

双向功能说主张,人身危险性在量刑中具有双向功能,即可依据人身危险性较轻而从轻处罚,也可依据人身危险性较大而从重处罚。人身危险性的大小实际上表明了犯罪人改造的难易程度,人身危险性较大意味着改造犯罪人的难度大、时间长,在刑种和刑量上就较重。

单向功能说认为,人身危险性只具有单向的功能,即只能根据人身危险性较小而从轻处罚,不得因为人身危险性较大就从重处罚。具体而言,其主要理由在于:其一,刑罚个别化原则不能过分地看重人身危险性的分量,只能将人身危险性功能限制在从宽范围内。其二,人身危险性作为从重处罚的理由,缺乏法理和法律依据,特别是酌定从重处罚。而从轻、减轻处罚的理由,有充分的法理及法理依据。“单纯的体现人身危险性的事实,而不体现社会危害程度的事实,是不能作为对犯罪人从重处罚的依据的。”[1]反映人身危险性较大的前科、劣迹不是一种实际的社会危害,不是处罚的对象。因此,人身危险性不能作为酌定从重处罚情节的理论依据。

限定功能说赞成人身危险性的双向功能,但同时认为对其功能应加以限定。其中,又分为了双向限定说与从重限定说。双向限制的观点是从罪刑法定原则出发,刑罚裁量中人身危险性因素必须以刑法明文规定为依据。从重限定说主张对犯罪人的从重处罚必须以刑法明确规定为前提,即不能依据刑法未规定的人身危险性较大的情形对犯罪人从重处罚,这实际上是否认人身危险性作为酌定从重处罚理论根据的观点。他们认为,“非犯罪情节,是指犯罪事实以外与犯罪人密切相关的,表明犯罪人人身危险性的事实。”[2]并且明确提出“非犯罪情节在刑法没有明文规定的情形下,不得作为从重处罚的依据。”其理由在于:一是以有利于被告人为出发点,“刑之法定”为标准,得出《刑法》第61条的“情节”仅指从轻情节。二是罪责刑相适应原则涵盖了禁止违法将非犯罪情节作为从重

---

〔1〕 参见游伟、陆建红:《人身危险性在我国刑法中的功能定位》,载《法学研究》2004年第4期。

〔2〕 参见游伟、陆建红:《人身危险性在我国刑法中的功能定位》,载《法学研究》2004年第4期。

处罚依据。三是刑法人人平等原则。四是禁止将非法定的非犯罪情节作为从重处罚的依据有助于制约法官的自由裁量权。[1]

本书认为,单向功能说和从重限定说均有失偏颇。

第一,从逻辑上说,二者排除或者限定人身危险性从重处罚的功能不符合逻辑。人身危险性既然能作为从轻处罚的依据,就应对应地是酌定从重处罚的理论根据。仅仅限定为从轻功能,不免过于刻意。

第二,刑罚个别化不应过分强调人身危险性的作用,这一点本书也赞同。刑罚应主要以社会危害性为基础,但这并不能得出人身危险性只有从轻功能的结论。

第三,保障被告人人权并不等于定罪与量刑完全从有利于被告人出发,更应遵循罪刑法定、罪责刑相适应等基本原则。完全从有利于被告人出发很可能得出很多不合理的结论,若以此为标准,很多有酌定从重处罚情节的犯罪人在量刑时将与没有这个情节的犯罪人刑罚量一致。这一方面不能体现出罪责刑相适应,也不能体现刑罚个别化原则,最重要的是,这对于犯罪人改造和社会公众对正义的感知都有弊端。实际上,在实践中,不可能期待有过几次前科的犯罪人与初犯的犯罪人在改造上以同样的刑种或刑期就能达到一样的效果。

第四,以人身危险性为根据的酌定从重处罚情节在具体的案件中实际上客观存在,并且体现了对社会的危害程度。例如,前科对社会的危害就在于:一方面,在量刑时不考虑这个情节会使有前科的犯罪人与无前科的犯罪人可能判处同样的刑罚,这不利于犯罪人的改造。在司法实践中还有在本次犯罪前有 3 次以上犯罪经历的犯罪人,对这些犯罪人不考虑前科的酌定从重处罚情节,可以预想,他们和只有一次犯罪经历的犯罪人在同样的刑期执行完毕后对社会的潜在危险度是不一样的。另一方面,法的价值之一在于社会秩序与安全,不考虑反映人身危险性的酌定从重处罚情节而量刑,必然给公众的安全感造成一定的伤害,甚至会使他们怀疑司法的权威与公正。

本书认为,人身危险性在量刑上具有双向功能,应作为酌定从重处罚情节的理论根据。这无论从理论层面还是实证层面分析,都有其合理性。

在理论层面,刑罚的目的是最大限度地预防犯罪,这是我国刑法学界的通说。犯罪预防包括一般预防与特殊预防。一般预防包括了对被害人的补偿、安抚,其他守法者的稳固、强化,预防未然的犯罪人实施犯罪。特殊预防包括了对犯罪人剥夺或限制再犯能力,个别感化、威慑、改造,潜在犯罪人的一般威慑与一般鉴别,预防犯罪人重新犯罪。特殊预防就是通过对人身危险性较大的犯罪人

---

〔1〕 参见游伟、陆建红:《人身危险性在我国刑法中的功能定位》,载《法律科学》2000 年第 6 期。

施以较重的刑罚，剥夺或限制其再犯能力，以对其进行威慑、改造。对于有前科、劣迹等反映人身危险性较大的酌定从重处罚情节的犯罪人，要施以更重的刑种或刑罚量，比初犯的犯罪人多一些时间来限制犯罪能力，改造他们使之在刑罚执行完毕后犯罪的可能性减小。特殊预防与一般预防具有紧密的联系，一般预防是通过特殊预防来发挥作用的。如果排除反映人身危险性的酌定从重处罚情节，特殊预防的效果较差，难以发挥刑罚的功能，进而使一般预防的效果也差，不足以有效地警告、教育、防止社会上可能犯罪的人不犯罪。[1]

从实践层面分析，实践中占酌定从重处罚比例较大的就是前科、劣迹等反映人身危险性较大的酌定从重处罚情节。法官在量刑时考虑了被告人曾经犯罪或者曾经有吸毒等劣迹的情况，但并不是仅仅考虑人身危险性较大的情况，而是全面地考虑了人身危险性较大和较小的各种情况。司法解释中也有相关规定了人身危险性应作为酌定从重处罚情节的根据。如最高人民法院《关于审理倒卖车票刑事案件有关问题的解释》第 2 条规定“曾因倒卖车票受过治安处罚两次以上或者被劳动教养一次以上，两年内又倒卖车票，构成倒卖车票罪的，依法从重处罚。”都体现了人身危险性应作为酌定从重处罚情节的根据。

综合以上分析，可以得出结论——人身危险性不应仅仅作为从轻、减轻处罚情节的根据，而应肯定人身危险性在刑罚裁量中的从重和从轻、减轻双向的功能。体现从重处罚的功能则包含了反映人身危险性较大的法定从重处罚情节与酌定从重处罚情节。

我们回归到《刑法》第 303 条及相关的司法解释。从上文的分析，我们可以得出的结论是：司法解释中所针对“组织未成年人参与赌博，或者开设赌场吸引未成年人参与赌博的”行为进行从重处罚，是一种酌定从重处罚情节。它依据的是组织未成年人参与赌博，或者开设赌场吸引未成年人参与赌博的行为人，其造成的社会危害性大（对未成年人的身心健康会造成极其恶劣的影响）。

对于该类行为人进行从重处罚，本书认为无可厚非，但是本书想强调的一点是，司法解释毕竟不是刑法条文，虽然在实践层面，司法解释有“立法化”倾向，法官在判决案件包括量刑时都当然地将涉及罪名的相关司法解释拿来适用，司法解释已经从“指导司法实践”变为“指挥司法实践”，不可否认的是，司法解释增加了大量的酌定从重处罚情节，是非常实用、好用的，但是这样扩张性的司法解释的大量存在，有违背罪刑法定原则的嫌疑。

---

〔1〕 参见汪娟：《酌定从重处罚情节研究》，西南政法大学 2014 年硕士学位论文。

四、酌定从重处罚情节的悖论

本书认为,从罪刑法定原则所蕴含的基本理念及其衍生出的刑法逻辑来看,在我国刑法理论和司法实践中习以为常的酌定从重处罚情节,本身存在严重的悖论。

(一)悖论之一:有违"法无明文规定不处罚"

罪刑法定原则应当包括"法无明文规定不为罪"和"法无明文规定不处罚"两个方面的基本内容。但是,我国刑法理论和司法实践似乎只看到"法无明文规定不为罪"的一面,或者说把罪刑法定原则仅仅理解为"法无明文规定不为罪",在很大程度上忽视了"法无明文规定不处罚"。实际上,从刑法的发展历史来看,虽然出现过"以罪统刑"和"以刑统罪"两种思想倾向,但不可否认的是,罪始终是为刑服务的,换言之,罪的设置始终是为了实现合理的刑罚处罚。因此,"法无明文规定不处罚"才是罪刑法定原则的中心。正因如此,贝卡里亚把罪刑法定原则表述为"只有法律才能为犯罪规定刑罚"。[1] 也正因如此,费尔巴哈把"无法无刑(法无明文规定不处罚)"置于刑法最高原则,并且把"无法无罪(法无明文规定不为罪)"解释为"因为法律规定对特定的行为给予刑罚威慑,是法律上的必要的前提条件"。[2] 从表面上看,"法无明文规定不处罚"的含义是:不得处罚法律没有明文规定需要处罚的行为。据此似乎可以得出这样的结论:只要法律明文规定需要处罚某种行为,那么在法定刑幅度内依据法律没有明文规定的情节从重处罚都是合法的。换言之,即便适用酌定情节对被告人从重处罚,也是在法定刑幅度内的处罚,因而既实现了罪的法定,也实现了刑的法定。但实际上,从罪刑法定原则的价值意蕴和当代罪刑法定原则的核心内容来看,这种结论显然有悖于"法无明文规定不处罚"。

罪刑法定原则产生的历史背景是17、18世纪西方资产阶级革命,是资产阶级革命的重要成果之一。资产阶级革命的对象主要是封建王权和教权,起初罪刑法定为反对封建王权提供了有力的思想支撑,后来成为了反对专横权力的法律原则,其目的正在于保障人权。正如日本学者所指出:"罪刑法定原则,是为了对抗中世纪封建国家当中,以国王以及官僚即法官所具有的生杀予夺的大权为背景的肆意专治裁判(罪刑专断原则),在近代市民阶级兴起的过程中所产生

---

〔1〕[意]贝卡里亚:《论犯罪与刑罚》,黄风译,中国大百科全书出版社1993年版,第11页。

〔2〕[德]安塞尔姆·里特尔·冯·费尔巴哈:《德国刑法教科书》,许久生译,中国方正出版社2010年版,第31页。

的,它是保护市民的权利和自由的原则。”[1]在当代,罪刑法定原则的这一价值倾向不仅没有削弱,而且通过刑罚法规的明确性、适正性、罪刑均衡等实质性内容得到了补充和强化。罪刑法定原则的经典表述来自于费尔巴哈的“无法无刑”和“无法无罪”,即“法无明文规定不处罚”和“法无明文规定不为罪”。从这一表述无论如何也不能得出“法有明文规定应处罚”和“法有明文规定应定罪”的结论。由此来看,正因为有了限制国家刑罚权的价值意蕴,才使人们把罪刑法定原则表述为“法无明文规定不为罪,法无明文规定不处罚”。因而,判处刑罚和刑罚量的增加都应当有法律的明文规定。

加重处罚无疑属于刑罚量的增加,突破了刑罚幅度的上限,是无根据之刑,因而遭到了现代刑法理论和实践的否定。但是,依据酌定从重处罚情节而增加的刑罚量是否属于无根据之刑?这需要认真讨论。刑罚的量可分为常量和变量。前者是指仅仅依据符合构成要件的事实而决定的刑罚量,不受量刑情节的影响;后者是指依据各种量刑情节对刑罚的常量进行取舍后形成的刑罚量。例如,在累犯的场合,对行为人所实施的新罪应当判处的刑罚常量,是指仅依据符合新罪构成要件的事实而判处的刑罚量。在应当判处的刑罚常量的基础上依据行为人属于累犯这一法定从重处罚情节而最终判处的刑罚量,就属于刑罚的变量。可见,决定刑罚变量的不是犯罪情节,而是量刑情节。依据从宽量刑情节而作出的刑罚的变量就小于刑罚的常量,依据从严量刑情节而作出的刑罚的变量就大于刑罚的常量。以刑罚的常量为基数来看,依据从宽量刑情节作出的刑罚的变量就属于刑罚量的减少(刑罚的减量),而依据从严量情节作出的刑罚的变量就属于刑罚量的增加(刑罚的增量)。在我国,由于从严量刑情节包括法定从重处罚情节和酌定从重处罚情节,所以刑罚量的增加就包括依据法定从重处罚情节增加的刑罚量和依据酌定从重处罚情节增加的刑罚量。由于法定从重处罚情节是刑法明文规定的量刑情节,所以依据该情节增加的刑罚量于法有据;相反,由于酌定从重处罚情节不是刑法明文规定的量刑情节,所以依据该情节增加的刑罚量则于法无据。既然依据酌定从重处罚情节而增加的刑罚量没有法律上的根据,那么适用该情节就违反了罪刑法定原则。

虽然现代刑法理论把罪刑法定原则的派生原则概括为多个方面,但一致认为当代罪刑法定的核心原则是刑法的明确性。如德国学者指出,在罪刑法定原则的四个派生原则(禁止类推、禁止以习惯法入罪、禁止溯及既往和明确性要求)中,明确性原则处于中心或者支配性地位。因为其他三个原则(尤其是禁止类推和禁止以习惯法入罪)都是以法律的明确规定为前提。当一个行为没有被

[1] [日]曾根威彦:《刑法学基础》,黎宏译,法律出版社2005年版,第8页。

法律明确规定为违法行为时，是不允许将其入罪的，即使这个行为有悖法律的意义。[1] 我国学者指出，明确性是限制国家权力、保障国民自由的基本要求。因为不明确的刑法不仅不具有预测可能性的功能，国民在行为前仍然不知道其行为的法律性质，必然造成国民行动萎缩的后果，而且为国家机关肆意侵犯国民的自由找到了形式上的法律根据，比没有刑法更容易侵犯国民自由，同时还意味着有意或者无意抹杀民意。[2] 由此来看，"法律的明确规定"包括两个方面的要求：一是法律有规定，二是法律的规定应当明确。如果法律虽然有规定，但规定不明确，则意味着没有规定，因为法官会依据含混不清的规定任意解释法律。我国《刑法》第3条使用的是"明文规定"，而不是"明确规定"。那么，二者之间是何种关系？对此，我国学者指出："明文只是明确的前提，即使具备明文规定也并不意味着一定能够达到明确。因为即使刑法对构成要件作出了明文规定，但这种规定若在含义上是模糊的，人们无法据此判断行为后果，同样应认为是不明确的。"[3]本书认为，"明文"与"明确"没有实质差异，完全可以把"明文"解释为"明确的文字"，相应地，应当把我国《刑法》第3条中的"明文规定"解释为"用明确的文字加以规定"。

刑法的明确性包括罪的明确性和罚的明确性。罚的明确性意味着任何刑罚量的增加都应当有刑法的明确规定。从重处罚既然属于刑罚量的增加，那么就应当有刑法的明文规定。法定从重处罚是法律明确规定的从重处罚，所以符合刑法的明确性要求。与此不同，酌定从重处罚没有法律的明确规定，所以适用该情节就违背了刑法的明确性原则，从而违背了"法无明文规定不处罚"。

（二）悖论之二：与法定从重处罚情节冲突

法定从重处罚情节，是指刑法明文规定的应当从重处罚的量刑情节。我国刑法中的法定从重处罚情节有三个特点：其一，法定从重处罚是法律明文规定的量刑情节，即具有法定性；其二，法定从重处罚情节意味着刑罚量的增加，即具有从重性；其三，从我国刑法的相关规定来看，法定从重处罚情节属于应当型情节。法定从重处罚情节的这三个特点实际上为刑法中的从重处罚划定了界限，所以，任何不符合法定从重处罚之特点的从重处罚都是不妥当的。下面以累犯、再犯与前科的关系为例来说明。

前科，顾名思义，就是指行为人曾被科处过刑罚。我国刑法理论一致认为，前科属于酌定从重处罚情节。但是，以行为人有前科为依据而从重处罚与刑法

[1] [德]克劳斯·罗克辛：《德国刑法中的法律明确性原则》，黄笑岩译，载梁根林、[德]埃里克·希尔根多夫主编：《中德刑法学者的对话：罪刑法定与刑法解释》，北京大学出版社2013年版，第32~33页。
[2] 张明楷：《罪刑法定与刑法解释》，北京大学出版社2009年版，第50~51页。
[3] 杨剑波：《刑法明确性原则研究》，中国人民公安大学出版社2010年版，第31页。

规定的累犯和再犯存在冲突。《刑法》第 65 条第 1 款规定了一般累犯的成立条件,第 66 条规定了特别累犯的成立条件,而且规定对于累犯应当从重处罚。从逻辑关系来看,累犯中的前罪都属于前科。但是,从累犯的成立条件来看,刑法只规定依据构成累犯的前科对行为人从重处罚。换言之,刑法只把符合累犯成立条件的前科作为对累犯从重处罚的依据,除此之外的所有前科均不应当成为对累犯应当从重处罚的依据。就一般累犯而言,作为从重处罚依据的前科只能是应当判处有期徒刑以上刑罚之新罪发生前 5 年内行为人实施的刑罚已经执行完毕或者赦免的被判处有期徒刑以上刑罚之罪。以下前科不能作为从重处罚的依据:其一,应当被判处有期徒刑以上刑罚之新罪发生前行为人实施的没有被判处有期徒刑以上刑罚之罪;其二,不应当判处有期徒刑以上刑罚之新罪发生前行为人实施的任何犯罪;其三,在应当判处有期徒刑以上刑罚之新罪发生之日起 5 年以前(不包括 5 年)行为人实施的刑罚已经执行完毕或者赦免的被判处有期徒刑以上刑罚之罪。就特别累犯而言,作为从重处罚之依据的前科只能是新的危害国家安全犯罪、恐怖活动犯罪、黑社会性质的组织犯罪发生之前行为人曾经实施的危害国家安全犯罪、恐怖活动犯罪、黑社会性质的组织犯罪,除此之外的任何前科都不能作为对行为人从重处罚的依据。

再犯,即行为人再次犯罪。从形式上看,再犯是就再次犯罪而言,而前科是就曾经的犯罪而言。但从实质上看,二者之间没有区别。再犯意味着在犯新罪之前曾经犯过罪,其成立以行为人有前科为前提。前科的成立虽然不以发生新罪为条件,把曾经的犯罪都可以称作前科,但如果没有新罪的发生,前科在刑法上就没有任何评价意义。所以,就刑法评价而言,前科与再犯之间可以画等号。因而,前述累犯与前科的关系也表达了累犯与再犯的关系。具体而言,任何累犯都属于再犯,所以累犯的成立条件表明,刑法只把成立累犯的再犯作为应当从重处罚的依据,除此之外的再犯都不应当被作为从重处罚的依据。值得注意的是,《刑法》第 356 条规定:“因走私、贩卖、运输、制造、非法持有毒品罪被判过刑又犯本节规定之罪的,从重处罚。”此即我国刑法对毒品犯罪之再犯的规定。依照此规定,毒品犯罪的再犯应当从重处罚。毒品犯罪的再犯的成立条件是:前罪是走私、贩卖、运输、制造、非法持有毒品罪,后罪是刑法分则第六章第七节规定的所有犯罪。这是我国刑法明文规定的唯一的再犯从重处罚的情形。这一规定表明,刑法只处罚毒品犯罪的再犯,除此之外的不符合累犯条件的再犯都不应当从重处罚。前科与再犯在刑法评价上的同一性表明,刑法只是把作为前科的毒品犯罪作为从重处罚的依据,除此之外的不符合累犯条件的前科都不应当作为从重处罚的依据。不仅如此,并不是所有的毒品犯罪都可以成立毒品犯罪的再犯。刑法分则第六章第七节共规定了 11 个毒品犯罪,属于毒品犯罪再犯之前罪的只是走私、贩卖、运输、制造毒品罪和非法持有毒品罪，而后罪则包括11个毒品犯罪。所以，除走私、贩卖、运输、制造毒品罪和非法持有毒品罪之外的9个毒品犯罪不能成立毒品犯罪的再犯。既然如此，那么这9个犯罪如若不符合累犯的成立条件，就不是从重处罚的对象。基于再犯与前科在刑法评价上的同一性，不能把除走私、贩卖、运输、制造毒品罪和非法持有毒品罪之外的9个毒品犯罪作为11个毒品犯罪的前科在刑法上进行评价。

由上可见，在刑法明文规定了从重处罚情节的情况下，任何非法定的从重处罚都是不妥当的。相应地，作为非法定的从重处罚之依据的酌定从重处罚情节，是不能被允许适用的。

（三）悖论之三：不符合量刑基准的基本要求

量刑基准，顾名思义，即裁量刑罚的基础和标准。合理的量刑基准对于保障人权和量刑规范化建设具有重要的现实意义。但是，量刑的基准到底是什么？这在我国并不是一个很清楚的问题。换言之，在我国刑法理论上虽然有“量刑基准”这一用语，但无量刑基准的实质内容。

从当前各级法院所颁布的一些量刑规范化意见来看，所谓量刑基准主要是由犯罪事实和量刑情节来决定的，其基本的思路是：首先，依据犯罪事实来确定量刑幅度，其次，依据各种量刑情节来决定从重、从轻、减轻或者免除处罚。这一量刑思路反映出的最大问题是没有对各种量刑情节进行类型化，并以此来限制量刑情节的作用范围，致使各种量刑情节之间可以任意抵消。例如，在行为人属于再犯但有自首情节的案件中，自首情节所具有的从轻处罚的功能往往被再犯所具有的从重处罚功能抵消。诚然，自首属于法定的从宽处罚的情节，再犯属于酌定从重处罚的情节，两者都表现了预防的必要性，而且前者表明了行为人预防必要性的减小，后者表明了行为人预防必要性的加大。从表面上看，用再犯所具有的从重处罚的功能抵消自首所具有的从轻处罚的功能不存在问题，但这将意味着，只要是为了预防犯罪，就可以从重处罚，可以抵消从宽处罚情节的功能。在此，哪些情节可以相互抵消，哪些情节不能相互抵消，不能够抵消的依据是什么，并没有反映出来。显然，这是没有量刑基准的一种做法。

在量刑基准的建构方面，大陆法系国家的做法值得我国借鉴。在大陆法系国家的刑法理论和实践中，根据并合主义的刑罚根据论把量刑情节划分为影响责任刑的情节和影响预防刑的情节。依据报应主义对预防主义的制约，刑罚的上限由责任刑来划定；同时，依据预防主义对报应主义的制约，可以在责任刑以下根据预防的必要性选择宣告刑。虽然在责任刑的确定上存在幅的理论与点的理论之争，但在责任刑以下依据预防的必要性确定宣告刑，是刑法理论的通说，也是司法实践的通行做法。从表面上看，大陆法系国家刑法中的量刑基准是依据刑法的正当化根据而建立起来的，是对并合主义的贯彻，但从实质上看是法治在量刑层面的具体体现。当前，罪刑法定原则的核心已从过去的成文法主义转向刑法的明确性原则。报应的正义性之判断依据在于已经发生的行为和结果以及依据行为与结果而得出的行为人的责任，这一判断依据是已然的犯罪事实，因而具有相当的明确性。与此不同，预防的必要性的判断依据在于再犯可能性，即未然的犯罪，但对再犯可能性的判断主要是一种假设，缺乏明确的可操作性强的标准。正是在明确性这一法治原则的制约下，建立了通过以已然之罪为判断依据的报应的正义性判断来限制以未然之罪为判断依据的预防的必要性判断的判断模式。

不仅如此，这种量刑基准也是实质法治思维方式的具体运用。实质法治并非不要形式法治，而是在形式法治之下要求依据处罚的必要性与合理性进行出罪判断。这种思维方式不仅已成为罪刑法定原则的基本内容，而且在构成要件实质化的理论倾向中得到了较为彻底的贯彻。对此，罗克辛教授指出，为了落实刑法的“大宪章”机能和刑法的不完整性，只能对行为构成进行限制性解释，必须把法益保护思想的运用限制在不可放弃的可罚性领域。为了达到这一目的，就需要一些调节性的规则（如社会相当性原理），还应当在大多数行为构成中一开始就排除那些轻微的损害。可见，在刑法领域，所谓实质法治，是指在罪刑法定原则之形式内容的制约下，依据处罚的必要性与合理性进行出罪判断。实质法治只是为以处罚的必要性与合理性为判断依据而出罪提供了依据，绝不意味着依据处罚的必要性与合理性入罪。具体判断过程是：把在形式上符合构成要件的行为依据处罚的必要性与合理性排除于构成要件之外。这种思维方式同样适用于量刑，具体表现为：首先从形式上依据报应的正义性并根据影响责任刑的情节决定责任刑，为确定宣告刑划定上限，然后从实质上依据预防的必要性并根据影响预防刑的情节决定具体的宣告刑。其中，确定责任刑的根据是一般的正义观念和已然之罪，而确定预防刑的根据是预防的必要性和未然之罪。一般的正义观念和已然之罪虽然是一种客观存在，但不具有更多的实质意义；与此不同，预防的必要性和未然之罪则具有更多的实质意义。因为“形式指的是法律内在的东西，实质指的是法律的外部世界，就像形式正义和实质正义的差别一样”。可见，在大陆法系国家的刑法理论和实践中，实质法治的思维方式不仅在构成要件符合性的判断中得到了较为有效的贯彻，而且在量刑基准的设定上发挥着重要功能。

在以并合主义的刑罚根据论为基础而建立起来的量刑基准中，首先应当将量刑情节划分为影响责任刑的情节和影响预防刑的情节。而且，在适用顺序上应先适用影响责任刑的情节，并以此确定责任刑并为宣告刑划定上限；然后适用影响预防刑的情节,并以此确定具体的宣告刑。宣告刑可以低于责任刑,但不能超过责任刑(的上限)。由此来看,依据影响预防刑的情节所确定的刑罚量如果超过责任刑(的上限),那么宣告刑只能是责任刑(的上限);依据影响预防刑的情节所确定的刑罚量如果低于责任刑(的上限),那么宣告刑就应当是预防刑。这就意味着,如果依据影响预防刑的情节所确定的刑罚量超过责任刑,则影响预防刑的情节就不能适用;如果依据影响预防刑的情节所确定的刑罚量低于责任刑(的上限),则应当适用影响预防刑的情节。在酌定从重处罚情节中,依据影响预防刑的情节所确定的预防刑必然超过责任刑(的上限),所以这些情节的适用就不符合量刑基准的要求。

五、酌定从重处罚情节的去向

(一)酌定从重处罚情节:一个难以避免的案件因素

既然酌定从重处罚情节是司法实践中广泛适用并得到刑法理论承认的量刑情节,那么就一定有它存在的现实性,这种现实性正在于刑事案件的社会结构。

美国学者布莱克从案件社会学的角度提出了"案件的社会结构"概念。他指出:"除了法律的技术特征——法律准则具体应用于实际案件中的过程之外,每一案件还有其社会特征:谁控告谁?谁处理这一案件?还有谁与案件有关?每一案件至少包括对立的双方(原告或受害人,以及被告),并且可能还包括一方或双方的支持者(如律师和友好的证人)及第三方(如法官或陪审团)。这些人的社会性质构成了案件的社会结构。"并且认为,每一个案件都是社会地位和关系的复杂结构,案件的社会结构可以预测和解释案件的处理方法。布莱克还指出,现代法学区分了法律的两个维度,即实体的维度和程序的维度。但是,就像不同的案件在实体上和程序上不同一样,案件在社会意义上也是不同的:谁起诉谁、谁支持谁、谁裁决谁的案件。法律的第三个维度即社会学的维度。可见,布莱克所说的案件的社会结构实质上就是指影响案件处理的社会因素,对应于法律的社会学维度。由此还可以得出,与案件的社会结构相对应的是案件的法律结构,即影响案件处理的法律因素,对应于法律的实体的和程序的维度。案件的法律结构与社会结构在对案件处理的影响上是有分工的。如果说案件的法律结构主要从过程和形式上影响案件处理,那么案件的社会结构则主要从结果和实质上影响案件的处理。与社会生活相比,一切法律规定都是形式的。影响案件处理的社会因素虽然可能完全是案内因素,但它从法律外部对案件产生影响,属于实质性影响,表达的是实质正义。与此不同,影响案件处理的法律因素完全属于法律的规定,对案件的影响具有形式性,表达的是形式正义。如果案件的法律结构代表的是案件处理的法律效果,那么案件的社会结构代表的则是案件处理的社会效果。因而,任何刑事案件的处理必须兼顾案件的法律结构与社会结构。单纯从刑事案件的法律结构来考虑,会损害案件处理的社会效果,不利于社会冲突的有效解决;同样,单纯从案件的社会结构来考虑,则会损害案件处理的法律效果,不利于维护法律的权威。所以,案件处理的结果是由案件的法律结构与社会结构共同决定的。组成刑事案件之社会结构的因素很多,可将这些因素大致分为社会因素与个人因素两大类。社会因素如社会治安形势、一定的社会状态(如灾难发生与救灾期间)、风俗习惯等;个人因素如行为人的犯罪动机、犯罪前的一贯表现、犯罪后的表现、被害人的基本状况等。正是这些影响刑事案件处理的社会因素,为酌定从重处罚情节的存在提供了现实基础。例如,在手段极其残忍的故意杀人案件中,人们往往会基于朴素的正义观念要求重惩被告人。正是在这种社会心理的支持下,手段残忍被作为酌定从重处罚情节适用于案件的处理中。再如,在基于挥霍而实施的盗窃案件中,人们往往会将其与基于生活所迫而实施的盗窃案件进行比对,要求对被告人从重处罚。正是在这种社会观念的影响下,挥霍动机就成为了盗窃罪的酌定从重处罚情节。

(二)酌定从重处罚情节的合理性限度及取舍

然而,酌定从重处罚情节的现实性并不等于其合理性,因而对酌定从重处罚情节应当设立一个合理适用的限度。在前文关于酌定从重处罚情节的现实性解读中,与其理论依据相适应,存在一个尚未解决的问题——案件的社会结构与法律结构之间的关系问题。正是这一问题,关系到酌定从重处罚情节的合理性限度。

刑法是正义的文字表述。刑法用语不仅写明了哪些行为是犯罪,该如何处理,更为重要的是,它为司法权的行使划定了界限。因而,当把刑法规范适用于具体案件时,必须在刑法用语的含义范围内解释刑法,任何超出用语之含义范围的解释都是对刑法的正义性的损害。刑事案件的社会结构虽然对刑事案件的处理结果具有决定意义,但不能超越法律结构所划定的范围。正因如此,现代刑法理论从形式上反对一切不利于被告人的类推适用(虽然从实质上看这种刑法适用具有合理性),但从实质上允许一切有利于被告人的刑法适用;相应地,现代刑法理论也一致反对适用不利于被告人的习惯法,但从实质上允许适用有利于被告人的习惯法。由此来看,在处理刑事案件时,应当坚持以下原则:案件的法律结构优于案件的社会结构。换言之,案件的社会结构只能在案件的法律结构的框架内才能被考虑。这一原则已经得到我国最高司法机关的提倡。酌定从重处罚情节属于案件的社会结构,所以只能服从于案件的法律结构,在法律结构的框架内对案件的处理过程和结构产生影响。

可见,案件社会学指出了社会结构对案件的处理所具有的重要意义,但也只是告诉人们不能机械地理解法律,而应当通过社会事实来解释法律,保持法律用语对社会生活的开放性。如果把案件的社会结构理解为与案件的法律结构处于相互对立的关系,并通过前者消解后者,这就意味着法律的崩溃,法治建设将毁于一旦。因而,案件社会学虽然为酌定从重处罚情节的存在提供了理论支撑,但它同样划定了酌定从重处罚情节的合理性限度。

既然酌定从重处罚情节是一种悖论性存在,特别是与法定从重处罚情节相互抵牾,那么就应当对其从概念上予以否定;但同时应当看到,酌定从重处罚情节在案件社会学上也有一定的现实性与合理性。因而,从概念上否定酌定从重处罚情节时,对其在合理性限度内还应予以适当的保留。这就是酌定从重处罚情节的取舍问题。

酌定从重处罚情节属于量刑情节,所以对其应当以量刑基准的基本要求为依据进行取舍。首先,应当把酌定从重处罚情节划分为影响责任刑的酌定从重处罚情节和影响预防刑的酌定从重处罚情节。从前述八种酌定从重处罚情节的基本内容来看,影响责任刑的情节包括非构成要件的手段残忍、非构成要件的特殊犯罪时间和地点、非构成要件的特殊犯罪对象以及非构成要件的危害后果严重;影响预防刑的情节包括犯罪动机卑鄙、犯罪后的态度恶劣、犯罪人一贯表现不好以及犯罪前科。其次,根据影响责任刑的情节和影响预防刑的情节的适用范围对酌定从重处罚情节进行取舍。由于影响责任刑的情节是决定基准刑的情节,所以不论从宽处罚情节还是从重处罚情节都可以适用。在酌定从重处罚情节中,依据非构成要件的手段残忍、非构成要件的特殊犯罪时间和地点、非构成要件的特殊犯罪对象以及非构成要件的危害后果严重而确定的刑罚均属于责任刑,所以这些情节都可以适用。由于影响预防刑的情节只能在责任刑以下影响刑罚的轻重,而依据犯罪动机卑鄙、犯罪后的态度恶劣、犯罪人一贯表现不好以及犯罪前科所确定的刑罚量必然超过责任刑,所以这些情节都应当被否定。[1]

因此,本书认为,在法治社会,"酌定从重处罚情节"的概念和逻辑应当被否定,但对其实际内容应依据并合主义的刑罚正当化根据进行取舍。回到本节所谈内容,对于《刑法》第 303 条的司法解释,针对那些组织未成年人参与赌博,或者开设赌场吸引未成年人参与赌博的行为人进行从重处罚无可厚非,但是不能只是在司法解释的层面上进行违反罪刑法定的、扩张性的酌定从重处罚,而是应当抛弃"酌定从重处罚"这个概念,把对该行为的从重处罚写入相关的刑法条文中,转化为法定从重处罚情节,如"组织卖淫罪"中将组织未成年人卖淫从重处罚一般,使从重处罚得以在法治社会的轨道上正常运行。

---

〔1〕 苏永生:《"酌定从重处罚情节"之否定——一个罪刑法定主义的当然逻辑》,载《中国政法大学学报》2016 年第 6 期。

六、第303条司法解释的重复评价与解决之道

我国《量刑指导意见》规定了三步走的量刑步骤:“(1)根据基本犯罪构成事实在相应的法定刑幅度内确定量刑起点;(2)根据其他影响犯罪构成的犯罪数额、犯罪次数、犯罪后果等犯罪事实,在量刑起点的基础上增加刑罚量确定基准刑;(3)根据量刑情节调节基准刑,并综合考虑全案情况,依法确定宣告刑。”《意见》从量刑起点到基准刑,再到宣告刑的步骤,对量刑情节与基准刑相互作用奠定了基础。从形式上看,这种三步走的步骤处理得滴水不漏,实则不然。根据该规定,确定量刑起点的依据是基本犯罪构成事实,基准刑是在量刑起点之上根据其他影响犯罪构成的事实,如犯罪次数、犯罪数额來确定的。而量刑情节是对基准刑调节的结果。对确定基准刑功不可没的“其他影响犯罪构成的犯罪事实”与量刑情节之间关系如何?三步走的量刑步骤结合《量刑指导意见》若干常见犯罪量刑的规定,有些疑问亟须得到回答。如根据《量刑指导意见》对非法拘禁罪的规定,[1]假设犯罪行为人非法拘禁两个被害人,致其中一个被害人重伤、另一被害人轻伤,量刑起点为4年有期徒刑。确定量刑起点之后,再根据非法拘禁的时间、人数等计算基准刑。那么,此时的“非法拘禁人数”“非法拘禁时间”与量刑情节有着怎样的关系呢?如果认为二者各司其职,毫无关联,那么,《量刑指导意见》对非法拘禁罪之规定的最后一句话,[2]似乎暗示着所谓的“其他影响犯罪构成的犯罪事实”与量刑情节之间可以互通有无,甚至能够交换适用。因为,根据该规定,非法拘禁的人数与非法拘禁的次数在具体个案中同时具备时,前者用来确定基准刑,后者作为量刑情节。而无论是非法拘禁的人数还是非法拘禁的次数,都是反映社会危害性及人身危险性的事实因素,若是将作为确定基准刑的非法拘禁人数与作为量刑情节的非法拘禁次数交换适用,似乎并无不妥。申言之,其他影响犯罪构成的事实因素与量刑情节实际上是同一类事实,这就意味着,在量刑情节的界定过程中,稍有不慎,就可能发生重复评价。只不过《量刑指导意见》在规定某些常见犯罪的量刑时,对少量犯罪中哪些事实调节基准刑、哪些事实作为量刑情节进行了明确规定,典型的如非法拘禁罪。即使进行了

---

[1] 《量刑指导意见》规定“1.构成非法拘禁罪的,可以根据下列不同情形在相应的幅度内确定量刑起点:(1)犯罪情节一般的,可以在一年以下有期徒刑、拘役幅度内确定量刑起点。(2)致一人重伤的,可以在三年至五年有期徒刑幅度内确定量刑起点。(3)致一人死亡的,可在十年至十三年有期徒刑幅度内确定量刑起点。2.在量刑起点的基础上,可以根据非法拘禁人数、拘禁时间、致人伤亡后果等其他影响犯罪构成的犯罪事实增加刑罚量,确定基准刑。非法拘禁多人多次的,以非法拘禁人数作为增加刑罚量的事实,非法拘禁次数作为调节基准刑的量刑情节。”

[2] 《量刑指导意见》规定:“非法拘禁多人多次的,以非法拘禁人数作为增加刑罚量的事实,非法拘禁次数作为调节基准刑的量刑情节。”

规定，对这些事实的列举也是凤毛麟角，因为具体犯罪事实总是纷繁复杂的，法律规范无法一一穷尽。对大部分常见犯罪，《量刑指导意见》还未有类似非法拘禁罪如此翔实的规定。既然量刑情节与确定基准刑的事实难免重复，在具体操作时，就应做到，一旦有些事实在确定基准刑时已经被评价过，就不得再认定其为量刑情节。换言之，量刑情节的识别环节应放弃那些已经在确定基准刑时就评价过的事实。这样，从源头上斩断已经被评价过的某些事实进入量刑情节的范畴，以避免基准刑与量刑情节的重复评价。

因此，本书认为，如前文所述，既然《关于办理网络赌博犯罪案件适用法律若干问题的意见》已经将"招揽未成年人参与网络赌博的"确立为"情节严重"，应当认为吸引未成年人赌博在确立开设赌场罪的基准刑时已经被评价过。那么《关于办理赌博刑事案件具体应用法律若干问题的解释》又规定"组织未成年人参与赌博的，或者开设赌场吸引未成年人参与赌博的"，"依照刑法三百零三条的规定从重处罚"，这就是将确定基准刑时就评价过的事实又作为量刑情节再次评价，确实重复评价了，存在很大的问题。

针对这一问题，结合前文中本书对于酌定量刑情节的法条化的主张，本书认为应当对第303条进行立法修正，将吸引未成年人参与赌博活动的行为形态单独剥离出来，新增"引诱未成年人赌博罪"。

众所周知，未成年人正处于成长阶段，缺乏判断能力，极易受到周围环境的影响。过早地参与赌博，不仅不利于青少年的学习，而且容易使其养成懒惰、投机的心理，造成其心理素质下降、道德品质、社会责任感和耻辱感的下降，甚至会影响到青少年以后的成长道路。但我们必须看清的是，青少年参与赌博给社会造成损害，问题的关键不在于青少年本身，因此，"硬"的控制手段的对象主要应针对引诱未成年人参与赌博的个人或者单位。

引诱未成年人参与赌博罪是指以营利为目的，引诱未成年人参与赌博，情节严重的行为构成的犯罪。本罪的构成要件具体为：其一，客体归属上，本罪应当划归刑法分则第四章侵犯公民人身权利、民主权利罪。赌博对未成年人的影响首先表现为严重损害未成年人的身心健康。由于赌博活动的结果与利益钱财的得失密切相关，会迫使参与者"全力以赴"，精神高度紧张、体力消耗大，极易引发正处于成长期的未成年人严重的失眠、精神衰弱、记忆力下降等，甚至有很多青少年被赌瘾夺去了生命。另外，大量事实表明，参与赌博的青少年均会出现心理素质下降的情况，社会责任感、耻辱感也不同程度地被削弱。可见，行为人为了营利，将引诱参赌的目标放在没有足够是非辨别能力的未成年人身上，实质上是对未成年人身心健康等人身权利的严重侵犯，因此本罪的客体应为未成年人的人身权利。其二，客观方面，被引诱的对象为未成年人，即未满18周岁的人。

行为人引诱未成年人参与赌博必须达到“情节严重”才能按照犯罪处理。其三，主体方面，本罪自然人主体或者单位主体都可以构成。其四，主观方面，引诱未成年人参与赌博须以营利为目的，即行为人行为的目的是为了营利，若是出于营利以外的其他目的则不应当作为犯罪处理。此外，行为人是否通过引诱未成年人参与赌博实际营得利益不影响其构成犯罪。

在具体的量刑方面，本书认为，由于设立引诱未成年人参与赌博罪主要是处罚为了营利目的而不惜损害未成年人身心健康的恶劣行为，行为人引诱未成年人参与赌博的主要目的是为了营利，因此采用罚金作为主要的处罚手段符合对“贪利型”犯罪的处罚与预防；对于情节特别恶劣的犯罪行为建议判处3～7年有期徒刑并处没收财产的方法以加大处罚力度、剥夺其再犯能力。

第三节　诲淫：明晰侵害思想与人身权的分水岭

在前文中，本书已经对我国的性犯罪做了简单的梳理，其中，凡是行为侵害未成年人的，如强迫未成年人卖淫的、奸淫幼女的、引诱幼女卖淫的，相较于一般形态，需要从重处罚。这种从重处罚的规定是基于未成年人特殊保护的需要，但是这些罪名中从重处罚是因为犯罪侵害未成年人的人身权还是思想，则需要进一步的明晰。从其体系性位置来看，侵害未成年人的性犯罪可以分为两类。

第一类位于刑法分则第四章“侵犯公民人身权利、民主权利罪”中，包括强奸罪，强制猥亵、侮辱他人罪和猥亵儿童罪。很明显，这些罪名是从人身权的角度建立起的对未成年人的保护，因而这些罪名下的从重处罚，是基于这些犯罪侵害了未成年人的人身权。

第二类则位于刑法分则第六章“妨碍社会管理秩序罪”中，包括：第一节“扰乱公共秩序罪”中的“聚众淫乱罪”和引诱未成年人聚众淫乱罪，第八节“组织、强迫、引诱、容留、介绍卖淫罪”以及第九节“制作、贩卖、传播淫秽物品罪”。其中第八节的犯罪虽然具有保护人身权利的作用，但是却没有被规定在刑法第四章“侵犯公民人身权利、民主权利罪”中，这是因为该节罪名在更大程度上倾向于保护社会风化，这种倾向在《刑法修正案（九）》废除组织卖淫罪和强迫卖淫罪的死刑之后越发明显，因而也有学者认为该节罪名应该改为妨害风化罪。因此，第八节的罪名中涉及侵害未成年的形态，如“强迫不满十八周岁的未成年人从重处罚”具有保护未成年人思想和人身权的双重属性，但是更加倾向于对思想的保护。而第九节的罪名则明显完全脱离了人身权保护的色彩，完全属于对于社会风化的保护。因而，具体到侵害未成年人的形态时，譬如“向不满十八周岁的未成年人传播淫秽物品的从重处罚”,其从重处罚的依据完全在于该行为侵害了未成年人的思想健康。

那么,保护未成年思想和人身权的分水岭,抑或说侵害未成年人思想和人身权的边界何在？本书认为,要明晰这一问题,需要对聚众淫乱罪和引诱未成年人卖淫罪进行探讨。

《刑法》第301条规定了聚众淫乱罪和引诱未成年人淫乱罪,“聚众进行淫乱活动的,对首要分子或者多次参加的,处五年以下有期徒刑、拘役或者管制。引诱未成年人参加聚众淫乱活动的,依照前款的规定从重处罚。”其中引诱未成年人聚众淫乱行为从重处罚的依据何在,是基于对未成年人的思想保护还是人身权利保护呢?

对于这一问题的分析,在很大程度上依赖对于“淫乱”一词的探讨。

何为淫乱？按照《现代汉语词典》解释为:“在性交行为上违反道德准则”;从字面上解释,“淫”的含义是“不正当的男女关系”,“乱”则是乱来、乱搞之意。在刑法层面上,不同学者对“淫乱”都给出了不同的观点。有的学者认为:“法律意义上的‘淫乱’是为了刺激或满足行为人的性欲,在不特定或特定的多人间实施的足以引起一般人的羞耻感情的性交行为,主要是指男女多人在一起进行性交行为或变态性交行为。”[1]有的学者认为,“‘淫乱’是指违反社会道德准则,足以引起一般人的羞耻感情,为法律所否定的,以刺激或满足性欲为目的的行为。”[2]同时,该学者还认为“淫乱”应该具有三个特征:“第一,淫乱是以刺激或者满足性欲为目的的行为;第二,淫乱是足以引起一般人羞耻感情的行为;第三,淫乱是为法律所否定的行为。而聚众淫乱中除具有上述淫乱的基本特征外,还有其自身的行为特征,一是多人性,二是同时性,三是同地性,四是自愿性,五是性交行为或者猥亵行为的复数性。”[3]

上述学者对于“淫乱”的定义,虽各有道理,但仍逃不了为其带上“道德的高帽”,聚众淫乱罪中“淫乱”具体包括哪些行为,界限在哪,还是鲜有学者将其厘清。本书试图以刑法分则中涉性犯罪动词作为横向比较,以相应案例为纵向比较,来进一步探讨聚众淫乱罪中“淫乱”的内涵与外延,以期获得更好的答案。

一、刑法中“涉性犯罪”动词的归纳

查阅刑法分则,发现涉性犯罪中与“淫乱”类似的词语有如下几个:强奸、奸

[1] 刘德法:《聚众犯罪理论与实务研究》,中国法制出版社2011年版,第226页。

[2] 时延安:《妨害风化犯罪疑难问题司法对策》,吉林人民出版社2001年版,第374页。

[3] 时延安:《妨害风化犯罪疑难问题司法对策》,吉林人民出版社2001年版,第375页。

淫、轮奸、猥亵、淫乱、卖淫、嫖宿、[1]淫秽表演。此外，虽不见于刑法典，但较为常见的还有通奸与乱伦。这些词语中有的性质相近，都属动词；有的却相距甚远，但却各用其词。刑法之所以如此规定理由何在呢？能否借他山之石来厘清“淫乱”的内涵呢？

强奸，是指在妇女不同意的情况下，强行与妇女发生性交。[2]“强”，按字面解释应该是强迫、强暴之意，但是刑法中“强”应该泛指违背妇女意志所采取的行为，包括暴力、胁迫或者其他方法。“奸”即指发生性行为。

奸淫，是指非婚姻关系内的不正当男女之间的性关系，包括强奸、通奸及其他不正当的性关系行为。刑法中涉及“奸淫”两字的条文共有四处，如表格所述。刑法一般以“奸淫”代替“性交”一词，当然这里的“性交”一般指采取不法手段的性交活动。

轮奸，是指二男以上在一段时间轮流对同一妇女强行奸淫的行为。[3]

通奸，是指一方或双方有配偶的男女，自愿发生性交行为。[4]

上述四者都是“奸”类型的涉性犯罪，其共同的特征就是必须要有“奸”，也即性交行为。

猥亵，是指强行搂抱、亲吻、舔吮、抠摸妇女；强行脱光妇女衣服；向妇女身上涂抹污物；故意向妇女显露生殖器等行为，猥亵与侮辱没有本质的区别，但是均是性交以外的行为，与奸淫行为具有本质的区别。[5]但也有观点认为，猥亵不排斥性交行为，如有的观点认为：“猥亵是指变态性交、同性恋、性接触、裸露或其他从激发或满足性欲为目的的性交行为。”[6]

本书认为，针对第237条规定行为对象的不同，猥亵可能会出现不一样的含义。如针对于妇女及14周岁以下的幼女，强制猥亵行为一定是指性交以外的行为，因为如果采用了强制性交的行为，则构成强奸罪；但对于14周岁以下男童而言，如果采取强制性交的行为，因不能构成强奸罪，故可认定为猥亵儿童罪。如此看来，“猥亵”并不排斥性交的行为。

卖淫，是指为了报酬而以自己的身体提供杂乱性交或者性器官的其他接触的行为。[7]卖淫行为在我国并不构成犯罪，但是围绕着卖淫行为，我国《刑法》

---

[1] 《刑法修正案（九）》已经废除嫖宿幼女罪，但有助于理解，故本书加以说明。
[2] 刘宪权主编：《刑法学》，上海出版社2008年版，第581页。
[3] 刘宪权主编：《刑法学》，上海出版社2008年版，第588页。
[4] 刘宪权主编：《刑法学》，上海出版社2008年版，第587页。
[5] 刘宪权主编：《刑法学》，上海出版社2008年版，第589页。
[6] 张明楷：《刑法学》，法律出版社2007年版，第567页。
[7] 刘宪权主编：《刑法学》，上海出版社2008年版，第774页。

第六章“妨害社会管理秩序罪”第八节“组织、强迫、引诱、容留、介绍卖淫罪”设定了五条相应的罪名。

嫖宿,“嫖”是嫖娼的意思,“宿”是留宿,但是“宿”应只是一个虚饰的词,嫖宿的实质就是嫖娼,并不要求必须与卖淫幼女一起睡觉。[1]

淫秽表演,是指露骨宣扬色情内容的表演,如展示妇女的乳房,展示人、动物的性器官,展示人的各种自然或者非自然性交行为,展示人与动物的性交行为,展示动物之间的交配行为等。[2]

乱伦,是指男女双方明知有亲属关系,在一定的亲等以内,进行不法性交的行为,例如父亲与女儿,兄弟与姊妹之间的性交等。[3]

二、刑法中“涉性犯罪”动词的分类

(一)具体动词与抽象动词

以是否需要其他词语加以解释其具体动作可以划分为具体动词与抽象动词。

上述“涉性犯罪”的词汇均属于动词,动词在刑法条文中起着决定客观行为构成要件的作用。但是有些动词,从词语本身即可以得出该客观行为的具体动作是什么。比如盗窃,我们根据生活习惯及知识储备,即可以立马知道盗窃行为是秘密的窃取行为。对于这类动词,我们可以称为具体动词。而有些动词,虽为动词,但是却无法从中获取具体动作是什么。比如贪污,我们觉得很抽象,对其动作的范围感觉摸不着边际,这就需要不断地对其进行解释。对于这类动词,我们称之为抽象动词。具体到涉性犯罪中的动词亦是如此。具体动词比如强奸,是指违背妇女意志,必须发生性交的行为;猥亵,必须是指非性交的行为,虽然有观点认为其不排斥性交行为,但是那也只是针对不同的对象,若对于妇女,猥亵行为就是指非性交行为。抽象动词,为首的就是卖淫与嫖宿。卖淫,明确的行为就是“卖”,即交易性的行为,而对于“淫”一般解释为性交或者类似性交的行为。但是对于“类似性交”,同样需要一大堆词语及具体方式进行解释,甚至很难解释清楚。“嫖宿”亦是如此,虽然嫖宿有“宿”,但是其起的作用完全是为了促成词语的合理性。正如有的学者指出:“嫖宿幼女的罪名里的那个‘宿’仅仅是一个修饰的词,那是因为汉语构词上,动词单独使用必须选择双音字,比如盗窃罪不能称盗罪,抢劫罪不能称抢罪,嫖宿幼女的行为实质为嫖娼,但是嫖娼已经是

---

〔1〕 刘宪权主编:《刑法学》,上海出版社 2008 年版,第 791 页。

〔2〕 张明楷:《刑法学》,法律出版社 2007 年版,第 849 页。

〔3〕 参见蓝小林:《聚众淫乱罪的立法评价及完善》,载《滁州学院学报》2009 年 4 月。

一个动宾词组了，后面不能再加幼女了，无法称作嫖娼幼女罪，根据汉语的习惯，又不能称为嫖幼女罪，所以就加了个虚词。”[1]

应该说从行为方式上，“嫖宿”与“嫖娼”是相同的，但是嫖娼显然也不是一个具体的动词，这类动词需要其他行为加以明晰。换言之，抽象动词更多的是揭示动词的性质，反映了该动作的不正当性，而非描述具体的动作。

（二）单一动词与复合动词

以动词是否包含复合动作，可以划分为单一动词和复合动词。

汉语是一种非常讲究修辞的语言，尤其在构成上，限制良多。虽上述涉性犯罪多为两字动词，但是有些动词两个字内包含了两个动作，也即复合动作；而有些动词属动宾结构，只包含一个动作，或者虽不属动宾结构，但是另外一个字属于虚词，故也只有一个动作。典型的复合动词为强奸，其既包括违背妇女意志的“强”，又包括性交行为的“奸”。还有卖淫，其包含了交易性的“卖”，也包括交易活动的“淫”。单一动词，如“奸淫”，即只包括性交行为；“嫖宿”，如上所说，其即只是指“嫖”，而不包括“宿”。

三、“淫乱”与相应动词的对比

将比上述词语简单分类后，本书发现很难对“淫乱”进行对号入座。

（一）“淫乱”的属性

淫乱，这个词语实在太复杂了。乍一看，真无法明白其欲表达之意思。“淫”，指淫秽不堪，“乱”指乱七八糟，“淫乱”似乎天然带着一种强烈的贬义色彩，象征着乌烟瘴气、群魔乱舞、不堪入目、丑态毕露等种种人世间丑恶的情形。但即使眼前浮现这么多“淫乱”的画面，仍然很难通过具体的动作将“淫乱”加以描述，这个词语描述的仿佛是个只能意会而不可言传的动作。但是法律显然不容许此情形的发生。那么立法者当初选择该词的初衷何在？

1. “淫乱”属于抽象动词

从分类的角度，“淫乱”应该属于抽象动词，因为从字面上看，完全无法得出“淫乱”的具体动作是什么。“淫乱”更多地表示一种性质，一种属性，对于何种行为属于“淫乱”，则必须通过具体实例加以探讨。

2. 淫乱属于单一动词

本书认为，“淫乱”两个字中，“淫”表示“不正当的男女关系”，“乱”则更多地表示一种乱来、乱七八糟之意，用以修饰“淫”，“淫乱”行为应该单纯用“淫”即可表示。

---

[1] 刘宪权主编：《刑法学》，上海人民出版社 2008 年版，第 791 页。

(二)"淫乱"与具体动词的对比

1. 从行为方式对比

(1)"淫乱"与"奸淫"

"奸淫",是指非婚姻关系内的不正当男女之间的性关系,包括强奸、通奸及其他不正当的性关系行为。言简意赅,"奸淫"必须要有性行为,这也是传统刑法将其区分于"猥亵"行为的原因所在,二者结合近乎涵盖了涉性犯罪中所有的行为。从行为方式上对比,"淫乱"行为的范围显然远远大于"奸淫"行为,如果"奸淫"行为符合了这种乌烟瘴气、乱七八糟的"乱",那么显然就属于"淫乱"了;但反过来说,如果"奸淫"行为十分的合乎理性,合乎常理,即使使用了其他暴力、胁迫等手段,也搭不上"淫乱"的便车。"淫乱"并不排斥性交行为,但又不是以此为必需。

(2)"淫乱"与"猥亵"

我国刑法的通说,猥亵一般是指以刺激或满足性欲为目的,用性交以外的方法实施的淫秽行为。但如上所述,猥亵行为一定排除性交行为吗? 我国《刑法》第237条第1款、第2款分别规定了强制猥亵、侮辱他人罪及猥亵儿童罪。本书认为,针对第237条规定行为对象的不同,猥亵可能会出现不一样的含义。如对于妇女及14周岁以下的幼女,强制猥亵行为一定是指性交以外的行为,因为如果采用了强制性交的行为,则构成强奸罪;但对于14周岁以下男童而言,如果采取强制性交的行为,因不能构成强奸罪,故可认定为猥亵儿童罪。如此看来,"猥亵"并不排斥性交行为。与此同时,在国外刑法中规定公然猥亵罪,其行为方式就包括二人在公共场合实施性交活动。我国台湾地区"刑法"学者林东茂对"公然猥亵"的定义则是"行为人的放纵情欲可以显露于公众,并足以激起一般理性人的公愤。"[1]显然也没有将性交排斥在猥亵行为之外。本书认为,从字面上看,"猥亵"可能更带有一点强制的成分,只是单方面满足猥亵一方的性欲,而"淫乱"更多的体现的是一种共同追求性欲的合意。但是如果从刑法层面的含义,"猥亵"与"淫乱"的关系如同"奸淫"与"淫乱"的关系,猥亵行为若满足了乱七八糟、乌烟瘴气可构成"淫乱",但是若不具备该要素,则不构成。有的学者指出,我国刑法针对妇女实施的"猥亵"行为主要包括如下情况:一是直接对妇女实施猥亵行为,或者迫使妇女容忍行为人或第三人对之实施猥亵行为(如强行抠摸妇女阴部,强行捏摸妇女乳房,强行脱光妇女衣裤,强行与妇女接吻、搂抱等);二是迫使妇女对行为人或者第三者实施猥亵行为(如强迫妇女为行为人或第三者手淫);三是强迫妇女自行实施猥亵行为(如当场强迫妇女本人手淫、当

[1] 转引自陈国坤:《大陆与台湾地区妨害风化犯罪比较探析》,载《西部法学评论》2012年第2期。

场强迫妇女捏摸自己的乳房等);四是强迫妇女观看他人的猥亵行为(如强迫妇女观看男性的鸡奸活动,强迫妇女观看男性阴部等)。[1]

本书认为,上述行为在一定意义上都可以认定为“淫乱”。如果聚众实施上述行为,比如聚众抠摸妇女的阴部,聚众捏摸妇女的乳房,聚众观看男性鸡奸活动等,完全构成聚众淫乱罪,对首要分子及多次参与者完全可以进行处罚。强制猥亵妇女罪与聚众淫乱罪只是因为前置词语的不同,即“强制”与“聚众”,而使两个罪名存在诸多不同点,如行为人的数量,行为人实施不道德行为双方是否属自愿等,其他的别无二致。

(3)“淫乱”与“卖淫”

卖淫行为在我国并不构成犯罪,但是围绕着卖淫行为,我国《刑法》第六章“妨害社会管理秩序罪”第八节“组织、强迫、引诱、容留、介绍卖淫罪”设定了五条相应的罪名。目前根据我国刑法的通说,“卖淫”是指以营利为目的,满足不特定对方的性欲的行为,包括与不特定的对方发生性交和实施类似性交的行为(如口交、肛交等)。如果将“淫乱”与“卖淫”加以对比,就会发现二者具有相同点:首先在行为方式接近一致,都包括性交行为与类似性交行为;其次,二者都属于行为人自愿发生的性交行为;最后,二者都违背社会主流道德,都对社会有一定的危害。

但是,为什么刑法不规定为“聚众卖淫罪”呢?本书认为,“淫乱”与“卖淫”最大的区别在于交易性,“卖淫”具有交易性而“淫乱”没有,“卖淫”是一种金钱与性之间的赤裸裸的交易,而“淫乱”则是一种纯自愿的性交行为。这也是为什么“卖淫”是违法的,而单纯的“淫乱”则一般不对其进行处罚。但是这种区别是强制性的还是包容性的呢?聚众淫乱罪是否包括多人卖淫行为?

实践中,对于多名性工作者同时向行为人提供性服务的,或者多名嫖客同时嫖宿一名性工作者的,或者多名性工作者与多名嫖客同时同地进行卖淫嫖娼活动的,甚至是夫妻二人合意叫性工作者到家中提供服务的,是否应当按照聚众淫乱罪处理?有的学者认为,从主观方面看,虽然行为人嫖娼具有寻求下流无耻精神刺激的主观动机,但其行为目的主要是为了营利。从客观方面看,本罪多表现为多人聚集在一起进行乱交、滥交的淫乱行为,具有行为对象的非专一性特征。而多名妇女共同向行为人卖淫的行为,其主观动机、目的决定了他们之间并非是聚在一起进行乱交、滥交的淫乱行为,因而不具有本罪“淫乱”的特征。综上分析,对多名妇女同时向行为人卖淫的行为,不能作为聚众淫乱罪处理,可依照治安管理处罚法予以行政处罚。有的学者则认为上述行为应当以聚众淫乱罪予以

[1] 张明楷:《刑法学》,法律出版社2011年版,第785页。

定罪。首先,从主观目的看,虽然性工作者主观上是为了赚钱,但是嫖娼仍然具有寻求下流无耻精神刺激的主观动机。其次,从客观方面看,聚众淫乱罪表现为多人聚集在一起进行乱交、滥交的淫乱行为,多人嫖娼卖淫的行为就是一种典型的聚众淫乱活动。最后,从犯罪主体上看,聚众淫乱罪的主体仅限于首要分子或多次参加者这两类人。因此,只有在卖淫嫖娼活动中起组织、策划、指挥作用的人和多次参与这种卖淫嫖娼活动的才可以按照本罪论处。[1]

本书认为对于卖淫中多人嫖宿行为是否构成聚众淫乱罪的最大争议点就是,聚众淫乱罪的主观目的是否可以为营利。一般认为聚众淫乱罪的主观目的是寻求下流无耻的精神刺激,但本书认为聚集多名卖淫妇女同时向多名嫖客卖淫,不但从形式上难以与聚众淫乱行为相区分,而且从主观动机上要完全否认行为人不具有寻求下流无耻的精神刺激的动机也很难找出令人信服的证据。事实上,刑法分则对聚众淫乱罪的主观目的并没有明文规定,且聚众淫乱罪处罚的是首要分子以及多次参加者,甚至首要分子不一定是参与者,对此若首要分子主观上存在营利的目的,有何不可?在司法实践中,对该行为也进行处罚,例如"万东升等人强奸、强制猥亵妇女,聚众淫乱、传播淫秽物品案"一案中,行为人就是多人与卖淫女发生了性关系而被判处聚众淫乱:"2006 年春的一日夜,被告人万东升邀请胡长根、张峰(另案处理),并召来一名卖淫女(身份不详)到其家中,三人同时与该卖淫女发生性交、口交等行为,万东升将整个淫乱过程制作了录像视频资料予以保存。事后,每人支付嫖资 50 元。2006 年春的一日夜,被告人万东升、胡长根、韩继东三人经预谋,乘坐胡长根的出租车,带上上述同一名卖淫女行驶至信阳市航空路郊区,三人在车的后排座位轮流与该卖淫女发生性关系。事后,每人支付嫖资 50 元。"[2]

因此,本书认为对于聚集多名卖淫妇女同时向多名嫖客卖淫和多次参加聚众卖淫行为的妇女和嫖客,以聚众淫乱罪论处符合法律的规定,同时也是必要的。只有在这种行为还可能构成组织卖淫罪的情况下,才可以考虑按牵连犯的原则处理,择一重罪即组织卖淫罪处罚。

2. 从危害性角度对比

(1)"淫乱"与"乱伦"

乱伦,是指男女双方明知有亲属关系,且在一定的亲等以内,双方进行不法性交的行为,如父亲与女儿、兄弟与姊妹之间的性交等。[3]

---

〔1〕 赵永红、赵桂民:《扰乱公共秩序和司法活动犯罪司法适用(下)》,法律出版社 2006 年版,第 617 页。

〔2〕 《万东升等人强奸、强制猥亵妇女,聚众淫乱、传播淫秽物品案》,〔2010〕光刑初字第 187 号。

〔3〕 参见蓝小林:《聚众淫乱罪的立法评价及完善》,载《滁州学院学报》2009 年 4 月。

综观古今中外各国的法律规定，出于维护风化纲常或者种族基因的考虑，对于近亲之间的乱伦行为，大多是采取严令禁止的态度，如德国、瑞士、奥地利等均有相关的刑法规制。同样，“在一体同宗的台湾地区，其‘刑法典’230条规定了血亲性交罪，但必须‘告诉乃论’。”[1]再从历史上看，中国古代历来注重家庭伦常，对于此类行为的伦理禁忌乃至法律禁止历来都是十分严厉的，甚至当作不可赦免的“十恶”重罪之一。[2]

如今，在中国大陆，乱伦属于道德管辖的范畴，刑法典并无法条对其进行处罚。在极重视伦理礼教的中国，乱伦是大逆不道之事。刑法如此规定岂非避重就轻？本书认为，若仅从行为性质的危害性对比，乱伦行为较之无亲属关系的聚众淫乱，其对社会善良风尚的破坏有过之而无不及。

(2)“淫乱”与“通奸”

通奸是双方或一方有配偶的男女，自愿发生的不正当的性交行为。[3]“通奸”在现代社会中无疑仍然是受到道德制裁的，其背负着破坏家庭、败坏道德的罪名。但是刑法已不对其进行处罚了，“在以前，对于性犯罪的制裁是维护社会风化，所以对于强奸和通奸的处罚是一样的。而现代，对于性犯罪的处罚是基于对个人权利的保护，在1979年的《刑法》修改稿中，通奸是被作为犯罪处理的，后来这条在法律中被取消了，表明从法律上也承认了性是人的一种权利。”[4]

本书认为，取消通奸罪很大一部分原因可能就在于我国法律不断彰显对“人权的保护”，认为只要是自愿的、成年人的性交行为就没必要“动刀动枪”的。刑法无疑在这一选择上抛弃了“社会秩序论”，选择了“人权至上论”。与此对比，同为成年人的、自愿的聚众淫乱罪，刑法则选择站在“社会秩序”上，是否因此认定聚众淫乱比通奸危害性大呢？对此，本书倒不持赞同的态度。我们可以从几个方面进行对比：通奸是一方或者双方都有配偶，对此可能破坏了两个家庭的关系，而聚众淫乱则是非婚人士的猎奇玩法；第二，通奸与聚众淫乱，仅仅在性人数、性玩法上有区别，结果就截然相反了，刑法的阶梯性十分不显著。

四、基于案例的分析

如上分析，刑法中对于性犯罪的规制，用了不同的动词，其内涵与外延都有

---

〔1〕 参见陈国坤：《大陆与台湾地区妨害风化犯罪比较探析》，载《西部法学评论》2012年第2期。

〔2〕 自汉唐以来，各朝代律例中均在普通相奸罪的基础上予以加重处罚。如常人相奸，唐、宋律不过徒刑，元、明、清律和奸不过杖罪，强奸才处死刑。但奸同宗无服亲及无服亲之妻，明、清律俱加重治罪，与刁奸凡人同罪。

〔3〕 张明楷：《刑法学》，法律出版社2007年版，第655页。

〔4〕 参见黄小伟：《新革命，性革命》，载《新闻周刊》2002年第25期。

各自含义。具体到“聚众淫乱罪”，本书认为有必要具体“淫乱”的内涵，对此最好的方法就是通过案例来分析。

(一)从行为方式分析

1. 性交行为

性交行为当然属于“淫乱”行为，聚集多人发生性交行为，这无疑是聚众淫乱罪的典型性案例。例如，广东17岁少女聚众淫乱罪一案中：“案发当天是婷婷17岁的生日，其打电话约阿海、阿兵和小杨一起出来唱K，共同庆祝生日。四人又唱又跳一直玩到凌晨5点多，还未尽兴的婷婷便主动提出要到宾馆开房接着‘玩’，在宾馆里，婷婷先后与阿海、阿兵和小杨多次发生性关系，他们一人进行时，另外两人就在旁边观看助兴，阿兵还用手机把一些过程拍摄下来，并不时变换各种角度为婷婷拍摄裸照，玩得十分疯狂”。〔1〕

本案中，一女三男在同一个宾馆内发生性关系，最终认定为聚众淫乱罪而被处罚，这是最为典型的聚众淫乱犯罪。

但是本书认为即使是性交行为，也可能存在如下几种情况可以进行讨论：(1)性交的人数；(2)性交的性别；(3)性交的物种。

对于第一个问题，如果在聚众的场合下，只有两个人实施性交，其他人实施了非性交的行为，该行为是否构成聚众淫乱罪？本书持肯定的意见，正如传统观点不认为“淫乱”行为必须是性交行为，那么如果组织超过三人在一个房间内实施“淫乱”行为，有且只有两个人(不论男女)发生了性交行为，其他人仅是观看，或者实施其他非性交行为(但是必须是参与到这个聚众活动中)，该场面应该就可以认定为聚众淫乱罪，应当对组织者和多次参与者进行处罚。

对于第二个问题，如果性交的性别为同性是否算“淫乱”。对此，本书认为自从“李宁组织同性卖淫案”〔2〕之后，同性之间的性行为已经被社会与法律所采纳了。如果聚众实施同性或者异性，抑或混合的性交行为，显然可以构成聚众淫乱罪。

对于第三个问题，可能表述有误，性交的物种针对的肯定是人类。本书想表述的是，如果聚众的场合下，存在着人与人之间的性交行为，亦有动物之间的性交行为，甚至还有人与动物的性交行为，是否可以构成聚众淫乱罪？对于组织淫秽表演罪中，对于组织动物与人之间的性交表演的行为是可以构成组织淫秽表演罪的，因此本书认为亦可加以借鉴。事实上，这种场面完全符合这种所谓的

---

〔1〕 参见蔡胜龙：《广州少女与3男聚众淫乱被拍视频，报案称遭强奸》，载凤凰网：http://news.ifeng.com/society/1/detail_2012_03/28/13493306_0.shtml?_from_ralated，最后访问日期：2012年3月28日。

〔2〕 参见江苏省南京市中级人民法院〔2004〕宁刑终第122号。

"乱七八糟""淫秽不堪"的场面。

2. 非性交行为,但参与者有身体接触

聚众实施非性交行为,也可能会涉嫌聚众淫乱罪。比如聚众实施了口交、手淫、捏摸胸部、抠摸阴部等行为。如邹某聚众淫乱一案中:"女青年邹某于1986年10月20日晚,邀请周某、胡某、彭某、郭某等五人(三男两女),到胡某住处玩扑克牌,事先规定输者让赢者亲嘴。当晚五人同睡一床,互相玩弄,群奸群宿。同年10月的一晚,邹、周、彭、郭等人又在一起玩牌,为了助兴,四被告竟先后各自脱光衣服,赤身裸体玩扑克牌一夜。经查,周某、邹某还在1986年8月前后,分别在本单位值班室、旅馆、野外等地与六名男流氓进行淫乱活动。检察院以流氓罪起诉,法院以同罪作了有罪判决。"[1]当时的流氓罪对于"淫乱"行为的认定就是如此,只要聚众实施下流低下的淫乱行为,都以流氓罪认定。但是对于何种行为为下流低下,法官的自由裁量权还是很大的。像本案中,当事人互相玩弄、群奸群宿可以被认为是聚众淫乱;像脱光衣服打牌同样可以认定为聚众淫乱行为。流氓罪现今已经取消了,但是聚众淫乱罪同样存在着如此问题,对于上述行为,如果放在今天,本书认为仍然可以构成"聚众淫乱罪",因为其完全符合聚众淫乱罪的构成要件,聚集三人以上实施淫乱行为。例如,当前在西北地区十分流行的"摸摸吧""砂舞厅"等实施的行为,能否认定为聚众淫乱呢?砂舞厅,又俗称"摸摸吧""砂轮厂""洞洞舞厅",简言之,在舞厅里男女二人随着舞曲起舞,女性按曲收费,跳一曲收费5元或10元,跳舞期间,若女性不反对,男性就可以乱摸舞伴的身体。这是一种介于正规舞蹈与卖淫之间的灰色地带。[2] 根据记者描写,舞池的场景如此不堪:舞女围着舞池站成一圈,年轻的站一边,年纪稍大的站一边,像菜市场一样,然后男人挑舞女,看中谁就拉上谁进舞池,5元一曲。相互搂抱,打色情的擦边球,舞池里一大堆搂抱成团的色狼美女。

本书认为,对于非性交的有身体接触的聚众行为,能否认定为"聚众淫乱罪",还是要具体分析的。对于拥抱、接吻等非接触性器官的聚众行为,社会已经对其非常包容与开放,在大街上相互拥抱、接吻的行为比比皆是,对此刑法实无必要再倒退了,但是对于足以引起人们产生性反感的聚众行为,还是应该认定构成"聚众淫乱罪"的。但是对于这个界限何在,还需在具体案例中进行判断。

3. 非性交行为,亦无身体接触,但行为方式"足以引起人们产生性反感"

按道理而言,行为的类比应该是递进的,因为非性交行为但有身体接触的部

---

[1] 选自最高人民检察院《刑事犯罪案例丛书》编委会编:《刑事犯罪案例丛书——流氓罪》,中国检察出版社1990年版,第158~161页。

[2] 刘建永:《"摸摸吧":一种介于正规舞与卖淫之间的灰色地带》,载新华网:http://news.xinhuanet.com/legal/2012~10/31/c_123895609.htm,最后访问日期:2011年11月2日。

分行为已不构成“淫乱”了，对于非性交行为，亦无身体接触行为，应该不可能构成聚众淫乱罪。但是不然，司法实践中对此类行为进行处罚亦不少见。在“闫凤娇聚众淫乱罪一案”中，当事人蔡光明就因为组织“大尺度私拍”而被判定为聚众淫乱罪。在该案中，蔡光明组织一帮摄影师近距离地围着模特，对着模特的私处各种特写。期间，每位参加拍摄的摄影师要交300元，每次活动一般仅限4人左右报名。[1] 人体私拍在现今的一、二线城市已经非常火爆了，能否对此认定为聚众淫乱罪呢？对此，本书认为，你很难说一大群摄影师在同一个房间对着几个女性或者男性的私处进行拍摄不是“淫乱”，如果作品不能认被鉴定为“艺术”，那么这样的行为就很难逃脱聚众淫乱罪的惩罚范围。

4. 网络裸聊行为

除了聚集多人在现实空间实施所谓的“淫乱”行为可能构成聚众淫乱罪，在互联网技术进一步发展和电脑大范围普及的今天，网络空间也已经成为刑法犯罪的新高发地带了，聚众淫乱罪亦不例外。对于网络裸聊，本书认为有必要分类进行论述。

网络裸聊行为近几年开始流行起来。“网络裸聊”行为是指通过网络视频聊天软件进行的，适时暴露身体相关部位，带有“淫秽”和“色情”性质的聊天。很多学者和民众认为网络裸聊行为应当入罪，因为其严重败坏了社会道德，而且很多网络裸聊性交行为都具有营利性质，具有极大的社会危害性，刑法应当介入并对这一行为进行严惩。2007年北京石景山区出现网络裸聊第一案，更是引发了公众与刑法学界的热议。[2] 石景山区检察院曾对此案以聚众淫乱罪起诉，后又撤诉。而2008年浙江省龙游县法院曾对一单独裸聊行为者以“传播淫秽物品牟利罪”，一审判处裸聊者有期徒刑6个月，缓刑1年，并处罚金5000元。[3]

关于网络裸聊行为是否构成犯罪以及构成何罪，本书认为应根据网络裸聊行为的类型加以区分。网络裸聊作为一种新兴事物，不同学者对网络裸聊行为的分类并不尽相同。有的学者认为网络裸聊主要有四种类型：第一种是有人组织的淫秽表演，以牟取暴利为目的；第二种是网上集体聊天，互相进行淫秽表演；第三种是“一对一”式的聊天；第四种是“一对多”型的“裸聊”，即经营者以牟利

---

〔1〕 参见季天琴：《闫凤娇案下的灰色私拍业》，载《新闻天地（上半月刊）》2012年第1期。

〔2〕 2005年9月15日，36岁的家庭主妇张立立（化名）在家中利用计算机通过ADSL拨号上网，以E话通的方式，用视频与多人共同进行裸聊时，被北京治安支队民警与分局科技信通处民警抓获。石景山区检察院先以“聚众淫乱罪”提起公诉，后来又主动撤诉。

〔3〕 浙江一女子方某失业后靠网络裸聊赚钱，最后被一名“观众”举报，涉案金额达2.4万元。衢州龙游法院一审以“传播淫秽物品牟利罪”，判其有期徒刑6个月，缓刑1年，并处罚金5000元。这是全国首例因个人裸聊而定罪的案例。

为目的,向用户收取一定的会员费,或者购买“点数”,为用户组织各种淫秽表演,或允许进行视频色情聊天。[1] 有的学者则将其分为三类:自发的一对一网络裸聊、聚众式网络裸聊、有组织的网络裸聊。[2] 有的学者认为,目前网络裸聊行为主要有两种类型,一种是借助网络服务商提供的视频聊天室(大型聊天室可容纳上百人,小型聊天室可容纳十人左右)进行;另一种是通过 QQ 等“聊天工具”进行。这种聊天多采取点对点的方式,即一对一的聊天,而不是一人面对多人进行聊天。[3]

本书认为网络裸聊可以分成以下两组范畴:其一,有组织的网络裸聊与无组织的网络裸聊。前者是指在网上创建裸聊网站,或者组织、召集、策划网络裸聊的行为;后者是指私下个人单独进行的裸聊行为。如此分类是为了区分组织者与裸聊者。本书认为裸聊行为的组织者在一定程度上将可构成组织淫秽表演罪。其二,牟利性的网络裸聊与非牟利性的网络裸聊。前者的目的就是为了盈利,而后者一般是出于追求精神刺激、寻求新鲜感等动机进行裸体视频对话。如此区分因为牟利行为可构成制作淫秽物品牟利罪。

对于网络裸聊行为应该处以何罪,司法实践中尚无统一标准,对此本书认为“网络裸聊行为不构成聚众淫乱罪——淫乱行为必须以身体接触为前提”。网络裸聊是否构成聚众淫乱罪,最大的争议点就在于网络裸聊行为的虚拟性——没有身体接触的淫乱活动能否算淫乱行为?对此本书持否定的观点。聚众淫乱罪中的淫乱行为不仅限于性交行为岁已是学界中的通说,但学界一般仍认为的淫乱行为仍然必须是如手淫、口淫、鸡奸等有身体接触性交行为。对于网络裸聊行为最大的特点就是裸聊者无法进行身体接触,且看客行为都具有单独性,并未实际参与淫乱活动。认为网络裸聊行为构成聚众淫乱罪大多认为,从主观目的网络裸聊行为给裸聊者所带来的快乐与聚众淫乱罪是同等质,即主观上都是追求下流无耻的精神刺激,寻求性的满足。本书认为这是主观归罪主义的作祟,刑法的入罪一定要先从客观行为入手,再结合主观目的,做到主客观一致归罪。网络裸聊行为并不符合聚众淫乱罪的客观行为,即使主观目的符合,也无法以此定罪。

(二)从多人性分析

1. 如何理解“聚众淫乱”的多人性

聚众淫乱势必要有三人以上实施淫乱行为才构成犯罪,但是对于这个三人

---

〔1〕 刘德法:《聚众犯罪理论与实务研究》,中国法制出版社 2011 年版,第 227 页。

〔2〕 参见马琳:《网络裸聊行为的法律规制》,载《中南财经政法大学研究生学报》2011 年第 1 期。

〔3〕 参见王明辉、唐煜枫:《“裸聊行为”入罪之法理分析》,载《法学》2007 年第 7 期。

如何认定？

(1)组织淫乱活动的组织者能否算入多人之中？

聚众淫乱的组织者、策划者、指挥者并不一定是淫乱活动的直接参与者，如果组织者又参与了淫乱活动，那自然好解决，但是如果组织者不参与直接淫乱活动的行为，那么如何对这一行为进行认定呢？特别是当组织者与参与者合起来一共只有三个人的情况下，例如甲是组织者，召集了乙、丙两人在房间里实施淫乱活动，但是甲并未参与，只是观看，对于甲、乙、丙能否认定为聚众淫乱罪呢？如果甲组织并参与了，但是丙没有参与，对于这样的行为能否认定为聚众淫乱罪呢？

本书认为，解决上述的问题关键还是如何看待聚众的“众”，是组织者聚集了三个人，还是组织者聚集了连同自己共三个人呢？本书认为，从汉语语法的角度，应该是前者，即聚集了三个人。有的学者认为：“若行为人召集另外两人进行淫乱活动，但本人并不直接参与具体的性行为或者猥亵行为，即使行为人在场观看，其不是直接参与者，因而参与淫乱罪仅为两人，而不能认定为聚众淫乱，行为人的行为即不构成犯罪。”本书认为这种观点是有道理的。

(2)淫乱行为必须是复数吗？

如上所述，必须三人以上聚众实施淫乱行为，才可构成聚众淫乱罪。但是对于淫乱的行为，是否需要复数，即多人复数行为可否成为聚众淫乱罪？比如：甲、乙、丙、丁四个人在同一个房间内实施淫乱行为，甲乙发生性行为，丙丁发生性行为，四方同处一室，但是仅此而已，而不交叉实施性行为，对此能否认定为聚众淫乱罪。对此有的学者认为不构成聚众淫乱罪，认为“性行为是分别进行而不具有联系，因此不能叠加成为一个淫乱行为”。[1] 对此，本书并不赞同。本书认为聚众实施淫乱行为是从整体而认定的，而非从个数的叠加而认定。对于上述的例子，如果甲是组织者，其将乙、丙、丁聚集在一起如此实施，那么其构成聚众淫乱罪是无可厚非的。

(3)如何理解“聚众淫乱”的多次性

聚众淫乱罪的犯罪主体仅限于首要分子和多次参与者。多次参加者中的“多次”是指三次或者三次以上。这里的“多次参加”应该是指多次参加聚众淫乱活动，而非多次参加淫乱活动。例如，在某次由首要分子召集的淫乱聚会上，行为人甲参与了，并且与乙进行了一次性活动，而后由于有事遂离开了聚会，过了2个小时再回来参加，并且又分别与其他人进行了多次性活动，能否认定甲属于“多次参加者”，而追究其犯罪责任呢？笔者对此持反对意见，理由就在于对于同一次的聚众淫乱活动，无论实施了多少次淫乱活动，或者中途走了又来，都

---

[1] 时延安：《妨害风化犯罪疑难问题司法对策》，吉林人民出版社2001年版，第381页。

应该算作参与一次聚众淫乱活动。

(三)从同时同地性分析

在同一时间、同一地点实施淫乱行为,这是聚众淫乱罪的必备要件。但是如何理解同一时间、同一地点呢?

1.“不同时”的淫乱行为可不可以累加?

如甲先让乙、丙发生淫乱行为,当乙与丙走后,又让丁与戊发生淫乱行为,甲都不参与淫乱行为,这样的情况下,能否认定甲为聚众淫乱罪的首要分子?对此,本书是持反对意见的,因为其并没有符合同时性,没有同时性,也即该行为在所有的场合都不满足聚“众”这样的形式要件。

2.“不同地”的淫乱行为也不可以累加

即使在同一时间实施了淫乱行为,但是因为不在同一个地点,这样的淫乱行为也无法构成聚众淫乱罪。例如,行为人在某次换妻活动中,租了宾馆的两间房间,在不同的房间内,两两配对,完事后再进行交换,此种行为,本书就认为不构成聚众淫乱罪,因为其不属于同一个地点。但是如果是在一个大屋子里,两间房可进可出,非常方便进出交流的情况下,本书则认为应该另当别论。

五、从“淫乱”出发的宏观审视

对于聚众淫乱罪而言,上述部分例子虽然略显极端与荒诞,且在司法实践中可能很难碰到,但本书认为在学术上仍有探讨的必要性。但事实上,本书并不可能穷尽所有的“淫乱”行为。本书真正想要研究的是“引诱未成年人聚众淫乱罪”中从重处罚的根据,又或者说其保护法益是什么。但这方面的探讨依附于对“淫乱”概念的解析,通过上文的探讨,本书试图进行一个不是十分精准的概括。前文中各种例子,绝大多数情况都被认为成立聚众淫乱罪,可见“淫乱”的下限要求并不高。但是最为典型不被视为聚众淫乱罪的,是网络裸聊行为,无论其规模有多大,涉及人员多多,情节多恶劣,都难以说是聚众淫乱,这就从某个侧面揭示出“淫乱”的基本要求便是身体接触。因而,本书认为,引诱未成年人聚众淫乱从重处罚仍然同时具有保护未成年人人身权和思想的双重属性。但是倘若剥离掉身体接触这一前提,则不会成立聚众淫乱罪,有可能成立传播淫秽物品罪或者组织隐晦表演罪,而这又落入前文提到的保护思想的范畴。

综上所述,本书认为侵害思想与人身权行为的分水岭就在于“身体接触”。以引诱未成年人聚众淫乱罪的“淫乱”为界,凡是身体接触程度高于或等于“淫乱的”,将其定罪为具有保护人身权的性质,低于“淫乱”而没有身体接触的则是出于对思想的保护。从对人身权到思想权的保护,刑法在这些罪名的法定刑上也基本呈现了从高到低的趋势。

第四节　毒品：无遗漏防范下对教唆的重新审视

吸毒行为严重危害个体的生命健康和社会的和谐稳定，而未成年人由于身心尚未成熟，其吸毒的危害性尤其严重。近年来，受网络以及社会不良文化等多方面因素的影响，未成年人吸毒已经成为一个严重的社会问题。未成年人吸毒是一个客观存在的社会现象，对未成年人吸毒现状的全面了解，有助于我们加深对未成年人吸毒行为的认识，从而采取有针对性地防控措施。[1]

一、未成年人吸毒行为特征

当前我国未成年人吸毒行为现状主要呈现出以下五个基本特征：

1. 人员数量大。当前，受国内外因素的综合影响，我国吸毒人员数量庞大，且呈递增的态势。据统计，截至 2014 年 4 月，全国登记在册吸毒人员达 258 万人，其中 35 岁以下青少年占 75%。[2] 而到 2014 年底，这一数据已经增加到 276 万人，实际吸毒人数超过 1300 万人。[3] 虽然从全国范围的统计数据来看，并没有专门就未成年人吸毒人数进行统计。同时，由于对未满 14 周岁的未成年人吸毒的不予追究法律责任，因此真正被纳入国家统计范围的未成年人吸毒人数只是其中一部分，这就导致了我们很难准确把握未成年人吸毒的人数。但是，在庞大的吸毒人员中，未成年人所占的比例却是非常大的，其中，2009 年我国登记吸毒人群中，35 岁以下青少年占 58.1%，而到了 2014 年 4 月，这一比例已达到 75%。2014 年 8 月，全国人大常委会执法检查组在关于未成年人保护法实施情况的报告中指出，近年来我国未成年人吸毒人数逐年增多，2012 年比 2011 年增加 27%，2013 年比 2012 年增加 26%。[4] 从某些地方的统计资料也进一步证实了当前我国未成年人吸毒人员的数量大。例如，截至 2014 年 5 月，北京市登记在册的 2.6 万余名吸毒人员中，35 岁以下青少年达到 2.2 万余人，比例高达 88%。[5]

2. 低龄化趋势明显。在吸毒人员中，青少年吸毒人员的平均年龄均比较低，

---

〔1〕 胡江：《未成年人吸毒的心理分析及防治对策》，载《云南警官学院学报》2015 年第 3 期。

〔2〕 张洋：《去年全国破获毒品犯罪案 15.1 万起》，载《人民日报》2014 年 6 月 26 日。

〔3〕 罗沙、邹伟：《我国登记吸毒者 276 万年消耗毒品近四百吨》，载中国警察网：http://626.cpd.com.cn/n2004576/c25828811/content.html，最后访问日期：2014 年 11 月 3 日。

〔4〕 陈瑜：《我未成年人吸毒人数逐年增多》，载《科技日报》2014 年 8 月 27 日。

〔5〕 向楠、冯杰：《中国登记吸毒人数 5 年翻一番，35 岁以下青年超七成》，载《中国青年报》2014 年 8 月 28 日。

主要集中在 16 岁至 22 岁，而其中未成年人吸毒的数量和比例均比较大，特别是未成年人首次吸食毒品的年龄呈现出低龄化的趋势。例如，我国台湾地区的统计资料显示，未成年人第一次吸毒的平均年龄只有 12.5 岁。而在我国大陆地区，由于未成年人身心发展以及获取信息的便捷，越来越多的未成年人在年龄还非常小的时候就接触到了毒品并染上了吸毒行为。特别是由于新型毒品的泛滥，对未成年人产生了极大的诱惑，不少未成年人在好奇、追求时尚等心理的驱使下，过早地实施了吸毒行为。统计显示，“在新查获的滥用合成毒品人员中，平均年龄为 29.8 岁，25 岁以下的青少年已近一半，年龄最小的仅有 8 岁。”[1]

3. 吸食新型毒品为主。相较于鸦片、海洛因等传统毒品，以冰毒、K 粉、摇头丸等为代表的新型毒品大多是由人工化学合成的，其直接作用于人的中枢神经系统，对人产生兴奋、抑制或者致幻的作用，被大量运用于歌舞娱乐场所等地方。由于其独有的特点，新型毒品较传统毒品更容易获得吸毒人员的青睐，也很符合未成年人张扬个性、追求时尚的心理特点，因而新型毒品已经超过传统毒品成为吸食毒品的主要种类。例如，浙江省的统计资料显示，未成年人中吸食新型毒品的比例达到 85.4%。特别是由于部分未成年人对新型毒品的危害性认识不够，错误地认为新型毒品没有危害，甚至认为新型毒品具有提神、减乏、助兴、释压等功效，因而被大量地使用。

4. 复吸率高。毒品的本质特征在于能够使人成瘾，它通过作用于吸毒人员的生命有机体，使其形成生理依赖和心理依赖。吸毒人员一旦吸毒，就会因为成瘾而很难戒除毒瘾，即使从生理上戒除了毒瘾，也很难从心理上完全戒除毒瘾。因此，吸毒人员在戒除毒瘾后，很容易再次实施吸毒行为。从世界上其他国家的统计资料来看，吸毒行为的复吸率基本上高达 80% 以上，我国吸毒人员的复吸率也大致处于这么高的水平，在有的地方甚至高达百分之九十几，这就给吸毒行为的治理带来了极大的困难，在一定意义上可以说，治理吸毒行为最大的难点就在于复吸率高。对于未成年吸毒人员而言，即使其戒除了毒瘾，但由于无人监管、生活无着落、同伴影响以及自控能力低等原因的影响，其复吸的比例更高。据统计，目前未成年人戒断后再次吸毒的比例高达 90% 以上，有的未成年人甚至多次接受戒毒措施但仍然不断复吸，充分说明了未成年人吸毒复吸率高的这一客观事实。

5. 诱发犯罪比例高。吸毒行为容易诱发其他违法犯罪行为，这也是一个客观事实。一方面，行为人吸毒以后，由于毒品直接作用于人的中枢神经，往往导致行为上的失常。例如，有的吸毒人员吸食毒品后在极度亢奋的精神刺激下实

---

[1] 王昊魁、常鑫：《禁毒，一场没有硝烟的战争》，载《光明日报》2014 年 6 月 26 日。

施杀人、伤害、强奸、猥亵、危险驾驶等违法犯罪行为。而未成年人由于身心发育尚不成熟，在毒品的刺激下，实施其他违法犯罪行为的比例更高。据统计，2013年1月至2014年6月，重庆市第三中级人民法院共审结未成年人毒品犯罪案件27件34人，分别占毒品犯罪案件436件479人的6.2%、7.1%，占未成年人犯罪案件247件281人的10.94%、12.1%。[1] 另一方面，由于吸毒需要耗费大量的金钱，不少吸毒人员为了获得毒品，往往通过实施抢劫、盗窃、诈骗、卖淫等违法犯罪行为来获得购买毒品的物资，或者直接参与运输、贩卖毒品等毒品犯罪行为来满足自己的吸毒需要，形成"以贩养吸"等毒品犯罪形式。目前，未成年人为了获得购买毒品的费用而实施违法行为也是毒品违法犯罪中的一种重要类型。

二、未成年人吸毒的心理机制

行为受心理支配，特定行为体现特定的心理特征，未成年人吸毒行为也呈现出特定的心理特征，分析其心理特征，有助于我们准确认识未成年人吸毒行为的主客观原因，从而为防治未成年人吸毒行为提供心理学依据。

（一）认知特征

未成年吸毒人员的认知特征主要表现为对毒品、自己、他人以及社会存在认识上的偏差，未能形成法律规范所要求而为社会所认可的自我认知。

1. 对毒品的认知。未成年吸毒人员对毒品的危害性认识不足，有的误认毒品为消除个人压力、减轻身心困苦的良药，甚至认为毒品具有治病或者壮阳、减肥等功效；有的将吸毒作为展示个性、追求时尚的行为，有的认为吸毒不是什么违法的事情；有的认为毒品虽然有危害，但是误以为吸一次没事或者抵挡不住他人的诱惑而吸毒。例如，据学者调查，有75%的受访者表示，第一次吸毒都是因为对毒品的无知和好奇，最终陷入吸毒的泥潭之中。[2] 有的未成年人想看看吸了毒到底会怎样，会不会真的摆脱不了毒品，有的则认为"毒品有什么了不起，谁不敢吃"。[3] 其中，对新型毒品危害性认识不够是未成年人吸毒人员的一个典型特征，很多未成年人虽然认为传统毒品具有危害性，但却有65.4%的人以为吸食新型毒品不会上瘾。这种对新型毒品的错误认识，导致了新型毒品成为未成年人吸食的主要毒品类型。

---

[1] 刘敏：《重庆三中院提出预防未成年人毒品犯罪建议》，载光明网：http://court.gmw.cn/html/article/201406/23/159421.shtml，最后访问日期：2014年9月28日。

[2] 刘百军：《中国吸毒呈低龄化趋势》，载搜狐网：http://roll.sohu.com/20140626/n401400238.shtml，最后访问日期：2014年11月27日。

[3] 佚名：《未成年人吸毒多因家庭或出于好奇》，载凤凰网：http://news.ifeng.com/a/20140626/40903695_0.shtml，最后访问日期：2014年11月30日。

2. 对自我的认知。未成年人吸毒人员由于受知识和阅历的限制，往往不能形成理性的自我认知，难以形成对自己的理性评价。主要表现为对自己的盲目肯定或者盲目否定。对于前者而言，有的未成年人对自己具有过高的心理期待，盲目肯定自己，认为自己已经长大了，为了表现出自己“大人”的气质，往往通过吸毒行为来展示自己与众不同的一面，认为自己很“酷”、很有“派头”或者“个性”，甚至在未成年人违法犯罪团伙中还有的成员通过吸毒来获得他人对自己的认可。对于后者而言，主要表现为有的未成年人缺乏自信，或者在遭遇困难、挫折等人生困境之后，缺乏应对困难挫折的信心和勇气，怨天尤人，盲目否定自己，进而通过吸毒来消遣自己，试图让自己在毒品中远离现实生活中的困难挫折。

3. 对他人的认知。未成年吸毒人员对他人认知上的偏差主要表现为未成年人在不良的人际交往中，形成了对友谊、爱情等问题的不正确认知，对他人的行为未能形成理性的认识。未成年人吸食毒品，其中很重要的原因就是受到他人尤其是不良人际交往的影响。在不良人际交往中，未成年人很容易受到他人违法行为的影响，在他人吸食毒品时，自己也盲目地模仿，其实质在于对他人的行为缺乏客观、理性的认识，盲目追随、盲目模仿。还有的未成年人把吸食毒品作为维系友谊、爱情的体现，为了证明与他人的友情关系或者爱情关系，而不惜吸食毒品。例如，重庆市检察院第二分院的调查数据显示，有的未成年人以生日宴会等场所请朋友吸食毒品作为荣耀的象征，有的未成年人为显示慷慨和义气，长期多次邀请朋友在宾馆、网吧、KTV 等场所聚众吸毒，涉案的 76 名吸毒未成年人中，有 41 人曾在宾馆、网吧、生日宴会等场所参与聚众吸毒。[1]

4. 对社会的认知。未成年吸毒人员在社会认知上主要表现为对社会规范的漠视。个体作为社会中的一个组成部分，本应按照社会运行的基本规范和主流价值来合理、合法地安排自己的行为，但是未成年吸毒人员往往过于强调自我而忽视对社会规范的遵循，未能将社会规范作为自己的行动指南。更有的未成年吸毒人员对社会规范存在抵触的心理，认为社会规范是对自己的束缚和约束，为了彰显自己的个性，体现自己的与众不同，非但不认真遵循社会规范，反倒故意违反社会规范，将其作为展示自我的方式。同时，由于未成年人的社会经历比较欠缺，对社会不能形成理性、客观的认识，由此导致有的未成年吸毒人员将社会的不足之处肆意夸大，将自己在生活、学习中遭遇的现实困难归咎于社会，进而无端抱怨和指责社会，甚至于将自己的吸毒原因也完全归咎于社会。这种对社

---

〔1〕 佚名：《重庆市首次发布未成年人吸毒案例》，载法制网：http://www.legaldaily.com.cn/locality/content/2013-09/06/content_4828257.htm? node=30969，最后访问日期：2014 年 11 月 30 日。

会的片面认知，其实质是未能形成理性的认知观念，导致对社会的认知出现偏差，进而出现违反社会规范的行为。

（二）意志特征

未成年人由于身心正处于成长过程之中，其对自己行为的调节、支配能力较成年人低，而对于未成年人吸毒人员而言，其调节、支配自我行为的能力则更差，这种特殊的意志特征主要表现在两个方面：一是自控力差；二是身心矛盾明显。

1. 自控力差。未成年吸毒人员的自控能力比较差，在面对毒品的诱惑、他人的怂恿等外界因素时，不能理性地判断并合理、合法地安排自己的行为。有的未成年人员原本知道毒品的危害，但是经不住他人的怂恿、劝说、引诱而选择吸食了毒品；有的未成年人为了获得他人对自己的肯定和认可，或者为了能够参加某一个同学的圈子，而违心地吸食了毒品；有的未成年人出于好面子等原因，不能坚决地拒绝他人邀请吸毒的诱惑，进而吸食毒品。而当未成年人尝试了吸毒之后，在毒品心瘾的作用下，其自控能力更差，很少有未成年人吸毒人员主动想到要戒除毒瘾的。特别是对于复吸人员，在毒品心瘾的作用下，更是体现出自控力差的特点，一旦想到毒品带给自己的虚幻快乐，就难以抑制对毒品的渴望，最终抵挡不住毒品的诱惑而再次吸食毒品。

2. 身心矛盾明显。未成年阶段本是人生中最美好的时光之一，未成年吸毒人员也正处于这样特殊的成长阶段，一方面，未成年吸毒人员渴望美好、幸福的生活，希望自己能够在学校有良好的表现，希望能够得到他人的认可与肯定；但另一方面，未成年吸毒人员受毒品心瘾和自控力差等原因的影响，又缺乏坚决拒绝毒品的勇气，也缺乏独立面对戒毒困难的能力。因此，未成年人吸毒人员的身心矛盾十分突出，往往表现为自责、懊恼、悔恨、怨愤等心理特征，有的甚至采取自伤、自残、自杀等方式来虐待自己。有的未成年人吸毒人员在出现矛盾心理的时候，不是积极、乐观地去解决和面对，而是放任自己的吸毒违法行为，试图通过吸毒行为来麻痹自己，让自己从身心矛盾的苦恼中解脱出来。

（三）需要特征

需要是支配人实施行为的内在动力，未成年人之所以实施吸毒行为，也是在特定需要的驱使之下实施的。具体而言，未成年吸毒人员的需要特征主要表现在如下方面：

1. 需要内容的低层次性。未成年人实施吸毒行为主要是为了满足以下需要：一是满足自己对毒品的好奇心理。如有的未成年人对毒品以及吸毒后的感觉体验充满好奇，总想自己亲自尝试一下，于是在这种好奇心理驱使下实施了吸毒行为。二是满足自己的不正常的人际交往需要。这主要表现为有的未成年吸毒人员为了获得其他吸毒人员对自己的认同、肯定，或者为了能够被一些吸毒人员群体、圈子所吸纳,在这种不正常的人际交往需要的支配下,进而选择了吸毒行为。三是满足自己偏差的自我认同需要。有的未成年人选择实施吸毒行为,主要是为了通过吸毒来向父母、老师等成年人宣示自己的个性,表达对成年人管教的不满,进而把吸毒作为一种自我认同的方式。四是满足自己逃避现实困难的需要。有的未成年人在学习、生活、情感等方面遭遇困难挫折以后,不能理性、客观地去面对,进而选择吸毒,试图通过吸毒来麻痹自己、逃避现实。这些具体的需要内容都呈现出底层性的特征,大多均为未成年人为了获得一种生理或者非正常的需要而实施,即使未成年人原本有一些正常的需要,比如人际交往、情感交流等,但当其正常需要得不到满足时,往往就通过吸毒来弥补其心理上的落差,因此,“就大多数吸毒者而言,吸毒是为使其原本正常的需求得到替代性满足”。[1]

2. 需要选择的非理智性。未成年人原本属于人生成长的关键时期,大量的学习和成长方面的需要有待其满足。但是,在成长的过程中,未成年人对于所面临的各种需要不能作出理性的选择,主要表现为对某些不现实需要或者不正当需要的强行满足。未成年人之所以选择吸毒行为,主要是为了满足其不现实或者不正当的需要,比如试图体验吸毒带来的生理感受,从吸毒行为中找到自我认同感,通过吸毒实现对现实困难的逃避等。对于这些需要,未成年人原本不应将其作为自己追求的内容,但由于缺乏对需要的理性判断,以及缺乏有效的自我控制能力,因此往往不计后果,放任自己实施吸毒行为,呈现出明显的非理智性。

3. 需要满足的强刺激性。吸毒由于直接作用于人的中枢神经,因而往往能够给吸毒者带来强烈的生理刺激。未成年吸毒人员也是通过吸毒,来获得生理上的强烈刺激,进而错误地将其理解为是毒品带给自己的快乐,甚至认为毒品是治病解困的灵丹妙药。例如,有的未成年人在吸毒后,去酒吧彻夜狂欢而不觉得累。但事实上,一旦从毒品带来的这种强刺激中走出来,吸毒者很快又会面临着现实的矛盾与困难,于是又试图通过吸毒来寻求自我解脱,因此陷入了一个无以复加的恶性循环之中。在这个过程中,毒品带给吸毒者的体验主要是生理上的,尤其是对于初次吸毒人员,只要感受到了毒品带给自己的强烈刺激,就很难拒绝其诱惑,之后一而再再而三地吸毒就成了情理之中的事。

(四)性格特征

未成年人之所以走上吸毒之路,从根本上来讲是受其身心特点的影响。在性格方面,未成年吸毒人员也呈现出诸多共同的特征,主要表现为自闭、冷漠、叛逆、自我中心、不愿意与人交流等。这些特点决定了未成年吸毒人员一方面具有

---

[1] 梅传强主编:《犯罪心理学》,中国法制出版社 2014 年版,第 235 页。

强烈的自尊心，另一方面又受到现实以及自我能力等方面的限制，在学习、生活等方面很多需要都难以得到满足，但他们往往缺乏与人交流的技能，有问题不愿意与人沟通，即使有一定的社会交往，也主要局限于同自己兴趣相投的同龄人之间，久而久之就形成了对他人的冷漠态度，把自己封闭在一个狭小的空间里，一旦面临毒品的诱惑或者难以解决的现实困难，就走上了吸毒的道路。特别是对正处于青春期的未成年人而言，在心理上原本就是最脆弱敏感的时期，很容易对父母、老师的教育管理行为表现出叛逆的心理，他们试图摆脱成年人的干预，去追求自己心中认定的目标和理想，但又缺乏应对困难和解决问题的能力，因而很容易为了彰显自我或者逃避现实困难而实施吸毒行为。而在实施了吸毒行为之后，由于毒品的作用以及未成年人对于自己吸毒者身份的忌讳，未成年人的自闭、冷漠会变得更加严重，完全把自己封闭在一个狭小的空间里，不会主动参与正常的人际交往，不愿意与他人进行沟通交流，极端者甚至会出现极度不相信他人乃至妄想症的状况。

三、现行刑法的规制

在对未成年人吸食毒品的原因分析的基础之上，针对防止未成年人吸毒，我国采取了一系列防治措施，包括：加强禁毒宣传教育、加强心理机制干预、加强娱乐场所监管、加强网络空间监管等。作为最后一道防线——法律，我国也出台了一系列法律来预防、打击吸毒。其中，作为法律的最后一道防线的刑法，甚至对那些将未成年人带上吸毒道路的行为人也进行了惩治。我国《刑法》第 353 条规定："引诱、教唆、欺骗或者强迫未成年人吸食毒品的，从重处罚。"需要注意的一点是，吸毒本身并不构成犯罪，但是引诱、教唆、欺骗或者强迫未成年人吸食毒品的，不仅构成犯罪，而且还要从重处罚。这表明了我国对于那些使未成年人沾上毒瘾的始作俑者的零容忍态度。下面，本书将对《刑法》第 353 条的几种具体形态展开论述。

（一）引诱

引诱，是指以宣扬吸毒后的感受进行诱导或者以金钱、物质利益鼓动他人，使之产生吸毒的欲望，并进而使其在自愿和明知的前提下吸食毒品的行为。构成引诱，必须具备一定的条件：其一，至少有一个或者数个诱饵。所谓诱饵，是指行为人有意制造出来的、能够吸引被引诱者产生吸毒的欲望并进而吸食毒品的一切事、物。其二，必须是被引诱者出于自愿而吸食了毒品。这也是引诱与强迫的本质区别所在。如果被引诱者虽然受到了诱惑，但是在最后吸毒时，主观上仍旧有不自愿的因素，那就有可能构成强迫他人吸毒罪。其三，必须是被引诱者明知是毒品而吸食。如果行为人对吸食的毒品不明知，那么行为人的行为就可能构成欺骗他人吸毒罪,典型表现为:行为人将毒品掺入香烟中给他人吸食,他人自以为是在吸食一般的香烟,其实是毒品,这应当认定为欺骗他人吸毒罪,而非引诱他人吸毒罪。[1]

(二)教唆

教唆,是指引起他人吸食毒品的意愿,或者坚定他人吸毒决意的行为。这样看来,教唆与引诱就存在一定的重叠,但是,既然刑法以并列的方式将其规定在同一个刑法条文中,就必须对二者的界限作出划分。有论者指出,"在某种意义上,引诱实质上是教唆行为的一种,立法基于引诱行为危害的严重性,将其独立出来,作为本罪的一种独立手段,这种体现立法精神的做法有利于我们准确打击毒品犯罪。因而正确区别'引诱'行为和其他'教唆'行为是正确认定'引诱'本质特征的必要方式。而'引诱'与'教唆'的根本区别在于引诱行为是以他人吸食、注射毒品后所获得的精神或物质回报为诱饵而实施的,而教唆行为则是除此之外的任何促使他人吸食、注射毒品的行为,其特征在于刺激他人自愿尝试吸食,或者加固他人已有的吸食意愿。而教唆行为一般分为两种:一是针对本来无吸毒愿望的人,二是针对有吸毒愿望但尚不坚决的人。教唆的方法是除诱惑以外的任何方法,如激将、劝说、请求、怂恿、建议、示范等。"可见,对引诱与教唆进行区分是适用本罪的前提,一般来讲,本罪中的教唆与引诱的区别可以概括为以下两点:其一,鉴于引诱与教唆是列举和概括的关系,所以教唆是指除引诱之外的引起他人吸毒决意的任何行为。此外,鉴于《刑法》第 353 条和第 354 条还有欺骗、强迫和容留的行为方式,所以还需要进一步扩大教唆的排除范围。因此,教唆是指除了引诱、欺骗、强迫、容留之外的引起他人吸毒决意的任何行为。其二,鉴于引诱和欺骗,是与教唆同质同刑的行为,所以对三者不必作细致的区分,择一认定即可;鉴于强迫的性质重于教唆,按法条竞合的重法优于轻法原则,应优先认定强迫;鉴于容留的性质轻于教唆,也是按法条竞合的重法优于轻法的原则,应优先认定教唆。[2]

(三)欺骗

欺骗,是指行为人采用虚构事实、隐瞒真相的方法,使原本没有吸毒意愿的他人在不知情的情况下,误食毒品。例如,把毒品掺入香烟,或者用毒品换掉药片等。实践中,有人将罂粟壳掺入食品以招揽顾客、吸引回头客,扩大生意。罂粟壳(俗称大烟壳)含有吗啡等物质,易使人体产生瘾癖,对吸毒者的肝脏、心脏

---

〔1〕 张洪成:《试论引诱、教唆、欺骗他人吸毒罪》,载《河北公安警察职业学院学报》2008 年第 8 期。

〔2〕 蒋小燕:《析引诱、教唆、欺骗他人吸毒中的几个疑难问题》,载《国家检察官学院学报》2003 年第 2 期。

等有毒害作用。罂粟壳属于国家规定管制的毒品，国家法律对罂粟壳管理使用有着明确的规定，禁止非法供应、运输、使用。由于顾客都是在不知道的情况下被欺骗食用的，因此这种行为属于欺骗他人吸食毒品的犯罪行为。对于在食品中掺用罂粟壳的，应该以欺骗他人吸毒罪处理。

有学者认为，引诱、教唆、欺骗与强迫是有区别的，不应该同列在一个罪名里，本书不作赘述。本书希望把关注重点放在"教唆他人吸毒罪与教唆犯罪行为的区别"之上。也就是说，刑法总则规定的教唆犯与第 353 条中的"教唆"是什么样的关系？

教唆犯是我国刑法总则规定的一个共同犯罪的形式，按照我国《刑法》第 29 条的规定："教唆他人犯罪的，应当按照他在共同犯罪中所起的作用处罚。教唆不满十八周岁的人犯罪的，应当从重处罚。""如果被教唆的人没有犯被教唆的罪，对于教唆犯，可以从轻或者减轻处罚。"由此可见，教唆犯罪本身并非一个罪名，而是共同犯罪的一种形式，教唆犯也仅仅是共犯的一种。教唆犯的行为性质取决于被教唆人，其法定刑亦以被教唆人行为的法定刑为基础，此即教唆犯的从属性。

而教唆他人吸毒罪则是一个独立的罪名，具有其自身的犯罪构成与法定刑，因此，二者之间的界限还是比较明显的。从整体上看，教唆他人吸毒罪和教唆犯罪的区别主要体现在如下方面：其一，性质不同。教唆他人吸毒罪是独立的罪名，有独立的犯罪构成和法定刑；后者是共同犯罪的一种表现形式，对其处罚由行为人教唆的具体犯罪决定。其二，侵犯的客体不同。教唆他人吸毒罪保护的客体是国家对毒品的管制和公民的身心健康；而教唆犯罪所保护的客体则是由教唆的具体内容决定，其本身具有不确定性，如果教唆他人实施的是故意杀人行为，那么该教唆行为侵犯的客体就是他人的生命权；如果教唆他人实施的是盗窃行为，则该教唆行为所侵犯的客体就是他人的财产权。其三，教唆内容不同。教唆他人吸毒罪教唆的是非法行为，按照目前我国的相关法律，吸毒行为仅仅属于违法范畴，并未入罪；教唆犯罪所教唆的则是犯罪行为，否则，很难对教唆人定罪处罚。其四，教唆对象不同。教唆他人吸毒罪的犯罪对象一般为具有认识理解自己行为性质的人，如果犯罪对象为根本不能了解自己行为性质的人，如未满 10 周岁的未成年人或者精神病患者，则可以考虑成立强迫他人吸毒罪；而教唆犯罪的教唆对象仅限于达到刑事责任年龄且具有刑事责任能力的人，如果教唆未达刑事责任年龄或者无刑事责任能力的人，则可以考虑成立间接正犯。

教唆犯是刑法理论中的重要问题，刑法学界围绕着教唆犯展开了数百年的探讨，产生了十分丰厚的学术成果。但是，正因如此，人们每当提到"教唆"时，往往产生了思维定式，以为凡是出现教唆一词便是教唆犯的规定，进而往往将

“教唆”的解释限定在教唆犯的狭窄范围内。本书认为，对于“教唆”一词的解释，应当立足于本国立法。“教唆”一词在我国刑法中共出现在3个法条中，分别是：《刑法》第29条“教唆他人犯罪的，应当按照他在共同犯罪中所起的作用处罚。教唆不满十八周岁的人犯罪的，应当从重处罚。如果被教唆的人没有犯被教唆的罪，对于教唆犯，可以从轻或者减轻处罚”；《刑法》第347条第6款规定“利用、教唆未成年人走私、贩卖、运输、制造毒品，或者向未成年人出售毒品的，从重处罚”；以及《刑法》第353条“引诱、教唆、欺骗他人吸食、注射毒品的，处三年以下有期徒刑、拘役或者管制，并处罚金；情节严重的，处三年以上七年以下有期徒刑，并处罚金。强迫他人吸食、注射毒品的，处三年以上十年以下有期徒刑，并处罚金。引诱、教唆、欺骗或者强迫未成年人吸食、注射毒品的，从重处罚”。

其中第29条和第347条确实是“教唆犯”的规定。但是第353条的存在则是为教唆一词提供了一个不同于教唆犯的新的视角，表明“教唆”完全可以作为与引诱、欺骗、强迫等并列的犯罪的行为形态。

对于教唆他人从事违法活动成立犯罪的，现行《刑法》只有第353条教唆吸毒罪一条，而引诱、强迫、欺骗他人从事违法活动，却有着譬如卖淫等其他内容，对此，本书认为这是基于严厉打击毒品犯罪的刑事政策的考量。然而，刑事政策并不是不变的，在未来打击某种特定犯罪需要的情况下，基于刑事政策的考量，以及第353条对于教唆的内涵的丰富，刑法完全可能在未来新增设各种教唆类的犯罪，譬如学界早已提倡的教唆自杀罪等。

后　记

归根结底,刑法是规制犯罪的法律,其核心问题就在于定罪与量刑。刑法中的年龄要素,无论是从未成年人和老年人的年龄两分法,还是从犯罪人年龄因素和被害人年龄因素的分类模式出发加以探讨,都是围绕着这两个问题展开的。

有关定罪,刑法在构成要件层面限定了行为对象的年龄,在责任层面规定刑事责任年龄,这种双层架构影响了犯罪圈的大小和刑事法网的严密性。构成要件层面行为对象的年龄要求越严,则犯罪圈越小,反之则越大;而刑事责任年龄规定越小,则犯罪圈越大,反之亦然。本书认为犯罪圈越大,则刑事法网越严密,罪犯逃离法网的可能性也就越低。因而,本书主张下调刑事责任年龄,并同时放宽侵害未成年人犯罪的行为对象的年龄限制,进而不断严密刑事法网,加强对于犯罪的控制,维持社会的稳定运行。

有关量刑,刑法通过年龄要素呈现了两极分化的态势。一方面,刑法对于未成年人和老年人犯罪,采取了一种刑罚轻缓化的举措;另一方面,对于侵害未成年人和老年人权益的犯罪,采取了一种刑罚严厉化的态度。本书认为这是立法者轻轻重重的刑事政策倾向在刑法中的渗透,是一种值得鼓励的做法。

本书从加害与被害方的互动关系出发,简单梳理了我国刑法中的各种年龄要素,从微观层面做了一些分析。文不尽言,在这一问题上,仍然有很多值得研究的地方,比如跨年龄犯罪问题,限于本书篇幅与结构问题,不能全部收录。

至于本书的价值,或者说写作目的,在于希望能给在立法部门以及司法部门中从事未成年人和老年人权益保护等相关工作的人员提供一定的建议和帮助。当然,本书肯定会存在很多不足之处,还请广大学者、法律工作者批评指正,若有意交流的,欢迎与作者联系。

当前各类刑法解释方向、途径、形式、理论等铺天盖地,本书认为其总体目的依然是尽一切所能在“罪刑法定”的基础上全力满足“罪刑一致”及减少法条之前所谓的“重叠与漏洞”,刑法研究者尤其是执行运用者,应以具备预测式创想思维(如发散思维、跳跃思维)为首任,也许有些责任、行为、意识等情节在现实中很难遇到(如闰年2月29日出生的人14周岁、18周岁计算问题),但它们理应被我们提前发现,并提前研究。简言之,应根据现有案例,不断提升发现问题的能力,并提前谋划防范。毕竟社会推进运转的情形凸显复杂、繁乱、创新,在预测式创新思维下科学客观对刑法进行解释,足以缩小"客观现实"与"法律滞后"的距离,有力助推预防犯罪的社会效果。

附录:刑法的年龄规范整理

一、法条

1.《刑法》第 17 条
2.《刑法》第 17 条之一
3.《刑法》第 29 条
4.《刑法》第 65 条
5.《刑法》第 72 条
6.《刑法》第 100 条
7.《刑法》第 234 条之一
8.《刑法》第 236 条
9.《刑法》第 237 条
10.《刑法》第 240 条
11.《刑法》第 241 条
12.《刑法》第 242 条
13.《刑法》第 244 条之一
14.《刑法》第 260 条
15.《刑法》第 260 条之一
16.《刑法》第 261 条
17.《刑法》第 262 条
18.《刑法》第 262 条之一
19.《刑法》第 262 条之二
20.《刑法》第 301 条
21.《刑法》第 347 条
22.《刑法》第 353 条
23.《刑法》第 358 条
24.《刑法》第 359 条
25.《刑法》第 364 条
26.《刑法》第 416 条

27.《刑法》第 330 条
28.《刑法》第 303 条
29.《刑法》274 条
30.《刑法》第 293 条
31.《刑法》第 264 条
32.《刑法》第 267 条
33.《刑法》第 363 条
34.《刑法》第 364 条
35.《刑事诉讼法》第 271 条
36.《刑事诉讼法》第 272 条
37.《刑事诉讼法》第 273 条

二、现行有效的司法解释与司法文件

1. 全国人大常委会法制工作委员会《关于已满十四周岁不满十六周岁的人承担刑事责任范围问题的答复意见》
2. 最高人民检察院《关于相对刑事责任年龄的人承担刑事责任范围有关问题的答复》
3. 最高人民法院《关于审理未成年人刑事案件具体应用法律若干问题的解释》
4. 最高人民法院《关于贯彻宽严相济刑事政策的若干意见》第 2 条
5. 最高人民法院《关于常见犯罪的量刑指导意见》第 1 条
6.《人民检察院办理未成年人刑事案件的规定》
7. 最高人民法院《关于〈中华人民共和国刑法修正案(八)〉时间效力问题的解释》第 3 条
8. 最高人民法院、最高人民检察院、公安部、司法部《关于依法惩治性侵害未成年人犯罪的意见》
9. 最高人民法院、最高人民检察院、公安部、司法部《关于依法惩治拐卖妇女儿童犯罪的意见》
10. 最高人民检察院《关于以出卖为目的的倒卖外国妇女的行为是否构成拐卖妇女罪的答复》
11. 最高人民法院《关于审理拐卖妇女案件适用法律有关问题的解释》第 1 条、第 2 条、第 3条
12. 最高人民法院、最高人民检察院、公安部、民政部、司法部、全国妇联《关于打击拐卖妇女儿童犯罪有关问题的通知》
13. 最高人民检察院、公安部《关于公安机关管辖的刑事案件立案追诉标准的规定(一)》第 32 条、第 52 条、第 75 条、第 76 条、第 77 条、第 78 条、第 79 条
14. 最高人民法院、最高人民检察院、公安部、司法部《关于依法办理家庭暴力犯罪案件的意见》
15.《关于公安机关管辖的刑事案件立案追诉标准的规定(三)》第 9 条、第 10 条、第 11 条

16. 最高人民检察院《关于渎职侵权犯罪案件立案标准的规定》第 31 条、第 32 条
17. 最高人民法院、最高人民检察院《关于办理赌博刑事案件具体应用法律若干问题的解释》第 5 条
18. 最高人民法院、最高人民检察院、公安部《关于办理网络赌博犯罪案件适用法律若干问题的意见》第 1 条
19. 最高人民法院、最高人民检察院、公安部《关于办理利用赌博机开设赌场案件适用法律若干问题的意见》第 2 条
20. 最高人民法院、最高人民检察院《关于办理敲诈勒索刑事案件适用法律若干问题的解释》第 2 条
21. 最高人民法院、最高人民检察院《关于办理寻衅滋事刑事案件适用法律若干问题的解释》第 2 条、第 3 条
22. 最高人民法院、最高人民检察院《关于办理盗窃刑事案件适用法律若干问题的解释》第 2 条
23. 最高人民法院、最高人民检察院《关于办理抢夺刑事案件适用法律若干问题的解释》第 2 条
24. 最高人民法院《关于审理非法出版物刑事案件具体适用法律若干问题的解释》第 16 条、第 18 条
25. 最高人民法院、最高人民检察院《关于办理利用互联网、移动通讯终端、声讯台制作、复制、出版、贩卖、传播淫秽电子信息刑事案件具体应用法律若干问题的解释（二）》第 1 条、第 2 条
26. 最高人民检察院《关于对涉嫌盗窃的不满 16 周岁未成年人采取刑事拘留强制措施是否违法问题的批复》
27. 最高人民法院、最高人民检察院《关于办理组织、强迫、引诱、容留、介绍卖淫刑事案件适用法律若干问题的解释》第 2 条、第 5 条、第 6 条、第 7 条、第 8 条、第 9 条

三、失效的刑法规范

1.《关于对少年儿童一般犯罪不予逮捕判刑的联合通知》（1960 年）
2.《中华人民共和国刑法》（1979 年）
3.《关于在严厉打击刑事犯罪斗争中具体运用法律的若干问题的答复》（1984 年）
4.《关于是否可以将行为人年满十四岁前后连续进行盗窃行为一并作为惯窃罪的根据问题的批复》（1984 年）
5.《关于已满 14 岁不满 16 岁的人犯强奸罪是否应负刑事责任问题的电话答复》（1984 年）
6.《关于如何掌握"重大盗窃罪"问题的批复》（1985 年）
7.《关于对未成年犯能否附加剥夺政治权利问题的电话答复》（1985 年）
8.《关于人民法院审判严重刑事犯罪案件中具体应用法律的若干问题的答复（三）》

(1985 年)

9.《关于少管人员释放后犯罪的能否适用〈关于处理逃跑或者重新犯罪的劳改犯和劳教人员的决定〉问题的电话答复》(1985 年)

10.《关于重大盗窃犯罪数额标准问题的电话答复》(1988 年)

11.《关于已满 14 岁不满 16 岁的人多次盗窃数额能否累计计算问题的电话答复》(1990 年)

12.《关于 15 岁的未成年人过失致人重伤是否应负刑事责任的批复》(1990 年)

13.《关于已满 14 岁不满 16 岁的未成年人过失杀人是否应负刑事责任问题的复函》(1991 年)

14.《关于已满 14 岁不满 16 岁的人所犯罪行特别严重能否判处无期徒刑问题的电话答复》(1991 年)

15.《关于如何认定被告人犯罪时年龄问题的电话答复》(1991 年)

16.《关于不满 16 岁的人犯脱逃是否构成脱逃罪问题的电话答复》(1991 年)

17.《关于已满十四岁不满十六岁的人犯走私、贩卖、运输制造毒品罪应当如何适用法律问题的批复》(1992 年)

18.《关于未成年的劳教人员解除劳动教养后三年内犯罪是否适用〈全国人民代表大会常务委员会关于处理逃跑或者重新犯罪的劳改犯和劳教人员的决定〉的批复》(1993 年)

19.《关于办理假释案件几个问题的意见(试行)》(1993 年)

20.《关于适用〈全国人大常委会关于处理逃跑或者重新犯罪的劳改犯和劳教人员的决定〉的几个问题的批复》(1993 年)

21.《关于适用〈全国人民代表大会常务委员会关于禁毒的决定〉的若干问题的解释》(1994 年)

22.《关于已满十四岁不满十六岁的人破坏交通工具、交通设备、电力煤气设备、易燃易爆设备应否追究刑事责任问题的批复》(1995 年)

23.《关于办理未成年人刑事案件适用法律若干问题的解释》(1995 年)

24.《关于办理减刑、假释案件具体应用法律若干问题的规定》(1997 年)

25.《人民检察院办理未成年人刑事案件的规定》(2002 年)

26.《人民检察院办理未成年人刑事案件的规定》(2006 年)

27.《人民法院量刑指导意见(试行)》(2010 年)

参考文献

一、专著

1. [德]安塞尔姆·里特尔·冯·费尔巴哈:《德国刑法教科书》,许久生译,中国方正出版社 2010 年版。
2. [德]魏德士:《法理学》,丁晓春、吴越译,法律出版社 2005 年版。
3. [德]耶林:《为权利而斗争》,商务印书馆 2016 年版。
4. [德]汉斯·约阿希德·施耐德主编:《国际范围内的被害人》,许章润等译,中国人民公安大学出版社 1992 年版。
5. [法]古斯塔夫·勒庞:《乌合之众:大众心理研究》,陈昊译,法律出版社 2011 年版。
6. [法]卢梭:《社会契约论》,何兆武译,商务印书馆 1980 年版。
7. [美]E. 博登海默:《法理学——法律哲学与法律方法》,邓正来译,中国政法大学出版社 1999 年版。
8. [美]道格拉斯·N. 胡萨克:《刑法哲学》,谢望原等译,中国人民公安大学出版社 1992 年版。
9. [美]房龙:《宽容》,迮卫、靳翠微译,生活·读书·新知三联书店 1985 年版。
10. [日]森下忠:《刑事政策大纲》,成文堂 1993 年版。
11. [日]西田典之:《日本刑法各论》,刘明祥、王昭武译,中国人民大学出版社 2007 年版。
12. [日]曾根威彦:《刑法学基础》,黎宏译,法律出版社 2005 年版。
13. [日]大谷实:《刑事政策学》,黎宏译,法律出版社 2000 年版。
14. [日]大谷实:《刑法各论》,黎宏译,法律出版社 2003 年版。
15. [日]大塚仁:《刑法概说(总论)》,冯军译,中国人民大学出版社 2003 年版。
16. [日]宫泽浩一:《现代社会内外刑法思潮》,载宫泽浩一:《刑事法论集》(第 2 卷),成文堂 1976 年版。
17. [日]加藤久雄:《医事刑法入门》,东京法令出版社 2005 年版。
18. [日]木村龟二:《刑法学辞典》,顾肖荣等译,上海翻译出版公司 1991 年版。
19. [日]平野龙一:《犯罪论的诸问题》(上),有斐阁 1981 年版。
20. [日]平野龙一:《刑法总论》,有斐阁 1972 年版。

21. [日]前田雅英:《刑法各论讲义》,东京大学出版会 1999 年版。
22. [日]前田雅英:《刑法总论讲义》,东京大学出版会 2006 年版。
23. [日]松原芳博:《刑法总论重要问题》,王昭武译,中国政法大学出版社 2014 年版。
24. [日]滕团重光:《刑法纲论总要》,创文社 1979 年版。
25. [日]藤木哲也:《刑事政策讲义》,青林书院 1987 年版。
26. [日]西田典之:《日本刑法各论》,刘明祥、王昭武译,中国人民大学出版社 2007 年版。
27. [日]西田典之:《日本刑法总论》,王昭武、刘明祥译,法律出版社 2013 年版。
28. [日]西原春夫:《刑法总论》,成文堂 1993 年版。
29. [日]西原春夫:《刑法总论》,成文堂 1978 年版。
30. [日]中山研一:《刑法总论》,成文堂 1989 年版。
31. [意]贝卡利亚:《论犯罪与刑罚》,黄风译,中国大百科全书出版社 1993 年版。
32. [意]菲利:《实证派犯罪学》,郭建安译,中国人民公安大学出版社 2004 年版。
33. [英]J. C. 史密斯、B. 霍根:《英国刑法》,李贵方译,法律出版社 2000 年版。
34. [英]哈耶克:《自由秩序原理》,邓正来译,生活 · 读书 · 新知三联书店 1997 年版。
35. [英]鲁珀特 · 克罗斯:《英国刑法导论》,赵秉志等译,中国人民大学出版社 1991 年版。
36. [英]罗吉尔 · 胡德:《死刑的全球观察》,刘仁文、周振杰译,中国人民公安大学出版社 2005 年版。
37. [英]J. C. 史密斯、B. 霍根:《英国刑法》,李贵方等译,法律出版社 2001 年版。
38. [比]佩雷尔曼:《正义、法律和辩论》,D. Reidel 出版公司 1980 年版。
39. [丹]斯蒂格 · 乔根森:《理想与现实》,奥尔胡斯大学出版社 1986 年版。
40. 祝庆祺等编:《刑案汇览三编(一)》,北京古籍出版社 2004 年版。
41. 艾正邦:《宪法学教程》,法律出版社 2005 年版。
42. 白建军:《关系犯罪学》,中国人民大学出版社 2005 年版。
43. 蔡枢衡:《中国刑法史》,中国法制出版社 2005 年版。
44. 高铭暄主编:《新编中国刑法学》,中国人民大学出版社 1998 年版。
45. 陈兴良:《陈兴良刑法学教科书(之规范刑法学)》,中国政法大学出版社 2003 年版。
46. 陈兴良:《共同犯罪论》,中国人民大学出版社 2006 年版。
47. 陈兴良:《教义刑法学》,中国人民大学出版社 2010 年版。
48. 陈兴良:《宽严相济刑事政策研究》,中国人民大学出版社 2007 年版。
49. 陈兴良:《刑罚通论》,中国人民大学出版社 2007 年版。
50. 陈兴良:《刑法适用总论》(上),法律出版社 1995 年版。
51. 陈兴良:《刑法哲学》,中国政法大学出版社 1996 年版。
52. 陈兴良:《刑事法判解》,法律出版社 1999 年版。
53. 陈兴良:《罪名指南》,中国政法大学出版社 2000 年版。

54. 陈兴良主编:《刑法学》,复旦大学出版社 2003 年版。
55. 陈兴良:《刑法哲学》,中国政法大学出版社 2004 年版。
56. 陈忠林:《意大利刑法纲要》,中国人民大学出版社 1999 年版。
57. 陈子平:《刑法总论》,中国人民大学出版社 2009 年版。
58. 储槐植:《美国刑法》,北京大学出版社 1996 年版。
59. 俄罗斯联邦总检察院:《俄罗斯联邦刑法典释义》(上册),黄道秀译,中国政法大学出版社 2008 年版。
60. 樊凤林:《刑罚通论》,中国政法大学出版社 1994 年版。
61. 费孝通:《生育制度》,生活·读书·新知三联书店 1935 年版。
62. 冯亚东:《理性主义和刑法模式——犯罪概念研究》,中国政法大学出版社 1999 年版。
63. 高格:《定罪与量刑》(上册),中国方正出版社 2001 年版。
64. 高铭暄:《中国刑法学研究综述(1949~1985)》,河南人民出版社 1986 年版。
65. 高铭暄:《新编中国刑法学》(下册),中国人民大学出版社 1998 年版。
66. 高铭暄:《刑法专论(上编)》,高等教育出版社 2002 年版。
67. 高铭暄:《中国刑法学》,中国人民大学出版社 1989 年版。
68. 高铭暄、王作富、曹子丹:《中华法学大辞典》(刑法学卷),中国检察出版社 2008 年版。
69. 高铭暄、马克昌、冯军:《中国刑法解释(上)》,中国社会科学出版社 2005 年版。
70. 高铭暄、马克昌主编:《刑法学》,高等教育出版社 2005 年版。
71. 高铭暄、马克昌主编:《刑法热点疑难问题探讨》(上册),中国人民公安大学出版社 2002 年第 1 版。
72. 高铭暄、赵秉志编:《中国刑法立法文献资料精选》,法律出版社 2007 年版。
73. 高铭暄、赵秉志:《新中国刑法立法文献资料总览》,中国人民公安大学出版社 1997 年版。
74. 高铭暄主编:《刑法学》,北京大学出版社、高等教育出版社 2000 年版。
75. 高铭暄、马克昌:《刑法学(上编)》,中国法制出版社 1999 年版。
76. 葛洪义:《法理学》,中国政法大学出版社 2002 年版。
77. 顾肖荣:《量刑的原理与操作》,上海社会科学院出版社 1991 年版。
78. 郭建安:《犯罪被害人学》,北京大学出版社 1997 年版。
79. 郭永玉:《人格心理学——人性及其差异的研究》,中国社会科学出版社 2005 年版。
80. 韩轶:《侵犯女性人身权利犯罪研究》,安徽大学出版社 2003 年版。
81. 韩忠谟:《刑法原理》,中国政法大学出版社 2002 年版。
82. 何秉松:《刑法教科书》,中国法制出版社 1995 年版。
83. 胡春莉:《未成年人刑罚制度研究》,武汉大学出版社 2012 年版。
84. 黄通秀译:《俄罗斯联邦刑法典》,北京大学出版社 2008 年版。
85. 金永哲译:《韩国刑法典及单行刑法》,中国人民大学出版社 2006 年版。

86. 康树华:《当代中国犯罪主体》,群众出版社 2005 年版。
87. 康树华:《犯罪学通论》,北京大学出版社 1992 年版。
88. 郎胜编:《中华人民共和国刑法释义》,法律出版社 2011 年版。
89. 黎宏:《刑法总论问题思考》,中国人民大学出版社 2007 年版。
90. 黎宏:《日本刑法精义》(第二版),法律出版社 2008 年版。
91. 李邦友、王德育、邓超:《性犯罪的定罪与量刑》,人民法院出版社 2001 年版。
92. 李立众:《刑法一本通》(第八版),法律出版社 2011 年版。
93. 李晓明主编:《中国刑法基本原理》,法律出版社 2013 年版。
94. 李宇先:《聚众犯罪研究》,湖南人民出版社 2004 年版。
95. 梁根林、[德]埃里克·希尔根多夫主编:《中德刑法学者的对话:罪刑法定与刑法解释》,北京大学出版社 2013 年版。
96. 梁世伟:《刑法学教程》,南京大学出版社 1987 年版。
97. 林山田:《刑罚学》,台湾商务印务馆 1983 年版。
98. 林钰雄:《新刑法总则》,元照出版有限公司 2006 年版。
99. 刘德法:《聚众犯罪理论与实务研究》,中国法制出版社 2011 年版。
100. 刘宪权:《刑法学》,上海人民出版社 2005 年版。
101. 卢琦:《中外少年司法制度研究》,中国检察出版社 2008 年版。
102. 陆心国:《晋书刑法志注释》,群众出版社 1986 年版。
103. 罗结珍译:《法国刑法典》,中国人民公安大学出版社 1995 年版。
104. 马登民、徐安住:《财产刑研究》,中国检察出版社 1998 年版。
105. 马静编译:《美国刑法》,中国民主法制出版社 2006 年版。
106. 马克昌:《犯罪通论》,武汉大学出版社 1995 年版。
107. 马克昌:《外国刑法学原理——外国刑法学总论》,武汉大学出版社 2002 年版。
108. 马克昌:《刑罚通论》,武汉大学出版社 1999 年版。
109. 马克昌:《刑法理论探索》,法律出版社 1995 年版。
110. 马克昌:《刑法学全书》,上海科学技术文献出版社 2013 年版。
111. 马克昌主编:《中国刑事政策学》,武汉大学出版社 1992 年版。
112. 马黎灿:《论我国未成年人前科消灭制度的构建》,法律出版社 2013 年版。
113. 美国量刑委员会:《美国量刑指南》,王世洲等译,北京大学出版社 2005 年版。
114. 苗有水:《保安处分与中国刑法发展》,中国方正出版社 2001 年版。
115. 莫洪宪、康均心:《未成年人权益保护及救济理论与实务》,武汉大学出版社 2001 年版。
116. 邱兴隆:《刑罚学》,群众出版社 1988 年版。
117. 曲新久:《刑法的精神与范畴》,中国政法大学出版社 2000 年版。
118. 曲新久:《刑法学》(第四版),中国政法大学出版社 2011 年版。
119. 曲新久:《刑事政策的权力分析》,中国政法大学出版社 2002 年版,引论第 3 页。

120. 全国人大常委会法制工作委员会刑法室编:《〈中华人民共和国刑法〉释义及实用指南》,中国民主法制出版社 2011 年版。
121. 全国人大常委会法制工作委员会刑法室编:《中华人民共和国刑法条文说明、立法理由及相关规定》,北京大学出版社 2009 年版。
122. 尚秀云:《法官妈妈给父母的 90 个建议》,石油工业出版社 2007 年版。
123. 沈家本:《历代刑法考》,商务印书馆 2011 年版。
124. 石经海:《量刑个别化的基本原理》,法律出版社 2010 年版。
125. 孙诒让:《周礼正义》(卷六十八),中华书局 1987 年版。
126. 孙云晓:《当代未成年人法律译丛》(德国卷),中国检察出版社 2009 年版。
127. 王玉杰等:《刑事法律前沿问题研究》,河南人民出版社 2009 年版。
128. 王志祥:《〈刑法修正案(八)〉解读与评析》,中国人民公安大学出版社 2012 年版。
129. 王作富:《中国刑法研究》,中国人民大学出版社 1988 年版。
130. 魏东:《教唆犯研究》,中国人民公安大学出版社 2002 年版。
131. 吴光侠译,谢望原审校:《泰国刑法典》,中国人民公安大学出版社 2004 年版。
132. 吴宗宪主编:《刑事执行法学》,中国人民大学出版社 2007 年版。
133. 郗杰英、鞠青主编:《家庭抚养和监护未成年人责任履行的社会干预研究报告》,中国人民公安大学出版社 2003 年版。
134. 夏征农主编:《辞海》,上海辞书出版社 1990 年版。
135. 肖萍:《前科消灭制度研究》,载《刑法论丛》2008 年第 3 期。
136. 肖中华:《侵犯公民人身权利罪》,中国人民公安大学出版社 1998 年版。
137. 谢晖:《价值重建与规范选择》,山东人民出版社 1998 年版。
138. 谢振民:《中华民国立法史 · 下册》,中国政法大学出版社 2000 年版。
139. 熊秉元:《正义的成本》,东方出版社 2013 年版。
140. 徐建主编:《青少年法学新视野》,中国人民公安大学出版社 2005 年版。
141. 徐久生、庄敬华译:《德国刑法典》,中国法制出版社 2000 年版。
142. 徐留成译:《蒙古国刑法典》,北京大学出版社 2006 年版。
143. 许崇德:《宪法学》,高等教育出版社 2000 年版。
144. 杨剑波:《刑法明确性原则研究》,中国人民公安大学出版社 2010 年版。
145. 杨兴培:《犯罪构成原论》,北京大学出版社 2014 年版。
146. 于志刚:《刑法总则的扩张解释》,中国法制出版社 2009 年版。
147. 于志刚:《刑罚消灭制度研究》,法律出版社 2012 年版。
148. 喻伟主:《刑法专题研究》,武汉大学出版社 2012 年版。
149. 臧铁伟:《中华人民共和国刑法修正案(九)解读》,中国法制出版社 2015 年版。
150. 张朝佑:《人体解剖学》,人民卫生出版社 1998 年版。
151. 张明楷:《刑法格言的展开》,北京大学出版社 2013 年版。
152. 张明楷:《刑法学》(第四版),法律出版社 2011 年版。

153. 张明楷:《刑法学》(第二版),法律出版社 2003 年版。
154. 张明楷:《刑法学》(第三版),法律出版社 2007 年版。
155. 张明楷:《刑法分则的解释原理》,中国人民大学出版社 2004 年版。
156. 张明楷:《罪刑法定与刑法解释》,北京大学出版社 2009 年版。
157. 张明楷:《刑法格言的展开》,法律出版社 1999 年版。
158. 张明楷:《刑法的基本立场》,中国法制出版社 2002 年版。
159. 张千帆:《宪法》,北京北京大学出版社 2012 年版。
160. 张苏:《量刑根据与责任主义》,中国政法大学出版社 2012 年版。
161. 张智辉、徐名涓编译:《犯罪被害者学》,群众出版社 1989 年版。
162. 长孙无忌等:《唐律疏议 · 名例律》,法律出版社 1999 年版。
163. 赵秉志:《犯罪主体论》,中国人民公安大学出版社 1989 年版。
164. 赵秉志:《妨害司法活动罪研究》,中国人民公安大学出版社 1994 年版。
165. 赵秉志:《侵犯人身权利犯罪疑难问题司法对策》,吉林人民出版社 2001 年版。
166. 赵秉志:《刑法争议问题研究》(上卷),河南人民出版社 1996 年版。
167. 赵秉志:《英美刑法学》,中国人民大学出版社 2004 年版。
168. 赵秉志:《刑罚总论问题探索》,法律出版社 2003 年版。
169. 赵秉志主编:《当代刑法理论探索(卷二)——犯罪总论问题探索》,法律出版社 2003 年版。
170. 赵秉志主编:《扰乱公共秩序罪》,中国人民公安大学出版社 2003 年版。
171. 赵秉志主编:《刑法总论问题研究》,中国法制出版社 1996 年版。
172. 赵秉志主编:《中国刑法案例与学理研究》(第 4 卷),法律出版社 2004 年版。
173. 赵秉志主编:《刑罚总论问题探索》,法律出版社 2002 年版。
174. 赵秉志主编:《刑法总则要论》,中国法制出版社 2010 年版。
175. 赵琛:《刑法分则实用(下)》,赵张韵清发行 1979 年版。
176. 赵可、周纪兰、董新臣:《一个被轻视的社会群体——犯罪被害人》,群众出版社 2002 年版。
177. 中华人民共和国最高人民法院刑事审判第一、二、三、四、五庭主编:《中国刑事审判指导案例(侵犯公民人身权利、民主权利罪)》,法律出版社 2009 年版。
178. 中华人民共和国最高人民法院刑事审判第一庭、第二庭主编:《刑事审判参考》2001 年第 5 辑(总第 16 辑),法律出版社 2001 年版。
179. 中华人民共和国最高人民法院刑事审判第一庭、第二庭主编:《刑事审判参考》2006 年第 6 集(总第 59 集),法律出版社 2008 年版。
180. 中华人民共和国最高人民法院刑事审判一、二、三、四、五庭主编:《刑事审判参考》2006 年第 3 集(总第 50 集),法律出版社 2006 年版。
181. 中华人民共和国最高人民法院刑事审判一、二、三、四、五庭主编:《刑事审判参考》2009 年第 1 集(总第 66 集),法律出版社 2009 年版。

182. 中华人民共和国最高人民法院刑事审判一、二、三、四、五庭主编:《刑事审判参考》2010 年第 4 集(总第 75 集),法律出版社 2011 年版。
183. 中华人民共和国最高人民法院刑事审判一、二、三、四、五庭主编:《刑事审判参考》2010 年第 6 集(总第 77 集),法律出版社 2011 年版。
184. 周光权:《刑法各论讲义》,清华大学出版社 2003 年版。
185. 周光权编:《刑法历次修正案权威解读》,中国人民大学出版社 2011 年版。
186. 周光权:《刑法总论》(第二版),中国人民大学出版社 2011 年版。
187. 周金刚:《量刑情节研究》,法律出版社 2012 年版。
188. 周密:《中国刑法史纲》,北京大学出版社 2000 年版。
189. 周振想:《刑罚适用论》,法律出版社 1990 年版。
190. 朱洪德主编:《世界各国少年犯罪与司法制度概览》,中国人民公安大学出版社 1992 年版。
191. 方泉:《犯罪论体系的演变:自"科学技术世纪"至"风险技术社会"的一种叙述和解读》,中国人民公安大学出版社 2008 年版。

二、论文

1. 安翱:《奸淫幼女罪相关问题探讨》,载《法学评论》2002 年第 4 期。
2. 蔡博豪:《刑事责任年龄重构的立法构想——基于刑法的基本任务》,载《广播电视大学学报》(哲学社会科学版)2016 年第 2 期。
3. 柴峥涛:《相对负刑事责任年龄人适用法律拟制与注意规定探析》,载《中国检察官》2009 年第 11 期。
4. 车浩:《从李昌奎案看"邻里纠纷"与"手段残忍"的涵义》,载《法学》2011 年第 8 期。
5. 车浩:《论被害人同意在故意伤害罪中的界限》,载《中外法学》2008 年第 5 期。
6. 车浩:《强奸罪与嫖宿幼女罪的关系》,载《法学研究》2010 年第 2 期。
7. 陈洪兵、安文禄:《试析非法拘禁罪的疑难问题》,载《云南大学学报》(法学版)2005 年第 1 期。
8. 陈家林:《〈刑法修正案(八)器官犯罪规定之解析〉》,载《法学论坛》2011 年第 3 期。
9. 陈家林:《〈刑法修正案(九)〉修正后的强制猥亵、侮辱罪解析》,载《苏州大学学报》(哲学社会科学版)2016 年第 3 期。
10. 梁武彬:《父母惩戒权的悖论——以预防未成年人犯罪为视角》,载《青年探索》2004 年第 4 期。
11. 陈山:《论非法拘禁罪的犯罪对象》,载《天津市政法管理干部学院学报》2009 年第 2 期。
12. 陈兴良:《犯罪构成论:从四要件到三阶层——一个学术史的考察》,载《中外法学》2010 年第 1 期。
13. 陈兴良:《犯罪论体系的位阶性研究》,载《法学研究》2010 年第 4 期。

14. 陈兴良:《间接正犯:以中国的立法与司法为视角》,载《法制社会发展》2002 年第 5 期。
15. 陈兴良、周光权:《困惑中的超越与超越中的困惑》,载陈兴良:《刑事法评论》(第 2 卷),中国政法大学出版社 1998 年版。
16. 陈兴良:《死刑适用的司法控制——以首批刑事指导案例为视角》,载《法学》2013 年第 2 期。
17. 陈兴良:《刑事责任能力研究》,载《浙江社会科学》1999 年第 6 期。
18. 储殷:《当代中国校园暴力的法律缺位与应对》,载《特别企划》2003 年第 73 期。
19. 单晓华:《未成年人犯罪刑罚适用的有关问题探讨》,载《沈阳师范大学学报》(社会科学版)2004 年第 5 期。
20. 但未丽:《嫖宿幼女罪存废之再思考》,载《中国刑事法杂志》2012 年第 12 期。
21. 党日红:《俄罗斯未成年人刑事责任年龄规制模式研究》,载《中华女子学院学报》2010 年第 2 期。
22. 邓毅丞、申敏:《被害人承诺中的法益处分权限研究》,载《法律科学》2014 年第 4 期。
23. 董刚:《我国刑事法律对未成年被害人保护之缺陷及完善》,载《检察实践》2000 年第 2 期。
24. 房清侠:《酌定情节非法定化的反思》,载《河北法学》2001 年第 4 期。
25. 冯亚东、邓君韬:《德国犯罪论体系对中国之启示》,载《国家检察官学院学报》2009 年第 2 期。
26. 冯亚东、黄维智:《论奸淫幼女罪的明知问题》,载《法学评论》2000 年第 2 期。
27. 冯耀辉:《刑事案件在立案侦查后不应受追诉时效的限制》,载《人民检察》2006 年第 12 期。
28. 傅为高:《再论少年犯缓刑保证金制度》,载《青少年犯罪问题》1997 年第 6 期。
29. 高憬宏:《如何理解我国刑法的"时效延长"》,载《法学杂志》1990 年第 5 期。
30. 高铭喧、张杰:《刑法学视野中的被害人问题探讨》,载《中国刑事法杂志》2006 年第 1 期。
31. 高志荣、朱明锁:《关于奸淫幼女罪理论上几个问题的探讨》,载《河北法学》2002 年第 5 期。
32. 郭翔:《少年犯罪:联合国有关规则与我国的法律政策措施》,载《青少年犯罪研究》1997 年第 7 期。
33. 郭鑫:《试论网络时代未成年人犯罪的预防》,载《山东省青年管理干部学院学报》2010 年第 4 期。
34. 郭旨龙:《"轮奸"条款之再解读——基于特殊案件的研究》,载《研究生法学》2012 年第 1 期。
35. 韩轶:《对必并制罚金刑的思考》,载《法商研究》2000 年第 5 期。
36. 韩轶:《强制猥亵、侮辱妇女罪的几个问题》,载《河南公安高等专科学校学报》2002 年第 6 期。
37. 韩玉凤:《从比较法学角度浅谈主要国家未成年人刑事责任年龄的异同》,载《天津市政法管理干部学院学报》2009 年增刊。
38. 韩玉胜、贾学胜:《"罪名"与"犯罪行为"之辩——对刑法第十七条第二款的解读》,载《河南政法干部管理学院学报》2006 年第 1 期。
39. 何俊:《聚众斗殴罪相关问题研究》,载《安徽大学学报》2005 年第 5 期。
40. 何萍:《论组织卖淫罪中的组织行为——殷某组织卖淫案评析》,载《华东政法大学学报》2013 年第 4 期。
41. 何庆仁:《我国刑法中教唆犯的两种涵义》,载《法学研究》2004 年第 1 期。
42. 贺洪超:《对我国性犯罪立法若干问题的法律思考》,载《武汉理工大学学报》(社会科学版)2005 年第 1 期。
43. 胡学相、吴锴:《论计算机犯罪的几个问题》,载《华南理工大学学报》(社会科学版)2004 年第 6 期。
44. 胡云腾、李兵:《未成年人刑事案件法律适用若干问题研究》,载陈兴良、胡云腾:《中国刑法学年会论文集(2004 年度):实务问题研究(下册)》,中国人民公安大学出版社 2004 年版。
45. 黄国盛、林莉莉:《刑事案件追诉时效应在一审判决作出时停止》,载《福建法学》2013 年第 5 期。
46. 黄华生、于国旦:《论相对刑事责任年龄人在绑架杀人犯罪中的刑法适用——兼谈刑法第 17 条第 2 款的立法根据》,载《甘肃政法学院学报》2002 年第 6 期。
47. 黄旭巍:《嫖宿幼女罪若干疑难问题研究》,载《武汉理工大学学报》(社会科学版)2006 年第 1 期。
48. 江溯:《超越共犯独立性与共犯从属性之争——刑法第 29 条第 2 款的再解释》,载《苏州大学学报》2014 年第 2 期。
49. 蒋娜:《未成年被害人权益刑法保护的立法问题探讨》,载《中国青年政治学院学报》2010 年第 5 期。
50. 康诚:《论相对刑事责任年龄人的罪名适用——"犯罪构成说"解释论的提倡》,载《法学评论》2009 年第 5 期。
51. 劳东燕:《强奸罪与嫖宿幼女罪的关系新论》,载《清华法学》2011 年第 2 期。
52. 李璐、戴秀英:《178 名未成年人犯罪的成因分析及预防对策》,载《宁夏医学院学报》2008 年第 3 期。
53. 李文峰:《对未成年犯罪人能否适用无期徒刑》,载《法律适用》2000 年第 7 期。
54. 李文凯:《聚众犯罪的构成特征及司法认定》,载《河南政法干部管理学院学报》2008 年第 4 期。
55. 李文伟:《缓刑的发展及我国缓刑监督制度的改革建议》,载《青少年犯罪研究》2001 年第 1 期。

56. 李希慧、徐光华:《论转化型抢劫罪的主体——以已满 14 周岁不满 16 周岁的人为视角》,载《法学杂志》2009 年第 6 期。
57. 李翔:《嫖宿幼女罪司法适用新论——以刑法解释利益平衡为视角》,载《中国刑事法杂志》2013 年第 9 期。
58. 李豫黔:《改革和完善我国假释制度的理性思考》,载《中国监狱学刊》2001 年第 2 期。
59. 李志坚:《论共同犯罪人的分类》,载《中山大学学报论丛》2006 年第 12 期。
60. 梁根林:《责任主义原则及其例外》,载《清华法学》2009 年第 2 期。
61. 林维:《相对刑事责任年龄的协调适用——兼对晚近有关解释的批判解读》,载《当代法学》2004 年第 6 期。
62. 林亚刚:《论我国未成年人犯罪刑事立法的若干规定》,载《吉林大学社会科学学报》2005 年第 3 期。
63. 刘德法、孔德琴:《论聚众犯罪的概念和法律特征》,载《河南政法干部管理学院学报》2009 年第 3 期。
64. 刘德法、王冠:《论教唆犯》,载《商丘职业技术学院学报》2002 年第 1 期。
65. 刘光显:《试论强奸罪》,载《法学研究》1982 年第 5 期。
66. 刘明祥:《"被教唆的人没有犯被教唆的罪"之解释》,载《法学研究》2011 年第 1 期。
67. 刘强、郭卿、孙宝林:《关于降低刑事责任年龄的探析》,载《科技信息》2007 年第 121 期。
68. 刘守芬、叶慧娟:《网络犯罪追诉时效问题探析》,载《法学杂志》2005 年第 4 期。
69. 刘松山:《宪法文本中的公民"政治权利"——兼论刑法中的"剥夺政治权利"》,载《华东政法学院学报》2006 年第 2 期。
70. 刘文志等:《死刑案件量刑情节研究》,载《山东审判》2007 年第 5 期。
71. 刘宪权、周舟:《特殊群体从宽处罚规定司法适用分析》,载《华东政法大学学报》2011 年第 6 期。
72. 刘宪权:《论我国惩治拐卖人口犯罪的刑法完善》,载《法学》2003 年第 5 期。
73. 刘艳红:《转化型抢劫罪主体条件的实质解释——以相对刑事责任年龄人的刑事责任为视角》,载《法商研究》2008 年第 1 期。
74. 刘志伟:《聚众犯罪若干实务问题研讨》,载《国家检察官学院学报》2003 年第 6 期。
75. 柳经纬:《关于时效制度的若干理论问题》,载《比较法学》2004 年第 5 期。
76. 卢建平、刘再杰:《对未成年被告人不应判处无期徒刑(上)》,载《人民检察》2005 年第 4 期。
77. 路琦、董泽史、姚东等:《2013 年我国未成年犯抽样调查分析报告》,载《青少年犯罪问题》2014 年第 3 期。
78. 马嫦云:《财产刑初探》,载《辽宁公安司法管理干部学院学报》2005 年第 1 期。
79. 马凤春:《论"可以免予刑事处罚"》,载《山东师范大学学报》(人文社会科学版)2009 年第 4 期。

80. 马克昌:《责任能力比较研究》,载《现代法学》2001 年第 6 期。
81. 马柳颖:《对老年人刑事责任能力的探讨》,载《政法学刊》2009 年第 2 期。
82. 马荣春、周建达:《犯罪危害性刑法学地位的新视角:犯罪危害性的属性》,载《刑法论丛》2009 年第 1 卷。
83. 莫洪宪、王树茂:《刑法谦抑主义论纲》,载《中国刑事法杂志》2004 年第 1 期。
84. 莫洪宪:《论再犯制度立法完善》,载《中国刑事法杂志》1996 年第 4 期。
85. 聂昭伟、吴郁槐:《对并非以特别残忍手段致人死亡的满 75 周岁被告人不适用死刑》,载《人民司法》2012 年第 20 期。
86. 宁东升、贾新征:《试论间接正犯的几个问题》,载《国家检察官学报》1999 年第 3 期。
87. 潘星丞、陈芹:《“罪—刑”关系之分析范式:犯罪评价架构——以嫖宿幼女与奸淫幼女之争为切入点》,载《华南师范大学学报》(社会科学版)2013 年第 1 期。
88. 彭峰:《我国特别再犯制度及其立法完善》,载《湖北大学学报》(哲学社会科学版)2006 年 3 月。
89. 彭辅顺:《论对未成年人犯罪适用无期徒刑》,载《东北大学学报》(社会科学版)2005 年第 1 期。
90. 彭磊:《非犯罪化思想研究》,载《杭州商学院学报》2003 年第 1 期。
91. 彭新林:《论犯罪手段与死刑的限制适用》,载《政治与法律》2011 年第 6 期。
92. 钱叶六:《共犯与正犯关系论》,载《中外法学》2013 年第 4 期。
93. 钱应学:《关于青海藏族公民强奸妇女罪的探讨》,载《青海社会科学》1989 年第 6 期。
94. 屈学武:《关于取消嫖宿幼女罪的立法反思》,载《法治研究》2012 年第 8 期。
95. 曲新久:《相对负刑事责任年龄规定的适用》,载《人民检察》2009 年第 1 期。
96. 任志中、汪敏:《未成年人不适用死刑的若干问题》,载《人民司法》2006 年第 10 期。
97. 山东省高级人民法院课题组:《关于完善减刑假释制度的调研报告》,载《山东审判》2009 年第 4 期。
98. 商志超:《大陆与澳门刑法追诉时效比较研究》,载《西南农业大学学报》(社会科学版)2004 年第 2 期。
99. 苏雄华:《不只是行为:关于聚众的另行解读》,载《重庆理工大学学报》2010 年第 5 期。
100. 苏永生:《“酌定从重处罚情节”之否定——一个罪刑法定主义的当然逻辑》,载《中国政法大学学报》2016 年第 6 期。
101. 孙国祥:《保护与惩罚:未成年人犯罪刑事政策之选择》,载《江苏行政学院学报》2005 年第 3 期。
102. 谭志君:《论社会弱者的犯罪控制》,载《人文杂志》2001 年第 2 期。
103. 汪红飞:《论聚众犯强制猥亵、侮辱妇女罪的加重犯》,载《河南科技大学学报》(社会科学版)2014 年第 3 期。
104. 王思海:《无被害人犯罪与未成年人保护》,载《青少年犯罪问题》2002 年第 2 期。

105. 王汉斌:《关于〈中华人民共和国刑法(修订草案)〉的说明》,载高铭暄、赵秉志:《中国刑法立法文献资料精选》,法律出版社 2007 年版。
106. 王临平、赵霍娜:《防止未成年被害人恶逆度》,载《未成年人犯罪问题》2001 年第 3 期。
107. 王强:《法条竞合特别关系及其处理》,载《法学研究》2012 年第 1 期。
108. 王雯:《我国青少年的性越轨、性违法与性犯罪问题及其对策》,载《中国性科学》2003 年第 4 期。
109. 王昭武:《教唆犯从属性说之坚持与展开》,载《刑法论丛》第 15 卷。
110. 王志祥、张伟珂:《论〈刑法修正案(八)〉中的人体器官犯罪》,载《山东警察学院学报》2011 年第 3 期。
111. 王志祥:《我国减刑、假释制度改革路径前瞻》,载《法商研究》2009 年第 6 期。
112. 吴大华:《重视和加强少数民族地区犯罪控制的研究》,载《云南法学》1999 年第 3 期。
113. 吴金鹏:《浅议未成年刑事被告人罚金刑之强化适用》,载《少年司法》2002 年第 5 期。
114. 吴培娥:《我国未成年人刑事责任年龄的探讨》,载《湖北警官学院学报》2012 年第 25 期。
115. 伍柳村:《试论教唆犯的二重性》,载《法学研究》1982 年第 1 期。
116. 武良军:《论刑法中亲手犯的共同正犯——限于真正身份犯中亲手犯的探讨》,载《研究生法学》2011 年第 4 期。
117. 熊永明:《〈刑法修正案(八)〉第 37 条的理解与适用》,载《山东警察学院学报》2011 年第 5 期。
118. 徐光华:《我国刑法追诉时效制度之检讨》,载《广州市公安管理干部学院学报》2010 年第 1 期。
119. 徐萌:《〈反家庭暴力法(草案)〉中关于"暴力"的界定》,载《商界论坛》2015 年第 9 期。
120. 许航:《对于强奸罪中轮奸、共犯既未遂问题的思考》,载《中国检察官》2008 年第 9 期。
121. 姚兵:《未成年犯假释制度的完善》,载《国家检察官学报》2012 年第 6 期。
122. 姚建龙:《创设少年法院必要性研究的反思》,载《青少年犯罪问题》2008 年第 2 期。
123. 姚建龙:《未成年犯死刑的废除与美国少年司法的走势》,载《青少年犯罪问题》2007 年第 4 期。
124. 姚志伟:《略论中国古代刑事责任年龄制度》,载《南华大学学报》2005 年第1 期。
125. 应培礼:《运用骨龄鉴定结果认定未成年人年龄之省思》,载《青少年犯罪问题》2009 年第 3 期。
126. 游伟、陆建红:《论刑法上的"从重处罚"》,载《法律科学》2000 年第 6 期。

127. 游伟、陆建红:《人身危险性在我国刑法中的功能定位》,载《法学研究》2004 年第 4 期。
128. 余淦才:《试论教唆犯的刑事责任》,载《安徽大学学报》(哲学社会科学版)1983 年第 2 期。
129. 袁登明:《国外减刑制度的立法例及中外比较》,载《中国监狱学刊》2001 年第 4 期。
130. 袁圣明:《司法解释"立法化"现象探微》,载《法商研究》2003 年第 2 期。
131. [美]约翰 · W. 海德:《摸着石头过河:中国的法治》,李松锋译,载《比较法研究》2013 年第 2 期。
132. 张波:《未成年人不能适用无期徒刑的误区——以刑法第 49 条和第 17 条第 3 款的关系为中心》,载《青少年犯罪问题》2006 年第 1 期。
133. 张国平:《校园霸凌的社会学分析》,载《中国报业》2011 年第 12 期。
134. 张建军:《老龄犯罪宽宥论——以贯彻"宽严相济"的刑事政策为视角》,载《西南政法大学学报》2007 年第 4 期。
135. 张明楷:《嫖宿幼女罪与奸淫幼女型强奸罪的关系》,载《人民检察》2009 年第 17 期。
136. 张明楷:《组织出卖人体器官罪的基本问题》,载《吉林大学社会科学学报》2011 年第 5 期。
137. 张荣丽:《"嫖宿幼女罪"存废论——基于儿童优先和非歧视原则的分析》,载《妇女研究论丛》2013 年第 1 期。
138. 张志钢:《刑法 17 条第 2 款的体系定位与规范分析》,载《研究生法学》2011 年第 2 期。
139. 赵秉志、田宏杰:《传承与超越:现代化视野中的中国刑法传统考察》,载《政法论坛》2001 年第 5 期。
140. 赵秉志、魏东:《论教唆犯的未遂》,载《法学家》1999 年第 3 期。
141. 赵秉志、姚建龙:《废除死刑之门——未成年人不判死刑原则及其在中国的确立与延伸》,载《河北法学》2008 年第 2 期。
142. 赵秉志、袁彬:《论特殊群体从宽制度的完善》,载《法学杂志》2010 年第 12 期。
143. 赵秉志、袁彬:《我国未成年人犯罪刑事立法的发展与完善》,载《中国刑事法杂志》2010 年第 3 期。
144. 赵秉志:《未成年人犯罪的刑事责任问题研究(三)》,载《山东公安专科学校学报》2001 年第 4 期。
145. 赵秉志:《未成年人犯罪的刑事责任问题研究(一)》,载《山东公安专科学校学报》2001 年第 2 期。
146. 赵静:《从我国古代赦免制度谈老年人刑事责任》,载《江苏警官学院学报》2004 年第 3 期。
147. 赵俊甫:《猥亵犯罪审判实践中若干争议问题探究——兼论〈刑法修正案(九)〉对猥亵犯罪的修改》,载《法律适用》2016 年第 7 期。

148. 郑鲁宁:《对未成年人犯罪适用无期徒刑问题的探讨》,载《华东政法学院学报》2001年第4期。
149. 郑振远:《贯彻宽严相济刑事政策正确适用假释刑事制度——北京市假释制度执行情况分析及进一步运用之对策》,载《中国司法》2007年第7期。
150. 钟黎、姚小丽:《建立未成年人前科消灭制度相关问题探讨》,载《法制与社会》2008年第24期。
151. 重庆市第一中级人民法院课题组:《财产刑执行情况的调查报告》,载《西南政法大学学报》2004年第6期。
152. 周本再、刘洪志:《对转化型抢劫罪问题的两个思考》,载《检察实践》2002年第2期。
153. 周光权:《"被教唆的人没有犯被教唆的罪"之理解——兼与刘明祥教授商榷》,载《法学研究》2013年第4期。
154. 周光权:《犯罪论体系在中国的论争与发展》,载中国人民大学刑事法律科学研究中心编:《刑事法热点问题的国际视野》,北京大学出版社2010年版。
155. 周玲敏:《台湾地区少年虞犯处分措施对内地不良行为少年处遇的启示》,载《山东省团校学报》2011年第4期。
156. 周松青:《中美校园暴力法律规制比较研究》,载《中国青年研究》2016年第1期。
157. 周应德、周海林:《试论罚金刑的缓刑》,载《现代法学》1998年第3期。
158. 周征:《浅析未成年人刑事责任年龄》,载《沈阳教育学院学报》2006年第4期。
159. 左登豪:《罪犯改造后其心理社会辅导刍议》,载《劳改理论与实践》1991年第1期。
160.《海淀少年法庭18周岁记》,载《人民法院报》2005年9月27日。
161.《人大代表孙晓梅:嫖宿幼女罪不废,我就没完》,载《北京青年报》2013年12月17日。
162. 张灵:《我国未成年人犯罪呈低龄化发展》,载《法制日报》2003年6月1日。
163. 付立庆:《"奸淫被拐卖的妇女"应如何理解》,载《法制日报》2007年9月9日。
164. 郭恒忠:《打击犯罪与保障人权仍是刑法的目的——第二届刑法犯罪理论体系国际学术研讨会综述》,载《法制日报》2005年11月24日。
165. 郭珊、王心仪、彭彦钧、卢佳旺:《论性自主权的制约与保障——以组织卖淫罪、强迫卖淫罪死刑废除为例》,载《法制与社会》2016年第5期。
166. 侯墩:《坚持法制的统一性和兼顾民族的特殊性》,载《法制建设》1988年第2期。
167. 李连嘉、杜邈:《组织未成年人从事违法活动的司法认定》,载《检察日报》2009年7月15日。
168. 刘佳婧:《谨防家庭"冷暴力"伤害孩子》,载《中国教育报》2006年5月10日。
169. 皮艺军:《多学科视角下的少年司法制度》,载《人民法院报》2002年9月30日。
170. 祁飞:《组织卖淫罪与容留卖淫罪的司法认定》,载《江苏法制报》2011年5月23日。
171. 汪大林:《嫖宿幼女罪:存废之争不能代替立法审慎》,载《检察日报》2013年12月18日。

172. 王婷:《刑法第三十七条免予刑事处罚不能独立适用》,载《检察日报》2009 年 11 月 3 日。
173. 许剑:《"前科消灭"先要立法》,载《民主与法制时报》2005 年 12 月 6 日。
174. 张景义:《人民法院参与综治的有益探索——关于房山法院对缓刑管制人员实施监管办法的调查》,载《人民法院报》2002 年 10 月 17 日。
175. 张明仪、胡昊:《免予刑事处罚也需符合罪刑法定原则》,载《江苏经济报》2011 年 4 月 13 日。

三、学位论文

1. 冯慧子:《老年人犯罪的刑罚问题研究》,郑州大学 2013 年硕士学位论文。
2. 高婷:《惩戒权问题研究》,烟台大学 2011 年硕士学位论文。
3. 古淑惠:《非法拘禁罪研究》,武汉大学 2004 年硕士学位论文。
4. 黄艳珊:《家庭"冷暴力"的伦理研究》,华中师范大学 2013 年硕士学位论文。
5. 姜文:《论未成年人犯罪前科消灭制度》,广西大学 2013 年硕士学位论文。
6. 梁进:《论未成年人权利的刑事法律保护》,西南大学 2007 年硕士学位论文。
7. 刘佳音:《未成年人刑事责任年龄司法认定制度完善研究》,吉林大学 2013 年硕士学位论文。
8. 刘晓松:《聚众斗殴罪若干实务问题研究》,华东政法大学 2008 年硕士学位论文。
9. 宋海山:《性犯罪的社会伦理研究》,西南政法大学 2004 年硕士学位论文。
10. 孙智博:《人体器官犯罪若干问题研究》,吉林大学 2012 年硕士学位论文。
11. 谭剑辉:《酌定量刑情节研究》,湘潭大学 2002 年硕士学位论文。
12. 汪娟:《酌定从重处罚情节研究》,西南政法大学 2014 年硕士学位论文。
13. 徐明明:《论我国未成年人前科消灭制度的建立》,南京师范大学 2011 年硕士学位论文。
14. 徐振坤:《中国传统教令权研究》,郑州大学 2011 年硕士学位论文。
15. 叶肖静:《老年人免死但书条款规定的理解与适用》,华东政法大学 2015 年硕士学位论文。
16. 易娜:《轮奸犯罪若干疑难问题探析》,吉林大学 2011 年硕士学位论文。
17. 战奕静:《虞犯少年的保安处分制度研究》,昆明理工大学出版社 2013 年版。
18. 张兵建:《刑事责任能力解读》,西南政法大学 2009 年硕士学位论文。
19. 张艳民:《非法拘禁罪疑难问题研究》,郑州大学 2011 年硕士学位论文。
20. 赵玉娇:《人体器官犯罪研究》,上海交通大学 2013 年硕士学位论文。
21. 朱伟:《论未成年人的前科消灭制度》,苏州大学 2012 年硕士学位论文。

图书在版编目(CIP)数据

刑法中的年龄要素研究 / 高志纯著. -- 北京 : 法律出版社, 2017
ISBN 978-7-5197-1737-7

Ⅰ. ①刑… Ⅱ. ①高… Ⅲ. ①刑法-年龄-研究-中国 Ⅳ. ①D924.04

中国版本图书馆 CIP 数据核字(2017)第 302529 号

刑法中的年龄要素研究
XINGFAZHONG DE NIANLING YAOSU YANJIU

高志纯 著

责任编辑 吴 昉
装帧设计 凌点工作室

出版 法律出版社
总发行 中国法律图书有限公司
经销 新华书店
印刷 北京京华虎彩印刷有限公司
责任印制 胡晓雅

编辑统筹 法律教育出版分社
开本 720 毫米×960 毫米 1/16
印张 27.5
字数 498 千
版本 2018 年 1 月第 1 版
印次 2018 年 1 月第 1 次印刷

法律出版社/北京市丰台区莲花池西里 7 号(100073)
网址/www. lawpress. com. cn
投稿邮箱/info@ lawpress. com. cn
举报维权邮箱/jbwq@ lawpress. com. cn
销售热线/010-63939792
咨询电话/010-63939796

中国法律图书有限公司/北京市丰台区莲花池西里 7 号(100073)
全国各地中法图分、子公司销售电话:
统一销售客服/400-660-6393
第一法律书店/010-63939781/9782 西安分公司/029-85330678 重庆分公司/023-67453036
上海分公司/021-62071639/1636 深圳分公司/0755-83072995

书号:ISBN 978-7-5197-1737-7 **定价**:59.00 元
(如有缺页或倒装,中国法律图书有限公司负责退换)